天道 ·上册

中国传统哲学思想33讲

33 Lectures on Traditional Chinese
Philosophical Thought

宋一夫 著

中国文史出版社
CHINA CULTURAL AND HISTORICAL PRESS

图书在版编目（CIP）数据

天道 : 中国传统哲学思想 33 讲 / 宋一夫著 .

北京 : 中国文史出版社 , 2024. 12.

-- ISBN 978-7-5205-5197-7

Ⅰ . B21

中国国家版本馆 CIP 数据核字第 2025MM2951 号

天道：中国传统哲学思想 33 讲

宋一夫　著

责任编辑：卜伟欣

出版发行：中国文史出版社

社　　址：北京市海淀区西八里庄 69 号院　邮编：100142

电　　话：010-81136606　81136602　81136603（发行部）

传　　真：010-81136655

印　　装：河北吉祥印务有限公司

经　　销：全国新华书店

开　　本：16 开　787*1092

印　　张：42

字　　数：716 千字

版　　次：2025 年 4 月北京第 1 版

印　　次：2025 年 4 月北京第 1 次印刷

定　　价：148.00 元（全 2 册）

目　录

上　册

下　册

序

天道文化是中国传统文化的核心文化，也是中国文化的缘起。

伏羲氏开启了天道文化的源头，成为中国传统文化的开端与根脉。

如是，中国的传统文化无不具有天道的属性。

中国传统文化的核心精髓源于《易》。《易》是伏羲"仰则观象于天，俯则观法于地，观鸟兽之文与地之宜，近取诸身，远取诸物，于是始作八卦"。《易》是远古人们对天道认知的结果。中国先秦诸子百家的思想几乎都源于《易》。天道是儒、道、法、兵、墨、农、医等诸家文化之根，儒、道、法、兵、墨、农、医等诸家思想文化是天道的脉与流。正如庄子在《天下》所说，古代最高的学问乃是探讨宇宙、人生本原的学问，即"道术"。"道术"就是对宇宙、人生作全面性、整体性总结的学问。他说："《诗》以道志，《书》以道事，《礼》以道行，《乐》以道和，《易》以道阴阳，《春秋》以道名分。——其数散于天下而设于中国者，百家之学时或称而道之。"①

不仅中国传统文化中的哲学社会科学如此，自然科学也是如此。

中国古代的天文学十分发达，《周易》《尚书》《诗经》《春秋》《国语》《左传》《吕氏春秋》《礼记》《尔雅》《淮南子》等先秦及西汉的典籍中，对2000年以前的天体运行规律、星宿出现的位置及分布都有详略不同的叙述，在出土的殷商甲骨文中也有对某些星宿名称和日食、月

---

① 《庄子·天下》。

食的记载，西汉的《史记》专设了《天官书》和东汉《汉书》专设了《天文志》，说明天文学早在两汉之时就已形成学说体系。太阳系里的八大行星，文献记载远在五帝时代的颛顼时就以阴阳五行的天象治理天下，说明那时人们已经认识了五大行星（金、木、水、火、土），并且掌握了它们的运行规律，以及与人们的生产生活的关系。在此基础上，到了战国时已形成系统的阴阳五行学说。正是对日月星辰规律的认识，人们也开始用天文现象来规定年名，利用岁星（木星）运动的规律来作为纪年之用。春秋晚期时，古代天文学已经确立了二十八宿的体系。在日月星辰运动的测定、恒星运行的观测记录上，战国中期，甘德和石申对恒星的测定和记录在世界上最早。阴阳五行学说与古代的天文学，都是中国古代人们从自然科学的角度研究天道——宇宙物质运行规律的学说，它是中国传统文化基础的基础。

如果说从《易》开始，在这之后形成的古代天文、历法、阴阳五行学说是中国古人从宏观角度研究宇宙、天体以及物体的运动规律——天道，那么中国传统文化的中医学，便是中国古人对人自身的物质之道进行的微观研究。

中国古代的中医学，有一个最为显著的特点：将人体与天体合为一体，形成了人道即天道。《黄帝内经》是我国最早的医学文献典籍，成书于春秋战国之际，书中多次阐发人、人体与天道的关系。帝曰：

> "余闻得其人不教，是谓失道；传非其人，慢泄天宝。余诚菲德，未足以受至道，然而众子哀其不终。愿夫子保于无穷，流于无极，余司其事，则而行之奈何？"[①]

这意思是说，如果遇到可育之才而不传授医道，会使医学失传，失传即失道，失道即失去天道。如传授不当的人，是轻易随便地泄露了天宝，天宝即天道。所以作为一个医者，首要的是掌握天道。

"《上经》曰：夫道者，上知天文，下知地理，中知人事，可

---

① 《黄帝内经·素问·气交变大论》。

以长久。此之谓也。"①

作为人的自然之身，本来就是天人合一的一部分。

"黄帝问于岐伯曰：余闻人之合于天道也，内有五脏，以应五音、五色、五时、五味、五位也；外有六腑，以应六律，六律建阴阳诸经，而合之十二月、十二辰、十二节、十二经水、十二时、十二经脉者，此五脏六腑之所以应天道。"②

这意思是说，人的五脏六腑、十二经脉以及人的生老病死都与天道运行息息相关。《黄帝内经》认为日月星辰的变化都会导致人身体的变化。当满月时，人体的气血充盛，肌肤致密，腠理闭合，此时，即使遇到邪风阴气的侵袭，病症也会轻微，而在月亏之时，人体的气血虚弱，肌肤松弛，腠理开泄，此时若遇邪风阴气的侵袭，则会使病症加重。

"黄帝问曰：诊要何如？岐伯对曰：正月二月，天气始方，地气始发，人气在肝。三月四月，天气正方，地气定发，人气在脾。五月六月，天气盛，地气高，人气在头。七月八月，阴气始杀，人气在肺。九月十月，阴气始冰，地气始闭，人气在心。十一月十二月，冰复，地气合，人气在肾。"③

天道不仅与人的物质身体息息相关，也与人的精神意识息息相关。中国传统文化不仅主张将人的身体与天道合一，还主张人的精神及人的伦理道德也要与天道合一。天德、天意、天志成为人们思想意识里要遵循的准则。这样，天道便在人的思想观念中占据了主宰与统治的地位。人们不仅要尊敬天，还要敬畏天。孔子主张，尧、舜等圣人均以天为大，从而也要求人们应以天为大；人不能得罪天；天能给人好的品德。孔子说：

---

① 《黄帝内经·素问·气交变大论》。
② 《黄帝内经·灵枢·经别》。
③ 《黄帝内经·素问·诊要经终论》。

"大哉尧之为君也，巍巍乎！惟天为大，唯尧则之。"①
"获罪于天，无所祷也。"②
"天生德于予，桓魋其如予何。"③

墨子认为天有意识，有意志，有意愿。他说：

"天为贵，天为知而已矣"④

墨子将社会政治分为天道政治、强道政治。强道政治，在墨子那里的代名词是"力政"。"力政"，也称"力正"，即以力相制，以力决定一切。他说：

"顺天意者，义政也；反天意者，力政也。"⑤
"力正者何若？曰：'大则攻小也，强则侮弱也，众则贼寡也，诈则欺愚也，贵则傲贱也，富则骄贫也，壮则夺老也。是以天下之庶国，方以水火毒药兵刃以相贼害也。若事上不利天，中不利鬼，下不利人，三不利而无所利，是谓之贼。故凡从事此者，寇乱也，盗贼也，不仁不义，不忠不惠，不慈不孝，是故聚敛天下之恶名而加之。是其故何也？则反天之意也。'"⑥

墨子把顺天意的君主称为圣王，而那些违背天意的君主称为暴王。他说：

"力政者则 与此异，言非此，行反此，犹倖驰也。处大国攻小国，处大家篡小家，强者劫弱，贵者傲贱，多诈欺愚，此上不利于

---

① 《论语·泰伯》。
② 《论语·八佾》。
③ 《论语·述而》。
④ 《墨子·天志中》。
⑤ 《墨子·天志上》。
⑥ 《墨子·天志下》。

天，中不利于鬼，下不利于人。三不利无所利，故举天下恶名加之，谓之暴王。"①

墨子认为，天意是反对强道的。

"既以天之意以为不可不慎已，然则天之将何欲何憎？子墨子曰：天之意不欲大国之攻小国也，大家之乱小家也，强之暴寡，诈之谋愚，贵之傲贱，此天之所不欲也。不止此而已，欲人之有力相营，有教相交，有财相分也。"②

《易传·序卦传》将天地与人伦、等级、道德联系在一起：

"有天地，然后有万物；有万物，然后有男女；有男女，然后有夫妇；有夫妇，然后有父子；有父子，然后有君臣；有君臣，然后有上下；有上下，然后礼仪有所错。"

社会的"礼"与"乐"，皆以天道而作。

"乐者，天地之和也；礼者，天地之序也。和，故百物皆化；序，故群物皆别。乐由天作，礼以地制。过制则乱，过作则暴。明于天地，然后能兴礼乐也。"③

西汉的董仲舒则将天人格化了。他说：

"天者，百神之君也，王者之所最尊也。"④

他又提出"天欲""天心""天仁""天意""天德"等概念，甚至认

---

① 《墨子·天志下》。
② 《墨子·天志中》。
③ 《礼记·乐记》。
④ 《春秋繁露·郊义》。

为"天亦有喜怒之气"，有仁爱之心。

> "天，仁也。天覆育万物，既化而生之，有养而成之。事功无己，终而复始，凡举归之以奉人。察于天之意，无穷极之仁也。"①

中国古代的历法，是天道在社会生产生活中的应用。我国很早就进入农业社会，农业文明在当时的世界上最为发达，远远领先于其他国家。《史记·历书》称"黄帝考定星历"，这说明在黄帝时已经依照日月星辰的变化，制定历法。《史记·五帝本纪》说颛顼"养材以任地，载时以象天"。另外，《五帝本纪》记载帝喾"顺天之义，知民之急……历日月而迎送之"；记载尧帝"乃命羲、和，敬顺昊天，数法日月星辰，敬授民时"。中国古代人们根据太阳在黄道（从地球上看成太阳一年在天空中移动一圈，太阳一圈移动的路线）上的位置确定四季的划分。太阳在黄道上每运行90度作为一个季节，时间为3个月。这样，将太阳公转轨道分为四等分，便是春、夏、秋、冬四季。立春是春天的开始，立夏是夏天的开始，立秋是秋天的开始，立冬是冬天的开始。春秋时，晋国用的历法，即"夏正"。孔子说"行夏之时，乘殷之辂，服周之冕，乐则韶舞。"②孟子在《离娄下》篇说：

> "天之高也，星辰之远也，苟求其故，千岁之日至，可坐而致也。"

古人称夏至为"日至"，这意思是说，天是高的，星辰是远的，假使探讨它本来的状态，即使是千年以后的夏至，也可以坐在屋子里面将其推算出来。足见当时人们对所行的历法是多么自信。历法在某些方面上说，就是标记天道运行的规律，可见天道及其规律已被人们普遍使用并且深入生产生活的方方面面。人们还创立了二十四节气，用二十四节气辅助历法，为人们的生产生活服务。又如七十二候。在古代黄河流

---

① 《春秋繁露·王道通三》。
② 《论语·卫灵公篇》。

域流行着一种物候历。这种历以五日为一候，三候为一气，一年分为二十四气，共七十二候。每候以一个物候相象相应，称"候应"。关于四季物候的记载可以追溯到商代。将一年分为七十二候，并以候物与二十四节气合并成为一个体系最早见于《逸周书》。据传《逸周书》是孔子删定《尚书》后所剩的"周书"，故称《逸周书》，可见七十二候与二十四节气由来已久。据现代人研究，现代仪器虽能精确地测量出各个气象的重要数值，但无论如何也测不出各种气象综合对动植物生育状况产生任何影响的数量值。因为现今的气象学仅仅从气候变化的角度去测量天气如何，同古代人观察的方法截然不同。古人是将天、地、人、物四者放在一起去观察，看天道在地道、人道、物道中的反应。

天道还是古代圣王的执政之道。《管子·五行》篇说："黄帝得蚩尤而明乎天道。"《淮南子·天文训》："文者象也，天先垂文象日月五星及彗孛，皆谓以谴告一人。故曰天文。"《易·系辞上》："天垂象见吉凶，圣人象之。""黄帝治天下，而力牧、太山稽辅之，以治日月之行律，治阴阳之气，节四时之度，正律历之数。"古代圣王，在接任天子位之前要看上天的反应，如果上天不降临灾祸，就证明他的接替符合天命。

"于是帝尧老，命舜摄行天子之政，以观天命。舜乃在璿玑玉衡，以齐七政。"[1]

尧退位28年后死去，舜躲避到黄河以南，希望尧的儿子丹朱继位，可是诸侯们都来拥护舜，而不拥护丹朱。"舜曰：'天也'。"[2]禹继位也是这样，由舜先向上天推荐，看他是否符合天命。[3]舜50岁时代行天子之权，61岁代尧成为天子。"舜子商均亦不肖，舜乃豫荐禹于天。"[4]《五行大义》："玄象之端，正天之度，王者仰之，以为治政。"所以《尚书·毕命》说：周公、君陈、毕公三人，齐心协力，将国家治理达到天道，使政治符合天道，恩泽百姓，四方人民无不宾服，无不视周朝为靠山，"三

---

① 《史记·五帝本纪》。

② 同上。

③ 同上。

④ 同上。

后协心，同底于道，道洽政治，泽润生民，四夷在衽，罔不咸赖"，而那些品行不好的帝王，他们的罪行上天是了解的。"无辜吁天，秽德彰闻。"①这句话的意思是，无罪的人向上天申诉冤情，商纣秽恶的行为上天是看得清楚的。上天不仅能惩罚那些没有德行的统治者，而且还是社会下层广大民众的意愿代表。民意就反映了天意，民听就反映了天听，得罪了广大民众，就视为得罪了上天。"天视自我民视，天听自我民听。"②所以，统治者执政，最为重要的就是顺从民心。一个好的统治者，一定是上符天道，下顺民心，这样的国家才能"乃一德一心，立定厥功，惟克永世"。③

天道又是宇宙、银河系、太阳系以及人类面对的自然界的规律，也是人类社会发展的规律。天道是不以人的意志为转移的，是客观存在的。为了证明天道的客观存在，本书不仅从哲学、历史学、政治学、民族学、社会学、人类学等方面论证天道的存在，还从天文、地理、物理、化学、生物等多个学科论证天道的存在，其目的在于说明天道并不是神秘莫测的，是可以被人们认识和掌握的。人类只有认识天道、破解天道、掌握天道、适应天道、顺应天道，才能做到"人能弘道，非道弘人"。④

天道又是人类从必然王国走上自由王国的必由之路。天道社会一直是人类的梦想社会。这一梦想很早就已经开始。

在中国，早在 2500 多年前的春秋末期，思想家老子就提出了"小国寡民"的社会蓝图，孔子（公元前 551—公元前 479）提出"大同社会"的人类社会发展的愿景，庄子（约公元前 369—公元前 286）提出"至德时代"，孟子（公元前 372—公元前 289）提出"王道社会"，以及东晋陶渊明（352 或 365 或 372 或 376—427）提出"世外桃源"，等等。

在西方，从古希腊柏拉图（公元前 427—公元前 347）的《理想国》开始，到 16 世纪—17 世纪的英国人托马斯·莫尔（1478—1535）的"乌托邦"、德国人托马斯·闵采尔（1489—1525）的"千年王国"、西班牙人托马斯·康帕内拉（1568—1639）的"太阳城"、德国人约翰·凡·安

---

① 《尚书·泰誓中》。
② 同上。
③ 同上。
④ 《论语·卫灵公》。

德里亚（1586—1654）的《基督城》、法国人德尼·维拉斯（约1630—1700）的《塞瓦兰人的历史》，到17—18世纪英国人杰拉德·温斯坦莱（1609—1676）的"自由共和国"、法国人让·梅叶（1664—1729）的"教区公社联盟"、法国人埃蒂安-加布里埃尔·摩莱里的"巴齐里阿达"、法国人加布里埃尔·博诺·德·马布利（1709—1785）的"完美共和国"、法国人格拉古·巴贝夫（1760—1797）的"平等共和国"，19世纪，法国人圣西门（1760—1825）的"实业制度"、法国人傅立叶（1772—1837）的"和谐社会"、英国人罗伯特·欧文（1771—1858）的"新和谐公社"、法国人路易·奥古斯特·布朗基（1805—1881）的"共产主义全面协作制度"、法国人埃蒂耶纳·卡贝（1788—1856）的"伊加利亚共和国"、法国人泰奥多·德萨米（1803—1850）的"共产主义大家庭"、德国人威廉·魏特林（1808—1871）的"民主共产主义家庭联盟"、德国人卡尔·马克思（1818—1883）和弗里德·恩格斯（1820—1895）的"科学共产主义"等都是人类一直在思考、设计、梦想、实践着的人类社会的天堂。这些思想家希望人们在这个天堂里过着没有战争，没有压迫，没有剥削，只有自由、平等、民主、和谐的生活。

综上所述，我们可以得出这样一个结论：人类若要建成天道社会，人们必须认识、理解和掌握天道文化，人类才能实现人与自然的和谐，人与人的和谐。

《墨子》书中记载了墨子（约公元前468—公元前376）看见染丝发出的感慨，"染于苍则苍，染于黄则黄，所入者变，其色亦变。五入必，而已则为五色矣。故染不可不慎也！"比墨子略晚的希腊哲学家柏拉图在他的《理想国》书中提出"洞穴式"的文化接受方式。他说："让我们想象一个洞穴式的地下室，它有一长长通向外面，可以和洞穴一样宽的一路亮光照进来。有一些人从小就住在洞穴里，头颈和腿都绑着，不能走动也不能转头，只能向前看着洞穴后壁。让我们再想象在他们背后远处高些的地方有东西燃烧着发出火光。在火光和这些被囚禁者之间，在洞外上面有一条路。沿着路边已筑有一矮墙。矮墙的作用像傀儡戏演员在自己和观众之间设的一道屏障，他们把木偶举到屏障上头去表演。"[①]这种

---

① 柏拉图：《理想国》，商务印书馆2009年版，第275页。

洞穴效应就是木偶演什么，通过火光便把影像投入洞穴的后壁上，这就是洞穴里的人看到的世界，并通过观看到的影像而形成每个人的观念。

墨子和柏拉图都想说明一个问题，即人是环境的产物，人的思想观念更是环境的产物。

当一个人只能接受"强道文化"，和他只能接受"天道文化"，他的人生路径、走向、结局是完全不一样的。文化不仅决定了人的性质和命运，也决定了民族和国家的性质和命运。

人类最终的命运还是要回到天道社会，回到大同社会。它是东西方文化得出的共同结论。

宋一夫

2024 年 7 月 31 日清晨于三亚闲云斋

第一讲
什么是天道

一、什么是天道

天道是宇宙万物的存在之道、运行之道、变化之道。

首先是存在之道。

天道不是人们创造的，而是人们发现的。不管你承认不承认它、发现没发现它，它都是存在的。从这一点看，天道是客观的，不同于人们心中的上帝，上帝是人们心中幻想出来的，是不可证明的。天道是可以被证明的。

宇宙现今是客观存在的，这是不可改变的事实。

宇宙先是存在个"有"。宇宙最初的"有"是什么样呢？

1959年，有人曾对美国科学家进行过一次问卷调查，题目是："你对宇宙的年龄有何想法？"有超过2/3的人认为宇宙是永恒不变的，既无开始，也没有结束，所以谈不上"年龄"。可在5年之后，在美国新泽西贝尔实验室工作的阿诺·彭齐亚斯（Arno Penzias 1933—2024）和罗伯特·威尔逊（Robert Wilson 1936—）两位科学家于1964年承担有关射电天文学和卫星通信实验，用一台新型的喇叭天线，发现在波长7.35cm的地方"噪声"的信号比预期的数值高出100倍，而且采取什么办法也消除不掉，引起两位科学家的困惑与不解。经与天文学家讨论、研究，得出的结果，这些噪声信号是宇宙学家预言的"微波背景辐射"，是"大爆炸"的余音。之后这一发现被写成两篇文章发表在《天体物理学报》同一期上，这是人类第一次提出宇宙微波背景辐射，简称CMB。这一发现，使彭齐亚斯和威尔逊获得1978年的诺贝尔物理学奖。

大爆炸学说是从理论模型开始的，最早提出的人是比利时宇宙学家乔治·勒梅特神父。1931年，他从宇宙膨胀的观点出发，对广义相对论进行时间反演，认为宇宙膨胀反演到过去应该是坍缩、再坍缩……一直到不能坍缩为止。那时宇宙中的所有质量都集中到一个几何尺寸很小的"原生原子"上，当今的时间和空间结构就是从这个"原生原子"产生的。[①]

那么，这说明，"原生原子"是宇宙最初的"有"，这个"有"大约在138亿年前发生了大爆炸，开启了今天的宇宙。这便有了一个问题，在大爆炸之前又是什么呢？也有人提出可能还会经历过无数次的坍缩和膨胀的往复循环，但始终没有一个确定的说法。

这一问题是科学现今很难求证，或者说无法求证的。人类只能从哲学的角度予以思考。

宇宙的存在一定会有它的不存在。这个不存在就是没有宇宙的"无"，即没有任何坍缩前的物质。

"无"并不是什么都没有。在"无"之上存在一个没有任何广延性形体的"道"。因"无"是指没有任何物质形体的广延性。"道"就是一种没有广延性实体的存在。

为什么说"无"中存在着"道"呢？这要从"有"来证明。

宇宙最初的"原生原子"的"有"，是一种"道有"，即它是一种"合理的""正当的""规律的""有"。宇宙产生后，一切物质均有规律地发展、变化，最后形成各种物质本身，如果没有一个"道有"是不可能的。"有"之前，是"无"，即什么都没有。但这个"无"不是绝对的，是一切有形体的物质的"无"，即"道"的存在。"道"没有形体，即没有物质的广延性。

"道"存在于这种"无"中，这是道的第一种存在。

"无"中的"道"，开始创造物，物则变成"有"，于是宇宙被"道"

---

① 参见，张天蓉：《时空本质：相对论的故事》，清华大学出版社2021年版，第143页。

创生出来。这便是道创生"有"。创生出来的"物"成为"道"的第二种存在形式。

"有"是从"有物"开始，如果"大爆炸"说成立的话，便从这时起，最后形成整体宇宙。宇宙生成为不同层次的星系团、超星系团。由十几个、几十个乃成百上千个星系集聚在一起组成星系集团，称为星系团，到现在为止已发现上万个星系团。其中有大、小星系团。大的星系团包含着上千个星系，小的如银河系所在的本星系团由50多个大小不等的星系组成。这便是"道"的第三种存在。

宇宙生成后便形成了无数个星系，其中包含银河星系。银河系由恒星云组成，每个恒星云都环绕银河系的中心天体运动。一个银河系就有2000亿颗太阳那样的恒星。"每一个星系，都有它的中心，几个星系有一个公共的中心，这些集团的集团更有各自的中心。最后，整个世界有一个万有的中心，一切物体都围绕它而运行，这些中心不是空虚的，都蕴藏了不透明的物体。"[①]银河星系是"道"的第四种存在。

银河星系又由无数个恒星星系组成，其中包括太阳星系。太阳系是指以恒星太阳为中心的天体，在太阳的周围环绕着行星（包括大行星、矮行星）及其卫星、小行星、彗星、流星体以及星际间的物质等组成的一个天体系统。太阳星系的形成是"道"的第五种存在。

太阳系主要由太阳恒星和八大行星组成。其中地球是太阳系的八大行星之一。地球又生成了有机物与无机物、有生命物质与无生命物质、动物与植物等，这便是"道"的第六种存在。

在这六种存在中，后五种存在是物质的存在。所有的物质是由第一种存在，道创生的，同时道又存在于每种物质之中，决定了物质的本性和形态。

其次是运行之道。

整个宇宙的运行是一个十分精密的大系统。系统内各部分都在整体有序中进行。任何的无序都是有序之中的平衡因子，是为有序而存在。

---

① 转引自 G.伏古勒尔著：《天文学简史》，李珩译，广西师范大学出版社2003年版，第66页。

无序严格地被系统的有序控制着，一时的个别部分的无序，是为了实现系统整体的有序。

如"大爆炸"，一定会释放出来巨大的能量。无数个小块的物质膨胀出一个无法计数的空间，爆炸产生的热能形成如同胶水一样的引力，在空间将这些物质黏合在一起。被黏合在一起的小块物质，就是由电子、质子和中子组成在一起的、我们称之为原子的小颗粒。大约经过30万年后，这些物质逐渐冷却下来，这些原子聚在一起，形成由能量极高的尘埃构成的大块的云团，从这些云团中，产生出宇宙中最早的火球，即恒星。这些恒星带着大爆炸形成的高能量，把周边小的星体聚拢成组，形成了无数个大小及运动形态不一样的恒星，有的是旋转的螺旋状，有的是转盘状的恒星群，我们称它们为星系。银河系就是在大爆炸1亿年后形成的，距今136亿年。它的形状如一个大盘子，以每小时804672公里的速度旋转。

大爆炸的一瞬间，宇宙的空间形成，时间形成，爆炸出来的物质急速地向外膨胀，宇宙的空间也随之增大，时间也随之延长。爆炸的物质在时空中就是处在规律的有序之中，在整体的物质有序之中，又存在一些无序的物质，而这些无序的物质恰恰起到平衡整体、有序的作用。

大爆炸时物质表现出的物质的整体有序和个别无序，就是"道"的体现。

因此，决定系统各个部分之间的关系，便是每个物质的"道"，即规律。这种"道"在物质上分别代表物质本身和本身内在部分之间的关系。物质都是按着自己内部关系和外部关系运动着。这种关系的运动表现则为规律。

宇宙中道有6种存在方式，就会有6种道的运行规律。在六种运行规律之间，第6种的太阳系运行规律，便是我们狭义说的"天道"。而广义的"天道"应包括宇宙之中所有存在和所有存在的规律。

最后是变化之道。

宇宙不时地发生变化，这是物质的宇宙在进行着自身的生与死周期的发展蜕变。任何物质都存在着它自身的生死轮回的变化周期，这种周期终而复始，轮回不已，不断地在肯定——否定——再肯定——再否定的无限循环之中而无所终止。

在物质中，生命体的物质，因生命动能活跃，使这种周期快且短；而无生命物质因不具有动能，只能靠自身的热能完成自己生命周期的变化，这就使生命周期变化慢，周期长。

生命体中，有理性的生命体的变化，可以摆脱生命性周而复始的简单变化。生命性周期重复的、简单的变化是一种闭合式的生命，简单的重复，每一次周期完成之后，下一个周期是对上一个周期的重复，偶尔因基因突变产生一个新的物种，但这种情况十分少见。而有理性的生物人则不同，人虽无法摆脱生命周期规律，但人依靠自身的理性，会将一代代人的社会认识，通过一小部分身体认识能力遗传，而大部分则通过文献记载或言传保存起来。使得每代人，每一个人的生活纷繁复杂，变化多端，也使每个人的社会活动和创造的精神文化及物质文化形成敞开的非闭合的周期，前一代人的一切往往成为下一代人全面接受的前提或基础，下一代人的一切变化是在前一代人的基础上实现的。

这就决定了物质的变化，无生命的物质是无法改变"天道"给它所规定的一切的。它的变化只能是依循天道的变化而变化。它自身的变化在天道的变化之中。而有生命的物质分为两类：一类是靠感性运动的物质；另一类不仅靠感性，而且更多的是靠理性运动的物质——人，他是可以改变天道给予他的本性与行为规则的。他有能力按照自己重新塑造本性与行为，自行其是，自定其规，彻底地无视天道——走向强道文化的生存之道，实现强道文化的生存法则。

二、天道是物质的还是精神的

"天道"既是物质的，又是精神的。

第一，"天道"是物质的，任何物质离开天道都将不复存在。任何物质都是天道的不同存在形式，天道不仅规定了物质的外在形式，也规定了物质的内在本质。我们知道，物质是由分子构成，分子由原子构成，而原子又由质子、中子、电子等粒子构成，再往下，又可分为光子、介子等几十种基本粒子，其中也包括构成质子和中子的各种夸克。

现在世界上所有的物质都由原子组成，而组成每种物质的原子中的原子核内部的质子数不同而导致了世上万物的差别。世界上已知的原子共有118种，由原子组成的分子现在已知有3000多万种。不同种类和数目的原子可以形成不同的分子。由3000多万种分子构成世界上的无数种物质。它的过程即由原子构成分子，再由分子生成万物，形成万物的独特本质，这个过程就是"道"在起作用。道赋予万物独特的分子结构，形成了万物独特的内在秉性。

在现代科学家的眼中，无生命物质的起源和生命物质的起源，它们是许许多多个分子，被分派给了无生命物质和有生命物质的不同的部门，从而形成了3000多万种物质。如水（H_2O），是由两个氢原子和一个氧原子组成。为什么水会这样组成，水为什么有三态？水为什么会成为生命之源？这一分派由谁来完成，只有道。

第二，物质存在的时间与空间是由"天道"决定的。到目前为止，人类尚无在地球以外发现有生命的物质。那么，为什么在地球这个空间上会出现有生命的物质？第一批生命细胞大约诞生在距今42.8亿～37.7亿年之间，为什么会在这个时间？天道决定了物质的生命及周期，地球上的生命都是利用氧化还原反应，因为我们的生命是碳基生命，准确地说，生命基于被部分还原的碳元素。如人体获得的碳元素既可通过呼吸过程直接从大气中获得，也可以通过食物链，间接从植物和其他生物体中获得。这种碳元素在人体内参与各种生物催化反应，维持生命的正常运转。

生物的生命周期是由多种因素决定的。它包括生物体的遗传、环境、食物、天敌，还有生物体自身的生理特征等。然而，这些决定生物生命周期的各种因素，又是由天道决定的。

第三，天道决定了各种物质自身的功能。物质的功能是由物质的性质决定的，所以不同的物质有着不同的用途与功能。物质的功能要受到物质的性质和物质所在的环境影响，而物质的性质与环境又是由天道决定的。如生长在寒带、温带、热带的植物，自身结构、生长的生命周期等均由天道决定。

第四，天道决定物质之间的内部与外部的联系，历史、现实、未来的发展。

任何物质都处在二重结构之中，即物质存在的共时态和历时态。从共时态讲，物质存在它的内部结构与外部结构的二重；从历时态讲，物质都有它的历史结构、现实结构、未来结构的二重。在物质的二重结构之中，形成物质的内外联系及历史、现实、未来的发展。物质二重结构是物质在时空中的存在与发展变化的形式。这种形式如何发展变化是由天道决定的。

"天道"是精神的。

对人类来说，"天道"只能存在于人的思想与精神当中。人所听到的、看到的、闻到的、触摸到的只能是有形、无形的物质。而天道永远不具有物质的广延性。

天道虽然是精神的，但天道又具有客观性，它与物质不可分离。我们只能通过对物的观察，再通过人的感性和理性理解到它的存在，而无法用人的五官去证实它的存在。

物质的天道有形生、形成、形消、形灭的变化过程，而精神的天道，是一种规律的存在，不存在生死消亡的过程。物质中的天道决定了物质的生老病死，而精神天道可以长久地存在于人类的意识之中。

天道是物质的，又是精神的，这是在人身上的体现。

人的自身表现出二态。

第一态，人的物质态。

从现代科学视角来看，人的身体是由40万亿个细胞构成的复杂生物体。这些细胞通过不同形态和功能，形成各种组织和器官，构建成人体的各个系统。细胞内部含有多种化学元素，如氧、碳、氢、氮等。它们以特定方式结合，形成蛋白质、脂质、碳水化合物和核酸等生物大分子。

古代中国人将人的身体纳入"天人合一"的范畴。"人与天地相参也，与日月相应也。"[①]人是由天地之气所化生，因此，人的各种社会活动、生命轨迹取决于天地自然变化的规律，人只有主动地顺应天地自然的变化规律，人的身体才能健康，寿命才能延长，作为人的生命与天道的关系则是顺之则生，逆之则死。

中国古代的阴阳五行学说，是中医学认识世界和人体的基本理论，认为世界上所有物质，都是由金、木、水、火、土五种物质构成，阴阳

---

① 《黄帝内径·灵枢·岁露论》。

五行之气是世界的基本结构，整个世界就是以气为内在本质，以阴阳五行为外在表现的动态统一体。

该理论将人体器官和功能与五行相对应，如肝属木、心属火等，以解释生理活动和病理变化。五行学说强调人体内外环境的平衡与和谐，以及五行间的相生相克关系。

第二态，人的精神态。

人的精神是人的思想意识，是人的大脑对物质（包括人自身和人之外所有物质）的反应而产生的思想意识。

人的身体具有物质的广延性，因此，人的身体有生老病死的过程，而人的精神不具有物质的广延性，所以，人的精神（灵魂）没有生老病死的过程。作为以肉体为依托的精神存在，虽然随着肉体的死亡，也导致人的思想、意识、精神的死亡，但他的精神可以以非物质的形式存在，被其他人接受而传承下去，他的思想可以转化为别人的思想。

所以，天道，可以作为人的一种精神状态存在于人的思想意识之中，规范人的思维方式和行为方式，实现"人"与"天"的和谐统一。

三、天道是唯心的，还是唯物的

唯物，也称唯物主义。主张唯有物质才是世界本原的世界观，在哲学基本问题上坚持物质第一性，精神第二性，认为客观物质世界是离开人的意识独立存在的。

唯心，也称唯心主义。主张唯有精神才是万物本原的世界观。在哲学的基本问题上主张意识、精神是第一性的，是世界的本原，自然界、物、外部世界是第二性的。由意识或精神所派生。认为世界上万事万物都是精神的产物或表现。

天道既是唯心的，又是唯物的。

第一，"道"既有又无。说"道"有，是因为"道"创生了万物，如果"道"是没有的，它又如何创生万物？从这一点来说，道是客观存在的，并不是虚无的。但"道"又是"无"的，道是从"无"中生出来的，生出来的"道"自身又没有广延性，所以"道"又是"无"的，是人所见不到、听不到、闻不到、触摸不到的，只能靠人的心理去认识它的存在。因此，既是"有"，又是"无"，人们既可以从物质的角度去理解它的存在，又可以从心理的角度去理解它的存在。

第二，"道"不仅创生了万物，而且万物的本性和形体都是由"道"决定的，"道"是千差万别的物质的本性和形体，本身就是物质的组成部分，所以"道"是客观存在的，它是基本的、独立的物质构成的存在。从这一点上说，"道"是唯物的。但在宇宙的物质中，我们又不能从具体物质中真正地通过我们的感官看见、听到、闻到"道"的存在，我们只能感觉每一个具体物质的存在，而"道"只能从我们的思想意识中认识到它的存在，从这一点上讲"道"又是唯心的。

第三，"天道"被人们认识以后，在人们的思想中形成了天道文化，一旦人们接受了天道文化，人们就会用天道的法则去规范人的行为。文化是什么？文化是人们在社会实践过程中所获得的物质、精神的生产能力和创造的物质、精神财富的总和。天道文化它既包括人类历代对天道物质的存在的认识，也包括人们历代的认知被一代一代地继承下来，成为人们对天道精神存在的认识。正是这两种认识，组成了历史上真正的天道文化。所以从文化的角度上讲，"天道"既是唯物的，又是唯心的。决定人类社会历史向前发展变化的是"天道文化"，而阻碍人类社会历史向前发展变化的是"强道文化"。文化既是唯心的，又是唯物的。

第四，从天道的社会功能上看，对人类而言，天道的精髓在于顺应天地，行天地万物自然而然之道，万物平等，万物自由，人人民主，没有贫富贵贱之分。天道的这些准则，不仅要求人们在心理上做到，也要求人们在物质上做到。因而，从这一点说，天道既是唯心的，又是唯物的。

四、世界的本原是什么

"本原"，也称"始基"，即构成世界万物的根源、元素或共同基础。古希腊哲学家由这一范畴出发，提出了世界统一性的问题，并由此演变出"本体""本质"范畴。

世界的本原是什么？这是人类思想史上一直争论不休的问题。世界的本原不应该起源于物。物不能创生自己。即使通过化学反应创生了新的物种，但它给不了物种任何新的内在本质和合理的外在形式，更给不了物自身的发展规律。所以任何物只有靠"道"创生，依靠"道"来发展。

在世界本原上，东西方文化在起源时期就有很大的不同。东方文化认为，世界的一切存在都产生于"无"。老子说，天下万物生于"有"，"有"生于"无"。

老子的"无"作为万物的始源，指的是"道"。

但"道"不仅是"无"，还有"有"。"无"，名天地之始；"有"，名万物之母。所以"道"是既有又无。

老子认为，世界万物的本原是"道"。"道"创生了宇宙间的万物，"道"又存在于万物之中，为万物之所归；"道"无始又无终，无形又无状；"道"具有无穷无尽的创造力，无时无刻地创造世界；"道"是"一"，"一"是"道"。"一"生"二"，"二"即阴阳，阴阳相合便生出"三"，"三"生出万物；"道"生出万物，又统御万物，让万物按"道"的规定发展。

在世界本原上，《易经》的思想基本与老子相同。认为"道"是万物的本原。"易"中包含着太极、两仪、四象、八卦。"易"作用范围涵盖天地之间，它通过阴阳的变化，使万物形成。"易"是无形的，而万物是有形的，"易"接近于老子的"道"。所以《易传》说："易与天地准，故能弥纶天地之道。"汉代的学者郑玄著书《易纬》，书中说："夫有形生于无形"，"有太易，有太初，有太始，有太素也"。"太易"是宇宙尚不存在，"未见气也"，这时什么也没有。"太初者，气之始也"，这时宇宙尚未形成，"气"开始形成。"太始者，形之始也"，这时出现了物的形体，宇宙开始产生。"太素者，质之始也"，这时物质有了各自的本质，宇宙开始形成。

这里的"易"，就是"太极"，它既包含无物"太易"的存在，又包含着太初、太始、太素，即气、形、质三种有物的状态，也是宇宙从"无"到"有"的生成过程。

易学到了北宋，据南宋朱震《汉上易传》说，"濮上陈抟以《先天图》传种放，放传穆修，修传李之才，之才传邵雍。放以《河图》《洛书》传李溉，溉传许坚，坚传范谔昌，谔昌传刘牧；修以太极图传周敦颐，敦颐传程颐、程颢"。

周敦颐《太极图说》中提出"无极""太极""人极"是宇宙及人类的演化过程。认为在"太极"之前，还有个"无极"。其说明"有"是从"无"而来。

在中国古代还有一种构成万物本原的思想，即"五行"学说。这种学说的"五行"概念，最早见于《尚书》，书中《甘誓》篇中有："有扈氏威侮五行。"而最早明确将金、木、水、火、土说为五行，是该书的《洪范》篇：

> "五行：一曰水，二曰火，三曰木，四曰金，五曰土。水曰润下，火曰炎上，木曰曲直，金曰从革，土爰稼穑。"[1]

于是产生了五行相合，"和实生物"说："故先王以土与金木水火杂，以成百物。"[2]战国初期又形成了五行相克的思想。五行思想发展到战国后期，邹衍将五行与阴阳相配，这便使五行思想与《易经》的思想结合在一起，因涉及阴阳必然涉及太极。所以到了汉代，董仲舒说："天地之气，合而为一，分为阴阳，判为四时，列为五行。"[3]董仲舒这一思想，将五行的本原最终归为"一"，即"道"，而"道"从易学看即"太极""无极"，所以，五行的本原也是"无"。

在西方文化中，在世界起源的认识上，核心是"有"，即本原源于物。

希腊最早的哲学家泰勒斯约出生于公元前624年，比中国的老子略早三四十年。他通过观察生命体需要的众多的因素（食物、热度和种子）都含有水，从而提出万物始于水。但水是什么生出来的，他则没有回答。据说，泰勒斯不仅肯定万物生于水，而且万物最终要复归于水。

---

[1] 《尚书·洪范》。
[2] 《国语·郑语》。
[3] 《春秋繁露·五行相生》。

与老子和孔子几乎是同时代的古希腊另一位哲学家阿那克西曼德（公元前610—前546）不同于泰勒斯的观点，他认为万物本原应该是无限的，即一种永恒不灭的实体。物质由它构成，又复归于它，即（τὸ ἄπειρον）——这个词的意思是"无限定""无定"，认为变化是物的本质，所以世界的根本就是"无定"。阿那克西曼德的"无定"，还是"有"，是"物"的"无定"。他认为，万物是由一定的"热"与"冷"的实体创生出来的。他说，"出于永恒的那热与冷的创生者在这个世界生成时被分离开来，并且一个出于它的火球包裹着环绕大地的空气被生成，就像树皮包裹着树一样；当它被破裂开来并关闭进一些圈环中时，太阳、月光和星辰便造成了"。①

阿那克西米尼（约公元前588—约前524），认为世界的起源实体是太一和无限，不能确定是什么，它是空气、蒸气或雾。像气息（πνεῦμα）或空气一样遍布在整个世界。这种气"疏散"时变成火，"凝聚"时变成云、风、水和石头。

赫拉克利特（约公元前540—约前480与前470之间）把世界等同于火。世界是"永恒的火"，一寸寸点燃，又一寸寸熄灭。"万物变成火，火变成万物"。赫拉克利特另一种世界起源说接近于中国古代"道"的思想，即"逻各斯"。

"对那永恒存在着的逻各斯，人们总是不理解，无论是在听到之前还是最初听到之时。因为尽管万物根据这逻各斯生成。"②

"因此，必须跟随那共同的东西，而逻各斯就是共同的，但大多数人却活着像是有着自己的考虑。""不听从我而听从这逻各斯，同意一切是一，这就是智慧。""对那个他们最经常打交道的、驾驭着万物的逻各斯，他们是格格不入的。"③

---

① 转引自 G.S，基尔克、J.E，拉文、M.斯科菲尔德：《前苏格拉底哲学家——原文精选的批评史》，聂敏里译，第196页。见聂敏里《西方思想的起源：古希腊哲学史论》，中国人民大学出版社2017年版，第44页。
② 聂敏里著：《西方思想的起源：古希腊哲学史论》，中国人民大学出版社2017年版，第49页。
③ 同上，第50页。

恩培多克勒（公元前495—约前435）提出火、水、气、土四种元素是万物之根，即"四根说"。

在西方，对今天关于世界起源影响最大的学说是原子学派创始人留基伯和德谟克里特。留基伯（约公元前500—约前440）来自米利都，先跟芝诺学习，后在阿布德拉建立原子学派。德谟克里特（约公元前460—前370）提出，万物都是由原子组成的，每种物质之所以不同，是由原子的不同形状、大小和次序决定的。有一个东西不可分，不可穿透，自身之内没有空虚，完全充实的，因此，被称为"原子"。它们不是土、火、气、水等，而是极小而实在的物质单元。

德谟克里特提出，灵魂是由最细致、最圆、最灵敏和炽热的原子组成。人的身体由原子组成，促成身体的运动，而在人的身体之中，每两个原子之间夹杂一个灵魂原子。人死了以后，灵魂便消散了。

德谟克里特的原子论是科学的，这已被科学证明。但他只能说明构成物质的最小物质单位。宇宙间的所有物质是由原子以及还可以往下分的粒子构成，但构成并不能说明它们是如何成为3000多万种物种的每一种的，即它不能说明118种原子是如何组合成为每个物种的。让118种原子不同的组合而生成3000多万种的物种，只有"道"，也只能是"道"。

五、生命的底层是什么

生命是物质的一段特殊的旅行，或者是一段过程。是谁造就了各种生命这一段旅程呢？

什么是生命？生命是生物体所具有的活动能力；生命是蛋白质存在的一种形式。

我们可以说，生命来源于细胞，即生命的底层是无数个难以计算的细胞。但细胞又是如何组成不同物种的生命体和相同物种的不同生命体？细胞本身是不能随意组成动植物生命体的，是"道"在将各种细胞合成为不同物种的生命和相同的物种的不同生命的。

生命来源于道。道创生了生命，并在生命从源头开始就规定了每种生命的本质和形状。

这样生命便从本原开始，逐渐按着"道"给予每种生命的本质和形体发展着，一旦每一个生命体的本质和形体形成后，生命体便停止了本质和形体的发展，生命的发展仅限它在胚胎和渐进式发展到形体形成，然后在这个区间内重复着生命的生老病死过程。

万物之中的生物，是由自身的生命物质构成，生命物质本质与形体都是由天道决定，并依据天道给予生命物质的生存规律生存着。1869年，一名在德国学习医学的瑞士学生米歇尔（Miescher），从一名患者脓里白细胞核中提取出一种酸性物质。之后，他还从大马哈鱼的精子中提出了同样的物质，以后被别人命名为核酸，其中一类段为脱氧核糖核酸（DNA）。正是DNA的发现，"中心法则"成为现代生物学中最主要的基本规律之一，也是现代分子生物学的根基理论。"中心法则"只涉及两类物质，即核酸和蛋白质。核酸分为两种，即DNA（脱氧核糖核酸）和RNA（核糖核酸）。整个生物的遗传都是这样发生的，即在细胞中，完整的遗传信息存在DNA上，它既可以把DNA信息复制给新的DNA，也可以通过遗传信息的转录，传递给新的RNA，再经过翻译并表达成各种蛋白质。在某些特殊情况下，RNA也能将遗传信息复制给新的RNA，甚至逆转录给新的DNA。

"中心法则"是生物学中的基本规律。它揭示了生物体中遗传信息的流动方向，即DNA→RNA→蛋白质（protein）。这一过程完成了遗传信息的转录和翻译，是所有细胞结构的生物所遵循的基本法则。此外还包括DNA的复制过程，即遗传信息从亲代传递给子代的过程。

所以，DNA就是遗传信息的中心，它不仅是遗传信息的起点，也是遗传信息传递的关键环节。

DNA分布在细胞的中心位置，即细胞核内。

"中心法则"说明，生命活动是有着一种"道"在调控的。这个"道"就是细胞里面的DNA，DNA就是"道"在生物细胞中的物质体现。细胞以及生物体内的各种生命活动都是受到道调控的，包括通过遗传信息、信号传导、代谢调节等机制来调节生命活动的发生和维持。

生命物质的多样性也是由天道决定的，体现了大自然中生命物质之间的共生关系、平衡关系。

共生关系。它是生命体万物在天地之间按照天道的旨意生存发展着，生命体之间共生平等，没有哪个生物比自己同类生命高贵，也不比异类生物高贵，各有各的生存发展空间，各有各的生命发展轨迹，但一切都按着"道"的安排生存着、发展着。

平衡关系。万物存在着一个生物链的关系，即一个物质的存在是依据另一个物质的存在而存在。这种生物链的存在是依循"道"的创生物种而形成的。大自然存在着十分明确的目的性，这种目的性主要体现在自然界中万物之间的平衡关系。

达尔文在《物种起源》中讲了一个"猫与三叶草"的生物平衡链。

达尔文在观察三叶草花时，发现土蜂可以取食三叶草的花蜜，在采取蜜的同时也帮三叶草传授了花粉。在田野还生长着一种喜欢吃土蜂幼虫的田鼠，常常捣毁蜂巢，使土蜂数量减少，土蜂数量减少了便影响了三叶草的传粉。三叶草少了，牛羊就不肥壮了。相反，他发现镇上的猫多了，田鼠少，土蜂多，三叶草茂盛，牛羊便肥壮。所以，这便形成了牛、三叶草、土蜂、田鼠、猫之间的生物平衡链。

> "因此，我们可以很确定地推论，如果英格兰的整个土蜂属都绝灭了或变得极稀少，三色堇和红三叶草也会变得极稀少或全部灭亡。任何地方的土蜂数量大部是由野鼠的多少来决定的，因为野鼠毁灭它们的蜜房和蜂窝。"[1]

共生关系是由平衡关系决定的，一旦物种之间的平衡关系被打破，物与物、物种与物种之间的共生关系必然遭到破坏。反之，共生关系又决定平衡关系。一旦共生关系的前提被打破，也直接导致物与物之间、物种与物种之间失去平衡。

在大自然所有生命的物质中，人有别于其他有生命物质，人有理性，这是其他有生命物质不具有的。人的这种特别之处，就决定了人在自然面前并不完全顺从自然摆布，即人既可以顺从天道而为，也可以违

---

[1]　[英]达尔文：《物种起源》，商务印书馆2005年版，第88页。

背天道而为。

天道给所有生命物质以下权利：

首先，每种生命物质都是天道创生出来的，虽然每种生命物质其本质和形体不同，在大自然中所具有的功能和所起的作用也不同，但在天道那里，众生是平等的，没有高低贵贱之分。这便决定了生命的底层逻辑，有生命的物质和无生命的物质都是一样的，即无论是有生命的物质就无视无生命的物质都应该遵循以下原则：不能因为自己是有生命的物质就可无视无生命物质的存在，从而对无生命物质进行无限度地开发、掠夺，无节制地利用；不能因为生命物质层次的不同，高级生命就歧视低级生命，甚至残害低级生命。

其次，生命物种之间或内部存在着争斗甚至屠杀，但这种争斗和屠杀只是生存本能导致的，是天道给予生命物质的共生关系和平衡关系的具体体现。

我们可以将生命物质分为这样几类。

第一，初级生产者。它是指绿色植物。全部绿色植物来源于光合作用或化学合成的细菌，被称为自养有机体。这些植物通过光合作用把二氧化碳、水和无机盐转化为有机物，将太阳能以化学能的形式固定在植物中，这些绿色植物是整个生产系统中其他生物维持生命活动的食物来源。

第二，消费者。它是指直接或间接利用绿色植物作为食物来源的生物，这些生物又称为异养有机体。包括食植动物、食肉动物、杂食动物、寄生动物、腐生动物等。

第三，分解者。它是指各种微生物，也包括以有机碎屑为食物的动物。它们以动植物的残骸和排泄物中的有机物质作为维持生命的食物，把那些复杂的有机体分解为简单的有机物重新释放到环境中去，供初级生产者再吸收、再利用，形成了整个生物系统营养物质的大循环。

第四，调控者——人。人既是杂食性消费者，又是整个生态系统的调控者。人在整个生命物质的结构中起决定性的作用。

最后，同是天道创生出来的生命物质，人有理性，理性的存在，使人产生出种种欲望。人的欲望，要远比其他生命物质多得多，也复杂得多。其他生命物质大多数欲望都是围绕着生存本能产生的，或者是动物的食物满足或性满足，以及对自己后代本能的关爱等。其他生命物质的欲望均在天道规则之内，没有脱离天道。人则不同，人不仅有所有生命物质本能产生的欲望，以及生存需要和性爱欲望，人还能通过逻辑推理产生各种理性的、非理性的欲望。人的很多欲望已经使人违背了天理、天德，使人脱离了天道。

"道"创生万物有它的总计划，即总体目的性。这个目的性就是将理性创造给予了人类，希望人类能顺道而为，而不是违道而行。

顺"道"而为就是与万物共生共荣的发展路径，并通过人的理性将"道"进一步弘扬。

然而，人类却将"道"给予人类的特殊理性，当成一己之私的工具，从而抛弃了"天道"，而走上"强道"路线。

道创造了人类的理性，希望人类能与"道"同一。不能以人类社会中人们的社会地位不同而分为贫富贵贱，为官者凌驾于老百姓之上，一些人成为另一些人的主人，另一些人成为另一些人的奴仆；不能以强国欺负弱国，大国霸凌小国。

人类只有处理好人类自身自由、平等、民主的问题，才能在整个生命物种的系统中发挥好控制者的作用。

所以，作为不同于其他生命物种的人类，因人的理性可以认识"道"，这是人类独有的特殊使命，其他生命物种则无法认识"道"，只能被动地与"道"保持同一，而人通过人的思维器官，能认识到"天道"，不仅能使人保持与"道"的同一，而且作为万物之灵长，可以将天道在人类社会进一步发扬光大。

这是天道制造人类的根本目的。

六、"天道"与人类的命运

人类社会以"天道"为主的文化和以"强道"为主的文化此消彼长，成为发展的常态。

现知人类已有300万年的历史。在300万年中，天道文化占据了人类历史的99.6%左右的时间，强道文化出现以及占据主导地位的仅是人类历史的4000年至5000年，占0.45%左右的时间。

在今天的人类社会，很多国家的"强道"文化占据主流社会地位。"强道社会"违背"天道"社会众生平等自由的原则，谁的力量强大谁就占据社会主流地位，以力量强弱决定地位的高低、财富的多寡、人格的尊卑；以暴力统治取代民主共治；以牺牲他人幸福，满足自己的欢心；以无节度地开发利用自然，凸显人类无休无止的欲望。

天道社会是以天的运行规律为人类社会的运行规律，以天德为人类社会的伦理道德，只有建成天道社会，人类和每个人的命运才能与"天道"合一，也才能使人类的命运走上正确的途径。

人生本来无罪，原罪说是不成立的。人生一切皆苦，也是不存在的。人类社会在几百万年的天道社会中，每个人都与天道合一，整个社会自由、民主、平等。人们生活在大自然之中，虽然物质财富不如现今富有，但与人类伴生的大自然，为人类提供了丰富的食物、衣着、居所以及能够满足人们需要的各种生活物资，人们过着无忧无虑的生活。那时没有战争，没有矛盾与斗争，人日出而作，日落而息，每个人都随着自然界的变化而变化，从喜怒哀乐到生老病死，一切都在天道的道路之中。

所以在天道的社会里，人是善良的、自然的，社会是人人的乐土，整个社会是个大家庭，所有人都有一个美满幸福的人生。

人类社会进入强道社会以后，天道社会便逐渐地退出和远离了人类社会，人类社会被那些利益的获得者和剥夺别人利益的人所掌控，他们控制了社会权力，人类社会失去了天道及天德，走上了有别于天道社会的强道社会。这条路就是人类社会从原始社会解体以后，进入奴隶社会、封建社会、资本主义社会。

不可否认，强道社会是人类发展的必然。与天道社会相比，强道社会有它的不合理性，但它却蕴含着原始天道社会的目的性，因为原始社会的天道文化，这种文化必然要被后来的阶级社会强道文化取代，这是社会发展的规律使然，是初级的天道社会必然走向比它更高一级的社会形态的必然结果。

第二讲
道在中庸（上）

　　没有时空之前就是"无"。任何存在都是伴随着时间和空间的存在。时间和空间是存在的基本属性。任何存在都无法超越存在而存在。

　　在宇宙产生之前，是没有宇宙的时间和空间的，这是它的"无"。但宇宙的前身是一个没有现今时空的极至高密度的物质，这又是它的"有"。

　　没有时空的"有"，是宇宙中一种"特殊的存在"。

　　这种"特殊的存在"的"有"，大约在138亿年前发生了一次"大爆炸"。"大爆炸"产生了时空，宇宙从此生成。

　　宇宙生成后，便形成宇宙的二重结构。

　　宇宙二重结构分为：宇宙总的二重结构，即宇宙的内部结构与外部结构的空间二重结构与宇宙产生到现在以及未来的时间二重结构；以宇宙为整体，宇宙之内的所有物质形成的二重结构。

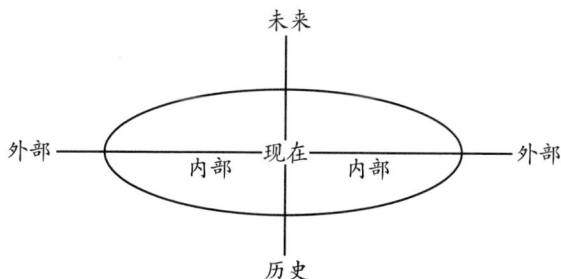

　　从物质存在的空间来看，任何物质都存在一个内部结构与外部结构，从存在的时间来看，都有一个历史的存在、现实的存在和未来的

存在。

我们用二重结构的方法来研究宇宙，就会得到宇宙的三大法则：中庸法则、膨胀法则、收缩法则。

一、宇宙的三大法则

（一）中庸法则

"中庸"一词最早见于《论语》：

> "子曰：'中庸之为德也，其至矣乎！民鲜久矣。'"[1]
>
> "子贡问：'师与商也孰贤？'子曰：'师也过，商也不及。'曰：'然则师愈与？'子曰：'过犹不及。'"[2]

这是说，先有一个中庸的标准，按照这一标准，师也过，商也不及，"过犹不及"。二人都不是中庸。前提是"贤"，说明这里的"中庸"是一个道德标准。

> "子曰：'不得中行而与之，必也狂狷乎！狂者进取，狷者有所不为也。'"[3]

"中行"，指言行举止方面的中庸。狂：激进的人；狷："拘谨"的人。这里的"中庸"，又是人的行为准则。

> "子曰：'不降其志，不辱其身，伯夷、叔齐与！'谓：'柳下惠、少连，降志辱身矣，言中伦，行中虑，其斯而已矣。'谓：'虞仲、夷逸，隐居放言，身中清，废中权。我则异于是，无可

---

[1] 《论语·雍也》。
[2] 《论语·先进》。
[3] 《论语·子路》。

无不可。'"①

柳下惠曾任鲁国的士师，东夷人少连不像伯夷、叔齐那样，而是降低了志向、辱没自己身份。但是，他们二人"言中伦，行中虑"，这里的"中伦"，指合乎法度，"中虑"指思虑符合中庸；虞仲、夷逸隐居故而直言，"身中清"即指清廉，"废中权"，离开权力中心，这两个"中"没有中庸的意思。接着，孔子评价自己，"我则异于是，无可无不可"。意思是说，我和他们则不同，没有什么可以，也没有什么不可以，一切以中庸为准则。这里两处涉及中庸，都是将中庸作为行为方式和思维方式的标准。

"子曰：'夫人不言，言必有中。"②

这里的"中"，指的是恰到好处。

很显然，孔子的中庸思想第一是指人的品德，第二是指人的思维方式和行为方式的最佳状态，即恰到好处，"不过"，也不要"不及"。

第二点也体现了孔子的"用中"思想，如孔子说：

"子曰：'吾有知乎哉？无知也。有鄙夫问于我，空空如也。我叩其两端而竭焉。'"③

为此，人们把孔子的中庸思想上升到"中庸之道"，即将它上升为人们要遵循的道路。

孔子是从"人道"提出中庸思想的，即人的最高品德和人的最高处世方法和原则。这种方法和原则，孔子是否认为它就是天道的原则和认识天道的方法呢？仅现有的文献资料难以说明这一点。我们只能从孔子整理《周易》可能会得出中庸是天道，以及根据他所说的"朝闻道，夕死可矣"《论语·里仁》的"道"，得出，孔子说的"道"，即天道，但

---

① 《论语·微子》。
② 《论语·先进》。
③ 《论语·子罕》。

这也只能是一种推论。

"中"，在汉语中，有空间的中间方位的意义。如许慎的《说文解字》所载："内也……从口、丨，下上通也。""内也"，指在内部；"从口、丨，下上通也"，指在口的中间有"丨"，它居中，将"口"分为左右两部分，而且上下通彻。《孙子·九地》载言："击其中则首尾俱至。"《韩非子·五蠹》记载："田中有株。"此外，还有"中国"等。

"中"又有时间方面的含义，如"中途""中夜""中午"；还有人的心理意识方面的含义，如"心中""意念之中"等。

"庸"，在汉语中主要有"用""普通""普遍"的含义。《说文解字》将"庸"字放在"用部"，解释为"庸"："用也，从用，从庚。庚，更事也。《易》曰：'先庚三日。'"这意思是说，庸有两种含义：

一是与"用"同义。什么是"用"？《说文解字》在解释"用"字时是这样说的："用，可施行也。从卜，从中。"这里面含有十分明确的"用中"的含义；

二是与"庚"同义，"庚"的含义是道路。《尔雅·广言》载："庚，道也。"这说明，庸有"道"的含义。

"庸"除了有"用中"和"道"的含义外，另一层重要的含义就是普通与普遍。《易·乾卦》曰："庸言之信，庸行之谨。""庸"这里当"平时"的意思。《战国策·赵策三》记载："始以先生为庸人，吾乃今日而知先生为天下之士也！"这里的"庸"是"普通"的意思。

所以，"中庸"一词在汉语中的含义如下。

第一，是"中心"。有中心，必定有边缘。"中"字从"口"、从"丨"，这才能体现中的第一要义"中"，如没有边缘的"不中"，中的"中"便没有任何的意义。

第二，是"用"。用是"庸"字的主要含义。这样，将"中""庸"两字结合在一起，便有了"用中"或"中用"的含义。

第三，是"道"。"道"是庸的另一个含义。"中"与"道"组合在一起，便有了"中道"的含义。

第四，是"普遍""普通"。"普遍"与"普通"是庸的另一个含义。"中"与"普通""普遍"组合在一起，"普遍"是用来说明"中"的，是指"中"是普遍存在的。

四点之间，第一点是核心，即"中心"是核心，是体。二点、三点、四点是非核心，是"用"，是体与用的关系。

"中庸"是二，中是中，庸是庸，不能将两者混同；两者又是"一"，即"中"与"庸"相结合成为事物的最佳点。事物通过结构、性质、功能将两者的"最佳点""最恰当"体现出来。

汉语"中庸"两个字，十分准确地概括了宇宙本身的物质结构和运动法则，我们认为它是宇宙的第一法则，或者称之为基础性、根本性、决定性的法则。

1.宇宙物质空间结构遵守中庸法则

从宏观上看，月亮是地球的卫星，所以，月亮以地球为中心约以每秒8公里的速度围绕着地球运转；地球是太阳的行星，以太阳为中心，约以每秒30公里的速度，围绕着太阳运转；太阳系以银河系为中心，以每秒200公里的速度围绕着银河系运转。

那么，银河系又是围绕着谁在运转呢？银河系以每秒600公里的速度急速地冲向小麦哲伦星云，两者相距大约21万光年。科学家又发现，在离银河系大约254万光年的仙女座，也正以每秒110公里的速度驰向银河系。仙女座无论是从体积上还是质量上，都比银河系要大一倍。这说明了在银河系、麦哲伦星云、仙女座外，它们附近一定还会有一个更大的中心在吸引着它们急速地运转。经过长达30年的观察，科学家们终于在2014年发现了一个巨大的天体系统——拉尼亚凯亚超大星系团。这个星系的直径为5.2亿光年，拥有10万个星系团，或者说大约是银河系的10万倍。

超星系团只是现今发现的宇宙中最大的结构之一，还应该有比拉尼亚凯亚超星系团更大的天体。发现拉尼亚凯亚的科学家们使用电波望远镜，观察星系运动的分布图，他们发现在特定的超星系团中，所有星系都会朝向超星系团的质量中心运动。拉尼亚凯亚超星系团的中心被称为"巨引源"（也称"大引力源"）。正是这个巨引源的巨大引力，才拉动着其周边的所有星系，包括银河系、大小麦哲伦星云、仙女座等急剧地运转。

那么，可以得出这样一个结论，即从现今人们所知道的天体结构上看，地球是月亮的中，月亮是地球的庸；太阳是八大行星的中，八大行星是太阳的庸；银河系的银心是中，围绕着银心的银核、银盘、银晕、银冕等为庸；拉尼亚凯亚的"巨引源"是中，围绕着"巨引源"运转的星体为庸。

所以，从宏观的天体来看，无不体现着中与庸的关系。

宏观世界如此，微观世界也是如此。

宇宙中的所有物质都是由原子叠加组成的。一个原子就如一个小的太阳系一样，原子核是原子中的太阳，电子就如同太阳系的行星，围绕着原子核有规律地运动，在原子中跳跃式运转。每一次跳跃都是从一个轨道跃迁到另一个轨道，但它们所跳跃的轨道是固定的，总是在一个特定的轨道上，或者靠近原子核，或远离原子核三分之一，或四分之一的位置。

一个原子里，原子核便是中，而围绕着原子核运转的电子便是庸。

可见，无论宏观世界还是微观世界，物质有序地运行，都是因为存在中庸法则。

这是从物质的空间结构得出的结论，即物质的结构是遵循着中庸法则的。

2. 宇宙物质质量平衡关系遵守中庸法则

在宇宙中，存在着不同级别的宇宙天体中心，首先是宇宙应有一个总的中心，往下是各层级的中心，形成不同层级的中庸天体结构。

宇宙是个从整体到局部有规律地运行的天体。宇宙之所以能有规律地运行，在于宇宙的中庸物质质量平衡法则。

这个法则，即宇宙各层级天体结构的中与庸的质量是恒定的。

在天文学界有一种观点，认为一个天体的形成，密度最大的物体总是最先聚在一起，如星系是以黑洞为中心点发展起来的。这样中心的位置质量最大，形成单元物质恒定的质量关系。

我们从太阳系内部和原子内部可以得出这种质量关系。

太阳系有八大行星，八大行星又有 285 颗卫星，除此之外，还有一些矮行星及其他的小天体。太阳居太阳系的中间，质量占整个太阳系总质量的 99.86%。也就是说整个太阳系，除去太阳，所有的物质、行星、卫星、矮行星以及暗物质、暗能量等合在一起，才占太阳系总质量的 0.14%。

原子的内部结构由原子核和核外电子组成。原子核在原子的中心位置，由质子和中子组成。原子核的体积很小，只占原子的几千亿分之一，但它的质量非常大，占整个原子质量的99.96%。

这是人类已经求得出的比较准确的宏观天体太阳系的中庸结构的质量对比和微观世界原子的中庸结构的质量对比。这说明宇宙中单独或独立单元的物质内部的质量基本是恒定的，即物质的中心部分，占物质总质量的99.8%以上，物质的非中心部分，占物质总质量的0.04%～0.14%之间。这种比例是物质的恒定质量比例。

3.宇宙空间物质引力与斥力的运动平衡关系遵守中庸法则

引力与斥力的相等，使宇宙间物质结构的运动平衡。宇宙从大爆炸起，便形成了宇宙的空间和时间。随着时间的推移，宇宙在不断地膨胀，形成不同等级的天体结构，从最大到最小的物质单元一应俱全。这种物质单元均为中庸物质结构，只要构成中庸物质结构，便会出现物质之间的引力与斥力相等，体现出物质之间力的平衡状态。这样的宇宙时空才能稳固，才能平衡有序。

按照二重结构理论去认知宇宙的现在时空与未来时空的关系，那么时间从现在走向未来，空间从内部走向外部，现在和未来时间交会处、内部与外部空间交会处，一定是斥力大于引力，这样宇宙才会继续向外膨胀扩张。然后，一旦这种扩张完成以后，宇宙内部的物质，二重结构马上又实现物质空间上的引力与斥力相等，使新形成的宇宙边界又成为稳固态的物质空间结构。这种稳固态的物质空间，是以中心物质带动边缘物质在天体中运转，形成自己的运动方式和加入星系的运动方式。

物体"中"的部分，占单元总质量的99%以上，它代表物体运动中的"引力"，而物体"庸"的部分，占单元总质量的0.1%左右，它在"中"之外，代表着物质运动中的"斥力"。自然界的法则是相同的，我们观察到太阳系的质量关系和原子内部的质量关系，说明整个宇宙物质结构的质量关系就是如此，即中心部分质量占99%以上，而边缘部分的质量只占物体的总质量的1%左右。所以，中心代表引力，边缘代表斥力。只有"引力"与"斥力"相等，才能形成一个物质内部和谐的、有序的运行规律。

（二）膨胀法则

现代宇宙学的结论认为，宇宙至少存在138亿年了。宇宙从最初的奇点发生大爆炸，形成宇宙的时空之后，就一直在膨胀着。科学家发现，宇宙不仅在继续膨胀，而且膨胀的速度愈来愈快。

宇宙膨胀除大爆炸产生后的物体，全方位地打开宇宙空间，形成向外的斥力外，星系彼此之间的运动与分离也是宇宙向外膨胀的原因之一。这一分离现象被美国天文学家哈勃在1929年提出。他通过观测遥远星系的光谱线，发现了这些星系的光谱线正远离地球的红移现象。这种远离速度与星系距离地球的距离成正比，这就是著名的哈勃定律。宇宙膨胀的速度可以通过多普勒红移公式计算，即恒星远离地球的速度除以恒星距离地球的距离，得出的数为哈勃常数。这个常数便是宇宙膨胀的速度。

还有一说，宇宙的膨胀速度是由暗能量驱动的。暗能量与暗物质相加物质总量相比非常大，但它是一种理论上假定的能量形式。所以，暗能量在宇宙膨胀中起什么作用尚无定论。

膨胀力是宇宙物质向外运动的一种方式。从二重结构的理论来看，力是物体与物体之间的相互作用，这种作用可以是直接的，也可以是间接的。力的产生是物体间的相互影响，它使物体的运动形式和方式发生了改变。力的要素主要有三点：力的作用主要取决于物体的大小、运动方向、作用点。

宇宙作为一个整体，它向外膨胀，不仅取决于宇宙的质量结构、运动结构所形成的向外扩张的斥力，也取决于宇宙之外物体的质量结构、运动结构所形成的反扩张的反作用力。这两个力决定了物质能否实现扩张式膨胀。

如果我们能求得出宇宙向外扩张的作用力，又能得到宇宙外物体的反作用力，那么我们就可以得出一个结论，即宇宙的对外作用力大于宇宙外物体的反作用力，那么宇宙就会扩张、膨胀。

人类现今无法求得宇宙外部物体的反作用力，但能否可以求出我们宇宙内部的向外的作用力，即斥力？这种斥力理论上应包括大爆炸产生物体向外的斥力，也包括星系之间作用力而形成的宇宙膨胀力，以及暗能量产生的膨胀力。

但问题是，宇宙中暗物质占据了宇宙质量的23%，暗能量占宇宙能量的73%，而对于暗物质和暗能量究竟是什么，人类并不清楚。许多天文学家认为，这种暗物质的主要成分并非常态物质。暗物质完全有可能是"非量子"的，也就是说，暗物质的组成成分，可能不是原子，或与原子完全不同，有可能是以一种独特的超原子粒子的形态存在。

　　所以，科学家在力求找到宇宙物质的质量运动，与宇宙的膨胀的数值多少，即宇宙对外部的作用力，但可惜人类至今还无法做到。

　　按照二重结构理论对宇宙物质运动的理解，宇宙自身就是无穷无尽的物质二重结构，这种二重结构形成的物质自身的作用力与反作用力，只要从中庸物质结构的运动内求得出物质中与庸的作用力与反作用力，那么在整个宇宙之内，便是同一的。作用力和反作用力相等，但在运动中仍然会有一个向外的斥力存在。这个向外的斥力就是宇宙向外的膨胀力，也是宇宙大爆炸产生斥力的现代结果与表现。

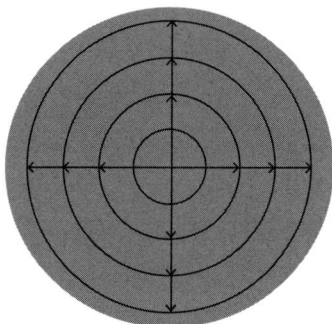

宇宙膨胀二重结构图

（三）收缩法则

　　宇宙有膨胀，就必然有收缩。

　　宇宙大爆炸之后的空间膨胀，是宇宙物质之间的引力与斥力运动的结果。宇宙大爆炸产生的斥力，使宇宙的天体不断地远离、膨胀，而物质自身的引力，又在阻止天体远离。所以天体物质质量的大小、宇宙空间物质密度的大小，决定了宇宙是继续膨胀还是停止膨胀，或开始收缩这三种可能。

　　如从物质的能量守恒定律看，宇宙间的物质能力是不变的，但伴随着宇宙空间的不断膨胀，宇宙物质的平均密度就会变得愈来愈"稀薄"，因为物质质量的空间平均密度下降，必然使宇宙物质的引力下降，这便形成了开放型的宇宙，即宇宙当中的物质质量不足以使得宇宙的膨胀扩张运动停止下来。反之，如果宇宙的平均密度大于临界密度，膨胀就会停止，并随之出现收缩，这被称为闭合型的宇宙。

宇宙临界密度是理论上存在的某种临界密度值。根据爱因斯坦的广义相对论，如果一个以物质为主的宇宙停止膨胀，那么，此时所对应的宇宙密度就是临界密度。具体说，当宇宙中物质平均密度小于这个临界密度时，宇宙就会一直膨胀下去，而若是物质平均密度大于临界密度，膨胀就会停止，收缩随之开始。

天文学界给出临界密度为 $5 \times 10^{-30g/cm3}$。而宇宙中物质的平均密度只有 $2 \times 10^{-31g/cm3}$，这说明宇宙物质的平均密度值远远低于临界密度值。但宇宙平均密度值只是发光物质，不包括大量的尚未观测到的暗物质、暗能量。因此，宇宙平均密度是否小于临界密度，这是个有争议的问题。

如果宇宙物质平均密度达到临界密度，宇宙便开始收缩，很可能开始时速度很慢，但后来会加剧收缩，星系会彼此并合，恒星会频繁相撞，宇宙温度升到 4000K，电子开始从原子中脱离出来，温度再升至几百万 K，所有的中子和质子也从原子核中脱离出来。当电子从原子中脱离出来，中子和质子从原子核中脱离出来，宇宙所有物质的中庸结构便被打破了，整个宇宙开始失序，接着便是宇宙的"大爆缩"。

"大爆缩"之后，空间和时间以及所有物质，都返回"大爆炸"之前的状态。

从二重结构理论的角度分析宇宙收缩的过程，如果某一天宇宙开始收缩，那一天对今天来说是未来，但对收缩开始来说是现在，而收缩到大爆炸的奇点，又是未来。

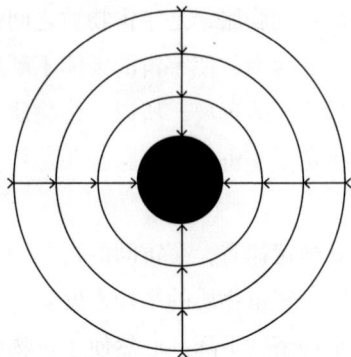

宇宙收缩二重结构图

为此，我们就可以得出以下结论。

第一，宇宙开始停止膨胀，是宇宙物质平均密度与临界密度相等。那么，就可以得出：宇宙物质平均密度＝临界密度＝宇宙外部物体的平均密度。

第二，宇宙开始收缩，是宇宙物质平均密度大于临界密度。即宇宙物质平均密度＞临界密度＞宇宙外部物体的平均密度。

二、中庸是物质的基本结构

（一）宇宙的中庸结构

从现代天文学理论和人类对天体观测的现状，得出的结论是：宇宙没有中心。

没有中心说理论源于宇宙大爆炸。大爆炸起源于宇宙大爆炸前无限密集的原点，然后炸出一个宇宙时空，导致了宇宙至今还在向边缘膨胀。观测表明，这种膨胀是均匀的，且各向同性的。这是说，无论你身处宇宙的任何地方观测宇宙，你都会看到相同的膨胀效果。因此，宇宙是没有中心的。

这就使我们不得不产生以下诸种疑问。

第一，在宇宙中，微观的物质原子是有中心的，原子核即原子中心。宏观的物质太阳系，太阳就是太阳系的中心。我们还能说出银河系、大小麦哲伦星云都有中心，那么，由这些无数个星系组成的宇宙，为什么就没有中心呢？这不符合我们研究物质能量和它们之间相互作用的规律。在物理学中有一个基本的原则，即物理法则在不同情况下是一样的，也就是说，物理法则在任何时候、任何地点都是实用的，不受特定条件的限制。因为，既然宇宙中的微观物质和宏观物质都存在一个中心与边缘的结构，那么，建立在微观和宏观物质基础上的宇宙，不应该没有中心。

第二，任何物质的中心均起着物质存在的自身质量平衡和运动平衡的作用。任何物质一旦失去中心，平衡就会被打破。打破平衡的物质，就会由一种平衡的存在状态变化为另一种非平衡的存在状态。宇宙自产生以来，一直处于平衡、有序、稳定的状态，那么这个平衡、有序、稳定又是如何得来的呢？如果宇宙没有一个中心，谁来决定宇宙的平衡、有序和稳定？

第三，天文学界已经发现了拉尼亚凯亚超星系团，它拥有10万个星系团，而且科学家把这个"星系团"称为"巨引源"，也就是"引力源"。而"引力源"就是这个超星系团的中心，这仅仅是人类通过已有的手段刚刚发现不久的天体，谁能说在以后的观测中就不会发现比这个更大的天体，更大的"引力源"？乃至真的发现宇宙是有中心的呢？

最新的科学研究结果表明，宇宙存在着一个特殊的轴心。科学家们通过观测，发现了微波背景辐射（CMB）的改变。CMB是大爆炸之后遗留下来的辐射。1965年，由阿诺·彭齐亚斯和罗伯特·威尔逊发现这种辐射。CMB并非完全均匀，带有微小温度波动和偏振信号，记录了宇宙的早期信息。最新的研究证明，宇宙在某个特定的方向，CMB的温度似乎比其他地方略高，而且这种温度偏高的现象是持续的。这种特殊现象也在多个独立的观测点上被证实。这让科学家把目光集中在远处的星系上。科学家惊奇地发现，这些星系的分布并不规则，但每个星系都被一种看不见的力量吸引着，形成一个巨大的结构。按照宇宙学大尺寸原理，宇宙是均匀并各向同性，星系空间分布不该有偏好的方向。但让人惊奇的是，科学家在观测轴线的时候，发现它们几乎都指向了同一方向，这让科学家提出了一个大胆的猜测：宇宙可能有一个轴心。而且在这个地方，它的物质密度和能量密度，也远远地超过了其他地方，正是在这些观测的基础上，科学家们提出了宇宙轴心的概念。

轴心说的创立，至少可以说明宇宙并非像过去科学家提出的宇宙是均匀分布，各向同性的，这直接挑战了宇宙学的基础，可能会使原来形成的宇宙学理论体系产生动摇。

如果宇宙中心真的存在，那么整个宇宙就是一个完整的整体，有全部与局部，有中心与非中心，那么宇宙的物质结构，从原子到整个宇宙，都是中庸物质结构，宇宙的中心即为中，中心之外的部分即为庸。

（二）银河系的中庸结构

科学家们在大量星系的中心处，都发现了质量极大的物体，银河系也同样如此。在银河系最内部的中心处，存在着气体和恒星。这些中心的星系包括仙女座星系、三角星系、大小麦哲伦星系、M32和M110等。这些星系正在做高速的旋涡运转——就如在围绕着几百万倍于太阳质量的黑洞进行旋转。通过观察可以得知，银河系的中心同样存在物体质量密度极高的区域，这些区域旋转物质的量比普通星系的核心处还要大得多。它的形状呈扁的旋转椭球体状，长轴为1.3万～1.6万光年，厚约1.3万光年。让人吃惊的是，这些中心地域有10亿倍太阳质量的物质聚集在仅有几光年的空间里。

银河系旋转速度约每秒220～250公里，其旋转一圈约2亿光年。整个银河系，大约有1000亿～4000亿颗恒星，而这些恒星并非"一盘散沙"，都是在整体有序地运转着。银河系的恒星主要分布在一个如同凸透镜状的扁平空间里，这就是人们所称的"银盘"。银盘以轴对称形式分布在银核的周围，对称的轴被称为银轴。整个银盘呈现出平面对称结构，对称面我们称为银道面。银盘主盘的直径约为10万～12万光年。太阳系在银河系之中，太阳到银河系中心，即银心的距离为2.6万光年，从太阳到银道面的距离仅为20～30光年。银盘的厚度不一样，靠近银核的地方厚度约为6500光年，靠近太阳的地方厚度为3300光年。

银河系的银盘中存有若干条旋臂，现已知的旋臂有英仙臂、猎户臂、人马臂等。银河系内的所有天体，都围绕着银河系的中心运转，组成银河系星系中庸的天体结构。

（三）太阳系的中庸结构

太阳是太阳系的中心天体。太阳的直径约为140万公里。太阳自身结构分为六层：第一层最里面的中心是核反应区，也叫日核，核心区半径是太阳半径的25%，体积是太阳的1/64，质量占太阳的一半以上，能量占太阳的99%，中心温度为1500万K，密度为每立方厘米160克。第二层是辐射区，厚度约30万公里，体积约占太阳的一半，其从核反应区吸收辐射再向外发射辐射，将太阳能量向外转移。第三层是对流区，体积是太阳半径的0.28，对流区不透明，以物质对流方式向外传送能量。第四层是光球层。它是对流层的顶层，厚度只有500公里，是太阳的表层。表层有浓密的大气底层，温度达5770K，太阳光绝大部分是从这里发出的。第五层是色球层，厚度为2000～10000公里，物质稀疏而透明，平时看不见，只有日全食才能见到，如一层玫瑰红色包裹着太阳。第六层是日冕层，这是太阳最外层的大气层。光球层、色球层和日冕层也被科学家称为太阳大气层，而将核反应区、辐射区、对流区等称为太阳内部或太阳的本体。

从太阳自身构成的结构来看，它就如一个大号的原子，最里层的核反应区就是原子核，即"中"，其他五层是非中心部分，为"庸"。

太阳系的行星、卫星都有固定的运行轨道，无论是行星绕太阳的公转，还是卫星绕行星公转，以及行星和卫星的自转，都有一些明显的共同特征，即近圆性、共面性和同向性，使太阳系天体运动呈现十分有序、稳固、规律的"和谐"，充分体现运动中的中庸关系。

（四）地球的中庸结构

地球是太阳系中唯一适宜于生命繁衍的星球。所以地球的物理结构在太阳系中有别于其他星球，但又不失物质中庸结构。

首先，从地球物质的基本成分来看，原子依然与其他星球一样，均为物质中庸结构。

其次，就地球本体结构来看，地球的外表面是一层很薄的地壳，大陆厚度平均为40公里，海洋约为10公里；而在地壳下面有厚度为2900公里的地幔；从地幔再往下便是地核，地核分为内核和外核，外核厚度约2250公里，是液态状物体，内核约厚为1220公里，是固态物体。地壳、地幔、外核、内核的质量占比分别为0.5%、67%、30.8%和1.7%。

早在16世纪，牛顿就推断出地球平均密度是地面岩石的两倍，而且愈往深处，物质密度就越大。地球内部有着很多放射性元素，不断地产生大量的热能，使地球中心的温度达到4500℃。由于地球内部有着巨大的热能，这使地球像一个烧开了的大锅炉，内部在剧烈地运动着。

地球的中心在地核，地核在地球内部运动中起着决定性作用。首先，地核对地球的磁场产生决定性的影响，而磁场既保护了地球生命免受太阳耀斑的影响，又维持了大气层的存在，使地球适宜于生命体的生长。其次，地核温度决定了地球磁场的稳定。最后，地核的热能对地球的结构和功能起着决定性作用，如果地核温度降低，就会影响地球上固体物质和液体物质存在的状态，会导致整个地球生存环境的变化，可能会使所有生命都无法生存。

　　所以，地核这个"中"，在地球物质中庸结构中起着决定性的作用。虽然地核的质量要小于太阳核反应区的质量，而也正是因为地核的质量小，才决定了地幔、地壳以及地面乃至大气层的温度，只有这样的温度才能使生命物质存在。

第三讲
道在中庸（下）

一、为什么道在中庸

整个宇宙离不开"中"。宇宙不能失"中"。如果宇宙失"中"，整个宇宙就会失去平衡，宇宙就会坍塌，就会收缩，乃至回到宇宙时空的起点。

（一）"中庸"决定了一切万物的秩序

中庸是物质的基本结构。任何事物都有一种结构式的存在。

任何物质的结构都存在"中"与"不中"的部分。居中的部分物质质量大，能量大；居边缘的部分物质质量小，能量小，如太阳系，太阳质量占整个太阳系质量的99.86%以上，其他行星等所有质量只占0.14%。

太阳系是宇宙的一部分。太阳系的稳定与平衡，直接影响到银河系乃至整个宇宙的稳定与平衡。太阳系的平衡与稳定是由太阳的"中"决定的。如果太阳失"中"，那么太阳系的平衡与稳定就会被打破，整个太阳系就会处于一种相碰撞、相摧毁的混乱状态。

现今有一种说法，即宇宙的平衡与稳定是由物质之间的引力和顶力波共同决定的。从宇宙的范围讲，存在着物质的平衡、能量的平衡和力量的平衡。这三种平衡都取决于物质结构的平衡。如宏观太阳系中与庸物质的质量关系，与微观原子中与庸的质量关系，"中"都占99%以上，

"庸"只占1%左右。这能否说明两个问题：第一，这种质量比例关系，使太阳系及原子自身的内部平衡与稳定；第二，太阳系和原子都能独立存在于宇宙之中，这说明，这种内部质量比例，与外部物质表现为一种质量、能量、力量的平衡关系。

物质平衡指的是宇宙之中物质分布处于一种相对平衡的状态，如星系中恒星和行星相对均匀地分布在星系的空间；能量的平衡是指宇宙能量处在一种平衡的状态，如恒星核聚变产生的能量，同时又受到自身的引力束缚，使得它产生的能量与消耗的能量达到平衡；力量的平衡是宇宙之中各种力量，如引力、电磁力、强力和弱力等相互作用，最后达到平衡。

这些平衡的实现，均以物质存在的结构为基础，物质结构是产生这三种平衡的先决条件。所有物质的质量、能量、力都存在于物质的结构之中。

太阳系的"中"决定了太阳系的平衡和稳定。它说明整个宇宙形成了无数个像太阳系一样的"中"与"庸"的物质结构。宇宙中无数个恒星系的平衡与稳定，也说明在整个宇宙之中，存在着一个超越所有星系的质量和能量的宇宙中心，这个中心的质量也应该是太阳系太阳与其他物质的同样质量比，中心质量占99%以上，而宇宙所有的星系质量只占1%左右。只要宇宙中心的质量比例不发生改变，整个宇宙就不会坍塌，宇宙就不会失衡。

由此可见，中庸是宇宙平衡与稳定的基础，是"道"作用于宇宙的体现。

（二）事物的根本在中庸

事物的本质是事物的根本属性，是事物自身组成要素之间相对稳定的内在联系。

如不同原子的本性区别是原子中的质子数量的不同。氧原子核内的质子数是8，碳原子核内的质子数是6，氢原子核内的质子数是1，铁原子核内的质子数是26。同时，原子核的性质还要受到核内中子的影响。

这说明不同物质的原子具有不同的质子数和中子数，是由不同的原子核组成的，这是物质本质的"中"，而原子核外电子数与核内质子数相等，这便是物质本质的"庸"。

可见，物质的性质也是由物质的中庸结构决定的。

如世界上的生物，所有生物都是由细胞组成的。细胞是生物体的基本单位，细胞数量的不同组成生物体结构的不同，这是生物的量，而生物的质是遗传信息DNA。无论是植物、动物还是微生物，它们都要依赖DNA来传递遗传信息。DNA便是生物的本质。DNA分子的功能是储存决定物种性状的几乎所有蛋白质和RNA分子的全部遗传信息。

"中"就是物体的本质，这是每一物体独有的、不变的。每个生物体都有自己独特的DNA。DNA存在于生物体的细胞中，主要在细胞核内，是每个生命体特有的本性，是"中"；每个生命是由环境决定的，这便是"庸"。如果我们研究一生命物体，首先要确定这一物体的DNA，只有确定了生命物体的DNA，才能抓住这一生命物质的根本。确定了这一生命物体的DNA后，我们再去确定这一生命物体细胞的生长环境对它衰变的影响，我们也就抓住了生命体的本质，即抓住"中"，又掌握了"庸"，又了解了生命体现阶段发展的全部。

原子核中的质子和细胞中的DNA，两者决定物质的本质，这是纯物质世界，即人们的客观世界，说明中庸物质结构对物质本性的决定关系。

那么，在人类社会，中庸是否也起同样的作用呢？

事物，是指客观存在的一切物体和现象。作为一个主体的人来说，你面对的人类社会以及自然界都是你的客体。自然界客体物质的根本性是由物质的中庸结构决定的，那么有人活动的客观世界，以人为主体的事物，事物的中庸结构仍然决定着事物自身的发展。

汉语中的"事"，用来表示人的活动，所以有"事情""事业""事件""事故"等。这都体现出人活动的意向。虽然"事"有千种万种，但每件事都有一个时空二重结构的关系，即在时空中发生、发展、结束的过程。在这个过程中，每件"事"都会有一个核心的性质。这个性质就是人们在事情进行中最核心、最主要的活动，这个活动决定了事情的开始、演进、结束的全过程。一件事情最核心的活动就是"中"，而非核心的活动就是"庸"。抓住了事物过程中人的核心活动，就抓住了由人引发的事物的本质。

所以，把它确定在核心活动上，就在于这个活动是事情、事物的本质点。人怎样才能达到这个本质点，就是孔子讲的"过犹不及"，"过"了不是中庸，"不及"也不是中庸，中庸是在既不"过"，又不"不及"，即恰到好处。

所以，从这一点讲，事物的根本在中庸，能将事物处理得恰到好处的发展状况就是中庸。

（三）事物的规律在中庸

事物只有在"中心"（中）与"非中心"（庸）部分确定后，你才会看见事物二重结构的整体，才会形成一个稳定的关系体系。如果这种关系没有确定下来，那么事物便会处在居无定所、上蹿下跳、毫无秩序的状态，事物发展变化的线路轨迹也是混乱无章的。

从物质自身的发展规律来看，物质发展变化的规律是由物质自身的结构决定的。规律存在于自然界各种物体的关系和相互作用之中。而物质之间的相互关系和作用，是通过力表现出来的。

什么是力？力是使物体改变运动状态或形态的根本原因；是物体对物体的作用，而且力的作用是相互的；是引起物质场和能量场使物质发生各种变化的直接原因。在自然界中存在四种基本力：引力、电磁力、弱力、强力。这四种力及由力引起的场和能量是宇宙万物的根源。从某种意义上讲，对宇宙万物本质及规律的探索，也就是对这四种力及场和能量的探索。这四种力和物质的场、能量对物质结构的形成和维持起着决定性的作用，物质结构又决定了力、场、能量的存在和性质。

这就说明，物质的结构是力、场、能量相互作用的结果，我们通过了解力、场、能量在物质结构之间的作用与表现，即可以抓住宇宙万物的运动本质与规律。

对自然界规律的探索需要从结构和力、场、能量的方面入手，这样才能抓住物质的本质和规律。

那么，若要探寻作为人类活动而形成的事物规律，同样也需要从事物的结构和力、场、能量的作用入手，因为这样才能符合人类社会的发展规律。

所以，事物存在的两种状态十分重要。

第一种状态，即位置。位置即空间。任何事物都是存在于它所限定的空间之中。在限定的空间中能否准确确定自己的位置十分重要。所在的位置是否正确，这直接涉及自身的能量、场所处的位置与周围的环境是否吻合，它决定了与周围所有事物的关系是否正确与合理。如果它所处的位置与自身的能量场所吻合，它就会与周边的事物保持一种融洽的和谐关系，如果它的能量场与周边的事物不相吻合，就会引起争执与混乱，产生一种不和谐的关系。

位置的确定：首先，要确定自己的中庸关系，谁为中，谁为庸应该十分清楚和明确。在事物的中庸链条上，找到自己所在的位置。因为，中有中的运行轨道，庸有庸的运行轨道，两者绝不能混淆，如果中庸颠倒，便会本末倒置。其次，建立自己能量场的正确关系，即对自己所依附的"中"或"庸"的关系，或自己作为"中"而与被依附的"庸"的关系。

第二种状态，即运动。运动是事物的基本属性。事物无时无刻不在运动，所谓的静止都是运动的另一种存在方式。运动也是人活动力的体现。人通过自己在特定空间的活动，去做自己想做的事情，使人与人、人与物发生相互作用和联系。运动也是过程，即指任何事物的发展都有过程，过程在时间中体现。没有过程不表现为时间，也没有时间不表现为过程。事物与事物是在过程中相遇的，也是在时间中相遇的。所以，事物相遇的时间十分重要，会相互出现在该相遇和不该相遇的时间。一事物与其他事物始终出现在该出现的时间，与周围的事物的关系就是融洽的、和谐的。如果一事物总在它不该出现的时间出现，那么它与周围的事物就会发生矛盾、发生争执，导致事物之间的关系混乱与无秩序。事物的有秩序出现则表现为事物发展的规律性，这种规律性，在物质的身上表现得十分充分，如天体运动、植物的新陈代谢、生物体生老病死等。

位置是事物的空间"中"与"庸"的关系，即事物自身中心的问题有哪些，非中心的问题有哪些。随着空间的变化，中与庸的关系是否发生改变。运动是事物的时间"中"与"庸"的关系，即事物自身发展到现在，历史上的中心问题还存留哪些，非中心的问题还遗存哪些；未来的中心问题是什么，非中心的问题是什么。我们将事物存在于空间二重结构、时间二重结构全部厘清之后，就会看清事物发展的全程。任何事物都有它运动存在的先后顺序，事物在决定中，依照它们存在的位置相互运动、作用。这种运动与作用表现为万物自身的"中"与"庸"的作用。

万事万物不同事物之间的运动与作用，会导致事物中庸的位置和关系发生变化。

事物均受到事物之间相互作用力的作用。相互作用力在"中"与"庸"事物结构上起作用。首先，受自身的"中"与"庸"的相互作用力起作用，才能成为独立的自身。其次，这种自身的"中"与"庸"表现为对立统一。对立，表现为"中"与"庸"的对立；统一，表现为"中"与"庸"的统一，即两者为一个整体。再次，"中"与"庸"是一个物质、一个事物，同时这一事物又受它外部的无数的"中"与"庸"作用，这使它可能会有两种身份，或者是"中"或者是"庸"，对某个局部来谈，它可能是"中"，也可能是"庸"，是"中"还是"庸"，是由它自身所在物质结构决定，即结构中质量的对比所决定的。

对一个相对更大的局部或更大的整体来说，它的"中"与"庸"的身份就会发生改变。

（四）中庸的定义是什么

1.中庸是道：存在之道（结构）、运行之道（平衡）、变化之道（相互作用）。

2.中庸是方法论：不过也不及（恰到好处）、事物的性质（关键处）。

3.中庸是道德的最高标准：将中庸作为人的思维方式与行为方式，使人处处中庸，事事中庸。

4.中与庸的关系：一分为二、中即中、庸即庸；合二为一，中与庸不可分割，是一个整体。它体现了中与庸之间的相互作用。

二、道在中庸与二重结构

（一）什么是二重结构

"二重结构"，是反映事物结构在相互联系、相互作用时，出现在空间时间上连接、架构的重叠对称与非对称的关系。这种重叠对称与非对称的关系，从物质之间的结构、功能、性质、规律上表现出来。

顾名思义，社会二重结构是指社会结构——内部结构与外部结构、历史结构与现实结构、现实结构与未来结构在相互作用时，出现在时空连接、架构的重叠对称与非对称的关系。同理，这种重叠对称与非对称的关系，也是从社会结构之间的结构、功能、性质、规律上表现出来的。

二重结构具有以下范畴。

1.空间：三维性，广延性；内外；长宽高；共时态。

2.时间：一维性；历史、现实、未来；历时态。

3.二重结构：宇宙物质结构。

4.社会二重结构：人类生存的自然界的二重结构和人类社会由人组成的社会二重结构。

5.架构：一维时间结构的叠加。

6.重叠：事物之间对应的两两存在及相互作用。

7.对称：事物在结构、功能、性质、规律等方面的相同。

8.非对称：事物在结构、功能、性质、规律等方面的不同。

（二）二重结构是物质、精神客观存在、运动、变化的结构

对人而言，无论是物质的存在还是精神的存在，都统称为事物的存在。不论你的思想意识是否正确反映事物的二重存在，事物的二重存在都是客观的。任何事物都是在时空的存在，时空的存在决定了事物有它的过去、现在、将来，以及事物本身的内部和与它发生联系的外部。存在不是静止的，必然引起事物与事物之间发生作用。作用的结果使双方的结构发生改变，又呈现出新的二重存在状态。

（三）二重结构是事物发展变化的规律

事物存在发展变化的二重，其中表现出规律的二重。

如日月星辰、斗转星移、岁月更替、物质存在、运动、变化等，都在进行周而复始的运动与变化，表现出各种规律重叠式的转换，这种规律的二重重叠（包括对立统一、质量互变、否定之否定规律的重叠）是无时无刻地进行着，也正是这些规律的重叠，推动着事物螺旋式地向前发展。

（四）二重结构是人类认识事物的十字方法

二重结构的方法，来自自然界、人类社会本身。它包含以下几种方法。

一是演绎。我们可以从很多种二重事物发展变化的过程中，从其中一个事物开始及发展的不同阶段，研究它的二重结构的性质、功能、规律，然后通过演绎方法寻找到它的同类的无差别的二重结构，就可以得出同类的无差别的二重结构的性质、功能、规律。在此基础上，再去研究那些同类的有差别的二重结构，研究出它的同类重叠、对称有哪些？同类非重叠、非对称的有哪些？这些重叠、对称在事物性质、功能、规律中起怎样的作用？是决定性作用，还是非决定性作用。那些同类非重叠、非对称在事物性质、功能、规律中起怎样的作用？是决定性作用，还是非决定性作用。

二是归纳。当很多二重结构的事物同时出现时，先将所有二重结构事物之间相对称、相重叠的找出来，研究这些共同对称和重叠的事物的结构、功能和规律。当找到它们的共同结构、功能和规律之后，便可通过归纳方法得出这些共同的二重之间的联系和作用。在此基础上再去研究那些非对称、非重叠的部分，找到具体个别事物的自己的特点，研究这些特点在事物发展过程中的作用和规律。

三是时空。通过演绎和归纳我们便可以区分事物结构、功能、规律的相同与相异，也可以了解二重结构或社会二重结构的联系和作用，但这仅仅限于事物的自身，事物如何发展变化，还取决于事物所处的时空二重结构。任何事物都处在特定的社会时空之中，事物都有它过去、现在、未来的时间二重结构和内部与外部的空间二重结构。一种事物的发展，是由它的时空四结构决定的。这四种结构便是时间上的历史结构与现实结构，空间上的内部结构与外部结构。这四个结构的作用，决定了这一事物发展的未来结构，也是事物发展的未来状态及结果。当我们将事物放在时空二重结构之中，我们就可以清楚地看到，决定一种事物发展变化的原因是什么？它又会怎样地变化、怎样地发展，它的结果也会显现在我们的面前。

事物均由其自身发展的二重结构决定。

二重结构是一个"十"字。"十"字的"一"横，代表着宇宙宏观物质、微观物质，以及人类社会存在空间的横切面，也代表着空间的共时态；"十"字的"丨"竖，代表着宇宙宏观物质、微观物质，以及人类社会存在时间的竖切面，也代表着时间的历时态。横、竖两个笔画合成一个"十"字，组成了物质存在的时空。每个人、每件事、每个物都有它存在的"十"字时空。

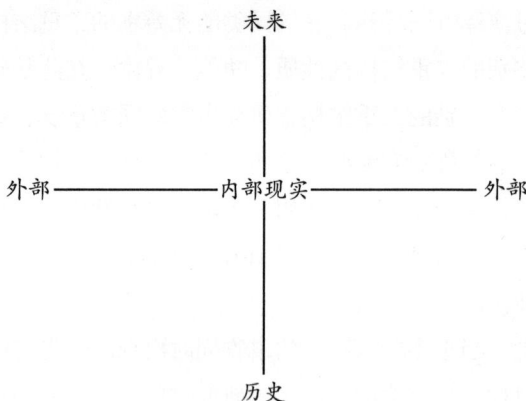

二重结构的"十"字图示

宇宙中的任何事物，无论是历史的、现实的，都在时间的二重结构中发展与变化，宇宙中的任何事物，都在空间的二重结构中发展与变化，组成同时、同域、不同时、不同域的时空二重结构。在这个二重结构中产生力的作用、场的形成、能量的转换，从而导致了宇宙间事物的千变万化。人们在这种变化之中总结出对立统一、量变互变、否定之否定三大规律，以及内容和形式、现象和本质、原因和结果、可能性和现实性、偶然性和必然性五大范畴。三大规律和五大范畴是事物在时空二重结构中的存在与运动，即力、场、能量的表现，而力、场、能量的存在与运动是受物质中庸结构决定的。

三、中庸是"道"

（一）道生"一"，"一"是不二法门，中庸是不二法门

"一"是道的缘起。老子讲"道生一"。即道最先生出来的就是

"一"。"一"在万物之前。"道生一，一生二，二生三，三生万物。"

所以"一"也是道的化身。

佛家有个"不二法门"的说法。意思是直接入道，不可言传的法门。以后人们将其比喻为最好的或独一无二的方法。

"道"也是这样。道最先生出的"一"。你要了解道，进入道，都绕不过"一"，都要通过"一"，否则进不去，这就是"不二法门"。

中庸也是这样。道既是虚无的，又是实实在在的。我们总去讲虚幻的道，虚空、无，那么你就会处在虚无缥缈的空幻之中。道还有实实在在的一面，即它的"有"，它的"有"就是存在于万事万物之中。可它这种"有"，又是一种特殊的"有"。它存在于万事万物之中，可你又摸不着它，看不见它。它是什么？它是事物之间的相互作用的关系。万事万物当中，你见不到"道"，也见不到"一"。见到的是万事万物当中都有一个中庸，即构成万事万物的中庸结构。这时的中庸，就是"道"的化身，也就是"一"。

为什么中庸是"道"，是"一"的化身呢？我们从万事万物的存在和运动中可知，凡是有存在，有运动，都离不开中庸，中庸是事物中唯一的存在和运动的相互关系。

（二）道决定了事物的存在、运动、变化状态

宏观的宇宙、银河系、太阳系以及微观的原子的存在、运动、变化状态都是由道决定的。但宏观的太阳系与微观的原子的存在、运动、变化等状态正是太阳系、原子结构化、关系化的中庸体现。只有从中庸结构上、关系上去看太阳系、原子的存在、运动的变化，才能看到道在其中的作用，从而说明事物的中庸结构和关系是道在事物之中的化身。

（三）宇宙中之所以万物有序、有规律地运转，是道起着决定作用的

道是怎样起决定作用的呢？我们还要从决定宇宙中万物存在、运动的变化与有序的原因上寻找。决定万物的有序最主要的原因是物质存在中庸的物质结构。中庸的物质结构既决定了微观世界的物质存在、运动变化的平衡，也决定了宏观世界的物质存在、运动变化的平衡。从二重结构来看，首先决定了物质空间分布的平衡，即每个单元的物质既是它内部的存在、运动的平衡，又是它内部与外部的存在、运动的平衡。如此就出现空间局部平衡的物质二重结构。再由无数个局部平衡的二重结构，构成整个天体，乃至宇宙平衡的二重结构。其次决定了物质时间推移的平衡。事物的中庸结构随着时间的变化，呈现出物质的生死存活的生命周期。任何物质，无论有生命的，还是无生命的都在进行生死存活的变化，因为构成物质的原子都有自己的生命周期，也都在进行着生与死的循环。而事物在时间的推移中，均以单位为主进行整体推移，因为任何物质无法实现非整体的推移。只有以整体的物质时间推移，才能使物质保持平衡，而这种整体推移，就是物质中庸结构的整体推移。这样就由无数个物质的整体随着时间推移，构成历史、现实、未来的平衡二重结构。因此，在宇宙中，道对万事万物有序平衡的作用，是通过物质中庸结构实现的。

（四）宇宙中所有物质的性质和形式是由道决定的，而实现的途径是通过物质的中庸结构实现的

宇宙中有多少种物质，就有多少种物质的中庸结构。物质与物质之间，他们的中庸结构都是不一样的。如每个人的DNA都有所不同，导致了每个人的生命细胞的不同；同为原子，但原子与原子核的衰变不同，也导致了原子的状态不同。所以道要决定物质的性质和形式，必须通过中庸物质结构才能实现。

四、二重结构与中庸的相同与不同

（一）相同

一是，两者被道同时创生。

二是，两者是事物结构的体现。

三是，两者是事物运动、发展变化规律的体现。

四是，两者是认识客观事物的方法。

（二）不同

一是，二重结构是物质时空相重叠、相对应的结构，中庸是物质时空中的中心和非中心结构。中庸是宇宙物质存在、运动的平衡规律，二重结构是宇宙物质相互作用的规律。

二是，中庸主要体现物质自身的内部结构的相互作用，其次才体现物质之间的相互作用；二重结构主要体现物质之间的相互作用，其次才体现物质内部之间的相互作用。

三是，二重结构是人们在对宇宙及人类社会进行研究时采用的演绎、归纳、时空的方法；而中庸是对整个宇宙、自然界以及人类社会进行研究时采用的中心与非中心、平衡与非平衡、整体与局部的方法。

五、人与天道、中庸、二重结构三者的关系

人，作为认识客观世界和主观能动性活动的主体，既受天道、中庸、二重结构对人的制约与支配，又不受制约与支配。人们一直进行选择性的接受与排斥。但无论人们接受还是排斥，都时时刻刻与"三者"形成各种各样的关系。正是"三者"不断地以各种方式作用于人，人又不断地作用于"三者"，才使人们的思维方式和行为方式千奇百怪，各不相同，产生不同时空下的物质文化与精神文化。

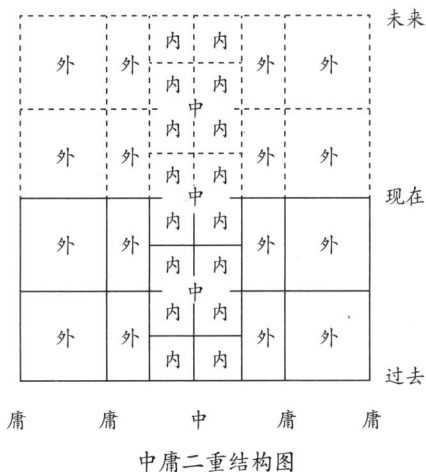

中庸二重结构图

人与天道、中庸、二重结构三者之间的关系：

首先，实现天道是人的最终目的；中庸及二重结构是人们实现天道的方法和途径。

其次，人与中庸、二重结构实现天道的三对关系。

第一，历史关系。

现实阶段刚刚完成的事物，它已经发展成为历史的中庸、二重结构的事物。

现实存在的事物，它的历史中庸、二重结构的存在。

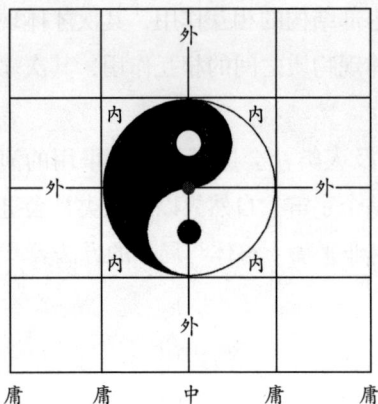

注："十六宫格"中的太极、二重结构，均以"实线"标记，说明是事物的时空历史上存在的。

历史天道、中庸、二重结构图示

第二，现实关系。

半个实太极、半个虚太极。现实阶段处于历史与未来交替之中，形成现实时间的太极中庸与太极二重结构。

半个实内部、半个虚内部。现实阶段处于历史与未来交替之中，形成现实空间的太极中庸与太极二重结构。

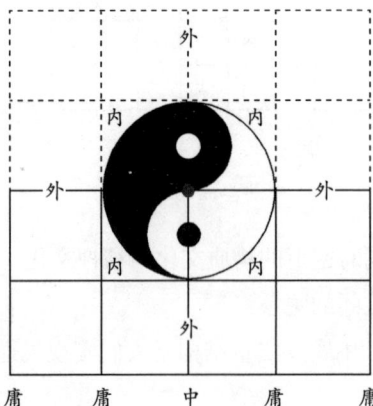

注："十六宫格"的上半部以虚线标示，以说明现实阶段的未来时空。中庸、二重结构的未来时空均以虚化存在。

现实天道、中庸、二重结构图示

第三，未来关系。

现实将要发生尚未完成的事物发展状态的中庸、二重结构。

未来将要发生的事物发展状态的中庸、二重结构。

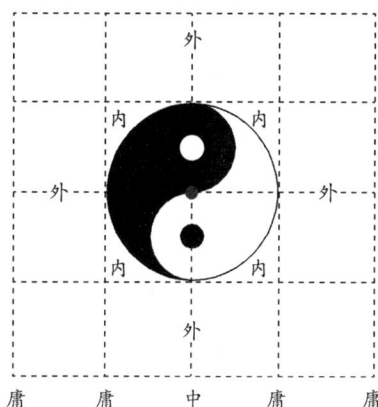

外
内　内
外　　外
内　内
外
庸　庸　中　庸　庸

注："十六宫格"的全格以虚线标示，以说明未来阶段的未来时空。中庸、二重结构的未来时空均以虚化存在。

未来天道、中庸、二重结构图示

再次，人对天道、中庸、二重结构能量场能的交换。

人除了对天道、中庸、二重结构的认知之外，人还有在事物的时空之中对天道、中庸、二重结构的能量场能的交换问题。

任何事物都存有天道、中庸、二重结构形成的能量场。这些场能对与之接触的所有事物发生关系，产生相互之间的作用。人在事物的能量场中，既被其他事物吸走人的能量，同时也从其他事物中吸来能量，出现人与事物能量场的能量交换、转换的关系。这种交换与转换存在着人的主动行为和被动行为，导致人的思想意识的变化及人的物质身体的变化。

在事物能量场的能量交换及转换过程中，天道是"体"，中庸与二重结构是"用"。即天道是本体，是最根本的、内在的、本质的，而中庸与二重结构是天道的外在表现和表象。

第四讲
易经与天道中庸

一、从《河图》说起

《河图》《洛书》最早见于《周易·系辞上传》："是故天生神物，圣人则之；天地变化，圣人效之；天垂象，见吉凶，圣人象之；河出图，洛出书，圣人则之。"

《尚书·顾命》："大玉、夷玉、天球、《河图》在东序。"此篇可能成书于东周时期。

《论语·子罕》："子曰：凤鸟不至，河不出图，吾已矣夫！"

《礼记·礼运》："故天降膏露，地出醴泉，山出器车，河出马图。"

《管子·小匡》："昔人之受命者，龙龟假，河出图，雒出书，地出乘黄，今三祥未见有者。"

西汉经学家孔安国在解释《易·系辞上》"河出图，洛出书，圣人则之"时说："《河图》者，伏羲氏王天下，龙马出河，遂则其文以画八卦。《洛书》者，禹治水时，神龟负文而列于背，其数至九，禹遂因而第之，以成九类。"

从这里看，孔安国认为，《河图》早于《洛书》。

北宋初期，茅山道士陈抟献出两幅图，虽并未表明就是《河图》、《洛书》，但人们一直将其看作《河图》、《洛书》。

北宋邵雍："圆者，星也，历纪之数，其肇于此乎？方者，画州井土之法，其仿于此乎？盖圆者《河图》之数；方者《洛书》之文。故羲、文因之而造《易》，禹、箕叙之而作《范》也。"[1]

北宋中期的刘牧在《河图》《洛书》的研究上开创先河。刘牧所传的《河图》在他的《易数钩隐图》中有所记载。该书共有55张图，其中第49图为《河图》，第五十图为"河图天地数"，第51图为"河图四象"，第52图为"河图八卦"。第49图下面注明："以五为主，六八为足，二三为肩，左三右七，戴九履一。"第53图为"洛书五行生数"，第54图为"洛书五行成数"。于是《河图》《洛书》才为世人所知。

（一）《河图》与阴阳原代码的关系

阴阳代码：

●○阴阳，代表物质的性质，存在于所有物质之中。

●○代表着天地。○者为天，●者为地。天地相交，万物生成。一阴一阳为之道。阴阳结合为太极。一生二，即由道"一"，生出阴阳。二合一，即由阴阳两种代码，组成《河图》。阴阳之间两两作用，两两分野，两两对称与非对称，组成《河图》的二重结构。《河图》的图形，既有中心，又有边缘，形成《河图》中间与周边的中庸图形结构。它代表和说明宇宙之中的物质结构，存在着对称和非对称的二重关系，存在着中心与非中心的中庸关系。

中间五为阳土，中间外围二五为阴土。单数为阳，偶数为阴。十五为太极，5阳10阴。宇宙大爆炸时空中弥漫着的是阴阳二气，这种阴阳二气大约在42亿年前形成了最早的固体的土态。这种土的阴阳二气的固态开始逐渐形成球体，在太阳系中就如一个整体的阴阳太极圈在旋转，最后形成了地球。形成的地球又犹如一个整体的阴阳太极图在运转。

这便构成地球太极阴阳二重结构。太极居《河图》中间。中为土，这是《河图》的内部。即阴阳土，以阴土多，阳土少，但五阳土居中，

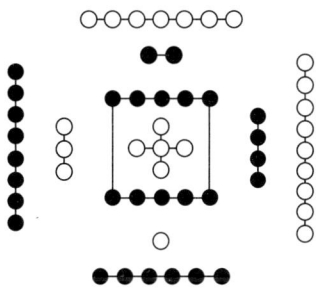

---

[1] 邵雍著，常秉义注释《〈皇极经世〉导读》，中央编译出版社2012年版，第139页。

阳土为地核。十阴土为地幔。十五阴阳土为《河图》的中心。

在《河图》中心往外，第一层为北方阳1，东方阳3，南方阴2，西方阴4；第二层为北方阴6，东方阴8，南方阳7，西方阳9。这是《河图》的外部，也是《河图》的庸。《河图》的外部，反映了《河图》的时空二重结构。从时间上看，春、夏、秋、冬。从空间上看东、南、西、北。

《河图》的核心要义：内核外体。内核指中间的阴阳土构成的太极。阴阳土太极随着太阳系星体的运动变化，内核的核心是五阳，阳者为天，说明地球最早来自天空，即宇宙之中的阳气。核心外面是十阴，阴者为地，即地是宇宙的阴气构成，此说明地球的核心是由宇宙阴阳二气构成。地球的内核生成之后，便开始生出地核外部的形体，即地幔。先生出内核、地幔以及地球中心后，再生成地球的表面。地球表面先生出第一圈北方水一，然后再生出东方木三，再生出南方火二，最后生出西方金四。第一圈生出来的是水、木、火、金的基本元素，尚未形成水、木、火、金四种物质，这是水、木、火、金的初始阶段。中心外的第二圈开始生成北方水六、东方木八、南方火七、西方金九。所以才有了"天一生水，地六成之；地二生火，天七成之；天三生木，地八成之；地四生金，天九成之；天五生土，地十成之"之说。

"天一生水"："天一"怎么生成水？水来自天，即雨水来自大气层空气的变化。

"地六成之"："地六"指地球。地球将天上的水变成了江河、湖泊、大海等，即"水润下"。

地六减去天一，剩数是五，五为土。说明土多水少，水只是地球的六分之一。

"地二生火"：地火分为地心之火与地表之火。地表火由地表的物质燃烧，以木为主的物质燃烧。

"天七成之"：火向上炎，是火的特性，地面上面的空间是天，所以"七阳"即"天七"成之，天成就了火，即"火炎上"。

天七减地二，剩五，五为土。说明土多火少，地心之火与地表之火，只是地球的七分之二。

"天三生木"：这里的"木"不仅代表植物，应该代表所有有生命的物质，即这些生命的物质都是在地球上生长出来的。一生二，二生三，三生万物；天为一，地为二，天地合成三，而万物生焉。所以"三"有生命物质的象征，生发的象征，但也是无生命物质的象征，因"三"合成为物质。

"地八成之"："地八"是《河图》外部阴数的极数，即最大的数。"地八"这里代表着地球承载着万物，这是大地厚德载物的体现；另外，"地八"又为《河图》外部阴数的最大数，阴以水为阴极，代表着外部的水多，即地反润、植物生长本身水分最多。

地八减天三，剩余的还是五土。说明土多木少。但地表的木，还是比水与火多，因去五余三。

"地四生金"："土生金"，金在土中生，故金在内圈生；矿藏基本都在地的下层。

"天九成之"："天九"即阳数之极。阳代表着天，九为"太阳"或称为"老阳"，这意思是说，像金这种物质，需天地，即太阴"坤"与太阳"乾"，天地长久交合，才能在地中形成矿藏。

天九减地四，利五，即土。说明土仍然多于金。金由土而生，占地球土的九分之四。

"天五生土"："天五"是《河图》的中心。它是阳土。它的外圈是十阴土。独阳不生，独阴不长，必须阴阳结合，《河图》的五个方位都说明这一点。中心为阳，这个中心来自天体运行，最初形成的地核。所以它为阳。

"地十成之"："地十"为《河图》中的极数，地球外壳以土为主，占的面积最大，将中间的阳火包裹起来。

地十减天五，还剩五。然而中间十五均为土，只是阳土阴土而已。说明土分为阳土与阴土，阳土占地球的三分之一，阴土占地球的三分之二。

《河图》的二重结构十分明显，共四者，两对二重，中间部分是一对二重，外部分又是一对二重。《河图》的中庸结构也十分明显，中间土为中，四边的水、木、火、金为庸，而且水、木、火、金之中含数为"5"，说明水、木、金、火均含有土。

它反映了阴阳二气的消长。

《河图》内部中心为太极，数为15。外部第一圈阳气始数为1，极数为3；阴数始数为2，极数为4。第二圈，阳数始数为7，极数为9；阴数始数为6，极数为8。

从北方起：太阳与地球运转轨道导致由太极、中心发出阳气为1，出现内阳往外发展之势；但外部阴气为6，说明外部阴气极重，阴生寒，寒生水，故北为冬为水。但阴极而生阳，所以北方又有阳气1。

至东方：太阳与地球运行轨道导致太极中心发出的内圈阳气为3，说明阳气由北方的1，增长到3，到达内圈阳气的极致，只有内圈阳气到达极致，才使地下温度上升，生命才开始复苏，种子才开始发芽；外圈阴气为8，说明现在阴气由极盛而开始走向衰竭，大气回暖，动、植物一派生机盎然的景象。

至南方：太阳与地球运行轨道导致太极中心发出的内圈阴气为2，说明内圈中阳气已经开始减退，盛极而衰，阴气开始增长，说明阳极而生阴，天气由热开始从内部转凉；外圈阳气由3发展到7，说明阳气在南方开始向极盛的状态发展。

至西方：太阳与地球运行轨道的变化导致太极中心发出的内圈阴气达到极数4，外圈阳气达到极数9。说明内在阴气达到了极盛，并由极盛开始走向衰退，而阳气即将产生，而在外圈阳气已由极盛走向衰竭，阴气在快速地增长。

东方为万物之生，故内阳极，阳气在内走向极盛；外阴极，说明阴气走到极致，开始走向消失。

西方为万物之成，故内阴极，阴气在内走向极盛；外阳极，说明阳气已经走到极致，开始走向消失。

若从阴阳交合来看：北方阳1阴6，为交合的开始；东方阳3阴8，为交合的增长；南方阴2阳7为阴始阳盛；西方阴4阳9为内阴为极，外阳为极，即阴阳发展到极致为成。

如从植物生长过程看：

植物在一年四季的生长时间为生于春，长于夏，成于秋，死于冬。

从阳气与阴气交合，令植物生命孕育、产生、繁茂、生成的空间看：

北为始，东为长，南为形，西为成。

（二）《河图》与五行原代码

1.五行原代码：

①木。代码3、8；三阳八阴。

②火。代码2、7；二阴七阳。

③金。代码4、9；四阴九阳。

④水。代码1、6；一阳六阴。

⑤土。代码5、10；五阳十阴。

2.阴阳五行之间的生、克、制、化的关系及变化：

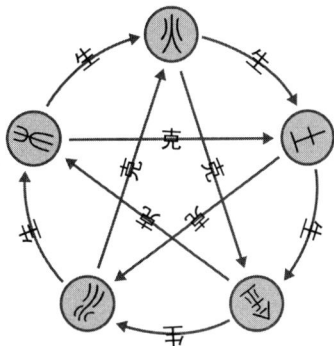

①相生。水生木，木生火，火生土，土生金，金生水；

②相克。水克火，火克金，金克木，木克土，土克水；

③相制。金、木、水、火、土之间相互制约相互作用而达到平衡与失衡，主要表现阴阳五行之间的合、会、冲、破、刑。即六合、三合、三会、六冲、六破、三刑、自刑等；

④相化。干支之间相互作用，由一种物质转化为另外一种物质。

（三）《河图》与干支时空原代码

1.干支时间

用60甲子为干支一个周期。将一甲子循环使用纪年、纪月、纪日、纪时，用来记载时间。

六十甲子表

甲子	乙丑	丙寅	丁卯	戊辰	己巳	庚午	辛未	壬申	癸酉
甲戌	乙亥	丙子	丁丑	戊寅	己卯	庚辰	辛巳	壬午	癸未
甲申	乙酉	丙戌	丁亥	戊子	己丑	庚寅	辛卯	壬辰	癸巳
甲午	乙未	丙申	丁酉	戊戌	己亥	庚子	辛丑	壬寅	癸卯
甲辰	乙巳	丙午	丁未	戊申	己酉	庚戌	辛亥	壬子	癸丑
甲寅	乙卯	丙辰	丁巳	戊午	己未	庚申	辛酉	壬戌	癸亥

2.十二年及生肖

子（鼠）、丑（牛）、寅（虎）、卯（兔）、辰（龙）、巳（蛇）、午（马）、未（羊）、申（猴）、酉（鸡）、戌（狗）、亥（猪）。

3.十二月及地支

正月寅、二月卯、三月辰、四月巳、五月午、六月未、七月申、八月酉、九月戌、十月亥、十一月子、十二月丑。

4.十二时辰及地支

子——夜半——23—24时、丑——鸡鸣——1—2时、寅——平旦——3—4时、卯——日出——5—6时、辰——食时——7—8时、巳——隅中——9—10时、午——日中——11—12时、未——日昳——13—14时、申——晡时——15—16时、酉——日入——17—18时、戌——黄昏——19—20时、亥——人定——21—22时。

5.干支空间

东方木：干，甲、乙；支，寅卯辰。

南方火：干，丙、丁；支，巳午未。

西方金：干，庚、辛；支，申酉戌。

北方水：干，壬、癸；支，亥子丑。

中央土：干，戊、己；支，辰未戌丑。

以上三种原代码是人主观对客观事物存在的描述和认知；是对客观事物相互关系的揭示；是对客观事物规律的探讨；也是人类最早的哲学思辨的结果；被看成中华文明之源。

如何看待远古的原生代码？《易经》、"阴阳五行学说"、中国古代的历法、"人的命理学"等，实际上采用的都是一种原代码的"代入法"。我们今天仍然使用这种"代入法"。其方法是将三种原代码放到事物的中庸结构中，观察你所要观察的事物之间的相互作用，发展变化的平衡与非平衡状态。平衡状态是合理，不平衡状态是不合理；再将三种原代码置放到事物的二重结构中，观察你所要观察的事物之间的相互作用，导致事物结构功能、性质的发展与变化。从中庸结构和二重结构中去认识和观察天道。

二、再说《洛书》

《洛书》出现于什么时候？古人亦有异议。《竹书纪年》认为，《洛书》出现于大禹时期。《宋书·符瑞志》认为，《洛书》出自商汤时期。

还有一种说法是周文王时期。直到北宋初年陈抟献二图，人们才将《洛书》出现的时间定在夏禹时期。

《河图》与《洛书》是一种体用关系。"体"和"用"都是一种"范式"。

"体"是指事物的本体，在内，是代表事物的本质、内容的范式。"用"在外，它是体的外在表现形式的范式。将"体"的本质和内容，通过"用"的范式，融入具体的事物之中，去观察事物在特定的时空中的发展变化，这就是"用"。

（一）用五藏十

南宋朱熹将《洛书》总结为："戴九履一，左三右七，二四为肩，六八为足。"

《洛书》与《河图》的原代码是一样的，都是用阴阳实虚点组成，实点为阴、为地，虚点为阳、为天。

《河图》是有10的，但《洛书》没有。《洛书》的最大的数是9。

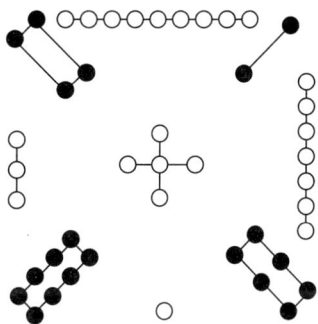

从九宫格的数字来看，1～9的自然数排列成三行，组成九宫中的三行、三列的纵横图，中间有一个5，其他1～9的数分列四面八方。表明5居中心。5为土，即土为中心。从这张九宫格图中，我们已见不到《河图》的10。10到哪里去了？10被藏起来了。即将中间的5去掉，从右图任一行、列、对

4	9	2
3	5	7
8	1	6

角线的数相加都是10，这就是所谓的"藏十"。如果再将中间的5填上去，那么从任何行、列、对角线去相加的数字，都得出"15"。

为什么得出15呢？得出15有什么含义呢？

我们在《河图》中讲到，5是代表土，15中含有3个5。从行、列、对角线看上去全是15，这种数字说明，在远古的先哲们看来，地球99.9%的物质都是土。

我们说，《洛书》是《河图》的"用"。那么，这种"用"，在告诉人们什么呢？

我们再回过来看《河图》，《河图》中间的核心区域是5，核心区边缘是10，两个5，整个核心区都是5，即都是土。我们再来看核心区之外的四边四区数字，数字相减后都剩下5。这又在告诉我们什么呢？

《河图》讲五行——金、木、水、火、土，但又为什么这么强调土呢？

《河图》的先哲们是站在地球去观测宇宙空间，那么在太阳系中，除太阳之外与地球发生关系的还有金星、木星、水星、火星、土星、天王星、海王星等。排列顺序是水星、金星、地球、火星、木星、土星、天王星、海王星。但天王星、海王星离我们很遥远，现今人们仍很难说清楚他们对地球起什么作用。中国古人认为，这五大行星与地球是有着直接关系的。所以，《河图》是中国古人最早观测认知太阳系的范式。

《洛书》是将《河图》对太阳系宇宙本体的观测用在地球上，主要以认识地球为主。在古人看来，地球虽然存在着五行，但其他四行，金、木、水、火并不是地球的主要成分，土是地球的主要物质，但不是地球的唯一物质。其他4种物质，是地球（土）与天相交而生长出来的。这种相交包括地球与太阳、月亮以及五大行星之间的相互作用，便形成了地球上的阴阳五行，除了中间土外，其他4种物质中，也都含有土。

（二）由《河图》的空间方位的冲突，转变为空间方位的和谐

《河图》外围的四组数字代表的物质，呈现出一种对射及对抗的关系。

上下是火水之间的冲突与对抗，左右是金木之间的冲突与对抗；每组数字代表的物质中，又有阴阳的对抗。

《河图》的中心区，虽然都是土，但也有阴土和阳土的对抗。

可见，《河图》揭示宇宙间事物的对立统一。事物存在着各个层级的对抗（矛盾）与统一，大到天体，小到由原子组成万物的矛盾状态。

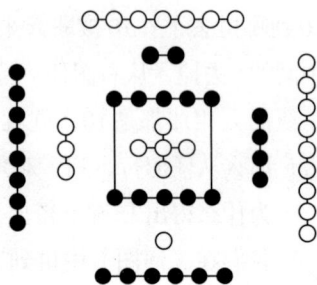

但《河图》又是一个和谐的、平衡的统一整体。这种和谐统一的整体，是通过宇宙物质的矛盾运动从而达到一种制衡的中庸结构。

同时，《河图》的矛盾与和谐又通过宇宙间的物质二重结构，相生相克，此消彼长，循环往复，无穷无尽的天道运转实现的。

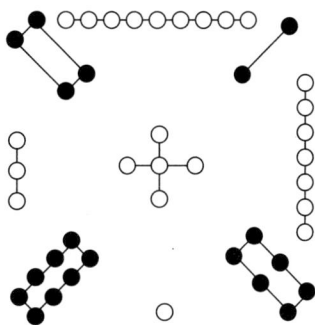

相较之下，《洛书》则不同于《河图》。《洛书》从阴阳关系看，四正向都是阳，四隅都是阴。相对者没有阴阳的矛盾，各占各的位置。从横向、竖向、对角上看，都是15，或去掉中间的5都为10。数字完全对称。

这是一种和谐的对称关系。

《洛书》为什么表现出一种和谐的对称关系呢？为什么它不表现出一种矛盾的关系呢？

不仅如此，《洛书》还表现出相互的相生关系。东北的八木生西南的二火，东边三木生西面的七火，东南四金生西北的六水，南面的九金生北面的一水。

那么，从《河图》的矛盾走上《洛书》的和谐说明了什么呢？说明宇宙间事物的本质是矛盾的，一切事物都处在自身对立和与外部对立之中。这就使整个宇宙被道格式化了。道既让宇宙的事物组成无数的对立，又要让事物组成无数的统一。这就使事物形成无数个对立统一的整体。像我们今天看到的这样。宇宙间的物质表现的形式已经到了完美的程度，我们到处看到的都是和谐的。

从二重结构理论上讲，非对称是一种矛盾的、无秩序的、非同一的平衡，这是《河图》的平衡，是宇宙的本质，是"体"。而对称则是一种同一的、秩序的平衡，这是《洛书》的平衡，是宇宙本质在地球上体现的"用"。而非同一、同一、秩序下的平衡宇宙的中庸结构与二重结构，是宇宙的整体与个体结构，是宇宙的核心规律与事物的具体规律。这恐怕是宇宙的真谛，也是《河图》与《洛书》的创造者想要追求的真谛。

（三）《洛书》是怎样从《河图》转变过来的？

清代人张慎修的演变方法较为可取。

以《河图》横列居左为阳仪，以《河图》纵列者居右为阴仪。

即：

①用五藏十。从横、竖、对角三列、三行的纵横图，去掉中间十，保留五，即用五。

②横列在左，竖列在右。

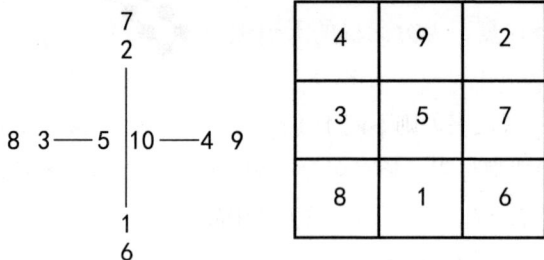

$$
\begin{array}{c}
7 \\
2 \\
8\ 3\text{---}5\ \Big|\ 10\text{---}4\ 9 \\
1 \\
6
\end{array}
$$

4	9	2
3	5	7
8	1	6

（四）《河图》的数字与《洛书》的数字

《河图》：

天数1、3、5、7、9，共25。

地数2、4、6、8、10，共30。

两数相加共55数。

地数大于天数。突出了地的位置和作用。

为什么《河图》的地数大于天数？

因为，《河图》是体，是本。这个"体"和"本"在哪里？在大地上，在地球上。所以，《河图》是以地为主，以天为辅，反映地与天的关系。

之所以以地为主，《河图》才讲五行，讲地上的五行之间的生、克、制、化。但地上的五行又离不开天上的五行，即太阳系天体的五大行星，这便涉及地球的运行与五大行星运行之间的关系。

《洛书》：

天数1、3、5、7、9，共25。

地数2、4、6、8，共20。

两数相加共45，天数大于地数，突出了天的位置和作用。

为什么《洛书》要突出天？

因为《洛书》是实现对《河图》本体"用"的功能。在使用河图的本质内容上，五行离不开天，或者从某种意义上说，《洛书》的范式是在讲如何"用天"。因此，天的作用便成为最主要的作用了，所以，天数便大于地数。

三、《洛书》与先天八卦的关系

先天八卦要远早于洛书。如果洛书是在夏禹时期出现的话。但《洛书》的确与八卦有关系。

八卦各卦的数字：

乾为父得九，坤为母得一。

震长男得八，巽长女得二。

坎中男得七，离中女得三。

艮少男得六，兑少女得四。

《洛书》与先天八卦的关系主要表现在，两者有着十分明显的代入法，但谁先代入谁，这是个问题。

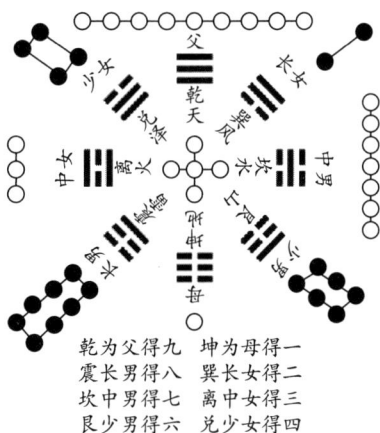

乾为父得九　坤为母得一
震长男得八　巽长女得二
坎中男得七　离中女得三
艮少男得六　兑少女得四

如果我们承认先天八卦的范式是由伏羲创立，伏羲是中华文明之始祖，无疑是先天八卦在先。《洛书》的范式很可能是后人将《河图》的体代入先天八卦的范式，而产生了《洛书》的范式。另可以证明这一点的便是《洛书》产生于夏禹时期，说明《洛书》晚于先天八卦。

四、先天八卦的卦位是怎样形成的

先天八卦为体，主要说明宇宙本原与万物生成的关系。先天八卦代表着阴阳生成，也就是太极生成。太极生成也标志着天地生成。然后，天地合为夫妻，生出子女。子女又相合，生出万物。表现为天地万物阴阳相合、相生的过程。

理解先天八卦，不仅要理解它代表什么？试图去说明什么？还要从它产生的时空背景去揭开它为何成为该种范式。

先天八卦形成于距今7000～8000年的时间，当时人类处于父系氏族社会。所以，先天八卦代表了那个时期人类对自然界的观察与研究，也代表了那个时期人类社会结构及人与人的关系，尤其人类的婚姻形态发展的状况。

先天八卦的卦序及位置是由宇宙万物的生成规律决定的。在伏羲氏看来，道即太极，太极先生出乾卦、坤卦。乾为父，坤为母。乾为天，坤为地。其余六卦由乾、坤交合而生出。

"乾，天也，故称乎父。坤，地也，故称乎母。"①

六卦又是怎样生出和怎样排序、定位的呢？

乾坤第一次交合，生出一对儿女，即长男长女。长男卦名叫震，长女卦名叫巽。

"震一索而得男，故谓之长男。巽一索而得女，故谓之长女。"②

位置怎么确定？由坤卦生出，即由《坤》母顺排。同时还要考虑阴阳关系，阳在左，阴在右。震为长男为阳。挨母而先出，故在东北。巽为长女，为阴，居阴地，挨父在西南。

序号数字怎么确定呢？男从父。父乾为9，长男为8；女从母，母坤为1，长女为2。

乾卦、坤卦第二次交合，又生出一对儿女，即中男和中女。中男卦名坎，中女卦名离。

"坎再索而得男，故谓之中男。离再索而得女，故谓之中女。"③

---

① 《周易·说卦传》。
② 同上。
③ 同上。

位置怎么确定？仍从母处顺排，男居阴地，女居阳地。坎为中男，挨长女而列，居西，离为中女，挨长男而列，居东。

序号数字坎为中男得7，离为中女得3。

乾坤第三次交合，又生出一对儿女，即少男、少女。少男卦名艮，少女卦名兑。

> "艮三索而得男，故谓之少男。兑三索而得女，故谓之少女。"①

位置怎么确定？仍从母处安排，少女兑居阳地，挨中女离列东南；少男艮居阴地，挨中男列西北。序号数字艮为少男得6，兑为少女得4。

这里有个矛盾，即为什么第一索，得震男居阳地，而不是像后面两索，男居阴地，女居阳地。先天八卦产生于距今7000年左右，伏羲氏时期，为父系社会时期。因长子为储君太子，是继承父之位，所以，它不能去居阴地。巽因为与震结为夫妻，故与震相对居西南。中男、少男居阴地，中女、少女到阳地，也反映父系氏族的对偶婚的婚姻关系，即男性不能与本氏族的女性结婚，要去另一个氏族与该氏族的女性结婚。所以代表男性的中男坎与少男艮使居阴地，男性要去女性氏族。而代表女性中女离与少女兑，使居阳地，与居阴地的中男坎与少男艮相对。

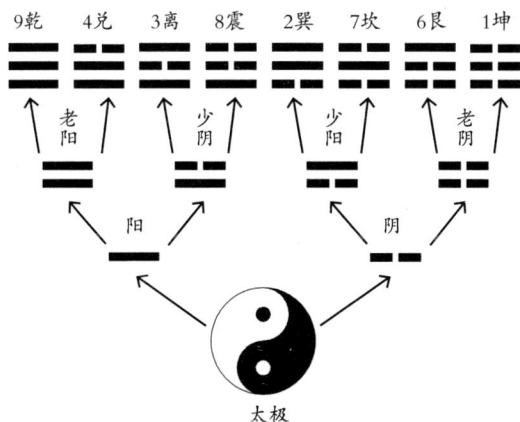

---

① 《周易·说卦传》。

五、先天八卦怎样转变为后天八卦

一说，邵雍："坤统三女于西南，《乾》统三男于东北。"①

另一说，唐代李鼎祚的《周易集解》："以《乾》位西北，《坤》为西南，父、母既分，《乾》《坤》任六子，自处无为之地。"

清朝人江慎修在《河洛精蕴》中写道：

> "说《易》者每谓《易》不言五行，以五行言《易》者，非《易》本旨。然人不知八象与五行相通之理耳，知其理，则言八象，即是言五行。且八象亦有时而变通，《坎》水也，而亦言云，则知水与云一类也。《离》火也，而亦言日、言电，则知火与日、与电一类也。《坤》之为地，《艮》之为山，其为土不待言也。《巽》本为风，而亦为木，是风与木同气，故医家曰厥阴风木。然则《震》为雷，雷亦是木，雷化物之木也；雷动则龙随之，鳞虫属东方，苍龙为东方之宿也；龙雷之火，又为相火，其本体则阳木也。惟《兑》泽属金，人不肯信，不知海水与天连，犹山与地连，《兑》实与天同气也。《乾》之为金，岂只金玉之金哉？纯刚之气，万古不变，故河图为九金也。先天固当论八象，后天卦言方、言时，正当以五行解之，方有着落。《兑》为正秋，正秋岂非金乎？先儒有以

---

① 邵雍著，常秉义注释《〈皇极经世〉导读》，中央编译出版社2012年版，第152页。

五行说卦位者，项氏安世曰：'后天之序，据太极既分之后，播五行于四时也。《震》《巽》二木主春，故《震》在东方，《巽》东南次之；《离》火主夏，故为南方之卦；《兑》《乾》二金主秋，故《兑》为正秋，《乾》西北次之；《坎》水主冬，故为北方之卦；土主四季，故《坤》土在夏秋之交，为西南方之卦；《艮》土在冬春之交，为东北方之卦。木、金、土各二者，以形旺也；水、火各一者，以气旺也。《坤》阴土，故在阴地；《艮》阳土，故在阳地；《震》阳木，故正东；《巽》阴木，故近南而接乎阴；《兑》阴金，故正西；《乾》阳金，故近北而接乎阳，其序甚明。'"①

江慎修基本上从《河图》的五行原则，来确立后天八卦的位置。

从"震""离""兑""坎"即东、南、西、北四正卦来看，既符合《河图》东木，南火，西金，北水，又符合中国古代先哲对当时所处的地理空间的认识，充分体现了后天八卦"用"的特性。

春天，以最明显的标示即春雷滚滚，故震居东，为木。

夏天，以最为明显的标示"热"，这种热能主要来自太阳，夏天地球的倾斜使北半球的阳光直射角度大，接受的阳光更多，所以更热。夏天离卦代表火，居正南。

秋天，以最明显的标示天气转凉，其气肃杀，主收割，主喜悦。另从取象上看，古人发现秋分的前后，日落正西，震卦☳主东，为太阳初升之象，兑卦☱主西，为太阳渐落之象。

冬天，以最明显的标示寒冷，北方冰雪天地，以水为主，坎主水，故居北方，所以后天八卦的四正向卦与当时中国的地理空间环境是完全吻合的，也符合《河图》土主中，木主东，火主南，金主西，水主北的主旨。

但四隅卦是如何确定其他方位的，恐怕不仅仅如清代人江慎修所说单是融合《河图》五行的考虑，更为重要的依据，应该是古代先哲对当时的天文地理观察研究后，才进行四隅卦的座次排定的。

江慎修对后天八卦位序的论证，忽视了一个最为重要的问题，天地

---

① 清·江慎修著：《河洛精蕴》，学苑出版社2007年版，第47—48页。

在后天八卦中的作用。所以在四隅卦中天地位置的安排上十分重要。它是基础，是后天八卦"用天"范式的前提，是首先要考虑的对象。

在八卦中，《乾》代表着天，《坤》代表着地。

后天八卦为"用"，即将先天八卦本体内容在地球上或以中国区域空间的使用。

《乾》位于西北，仅从"《兑》《乾》二金生秋，故《兑》为正秋，《乾》西北次之"或"《兑》阴金，故正西；《乾》阳金，故近于北而接乎阳"。这两点都不足以说明《乾》代表天的重要性。五行离开天就难以成行。所以，"乾卦"在八卦中的地位、作用，应与古人对天的认识有关。

无论从地球上还是在中国的方位去观察天，古代人夜观天象认为地球的北方上空以北斗七星和北辰星为天廷所在之所，北辰星在北天极的三垣中的紫微垣，是天帝居住的地方。所以《乾》卦应在北方的位置。但正北已被《坎》所居有，为水，水主北。加之《乾》又为老阳，极阳，如居正北则违背自然，所以不可能居于正北，西北变成为《乾》的位置。

《坤》位于西南，仅从"《坤》阴土，故在阴地"或"故《坤》土在夏秋之交，为西南方之卦"去论证也有些牵强，也没有体现《坤》卦地理空间及在八卦中的地位与作用。《坤》代表大地。中国的大地西高东低。西部是昆仑山脉，然后从西部向东延伸，展开中国的大地。如从"地"这个角度讲，《坤》应在正西的位置，但正面从《河图》上的五行方位上为金，所以《兑》为阴金，占据西方，这样西部仅剩西南的位置，所以，《坤》只好落地于西南。

《艮》位于东北，仅以"《艮》土在冬春之交，为东北之卦"，"《艮》阳土，故在阳地"，这两种论证并不充分，这两种论据都是以土性来论证的。在八卦中，《艮》主要代表山，代表止。所以这并不是《艮》在东北的原因。《艮》为山，为止。中国的地理空间，西高东低，正东面是大海，无山无止，只有东北有长白山山脉，所以《艮》落地于东北。

巽卦在东南。仅以"《震》《巽》二木主春，故《震》在东方，《巽》东南次之，《震》阳木，故正东"，"《巽》阴木，故近南而接乎阴"。这两种论证仍有不足。在八卦中，《巽》主要代表风。《巽》为风，为木。

中国的风主要起源于东南沿海，而正东被《震》所居有，《巽》只能落地于东南。

所以，后天八卦范式的形成，应该说有"五行"的因素在其中起作用，但并不是主要的，主要的还是当人们将先天八卦的范式拿到我们中国这个地理空间来"用"时，发现用不了，因为与地球所在的天道运行和中国实际地理空间产生的各种事物有不吻合的地方，所以必须调整，从而产生后天八卦。

所以，《河图》《洛书》、先天八卦、后天八卦都是试图解释宇宙、解释天道的理论范式。

那么，又怎样理解："先天八卦"是体的问题，既然它是体，为什么不适用我们中国的空间范围呢？

先天八卦指伏羲创立的八卦。后天八卦指文王创立的八卦。这是一个时间上的区别，一先一后。

先天八卦是从哪里创立出来的？是伏羲创立出来的，那么就涉及伏羲的生存年代。涉及《河图》《洛书》与先天八卦谁先谁后的问题了。涉及谁借用了谁的思想和谁借用了谁的范式。

如果是先天八卦在先，那么，《河图》《洛书》就是借用了先天八卦的思想和理论范式。如果先天八卦在后，就是先天八卦借用了《河图》《洛书》的思想和理论范式。

《河图》讲什么？《河图》主要讲宇宙世界的本原，其本原就是阴阳五行，是一个充满着矛盾对立统一的五行，但这阴阳五行的核心是太极，即天道。

《洛书》讲什么？《洛书》讲阴阳五行的功能，就是如何将充满着矛盾对抗的统一体阴阳五行使其运行有序，充满着平衡与和谐。这是讲天道的作用，是讲天道对阴阳五行的作用。

先天八卦是什么？先天八卦既含有《河图》的宇宙本原的"体"。又含有《洛书》的宇宙本原的体在宇宙间的"用"。

后天八卦是什么？后天八卦是将先天八卦作为"体"，而将这个"体"，用在中国时空上，而产生了后天八卦。

究竟谁借用了谁的"体"，谁借用了谁的"用"，这在历史上就没有弄得很清楚。我们认为《河图》与先天八卦在先，而《洛书》和后天八卦在后。

六、先天八卦、后天八卦代码

（一）先、后天八卦代码

1.太极，即阴阳。

2."—"代表阳爻"––"代表阴爻。太极生两仪"—""––"，两仪生四象：太阳 ⚌、太阴 ⚏、少阳 ⚎、少阴 ⚍。

3.卦象：乾、坤、震、巽、坎、离、艮、兑

☰ ☷ ☳ ☴ ☵ ☲ ☶ ☱

4.八卦再相重而演变为六十四卦。

六十四卦，有伏羲六十四卦图、文王六十四卦图、京房八宫卦序图等若干种。

伏羲六十四卦：

见于北宋邵雍《皇极经世》。

其范式为："八卦相错，然后万物生焉。是故一分为二，二分为四，四分为八，八分为十六，十六分为三十二，三十二分为六十四。"

文王六十四卦：

以相互反卦为主。所谓相互反卦，就是将一卦颠倒过来，便成了反卦。如震卦☳与艮卦☶相反。兑卦☱与巽卦☴相反。相反之卦在六十四卦中共有二十八对，共有五十六卦。除了五十六卦之外的八卦为相对之卦，即四对，乾与坤、坎与离、中孚与小过、颐与大过。现在周易的顺序就是文王六十四卦。

京房八宫卦：

八宫卦的形成有一个共同的法

八宫卦							
上世 （八纯）	乾	震	坎	艮	坤	巽	离	兑
一世	姤	豫	节	贲	复	小畜	旅	困
二世	遁	解	屯	大畜	临	家人	鼎	萃
三世	否	恒	既济	损	泰	益	未济	咸
四世	观	升	革	睽	大壮	无妄	蒙	蹇
五世	剥	井	丰	履	夬	噬嗑	涣	谦
游魂	晋	大过	明夷	中孚	需	颐	讼	小过
归魂	大有	随	师	渐	比	蛊	同人	归妹

则：先变个纯卦的初爻的阴阳，改变属性，便是这一宫的一世卦。再变第二爻，变得这一宫的二世卦。再变第三爻，便成三世卦。再变第四爻，便成四世卦。再变第五爻，便成五世卦。再将五世卦的第四爻改变，其余爻不变，但是这一宫的游魂卦。将游魂卦的下卦变为本宫卦的下卦，称归魂卦。

八卦由三爻组成，六十四卦由六爻组成。

5.卦的时空

空间：上面两爻代表天，中间两爻代表人，下面两爻代表地。

时间：上面两爻代表未来，中间两爻代表现在，下面两爻代表过去。

空间展示			时间展示		
爻位	卦体	代表	爻位	卦体	代表
上爻	——	天道	上爻	——	未来
五爻	——		五爻	——	
四爻	——	人道	四爻	——	现在
三爻	——		三爻	——	
二爻	——	地道	二爻	——	过去
初爻	——		初爻	——	

每一卦既有空间的概念，又有时间的概念。时间为"世"，空间为"界"，六十四卦就是六十四种世界。这就是爻在卦中所发挥的功能。

这种功能都具体表现在每一个爻位上。

爻位即爻在卦中所处的位置，六十四卦中的爻位有六个，最下一爻称为初爻，因为它所代表的是事物的初萌；由初爻上数为二爻、三爻、四爻、五爻，代表事物发生、发展的经过；最上一爻称为上爻，代表事物的结局。

上爻：发展顶峰（盛极必反）

五爻：功成业就（居安思危）

四爻：上升新台阶（审时度势）

三爻：功业有成（慎行防凶）

二爻：崭露头角（伺机而动）

初爻：事物的初端（潜藏待机）

6."三易"

《易经》中体现"简易""变易""不易"三个原则。

"简易"：两个符号，阴爻"--"、阳爻"—"，相当于计算机里面的0和1，因为简单所以被称为简易；

"变易"：由阴阳二爻组成八卦、六十四卦，代表着世间万事万物的发展变化；

"不易"：无论爻位发生怎样的变化，即事物的开始、发展、结束，但阴与阳、刚与柔、动与静的本性是不变的，或者说由阴阳、刚柔、动静形成的事物发展规律不变。

（二）先天八卦与后天八卦的区别

先天为体，是从宇宙的角度去观察地球变化的。宇宙决定了地球的存在与变化，故宇宙为本，为性质，为内容。

后天为用，是从地球的角度去观察宇宙及地球的自身变化，宇宙的本、性质、内容在地球上的应用。

七、总　结

《河图》《洛书》、先天八卦、后天八卦，是人主观对客观事物存在的描述和认知；是人们对事物之间的关系和作用、规律的描述与探讨；是远古先哲观察天地而总结出来的理论范式。《河图》《洛书》、先天八卦、后天八卦，使用的都是"代入法"。我们今天仍然用这种"代入法"，将《河图》《洛书》《易经》的代入法与中庸结构、二重结构的代入法相结合，去观察和认知天道。

我们不能将先天八卦和后天八卦分裂来看，像也不能将《河图》与《洛书》分裂来看一样，它们既是二，又是一，离开谁都不完整。是"体"与"用"的统一，也是"现象与本质的合一""体与源的合一"。

"体与源的合一""现象和本质的合一"，使中国的文化走上了合二为一的道路。西方是"体与源"的分离，"现象与本质的分离"，走的是一分为二的道路。

那么，《易经》的代入法，中庸结构的代入法，二重结构的代入法，是如何相同的？怎样体现天道的呢？

"天地定位，山泽通气，雷风相薄，水火不相射，八卦相错，数往者顺，知来者逆，是故《易》逆数也。"①

"天地定位"，《乾》定在西北，《坤》定在西南；"山泽通气"，东北《艮》卦的山与西方的《兑》卦的湖泊相互气涌水流；"雷风相薄"，东方的震雷与东南方的风相互接触；"水火不相射"，北方的《坎》水与南方的《离》火不相互冲击对抗；"八卦相错"，八卦形成相互交错的二重结构，这是讲的二重结构的共时态，即"十"字的横画；"数往者顺"，推算往前的要顺；"知来者逆"，知道未来要逆，这一顺一逆是二重结构的历时态，即"十"字的竖画。从这里可以看出，二重结构的认识十字架范式与《易经》的范式结构是一样的。

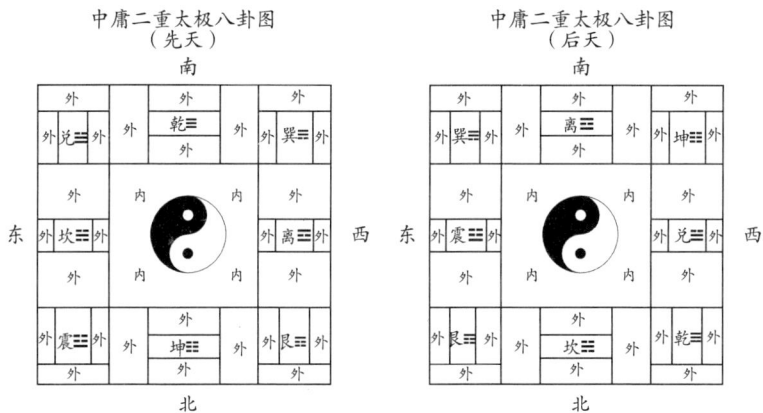

中庸二重太极八卦图（先天）　　中庸二重太极八卦图（后天）

《易经》的范式又与中庸结构的范式是如何相同的呢？"是故《易》逆数也"，因此，《易经》的核心就是根据阴阳的卦象，逆推知往，顺推知来。这一顺一逆，顺逆相交的点，正是中庸要达到的"不过也不及"点。《易》与二重结构、中庸结构的方法论上是一致的。另外，二重结构是强调事物之间的两两作用，中庸结构是强调事物之间中与庸的两两作用，《易经》强调的是事物之间阴阳的两两作用，所以三者之间的理论范式也是一样的。

———————————

① 《周易·说卦传》。

《易经》又是如何体现天道中庸的呢?

我们要首先确定,天道是中,世间的万事万物是庸。任何庸都在天道的主宰下运转。即世间的万事万物离不开天道。

在《易经》里,天道就是"帝"。

> "帝出乎震,齐乎巽,相见乎离,致役乎坤,说言于兑,战乎乾,劳乎坎,成言乎艮。"①

"帝",即万物的主宰者,道。它就是宇宙万物的中,在《易经》中,这个"中"就是太极。它从东方的春分化作雷开始出现,万物滋生,它的角色是震,到了东南立夏时经春风沐浴,万物齐备,它的角色是巽;所有物质在南方夏至时,万物都在茁壮成长,相互呈现,它的角色是离;到了西南立秋时万物被道役使,努力发展变化,它的角色是坤;到了正西秋分时,人们都怀有丰收的喜悦,它的角色是兑;到了西北立冬时,人们都感到身体的寒冷,它的角色是乾;到了北方冬至时,人人都感到了疲劳,它的角色是坎,到了东北立春时,万物都完成了自己一周期的旅程,它的角色是艮。

无论万物如何发展变化,《易经》都将这些万物纳入它的范式中。这个范式的核心是太极,这就是中,八卦与六十四卦组成《易经》的庸,这便形成《易经》的中庸体系。《易经》试图用这样一个体系,去解释天道的存在、发展和变化。

---

① 《周易·说卦传》。

第五讲

从王阳明"得道"讲起

王阳明，名守仁，字伯安，自号阳明山人，明宪宗成化八年九月三十日（1472年10月31日）生于浙江余姚。

按钱德洪编撰的《王阳明年谱》所记，其先祖为晋光禄大夫王览，字玄通（205—278），山东琅琊人，其曾孙王羲之始迁山阴（浙江绍兴）；至二十三世王寿，迁至余姚。

余姚王氏是文化世家，人才辈出，声名显赫，阳明曾祖年14通达五经四书，注《易》考《礼》。父亲王华，在成化十年（1474），登进士第一甲第一名，官至南京史部尚书。

阳明自幼聪颖，12岁时开始上学。

> "尝问塾师曰：'何为第一等事？'塾师曰：'惟读书登第耳。'先生疑曰：'登第恐未第一等事，或读书学圣贤耳！'龙山公闻之，笑曰：'汝欲做圣贤耶？'"①

可见，少年的王阳明就将"读书学圣贤"联系起来。

15岁，游居庸关，见边塞风物，顿生豪情，有经略四方之志。

王阳明16岁时，发生了一件对他后来思想转变与形成产生重要影响的事。

---

① 《王阳明年谱》。

据《王阳明年谱》记载："先生始侍龙山公于京师，遍求考亭遗书读之。一日，思先儒谓'众物必有表里精粗。一草一木，皆涵至理，'官署中多竹，即取竹格之。沉思其理不得，遂遇疾。先生自委圣贤有分，乃随世就辞。"

26 岁，认为辞章艺不能以通至道，遂弃辞章以从道士学养生，想遗世入山。

28 岁，举进士，赐观政工部，授刑部云南清吏司主事。生病返越，筑室于阳明洞中行导引之术。又入释氏，学佛。之后又觉察自己所做之事，"此念生于孩提"，是"断灭种姓矣"，又开始弃佛入世。

王阳明 35 岁时，因上书议论时政，得罪了太监刘瑾，被贬谪为贵州龙场驿丞。

王阳明龙场悟道是中国思想史上引人注目的事件。他正式从龙场重新出发，构建了"心即理""知行合一""致良知"的心学理论体系。

王阳明在龙场到底悟到了什么？

《王阳明年谱》记载："因沉思圣人处此，更有何道，忽中夜大悟格物致知之旨，不觉呼跃而起，从者皆惊。始知圣人之道，吾性自足，向之求理于事物者误也。默记五经之言证之，莫不吻合，著《五经臆说》。"[1]

《王阳明年谱》为王阳明弟子钱德洪所编，多为其所亲见、亲闻、亲身经历，较为权威，但谱叙失误、失察、失考之处甚多，谱中过于神化、美化之处较多。

一、王阳明主张"心即道"

王阳明认为，心本来是存有天道的，但由于人有私欲，使人心中的天道被掩埋了。《传习录下》中有这样一段记载：

---

[1]（明）钱德洪：《王阳明年谱》，（明）施邦曜辑评，王晓昕、赵平略点校：《阳明先生集要》第 8 页。

"黄以方问:'先生格致之说,随时格物以致其知,则知是一节之知,非全体之知也,何以到得'溥博如天,渊泉如渊'地位?'先生曰:'人心是天渊。心之本体无所不该,原是一个天,只为私欲障碍,则天之本体失了。心之理无穷尽,原是一个渊,只为私欲窒塞,则渊之本体失了。如今念念致良知,将此障碍窒塞一齐去尽,则本体已复,便是天渊了。'"①

黄以方是王阳明的学生。他问王阳明,您格物致知的主张,是随时随地格物以致其知。那么既然是随时随地的知,就并非全体的知,又如何能达到适用所有事物的境界呢?阳明说,人的心就是天,就是深渊。心的本体是十分完备的。心原本就是一个天,只因为人的私欲将人心这个天给遮蔽住了,从而使人天的本体失去了。人心中的理是无穷无尽的,原来是一个深渊,因为人的私欲将这个深渊堵塞了,就是人心之理的渊失去了。从现在我们时刻通过实践和思考自己的良知,将这些障碍和堵塞一并除去,人心的本体就能恢复,人心的本体便是天,便是天理的渊了。

王阳明又接着讲,他说:

"比如面前见天,是昭昭之天;四外见天,也只是昭昭之天,只为许多房子墙壁遮蔽,便不见天之全体,若撤去房子墙壁,总是一个天矣。不可道眼前天是昭昭之天,外面又不是昭昭之天也。于此便见一节之知,即全体之知;全体之知,即一节之知:总是一个本体。"②

从这段可以看出,王阳明主张心体与天体本来是相同的,而现在不同了是由于人的私欲把身体中的天体给遮蔽住了。所以要致良知,将挡在人心里的障碍除掉,那么人就可以通过认识自己的心,去认识天道乃至万事万物。

---

① 《王阳明集》上,中华书局2016年版,第89页。
② 同上。

　　"问：'道一而已。古人论道往往不同，求之亦有要乎？'先生曰：'道无方体，不可执着，却拘滞于文义上求道，远矣。如今人只说天，其实何尝见天？谓日月风雷即天，不可；谓人物草木不是天，亦不可。道即是天，若识得时，何莫而非道？人但各以其一隅之见认定，以为道止如此，所以不同。若解向里寻求，见得自己心体，即无时无处不是此道。亘古亘今，无终无始，更有甚同异？心即道，道即天，知心则知道，知天。'"①

　　有人问：道一而已。可古人论道都往往说法不一，那么请问先生，求道有什么要点吗？先生说，道无具体的形状，不可执着从形状上求之。如果拘泥于文字上求道，离道远矣。现今的人只说天，其实何尝能见到天？天是日月风雷，不可以；天是人物草木，也不可以。道就是天，假如能认识到道就是天，那么什么不是道？但人们各以一隅之见认定天道，以为自己见到的才是天道，所以对天道的理解不同，人们认识的天道都不同。如何解开这一难题？只有向人的内里寻求，用自己的心去体验道，道就在人的本心之中，那么道会有什么相同与不同呢？心就是道，道就是天，知心就是知道、知天。

　　这里，王阳明是将天道与人心完全地等同起来了。他对求道的看法是：第一，人不能拘泥于文字上去求道；第二，不能只凭人的一隅之地去求道；第三，求道不能向外物上寻求，需从人的自心上去体认。

　　由此看来，这种结论与《王阳明年谱》记载他悟道的说法，是一致的。可以得出，龙场悟道所说，"圣人之道，吾性自足，向之求理于事物者误也"，所得的道，就是天道。王阳明虽然从未讲过，他在龙场悟的道，是天道，但他讲"吾性自足"，与心就是天道是一致的，说明王阳明自己认为在龙场悟到天道了。

① 《王阳明集》上，中华书局 2016 年版，第 19—20 页。

二、王阳明提出"致良知"便可以求得天道

人心里面有天道，并非随随便便就可以得到天道，要通过"致良知"的途径，才能得到天道。

"夫良知即是道，良知之在人心，不但圣贤，虽常人亦无不如此。"①

什么是良知呢？

"良知者，心之本体，即前所谓恒照者也。心之本体，无起无不起，虽妄念之发，而良知未尝不在，但人不知存，则有时而或放耳；虽昏塞之极，而良知未尝不明，但人不知察，则有时而或蔽耳。虽有时而或放，其体实未尝不在也，存之而已耳；虽有时而或蔽，其体实未尝不明也，察之而已耳。若谓良知亦有起处，则是有时而不在也，非其本体之谓矣。"②

王阳明说，良知就是人心的本体，就是永恒地照亮人心的东西。心的本体，没有什么产生与不产生的，即使人的妄念产生时，人的良知也不是不在，只是人们不懂得去存养它，所以良知有时会失落在外。即使是昏聩闭塞到极点时，良知也不是不明白的，只是人们不懂得省察，有时会被遮蔽。即使有时失落在外，良知的本体并没有消失，此时只要存养它就可以了。即使人的良知被掩蔽，但良知的本体依然是光明的，此时只要做到去省察它就够了。

如果说良知有开始的时候，就等于说良知有时候是不存在的，如这样的话良知就不是本体了。王阳明认为，宇宙万物无始无终，既无起点，也无终点，所以良知也没有起点、终点。虽然有时好像人的良知不

---

① 《王阳明集》上，中华书局2016年版，第64页。
② 同上，第57页。

在了，只是被人的私欲遮蔽了，人要不断地存养和省察自己的本心，人的良心就会逐渐地恢复它本来的面貌。

王阳明认为，人的内心完全达到致良知，人便超凡入圣。在"致良知"上，有圣人和贤人、愚人的区别。

> "心之良知是谓圣。圣人之学，惟是致此良知而已。自然而致之者，圣人也；勉然而致之者，贤人也；自蔽自昧而不肯致之者。愚不肖者也。愚不肖者，虽其蔽昧之极，良知又未尝不存也。苟能致之，即与圣人无异矣。此良知所以为圣愚之同具，而人皆可以为尧舜者，以此也。"①

心的良知就是圣，圣不在人心外，而在心内。古来称为圣人所做的学问，就是致良知，也就是反求自己内心。自然而然能做到致良知并按照良知为人处世的人就是圣人。

不能做到从人的本性自然出发去处理事情，但是仍然能勉力地按照人的良知去做事情的人，这样的人就是贤人。

被人的私欲而蒙蔽，而不肯反求自己的内心，而是随着外物随波逐流的人就是愚人。

但不论圣人、贤人、愚人，人心中都是有良知的，即使愚人，如果人能做到"致良知"，那么人都可以成为圣贤，人人"致良知"，人人都可以成为尧、舜。

所以，人通过"致良知"，而求得天道。

> "心也者，吾所得于天之理也，无间于天人，无分于古今。苟尽吾心以求焉，则不中不远矣。学也者，求以尽吾心也。是故尊德性而道问学，尊者，尊此者也；道者，道此者也。"②

这段话说明，人不仅通过"致良知"可以求得天道，还可以求得天

---

① 《王阳明集》上，中华书局 2016 年版，第 249 页。
② 同上，卷二十一《答徐成之》二，第 710 页。

理。因为心就是天理，无论在何时何处心和天理都是一样的，没有天跟人的区别，也没有古与今的分别。如果人能做到尽心尽力地求助于人的内心，所作所为，即使不符合中道，也不会差得太多。做学问的人，就是要求得见于自己的心，便是最好的了。

正是由于王阳明把心看得如此重要，不仅求道，做所有事，都要向自己的内心求得良知。所以他提出：

> "孟氏所谓'学问之道无他，求其放心而已矣'者，一言以蔽之。故博学者，学此者也；审问者，问此者也；慎思者，思此者也；明辩者，辩此者也；笃行者，行此者也。心外无事，心外无理，故心外无学。'"[①]

三、如何理解王阳明"龙场悟道"

王阳明龙场悟道，是他"日夜端居澄然，以求静一"，摒去尘世间事故杂念，舍去一切外物羁绊，回归本体真实、纯朴自然的一种结果。这种自然状态让他自体本然辉光，内外彻照，一体圆通，至达"胸中洒洒"内心光明的境界，使他突然间体会到从来未有的心灵喜悦，不由自觉地大呼，"圣人之道，吾性自足"。

人的心灵本体具有内在的本明性，即忘物、忘我的状态，心便恢复到一种本体的自然状态。

这种本体的自然状态是人人固有的，本是人的一种纯真的生物性的一种体现。人的这种纯真性被后天的社会性给掩盖或取代了，使人的本性难以自明与自然。

但这里面有几个问题值得商榷。

第一，求得了人的纯真的自然本性，就达到了圣人之道了吗？如果说这就是圣人之道，那么就等于将古代先贤的圣人之道与人的纯真本

---

① 《王阳明集》上，中华书局2016年版，第212—213页。

性画等号了，恐怕不能如此简单。圣人之道，有的是言明人本性质之道理可以称为本性之道；有的是言明社会之道理可称为社会之道；有的是言明整个自然界之道理的可称为自然之道。故"圣人之道，吾性自足"，是难以做到的。仅靠一个本心，人如何能将孔子终其一生所得出的社会之道，老子五千余言的《道德经》中所阐述的自然之道得到吗？不借助已有的文献，仅凭自己内心的领悟就会得到圣人之道，那就要重新走一遍孔子、老子成圣所走过的道路，如果真能这样的话，又何不在老子、孔子的基础上，悟出完全新的"道"来，其思想已超越老子、孔子，将他们思想发扬光大，著出超越《论语》《道德经》的经典呢？

第二，"吾性自足"，"吾性"即人心的本体。人心的本性与宇宙之道的本体存在着本质上的差别。两者有共同之处，即都是物质，或者说都是由最基本的粒子等物质组成，但两者的差别还是太大了。宇宙有宇宙的存在结构、运行规律，心有心的存在结构、运行规律。这种结构的不同，运行轨迹的不同，决定了认识心体，不可能认识宇宙的道体。而就人的心体的物质结构来说，仅靠思虑是求得不出来的。心的物质结构，只能靠现今精密的科学仪器才能测得。但即使测得了它与宇宙本体的结构与规律又有多大的关系呢？从人的内心怎么能求得到宇宙是如何形成及发展变化的呢？王阳明格竹子，但依旧格不出竹子发展变化的规律。竹子的发展变化不是天道发展变化的一部分吗？那么从心中就能求出竹子的发展变化了吗？竹子的发展变化之道，人通过其观察研究，是可以求得出竹子的自然之道的，只不过王阳明没有格出来而已。

第三，"心即理"并不等同于万物之理。人的纯真自然之心可以求得心的自然之理。这个自然之理与万物之理有相通相合之处，即在自然而然的道理上，是可以在一定程度上相一致的，但并不全然，因每个自然之理都有它特定的结构与规律。人可以求得到人内心纯朴至诚之理，而其他的社会之理，均需向外才能求得到。如宇宙生成变化之道，世间万物之间相互作用之理，无论你如何想象，是求不出它的"理"的。

第四，求得自身本性及心灵自体可以达到终极领悟，但并不等于就能对万事万物达到终极领悟。对万事万物的领悟，只能在万事万物那里得到求解，从人的内心是无法得知的。性是心的本体，天是性的本原，王阳明本人也承认它们是两者，一个是"本体"，一个是"本原"，而且是一种决定与被决定的关系。天决定了人的本性，也是人本性的来源。"性是心之体，天是性之原，尽心即是尽性。"①王阳明也承认"知天"与"事天"，是圣人与常人的区别。"知天，如知州、知县之知，是自己分上事，已与天为一；事天，如子之事父、臣之事君，须是恭敬奉承，然后能无失，尚与天为二，此便是圣贤之别。"②

"知天"与"事天"，这是不一样的。在王阳明看来，只有知天，才能达到"与天为一"，而"事天"，还没有与天合为一体，这正是圣人与愚人的差别。那么知天，不向天去求得，又怎么能做到"知天"？贤人也有心，但这种心无法"知天"，只能"事天"，从而不能与天为一体。可见，从人内心是求不出"知天"的。

王阳明提出"心理是天理"，只能说，心体纯净了，达到了天理对人的要求，或者说心符合了天理，但它并不是真正意义上的天理。天理是讲天表现出来的道理，是一个综合的概念，既可以将其理解为自然法则，如自然界的规律和法则，也可以将其理解为道德法则，如宋代理学认为伦理道德是客观存在的法则，又可以将其理解为宇宙万物的本原，超越万物之上的唯一绝对等等。从上所论，王阳明龙场所悟，并不是天道。

那么，王阳明悟出来的是什么？

王阳明悟出来了"心学"。通过龙场悟道，使他逐渐地实现自身心灵境界的飞跃，不再以自己之心去拼凑身外的事物，而是将身外事物之理归源于心灵本体的体验，并将内心之知，转为现实之行。所以龙场之后，王阳明在38岁时，始论"知行合一"，50岁时，提出"致良知"之教。

王阳明的"心即理"是继承了陆九渊的心学思想。陆九渊强调"心"与"理"是合一的，两者不可分割。他说：

"人皆有是心，心皆具是理，心即理也。"③

① 《王阳明集》上，中华书局2016年版，第5页。
② 同上。
③ 《与李宰（二）》，《陆九渊集》卷十一，中华书局1980年版，第149页。

"人心至灵，此理至明，人皆有是心，心皆具是理。"①

王阳明的"致良知"，也是在一定程度上吸收了陆九渊的心学思想。陆九渊认为，人心具有伦理道德的属性，是存有良知的。

"人之所以异于禽兽者几希，庶民去之，君子存之。'去之者，去此心也，故曰'此之谓失其本心。'存之者，存此心也。故曰'大人者，不失其赤子之心'。四端者，即此心也；天之所以与我者，即此心也。"②

"良心正性，人所均有，不失其心，不乖其性，谁非正人。纵有乖失，思而复之，何远之有？"③

王阳明继承了陆九渊心学思想，所以后来将其两人并称为陆王。陆王的"理"是什么呢？"理"就是规律、法则，也是至善。在陆王看来，宇宙之所以存在，就是由这个"理"决定的。"理"是个整体，人心即是理，所以，心也是个整体。正因为心是个整体，万事万物从人的心中都可以得到答案。

王阳明不仅受陆九渊的影响，也受二程的影响。他在《答周道通书》中说：

"圣人气象何由认得？自己良知原与圣人一般。若体认得自己良知明白，即圣人气象不在圣人而在我矣。程子尝曰："觑著尧，学他行事，无他许多聪明睿智，安能如彼之动容周旋中礼？'又曰'心通于道，然后能辨是非。'"④

王阳明提出"知行合一"的思想，将人的知识与人的社会实践统一起来。什么是知呢？

---

① 《杂著》，《陆九渊集》卷二十二，中华书局1980年版，第273页。
② 《与李宰（二）》，《陆九渊集》卷十一，中华书局1980年版，第149页。
③ 《与郭邦瑞》，《陆九渊集》卷十三，中华书局1980年版，第172页。
④ 王阳明著：《传习录》，中州古籍出版社2008年版，第205页。

　　"身之主宰便是心，心之所发便是意，意之本体便是知。"①

　　"知是心之本体，心自然会知：见父自然知孝，见兄自然知弟，见孺子入井自然知恻隐，此便是良知，不假外求。"②

　　"行之明觉精察处，便是知：知之真切笃实处，便是行。"③

　　意思是说，行动明白察觉的了悟之处，就是"知"，行与"知"并非两个东西。所谓"行"，就是要按着知来做，把"知"付诸实践就是"行"。

　　"知是行的主意，行是知的功夫：知是行之始，行是知之成。若会得时，只说一个知，已自有行在，只说一个行，已自有知在。"④

　　"知行原是两个字说一个工夫，这一个工夫须著此两个字，方说得完全无弊病。"⑤

　　人体会"知"要真实，是真正本心的知，是对本心的察觉，不能被妄念杂染了知。如果人带有妄念，也就是产生了感情色彩意识的知，这种知在实践中"行"，就会出现偏差，因为这就是人的情感蒙蔽了"知"的明觉知察。

　　"若知时，其心不能真切笃实，则其知便不能明觉精察；不是知之时只要明觉精察，更不要真切笃实也。行之时，其心不能明觉精察，则其行便不能真切笃实；不是行之时只要真切笃实，更不要明觉精察也。"⑥

---

① 《王阳明集》上，中华书局2016年版，第6页。
② 同上。
③ 同上，第186页。
④ 同上，第4页。
⑤ 同上，第186—187页。
⑥ 同上，第187页。

王阳明心学的价值与意义，主要在进化人的心灵上起到了作用。人类社会出现了私有制之后，人们被个人私欲蒙蔽了人的良知。王阳明主张去欲，致良知，这是他在中国思想史上的最大贡献。

龙场，是王阳明心学的开启，才是他悟出的道，从此建立他的心学学说。

第六讲
道在身外

一、道在自然

自然，指天然，非人为的，一般指自然界。自然界涵盖了从微观的地球生态，到宏观的宇宙天体。这广袤无垠的空间与万物，统称为自然。

德国哲学家莫里茨·石里克在《自然哲学》中曾给自然下定义："所谓自然，我们是指一切实在的东西，即一切在空间和时间上确定的东西。存在或发生于空间之中的任何对象或过程也同样存在或发生于时间之中。"①

很显然，石里克对自然的界定要比我们理解得宽泛得多。它将存在和发生在时空之中的实在的东西都看成自然，包括人本身，还包括人为创造的实物，即人工自然。

对此，我们并不认同。自然是指存在或发生在时空之中的非人工生成的物质。人工生成的物质可称为人造自然。

为什么道在自然呢？道不仅存在于整个自然界之中，而且，道决定了整个自然界的生成、存在和发展，甚至决定了自然界的消亡。

原本是没有自然界的，道从无中生有，生出个自然界来。

这样，在自然界中，便形成了大、小二道。

所谓大道，即宇宙之道，又称为天道与地道。

---

① 莫里茨·石里克著：《自然哲学》，商务印书馆2009年版，第7页。

天道，即天体的运行之道。天道除运行之道外，还体现出天道运行的品德，也称为天德。

地道，即行星之道。地球是太阳系的行星之一，所以，地球运行之道，又称地道。地道是天道太阳"中"的附庸，所以地道是依附于天道，受天道支配与决定。地道除受天道决定运行之外，还表现为地道运行的品德，也称为地德，即承载着地球上万物的存在和发展。

所谓小道，即地球上万物自身的运行之道。之所以称为万物，说明物与物之间的不同。只要有不同，就有各自的存在与发展之道。万物各自的"道"，首先，是由天道给予的。天道在创生万物性质的同时也往万物中注入了天道，所以万物的性质是由天道给万物注入的道决定的。万物均顺从自身存在的天道去发展变化。其次，地道也在一定程度上决定了万物的发展，但决定程度是有限的，因为地道的决定力量大部分来自天道的决定力量与作用，地道只是将一些决定作用被动地给予万物。人是万物中的一个种类，是属于小道范畴，在地球万物之中，人成为小道中的特类，因为人不仅是生命物质，而且是生命物质中唯一的有理性思维的动物。

正由于人是地球上唯一有理性思维的动物，从而决定了人的与众不同——人能认识天道。

二、秦以前古代人对天文、天道的认识

1. 夏、商、周天文机构表[①]

朝代	名称	职掌及人员编制	备注
夏 （约前21世纪初——约前17世纪）	太史	终古 昆吾	《汉书·古今人表》称太史令《隋书·天文志》称："皆能言天文、察微变者也。"

---

① 见陈晓中、张淑莉著：《中国古代天文机构与天文教育》，中国科学技术出版社2005年版，第19页。

续表

朝代	名称	职掌及人员编制	备注
商 （约前17世纪初— 约前11世纪）		巫咸	《隋书·天文志》称:"皆能言天文、察微变者也。"
周 西周 （前11世纪—前771年） 东周 （前770—前256年）	文王、武王太史 宣王 太史 襄王 太史 顷王 太史 灵王 太史 安王 太史	史佚 冯相低:掌观测日、月、星辰、节气,时令,制定历法。中士2人,下士4人,府2人,史4人,徒8人。保章氏:掌观测占候,星变灾异。司晨:下士1人,史1人,徒4人。占候:中士2人,史2人,徒4人。司昏:下士2人,徒8人。挈壶氏:掌漏刻。下士6人,史2人,徒12人。土方氏:掌土圭之法,以致日影。上士5人,下士10人,府2人,史5人,徒50人。匠人:测方位。玉人:以致日,以土地 伯服 叔兴 史服（叔服）苌弘 太史儋	《史记·天官书》载:"史佚,周武王时太史严佚也。" 《周礼》称:鸡人 《周礼》称:眠裻 《周礼》称:司窹氏 尚有太史辛有,不知属周末何王

夏代关于天文机构和星官职掌,史书上记载甚少。商代因有甲骨文字,故在天象、历算、漏刻等方面均有记载。

《尚书·夏书·胤征》中关于夏代日食的记载:

"惟仲康肇位四海,胤侯命掌六师。羲和废厥职,酒荒于厥邑,胤侯承王命徂征。告于众曰:'嗟!予有众,圣有谟训,明征定保。

先王克谨天戒，臣人克有常宪，百官修辅，厥后惟明明。每岁孟春，道人以木铎徇于路。官师相规，工执艺事以谏，其或不恭，邦有常刑。'惟时羲和颠覆厥德，沉乱于酒，畔官离次，俶扰天纪，遐弃厥司。乃季秋月朔，辰弗集于房，瞽奏鼓，啬夫驰，庶人走。羲和尸厥官罔闻知，昏迷于天象，以干先王之诛。《政典》曰："先时者杀无赦！不及时者杀无赦。"

这段话的意思是说，夏朝仲康时期的占星官羲、和，玩忽职守，预先没能准确地测算出日食的时间，日食时又喝醉了酒，错过了观测日食，按照夏代的法律，凡是推算过早或过迟，都要处以死刑。

《殷墟书契后编》下九·一记载：

七日己巳夕，有新大星并火。

这是于1898年在河南安阳西北小屯村发掘的商代甲骨片，意思是：第七日晚上，一颗新的大星出现在大火星旁。

2. 春秋战国时期，主要国家太史、司星表[1]

国名	宋	赵	魏	齐	鲁	晋	郑	楚
太史或司星	子韦	尹史尹皋	石申	甘德	申编梓慎史墨里革	董因卜偃屠余伯服史苏	裨灶	唐昧史老（子壹）

太史和司星，主要职掌观测天文星象，制定历法。

---

[1]　见陈晓中、张淑莉著：《中国古代天文机构与天文教育》，中国科学技术出版社2005年版，第26页。

3.秦朝天文机构模式表①

成员	建制	职能	变革	官署长官
奉常 太史令 太卜令 太祝令丞 候星气 博士 占梦博士 漏刻郎	奉常丞1人 1人 1人 1人 300人 70人	常，周为春官 宗伯，掌邦礼 秦改掌宗 庙、礼仪 太史令为周之 太史，冯相、 保章之职 秦属奉常，封 禅书、诸祠祭 祀，皆太祝常 主 典教职，礼仪	二世改 20人	胡母敬

　　由于人具有理性，人是认识事物的主体。天道存在于人认识自然界的客体之中。人如果不能正确地认识自然界的客体，尤其是自然界中的天体运行，人是无法发现和认识天道的。人类认识天道只有两个途径：一个是直接的途径，即直接去认识天体运动，从天体运动看天道的运转，看出天道的规律；另一个则是间接的途径，即通过自然界看天体与地球上的万物之间的关系，通过关系和作用去发现天道的规律和作用。

　　中国古人早在三皇五帝时期，就开始对宇宙天体的运行进行观察，并形成中国古代原始社会时期的天文学，同时还把认识天道及天道与万物的关系，作为古代天文学的出发点及目的，把天地运行与人们的社会生产、生活联系起来，形成中国远古时期的认知方法。

　　中国古代的天文学是世界上发展最早的天文学说，早在中国古代国家形成前就产生了。从上表的秦朝以前的天文机构设置就说明古人对天文学十分重视。中国古代历法是在对日、月、星辰的观测基础之上创立和形成的。据传在黄帝时代已有灵台雏形；夏、商两代设立的太史令，主管天文；到了周代，太史令已跻身于卿大夫的行列；至秦汉除了设太史令主管天文历法外，仍设有天文机构及专业的天文官员。古代国家治理，要在对天象观测的基础上制定历法，国家的政治管理，经济上农业、牧业的生产，人们的生活起居、衣食住行，都要以历法的日期为依

---

① 见陈晓中、张淑莉著：《中国古代天文机构与天文教育》，中国科学技术出版社2005年版，第30页。

据，从而使人们的各种活动顺应自然规律。中国古代人们在天文历法方面取得的成就，是天道、地道、人道最完美的结合，是在人类认识天道史上的重大突破。它充分说明，天道是可以被认识的，也是可以被掌握的。人类一旦认识掌握了天道，就会给人类社会带来巨大的发展。中国古代的农业得到充分的发展，正是这方面的具体体现，也说明天道会给人类社会带来无尽的福祉。

中国古人在天文历法方面获得的知识，是对天道存在和运行规律的揭示。它足以说明以下三个问题。

第一个问题，天道是存在的，它已经被古代人和现代人证明过。

第二个问题，天道对人类是有着决定性作用的，人一旦离开天道，就会遭到天道的惩罚。小的违背要遭到小的惩罚，大的违背要遭到大的惩罚。

第三个问题，天道是客观存在的，它是不以人的意志为转移的。

三、从人的本性中能得到天道吗

天道从某种意义上讲，它又是自然规律。

现代科学的进步，为我们进一步了解宇宙的运行规律，提供了更为准确的依据。如20世纪美国加利福尼亚州的威尔逊天文台观察指出，旋涡星云正在以极快的高速离我们而去。根据哈勃定律推算，退离速度近乎每秒2.5万公里。这种结论是依据多普勒定律，通过观察光谱线的位移得出来的。

1808年，道尔顿使用古代留基伯和德谟克里特的原子概念，这个概念在古代是一种假设，但在近代科学中，原子、分子被科学实践所证实，使人类了解了微观世界物质内部的运行之道。卢瑟福－玻尔设计了原子模型。在模型中，电子——其个数在1至92的范围内——围绕着处于中心的带正电的包含有质子和中子的核旋转。电子只能在一定的分离的轨道上运动，只有当电子从较高能级的轨道，跃迁到较低能级的轨道上的时候，原子才放出射线（光子），跃迁反向进行时原子吸收射线。

这些宏观的、微观的自然规律，经过多少代人的无数次观察、研究，特别是近现代经过科学仪器的辅助才能得到。

自然规律是物质运动固有的、本质的、稳定的联系，它表现为只要对应的客观条件具备，这一规律具有不变性，这一规律便是成立的、适用的。反之这一规律便不成立。

自然规律不是凭借人的头脑可以构想出来的，它不以人的意志为转移，人们只能依据对客观世界的不断观察与发现、研究、实践去检验自然规律的存在发展与变化。有的自然规律，它还有一定的时空限定，离开特定的时空，规律就会发生改变。所以，规律是不能从人的头脑中设想出来的，人只能发现规律，解释规律，而不能创造规律。

天道，即是天体运转的客观规律，它具有客观性、法则性、普遍性、必然性、循环反复性，并具有一定的目的性。这些怎么能在人的头脑中，仅凭开悟就能得到呢？

不依靠对天体运动的观察与研究，不去了解天体运动与事物之间的各种关系，仅凭大脑去思考，是无法得到天道的。

人的思想意识中，并不存有天道。

人的意识是什么？18世纪，理性主义哲学家们为了弄清"实体"观念，开始研究人的意识问题。理性主义的代表人物笛卡儿认为，在人的身体之中，存在着两种不同的实体：心灵或心灵实体、身体或物质身体，这被称作笛卡儿式的"二元论"。笛卡儿认为，他完全可以怀疑他身体的存在，但不能怀疑他心灵的存在。他说：

> "我有一个与我紧密相连的身体；不过，因为一方面我对自己有一个清楚分明的观念，即我只是一个没有广延的思考之物，……因此，可以肯定的是，这个我（即我的心灵，我之所以为我的那个东西）全然不同于我的身体，而且可以独立于身体存在。"[①]

意识的存在与产生，应该有两个必要条件，即人的身体、人身体的

---

① 见罗伯特·C.所罗门等著：《哲学导论》，陈高华译，天津人民出版社2019年版，第299页。

意识器官——人脑和心脏，这是意识产生的先决条件。另外，有些意识可以通过遗传产生，但大部分的意识是人通过对客体的认知产生的。这一点，我同意美国哲学家，内德·布洛克（Ned Block，1995）的观点。他说：

> "现象的意识便是体验，使得一种状态能够变得在现象上有意识，即是在那种状态下存在某种'存在的感觉'。"[1]

人的意识主要来自人对自身以外事物的体验，从各种事物现象中产生的心理反应，这种反应通过感性再到理性，或有的只停留在感性。

苏珊·布莱克摩尔下面的论述是有道理的。她说：

> "让我们假设你现在闻到一阵从厨房飘散过来的味道，这股气味毫无疑问是新泡的咖啡的香味。你之所以能闻到这股气味可能是因为化学物质进入你的鼻子，并与鼻腔里感受器产生了反应。但是，如果你所关注的只是体验而已，那么这和化学物质就没有关系了，或许你甚至无法向你自己描述这种感受。它就是新泡的咖啡的味道嘛。这种体验是个人的，难以言说的，并且有着只属于自己的特性。这些个人的特性在哲学里被称为可感受性（qualia）。当你骑着自行车时，你脸颊上所感受到风吹拂的感觉是一种可感受性；你手上褐黄色的皮肤便是一种可感受性；每当你听见小调和弦时，你所体验到的那一阵无法言说的愉悦的轻颤也是一种可感受性。虽然可感受性的概念一直都笼罩在某种迷雾当中，但是，它基本的意思还是很清楚的。这一术语用来强调的是特性（quality），它力图脱离对物理特性的描述，而是指向其现象学本身（phenomenology）。一种可感受性是对某物的感觉（根据上文所解释的意思）。我们的意识体验是由可感受性组成的。意识的问题可以以这样的方式被重新叙述，即可感受性是如何与物质世界联系在一起的，或者说一个客观

---

[1] 见苏珊·布莱克摩尔著：《人的意识》，耿海燕、李奇等译校，中国轻工业出版社2008年版，第19页。

的物理大脑如何能够产生主观的可感受性。"①

　　苏珊·布莱克摩尔的意思是说，人的意识是通过可感受性产生的。作为主体的个人来说，你必然先有可感受的对象，即有这个对象后才会产生可感受性。如果连这个对象都不存在，那么由可感受性产生的思想意识就如同空中楼阁，是不成立的。

　　在人性之中，是不存在天道的。人的身体也好，人的意识及特有感官也好，都没有天道入驻在里面。人的身体是由细胞组成，也可以说是由原子组成，但你无论如何去求解自己的内心、本性，你能得出组成身体的细胞、原子的运动规律吗？你会察觉到原子中电子围绕着原子核在运动，这样的天道运行规则吗？想不出来，也得不出来。知道原子的内部运动规律，这是近代才产生的知识。你掌握这一知识同样也是要从身外学来的，而不会是你冥思苦想求得到的。

　　向人的本性去求，可以求得人的自然本性，如得出人应该回归自然。这是可能的，老子、庄子，也包括墨子都希望人回归自然。回归自然，即无欲无求，朴素无华。但这点老子和庄子已经论述得十分清楚了，如果人们愿意实践，只需付诸行动即可。

　　自然之道，过于笼统，人们很难做到。自老子提出自然之道后，有多少人能做到呢？因自然太大又太小，大到宇宙，小到厘毫，这让人们如何去依从？

　　自然，不是对宇宙以及事物的规律的体现和揭示。自然，作为一个整体的存在，它涵盖了宇宙的方方面面。天道创生了自然，赋予了自然发展变化之道。但天道既隐藏在自然的背后，又隐藏在自然之中。它需要人们用理性思维将其提炼出来。所以，回归自然并不重要，重要的是回归天道。只有回归了天道，才能做到回归自然。

　　回归自然本性是人的目的，目的性不能等同于规律性。目的性是指实践及其结果必须符合主体自身的需要、利益等价值的追求，而规律性是指实践的认识必须符合客观规律，达到对客观事物的真理性认识。回

───────────────

① 见苏珊·布莱克摩尔著：《人的意识》，耿海燕、李奇等译校，中国轻工业出版社2008年版，第20页。

归人本自然，符合了道的目的性，并不符合道的规律性，自然的规则性与稳定性不够完善、精确，各种物质都有其自己的规则性与稳定性，那么，人要依从于哪种规则性与稳定性呢？所以，如果将自然看成道是不准确、不恰当的。

向人的本性去求，可以求得到诚。诚字，无论在汉语词汇中，还是在哲学范畴内都没有规定的含义。它体现和代表着人的心理状态，在哲学上是伦理道德范畴的词语。求到了诚，就会得到天体运行之道，这无疑是天方夜谭。

四、回归自然

既然人回归人的自然状况，尚做不到真正的回归天道，为什么提回归自然呢？因为人来自自然，但我们似乎离自然愈来愈远，忘记了人是自然中的一分子。

道创生了自然界中的万物，包括人，并确定了每种物质的本性及存在方式。人的本性与存在方式与万物最大的不同在于人有理性思维。这种理性思维最终导致人类能逻辑性地设计自我，逻辑性地设计别人及社会，也能逻辑性地设计人们所需要的万事万物。这种逻辑性设计能将人的理性发挥到它的极致。

正是这种理性思维与逻辑性设计，使人类成为整个自然界万物的主宰、统治者，在一定程度上占有者，于是，人忘记了自己是谁，从何而来，又要到哪里去。这本来应该是十分清楚的问题，但人却将它变成了哲学问题，并且百思不得其解。原因是什么？是因为人们错误地认为，人只能是自然界的主宰者、统治者、研究者、开发者、利用者，而忘记了自己本就是自然界中的一员，"本是山中人，却道山外客"。

在人看来，自然是什么？是人永远取之不尽、用之不竭的财富宝藏。对这个宝藏，人尽管占有，谁开发了，谁就占有，占有了就要捍卫它，没有占有就想抢夺它，于是，这种占有致使人分出了等级，国分出了强弱，看谁占有地理空间多，看谁占有资源财富多。

将自然财富进行空间分割归属占有后，还要进行时间分割与归属的占有，即人人都希望可以长期占有自然资源。由于对财富空间与时间的占有，人类不断地上演一出出悲、喜剧。

人能否回归自然，关键在于人自身。

人类社会走至今天，更有提出回归自然的必要。由于人类过去几千年的发展历史，始终没有摆正好人与自然的关系。对自然进行掠夺性开发，将地球——人类生存的家园，弄得千疮百孔，满目疮痍。地球地表的资源，如水、森林、土壤、植被等遭受到严重的破坏；地下资源，如石油、天然气、煤炭、矿物质的开采，使地球严重地空洞化、空壳化，从而导致各种自然灾害——地震、洪水、气候变暖等频频发生。

人类已经到了必须认真思考如何拯救地球、拯救人类生存的自然环境问题的时候了。

人若回归自然，要坚持以下原则。

第一，人类对自然的有限权利。

首先，是人的生存权利。生存权利是该有限定的。人类应在不破坏自然界平衡的前提条件下控制人口的增长。

其次，是占有权利。人类必须限定人类对社会财富的占有。不仅要控制人均占有，同时也要控制总量占有。将社会人均占有，控制在满足人类生活的基本需要上，不能不加限度地满足人类的生活欲望。总量占有能保障人类可以度过天灾、人祸等各种危机即可，不应无限度地开采自然资源。

最后，是对未来人类社会的发展与自然界的发展和谐协调的规划权利。

第二，人类对自然的有限责任。

首先，是共生共荣的责任。人类必须树立万物平等、共生共荣的观念，不能将自然界视为开发与掠夺的对象。人类应给万物立法，即自然界万物应有的权利，人类不能随意侵犯。

其次，维护自然界万物之间的生态平衡、物质平衡，不做任何打破自然界生态平衡和物质平衡的事情。

第三，人类对自然界的有限义务。

首先，保护自然界。

其次，时常对自然界进行评估，找出自然界存在的问题，时时提出优化自然界的方案。

五、回归到"一"

道生"一"。一个总道，称为天道。它的范围涵盖宇宙，存在于宇宙生成之前。

道生"一"，还有另一种理解，即万物中的任何之"一"，都是道，或者说都存在着道。道创生了万物，规定了万物的本质，以及存在运动的方式。所以，万物都是道的化身。不过万物的道，不是总道，是万物各自自身的道。"万物"是指所有物质的代名词，指众多的物质。众多物质由众多的"一"组成，没有众多的"一"，就没有万物。

每种物质既然都存在着道，那么研究每种物质自身，就可以得到这个物质的道。

道生"一"，"一"是个整体；它包含着"阴阳"，一阴一阳谓之道。

怎样回归到"一"？

老子认为，人能得到"一"，便得到了道。万物得"一"，也便得到了道：

> "昔之得一者，天得一以清；地得一以宁；神得一以灵；谷得一以盈；万物得一以生；侯王得一以为天下正。"[1]

那么，"一"是什么？只有知道"一"是什么，才能知道"一"在哪里。"一"就是"道"，"道"即中庸，所以得"一"就是得到中庸。

作为一个人，又如何得到中庸呢？

人要确定自己本身就是"一"，是万物中的"一"，也是人群中的"一"，或者说自己是社会中的"一"。

---

[1] 《道德经》第三十九章。

第一是"中"。人的"中"，便是人的自然本性，即人的生物性。中国历史上有"性善"说与"性恶"说。"中"即无善无恶。刚刚出生时的婴儿，是纯真无邪、精充气和的，如老子所说的："专气致柔，能如婴儿乎？"这是人的自然状态。人若能使自己始终处于一种自然状态下，便能守住人的自然本性，这个自然本性便能使人处于一种不偏不倚的中立状态。

第二是"正"。人是社会中的人，有理性，有七情六欲，这就是人不可能始终处于一种"中"的自然状态，各种社会事务使人的行为会过或不及，人便失去了中庸，那么就需要按人的自然本性"中"的原则去改正。从而需要得"正"，"正"即纠正人的偏颇和离失，使之重新回到"中"。

第三是"应"。"应"是人们之间的互动、互应，即人对社会的主动作用和被动作用。主动作用是人主动去参与社会各种活动，被动作用是人被动地参加社会各种活动。无论主动也好，被动也好，人都应该恪守人的基本的自然本性，这样也能做到"中"。

第四是"时"。"时"是抓住时机。你在特定的时空之中，该做什么就做什么，做有利于恢复和发展自己自然本性的事。老子说：

"载营魄抱一，能无离乎？"①

让人的形体和精神抱着本性的"一"。怎样才能让形体和精神与自然本性不分离呢？这是讲人应该守住自己的自然本性。

人的自然本性是天道给的，或者说是天生的、先天的，而人的社会性是后天形成的。人的社会性，既可以在不失去人的自然本性的基础上，形成人的社会性，也可能完全丧失了人的自然本性，而形成没有人的自然之性的社会性，这样的人就是无本性天德的人，是失败的社会人。

老子还说，人不仅要抱"一"，还要"执一"，"是以圣人执一为天下式"。②

---

① 《道德经》第十章。
② 《道德经》第二十二章。

"执一"，即"执道"，因道择"一"。意思是说，圣贤的人，应该执一，给天下人做一个范式（榜样），这里的"执一"，为用"一"的意思。用"一"即用道。

以上说明，老子在人与道的关系上，首先是"得一"即"得道"，然后再"抱一"，即"抱道"，最后是"执一"，即"执道"，也就是应用道，执行道。

可见，老子对人与道的关系上的三个层次关系讲得十分清楚。

"一"是"中"，在老子的思想中也有体现。

老子说："多言数穷，不如守中。"这里的"中"，就是老子的中正之道，也就是"一"，即中庸之道，而且与前句的"多"相对，体现了"一"即"中"。"用一""用中"即用道，在老子这里都是一个意思。他说：

"执古之道，以御今之有。能知古始，是谓道纪。"①

人守住自己的自然本性，守住"一""中"，人是否就能得到天道呢？可以说，人能做到"一"与"中"，基本上得到了天道了。但"得道"与"守道"还不一样，得到了天道，可能还会失去天道，只有守住天道，达到与天道合一，才是真正的"得道"。因为"天道"与"人道"还是有差别的。"天道"是"总道"，是万物都要遵循的道，而"人道"只是人类的"自己"之道。人在走人道时，有时会得到天道，有时会失去天道，因为人的思维方式和行为方式会因某种环境因素影响而导致变化。

人只有与天道合一，才算真正地得道。

在人生活的整个自然界中，在人所限定的自然界中，人要与自然事物产生各种各样的关系。人只有掌握了天道，才能处理好人与自然界的关系，也才能知道万事万物的道是什么，也才能达到"替天行道"的目的。只有做到了"替天行道"，才能体现人类社会在整个自然界中的地位和价值，也才真正地得到了天道，成为天道的化身。

---

① 《道德经》第十四章。

第七讲
人本异化

一、"得道"必须回己

为什么"得道"要回归到本己呢？因为，在人的内心之中存有人的本性，即自然性。这是人得道的第一步，或者将其说成"得道"的前提。

人的自然性是从娘胎中带来的。

自人出生之后，人的自然性便开始慢慢地退化，社会性却日益地增多。

在这一减一增之中，人的自我品性便彰显出来。

人的自我品性是由人的自然性（本性）、德行和恶行结合而成。德性是由人的自然性和人的德行组成，恶性是由人的自然性与人的恶行组成。人的社会行为不断地处于德行和恶行交替存在和相互转化的过程中，最终形成了个人的品性。

一个人的品性是变化的，因为人的行为不断地游走于德行和恶行之间，受人的内心品格所支配。一个人的内心品格是人的社会善恶行为的调节阀。在人的内心之中存在着人的善念和恶念。善念与恶念在人心中此消彼长。当善念增长占满人的心胸，人的心里的品格调节阀就会把心胸打开，释放出一些善的欲念，由这些善的欲念使人产生一些善的行为。这时就使人的品性（格）外显，被自己和别人观察到，这样的人就是品格好的人。当恶念增长占满了人的内心，人内心的品格调节阀就会把人的心胸打开，释放出一些恶的欲念，由这些恶的欲念使人产生一些恶的行为。这时人的品性便彰显出恶的一面，这使自己和别人观察到，这样的人就是品格不好的人。在人性的善恶此消彼长过程中，本性与善念、恶念不断地交织在一起，又在人的心中不断堆积，当善念堆积得多了，这个人的品格就以善为主；当恶念堆积多了，这个人的品格就以恶为主。

那么，这里就碰到了一个极为棘手的问题，即人的原本本性的善恶问题。我认为，人的原本本性，既不善也不恶，是人的一种生物状态，纯粹的自然本性状态。但是，随着人类历史的发展，人类从整个类上，将人的自然本性丢失了。

二、人的自然本性的丢失

为什么人的自然本性被丢失了、不存在了呢？人的后天社会性决定了人本性的变化。社会性使人的自然性开始走上两条道路：一条沿着人的自然本性在持续地发展，即这种社会性的道路与人的自然本性发展的道路是相同的、一致的，人的自然本性并没有发生改变。这样的社会就是好的社会，人的社会性也是好的社会性。人类社会经历了几百万年的原始社会，原始社会就是一种没有改变人的自然性的社会。但原始社会从人的发展的角度上看，是落后的人类初级社会。另一条道路则是与人的自然本性相反，是改变人的自然本性的道路，我们称之为人的异化道路。这种异化道路产生于原始社会后期的父系氏族社会，形成于国家产生之时。社会性使人的自然性改变了，走上了异化的道路。

异化概念最早由德国古典哲学家费希特提出。他在《全部知识学的基础》书中说："自我"指认识主体和意志主体，是唯一的实在。费希特认为，人之所以能感受到外界的"直观"，是因为先有一个"自我"的存在。有了这个存在，才有了外界万事万物存在的可能性。如果没有这个"自我"，外界的所有一切都将不复存在。哲学的第一系统就是纯粹的、经验的自我，或者说"绝对的自我"。他认为，整个世界，包括自然界和人类历史，都是"自我"的创造之物。在这个创造过程中，那些被创造出来的、与"自我"相对立的存在，即被他称为"非我"。"非我"指客观存在的一切事物，是由"自我"设定的，是自我意识遭遇到与自己不同的对象，即"非我"。"非我"是自我的一种异化，是"自我"在创造过程中不断涌动的、不断异化的长河，构成了整个世界史和自然历史。他用异化的概念分析了人的"自我"与"非我"两者的关系。他认为："自我"通过克服"非我"的过程而丰富、实现自身，两者在自我意识中达到统一，"自我"有能力扬弃自身设置的"非我"，即外化自身的能动性。所以费希特的异化，是"自我"的异化。

黑格尔较为系统地阐述了异化概念。在黑格尔看来，绝对精神作为宇宙万物的来源，首先经过逻辑阶段将自身外化，异化为自然界，又从自然界中进入人类社会。什么是黑格尔的"绝对精神"？黑格尔的"绝对精神"是一种客观独立存在的宇宙精神，是客观世界和人类社会的内在本体和核心。这种精神以概念形式表现，是先于自然界和人类社会的一种存在。这与我们所说的天道不一样，这种精神实为一种逻辑思维，与人及客观世界相分离，只以概念形式表现出来。这是"概念的内在发展"。黑格尔认为"绝对精神"通过异化来展开自己，最终又回到自己，体现了"绝对精神"的自我运动与自我实现。异化使"绝对精神"具体化和现实化。在《精神现象学》书中，他将异化作为用来说明自然、社会、历史领域形成与发展的核心概念。如黑格尔将人类历史看成一个异化的过程，认为人类由最初的共和体，到古希腊城邦时期达到顶峰，但随着城邦的瓦解，人类社会经历长时间的分化、断裂和异化阶段，最终在法国大革命后的现代自由国家中，普鲁士国家变得更加自由和自觉。普鲁士实现了自然与社会达到完美的和谐。所以，在黑格尔看来，社会异化导致的"反常现象"，在现今普鲁士可以被超越、被克服。所以，普鲁士的国家政体是绝对精神的政体，是"绝对精神"的最好形式，而他的哲学，即黑格尔认为自己的哲学是绝对精神的体现。所以，黑格尔的异化，是"绝对精神"的异化。

费尔巴哈异化的基本观点是"神是人的本质的异化"。他说：

　　"人不由自主地通过想象力使自己内在的本质直观化；他使它

离开自己而显露于外。人的本性的这个被直观化了，被人格化了，通过幻想力之难以抗拒的力量而反过来对它发生作用的本质，作为他思维和行动的法则，就是上帝了。"[①]

在费尔巴哈看来，人在自我想象中产生自我分裂，使自己本质外化、对象化。从人的自我意识中分裂出来的精神本质又独立化、主体化、人格化，成了与人对立的上帝或神。反过来，上帝或神又压制人、摧毁人，即人创造了宗教，但人又成了宗教的奴仆。这与黑格尔的绝对精神异化不同。费尔巴哈的异化是人的自我异化，从人出发，以人结束，人是异化的基础和核心。费尔巴哈不仅把人理解为自然人，而且认为人的意识在人的本质中所起的决定性作用。他说：

> "但是人自己意识到人的本质是什么呢？在人中间构成类，构成真正的人类的东西是什么呢？是理性、意志、心情。一个完善的人，是具有思维的能力、意志的能力和心情的能力的。思维的能力是认识的光芒，意志的能力是性格的力量，心情的能力是爱。理性、爱和意志是完善的品质，是最高的能力，是人之所以为人的绝对本质，以及人的存在的目的。"[②]

正是从人的本质出发，费尔巴哈主张要扬弃宗教，并对宗教予以批判，因为宗教的本质就是人的本质，即"理性""爱""意志"。也就是说，既然宗教的本质与人的本质都是一样的，那么，人就应该从宗教回到人的类本质，回归到人自身的普遍性，让人的本质回归到人本身。所以，费尔巴哈的"异化"，是人本质的异化。

青年黑格尔派的赫斯认为异化是"金钱"的异化。他认为，正是人们对金钱利润的追逐和竞争，使人们变成了利己主义的个体，致使个人与社会的脱离，导致了人与人之间关系的紧张、对立，从而导致了人的本质在社会中的异化。赫斯认为，异化是人本质的对立面，只不过这个

[①] 《费尔巴哈哲学著作选集》下卷，荣震华、王太庆、刘磊译，商务印书馆1984年版，第249页。
[②] 《十八世纪末—十九世纪初德国哲学》，商务印书馆1975年版，第545页。

对立面不是费尔巴哈说的"神"，而是金钱。人创造了金钱，反过来金钱又来统治人，人成了金钱的奴隶。

马克思的异化概念是在对前人批判继承的基础上形成的。

主要有以下两点。

第一，从劳动的异化看人的异化。马克思说：

> "劳动所生产的对象，即劳动的产品，作为一种异己的存在物，作为不依赖于生产者的力量，同劳动相对立。"①

这种异化主要表现在，劳动对工人来说是外在的东西，不是为工人自己在劳动，而是为资本家在劳动，因此，工人在劳动中不是感到幸福，而是感到受剥削和压迫，也就是说，劳动不是为了满足一种需要，而是当作谋生的一种手段。

> "如果劳动产品不是属于工人，而是作为一种异己的力量同工人相对立，那么这只能是由于产品属于工人之外的他人。"②

这是工人同自己的劳动产品、活动乃至人类本质的整个异化，也是工人同资本家的相异化。

第二，从劳动对象的异化看人的自然本质的丧失。劳动对象的异化是指工人的劳动是一种改造自然物的对象性活动，但被改造的自然物却不属于工人所有，反而这种自然物还成为资本家的资本，压迫工人，与工人为敌。

马克思的异化理论主要批判资本主义社会的不合理性，即资本主义社会的工人阶级，他们生产了社会财富，但这种生产活动使工人阶级失去了做人的自然本质，导致了工人和资本家相异化，即人与人之间的关系的异化，也导致了工人失去了整个自然界。

什么是异化呢？

---

① 《马克思恩格斯文集》第1卷，人民出版社2009年版，第156页。
② 同上，第165页。

它是指主体在一定的发展阶段，分裂出它的对立面，变成外在的异己的力量。这种力量又转过来反对主体本身。

人的异化，最为重要的是人的本性的异化。这种异化是所有异化的根本。赫斯认为金钱利润使人成为利己主义的个体，导致了人与人关系的对立、异化；马克思认为，资本家占有了工人的生产成果，导致了工人与资本家的异化，其实质都是人本性的异化。所有人的自然本性被人的欲望异化了，就使每个人都被异化，每个人变得既是自我的主体，又是别人的客体，整个社会人与人的关系，变成了对立的异化关系。

当整个社会的人们都被异化时，必然使整个人类的文化被异化，而文化被异化，又进一步异化了人的本质。这样循环往复，人类离人的自然本性愈来愈远。

人的自然本性的缺失，必然使人如迷途的羔羊，失去了人的天性，人的本质，必然会出现下列异化。

首先，被利益异化。

人作为一个整体，本身就具有一定的排他性与利己性。人一生下来，便开始与社会接触，人的意识是从人自身开始向社会展开的。意识作为人与社会交往的功能与手段，是有其价值取向的，如人从小就会选择利己。喜欢那些优美的音乐，而不喜欢那些悲伤的、让人狂躁的音乐。喜欢看那些柔美的、和谐的颜色和图案，讨厌那些冷漠的颜色和那些暴露尖锐的图案，喜欢那些甘甜可口的食物，而嫌弃那些苦涩的吃了让人呕吐的食物。但这并不能说明人性是恶的，这仍然是人正常的生物性的体现。可是，当人的正常生物性心理被强烈的个人欲望取代之后，人就会失去了做人的准则和底线，人就会完全被利益所驱动，被利益所异化，做出违背人性乃至伤天害理的事情。

其次，被权力异化。

当人们发现权力能够利己时，人便被权力异化了。权力一旦私用，人就可以利用权力为自己谋取利益。权力不仅可以改变权力拥有者的心态，而且能改变被权力统治者的心态。权力拥有者不仅拥有天赋予人的自然权利，还拥有现实社会赋予人的权力，两种权力相加使自己在权力的占有上超出了权力管辖内的所有人，如果这样的人利用权力谋私，他就会在管辖区内凌驾于所有人，而那些没有任何社会权力的人，不仅没有任何权力为自己谋私，就连天赋予人的基本自然权利都要被权力拥有者剥夺，使人在心灵上、肉体上逐渐变成他人的附属或奴隶。

最后，被名誉异化。

人类自从等级制度形成以后，各种名誉、头衔的称号将人分出三六九等、高低贵贱，名誉的不同标明着社会地位的不同。高贵者名誉与头衔自然高贵，低贱者名誉与头衔自然低贱，而社会大多数人却任何名誉与头衔都没有。名誉头衔高贵者，自认为高人一等，很容易忘乎所以；名誉头衔低下的人，自我感觉低人一等，人微言轻，而那些任何名誉头衔皆无的人，在有名誉地位的人面前，很多人会自我矮化，甚至卑微至泥土。

这些都是人的本性异化，是人的社会性改变了人的天然本性的表现。

如何解决人的本性异化的问题，人类一直在苦苦寻找方法与答案。

三、东西方历史文化对人本回归的探索

在中国本土形成的儒家、道家、法家、墨家等思想，无不以此为求解的核心问题。

儒家解决的方案，是以教化人的心灵为主，用伦理道德的准则去规范人的行为方式和思维方式，提出仁、义、礼、智、信、忠、孝、悌、恕、勇等众多的哲学思想主张，还有中庸、知行合一、格物致知等认知方法。将被改变和异化的人性，重新找回来，在社会上塑造具有"君子"品格的人。"圣"是孔子所推崇的最高境界，"博施于民而能济众"，这样的人就超越了"仁"而达到"圣"的境界。可这样的人很难做到，孔子说就连尧、舜都还没有达到呢。

　　"圣人，吾不得而见之矣。"①

------

① 《论语·述而》。

《中庸》又将"诚"与"圣人"联系起来：

> "诚者，天之道也；诚之者，人之道也。诚者，不勉而中，不思而得，从容中道，圣人也。诚之者，择善而固执之者也。博学之，审问之，慎思之，明辨之，笃行之。"①

> "唯天下之至诚，为能尽其性；能尽其性，则能尽人之性；能尽人之性，则能尽物之性；能尽物之性，则可以赞天地之化育。"②

孟子又提出"仁政""王道"等主张。虽然在一定程度上规范了人们的言行，但很难达到理想的效果，因为这些理念尚不能成功地说服那些教化者，自然更难说服那些被教化者。很多人说的是一套，做的是另一套。有的人的心灵并没有因受到教化而得到洗礼，反而有的人对当正人君子毫无兴致，却产生了种种邪恶小人的念头，因为小人的内心是可以恣情纵欲的，认为强者才能在社会中更好地生存。有的人的心灵扭曲，在欲望、利益、权势之间摇摆不定，真假难辨，人格分裂。

道家解决的方案，是以清空人的心灵为主，以消极退缩的方法遏制人们追逐名利的心理，提出虚无、道德、无为、返朴、归一、制欲、形神、无欲、用中等众多的哲学性思想主张，还有一些养性、养气、坐忘等让人修身入道的功法。道家的思想与儒家的思想一样，虽然能被大多数人接受，但真的做起来十分难。如已在世俗社会耳濡目染几千年的人类，让人真的清心寡欲、无为谈何容易，会使很多人只接受一部分，远离一部分，很多人望而生畏，望而却步。

法家对人的异化采取的方案，主张奖励人们相互之间告发"奸邪盗贼"，对轻罪用重刑。

> "王者刑用于将过，则大邪不生；赏施于告奸，则细过不失。"③

---

① 《中庸》。
② 同上。
③ 《商君书·开塞》。

主张用重刑重赏，让人们害怕和追逐名利，迫使人们为官府出死力。

> "怯民使之以刑则勇，勇民使之以赏则死。"[1]

法家主张用刑赏来调整社会的财富不均。

> "贫者益之以刑则富，富者损之以赏则贫。""贫者富，富者贫，国强。"[2]

从上可见，法家解决人的异化方案，一方面用严刑峻法扼杀人的欲望；另一方面又给人一切小惠小利，刺激人的欲望，其目的不是使人回归本性，而是让人们成为社会统治者的顺民。

墨家解决人异化的方案，认为人类社会最大的问题是"三患"，即"饥者不得食""寒者不得衣""劳者不得息"。[3]为了解决"三患"问题，提出"三务"的对策，即"国家之富""人民之众""刑政之治"。墨子想通过上说下教来解决当时社会统治者与被统治者之间社会矛盾的尖锐对立。另外，墨子要求人人"兼相爱，交相利"，有力的要用力帮人，有财的要用财分人，有道的要用道教人，这样就可使饥者得食，寒者得衣，劳者得息，乱者得治。因为墨家的思想与当时及以后人们的心理价值取向相左，故这些好的愿望并未引起人们的重视，被束之高阁了。

除中国传统的本土文化之外，古代、近代、现代传入的外来文化，都在试图解决人的本性异化的问题。

从世界三大宗教来看，同样也是为了解决人的本性异化的问题。

佛教，旧称"浮屠教"，别称"释教"。相传公元前6世纪至前5世纪由古印度迦毗罗卫国（在今尼泊尔东南部提罗拉科附近）王子悉达多·乔达摩，即释迦牟尼创立。基本教义：把现实人生断定为"无

---

① 《商君书·说民》。
② 同上。
③ 《墨子·非乐上》。

常""无我""苦"，其原因在于人们自身"惑""业"所致。"惑"指贪、嗔、痴等人的烦恼。"业"指身、口、意等活动。除此之外，佛教主张还有下列方面：第一，认为人的肉体会死亡，但灵魂可以永远存在，并能转生来世，今生是忍受苦难，只要一心向佛，来世就可以得到幸福；第二，人生在世上，众生平等，没有高低贵贱之别；第三，人人皆有觉悟成佛的真如法性，人性之中有着善与恶的种子，遇缘而产生善与恶的想法和行为，世间一切缘起性空，因此，人类远离灾厄，一心向善，明心见性。但人仍旧难以离开人的小我，化解人的欲念。因此，佛教提出人应依据经、律、论三藏，修持戒、定、慧三学，以此改变人的世俗欲望，使人超脱进入不生不死的涅槃境界。三藏（佛教典籍的总称）：经藏、律藏、论藏。三藏又分为：大乘经、小乘经；大乘律、小乘律；大乘论、小乘论。在佛教史上，通晓三藏的人，被称为"三藏法师"，如"唐三藏"（唐玄奘）。三学：指学佛者修持的戒、定、慧。戒学：戒律，防止身、口、意三不净业；定学：禅定，修持者思虑集中，观悟佛理，灭除情欲烦恼；慧学：智慧，能使修持者断除烦恼，达到解脱。四谛如下。苦谛：一切皆苦，有八苦等；集谛：苦的原因，即"业"与"惑"；灭谛：断灭世间诸苦产生的原因，使人得到解脱；道谛：超越苦、集的世间因果关系而达到世间之"涅槃""寂静"的境地。

佛教是要通过修行和觉悟的方式来达到人精神的解脱和超越。可见，佛教解决人的异化的方案，是将人修炼成佛。但佛是未来世，能不能修炼成佛，在人们心中是画问号的。

基督教于公元1世纪起源于巴勒斯坦，奉耶稣基督为救世主，故称基督教。认为人类从始祖起就犯了罪，所以上帝派其子耶稣来拯救人类。以《旧约全书》和《新约全书》为圣经。初期，基督教徒都是贫民和奴隶，对统治者十分仇恨，受到罗马帝国的武装迫害，后来社会中上层人士进入基督教并取得领导权，主张归顺统治者，公元4世纪基督教成为罗马帝国国教。基督教的解决方案，主要集中在三个方面：第一，人类的原罪说，即人的异化不是逐渐地，一步一步异化的，而是人的始祖亚当和夏娃，一下子就将人类给异化了，因此，人类一开始就有罪。有罪恶怎么办？这便涉及第二个方面，即"救赎"。

所谓救赎，就是人要向上帝赎回人的罪恶，故要积德行善，不断地向上帝忏悔、祷告，用这种办法洗去人的原罪异化，防止和抵制人的进一步异化。设计教义者还是担心仅靠救赎、忏悔、祷告仍难以控制住人的本性异化，便又设计了第三个方面，即最后的审判。最后审判包括所有死去的人和活着的人，由耶稣审判后，决定每个活着的、死去的人的归宿，即上天堂或下地狱。可见，基督教是通过人的原罪以及人死后是进入天堂，还是进入地狱的最终结果，来阻止和改变人本性的异化。

伊斯兰，阿拉伯文 Islām 的音译，原意为"顺服"与"和平"，指顺服唯一的主宰安拉的旨意者将获得和平。7世纪初（约610年），40岁的穆罕默德开始进行创教活动。622年，在麦地那建立政教合一的穆斯林社团。7世纪30年代初，发展成阿拉伯半岛的统治宗教。8世纪初，发展为地跨欧亚非三洲的世界性宗教。基本教义：信安拉、信诸天使，信《古兰经》及《讨拉特》《则逋尔》《引支勒》等法典。穆罕默德是主的使者。伊斯兰教解决人的异化方案：主要集中在六个信仰上：信仰真主，信仰天使，信仰经典，信仰使者，信仰后世，信仰前生。通过六个信仰，建立起人们的宇宙观、人生观、价值观，从而切断人的自然本性的异化。在人的思维和行为形式上，劝诫人们守正、善行、敬畏、容忍、诚实。伊斯兰教也有"末日"审判，有"后世"，即人的灵魂所去的世界，有人死后"复活"，接受真正的审判与裁决，以此杜绝人在世时人的自然本性的异化。

综上所述，无论东方，还是西方，人们将文化的社会功能与作用很大的一个方面都集中在解决人类本质的异化问题上，人类已经意识到，这个问题是人类社会发展的根本问题。

综上所述，可以得出：

耶稣、释迦牟尼、穆罕默德三人在一定的程度上都是想成为天道的践行者。他们都见证了人类不断异化的历史，为了解决人的异化，创造了宗教学说及理论。这些宗教理论与学说和天道的理论学说有着本质的差异，但也有与天道理论相重叠的地方，如扬善抑恶等。

三大宗教都是从反强道开始，认为世俗社会与强道文化不合理。

天道文化（社会）与中国儒家、道家、墨家以及世界三大宗教文化的最终目的是一样的，实现人本性的回归，回归到人人平等的社会。但途径不一样。天道途径是通过人的理性认识天道，实现天道，而三大宗教是通过信仰救赎去实现天道。实现的世界也不一样，三大宗教实现的世界是未来世界，而天道理论实现的世界是现实世界。

第八讲
“得道”即中庸

一、“得道”即中庸

老子的“守中”能“得道”吗？

“得道”，无论古人也好，今人也好，并不认为将掌握了儒、道两家所讲的“人道”视为“得道”，而是将掌握了儒、道两家所讲过的“天道”，才视为“得道”。

天道在哪里？天道在中庸。

所以，得道的人必须回到人的中庸状态。

守住中庸状态，是不是守住人的纯自然状态呢？我们认为，生活在人类社会的人们，不可能只有人的自然性，而没有人的社会性。可如何理解老子提出的无欲、无求、无为、清心寡欲、返璞归真是道家的核心命题呢？

人回到自然本性的状态，是一种纯自然的生物状态，要守住这种状态，就是守住无欲无求的虚静状态。

这种状态就是老子所讲的“守中”。

老子说：“天地之间，其犹橐籥乎？虚而不屈，动而愈出。多言数穷，不如守中。”[①]

怎样理解老子的“守中”。

---

① 《道德经》第五章。

老子的"守中"思想，是道家学说的基本命题，即持中虚静的意思。它既不同于儒家的"中庸"，又不同于希腊哲学家亚里士多德的"中道"。道家的"中"是"中空"的意思，就如橐籥（古代吹火用的工具）没被人鼓吹时的情状，象征着一个虚空寂静的道体，包含着世间万事万物生存消亡，迁流运转的法则。天地万物处在虚静无为的状态。守住这种法则和状态，便守住了宇宙万事万物发展变化的规律。

老子把天地之间比作一个风箱，风箱的中间是空虚的，表面上看它是静的、空的，实质上它始终在运动着，而且也不会停止，一直在生生不息地将世间的万事万物从这个风箱中产生出来。这就是老子所说的"虚而不屈"，虽然空虚，但并不竭尽，"动而愈出"，虚空之中，万物在涌动般地出现。隐喻着"道"之体，虚中有实。

（一）"守中"的目的是让人能守住天道

"守中"的目的是守住虚静，守住虚静并不是其目的，真实目的是让万事万物从虚静之中自然而然地产生出来。产生出来的万事万物都是处于一种符合天道的自然状态。人不加以任何干涉，从而使人的思维方式和行为方式都是处在天道的限制之内，人处于一种无为的状态。

"守中"是对人主体意识及行为的限制及要求。它是要求人的心理意识和行为不超越自然的限界，适应于自然和顺应于自然，与客体发生关系与作用时，以不改变自然的发生、发展变化为前提，而对主体人之外的以人形成的客体，也以柔弱、不争、忍让为处世原则。

道家的"守中"在现实社会中很难做到。

人很难做到让自己处于一种守中的虚无状态，即使人可以让自己处在守中的虚无状态，但无法让别人也同样处在一种守中的虚无状态。主体一定要与客体发生联系与作用。发生联系和作用，仅依靠柔弱、无为、退让是不符合天道的。会使天道发生偏离，会出现反运转或反增长，因它与人本性之中的理性功能相违背，人在天道之中的特殊性及特殊作用也得不到体现，也无法符合天道中庸的原则，使自己一直处在不及的状态。

所以，"守中"可以得道，但无法"守道"，更发展不了道。因为它与人的本性相背离，它不是守住事物性质、中庸的原则，而是守空虚、无的原则，这也使奉行天道文化的人，无法去应对奉行强道文化的人。

执行天道文化的人，一味地柔弱、退让，不久就会使人的心态失衡，个人的主体与他面对的社会客体会出现无法调和的矛盾。

"守中"，是一种被动的、退缩的、无为的与人的理性相背离的思维方式与行为方式。

（二）中庸是"得道""守道"的唯一途径

中庸即是天道的存在、运动变化之道，也是人们处世的原则和方法。中庸讲的"过犹不及"，意思是说，不过也不不及才是中庸。

这种不过与也不不及，是人的一种理性的、进取的、明智的选择，是符合人的本性及人与万物不同的特殊性决定的。这是"中庸"与"守中"更为不同的区别点，也是天道文化与道家文化的一个重要区别点。

从人的"得道"和"守道"上讲，中庸决定了人要守住三个原则。一是自己既是主体的"中"，又是客体的"庸"，这是讲人与宇宙的关系。二是自己是客体的"中"，客体是自己的"庸"，这是讲人与身边万物的关系。三是主客体的"中"与"庸"角色及相互关系是随着时空的改变而改变的。它是由万物发展变化的平衡规律决定的。万物均存在一个平衡点，这个平衡点，既是万物本质，又是万物之间的质量决定与被决定的关系，同时又是万物发展变化和谐平衡的保障，更是万物之间均需保持的"度"。所以，一个人在社会上是中还是庸，是由时空事物存在与发展的变化，你在这种发展变化中的位置或地位的不同，以及在发展变化中你所处的关系和作用决定的。

天道即中庸，决定了人道也必须是中庸。天道是整个宇宙的自然之道。人作为宇宙自然界中的一个组成部分，一定要适应于整个宇宙存在的自然之道。人如果要反中庸，就是反宇宙的自然之道，人就会被整个自然所淘汰。自然界有能力淘汰人类，但人类无法淘汰自然界。人是自然界阶段性的过客。从个人来说，有生命周期，从整个人类来说，也有类生命周期。个人也好，类也好，顺行天道、执行天道，与天道化为一体，生命周期就会长些，反之就会短些，这是毋庸置疑的铁律。

所以，"得道"，两个标志性的准则，即人与自然的中庸关系，人与人的中庸关系。

二、人与自然的中庸关系

（一）人类与大自然和谐共生共荣的中庸关系

人来自自然界，现今的人类考古可知人类在自然界生存了几百万年。在长达几百万年之中，人类是靠自己的自然本性，在自然界和人类社会长期地生存着。几百万年的人类生存生活历史，是与自然界和谐共生共荣的历史。那时，人类中的每一个人都没有自己的私利，没有现在人的权力、地位、名望等，有的是所有财富集体所有，没有任何人的地位高于自己的同伴。既然财富是共有的，人们就必然没有再占有财富的愿望；既然所有人的社会地位都是平等的，人们就没有必要谋取超越别人的地位与权力；既然名誉不会给人带来不一样的结果，那么名誉便被视如粪土。人们都在自然而然地生产和生活着，不需要华丽的外表、美丽的衣裳、豪华的住所和美味的佳肴。因为这些奢华的背后，都需要对自然界进行过度开发，如此就会打破人与自然界的中庸平衡关系。

打破自然界物质之间的平衡，便是对自然界的破坏，是对生存环境的破坏，也是对天道的破坏。

那时的人们，从来没有打破自然界物质之间的平衡，人与自然界处在一种和谐共荣的自然生态的关系中。

（二）人类不能试图以人道取代天道

人类出现私有制，出现地位、等级、阶级的差别是近几千年来才有的社会现象，这些社会现象在人类的历史上只是短短的一瞬，是人的理性为谋求自己利益而违背天道、万物之道的行为，这种行为并非天经地义的。

为什么说人类现在的行为不是天经地义的呢？

天经地义是天道和地道的体现。自宇宙生成以来，天道是宇宙运行的法则，整个宇宙的平衡运行是靠天道维持和支撑的。人类社会也好，人类生存的自然界也好，只是宇宙运行的一部分，整个宇宙是一个平衡的有机体，任何一处打破这种平衡，都将造成整个宇宙的连锁反应。所以，"天道不可违"讲的就是这个道理。人类靠一己之力，试图形成与天道相区别、相制衡的"人道"，这便是在整个宇宙之中开始出现异化，使整个宇宙在太阳系的——行星地球上出现与天道不同的异己。现今人类形成的人道，已经超出了天道给予人道限定的范围。人道不仅改变了天道，而且形成了完全由人的意志支配万物，与天道相抗衡，从而使天道在地球的自然界失去运行的掌控。天道下的自然万物开始被人类所役使，成为人类的奴隶。

人类自己生产出自然界原本不存在的物质，人们将其称为"人造自然"。人造自然，如果是顺应天道而生，这还符合天道。问题是有些"人造自然"是完全违背天道的，如人类制造出大量的杀戮性武器，这便破坏了天道创生万物的总原则，也打破了万物生克的平衡，使万物失序，造成很多物种的灭绝。更有甚者，人类还曾想逆天改命，将天道不仅不看成人类要遵循的规律和原则，而且要打败天道，盲目自大，失去对天道的敬畏之心。

（三）人类应该知道如何节制自己的欲望

人类至今尚不知道节制自己的欲望，而且要将征服自然的欲望无限地膨胀下去。人类的自然科学有许多是研究自然界万物的生存发展规律，但很多自然科学的学科打着研究自然的幌子，实际上是为了满足一部分人或一个国家的既得利益，为了实现更大的不可告人的目的。

大自然给了人理性，也给了人欲望。但人的欲望并不像人的理性那样，人类独自拥有。大自然中很多动物如同人一样都有欲望，但每种动物的欲望都有限界。如储存物质的欲望，所有动物都会储存物质，以满足一定的生理机能需要，但无法无限度地扩展续存的空间、时间以及数量，而人类却能做到这一点。人将人的欲望与人的理性结合起来，而且人的理性越发展，人的欲望就会越膨胀，从而导致少数人可以占有大多数人的财富，少数国家可以占有大多数国家的财富。当人类具有这种储存能力并开始将这种能力发挥到极致的时候，人类便开始违背自然，离经叛道了。

天德是天道的秩序平衡之德、生养万物之德。天道是不允许所生养的事物有谁破坏它的天德的。天道把天德普遍地、平均地给予了万物，任何万物不能不依循天德去作为，而人类恰恰违反了这一点。人类不仅在同类之中破坏着天德，还要违背天德对万物平均占有的原则，据万物为己有，用人为的方式强行占有了本属于万物的所有。

人类还通过人与人之间因财富、名誉、地位、权力的不同，将那些没有财富、名誉、地位、权力的人据为己有。当人类的理性和欲望，离开天道给人规定的人道，人类便走上了一条不归路。人类开始恣情纵欲，整个社会变成欲望的海洋，每个人都在海中泛舟，乐此不疲。

在近几百年来，大量的有机物种和无机物濒临灭绝，甚至已经灭绝，绝大部分是人类对大自然无限度地开发与利用导致的。

主导人类掠夺和毁灭自然的思想意识，与人类自然道德意识的缺失密切相关。人类很少为自然立法，即使有相关的自然法，也完全站在人类需求的角度制定的法规，很少考虑自然的需要，更没有哪些民族或国家想到建立自然道德思想观念，哲学家和思想家也很少有人去谈论这一话题。人们只看到自然是人类的供养体，即使提出保护自然的观念意识，也是从为了人类长期利益的角度去论证，根本没有自然与人类完全平等的观念。

在人类很多人看来，牲畜和禽兽并非人的同类，不通人语，只能为人所用，为人所食，没必要关心它们的死活，它们的存在是造物主为人类所谋的福祉。只有那些濒临灭绝的动物才能被提出保护措施，而这种做法也只有在当代才被人们采纳。至于那些植物的生命体，人类视他们为草芥，而那些山水、土地、矿藏等无生命物质，则成为人类取之不尽、用之不竭的宝藏，以供养人们挥霍无度的生活。

这样下去，总有一天，人类会毁掉大自然，毁掉地球。当地球被毁掉以后，但愿不会发生整个自然界失衡的恶果。

（四）现今的人类到了该迷途知返的地步

怎样迷途知返？就是要返璞归真。璞即人的本性，就是人类要尽快地回到人的本性中来。

首先我们要摆正人与自然的关系，必须认识到人是自然界的一部分。马克思早在《1844年经济学哲学手稿》中就提出：

> "人是自然界的一部分。"[1]

---

[1] 《马克思恩格斯文集》第1卷，人民出版社，2009年版，第161页。

"人直接地是自然存在物"①，自然界"是人的无机的身体"。②恩格斯在《自然辩证法》一书中也说道：

> "我们连同我们的肉、血和头脑都是属于自然界和存在于自然界之中的。"③

其次，人类的存在和发展是以自然界的存在和发展为基础的。这一点，马克思也有明确的认识。他说：

> "没有自然界，没有感性的外部世界，工人什么也不能创造。"④

最后，人与自然是一种共生关系，即生命共同体。在这个共同体中，人类应该认识到，自然失去人仍然可以存在，但人若失去自然，人则无法存活。

所以，人类回本，最为主要的是先回到自然界，首先要解决人类面临的生存危机的问题，将这个大前提解决好了，人类就有了继续生存下去的基础。这种发展观的前提，是人类的发展必须以保证自然界平衡发展为总原则、总限度，无论在任何情况下，人类都不能超越总原则、总限度，要给总原则、总限度立法，使之法律化。也就是人类的所有思维活动、行为活动，都不能违背自然界平衡发展的大前提。

人类回本的另外一个重要问题，就是解决人类中人的自然本性不断异化的问题。这个问题，从物质上是无法解决的，只有解决人的文化生态问题，才能彻底解决这个问题。换句话说，人类只有建立起天道的文化生态，摒弃强道的文化生态，让每个人的思想意识回归到天道文化之中，人的自然本性才不会异化，真正的人间的大同社会才能建成。

为什么要先回本？即要内外兼修。修自己与修天道两者融合起来。

---

① 《马克思恩格斯文集》第1卷，人民出版社2009年版，第209页。

② 同上，第161页。

③ 《马克思恩格斯全集》第9卷，人民出版社2009年版，第560页。

④ 《马克思恩格斯全集》，第1卷，人民出版社2009年版，第158页。

外修天道，内修本性。两者合一，才能领悟到道，也才能真正得到道。

三、人与人的中庸关系

人无法离开人类社会，任何人都无法拒绝与人接触。人与人最好的接触，就是人人都奉行中庸之道。

天道社会人们所行之道，就是中庸之道。早在"轴心时代"，东西方思想家就具有这一中庸思想。

德国存在主义哲学家卡尔·雅斯贝尔斯（1883年2月23日—1969年2月26日）在《历史的起源与目标》中提出"轴心时代"的概念，指从公元前800年—公元前200年这段人类历史，尤其是在公元前600年—公元前300年期间，是人类文明重大突破与重要发展时期，在东西方世界形成以中国先秦文明、古印度文明、古希腊文明的三大文明连接起来的一条主线。所以，这个历史时期被他称为"轴心时代"。在轴心时代期间，产生了众多的伟大思想家。如中国的老子、孔子，古希腊的苏格拉底、柏拉图、亚里士多德，古印度的释迦牟尼，以及犹太文明的先知们。这些思想家从不同的角度探索人的本性、人的现实困惑与未来去向的问题。东方思想家孔子提出"中庸"思想，晚于孔子160多年的西方思想家亚里士多德也阐述了他的"中道"思想。

亚里士多德在《尼各马可伦理学》中提出一个十分重要的问题：理智和德性可以使人至善，可我们不能要求所有人都具有理智和德性，都成为哲学家，人人都成为思辨者。那么，这些既不是哲学家、思辨者，又怎样才能至善呢？这恐怕是亚里士多德最想解决的问题。他认为解决人们现实生活中的理智和德性十分重要，使人在欲望、理智、德性三者之间建立一个适当的、恰当的准则，这种准则能使人在各种实际境遇中感觉和欲求的功能的恰当实现，又符合人的理智与德行。那么，就有一个过犹不及的问题，有一个中道的问题。所以，他提出"中道""选择""明智"三个概念。他说："德性像自然一样，较一切技艺更精确、更优秀，它能够娴熟地命中中间。我是指伦理德性。因为它是关于感受和行动的，在其中存在着过度、不及和中间。"①

> "应该的时候、应该的地方、应该的对象、应该的目的、应该
> 的方式，这就是中间和最优……因此德性就是中道，就是对中间的
> 娴熟命中。"②

很显然，亚里士多德是从"人道"德性的角度，提出人的行为德性"至善"的标准，即"中道"，而"中道"是"人道"最好的状态，"中道"既不是"过度"也不是"不及"，这恰恰与孔子的中庸思想完全一致，与中国的天道思想完全吻合。

但是，如果人的德性存在于过度与不及之中，那么就有一个从过度与不及两者中间存在一个"选择"的问题。也就是说，人的德性一定是在合乎"中道"的标准而且在人的行为"过"与"不及"中间通过人的选择得到的，那便涉及人的道德选择问题了。

亚里士多德认为，"选择"虽然是一种欲求活动，但"选择"与人的愿望不同，人的愿望可以有多种，可以有各种各样的愿望，但选择只能指向可能发生的事情。选择既不能对必然发生的事情进行选择，也不能对偶然发生的事情进行选择，选择只能在我们自己的行动可能达到的事情之中进行选择，通过这样的选择，使我们在各种社会实践中达到最优状态。这种最优的状态，就需要人有理智。所以亚里士多德认为，选择是人的筹划活动，通过这种筹划活动，使人的实践活动更加符合人的理智，使人的各种社会活动受到自身的理性支配而能为人的实践活动提供这种理性原则的，就是人的明智。

亚里士多德将人的理智德性分为"智慧""明智""科学""技艺""节制"五种，而在这里，在人怎样做到和求得"中道"上，他将"明智"单独地挑了出来。

"明智"是指人在具体事物之中能做好合理判断的能力。"明智"的人能依据具体的事物发展状况，选择出最佳的行动方案，从而避免了错

---

① 亚里士多德：《尼各马可伦理学》，见聂敏里：《西方思想的起源》，中国人民大学出版社2017年版，第185页。
② 同上。

误和风险。

这就说明，"明智"是建立在普遍知识的基础上，又能对具体事物的发展变化，做出最准确的判断，从而选择出最正确的方案，这就是"明智"。

这就是亚里士多德给那些不是哲学家、思辨者也能成为"至善"者设计的"至善"道路。这三者，"中道"显然是要达到的目的和结果，而"选择"与"明智"是实现目的的过程与手段。同时，"明智"又决定"选择"，"选择"决定是否能达到"中道"的目的。

那么，如果"明智"就应该是一种最为正确的"选择"，否则无法达至"中道"。这也说明"选择"也并非百分之百的最优，或者能达到百分之百的正确，因人虽在普遍知识的前提下针对具体事物做出的选择，说明它的正确性是很大的，所以得出结论，这种行为是"明智"的。但人的知识是有限度的，人不可能穷尽所有知识，如果人是在有限的知识的框架内并不包括"选择"所应有的必要的知识做出的选择，那么这种选择还是最优的选择吗？这种选择还是明智的选择吗？

所以，不能说所有的"明智"的"选择"，都能达到"中道"的目的。

亚里士多德在《尼各马可伦理学》中讲了这样一段话。他说：

> "明智也不仅仅是关于普遍者，而是应当知道具体的东西；因为它是实践性的，而实践关于具体的东西。因此，甚至一些无知的人也比另一些有知的人更善于实践；因为，如果一个人知道白肉是易于消化的肉和健康的，但却不知道哪些是白肉，那么，他就不会造成健康，但是那知道鸡肉是白肉和健康的人则更会造成健康；那些在其他事情上有经验的人亦然。但明智是实践性的；这样，就应当二者都掌握，把握后者更甚于前者。而即便在这里也会有一个主导性质的。"[1]

---

[1] 亚里士多德：《尼各马可伦理学》，见聂敏里：《西方思想的起源》，中国人民大学出版社2017年版，第188页。

这里，亚里士多德，所说的知道具体的知识，就是不仅知道"白肉是易于消化的肉和健康的"，而且知道"白肉"就是"鸡肉"，他认为这不仅是"明智"的，而且知道鸡肉就是白肉，比仅知道"白肉"更重要。

这里便会有一个至关重要的问题被提了出来，那些不是哲学家、思辨者怎样掌握天道、得到天道的问题。按照亚里士多德的思路是不仅告诉人们白肉最益于健康，而且告诉人们白肉就是鸡肉。那么就可以得出，如果你想告诉人们什么是天道，不仅告诉天道是人类最好的道路，而且要告诉人们天道就是中庸。

如果在人们"选择"之前，已经通过人类的社会实践证实了中庸就是真理，就是规律，就是事物的发生、发展、结束的必然过程，那么人们的选择还会错误吗？如果人们不去"选择"它，那么这种"选择"还会是明智的吗？

那么，如果说天道在人类社会就是亚里士多德讲的"中道"，就是孔子讲的"中庸"，就是人的最优的、理性的"选择"，就是人最"明智"的"选择"，还不会选择天道吗？

那么，我们会不会得出这样一个结论呢？建立在历史观察、科学实践和理性思辨上的现代哲学，是了解、认知、掌握天道理论和建立人类未来天道社会的唯一的途径？也许它是从人类历史文化中推演出未来天道文化的唯一途径。

也是人们"得道"的唯一途径。

那么，中庸既然是事物的存在、发展、变化形式，是事物存在、发展、变化的规律，是人们认识事物的方法，我们得到了它，我们得没得到道呢？

人只有知道"天道"是"至善"的，知道通过中庸的认知方法和实践活动，人才有可能自觉地践行"天道"。

第九讲
人类对天道的认识

天道是可以被认识的，只要有正常认知能力的人，在现有人类对天道认识的基础上，都可以掌握天道运行的规律，即所谓"得道"。

有些人把天道说得很神秘，称自己"得道"而有别于他人，这是有着不可示人的目的。

在人类远古时代，东西方一些古老的民族或国家的人们，几乎人人都懂天文历法，如果不懂天文历法，人们几乎难以进行生产与生活。

一、人类对天道认识的历史

约在公元前3000年，两河流域的古巴比伦人将天空中较亮的恒星分为若干个星座，通过观测这些恒星和行星的运动，将天空划分为12个区，即12个星座。以地球为中心，把人看太阳于一年内在恒星之间所走的"视路径"称为黄道，也称黄道十二宫。这时人们对天道的认识，还是"地心说"，即太阳围绕着地球转。可见，这时人们已经开始认识天体运行的中心问题，即地球是中，太阳是庸。

古希腊、古罗马继承了巴比伦人的做法。古希腊天文学家希巴克斯将黄道带分为12个区段，从春分点开始，每隔30度为一宫，以每宫的主要星座命名，便有了白羊、金牛、双子、巨蟹、狮子、处女、天秤、天蝎、人马、摩羯、宝瓶、双鱼等12个星座。12个星座这种划分是基于地球上的人观察到的太阳在黄道上的位置，形成以地球为中心，每宫其他星辰为附属的中庸天体运行标记。

希腊的米利都学派的著名哲学家泰勒斯（约前624—前547），他曾到中东和埃及地区旅行，将当地的天文和数学方面的知识带回到希腊，从而奠定了古希腊天文学和数学的基础。传说他曾预言了公元前585年发生的日全食。据希罗多德《历史》记载，日食发生时正值吕底亚人和米堤亚人双方在哈律斯河（现土耳其境内）战争之际，双方都认为发生日全食是上天让他们停止战争，于是双方以哈律斯河为界，签订和解协约，结束了长达15年的战争。

古希腊另一个以毕达哥拉斯（前580至前570之间—约前500）命名的学派中有一个天文学家菲洛劳斯（约前480—前385），提出一个对宇宙描绘的模型[①]，即菲洛劳斯宇宙模型。

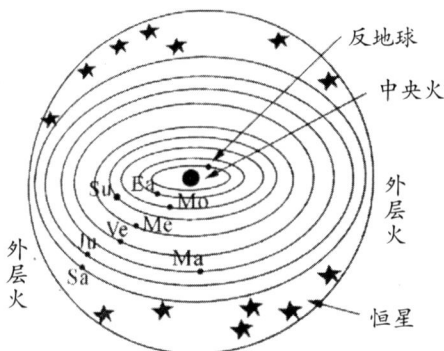

菲洛劳斯宇宙模型

菲洛劳斯认为，地球并不是宇宙的中心，地球、太阳、月亮与其他行星都在围绕着中央一团火在运转。菲洛劳斯的地动说，对后来的阿里斯塔克和哥白尼产生了重要的影响。这是最早对地心说提出的疑问。

古希腊亚历山大东征使希腊文明进入一个新的发展阶段。古希腊几何天文学与巴比伦算术天文学相结合，产生出一批天文学家和著作，托勒密和他的《至大论》便是代表。《至大论》大约写于公元前145年，

---

① 见钮卫星著：《天文学史》，上海交通大学出版社2011年版，第24页。

建构了一个新的宇宙几何模型，可以对日、月和五大行星这7个天体的运动给出精确的预报。借助《至大论》，天文学家和星占学家能算出未来任何时间的行星星历表，并在表中给出行星位置的黄经和黄纬值。这本书对后世产生了深远的影响，一直到16世纪，天文学界仍然以这本书为依据，观测天体运动。

古埃及的农业文明与古埃及人掌握的天文知识有关。尼罗河每年上涨淹没了两岸大片土地，当水退走后留在地表的沉淀物使土壤十分肥沃，这为农作物的生长提供了丰富的肥力。为了掌握河水上涨的时间，人们发现天空中最亮的天狼星黎明时出现在东方的低空中时，尼罗河水就开始上涨。从此，古埃及人就在黎明前东方天空中寻找天狼星是否出现，一旦发现天狼星出现，就确定为河水泛滥的日子，并由此确定一年的时间。将一年时间分为尼罗河水泛滥、农作物播种、收获3个季节，将一年分为12个月，每月30天，岁末加5天节日，共365天。所以古埃及人的历法是根据天狼星的出现、尼罗河上涨的规律确定的。

古印度从公元前10世纪的吠陀前期开始就创造了阴阳历。它是以太阳运动为参照，将一年定为360天，又按月亮的亏盈变化，确定每月30天，将黄道分为27个等分，称"纳沙特拉"，意为"月站"，用这种方法来度量太阳和月亮的运动。

关于宇宙起源说，是人类发展到近代以后才形成的。

整个宇宙始于138亿年前一次巨大的爆炸。据说百万分之一秒后，宇宙就膨胀到几十亿英里宽，然后有旧的燃烧着的恒星燃尽，新的燃烧着的恒星产生。太阳就是在92亿年之前，一颗燃烧完恒星的残留物，仍然发着光和热。

地球大约在46亿年前起源于太阳星云。最早提出这一假说的是德国哲学家康德。他以牛顿的万有引力原理为依据，认为太阳系中的太阳行星和卫星等是由星云，即一种稀薄的云雾状微粒物质逐渐演化形成的。1796年，法国天文学家拉普拉斯也提出类似于康德的星云说，于是后人将两人学说放在一起，统称康德—拉普拉斯星云说。

关于太阳系的起源，从康德和拉普拉斯到现在，虽然有多种说法，但大体上分为两类：一是一元论；二是二元论。一元论认为，太阳和行星是同一原始气体云凝缩而成；二元论认为，太阳系的行星，产生于太阳，是太阳与另一颗恒星偶然遭遇时由于潮汐力而从太阳里面分裂出来的。两种说法，被认可的还是康德的"星云说"，一元论。

星云说认为，恒星的形成源于大爆炸后空中弥漫着一些球状的碎片。这些碎片靠自身的引力长期旋涡式旋转，又不断地进行收缩，从而形成恒星，太阳就是这样形成的。太阳周围的物质也在不断地聚合碰撞，不停地旋转，愈转愈大，便形成了今天的八大行星。

宇宙由星系团组成。由十几个、几十个乃至成百上千的星系聚在一起形成星系集团，目前在宇宙中已发现上万个星系团。银河系只是小星团中成员之一。银河系与大小麦哲伦星云、仙女座星云等40多个大小不等的星系组成本星系群。我们所在的太阳系，只是银河系的恒星系之一，而银河系中恒星的数量大约在1500亿到4000亿之间。

现代科学表明，宇宙的宏观世界是由宇宙中的大小星系团、星系、恒星系、行星、卫星等组成的一个紧密、有序、不可或缺的整体。宇宙的微观世界是由分子、原子、离子、光子等微观粒子构成。

太阳中心说最早是由文艺复兴时期波兰天文学家尼古拉·哥白尼（1473—1543）提出的。此说遭到罗马天主教庭的反对。1543年，哥白尼出版了《天体运行论》，其核心思想是：太阳是宇宙的中心；地球不是宇宙的中心，地球是一颗沿着轨道围绕着太阳转动的普通行星。这便确定了太阳系的中庸关系。这一学说否定了2世纪托勒密建立并在此后一直占统治地位的"地心说"。

中国古代对天文结构的认识主要有三种，第一种是盖天说。盖天说可能出现于商周时期。成书于西汉初年的《周髀算经》提出："天象盖笠，地法覆盘。"天圆是一个拱形的盖，地方如一棋局。天地的最高点分别是天极和地极。天极被视为天的中心，与极星相对应，象征着北极璇玑。日月星辰附着在天盖之上一起绕着天极运转。盖天说与实际的天体运行差别很大，但仍不失为中国人最早的一种宇宙模型，与希腊古代天文学的宇宙模型相似，都反映出人们关于天体中心的一些观念。"盖天说"认为北极位于天穹的中央，日月星辰绕之旋转不息，这是最早讲天体的中庸关系。

第二种是浑天说。东汉人张衡（78—139）是浑天说的集大成者，与托勒密属于同一时代的人。他在《浑天仪注》中描述的宇宙模型是，天如蛋壳，地如卤蛋黄被包在里面，天轴与地面中点（地中）斜交成36度角，天球总在不停地绕着天轴运转，从而决定了白天和黑夜、日月的东升西落和四季的交替。

浑天说认为，天上的恒星都布于一个"天球"之上，而日月星辰都附着于天球之上，不停地运转。这与"地心说"与"日心说"都不同，认为地球和太阳都不是宇宙的中心。浑天说主张宇宙间不是基于一个中心点运动的。

第三种是宣夜说。这种宇宙模型最早见于汉代，认为天无质无形，浩瀚无际，天体凭空浮行。日月众星自然悬浮于虚空之中，其行其止，皆须气焉。认为天空是无边无涯的气体，日月星辰即在其中飘浮游动。这种模型只能说有认识上的意义，其产生可能与道家的思想有关。

中国古代将恒星称为星官。到了三国时期共有283个星官，名称分为帝王、官职、宫室、器等不同等级，等级越近北极越高，越近南极越低。最主要的星官有三垣二十八宿。二十八宿是古人对黄赤道星空的一种划分方法。月亮每晚都有一处旅居的地方，一个月共有二十七或二十八处，称二十八宿。它的用途是参照月亮在天空中的位置去推定太阳的位置，再由太阳在二十八宿的位置测知一年四季的时间。二十八宿的顺序是自西而东：角、亢、氐、房、心、尾、箕、斗、牛、女、虚、危、室、壁、奎、娄、胃、昴、毕、觜、参、井、鬼、柳、星、张、翼、轸。二十八星宿是以黄道为中心确定的星宿。黄道是从地球上看太阳一年在恒星之间运行的轨迹，是由地球绕太阳公转而产生的。古人通过观测日、月、五星的运行，将天空划分为二十八个区域，每个区域包含若干颗星，这些区域以黄道为中心，围绕着太阳运动的轨迹而设定，二十八星宿体现运动中的太阳与五星、月亮等天体的中庸关系。北极有三个天区，位于北极的天区称为紫微垣，大体相当是天帝居住的地方，北极天空的拱极星区，即中心区域。太微垣代表朝廷的地方；天市垣代表市场，是天帝出入的地方。而太微垣、天市垣则在北极天空中心紫微垣的附近。三垣与日月星辰组成一个中庸关系，紫微垣与太微垣、天市垣又组成一个中庸关系。

八卦二十四向，与二十八宿时空坐标图[①]

中国古代的三垣二十八宿

---

① 见常秉义著：《周易与历法》，中央编译出版社2009年版，第198页。

二、中国古代的历法揭示了天体星辰的运行之"道"

人类的理性产生以后，人们试图用理性认识天体运行之"道"。远在古代，人们就发现上空的天体与人自身的生产、生活乃至生存都有着十分密切的关系。如天空中的太阳，它给整个大地带来温暖和光明。它使大地上草本滋盛，植物繁茂，给了人类好的生存环境。地球上的动物都从太阳那里得到温暖，而且自然不自然地随着太阳的起落在活动和休眠。月亮在夜间照明，便利于人们在夜间行走、采集和狩猎。人们发现星星也并不是可有可无的，如古埃及人发现天狼星与尼罗河水的涨落关系，中国古代人发现北斗七星，"斗柄东指，天下皆春；斗柄南指，天下皆夏；斗柄西指，天下皆秋；斗柄北指，天下皆冬"。①

岁星即木星，也是这样被中国古人发现的。古人发现，五大行星中的木星，是天空中最为耀眼的天体之一，故而引起了古人的关注。人们发现，岁星每年停留在一定的天区范围之内，背景上有一组明确的星座，从而人们根据这一点及岁星本身的亮度和颜色变化去预知地上农作物的丰歉。由于这样长期对岁星的观察，人们又发现大约每隔12年，岁星又回到了同一天区。以此，古人将岁星在天空从西向东移行的区域，均匀地分成12个等分，冬至点处于12等分的中点，将冬至点定为星纪，然后把岁星在星纪天空的位置从西向东移行，依次称为星纪、玄枵（xiāo）、娵（zōu）訾（zì）、降娄、大梁、实沈、鹑首、鹑火、鹑尾、寿星、大火、析木。岁星从西向东行走经过的区域称为"十二次"，岁星在某个区域便称为岁在某次，例如岁星如停留在玄枵星次，则称"岁在玄枵"。这就是岁星纪年法。

在人们把岁星行走划分为十二次之前，古人已将周天划分为"十二辰"。这种划分近似于"十二次"，即将周天分为十二个等分，以四方每方三点划分，共为十二点。以北三点中的正北点的那一辰年为"子"，按着与十二次相反的方向，即由东向西的方向，依次为子、丑、寅、卯、辰、巳、午、未、申、酉、戌、亥十二辰。这样十二辰与十二次有

---

① 《史记·天官书》。

着高度的对应关系，即"子"与"玄枵"对应，"丑"与"星纪"对应。[①]

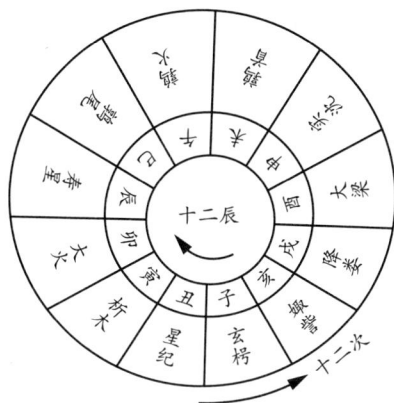

"十二辰"与"十二次"

　　岁星纪年法也存在着一些问题，如岁星在星空背景上移动的速度不均匀，有时又存在着"逆行"的现象，使人感到用岁星所在的位置去纪年并不理想。而且，在岁星"十二次"之前又先存在"十二辰"的顺序，而"十二辰"是从东向西行，与太阳和月亮的行走方向是一致的，这使人们更习惯于从东向西，于是人们便假想出一个太岁，这个太岁就是代表着岁星，它是从东向西行的，与实际岁星行走的方向相反，但周期是一样的，也是十二年一周天，但它的速度都是均匀的。这样太岁（也称岁阴或太阴）和实际的岁星保持了行走相反但大体一致的对应关系。如：太岁在寅，岁星在星纪；太岁在卯，岁星在玄枵；等等。

　　太岁纪年是个假设的天体运行纪年法，改变了岁星的运行方向，这就使两者之间很难保持稳定的或者大体稳定的对应关系。岁星的恒星周期并不是1周天12年，而是11.86年，比12年少0.14年，这样它运行12年就会超过1周天的4度多，运行85年就会相差1年，而太岁纪年，即干支纪年就不会出现这种情况。人们认识到要准确纪年，就不能拘泥于太岁、岁星两者的对应关系，所以从西汉武帝时的太阳历的纪年法就改成适用至今的干支纪年法。这是中国古代人通过对木星运动的观察，发现了木星与人们每年的纪年关系，以及木星运动1周天，即木星围绕着太阳运转一圈，是十二年，所以以十二年为一周期，并用十二地支标

———————

[①]　见《中国古代星占学》8页图。

记。这就是干支纪年法的产生。这种纪年法是通过太阳与木星中的中庸关系体现的。太阳是中，木星是庸。木星围绕太阳中心转，从而确定中国古代十二年为一周期的纪年法。

天体运动与人们纪月又是怎样关系，人们将月的纪法，怎样与天体运动关联的呢？大约在春秋时期，就有了用十二支纪月的记载，叫作"月建"。"月建"是北斗七星的斗柄所指。当北斗的斗柄指向十二辰中的某一辰，该月就以十二地支某支来命名。如斗柄指向"子"，这个月就被称为"子"月。一周天为三百六十度，均分为十二辰，每辰三十度。北斗一年环绕天极一周天，每天运行一度，行满一辰三十日，这样，每一辰正好三十度，而进行十二辰正好三百六十度，也为十二个月。

春秋时，各诸侯国历法不一，为了统一，人们便提出把"日南至"的那个月称为"子月"。所谓"日南至"就是冬至这天太阳走到最南点，即在中午时，太阳处在一年中的最低点。确定"日南至"的月为子，之后以顺时针便是"丑月"等。但是"子月"为一年的首月，并不是固定的。夏代的岁首就是寅月，商代的岁首是丑月，到了周代的岁首是子月。可见，人们也是根据不同时代的社会实践，逐渐调整对天体运行的认识。到了西汉时期：

> "帝张四维，运之以斗。月徙一辰，复反其所。正月指寅，十二月指丑，一岁而匝，终而复始。"[1]

这是说，紫微是天帝巡狩四方所乘的帝车——北斗，斗柄转动一圈正好一年十二个月，这是以北斗为中，其他星辰为庸的纪月法。

中国古代把两个连续交替的冬至时间间隔叫作岁，即从冬至到下一个冬至为"岁"，把十二个朔望月（月亮围绕地球转一周的同时，地球与月亮相对于太阳的位置也发生了变化，这个周期平均为29.5天）的时间称为年，即指从正月初一到除夕夜为一年。年主要体现时间的概念。岁与年的时间间隔不一样。闰月就是考虑要在年上多加1个月使岁与年时间一样，如每3年就要加上1个闰月，这样3年就要有37个月，每个

---

[1] 《淮南子·天文训》。

月29.5日，乘以37个月等于1091.5日，而3岁共1095.7日（1岁为365.2日）。这样岁平均每年还比年长1天多，如果每隔8年插入3个闰月，就等于8年有99个月，2923.5日，而8岁的时间是有2921.9日，这样每岁比每年要短几个小时。后来发现，每19年加7个闰月，就会使岁与年时间间隔几乎等长。月亮围绕地球公转的方向是从西向东，1周为27.3天，1个小恒星月。地球为中，月亮为庸。而朔望月，是地球绕太阳公转的过程中，月亮、地球和太阳的相对位置需要大约29.5天才能对齐，形成新月或满月。这是以太阳为中，地球和月亮为庸。

古代人以太阳的升起和落下为纪日的方法，看见太阳在天上运行为昼，在地下运行为夜。这是以太阳可视为中，月亮等星辰变化为庸。

用干支纪日法，现有最早的甲骨文刻辞就有记载，从商朝武丁至帝辛皆以干支纪日，还可能上推至盘庚迁殷之际，或许再往前也以干支纪日。从文献上看，《春秋》载：

"隐公三年，春王二月己巳，日有食之。"

经近人考查，这一天确有日食，说明这一天纪日纪事准确。

用干支来纪时，可能出现晚些，最先见于《淮南子·天文训》记载：

"日出于旸谷，浴于咸池，拂于扶桑，是谓晨明。登于扶桑，爰始将行，是谓朏明。至于曲阿，是谓旦明。至于曾泉，是谓蚤食。至于桑野，是谓晏食。至于衡阳，是谓隅中。至于昆吾，是谓正中。至于鸟次，是谓小还。至于悲谷，是谓餔时。至于女纪，是谓大还。至于渊虞，是谓高舂。至于连石，是谓下舂。至于悲泉，爰止其女，爰息其马，是谓悬车。至于虞渊，是谓黄昏。至于蒙谷，是谓定昏。日入于虞渊之汜，曙于蒙谷之浦，行九州七舍，有五亿万七千三百九里，禹以为朝、昼、昏、夜。"

《淮南子》成书于西汉，为淮南王刘安及其门客所作，说明至少在西汉时，人们已经将一天分为十五个时段：晨明、朏明、旦明、蚤食、晏食、隅中、正中、小还、餔时、大还、高舂、下舂、悬车、黄昏、定昏。这十五个时段，是一天的自然时长。古人将每个时长区分为太阳的运行阶段以及人一天之中不同时长应该做的事情。晨明、朏明、旦明，这三个时段是太阳开始起身、沐浴、到达扶桑的三个时段；扶桑阶段，是天色尚未明，即将明的黎明前阶段；朏明是太阳已升上扶桑，准备继续升起，这时是鸡鸣阶段；旦明，是太阳已经从地平线上升起，即早晨的时段；蚤食，是指劳动的人们提前吃早饭的时间；晏食，一般人吃早餐的时间；隅中，是太阳已经行至偏东南的上空，在向中午正南中天方向行进；正中是太阳已行进至正南方的昆吾山顶上的位置，是太阳在一天之中的最高点；小还是太阳开始偏西，行进在鸟次山顶上；铺时太阳行至西南方悲谷的大峡谷顶上，这是人们该吃下午饭了；之后太阳再向西行，到达西方阴地女纪，便是大还时段；太阳从正西往下进行，接近地平线，人们能看到太阳在春山上面，这便是高春时段；太阳从春山上落下去表明太阳已进入地平线，便进入下春时段；悬车是指太阳已经完成了一天的行程，开始下车休息；黄昏就是天已经完全黑暗下来的时候；定昏是指夜已很深，人们都已进入睡眠的阶段。

看来西汉对一天时辰的划分，并不是很规范，如太阳出与落的时段较密集，而在天上运行的时段又较稀疏，落日后到日尚未上升的时段又不均匀，存在的弊端很大，与太阳运行一昼夜的时间过程不吻合。到了魏晋时杜预将一昼夜分为十二时段，再配以十二辰，便成了一昼夜的计时法，从此便规范了。

还有一种说法，即在西汉之前，已经存在将一昼夜分为十二等长的纪时法。《黄帝内经》：

"肝病者，平旦慧，下晡甚，夜半静。"《黄帝内经·脏气法时论篇》肝病患者，每天清晨神志比较清醒，傍晚时，病情加重，半夜时便安静了。

"心病者，日中慧，夜半甚，平旦静。"《黄帝内经·脏气法时论篇》心脏病患者，每天中午神志比较清醒，半夜时病情加重，到了天亮时又安静了。

"脾病者，日昳慧，日出甚，下晡静。"《黄帝内经·脏气法时论篇》脾病患者，每天的午后神志比较清醒，到了日出时病情就会加重，到了傍晚时，便安静了。

"肺病者，下晡慧，日中甚，夜半静。"《黄帝内经·脏气法时论篇》肺病患者，每天傍晚时神志比较清醒，到了中午时，病情会加重，午后便安静了。

"肾病者，夜半慧，四季甚，下晡静。"《黄帝内经·脏气法时论篇》肾病患者，半夜时神志比较清醒，当辰、戌、丑、未四个时辰时病情加重，在傍晚时便安静了。

从《黄帝内经》看，在先秦时期已经将一昼夜分为十二时段。下晡：为申、酉两个时辰；夜半：为子时；日中：为午时；平旦：为卯时；日映：为午后未时；四季：为辰、戌、丑、未。

《吴越春秋》也有："时加日出""时加鸡鸣""时加日昳""时加隅中"等记载。

从《淮南子·天文训》将太阳的周日旅程分为十五个时段，到杜预将一昼夜分为十二个时段，都是以太阳运行为中，以地球、月亮以及其他星辰为庸。

表一　时段与十二辰对照表

十二辰		《淮南子》时段		杜预时段		现在时间
子	初	晨	明	夜	半	$23^h\sim0^h$
	正					$0^h\sim1^h$
丑	初	朏	明	鸡	鸣	$1^h\sim2^h$
	正					$2^h\sim3^h$
寅	初	旦	明	平	旦	$3^h\sim4^h$
	正					$4^h\sim5^h$
卯	初	蚤	食	日	出	$5^h\sim6^h$
	正					$6^h\sim7^h$
辰	初	晏	食	食	时	$7^h\sim8^h$
	正					$8^h\sim9^h$
巳	初	隅	中	隅	中	$9^h\sim10^h$
	正					$10^h\sim11^h$
午	初	正	中	日	中	$11^h\sim12^h$
	正					$12^h\sim13^h$
未	初	小	还	日	昳	$13^h\sim14^h$
	正					$14^h\sim15^h$
申	初	铺	时	晡	时	$15^h\sim16^h$
	正	大	还			$16^h\sim17^h$
酉	初	高	舂	日	入	$17^h\sim18^h$
	正	下	舂			$18^h\sim19^h$

续表

十二辰		《淮南子》时段	杜预时段	现在时间
戌	初	悬 车	黄 昏	$19^h\sim20^h$
	正	黄 昏		$20^h\sim21^h$
亥	初	定 昏	人 定	$21^h\sim22^h$
	正			$22^h\sim23^h$

见卢央著：《中国古代星占学》，中国科学技术出版社2008年版，第16页。

从上可见，中国古代历法，就是研究自然界天体的运行之道，或者说人们在揭示着天体运行的中庸之道，并将这种天道，制定成历法，以求得人们在社会生产、生活乃至生存之中予以遵循，是人类自觉地在遵循着天道。

三、宇宙天体的物质构成及发展变化

阴阳五行学说是中国古人一种解释宇宙万物构造和发展变化规律的学说。

（一）阴阳

万物皆分阴阳，源于万物因阴阳交合而生。

《尚书·虞书·尧典》记载，帝尧命令羲、和等人分居五方，长年分管观测四季太阳的升落，依据日月星辰运行规律，制定出历法，郑重地把天时节令告诉人们："乃命羲和，钦若昊天，历象日月星辰，敬授民时。"于是有了"四仲中星"说："日中，星鸟，以殷仲春"（昼夜长短相等，南方朱雀七宿黄昏时出现在天的正南方，依据这些确定仲春时节）；"日永，星火，以正仲夏"（白昼时间最长，东方苍龙七宿中的火星黄昏时出现在南方，依据这些确定仲夏时节）；"宵中，星虚，以殷仲秋"（昼夜长短相等，北方玄武七宿中的虚宿黄昏时出现在天的正南方，依据这些确定仲秋时节）；"日短，星昴，以正仲冬"（白昼时间最短，西方白虎七宿中的昴星黄昏时出现在正南方，依据这些确定仲冬时节）。

这里的"鸟""火""虚""昴"是二十八宿中的四仲中星。四仲中星是古人通过观测天象确定春分、夏至、秋分、冬至四个节气的方法，也标志着阴阳在四个节气的状态。春分、秋分，昼夜平均，阴阳平衡，所以"阴阳相伴"；夏至，日行北陆，昼长夜短，阳至极盛，阳极必生阴，故"夏至一阴生"；冬至，日行南陆，昼短夜长，阴至极盛，阴极必生阳，故"冬至一阳生"。

由此可见，中国古代人将阴阳二气的消长变化与天体的运动，即太阳和地球运行的时空关系联系起来。古代人认为，宇宙万物本身就是由阴阳交合而成，故万物生成本身就有阴阳的性质，任何物质都离不开阴阳，离开阴阳万物就不存在了。

中国古代的阴阳学说认为，阴阳在事物中有四种存在方式，即本质上同源、形式上对立、发展上消长、时空上平衡。

本质上同源：阴阳二气，生于道，即老子所说"一生二"。"二"即阴阳。

> "一阴一阳谓之道"，[①]"立天之道曰阴与阳，立地之道曰柔与刚"。[②]"易者阴阳之道也，卦者阴阳之物也，爻者阴阳之动也。"[③]

形式上对立：无阴不成阳，无阳不成阴；有阴必有阳，有阳必有阴，两者缺一不可，互为成立。《易传》："乾，阳物也，坤，阴物也。""乾道成男，坤道成女"，"男女媾精，万物化醇"。《老子》："万物负阴而抱阳，冲气以为和。"

发展上消长：《易经》的十二消息卦充分揭示了天地之间阴阳消长的时空规律。十二消息卦也称"十二辟卦"，分别由复、临、泰、大壮、夬、乾、姤、遁、否、观、剥、坤组成。时空上复卦主十一（子）月、临卦主十二（丑）月、泰卦主正（寅）月，大壮卦主二（卯）月，夬卦主三（辰）月，乾卦主四（巳）月，姤卦主五（午）月，遁卦主六（未）月，否卦主七（申）月，观卦主八（酉）月，剥卦主九（戌）月，坤卦主十（亥）月。这里阳长递生的六个卦：从子月复☷☳开始，往下为丑月临☷☱、寅月泰☷☰、卯月大壮☳☰、辰月夬☱☰，最后到巳月乾全为阳爻

---

① 《周易·系辞上》。
② 《周易·说卦传》。
③ 《周易折中》。

▤，即到了四月，便是阳气最盛的月，这个过程称为息卦。"息"即意味着增长的含义，而从午月姤▤开始，经未月遁▤、申月否▤、酉月观▤，戌月剥▤最后到亥月坤▤，代表着六个阳爻逐渐消失，到坤卦阳爻全无，古人称这个过程为"消卦"。从十二消息卦可以看出，十二卦阴阳的变化，与自然界的气候、物候变化是一致的。一年之中，农历的四月是阳气最旺的季节，而十月则是阴气最旺的季节。十二消息卦揭示了大自然阴阳二气消长变化的过程与特点。

时空上平衡：阴阳在时空之中一般存在着三种状态：第一种状态，即阴阳的平衡态。阴阳平衡则是阴阳二气对等，二气交融媾精，万物化醇。第二种状态是阳盛阴衰态。阳气占据主动、主体、主流，而阴气占据被动、非主体、非主流；阳代表着刚健、前进、增长、主动进取，所以这时的阴阳平衡，是阳压制阴的平衡，是阳大、强，阴小、弱的平衡。从《易经》十二消息卦中看，阳盛阴衰就是三月大壮卦、四月乾卦。第三种状态是阴盛阳衰态。阴气占据主动、主体、主流，而阳气占据被动、非主体、非主流；阴气代表着柔顺、退让、消减、被动、放弃。所以这时是阴压制阳的平衡，是以阴大、强，阳小、弱的平衡。

北宋周敦颐为了解释"太极图"，在《太极图说》中说："无极而太极。太极动而生阳，动极而静；静而生阴，静极复动，一动一静，故为其根。分阴分阳，两仪立焉。阳变阴合，而生水、火、木、金、土。五气顺布，四时行焉。五行一阴阳也，阴阳一太极也，太极本无极也。五行之生也，各一其性，无极之真，二五之精，妙合而凝。"

图1　明朝来瞿唐太极图[①]

---

① 见《周易大全》第153页。

图2 北宋周敦颐太极图[1]

图1、图2太极图说明了太极从无到有生成变化的中庸之道。

图3 明朝来瞿唐伏羲八卦方位图[2]

这张图反映了无极生太极，太极中的两仪是八卦中的阴阳和阳爻，两仪生四象，四象生八卦。

"--""—"：老阳 ⚌，少阳 ⚎，少阴 ⚍，太阴 ⚏。

乾☰、坤☷、震☳、艮☶、离☲、坎☵、兑☱、巽☴。

（二）五行

五行在中国古代思想中有两重含义，一是将五行看作上天给予人们生产生活的必需物质。"天生五材，民并用之，废一不可"[3]，这里不仅

---

① 见《周易大全》第153页。
② 见《周易大全》第155页。
③ 《左传·襄公二十七年》。

强调了五行是天生的物质元素，而且强调了五行作为一个整体，缺一不可。《国语·鲁语》也强调了五行在生殖万物方面的作用："地有五行所以生殖也。"二是天地间万物均由五行构成，五行不仅是构成事物的主要五种物质，而且天地万物都是由五行构成，再无其他物质。世上与人相关的所有事物发展变化的规律也是由五行之间相互作用决定的。

五行最早见于《尚书·周书·洪范》，其记载为：

"箕子乃言曰：'我闻在昔鲧陻洪水，汩陈其五行。帝乃震怒。不畀洪范九畴，彝伦攸斁。鲧则殛死，禹乃嗣兴，天乃锡禹洪范九畴，彝伦攸叙。"[1]

"五行：一曰水，二曰火，三曰木，四曰金，五曰土。水曰润下，火曰炎上，木曰曲直，金曰从革，土曰稼穑。"[2]

五行说本身也有一个发展演变的过程，在春秋战国时，五行已与四季十二个月的节气相匹配。

在春秋战国时，人们将五行运行规律与自然规律和人文社会活动规律三者结合在一起，减少三者之间的对立，增加三者之间的统一，试图使三者达到和谐。

卢央先生的《中国古代星占学》一书中，将《管子》《吕氏春秋》中关于五行学说分别整理出以下表格。

表二 《管子·四时篇》五行与四时配应表

季节	方位	天体	天及气应	德行	五行
春	东	星	风气先大与骨	喜赢而发出节时	木
夏	南	日	阳气生火与气	施舍修乐	火
	中央	岁	和气生土生皮肌肤	和平、用均、中正无私，实辅四时	土
秋	西	辰	阴气生金与甲	忧哀、静正、严顺	金

---

[1] 《尚书·周书·洪范》。
[2] 同上。

续表

季节	方位	天体	天及气应	德行	五行
冬	北	月	寒气生水与血	淳越、愠怒、周密	水

见卢央著:《中国古代星占学》,中国科学技术出版社2008年版,第20页。

表三　《吕氏春秋》所列的五行对应

五行	木	火	土	金	水
五性	曲直	炎上	稼穑	从革	润下
五味	酸	苦	甘	辛	咸
五色	青	赤	黄	白	黑
五音	角	徵	宫	商	羽
五方	东	南	中央	西	北
五季	春	夏	季夏	秋	冬
五臭	膻	焦	香	腥	朽
五虫	麟	羽	倮	毛	介
五数	八	七	五	九	六
天干	甲乙	丙丁	戊己	庚辛	壬癸
五帝	太皞	炎帝	黄帝	少皞	颛顼
五神	句芒	祝融	后土	蓐收	玄冥
五祀	户	灶	中霤	门	收

见卢央著:《中国古代星占学》,中国科学技术出版社2008年版,第20页。

以上说明,中国古代的五行学说有一个发展变化的过程。各个时代的五行学家通过对整个自然界和人类社会的观察、研究,不断地致力于使五行学说更接近自然,符合自然界变化的原则和规律,也不断地使五行学说接近人类生产与生活的实际,符合人类社会发展变化的原则和规律。

在观察和研究中,他们总结出了五行之间生克制化的原则,使五行学说逐渐演变为一门集社会科学与自然科学为一体的新的学科。

他们发现,春季时树木茂盛,但木需要水生,故水生木;夏季时天气炎热,火最为旺盛,但火要木来生;火燃过后变成了土,所以火生了土;秋季秋风凄凉,天气肃杀,犹如金,故土生金;冬天寒冷,万物闭藏,水即阴冷,犹如水,但水要由金生,故金生水。

隋代肖吉在《五行大义》中引《白虎道》:

"木生火者,木性温暖,火伏其中,钻灼而出,故木生火。火生土者,火热故能焚木,木焚而成灰,灰即土也,故火生土;土生金者,金居石,依山津润而生,聚土成山,山必生石,故土生金。

金生水者，少阴之气润泽流津销金，亦为水，所以生山石而从润，故金生水。水生木者，因水润而能生，故水生木也。"

同时，人们还通过观察研究发现了五行之间相冲克的现象，其原则为：金克木，木克土，土克水，水克火，火克金。

东汉班固《白虎通德论》载：

"五行所以相害（相胜）者，天地之性，众胜寡，故水胜火也；精胜坚，故火胜金；刚胜柔，故金胜木；专胜散，故木胜土：实胜虚，故土胜水也。"[1]

《黄帝内经·素问·宝命全形论》云：

"木得金而伐，火得水而灭，土得木而达，金得火而缺，水得土而绝，万物尽然，不可胜竭。"[2]

五行这种生克制化规律，无论在自然界还是人类社会都是普遍存在的。

1.物质之间的相生作用

相生：指生成，是物质在相互作用时，随着时间的发展，物质之间形成一种空间结构上的生成或生长的趋势。

这种相生过程是多种多样的。

第一种是同类物质的无性生殖和有性生殖。无性生殖有分裂生殖，如细菌、变形虫、眼虫、涡虫等；有出芽生殖，如酵母菌、水螅等；有孢子生殖，如真菌、苔菌等；有营养繁殖，如甘薯的块根、秋海棠的叶、草莓等。有性生殖是通过两性生殖细胞，即雌配子与雄配子或卵子与精子的结合，产生新的生命体的生殖方式。这种重复不断的生殖方式，在生产着整个世界的生物。

---

① 《白虎通德论》。
② 《黄帝内经·素问·宝命全形论》。

第二种是多种物质作用于一种物质上的生成。如植物的生长是光、空气、土、水等各种物质作用于植物，使它的空间结构随着时间的推移，朝着生长的方向发展。

第三种是物质生长链间形成的相互决定的发展形式。在自然界中，物质构成一种连环的相生链。这种自然现象，在生物界也是客观存在的，如达尔文观察到英国某村镇家猫的数量同那里的红三叶草生长状况的关系：家猫多了，田鼠就少了，名叫熊蜂的野蜂就增多，靠熊蜂采蜜时传播花粉的红三叶草就繁茂。在中国古代人们的思想中已经将相生结构上升到对于宇宙及人类社会物质发展规律思考的层面。

第四种是两种物质相互作用后生成新的物质。如红磷与空气中的氧气反应，生成一种五氧化二磷的新物质：

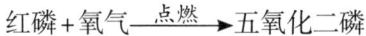

$$红磷+氧气\xrightarrow{\text{点燃}}五氧化二磷$$

硫与氧气发生化学反应，生成二氧化硫：

$$硫+氧气\xrightarrow{\text{点燃}}二氧化硫$$

铝在氧气里燃烧，反应生成氧化铝：

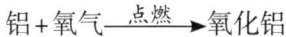

$$铝+氧气\xrightarrow{\text{点燃}}氧化铝$$

2.物质之间的相克作用

物质在相互作用的运动发展中，不仅存在着物质相生发展的过程，即物质从小到大，从弱到强的过程，而且存在着一种将物质发展推上衰退的过程，即物质从大到小，从强到弱的过程。在这种过程中，物质相互之间更多的作用是相克。

克，是指克衰，是物质在相互作用时，物质之间形成的一种随着时间的发展，而出现物质空间衰变的趋势。

这种克衰过程，主要有：

第一种，多种物质作用到一种物质上导致物质的衰变，如植物在北方寒冷的秋季时，光、土、水虽然仍在为植物提供营养，但从总的趋势上说，这些物质已不利于植物的生长，使植物的空间结构朝着衰变的方向发展变化。

第二种，是物质发展链间形成了与生相反的克伐的衰变。在物质的克伐中保持物质存在和运动、变化的一种平衡关系。如生态系统中存在着相克的生物链。

第三种，是一种物质战胜另一种物质，如人们既可以用水来灭火，也可以用灭火器来灭火。用水灭火，是用水将燃烧物淋湿，使燃烧物失去燃烧的条件。用灭火器灭火，无论是泡沫灭火器，还是干粉、二氧化碳灭火器，都是通过隔绝空气而达到灭火的目的。无论是水，还是装在灭火器中的物质，在用于灭火上，都是以克火的性质存在的。

3.物质之间的相互制衡作用

制衡，是指物质之间相互牵制、牵绊、抑制等。物质之间的相互制衡，既有相生，又有相克，既相互吸引，又相互分离，通过相生、相克、吸引、分离，使物质出现一种制衡下的平衡。这种相生和相克、吸引和分离一般情况是同时出现的，从而使物质处于平衡下的秩序存在状态。

这种制约平衡的过程，主要有：

第一种，多种物质作用到一种物质上，决定了该物质空间结构的发展极限和衰变极限。在发展极限和衰变极限上达到一种制衡，并在发展过程中，保持该物质结构发展各阶段的制衡，使该物质仍然保持着发展过程中质与量对各个时间段上的空间结构的规定。

第二种，物质发展链之间的发展制衡。大到宏观宇宙，小到微观粒子，这种制衡是无处不在的。这种制衡形成了宇宙间物质存在和运动的有序。同时，这种制衡也形成了物质之间的发展规律。

第三种，两种物质之间形成的制衡。两种物质之间出现制衡的表现是多方面的。从运动上看，两种物质的制衡，能使物质出现暂时的相对运动停止，也能使物质出现相对制衡的运动。同时，通过双方相互作用达到两者之间作用力的平衡。

4.物质之间的相互转化作用

转化，是物质相互作用后的一种结果。转化，是转成、生成、蜕变的意思，即物质在相互作用时，作用中的物质由各自的物质转化为另一种新的物质。这种转化过程，主要有：

第一种，物质之间的各自部分转化。参与作用的物质，各自的主体结构、性质、功能仍在保留着，只有各自主体中的一小部分结构、性质、功能发生了变化，变成了脱离原来物质的结构、性质与功能的新的物质。例如，放在衣柜中的樟脑丸在经过一段时间的放置之后，会变小，这是因为樟脑丸发生了升华，一部分从固态转变成了气态。这部分发生变化的樟脑丸的结构发生了变化，脱离了原来的主体部分，而成为气体。

第二种，物质之间的各自大部分或一种物质的大部分转化。物质的大部分结构、性质、功能都发生了变化，使物质已经改变了原来的存在形式和运动状态，但物质尚未完全改变自己的结构、性质与功能，只是接近于完全改变自己，即处在完全转化前的阶段。例如，碳单质在自然界以多种碳的同素异形体的形式存在。石墨和金刚石都是碳的单质，在一定条件下，石墨可以转化为金刚石。转化使得石墨的大部分结构、性质、功能发生了变化，使它改变了原来的存在形式和运动状态。但是，石墨与金刚石都还是碳的同素异形体。又如，碳的同位素目前已知的就有12种，有碳8至碳19，其中碳12和碳13属稳定型，其余的均带有放射性。它们在元素周期表中都排在相同的位置，可是由于它们含有不同的中子，它们的结构、功能发生了改变。

第三种，物质之间的完全转化。物质在相互作用时，使作用的各方完全改变了原来自有的形式和运行状态。物质的结构、性质与功能已经发生了根本的改变，变成了另外一种物质。

任何一个化学反应都是物质之间的完全转化，如酸、碱中和反应：

盐酸 + 氢氧化钠 ══ 氯化钠 + 水

最后生成了氯化钠和水，是原来物质之间所没有的新的物质。

中国古代的五行思想，将宇宙所有物质之间的联系与作用都归结为它们之间的生克制化。同时，中国古代又将五行与干支相配合，使干支具有了阴阳五行的属性。

（三）干支的阴阳属性

1.十天干的阴阳属性

甲、乙、丙、丁、戊、己、庚、辛、壬、癸。居于奇数为阳干——甲、丙、戊、庚、壬；居于偶数为阴干——乙、丁、己、辛、癸。

2.十二地支的阴阳属性

子、丑、寅、卯、辰、巳、午、未、申、酉、戌、亥。居于奇数的为阳支——子寅辰午申戌；居于偶数的为阴支——丑卯巳未酉亥。

3.干支的五行属性

甲、乙、寅、卯位于东方，属木；

丙、丁、巳、午位于南方，属火；

戊、己、辰、戌、丑、未位于中央属土；

庚、辛、申、酉位于西方，属金；

壬、癸、亥、子位于北方，属水。

（四）五行的中庸之道

五行的中庸之道关键在于土。土位于中央，又"王于四季"。土作为地支辰、戌、丑、未在时间上占每季的最后一个月，但真正体现土的得令时间为最后的月的最后十八天。在空间上，戊、己位于中心，又将辰、戌、丑、未寄治于四方，体现"土王四季"。这样就形成了戊、己为中，另外八个天干和十二地支为庸的五行中庸图。

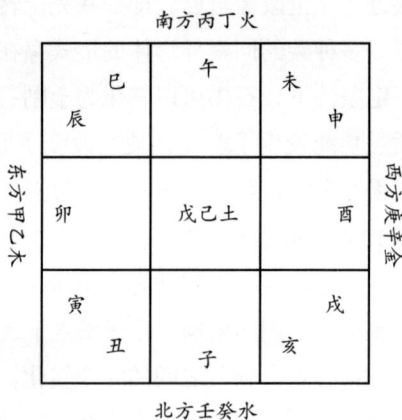

四、中国古代天道概念的形成

"天道"一词，在《周易·系辞下》有明确记载：

> "《易》之为书也，广大悉备：有天道焉，有人道焉，有地道焉。"

帛书《易·要》篇曰：

> "《易》有天道焉，而不可以日月星辰尽称也，故为之以阴阳。有地道焉，不可以水火金土木尽称也，故律之以柔刚。有人道焉，不可以父子君臣夫妇先后尽称也，故为之以上下。"

孔子将日月运行比喻成天道。

　　"公曰：'敢问何能成其身'孔子对曰：'夫其行己不过乎物，谓之成身。不过乎，合天道也。'公曰：'君子何贵乎天道也？'孔子曰：'贵其不已也。如日月东西相从而不已也，是天道也；不闭而能久，是天道也；无为而物成，是天道也；已成而明之，是天道也。'"①

　　观察天道，研究天道，实践天道一直是远古时期中国文化的主流。越往远古，天人越加合一。尤其是人具有充分的理性思维以后，因为人的一切活动都是离不开天，因此远古的人们把天作为研究的首选对象。

　　顾炎武在《日知录》中说：

　　"三代以上，人人皆知天文。"

　　可见在远古时期，人们对天文的热爱和了解远胜过以后各代，这种状况一直延续到近代天文学发展起来为止。

　　传说伏羲氏始作甲历，详定岁时，用干支纪岁而年不乱，时不易，人之度而方不惑。《周髀算经》记载：

　　"古者庖羲立周天历度。"

　　这些说明，很可能早在7000年前的伏羲时代，古人就开始观察制历授法的事业了。

　　汉武帝时司马迁在写《史记·天官书》时，已经使用天体"中宫"的概念。"中宫天极星，其一明者，太一常居也；旁三星三公，或曰子属。后句四星，末大星正妃，余三星后宫之属也。环之匡卫十二星，藩臣。皆曰紫宫。"《史记·天官书》这说明司马迁认为，在天体中有一个中心的天区，他把这个中心天区称之为"紫宫"。在紫宫中有一个天极星，即中心的星，这颗星叫太一星，它就是天体的帝王，这就是天道的中。而在太一星的旁边有三颗星叫三公，也有称太子星或应子星。而后面的四颗星其中末尾较亮的一颗是正妃，其余三颗是后宫的嫔妃。环绕中宫的十二颗星将中宫护卫似的围在里面。这充分展现出古代天体说中

_____

① 《孔子家语·大婚解第四》。

的紫微坦的"中庸"天体结构。

《后汉书》和《隋书·天文志》载：

> "伏羲之王天下也，仰则观象于天，俯则取法于地，以天之七曜，二十八星周于穹圆之度，以丽十二位。其前，燧人氏建斗正方，定岁月日时方位。溯而上之，三皇时始制干支，定岁所在。历法渐进，然后设官治理庶政，此种古历有六，即黄帝、颛顼、夏、殷、周、鲁等历。"

《史记·历书》载：

> "神农以前尚矣。盖黄帝考定星历，建立五行，起消息，正闰余，于是有天地神祇物类之官，是谓五官。各司其序，不相乱也。"

这些记载都说明，远古的中国人十分重视天道。

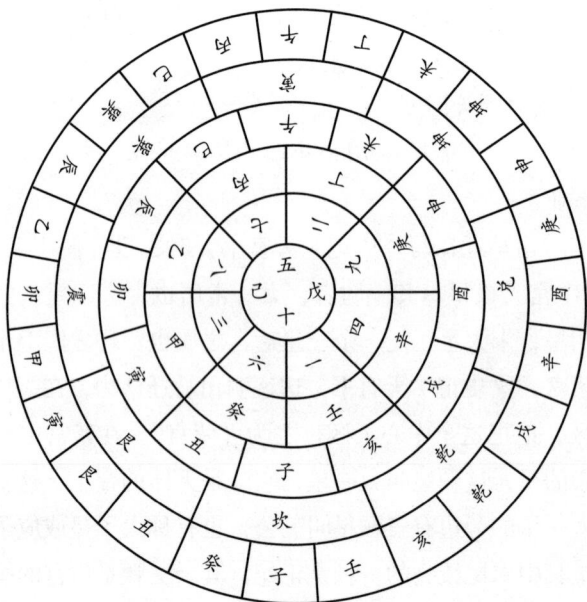

清代江永：含八干四维干二支二十四向图①

---

① 见常秉义著：《周易与历法》，中央编译出版社 2009 年版，第 135 页。

第十讲
天道社会——动物及人的群结构

一、动物的群结构

动物的生存与活动方式分为两种，即群居或独居。群居动物是指成群结队的动物，如蜜蜂、蚂蚁、羚羊、斑马、大象等。独居的动物有虎、熊、狮、豹等。虎、豹、狮、熊等也有自己家族的小群，但它们不像那些群居的动物无论是进食、睡眠，还是迁徙等均以群体为单位开展活动，而是多以单独行动为主。不过在一定意义上讲，动物界都是以群结构为主的社会结构。

如蜜蜂是较为典型的群居动物。

每群蜜蜂都是一个独立的王国。在这个蜜蜂王国里，分为三种不同身份与等级的蜜蜂。

一是蜂王。蜂王为雌性，也称母蜂或蜂后，是这个蜂群的国王。从这一点上说，蜜蜂是典型的母系氏族社会。蜂王自然在蜜蜂国里权力最大，负责国内统治与管理，但它的最主要职责是繁衍后代，即产卵。蜂王一般能生存三到五年。一只蜂王一生只在特定的时间内与雄蜂交尾相配。蜂王交尾成功后，两到三天开始产卵。一个好的蜂王一年能产下二十万粒卵。

二是雄蜂。雄蜂一生的主要职责就是与蜂王交配，给蜂王提供精子。在一个蜂群中，雄蜂的数量有几百只到上千只。雄蜂的交配权的争得是通过飞行比赛进行的。成功与蜂王交配的雄蜂生殖器脱落在蜂王的生殖器中，随即死去，而未能成功交配的雄蜂，会在回到蜂巢后被工蜂杀死。

三是工蜂。工蜂是一种不允许生殖后代的雌性蜜蜂。它们在蜜蜂群里承担着多种重要的职能，主要有负责饲喂幼虫和蜂王，清洁整个蜂房的卫生，移出死蜂或残屑，担当整个蜂巢的保卫，以免受到外来的各种威胁，采集花蜜、花粉、树胶，酿蜜，建筑和修补蜂巢等。一只工蜂，如果发现了一个新的花园时，它会通过一种特殊的舞蹈形式向同群伙伴传递信息，包括方向、距离以及地标等，都可以清楚表达出来。

蜜蜂国里有着严格的生存法则，所有的蜜蜂都不得违背这一法则，如所有蜜蜂幼虫在生下后的三天中吃的都是蜂王浆，但三天之后则开始吃蜂蜜和花粉，只有蜂王房里的蜂王幼虫始终吃蜂王浆。成为蜂王之后，蜂王通过释放一种化合物来控制着整个蜜蜂社会的运转，是社会的权力中心，对全群实行中央集权统治。蜜蜂属于雌性王国。雄蜂数量有限，交配后就会死去。蜂王和工蜂同属于雌性。蜂王依靠工蜂的供养，自己无法独自生存，工蜂又依赖蜂王繁衍种群。工蜂会时刻监督蜂王履行自己的社会职责并关注其身体情况。如果处女蜂王到了交尾期，而未有出房交尾，便会被工蜂处死。如果发现蜂王身体出现衰败的状况，工蜂就会在蜂房中修建交替王台，逼迫蜂王在王台中产下受精卵，等王台中的处女蜂王出房婚飞时，工蜂会将老蜂王处死或驱离出蜂巢。如果蜂巢遭到外来的群蜂攻击，工蜂就会出巢迎战，留下一部分工蜂将蜂王围在中央保护起来。有时因围护的时间太久将蜂王困死，但这并非工蜂的本意。所有的工蜂虽为雌性，但不能与雄蜂交尾，这是蜜蜂王国里的性法则。一旦哪个工蜂忍受不了性冲动，与雄蜂交尾并产下私生卵，这种情况是绝不被蜂王允许的。以蜂王为首，工蜂会对其进行惩罚，对其施以暴力。一是产下的"私生卵"会被其他工蜂吃掉，并对这只"叛徒"进行"拷打"和"关禁闭"，甚至将这只工蜂处以"死刑"。

蜜蜂王国里这种严格的生存法则，使整个社会井然有序，适度合理。这不能不让人们怀疑：蜜蜂世界也有它们不同于人类的共同的语言形式，共同的思想意识，以及共同的行为准则。那么，蜜蜂王国的群结构和各种法则制度是仅凭一种生理上的功能或本能下的感性意识制定的吗？

观察比蜜蜂小且比蜜蜂存在更广泛的蚂蚁王国，就更能让人感受到产生上述疑虑是合情合理的。

蚂蚁群体分为四种不同的蚂蚁种类，即蚁王或称为蚁后、雄蚁、工蚁、兵蚁。

蚁后是该群蚂蚁的群主，或这个蚂蚁王国的国王。它的职责是生殖后代，负责该群蚂蚁的统治与管理。在这群蚂蚁中，蚁后体型最大。它有着庞大的腹部，待在洞穴的蚁巢里很少移动，行动不便，由工蚁侍候。蚁后的寿命长达十几年，甚至二十年。在有些蚂蚁群的社会里，可能会有多个蚁后，但这些蚁后会和平相处，平等地为蚁群繁殖后代。蚁后统治蚁群靠的是释放出一种信息来引导蚁群行动。

雄蚁头部圆小，上颚不发达，触角细长，有发达的生殖器官和外生殖器。它们的主要职责就是与蚁后交配。雄蚁和具有生育能力的雌蚁均有翅膀，在婚飞交配后雄蚁便死去。蚁后也称雌蚁，这时雌蚁的翅膀也开始脱落，开始筑巢产卵。最早出生的幼蚁均由蚁后亲自照料，待这批幼蚁长大后，所有的家务事均由工蚁来承担，雌蚁这时便成为"家族"中专门负责产卵的蚁后。

工蚁没有翅膀，是一种形体小、数量多的雌性蚂蚁。它们的主要职责是建造巢穴、采集食物、饲喂幼虫及蚁后。蚁后每天产卵数量五百到一千粒左右，一生能产几万、几十万甚至更多的卵，蚁后的卵巢发育使之腹部庞大，所以不能移动，就连吃饭都要工蚁来喂，行动也靠工蚁来抬。工蚁还要负责清理巢内卫生等事务。

兵蚁的头部比较发达，长有比一般蚂蚁大的上颚，嘴部长有一对类似于"钳子"的口器，是用来攻击其他动物的武器。它主要负责保卫工作，当遇到其他蚁群攻击时，这些兵蚁会殊死搏斗，直至献出自己的生命。

蚂蚁的等级社会分工十分严密。从蚁王统治社会开始，雄蚁、工蚁、兵蚁的不同社会分工与合作，能高效地实现群体生命的繁殖与群体生产、生活的合理有序进行，这说明蚂蚁社会是一个高度组织化的社会。

这种社会是如何形成的呢？如工蚁的勤劳和自律，兵蚁誓死捍卫自己群体的利益，雄蚁为繁殖后代要献出自己的生命，蚁后一生不停地生殖后代，都有十分执着和强烈的目的性，每一只蚂蚁都为自己的群体无私地奉献。

海豚也是群居动物，他们由几只到几十只组成群体。这个群体相互合作，互相照顾，十分友爱。海豚的群体由一定的血缘关系组成，所以较为固定。不同的群体之间还会发生交流和互动，有时会形成更大的集团或联盟。

海豚有很高的语言天赋，他们会发出各种各样的声音，传达着不同的信息。人们发现海豚之间会有一对一或一对多的聊天场景。海豚之间最常见的情感表达方式是接触，如用鼻子碰碰对方或用牙齿轻咬对方，用身体贴着对方等，用来表达玩闹、挑逗或挑衅等。除此之外，海豚还能通过互送礼物、分享食物等方式向对方示好。

海豚也有着严密的社会组织。一些雄性的海豚在社会中具有很高的地位。那些雌性和幼崽则处于社会的下层。群的领导者都由最强壮的雄性担任。在整个群内分为领导者、雄性竞争者和幼崽保护者。

海豚有着高度化的社会行为，包括合作攻击鲨鱼，救助受伤个体等，这说明海豚具有很高的智慧。

蜜蜂、蚂蚁、海豚世界都有着十分严密、完整、合理、协调的群结构社会，而且这种群结构社会具有十分严密的逻辑性与目的性，这种现象和结果的出现，只能说明自然规律的伟大、天道的伟大，除此，我们别无他说。

通过对蜜蜂、蚂蚁、海豚的世界观察，我们可以得出这样几个结论。

第一，它们的世界是一个严密的、程序化、制度化、和谐化的社会。

第二，在它们的群结构中，都有一个领导核心"王"的存在，这个王是它们社会的管理者，是集生育与管理于一身。它是群王国的中，而群中的其他成员都为庸。组成高度组织化的中庸关系，中与庸密不可分，相互依存，互相依赖。

第三，群里的所有成员，生存的目的只有一个，无私地为群奉献一切，直至生命。整个群的"文化"紧紧与每个成员的目的和使命联系在一起，纯洁无己，一往无前。

二、人的群结构

人类最初的社会结构，也属于群结构。

2001年7月，由法国古生物学家米歇尔·布吕内领导的考古队在乍得沙漠地区发现了一个头盖骨，乍得总统将其命名为"图迈"，意思为"生命的希望"。这个头盖骨被测定，距今大约700万年。很多历史学家认为，这是迄今发现最早的猿的人类分支，即从今天黑猩猩的古猿中分出来的一支。

乍得发现这个古猿人头盖骨的前几个月，曾在肯尼亚发现了古猿人的腿和臂骨，距今大约600万年。

由此，历史学界很多学者提出人类和黑猩猩的分野距今大约在600万～700万年之间，但科学界对此说法持怀疑态度，认为应定在500万～600万年之间比较适当。

1974年，在埃塞俄比亚发现了古猿"露西"的臂骨和几块碎片，后又发现大腿骨和几根肋骨，拼成一副完整骨架的40%。经检查，人和黑猩猩分野的时间，没有700万年那么久远。

"露西"是个母性猿，大约高1.1米（3英尺8英寸），体重约29千克。科学家根据它的骨盆断定，它是我们现在所知道的最早用双脚走路的古猿。

"露西"是人类吗？还不是，"露西"是一个能够直立行走的黑猩猩。"露西"的头并不比黑猩猩大多少。从"露西"往后80万年的"能人"（Homo habilis）的骸骨被发现，他的身高约1.3米，比"露西"高了20厘米，脑容量几乎比露西大两倍，即650立方厘米，但也仅为我们人类的一半。

能人是第一批的人类。他们具有使用木制或石制工具的能力。大约在200万年前，能人已经演变成一种"新的"人类，即能制造工具，这标志着人类进入旧石器时代。

现代人类的祖先可能来自印度尼西亚的爪哇人和中国北京山顶洞人。爪哇人距今大约50万年。爪哇猿人身高5英尺，颅骨扁平，眉峰突出，腭大无颏，比非洲的南方古猿脑容量大得多，大约是我们今天人类大脑容量的三分之二，股骨和臀围的形状都和现代人非常接近，不仅可以直立行走，还可以奔跑。

北京猿人生活在距今 70 万～20 万年。这些化石在第二次世界大战期间遗失。北京猿人某些形态细部方面比爪哇猿人更为进步。

在欧洲，人们发现了 50 万年前的海德堡人之后，又在德国的小山谷中发现了距今 20 万年的尼安德特人。他们生存在欧洲和中东。但在 3 万年前左右，尼安德特人逐渐地消失了，代之兴起的是克罗马农人。克罗马农人大约在 4 万年前就生活在欧洲各地。克罗马农人脸较短，脑壳较大，额头高，长着突出的眉骨，下腭较小，牙齿紧凑，大脑容量约 1400 立方厘米，身高 1.8 米左右。

自 1929 年考古学家发现了 50 万年前完整的北京猿人的头盖骨后，发掘一直持续到 1937 年。

从北京直立人向早期智人过渡，再由早期智人过渡到晚期智人，在距今 5 万年左右，便形成了现代人，即蒙古人种。中国晚期智人主要有山顶洞人、柳江人和资阳人。晚期智人有一个共同的特点是脑容量增加，如柳江人和山顶洞人的脑容量为 1300～1500 毫升，是在现代人脑容量的变异范围之内的，脑中动脉支也同现代人接近，说明此时的智人大脑已很发达，与现代人的大脑极为接近。

从猿走向人的几百万年过渡中，人类一直处在群结构之中，这种群结构也是除了极具凶猛的野兽之外的大多数动物的生存结构。人这种动物比羊、兔、狗的力量强，但羊、狗、兔虽然在力量上比人弱小，但它们有行动敏捷、跳跃快的特点，也可以躲过大多数野兽的击杀，而人与人之间只有通过思想意识的交流，形成一个团体，才能与凶猛的野兽搏击。为了生存下去，这是人唯一的选择。

"露西"，是我们知道的最早用双脚走路的猿人。它存在于 320 万年前。直立行走意味着不仅可以用腾出来的双手制造工具和武器，而且猿人还可以挺直身体，抬头目视，使得所见的方位发生了根本性的改变，这无疑是对猿人向人的转变起到了与俯下四肢行走的猿无法比拟的作用。因为视力是感官事物的首要器官，视力的开阔，直接刺激着大脑思维的不断产生与变化，过去只能俯视，如今可以仰视天上的任何变化，这对人大脑的开发与拓展，对产生不同类型的思维会起巨大的推动作用。而且前肢变成双手，这对改变人的生理结构以及其他器官的进化都起到了加速的作用。近几年有科学家对人类与黑猩猩的步态做了比较，结果表明，两脚行走所需的能量仅仅是四脚行走的25%。而且直立行走的猿人可以一边走，一边吃，还可以一边走，一边聊天，容易两人或多人进行交流，还容易观察到人脸部表情，最为重要的是可以边说边走边用双手做一些额外的事情，这在直立之前，是完全做不到的。直立行走是人类形成较大的群结构的身体条件。我们在旧石器早期，很难见到几十个猿人群体的遗址，那时的猿人，大多是以血亲家族为组织，大约是10个猿人的数量，原因可能与那时猿人不能直立行走，四脚行走不如双脚行走的人们之间交流方便。

人类从直立行走之后，又经历了几百万年的进化，逐渐实现了从古猿向人的转变，而在这个过程中，双手的劳动和使用工具起到了决定性的作用。从猿人向人的转化的人类化石，除了北京周口店发现的北京猿人和丁村人外，还有印度尼西亚的爪哇猿人和在英国发现的海德堡人。

当时，以100人左右为一个群落，他们在一起用磨尖的燧石打猎，以众多的人跟踪血液的气味去追踪和捕杀凶猛的野兽。如从猿人向早期智人过渡的辽宁营口金牛山遗址灰堆中发现烧土、炭屑以及烧过的动物骨骼，在两处灰堆之间7平方米的范围内发现有大量的动物骨骼碎片，有些碎片有明显的人工敲砸的痕迹，应是敲骨吸髓之后留下的。

大约在公元前1万年，随着地球上最后一次冰河期的结束，地球的地质进入了一个新时期，主要标志就是地球上的气候由原来的寒冷逐渐开始变暖，到处出现冰雪消融，一派生机盎然的景象。这种变化使人类生存的环境发生了极大的改变，由旧石器时代向新石器时代转变。

人类进入新石器时代的石器，比中石器时代的石器更加细小，以细石器为主，制作手法以磨制为主，从时间上看，距今1万年左右。

全球气候变暖与新石器时代的到来决定了人类的思维方式和行为方式均发生重大改变。

这一转变，在人类的发展史上有着划时代的意义。

大约在12000年前，人类首次开始耕种土地、驯养野兽，开始了种植植物和养育动物。

　　这样便使人类的基本所需发生了根本性的改变。首先，解决人类居无定所的问题。以前人类要靠采集野生果实和打猎野兽为生。一旦这一地区的野生果实和可猎取的野兽满足不了人们的需要，人们便开始迁徙，去寻找新的居住地。所以，在这之前，人们是居无定所的，为了生存需要，只有四处游走。现在人们可以自己种植粮食、养殖家禽牲畜，人们便不用再去追逐草木而居，这便解决了没有固定住所的问题。其次，解决了人类生活的温饱问题。过去靠采集和游猎为主的生活方式，人们只能靠自己的运气，大多时候以解决人的温饱问题。而如今农业生产所获得的食物，至少是采猎的生产方式所获得的10倍，这便解决了人类生存的基本问题。再次，随着畜牧业的发展，出现了大量的驯养家禽和家畜，这就解决了人们的吃肉问题。人的大脑的进化，需要大量的营养食品，过去吃肉仅仅依靠游猎，这难以满足人们日常吃肉的需要，现在可以养殖动物了，人们可以有计划地安排自己的肉类饮食，保证人身体对脂肪和蛋白质的需求。这可以促进人身体骨骼及大脑细胞的增长与新陈代谢，从而完成猿人向现代人的根本性转变。最后，我们必须重点强调，人类的社会现实结构发生了天翻地覆的根本性变化。原来人们的生产方式，最大的猿人群也就百人左右，已经是够大了。因为族群越大，满足人们需要就越困难，人们奔波迁徙的频率也就越快，因为每到一处，就要靠当地的野生果实和能猎获的野兽来决定在此处停留多久。人类的生活处在朝不保夕，苦于迁徙流浪的状态。现在与以前不同了，人们找到一处土地肥沃、河水充盈、适合农业生产和家畜繁殖的地方定居下来，自己生产粮食、养殖家畜，人们便可以过上温饱无忧的生活。这一生活和生产方式的改变，就使人类仅在几千年的时间里，人口呈爆炸式地增长。有专家研究，10平方英里土地上的猎物和果实仅能养活1个狩猎及采集者；而1平方英里土地的农业产品足够养活50个人。这就导致了人口愈来愈多，从而人类的社会组织结构由原来的不足百人的小群，变成了几百人、上千人，甚至上万人的大群，形成氏族、部落、部落联盟等群结构组织。随着农业、畜牧业的发展，定居式的生活、生产成为社会普遍现象，而随着定居人口的增多，人类出现了第一批城镇。

　　在今天的土耳其境内的安纳托利亚平原上，有一处新石器时期的遗址——哈塔尔赫尤克土堆。这个土堆就是一个城镇遗址，这里曾经住过几千名居民，存在的时间距今9500～7700年。这个土堆的四周既没有城墙，也没有宏伟的建筑或单独设计的建筑物。考古发现，从建筑物上看这里的房屋大小一致，没有哪间房屋大，哪间小，出土的物件也没有什么大的差别，说明这个城镇没有统治者，没有祭司和高于常人一等的战士，这些房间也没有临时的工棚，每个房屋都是一样的，犹如蜂巢。房屋的结构也是一致的。房间里有一个灶台，一间起居室，在起居室的旁边是食物储藏室，其他的房间都是卧室。房间的面积与现在的城市公寓和农村房舍大小差不多。

这个城镇既没有街道，也没有广场和公共建筑物。房门开在房子的顶部。房顶和地面由梯子相连。整个城镇如同从上面开门的洞穴。各个房子的屋顶相互连接，形成一个平整的开阔的空间。人们在屋顶上做活、聊天。由于土耳其夏天十分炎热，人们就在房顶上搭上凉棚，或者去阴凉处乘凉，晚上再回到房间里睡觉。

房子的装修和加盖都在原来房屋的基础上进行。所以房屋一层叠加一层，在某些地方的房屋叠加至18层。整个城镇房屋就如人造的珊瑚，一层叠压着一层。

房屋中，放着巨大的木质容器，用来装储家人的食物。容器里存有编制的篮筐和草席，用燧石或骨头制成的尖锐削割器、匕首和衣扣，以及用黑曜石打磨的镜子。身上的首饰，还有古怪的印章等。哈塔尔赫尤克城镇人口最多时达到7000人。

我国黄河流域的仰韶文化，也属于新石器时期的彩陶文化遗址，距今5000～7000年。仰韶文化以黄河流域为中心，分布在河南的西部和山西、陕西、甘肃、青海一带。仰韶文化的遗址面积较大，有的遗址达到一两公里长，分布的区域也较为稠密，如在修建三门峡水库的区域内，就发现96处仰韶文化遗址，可见在距今六七千年时，这一带居住的人口多么密集。

仰韶文化遗址中，有着大量的居民住宅，如西安半坡村仰韶文化遗址，发现好几十座住宅，且房屋保存十分完好。仰韶文化遗址，反映了当时人们实行定居的生活，但房屋建筑的技术还比较落后，房屋的形式和建筑方法比较简单，基本上是一种圆形半地穴式的窝棚，室内面积在5～7平方米，仅能容下二三人，最大的也只有11平方米，说明当时的人们之间并没有财富与地位的差别。在房屋内都发现有成套的日用陶器及生产工具。从房间的分布看，住在房间里的人无疑是相对独立的生活单位，已经有了家的雏形。

三、关于对人类活化石——印第安人原始社会的研究

美国学者路易斯·亨利·摩尔根于1877年完成了一部伟大的著作《古代社会》。这本书使他在美国获得了很高的学术地位，并使他于1880年担任了美国国家科学学会的主席。

摩尔根《古代社会》这本书，对于我们研究的"天道文化"问题，有两部分最为重要。

第一部分，他论述了家族形态。这部分涉及从原始社会到近代以来的家庭婚姻结构。

摩尔根将它归结为以下5种。

1.血婚制家族。这种家族形态的基础就是若干兄弟和若干姊妹相互集体通婚。

2.伙婚制家族。这个名称起源于夏威夷人伙婚制的亲属关系。这种家族形态的基础就是若干兄弟是他们彼此的妻子的共同配偶，或若干姊妹是他们彼此的丈夫的共同配偶。

3.偶婚制家族。这种家族形态的基础就是一男一女按婚姻形式结成配偶，但双方都不排斥与外人同居。

4.父权制家族。这种家族形态的基础就是一夫多妻制的婚姻。

5.专偶制家族。这种家族形态的基础就是一男一女的婚姻，并排斥与外人同居。

摩尔根对家族形态的论述，提出家庭的发展是历史范畴，它有其自身的历史发展进程，即从无到有，从低到高。

第二部分，摩尔根对易洛魁人社会结构的研究。

1.易洛魁人的氏族

摩尔根认为，

"氏族组织给我们显示了人类的一种时代最古、流行最广的制度。无论亚洲、欧洲、非洲、美洲、澳洲，其古代社会几乎一律采取这种政治方式。"①

摩尔根认为，氏族社会在古代社会（原始社会）是全世界都通行的一种社会政治制度。

那么，什么是氏族呢？摩尔根解释说：

"氏族就是一个由共同祖先传下来的血亲所组成的团体，这个团体有氏族的专名以兹区别，它是按血缘关系结合起来的。它只包括共同的祖先传下来的一半子孙，在往古时代，世系一般均以女性为本位……当财产大量出现以后，世系就改变为以男性为本位；凡是在这种地方，氏族就由一个假定的男性祖先和他的子女及其男性后代的子女组成，一直由男系流传下去。"②

这就是说氏族有以下特点：其一，它是由血缘所组成的社会团体；其二，氏族分为母系氏族和父系氏族两种，母系氏族以女性为本位，父系氏族以男性为本位。

母系氏族有同一个女性始祖，这位始祖及其子女、她的女儿所生的子女、她的女性后代所生的子女，一直由女性传承下去的各代统统包括在本氏族之内；而她的儿子们所生的子女、她的男性后代所生的子女，由男性传袭下去的各代则都属于别的氏族，也就是属于其母方的氏族。当子女的父方尚无从确定，而只有母方才能作为识别世系的标准时，这就是氏族最古老的形式。

对于氏族内人们的生活状况，摩尔根是这样描写的："他们用树皮纤维制成网、线和绳索；并用这些材料按经纬织成带子和承载重量的扁条；他们用黏土混合含硅的物质制造陶器和烟斗，放在火上烧硬，其中有些还饰以粗糙的雕刻图案；他们在园圃的土坛上种植玉蜀黍、菜豆、

---

① 路易斯·亨利·摩尔根著：《古代社会》，中央编译出版社2007年版，第45页。
② 同上，第46页。

南瓜和烟草，还把玉米面放在陶器内煮熟后做成不发酵的面包；他们将兽皮制成革，用以制造短裙、裹腿和鹿皮鞋；他们以弓箭和棍棒作为主要的武器；他们使用燧石器、石器和骨器；他们穿着兽皮衣服；他们是熟练的猎手和渔民；他们建造长形的群居宅院，其大足可住下五家、十家乃至二十家，每一座宅院都过着共产主义的生活；但他们不知道用石头或土坯来建造房屋，也不知道利用天然金属。"[1]

每个氏族成员都有相同的权利和特权以及相同的责任和义务。主要有以下10项。

（1）选举氏族首领和酋帅的权利。

（2）罢免氏族首领和酋帅的权利。

（3）在本氏族内互不通婚的义务。

（4）相互继承已故成员的遗产的权利。

（5）互相支援、保卫和代偿损害的义务。

（6）为本氏族成员命名的权利。

（7）收养外人为本氏族成员的权利。

（8）公共的宗教仪式（存疑）。

（9）一处公共墓地。

（10）一个氏族会议。[2]

氏族会议，是一种民主大会，参加会议的每位成年男女对会议讨论的问题都有发言权。在这个会议上可以选举和罢免氏族首领和酋帅，选出司礼，对杀害本氏族成员的凶手决定宽赦还是报仇，以及是否收养外人成为氏族成员。

氏族中，每个成员都是自由的，并且每个人都有捍卫自己的自由和互相保护自由的义务。氏族内虽然有酋长和酋帅，但他们并不能要求有任何的优越权；因为每个人都是靠血缘而结合起来的同胞。

"自由、平等和博爱等原则，虽然从来没有明确规定，却是氏族的根本原则。这些事实都是非常重要的，因为印第安人组织其社

① 路易斯·亨利·摩尔根著：《古代社会》，中央编译出版社2007年版，第50页。
② 同上，第51页。

会时所依据的社会政治体系即以氏族为其基本单元。由这种单元组成的社会结构必然也带有这种单元的特色，因为单元如此，其组合物也会如此。这就可以说明，为什么印第安人普遍具有独立意识和个人的自尊心。"[1]

2.易洛魁人的胞族

胞族，是指由兄弟同胞而组成的群体，这种群体是由氏族组织自然产生，建立在氏族之上，在同一部落之内，有两个或两个以上的氏族为了某种共同的目的而形成的一种有机共同体或联合体。

凡是结合成一个胞族的氏族通常都是由一个母氏族分化出来的。

摩尔根在书中记载了这些胞族。

（1）易洛魁人塞内卡部落的八个氏族重新组合为两个胞族：

第一胞族

氏族——①熊氏；②狼氏；③海狸氏；④龟氏。

第二胞族

氏族——⑤鹿氏；⑥鹬氏；⑦苍鹭氏；⑧鹰氏。

（2）易洛魁人卡尤加部落同样也有八个氏族，分为两个胞族；但这些氏族不是平均分配在两个胞族中的：

氏族——①熊氏；②狼氏；③龟氏；④鹬氏；⑤鳗氏。

氏族——⑥鹿氏；⑦海狸氏；⑧鹰氏。

（3）易洛魁人鄂农达加部落也拥有同样数量的氏族，但有两个氏族与塞内卡部落的氏族不同：

氏族——①狼氏；②龟氏；③鹬氏；④海狸氏；⑤球氏。

氏族——⑥鹿氏；⑦鳗氏；⑧熊氏。

3.易洛魁人的部落

摩尔根指出："部落作为一种组织——由操同一种方言的氏族组成。"[2]

每一个部落，都有自己的名称，有着自己独特的方言，还有着自己

---

① 路易斯·亨利·摩尔根著：《古代社会》，中央编译出版社2007年版，第60页。
② 同上，第73页。

最高的政府，以及自己所占有的部落领土，每个部落也都有着不同于其他部落的文化特色。

一般说来，有多少种方言，就有多少个部落。

> "印第安人的部落由若干个氏族组成，这些氏族是由两个或两个以上的氏族发展而来的，其所有的成员都因通婚而混合，都说同一种方言。对一个陌生的外人来说，只能看到他们的部落，看不到他们的氏族。"①

氏族是部落的基础，而中间的胞族，可存在，可不存在。所以对一个部落来说，往往不存在中间胞族的群体。所以，胞族的存在并不是必需的。

4. 易洛魁人的联盟

联盟也是自然形成的，是建立在同宗族血亲氏族和一种共同语言基础之上的联盟。

> "凡属有亲属关系和领土毗邻的部落，极其自然地会有一部结成联盟以便于互相保卫的倾向。这种组织起初只是一种同盟，经过实际经验认识到联合起来的优越性以后，就会逐渐凝结为一个联合的整体，因为他们生活在永无休止的战争中，所以，在那些智力和生活技术的发展水平足以理解到这种联盟组织的利益的部落中，这一自然的倾向就会加速地付诸实现。这只不过是把氏族联合成部落的原则加以扩大，由低一级的组织产生出高一级的组织而已。"②

这种联盟产生的原则十分简单，只是同一地区的部落之间的相互需要而已。随着人口的增长，往往由一个部落分化出几个部落，每个部落各自独占一块领地，部落之间既有血缘关系的纽带，又有地缘的纽带，同时又都使用同一种方言，所以联合起来组成一个更为高级的组织，这

---

① 路易斯·亨利·摩尔根著：《古代社会》，中央编译出版社2007年版，第74页。
② 同上，第87页。

是自然而然的事情。而且联合起来以后，就可以以同盟的整体进行一定的整合，这样，既可以相互保护，又可以互通有无，所以这种联合是历史发展的必然。

四、人类社会的群结构

群结构是原始社会的社会结构，也是人类第一种社会结构。

人类社会的群结构，群是其结构的性质，也是社会唯一的结构，整个社会除了群以外，再无其他社会组织结构。

群结构是由人的自然天性和人类天道文化决定的。人的自然天性即人的生物属性，主要体现在人们都有求生存、求温饱、求繁衍的需求，这种需求几乎是所有的动物都有的需求。为了实现这样的需求，原始社会的人必须组成群结构，即组成群，来实现人们的需求。

所以，原始社会的群结构，是原始人们求生存的前提，求温饱的前提，求繁衍的前提。群结构不仅符合人的自然属性，也符合天道的属性。天道创造出有理性的人类，人就不应该违背天道的以下原则。

第一，整个宇宙自然界平衡有序发展变化的原则。原始社会的群结构，是自然界的群结构的组成部分，人类虽在理智上超越了其他动物，但在社会结构上与其他动物的社会结构没有大的分别，这就使人类的社会结构与自然界的结构形成有机平衡协调的整体。

第二，天下一切财富公有制的原则。群结构的人类社会，不会对人类生存的自然界有所破坏，不会打破自然界万物之间的结构平衡。原始社会的群结构与动物界大多的动物的群结构一样，都实行社会"财富"的公有制。没有私有制的存在，就决定了人类向自然界的物质索取是有限度的。任何人都没有私产，必然都没有储存财富的欲望，物质财富只要能满足社会的基本需要，生产者的财富和占有者的财富都成为多余的不可能。人类与动物一样，用多少就生产制造出来多少，自然界的物质生态平衡就不会被打破，人类生存的大前提、大自然就不会遭到破坏。

第三，天下万物众生平等的原则。众生平等，众物平等，是天道、天德的体现。这一点在其他生物界的生物、动物界的动物很容易做到，但在人类社会则非常难以做到，原因在于人类有理性。人有理性，就容易产生更大的利己诉求，产生超越天道天德给人类规定的界限。但人类从产生到现在，已经走过了几百万年，在这几百万年之中，人类有99.9%的时间是没有违背天道、天德的，其原因主要在于人类开始自然形成的群结构。群结构限制了人们的利益诉求，也限制了人们的各种欲望，这才使人类在长达几百万年的时间里，众生平等，众物平等。

第四，人类社会人人自由的原则。人的自由主要是人的精神自由。一个人实现物质自由是件十分容易的事，但今天的人类却很难做到，主要原因是社会财富被少数人占有，全世界1%的人占有全世界99%的财富，这是社会制度不合理导致的。相反，在原始社会的群结构中的人们，社会财富属于所有人，没有任何人占有比别人多的财富，人们很容易就会实现社会物质自由的目标。人的物质享受、自由是有限的，但人的精神自由是无限的。精神自由实现的条件：首先，人的社会地位平等，没有高低贵贱之分，没有统治者和被统治者的分别；其次，没有任何人去管制别人的精神，限制别人的思想。这一点只有原始社会的群结构社会才能做到，因为，没有主宰者，没有领袖，没有意识形态的敌对，人的思想是开放的、包容的，因为群结构就没有一个能限制人们思想驰骋的机制。

第五，天道是人类未来发展的唯一道路。人类只有走上天道的道路，才能解决现今困扰人类的所有问题，而实现天道社会，最为重要的是回到群结构社会，这是天道社会的前提与基础。

第十一讲
王道社会——结构群（上）

一、什么是王道社会

王道社会开始了以人为中心的时代。从以天为中心到开启以人为中心，人类社会用了四五千年的转变时间。我们所说的"开启"，是指开始的意思，即在天道社会以前，人类的一切活动均以天道为中心，而王道社会开始了从天道向人道的转变。人类从诞生开始，一直处在天道社会时代。天道社会的主要特点是人类的行为以被天控制为主，天道决定了人的一切，人只能顺应和适应天道，无法反抗和违背天道。天道决定了人的思维方式和行为方式，也决定了人的生命存在方式。生老病死、兴败枯荣一切皆由天命，人能做的只是适应与顺从。

当人类社会出现王的时代，即进入王道社会。王道社会的主要特点：王开始尝试在某些方面代替天的职责，王成为天的代言人、天的代理者，天道、天德、天意由王来宣布、体现，到后来，王变成了天子，即上天的儿子。从此，开启了以人控制人逐渐代替以天控制人的人类历史。

王道社会，也是人类社会从天道社会向强道社会过渡的中间时代。它以私有制的出现为王道时代的开始，以国家的产生与形成为王道时代的终止。

王道社会最显著的特征是权力成为社会的主宰，人们要服从权力的支配与掌控。这在天道社会是不存在的。天道社会人人平等，任何人都不是统治者，氏族社会形成以后，虽然氏族酋长、酋帅为一族的首领，但与氏族其他所有成员地位是一样的，酋长和酋帅不能凌驾于任何成员之上，每有重大事情，如迁徙和战争等，都须集体投票表决。王道社会则不然。王道社会发展到极盛时期，王者已成为社会的最高统治者，已凌驾于整个社会之上，拥有着独自决定任何事务的权利。

王道社会出现以后，天道社会逐渐退出历史舞台。与此同时，社会结构也发生了根本性的变化，群结构开始向结构群发展。在社会中，首先出现了家庭社会结构。家庭结构是群结构的异质结构。原先天道社会的社会结构最小细胞是群，最大细胞也是群，社会结构除了群之外，再无其他结构。家庭出现以后，家庭成为社会的基本结构。王道社会时代，由若干个社会基础结构——家庭组成氏族结构，在氏族结构和人之间出现了家庭。在家庭之上还有个家族，由若干个家族组成氏族，再由若干个氏族组成胞族，再由若干个胞族组成部落，再由若干个部落组成部落联盟或部落集团。社会出现叠床架屋式的结构层次，由最基础的结构——家庭组成二重结构式的结构群。

家庭结构不同于天道社会的群结构。家庭结构以直系血亲为纽带，将家庭成员牢固地捆绑在一起，是社会结合最为紧密、很难瓦解的社会结构。家庭结构又与个人私有制结合在一起，这使家庭在血亲之上又加上了一层社会经济要素，这将家庭成员牢牢地紧锢在一起，成为最为稳定的社会基础结构。

王道社会不同于天道社会，出现了以权力为核心的社会结构群。权力结构同样是叠床架屋式，从家长、族长、氏族酋长、部落首领，一直到王或天子。每个执掌权力的人，都有自己的职务以及职责，愈往上权力愈大，机构愈庞大，隶属的官职人员就越多，职权范围就愈广。

王道社会后期，权力结构已经成为社会的普遍结构，并成为社会的主导结构。人们的生产生活一切均与权力产生关联。权力对社会中的事物都起到主宰和决定的作用，整个社会形成无数个大大小小的权力结构群。

王者权力是随着氏族社会的私有制产生而逐渐形成的。它的形成经历了氏族酋长的权力、部落族长的权力、部落联盟最高领导人的权力、称皇称帝时的王者权力这四个阶段。

中国历史起于何时？

现今历史学家关于中国历史的起源从中国古代的猿人说起，即元谋猿人、蓝田猿人、北京猿人等。在中国古代，对历史开端有几种说法：一是《尚书》，是从唐虞开端的；二是以《竹书纪年》、邹衍"五德终始说"、司马迁的《史记》等为代表，是从黄帝开始的；三是《世本·帝系》《汉书·律历志》所载《世纪》及《古今人表》、沈约《宋书·符瑞志》、司马光《稽古录》、刘恕《通鉴外纪》等为代表，是以伏羲作为开端的。

其实，无论始于唐虞、黄帝还是伏羲，都具有一个明显的特点——古人历史的开端是以王道社会形成为标志。

从王道社会的角度来看，伏羲早于黄帝和唐虞。所以，我们以为中国王道社会的开端是伏羲。

二、中国王道社会的开始

伏羲是中华民族文化的始祖，是中国古代最早被称为"王"的人之一。《史记·封禅书》记载管子与齐桓公讨论封禅云："古者封泰山禅梁父者七十二家，而夷吾所记者十有二焉。昔无怀氏封泰山，禅云云；虑羲封泰山，禅云云……"封禅先提无怀氏，后提伏羲氏，说明无怀氏为王在伏羲之前。庄子在《胠箧》篇中记载："昔者容成氏、大庭氏、伯皇氏、中央氏、栗陆氏、骊畜氏、轩辕氏、赫胥氏、尊卢氏、祝融氏、伏羲氏、神农氏。"西晋人司马彪在《庄子注》中认为："此十二氏皆古帝王。"这十二氏被后人认为是传说中的古帝王。这十二古帝王见书中记载的，仅轩辕、伏羲、神农三者，其他九人是得于上古之传说，还是庄子自己杜撰，今无依据可考。但至少在战国时，人们对古帝王的排法，多以燧人、伏羲、神农、黄帝、尧、舜的次序。

"及燧人伏羲始为天下，是故顺而不一。德又下衰，及神农黄帝始为天下，是故安而不顺。德又下衰，及唐虞始为天下，兴治化之流，澆淳散朴。"[1]这是说从燧人氏开始，社会德性日渐衰落，经伏羲、神农、

---

[1] 《庄子·缮性》。

黄帝至尧舜，更是人离淳朴，舍本求末。

古人称之为"三皇"，即燧人、伏羲、神农。此说来自《风俗通》，其引自《礼纬·含文嘉》。"三皇"一词最早见于《吕氏春秋·贵公》。除《吕氏春秋·贵公》之外还有五种说法：天皇、地皇、泰皇[①]；天皇、地皇、人皇[②]；伏羲、女娲、神农[③]；伏羲、神农、祝融[④]；伏羲、神农、黄帝[⑤]；伏羲、神农、共工[⑥]等。

在古代，帝王还有"五帝"之说。"五帝"之说出现在"三皇"之后，最早见于《荀子·非相》。有五种说法：（1）见于《易·系辞下》："伏羲（大昊）、神农（炎帝）、黄帝、唐尧、虞舜"；（2）见于《大戴礼记·五帝德》《史记·五帝本纪》：黄帝、颛顼、帝喾、唐尧、虞舜；（3）见于《礼记·月令》：太皥、炎帝、黄帝、少皥、颛顼；（4）见于《帝王世纪》：少昊（皞）、颛顼、高辛（帝喾）、唐尧、虞舜；（5）见于《道藏·洞神部·谱录类混元圣纪》：黄帝、少皥、帝喾、帝挚、帝尧。

从上可见，在上古时代，被人们称王称帝的人还真的不少。这些人都是原始社会末期（即天道社会末期）各部落和部落联盟的领袖。这些人有的不是同一个时期的人，有的则是同一时期的人。

关于燧人氏、伏羲谁在先，历史上有不同的说法。韩非认为燧人氏在先：

> "上古之世……民食果蓏蚌蛤，腥臊恶臭而伤害腹胃，民多疾病。有圣人作，钻燧取火，以化腥臊，而民悦之，使王天下，号之曰燧人氏。"[⑦]

唐初经学家孔颖达不同意这种说法，他在《尚书正义》中说："燧人，说者以为伏羲之前，据易曰：'帝出于震，东方，其帝王昊。'又

---

① 《史记·秦始皇本纪》。
② 《史记·补三皇本纪》引《河图》《三五历记》。
③ 《风俗通·皇霸》引《春秋纬·运斗枢》。
④ 《白虎通义·号》。
⑤ 《帝王世纪》。
⑥ 《通鉴外纪》。
⑦ 《韩非子·五蠹》。

云：'古者庖牺氏之王天下也。'言古者制作莫先于伏羲，何以燧人厕在前乎？"

荀子也将伏羲列在前面："何世而无嵬，何时而无琐，自大皞、燧人莫不有也。"①

从战国到秦汉时期，多将伏羲作为古帝王开端的第一人，如提到伏羲氏和燧人氏时，也都将伏羲列在燧人氏的前面，看来大多数人还是认为伏羲要早于燧人氏。

但到了唐代，司马贞认为《史记》没有三皇本纪，所以写了《三皇本纪》以补司马迁之不足。书中称："太皞庖牺氏，风姓，代燧人氏继天而王，母曰华胥，履大人迹于雷泽，而生庖牺于成纪。"这里又说燧人氏先于伏羲为王。

三、王道社会存在的时间

王道社会存在的时代，应该从可考证的伏羲氏或燧人氏开始，而止于夏启建立夏朝。关于伏羲起于何时，有距今万年说、八千年说、七千年说，还有五千年说，这是不确定的。

从伏羲往下，《易·系辞传》有个说法："伏羲氏没，神农氏作，神农氏没，黄帝尧舜氏作。"

《世纪》也有一个古帝王相继的顺序：

> "帝太昊炮牺氏—炎帝神农氏—黄帝轩辕氏—少昊帝金天氏—颛顼高阳氏—帝喾高辛氏—唐帝（帝尧）—虞帝（帝舜）—有虞氏—伯禹夏后氏。"②

《汉书·古令人表》的排法与《帝王世纪》的排法一样：

---

① 《荀子·正论》。
② 见王仲孚著：《中国上古史专题研究》，山东人民出版社2017年版，第11页。

"太昊帝宓羲氏、炎帝神农氏、黄帝轩辕氏，少昊金天氏、颛顼帝高阳氏、帝喾高辛氏、帝尧陶唐氏、帝舜有虞氏、帝禹夏后氏。"[1]

现代人董作宾先生对黄帝元年有一个推算，即为公元前2674年。其推测方法如下：

"武王伐纣为公元前1111年，商代共640年，夏代共430年，而以禹元年为前2183年，夏代以前，尧舜共150年，则尧元年为公元前2333年，尧舜至黄帝共341年（即帝挚9年，帝喾70年，颛顼78年，少昊84年，黄帝100年），所以黄帝元年为公元前2674年。"[2]

如果按董先生所说，禹在位的元年是公元前2183年，而黄帝元年是公元前2674年，这中间的时间为491年。禹即位10年而死，那么从黄帝之年到禹去世共计501年。

从黄帝往上到伏羲氏或燧人氏的时间，如果按通说距今7000年左右，那么还有2400年左右，如果按最短时间说法5000年左右，还有500年左右。如果我们同意伏羲、燧人氏距今7000年说，那么把两段时间加在一起，即从伏羲、燧人氏到黄帝，再从黄帝到夏启，那么王道社会时间即3000年，如果说伏羲、燧人氏距今5000年左右，那么王道社会的时间就是1000年左右。

四、王道社会的性质

王道社会的性质，是在社会上实施王者之道。

---

① 王仲孚著：《中国上古史专题研究》，山东人民出版社2017年版，第11页。
② 董作宾：《中国上古史年代》《平庐文存》卷一，艺文印书馆1963年版，第3—4页。

王者，在这里指的是国家建立前的中国古帝王。这些古帝王，人们称他们为中国远古时期的圣人。他们是以圣人之道实现王者之道的。

中国古人对圣人的说法是道德与智慧极高的人方可称为圣人。

我们来考证一下这些被称为远古帝王的人是否为古代人们心中的圣者。

我们先来考证一下伏羲氏。

中国古代两大文明是中华民族文明的起点和基础：一是古代文化文明，另一是古代农业文明。如我们按广义文化理解，农业文明也是文明的一部分。

从文化文明来说，中华民族的传统文化起源于伏羲，这是历史上从来就没有疑义的。中国传统文化主要起源于《周易》，而《周易》为伏羲氏所创立。

> "古者包牺氏之王天下也，仰则观象于天，俯则观法于地，观鸟兽之文与地之宜，近取诸身，远取诸物，于是始作八卦。"[1]

古文化的另一个源头是文字和数字。《周易·系辞下》说：

> "古者包牺氏之王天下也……作结绳而网罟。"又说："上古结绳而治，后世圣人易之以书契。"[2]

这说明文字的演变过程，是从伏羲结绳开始，后有图画，最后才演进到文字符号。数字的起源也是这样的。《汉书·律历志》说：

> "自伏戏画八卦由数起。"[3]

八卦由简单的笔画组成，画写八卦时，会不会让人联想到数字符号呢？八卦产生于距今7000年左右，正是数字、文字的萌芽时期。

---

[1]　《周易·系辞下》。
[2]　同上。
[3]　《汉书·律历志》。

伏羲正处在新石器时期，中国古代人由游牧生产生活转向定居的农业生产生活，决定这种转变的实现，关键在于当时人们生产技术的发明、创造与革新，不实现这种技术的革命性创造，是完不成游牧生产方式向农业生产方式的转变的。

《周易·系辞下》说：

> "古者包牺氏之王天下也……作结绳而为网罟，以佃以渔。"

《汉书·律历志》说：

> "作网罟以佃渔，取牺牲，故天下号曰炮牺氏。"

远古的农业社会有两大生产行业：一是农作物的种植，另一个便是渔猎。伏羲氏发明了制网捕鱼。网不仅可以用来在水中捕鱼，同样也可以用来在天上、地上捕捉飞禽走兽。它的发明和使用，对改善人们的生产方式、生活方式起到了非常重要的促进作用。

伏羲对人类的文明贡献还远不止于此，据《白虎通义》讲："古之时，未有三纲大纪，民人但知其母，不知其父。"伏羲通过观察，"因夫妇、正五行、始定人道"，才创立了婚姻制度。谯周《古史考》说："伏羲判嫁娶，以俪皮为礼。"[①]

伏羲能成为王道社会的第一位圣王，是因为他在中国历史从天道社会向强道社会转型时期对社会发展所作出的贡献。由于他的功绩在社会上流传甚广，加之当时语言不同、信息蔽塞，使得他的名称在不同地区、不同文献上记载都不一样，有庖牺、包牺、宓牺、炮牺、伏戏、青帝、木皇等多种，汉代以后，又将太皞与伏羲氏合为一人，但人们还是认定他是中华民族文化演进史的第一位远古圣王，是中国王道社会的开启者。

燧人氏钻木取火的故事，恐怕中国人无人不晓，也可见他在历史上的贡献和几千年来在人们心中的地位。燧人、伏羲、神农，并称三皇。

---

① 《绎史》卷三引。

关于燧人氏，记述最详细的是《韩非子·五蠹》：

> "上古之民，民食果蓏蚌蛤，腥臊恶臭而伤害腹胃，民多疾病，有圣人作，钻燧取火，而民悦之，使王天下，号之曰燧人氏。"

燧人氏是火的发明人，因为受到人民的拥戴而称王天下。因此，人们也把"火德"二字送给他。可以想象，别说远在古代，就是现今，人们的生活如何能离开火。可见火对于远古的人们来说，在身体进化和生活方式两个方面起到了多大的作用。《古史考》称：

> "古之初，人吮露精，食草木食……于是有圣人作，以火德王，造作钻燧出火，教人熟食……号曰燧人。"①

燧人氏在文献中记载不多，皆因发明火而被后人称颂，但就火而言，火被看成文化、文明的象征，那么谁能够通过人工的手段，把火创造出来，这对人类而言，是划时代的进步。自然界存在着自然之火，但这种火不仅对人的生命和其他生物有一定的危害作用，更主要的是很难保存，不能随即即有，而通过钻木取火，便解决了自然之火给人带来的弊端，而且可以就地取火，从而改变人类历史发展的进程。

神农是王道社会的另一位古帝王。他的事迹多见于先秦文献及后代文献的记载。中国古代以农业立国，农业领先于世界各国几千年，然农业从农作物到农业生产工具的发明，都出自这位古代帝王之手。

《周易·系辞下》称："神农氏作，斫木为耜，揉木为耒，耒耜之利以教天下。"

陆贾《新语》称："民人食肉饮血，衣皮毛；至于神农，以为行虫走兽，难以养民，乃求可食之物，尝百草之实，察酸苦之味，教人食五谷。"

《管子·轻重戊》称："神农作，树五谷淇山之阳，九州之民乃知谷食，而天下化之。"

---

① 《绎史》卷一引，《太平御览》卷七八引。

《吕氏春秋·爱类》称："神农之教曰：'士有当年而不耕者，则天下或受其饥矣。'"

《逸周书》称："神农耕而作陶。"

《淮南子·修务训》称："尝百草之滋味、水泉之甘苦，令民知所避就，当此之时，一日而遇七十毒。"

神农氏的功绩主要在以下方面。

第一，种植五谷。在神农氏之前的原始农业是以采集野生果实和渔猎为主的生产方式。

> "古者，民茹草饮水，采树木之实，食嬴蟭之肉，时多疾病毒伤之害。"[1]

这种状况不仅难以满足人们的温饱，还因饮食不当使人患上多种疾病。于是，神农氏开始教人民播种五谷，使人们有了稳定、可靠的食物来源，从而结束了追逐水草而居的游牧生活。

第二，发明耒、耜等农业生产工具。耒是由一根尖头木棍加上一段短横梁构成的农具，用时先把尖头插入土壤，然后用脚踩横梁，使木棍深入土壤，再向上翻出，是农民用来翻土的工具。耜与耒相似，但尖头成了扁头，类似锹、铲。耒、耜的发明，提高了农业生产的效率，土地得到了开垦，大面积的农业生产成为可能。这种农业生产工具一直延续使用了几千年。

第三，发明制陶的方法。陶器，代表着古代最早的手工业。这是古代农业社会生产的另一个重要领域。陶器的出现改变了人们的生活方式。人们可以用它当作饮食器物，如盒、碗、杯、豆和勺等，也可用来做炊煮器、烹饪食物的容器，也可以做家庭用的储藏器、提水器等。它大大地丰富和完善了人们日常生产和生活，也在一定程度上催发了私有制的产生。

第四，神农还是中医药的发明始祖。他为了了解草药的药性，竟然"尝百草"，导致一日七十次中毒，从自身的体验出发，去教导人们如何

---

[1] 《淮南子·修务训》。

掌握草药的药性，医治疾病。

以上为王道社会的三皇时代。三皇时代之后，便进入王道社会的五帝时代。《史记》舍三皇，开卷为《五帝本纪》。

司马迁对黄帝有比较明确的描写：

> "轩辕之时，神农氏世衰。诸侯相侵伐，暴虐百姓，而神农氏弗能征。于是轩辕乃习用干戈，以征不亨，诸侯咸来宾从。"[1]

从中可知黄帝原是神农氏朝代的诸侯。但这时的神农氏在天下的势力已经衰落了，天下出现诸侯之间的相互征伐的混乱局面。于是，黄帝便出兵去讨伐那些叛乱（和发动不正义战争）的诸侯和那些不来朝拜神农氏朝廷的人。黄帝的行为得到大多数诸侯的认可，人们开始服从和追随黄帝。

黄帝的功绩：

1. 重视农业的发展

《史记·五帝本纪》中说："艺五种。"索隐注："艺，种也，树也，五种即五谷。"又说："时播百谷草木。"

《五经正义》："言顺四时之所宜而布种百谷草木。"

《黄帝内传》："黄帝升为天子，地献草木，述耕种之利，因之以广耕种。"[2]

以此可见，黄帝十分重视农业生产。

2. 制定历法

《史记·历书》称"黄帝考定星历"。这说明在黄帝时，他已着手制定历法。汉初社会上流传着五种历法，而以黄帝调历为首。《史记·历书》索隐：

> "系（世）本及律历志，黄帝使羲和占日，常仪占月，臾区占星气，伶伦造律吕，大挠作甲子，隶首作算数，容成纵此六术而著

---

① 《史记·五帝本纪》。
② 《绎史》卷五引，广文书局。

调历。"①

从上文记载可以得知，黄帝时十分注意对天体运行的研究，并依靠天体运行的规律制定历法，使当时人们的生活与生产能和天体运行的规律相吻合。

3. 改善人们的衣食

《周易·系辞下》称："黄帝、尧、舜垂衣裳而天下治，盖取诸乾坤。"孔颖达疏云："黄帝制其初，尧、舜成其末。垂衣裳者，以前衣皮，其制短小，今衣丝麻布帛，所制衣裳其制长大，故云垂衣裳也；取诸乾坤者，衣裳辨贵贱，乾坤上下殊体，故云取诸乾坤也。"②

相传发明"教民育蚕"的嫘祖，是黄帝的元妃。③

《史记》说："黄帝居轩辕之丘，而娶于西陵之女，是为嫘祖，嫘祖为黄帝正妃。"④《古史考》："黄帝始造釜甑。"⑤ "黄帝始作甑""黄帝始造釜"⑥《物原》："轩辕作釜甑、鼎樽、盘樽、盘盂、椀楪、匙筯。"⑦

4. 完善人的住行

陆贾《新语》："天下人民野居穴处未有室屋，则与鸟同域，于是黄帝乃伐木构材筑作宫室，上栋下宇以避风雨。"《白虎通》："黄帝作宫室以避寒暑，此宫室之始也。"⑧

5. 始造车船

《易·系辞》称："黄帝尧舜氏作……刳木为舟，剡木为楫。"黄帝号"轩辕"，《说文》："轩，曲辀藩车也""辕，辀也"。刘熙《释名》："黄帝造车，故号轩辕氏。"《古史考》云："黄帝作车，少昊驾牛，禹时奚仲驾马。"

五帝的第二帝是黄帝孙子颛顼：

---

① 《史记·历书》索隐。

② 《周易·系辞下》。

③ 刘恕《通鉴外纪》、胡宏《皇天大纪》卷二，第15页；《事物纪原》《人人文库》，商务印书馆，第326页。

④ 《史记·五帝本纪》。

⑤ 《太平御览》卷七五七引。

⑥ 《史记·五帝本纪》。

⑦ 《物原》，第33页。

⑧ 《绎史》卷五引，第7页。

> "黄帝居轩辕之丘，而娶于西陵之女，是为嫘祖。嫘祖为黄帝
> 正妃，生二子，其后皆有天下：其一曰玄嚣，是为青阳，青阳降居
> 江水；其二曰昌意，降居若水。昌意娶蜀山氏女，曰昌仆，生高
> 阳，高阳有圣德焉。黄帝崩，葬桥山。其孙，昌意之子高阳立，是
> 为帝颛顼也。"①

关于颛顼，文献记载甚少，说他自穷桑迁都于商丘，后居于帝丘，今河南濮阳。《国语·楚辞》记载，他继少昊之后主政。《列子·汤问》说：

> "共工氏与颛顼争为帝，怒而触不周之山，折天柱，绝地维，
> 故天倾西北，日月星辰就焉；地不满东南，故百川水潦归焉。"②

颛顼的功绩，司马迁在《五帝本纪》只寥寥几语：

> "养材以任地，载时以象天，依鬼神以制义，治气以教化，洁
> 诚以祭祀。北至于幽陵，南至于交阯，西至于流沙，东至于蟠木。
> 动静之物，大小之神，日月所照，莫不砥属。"③

这段话有以下几种含义：第一，这是说颛顼能够因地制宜地种植五谷，说明他十分精通农业，也说明在颛顼时农业生产技术有了一定的提高，人们已经掌握依据地理条件选择，适合于种植谷物的方法。第二，颛顼能依据天象的变化掌握四季的节气，说明颛顼十分重视历法。在先秦时，我国有多种历法，其中以黄帝、颛顼、夏、殷、周、鲁六种历法最为著名，被称为"古六历"。颛顼历虽为秦人所制，但至少说明颛顼时历法还是比较先进的，否则秦献公制定的历法也不会起名为颛顼历。第三，颛顼以阴阳五行作为原则对人们实施教化，说明颛顼时他已经注意到自然物质和规律与人的关系。第四，颛顼时已经形成了一个范围广

---

① 《史记·五帝本纪》。
② 《列子·汤问》。
③ 《史记·五帝本纪》。

阔的国家疆域，其统治地域北至幽陵（今河北、辽宁一带），南至交趾（今广东、广西、越南一带），西至流沙（今甘肃一带），东至蟠木（今东海）。

五帝的第三位是帝喾。

《史记·五帝本纪》对此有较为详细的记载：

> "帝喾高辛者，黄帝之曾孙也。高辛父曰蟜极，蟜极父曰玄嚣，玄嚣父曰黄帝。自玄嚣与蟜极皆不得在位，至高辛即帝位。高辛于颛顼为族子。高辛生而神灵，自言其名。普施利物，不于其身。聪以知远，明以察微。顺天之义，知民之急。仁而威，惠而信，修身而天下服。取地之财而节用之，抚教万民而利诲之，历日月而迎送之，明鬼神而敬事之。其色郁郁，其德嶷嶷。其动也时，其服也士。帝喾溉执中而遍天下，日月所照，风雨所至，莫不从服。"[1]

从司马迁的描述来看，帝喾是位具有好品德的帝王。

第一，帝喾一生下来就十分聪慧，能说出自己的名字，长大以后能明察秋毫，能对未来的事情有准确的预知能力。第二，当上帝王之后，他专门利人，毫不利己，顺从天意，急民所急，处处为民着想，对臣民既仁爱又有威严，给民以恩惠，处处讲究诚信，严格自律，使天下人都佩服他。第三，主张节俭地开发和使用大自然，感恩大自然给人们提供的物质财富，教导人们节约使用大自然的资源。第四，制定历法，使人们的生产生活依据天道规律行事。第五，什么事情都能做到恰到好处，居中守正，不偏不倚。

从上可见，帝喾的统治是上顺天意，下得人心，施恩惠于百姓，严于律己，宽恕待人，守中正之德，从而天下万民皆服。

五帝中的第四位是尧。这是每一位中国人都熟知的帝王。他与舜一起被称为尧舜，是圣贤帝王的代表。孔子说：

> "大哉尧之为君也！巍巍乎！唯天为大，唯尧则之。荡荡乎，

---

[1] 《史记·五帝本纪》。

民无能名焉。"①

在历史典籍中，称颂尧舜的记载数不胜数。正如孟子所说"言必称尧舜"，足见尧舜在中国人心中的地位。

从尧来看，他之所以成为万世敬仰的帝王，非常重要的一点，就是尧能顺天道执政。他时刻把天道同他对社会的统治结合起来，按照天道的规律去安排人们的生产和生活，按照天道的规律去顺应动植物的繁殖生长。

《史记》记载，尧继位后，立即任命羲和主管天文，让他依靠天文显示出的天道法则，考察日月星辰运行的规律，并根据这些规律，制定出人们生产、生活上应遵循的历法。历法的作用，就是将天体运行导致一年四季气候的变化记载下来，由这些变化决定人们如何安排好衣食住行，在农牧渔的生产上，如何安排好农业的播种、耕耘、收割，渔牧业上的捕捞与狩猎的时间等。这是人们主要的社会生产活动，这些社会活动遵循天道，有些方面甚至不允许有任何的更改。

为了准确地掌握和运用天道，尧认为仅让羲和去研究天文星象还不够，他又分别派出四人，去天下的四个方向去观测天象："分命羲仲，居郁夷，曰旸谷。"郁夷、旸谷位置在东方，一说在今天的山东半岛东部，让他居住在那里去虔敬地迎接太阳从东边升起，实际上是让他观察太阳升起时的天象，了解早晨天道运行的情况。同时，在东方，从地域上看，是最能了解如何制定正确的春天历法，这涉及天下农业生产的播种时间。羲和根据白天和黑夜的时间一样长和鸟兽出现在正南方这两个现象，确定了这一天是"春分"，"日中，星鸟，以殷中春。"春分这一天，全国的人们都要到田野中忙于播种，而各种鸟兽在这个时节忙于交配繁殖。

尧又任命"羲叔，居南交"。南交，指天下南方的交趾，今天的越南北部红河三角洲地区。让羲叔主要负责观测南方的天象，观测天体运动对南方气候、物候变化的作用，以求验证历法是否与南方的气候、物候相吻合。同时负责督管南部人们的农业生产活动。羲叔根据白天的时

---

① 《论语·泰伯》。

间最长和星宿出现在最南方，确定这一天为"夏至"。这一天进入夏天最为忙碌的时节，男女老幼都要到田地里进行松土、锄草等劳作，给农作物好的生长环境，保证一年好收成。从物候上看，这个季节鸟兽因为天气炎热，羽毛变得稀少。

尧又任命"和仲居西土，曰昧谷"。昧谷在天下的西方，那里是太阳落下的地方。让他在那里敬送太阳下山，观测太阳西下黄昏时节天气和物候的变化，同时分管当地人们秋天农业生产活动。和仲根据白天和黑夜等长，玄武七宿中的虚宿行至正南，确定这一天即"秋分"。这一天秋高气爽，人们的心情较好，从物候上看，鸟兽从这天起，即将换毛。

尧又任命和叔居北方，曰幽都。幽都即北方阴冷冰雪之地。他的任务就是要观测夜间天气与物候的变化，并依据天气物候的变化安排好人们的生活起居、物品的收藏等活动。和叔根据这里的白昼最短而昴星出现在正南方，确定这一天为"冬至"。这一天天气开始寒冷，人们要穿很多的衣服来御寒。从物候上看，鸟兽这时也长了厚厚的羽毛，准备应对冬天的气候。

同时，尧还确定以 366 天为 1 年，每隔几年设置闰月，以使四季的时间不至于不准确。尧这是严格地按照天地运转之道安排人们的各种社会活动，并要求百官严格遵守，各守其责，于是，天下各个方面都呈现欣欣向荣的景象。

五帝的第五位便是舜。

《史记·五帝本纪》讲尧退让帝位，舜代行天子之政。尧以此事观察上天的反应：

"于是帝尧老，命舜摄行天子之政，以观天命。"[1]

这说明，尧认为天子之位，谁来继承是要受命于天。如果天没有异常的灾异降临，就证明天接受舜接替尧而承继天子之位。所以舜代政之后，先要看天对此事的反应。这说明，在尧的心中，天子的位子接替并

---

[1] 《史记·五帝本纪》。

非人为，而是由上天决定的。

舜对此事也是这样，《史记》说"舜乃在璇玑玉衡，以齐七政"。[①] 璇玑是魁，玉衡是杓，七政指的是日、月与金、木、水、火、土五星。这是在讲，舜通过对天象的观测，看看天象是否异常，以此来观察上天对自己继承天子之位的反应。

"遂类于上帝，禋于六宗，望于山川，辩于群神。"[②]

这是说，舜通过观察天象，见无灾异降临，证明他可以继承天子之位后，便开始祭天，祭拜日、月、四季，祭拜山川诸神，将自己继天子位的事情告诉天、地、日、月等诸神，以求得诸神的庇护。舜又选择良辰吉日，召集群臣百官，重新将各诸侯的瑞玉收集上来重新复核一遍，然后又发给诸侯百官，重新确定了新的君臣之礼。同年二月，舜前往东方巡视，主要是为了登上泰山祭天，然后从泰山遥望四方的名山大川，按等级进行一一祭拜。他又会见了东方的诸侯，向诸侯颁布了新的历法，并统一了乐律和度量衡。

舜登基后所做的一切，无非是在说他的继位得到了上天的允准，是得到上天批准的人间天子。足见，舜将上天看得多么重要。正是由于舜将天看得如此重要，所以，他认为自己所做的一切，都是在替天行道。在人间的上空，有一个天在看着他，看着他在地上如何执政。正是这种信念，决定帝王就应该畏惧天，如果不知畏惧天，那么他便没什么可畏惧的了。

如此，舜才能同尧一样，成为被万世歌颂的人间帝王。

---

① 《史记·五帝本纪》。
② 同上。

第十二讲
王道社会——结构群（下）

王道社会是人类历史上继天道社会之后的第二个社会形态。它是介于天道社会与强道社会中间的、过渡阶段的社会，或者说它是以天道社会形态为主，逐步向强道社会形态发展的社会。

一、群结构走上结构群是人类历史发展的必然过程

（一）从父系氏族社会的群结构直接发展成为社会结构群

1.人类社会的原始群结构的发展

进入父系氏族社会以后，社会群结构的发展进入晚期阶段。第一次社会大分工的出现，使畜牧业从农业中分离出来，从而产生了私有制，同时人们的生存方式也发生了重大的改变，从原来的氏族游牧部落，走上了定居的氏族部落，开始形成若干个部落联盟。有些地域人口众多，形成较大的部落联盟集团。有些地域在部落联盟基础上出现了国家。国家最高首领成为国王或诸侯。还有些地域在众多的国家之上，产生一个共主，这个共主被称为帝王。这位共主帝王，本身就是该地域势力最为强大的国家的国王，他对该地域的其他国家有一定的领导权、主宰权。他所在的国家为中心国家，而该地域的其他国家都是它的附属国，即诸侯国。中国远古的三皇五帝就处于这种阶段。

2.在社会中形成若干个新的结构系统

首先是以政治、经济、文化三大社会组织结构形成的系统结构群。在结构群内，每个人都成为独立的社会结构组成的单元，居于统治者或被统治者的社会地位。

其次是以地域空间形成的行政区域的政治、经济、文化结构群。在地域结构群中，仍将人分为统治者和被统治者。

3.以人的血缘关系组成人的家庭、家族乃至民族的结构群。在血缘结构群中，分为家长、族长和一般成员的统治者和被统治者。

（二）从氏族群结构脱离出来的人们，通过自然形成的村落结构群

随着私有制、家庭等新的社会结构的出现，以及生产力的发展，人的生存和抵御风险能力增强，致使氏族中有一些人脱离氏族，形成社会上独立的个人或家庭。由于人们对生存环境的选择，往往很多个人或家庭共同选择同一地域空间居住，并形成了一个共同时空中人们生产生活的村落。

这种村落具有以下特点。

第一，这种村落形成的时间跨度较长。可能从一个家庭或一个小的家族开始，再经过若干年的社会交往，才逐渐发展成为中小型或大中型的村落。

第二，这种自然村落开始逐渐瓦解氏族社会存在的基础。氏族社会的很多人离开了氏族，选择加入更加自由的自然村落。由于自然村落的人们均来自氏族社会，自然会平移一些氏族社会的政治、经济、文化结构及人们思想观念，但地缘政治、经济、文化相关的社会结构和思想观念逐渐取代了血亲的社会结构和思想观念。

第三，脱离氏族群结构的成员，开始成为独立的个人。当一个人成为独立的思维个体和行为个体时，个人便成为所有社会结构的基本构成单位。

第四，随着时间推移，自然村落逐渐扩大，也逐渐成为王国的管辖属地，便开始形成叠床架屋式的社会结构，以及各种社会结构群。如：以血缘结构为主的家庭、家族结构群；以社会生产和生活划分的社会结构群；以社会行政区域划分的结构群；以意识形态、思想文化形成的社会结构群等。

（三）结构群社会特征

以人组成社会结构的基本单位，由各种不同性质的结构，再组成对称的与非对称的结构群。分为：

1. 以家庭与家族组成的血缘结构群；

2. 以地域行政管辖形成的整体与部分结构群；

3. 以国家垂直管辖形成的总系统与分系统结构群。

三种结构群交叉存在，决定了人在三种社会结构群中交叉存在。

王道社会出现的标志：人类天道社会的五大特征出现了本质性的变化。

二、天道社会的五大特征已转变为王道社会的五大特征

（一）原始天道社会的五大特征

第一，人类的所有活动是在天道运行主宰下进行的社会活动。

人们吃的是天然的草木果实，穿的是狩猎获得的皮毛，用的是天然的火及经过简单砍砸的石器，过着哪里水草茂盛、可狩猎的野兽多就往哪里去、居无定所、自由自在的生活。

第二，强烈的对天崇拜的思想观念。

人类会对天地充满好奇，太阳为什么早起晚落？月亮、星辰为什么会夜出昼伏？大地为什么会生长出人所需要的各种果实？四季为什么春暖冬寒等等问题。人们发现这一切都与天有关，尤其与太阳有关，便认为，天上一定有什么在主宰着所有的一切，于是不断地观察、研究天上的太阳、月亮、星辰和他们之间的关系以及它们的运动情况，并将天地人三者联系起来研究思考。

第三，为了预防猛兽的伤害，人们过着群居生活。群居必然导致群婚，当人们发现群婚不利于繁殖，便逐渐实行班辈婚、族外婚、对偶婚，最后实行专偶婚。

第四，在族群、氏族、部落内人与人除性别、辈分的区别外，没有任何差别。人们都享有同样的权利与利益，没有任何人可以凌驾于别人

之上，氏族社会内人人民主、平等、自由。

第五，整个氏族内实行公有制，所有财产都为氏族成员共有，氏族内不存在财产上贫富的差别。

（二）王道社会的五大特征

进入王道社会以后，天道的五大特征发生了本质上的改变。

首先，一切以天道为主宰的人类活动发生了改变。进入王道社会后，最主要的变化是，原来人们集体受命于天，唯天是从，再无别的什么向人们发号施令了，而现在则不同，出现一个领导者，一个有帝王权力的王者，他开始向人们发号施令了。这就由原来人们听从于天，现在变成要听从王者。天道时代，人们的吃、穿、住以天然为主，很少有人为的，王道时代则截然不同了，以帝王为首，人们发明创造了钻木取火、种植五谷、饲养家畜、用网打鱼、制造耒和耜等农业生产工具，发明了车船以及养蚕织布，等等，这些都是在王道时代出现的。这些发明与创造都是人为的。这说明"天为"的作用在人类社会出现了减弱，而"人为"的作用在人类社会得到了增强。

其次，在天道社会里，人们对天的崇拜是盲目的。这种崇拜源于天道的神秘，人们的智力尚不能对天有更多的理性认识。到了王道时代，人们通过长时间对天体的观察和测量，已经开始发现天体的运行规律，从而产生了王道时期人们的天道思想。这种思想是建立在人们长期对天体斗转星移、暑去寒来的观测和自身生产生活各种社会实践之上的。从而，在人们心中逐渐形成了天道思想体系。

再次，天道社会里，社会结构是群结构，无论是大群，还是小群，或者由若干个小群组成的大群，本质上都是群，而到了王道社会，社会上除了出现新的社会基础结构——家庭外，还出现了王权、百官，百官又要管辖他的下层官吏，下层官吏还要分管他所管理的老百姓，那么就出现了新的社会结构，即以家族为主的血亲族群结构和以行政管理划分的社会结构。

又次，天道社会里没有人的贵贱等级差别，没有人拥有高于别人的权力，人们之间是民主自由的。但王道社会发生了根本性的改变，出现了王者，而且是帝王，它拥有对别人奖赏、处罚乃至生杀予夺的权力。除帝王外，还出现了氏族贵族、官吏等，这些人都凌驾在普通的黎民百姓之上。社会严格地分出若干个等级，甚至到了王道社会后期，出现了军队、法庭、监狱、法律等。

最后，在天道社会中，公有制是社会的基础，而在王道社会里，已经出现了私有制，人与人之间的财富占有出现较为明显的差别。

三、王道社会是天道社会发展的必然

王道社会，即开启了以人为主的社会。

原始的天道社会，人类一直处在必然王国之中。所谓必然王国，就是指人们绝大多数的社会活动，都无可避免地受到来自大自然的必然性的支配和制约。人们无法自由地选择自己的行为和结果，大多时候只能是被动地等待，或者依靠天的恩赐。

在大自然中有生命的物种基本上处于这种状态，但人与其他动物和生命体不一样，人不仅会产生种种欲望，而且人的欲望背后还有一个理性思维，这便使人不可能停留在必然王国里面固定不动或者任必然王国对人生命的摆布。人不断地探索、实践、思考，终于有一天人从猿类中走了出来，成为现代的人。欲望与理性又促使人不能仅仅满足于成为现代人的状态，人开始希望跨过必然王国这道门槛，想进入一个令他着迷的自由王国的世界。

从这时起，天道社会便开始向人道社会转变了。

那么，什么是自由王国呢？自由王国是指人们希望走进一个不受外部必然性束缚与控制的自主自觉的世界，于是人道与天道开始有了矛盾。从那时起，这种矛盾便伴随人类一直到现在。

理智的人们发现，自由王国是根本不存在的，因为人是离不开必然王国的，即人道是无法与天道对抗的。因为如果离开天道，人道将寸步难行，将使自己不复存在。人们无法摆脱天道的必然王国。人不能到大自然以外去生存。在大自然中生存的人就无法改变大自然固有的规律。如暑去寒来、昼明夜暗、下雨打雷、日月轮回等，只能遵循和顺从。

当人们认识到人不可能离开天地的规律去存在和生存后，便开始重视以天道为代表的天地规律，开始关注天体的运行。

可是，天道并不能完全满足人们的愿望与需要。欲望的促使，使天道和人道不断发生矛盾和抵触。而且，这些矛盾和抵触又不能得到解决，人们不可能因天道的不可抗拒、不可违背，而放弃每个人对自己欲望的追求。于是人们使用理性去解决天道和个人欲望之间产生的矛盾，这个矛盾也就是天道与人道之间的矛盾。

人类想走自己的道，这是无可厚非的。人道与天道并不是对立的，并非有此无彼。两者既统一又对立：统一，人道本来就是天道的一部分，人道应符合天道、一致于天道；对立，作为有理性的人类，总在设想走自己的道。认为人类应该有自己的道，这个道不能完全等同于天道。

人道与天道的关系，天道是宇宙间的总道，天道中会涵盖着人道。人道是人世间人们走的道，人道必须符合天道，人类才能不破坏整个大自然的和谐秩序，否则人类将背离天道，人道一旦离开了天道，就会走向天道的反面，即走向整个自然界的反面，对自然界起着破坏性的作用。

怎样能既满足人的欲望，又能使人们的各种社会活动符合天道呢？

所以就需要一个王道的出现。为什么需要一个王道呢？王道是人道。王者是人，是被称为王的人建立的道。

王道的王者是由氏族社会的氏族酋长和部落首领共同推举出来的帝王。

王道社会的帝王要具备以下条件中的某些方面：

首先，他一定是在诸多诸侯之中，功绩名满天下的诸侯，受到本氏族、部落人的尊重和受到天下人的敬仰，否则人们不会推举他，不会让他坐上这个位子。

其次，他一定是位品德高尚、公正无私的人，能公平地对待天下每一个人。这样他才会得到所有人的拥护。

最后，他一定是位智者，能把天道和人道两者很好统一到一起的人。

从中国的王道社会来看，至少存在一千年的时间，至多会有五千年的时间，会有几十个乃至上百个王道社会的帝王。由于没有文字，无法确切地将他们记录下来。被记载下来的现在我们所了解的三皇五帝，这八位应该都是具备这三个条件的帝王。从另一个角度也可以说，他们应该是王道社会最昌盛时期的帝王，或者说他们是王道社会最伟大的圣王。

这样的帝王统治天下，他一定能做到上顺天道，下合民意，能符合民意，便能满足人们的欲望。这样就使天道与人道很好地统一起来，化解两者之间的矛盾。

王道社会又是人道社会发展的第一阶段。

王道社会与天道社会划分的界限是人类社会出现"皇"或"帝王"。人类社会原来以天为主宰，"皇"与"帝王"出现后，转变为由"皇"或"帝王"主宰。

这种变化反映了人类社会的进步。因为，作为地球上唯一具有理性的人类，天道社会时期人尚未从动物界脱离出来，或刚刚脱离出来，人的思维能力、行为能力比当时的其他动物强，但远不如进入王道社会时期的人。从人类的发明创造就可以看出，在持续了几百万年的旧石器时代，几乎没有什么发明创造，而是被动地接受天的主宰，天道和天然决定了人类的一切。

新石器时代以后，人的思维能力、行为能力得到了极大的提高。人们可以通过自己的努力，改变自己的命运，如农牧渔业的发明，养蚕业、织布业、车、船、房屋的发明与创造，彻底地改变了人的衣食住行。

这些并不是大自然原来就有的，而是完全是通过人创造出来的。

天道为人类提供了最基本的生存条件，也提供了人道社会发展的物质准备。人道的作用在于把天道提供的基本生存条件和发展的物资储备利用好，通过人的实践来创造人类新的文明。

四、王道社会的制度

第一，王道社会的产生，说明在王道社会之前就进入了父系氏族社会。天下的帝王由男性担任，说明天下的氏族、部落首领均为男性，否则就不会选出男性的帝王。按照北宋司马光在《稽古录》中所说："伏羲之前为天子者，其有无不可知也，如天皇、地皇、人皇、有巢、燧人之类，虽于传记有之，语多迂怪，事不经见，臣不敢引，独据《周易》，自伏羲以来叙之。"①按司马光的说法，伏羲开启了王道社会。

王道社会标志着父系氏族的确立，它导致了血缘关系以父系进行计算。伏羲的血缘世系不清楚，但司马迁写《史记》时，五帝的血缘世系是十分清楚的，这说明王道社会出现在父系氏族社会。

这一变化，一方面直接导致了男子在社会中的地位提升，另一方面婚姻以男子为中心。母系氏族时，男子要嫁到外族；父系氏族时，女子要嫁到外族，男子从外族娶妻子，出现"对偶婚"及"专偶婚"。《白虎通义》载："古之时，未有三纲六纪，民人但知其母，不知其父。"伏羲始"因夫妇，正五行，始定人道"。谯周《古史考》称："伏羲制嫁娶，以俪皮为礼。"②同时，由于父亲能够确立，这样就导致了子女可继承父亲的财产，氏族群结构中产生了异质的家庭结构。

组成一个由众多氏族部落组织在一起的政治联合体。王道社会以前的社会以氏族或部落为单位，分布于天下各处，各个氏族部落之间虽有往来但各自独立，互不统属。进入王道社会则不同，如五帝之首黄帝，《史记》记载：

> "蚩尤作乱，不用帝命。于是黄帝乃征师诸侯，与蚩尤战于涿鹿之野，遂禽杀蚩尤。而诸侯咸尊轩辕为天子，代神农氏，是为黄帝。"③

这就等于形成了一个国家的雏形。而且黄帝时统治地域已很广阔，

> "天下有不顺者，黄帝从而征之，平者去之，披山通道，未尝宁居。"④

---

① 司马光：《稽古录》，《四部丛刊》，商务印书馆，第7页。
② 《绎史》卷三引。
③ 《史记·五帝本纪》。
④ 同上。

"东至于海，登九山，及岱宗。西至于空桐，登鸡头。南至于江，登熊、湘。北逐荤粥，合符釜山，而邑于涿鹿之阿。"[1]

说明这时已有了军队、官吏及监察机构。

"迁徙往来无常处，以师兵为营卫。官名皆以云命，为云师。置左右大监，监于万国。"[2]

在王道社会，氏族已经发展到胞族、部落。这些部落或民族，如《左传·昭公十七年》记载郯子所言大皥氏、炎帝氏、颛顼氏、共工氏及少皥氏；《左传·昭公二十九年》所载的御龙氏、豢龙氏；《左传·文公十八年》记载的"八元八恺"与"四凶"；《吕氏春秋·仲夏季·古乐》记载的葛天氏、阴康氏、陶唐氏等，这些部落已经有了自己的国家。

据傅斯年先生在《夷夏东西说》中考证：

"太皥族姓之国部之分配，西至陈，东括鲁，北临济水，大致当今河南东隅，山东西南部之平原，兼包蒙峰山境，古代共认太皥为东方之部族，乃分配于淮济间之族姓。"[3]

这说明在王道社会，除了有一个最强大的部落的首领被天下其他氏族部落推为帝王、承认这位帝王是天之子、承认他的领导与统治外，各个部落在本地区也成立了国家，各个国家（部落）的执政者被称为诸侯。

第二，以天道治理天下上升到国家制度。

《管子·五行篇》说："黄帝得蚩尤而明乎天道。"《淮南子·览冥训》记载了黄帝以天道的法则治理天下：

"昔者黄帝治天下而力牧、太山稽辅之，以治日月之行律，治阴阳之气，节四时之度，正律历之数。"正是因为黄帝用天道的原则治理天

---

① 《史记·五帝本纪》。
② 同上。
③ 傅斯年：《夷夏东西说》，《傅孟真集》第四册，台大文学院版，第75页。

下，使天下得以大治。致使社会上：

"别男女，异雌雄，明上下，等贵贱，使强不掩弱，众不暴寡，人民保命而不夭，岁时孰而不凶，百官正而无私，上下调而无尤，法令明而不暗，辅佐公而不阿，田者不侵畔，渔者不争隈，道不拾遗，市不豫贾，城郭不关，邑无盗贼，鄙旅之人，相让以财，狗彘吐菽粟于路，而无忿争之心。于是日月精明，星辰不失其行，风雨时节，五谷登熟，虎狼不妄噬，鸷鸟不妄搏，凤凰翔于庭，麒麟游于郊，青龙进驾，飞黄伏皁，诸北、儋耳之国，莫不献其贡职，然犹未及虑戏氏之道也。"

上文讲星辰不失其序，四季风调雨顺，民众祥和，这应该是黄帝统治时期的真实写照，而龙凤之喻，则失史实，但可以说明一个问题，即黄帝时按天道的一些原则治理天下，是取得天下大治的结果，这是毋庸置疑的。在《淮南子》的作者看来，黄帝按天道治理天下，取得的成效仍比不上伏羲氏对天下的治理。

明代王世贞的《纲鉴汇纂》也提到黄帝以天道治国之事：

"帝受《河图》，见日、月、辰之象，于是始有星官之书。命大挠探五行之情，占斗纲所建，于是始作甲子。命容成作盖天，以象周天之形，综六术以定气运……命荣猨铸十二钟，协月筩，以和五官，立天时，正人位焉。命大容作咸池之乐，命车区占星气，容成兼而总之。帝作冕，重旒充纩，为玄衣黄裳，以象天地之正色。旁观翚翟草木之华，乃染五色为文章，以表贵贱，于是衮冕衣裳之制兴。命宁封为陶正，赤将为木正，以利器用。命共鼓、化弧刳木为舟，剡木为楫，以济不通。邑夷法斗之周施，魁方杓直，以携龙角，作大路以行四方。由是车制备，服牛乘马，引重致远，而天下利矣。帝作宫室之制，遂作合宫，祀上帝，接万灵，布政教焉。范金为货，制金刀，立五印，设九棘之利，为轻重之法，以制国用而货币行矣。帝以人之生也，负阴而抱阳，食味而被色，寒暑荡之于外，喜怒攻之于内，夭昏凶札，君民代有，乃上穷下际，察五气，立五运，洞性命，纪阴阳，咨于岐伯而作《内经》，复命俞跗、岐伯、雷公察明堂，究息脉，巫彭、桐君处方饵，而人得以尽年。命元妃西陵氏教民蚕。于是画野分州，得百里之国万区，命匠营国邑，置左右大监，监于万国，万国以和。逐经土设井，以塞争端，立步制亩，以防不足。使八家为井，井开四道，而分八宅，井一为邻，邻三

197

为朋，朋三为里，里五为邑，邑十为都，都十为师，师十为州，分之于井，而计于州，则地著而数详。"

为什么王道社会能做到按天道治理天下呢？原因如下：

第一，王道社会刚刚脱离天道社会。在长达几百万年的原始社会中，人们将天奉为神明，认为一切都是上天给的，对上天既觉得神秘又感恩。当人们发现，天是有它自己运行之道时，天道便成为人们必须遵循的法则。如四季变化、暑去寒来，人们就得按四季的气候去生产、生活。四季变化，人的方方面面就得变化。还有日出而作、日落而息，也是按天道的规律，人必须与天道同频，否则人逆天而为，不仅一事无成，而且最后只能失败，从无成功。因此，尊敬上天、看重天道，已成为每个人都必须做到的。王道社会自然将天道社会尊天重道的遗传习性继承下来，这是自然而然的事情。

第二，无论在遥远的古代，还是在今天，天都是人认识宇宙和地球的前提和基础，只要你想认识宇宙和地球，就跳不出对天道的认知，所有人都概莫能外。因为认识宇宙与地球是无法离开天的运行之道的。对我们人类来说，研究的是太阳系的运行，是我们研究宇宙运行的基础。

第三，我们对所有事物的感知，都无法离开事物所在的时空，任何事物的时空都是天体时空的一部分，都要受到天体时空的运行规律所支配，即受到天道的支配。我们做任何事情，都无法离开天道，都在受天道的法则制约、束缚甚至主宰。这一点，中国的古代人们早已理解，所以庄子说，大道无所不在，存在于人的吃喝拉撒之中。

第四，在古代，尤其在王道时代，能当上帝王的人都是人群中的智者、圣人。在他们之前，几乎很少有智者和圣人，如伏羲，他是中华文明的始祖，在他之前再没有比他更智慧的人了。他只能向天学习，他通过观察天文地理，经过研究思考掌握了天道之理，用天道之理去研究万事万物的规律，创造出八卦，也创造了农业文明，中国人的文明、文化都是从这里开始的。所以，古人大部分的知识都源于天，源于对天与万物的关系的研究。天道就是人们思维和行为的准则，以天道为核心的知识、思想、理论，便成为中国远古时期人们行为的指导思想。

五、王道社会人对天的认知的形成

人类的王道社会从天道社会演化而来，逐渐开启了以王道为主、天道为辅的发展过程。这个过程长达上千年。

在人类历史上，远古帝王的出现标志着王道社会的形成。从中国而论，有文献记载，伏羲被推举为帝王，即三皇之一，是中国古代王道社会的开始。从那时起，中国的远古时代的人们，逐渐开始了以人道为主的发展道路。这种以人道为主的发展道路，并不是抛弃天道，而是以人的主观认识去认知天道，通过对天道的认知，形成自己的文明。中国古代的文化之源八卦、古代农业种植、家畜的饲养、渔网等发明创造，都是以伏羲为代表的远古人类对天道认知的结果。这个结果也开启了人类自主文化之门。

人类的自主文化是经由人类对天道的认知后而创造的人类文化，这种文化的本质是天道的人类化，是人类对天道认知的结果。人们将这种认知的结果同人们的社会活动相结合，通过社会实践不断地改进和扬弃，最终产生的知识和理论才能符合天道运行的规律。如舜接替尧的帝位时，首先做的事就是观察天象，通过观察天象再来安排政事，即"在璇玑玉衡，以齐七政"。这说明，那时人们认为观察天象与帝王治国密不可分，从而推动了中国古代的星占学快速发展。关于"以齐七政"的"七政"，古代学者看法不同，但大多数人认为"七政"是一种标准的天象，即：

> "玄象之端，正天之度，王者仰之，以为治政。"[1]

帝王执政要观察天象，普通人更加需要观察天象，因为天气变化、气候冷暖和刮风下雨，与每个人的生活、生产息息相关，人们必然要事先预知，而这种预知依赖于对天象的变化、天体的运行有一定的了解。

---

[1] 《五行大义》。

所以在王道社会时期，人人都懂天文。

如古代的历法，早在公元前1600—前1100年的殷商甲骨文中就出现了"惊蛰"的节气名，说明早在商代就有了二十四节气，从而证明了《逸周书》中讲的二十四节气不是周代的发明，而是在商代或者商代以前就已经存在了。《夏小正》是传说中的夏代历法，共存有463个字，按月令记载了参星、北斗、大火、织女等星座，是古人"观象授时"的历书。

又如七十二候，是古代黄河流域流行的一种物候历。这种历以五日为一候，三候为一气，一年分为二十四气，共七十二候，每候对应一个物候现象，称"候应"。古代人很早就把这种物候现象用于生活和生产上，《尚书·尧典》记载的四季物候至少可以追溯到殷代。《夏小正》按月编排了涉及动植物、气象、农事及畜牧的物候共八十多条。从战国到秦汉，对物候做过记载的古籍就有《夏小正》《吕氏春秋·十二经》《礼记·月令》《淮南子·时则训》等。

下面是唐代大衍历中的七十二候表

常气	初候	次候	末候
冬至	蚯蚓结	麋角解	水泉动
小寒	雁北乡	鹊始巢	野鸡始鸲
大寒	鸡始乳	鸷鸟厉疾	水泽腹坚
立春	东风解冻	鸷鸟始振	鱼上冰
雨水	獭祭鱼	鸿雁来	草木萌动
惊蛰	桃始华	仓庚鸣	鹰化为鸠
春分	玄鸟至	雷乃发声	始电
清明	桐始华	田鼠化为鴽[rú]	虹始见
谷雨	萍始生	鸣鸠拂其羽	戴胜降于桑
立夏	蝼蝈鸣	蚯蚓出	王瓜生
小满	苦菜秀	靡草死	小暑至
芒种	螳螂生	鵙始鸣	反舌无声
夏至	鹿角解	蜩始鸣	半夏生
小暑	温风至	蟋蟀居壁	鹰乃学习
大暑	腐草为萤	土润溽暑	大雨时行
立秋	凉风至	白露降	寒蝉鸣
处暑	鹰祭鸟	天地始肃	禾乃登
白露	鸿雁来	玄鸟归	群鸟群羞
秋分	雷乃收声	蛰虫培户	水始涸
寒露	鸿雁来宾	雀入大水为蛤	菊有黄华

续表

常气	初候	次候	末候
霜降	豺乃祭兽	草木黄落	蛰虫咸俯
立冬	水始冰	地始冻	野鸡入水为蜃
小雪	虹藏不见	天气上升地气下降	闭塞而成冬
大雪	鹖鸟不鸣	虎始交	荔挺生

最早将一年分为七十二候，以使物候与二十四节气合并成为一个体系，见于《逸周书》。据说，《逸周书》是孔子删定《尚书》后所剩的"周书"，因此称为《逸周书》，可见关于七十二候和二十四节气由来已久。

据现代人研究，我们现代仪器虽能精确地测量出各个气象的要素值，但无论如何也测不出各种气象对动植物生育状况产生何种影响的数量值，因为现今的气象学仅仅从气候变化的角度观测天气，同古代人观察的方法截然不同。古人是将天、地、人、物四者放在一起去观察，看天道在地道、人道、物道上的反应。

又如人体同天道的关系。古人认为，日月星辰的变化都会导致人的身体的变化。《黄帝内经》记载：当满月时，人体的气血充盛，肌肤致密，腠理闭合，此时，若遇到邪风阴气的侵袭，病症也会轻微；而在月亏之时，人体的气血虚弱，肌肤松弛，腠理开泄，此时若遇邪风阴气的侵袭，则会加重病症。

《黄帝内经·灵枢·四时气》记载：黄帝问岐伯说：四季的气候，各不相同，百病的生成，各有不同的原因，针灸治疗的方法根据什么来决定呢？岐伯回答说：四季之气对人的影响，反映在身体上为各有一定的发病部位，针灸治疗的方法，要根据四季之气和经穴的特点来决定。因此，春季针灸治病，可取用络脉、分肉之间的穴位，病重的深刺，病轻的浅刺；夏季可取用阳经、经络上的穴位，或取分肉之间的经脉，用穿过皮肤的浅刺法；秋季可取用各经的腧穴，如果病邪在六腑，可取用手足阳明经的合穴；冬季可取用各经的井穴和荥穴，一定要深刺并且留针。

　　"黄帝问于岐伯曰：夫四时之气，各不同形。百病之起，皆有所生，灸刺之道，何者为定？岐伯答曰：四时之气，各有所在，灸刺之道，得气穴为定。故春取经、血脉、分肉之间，甚者深刺之，间者浅刺之。夏取盛经孙络，取分间，绝皮肤；秋取经腧，邪在腑，取之合。冬取井荥，必深以留之。"[1]

《黄帝内经·灵枢·经别》记载：黄帝问岐伯，我听说，人的身体与天道相合。在内属阴的五脏，与五音、五色、五时、五味，王位相应合；在外属阳的六腑，与六律相应合，六律分六阴律、六阳律，而与十二月、十二辰、十二节、十二经水、十二时、十二经脉相应和。这是五脏六腑与自然天道相应合的情况。十二经脉是人体之所以能生存，疾病之所以能形成，人体之所以能维持健康，疾病之所以能治愈的根源。

"黄帝问于岐伯曰：余闻人之合于天道也，内有五脏，以应五音、五色、五时、五味、五位也；外有六腑，以应六律，六律建阴阳诸经，而合之十二月、十二辰、十二节、十二经水、十二时、十二经脉者，此五脏六腑之所以应天道。夫十二经脉者，人之所以生，病之所以成，人之所以治，病之所以起。"[2]

综上可见，中国古代人们从观察天体运行中得出天道运行的规律，将天道用在天下治理上，用到人们的生产生活上，用在对万物的研究上，最后用在人自身身体的研究上，足以说明古人将天道与人们所遇到的所有事物联系起来，试图使人们的生产生活符合天道运行的规律。

---

[1] 《黄帝内经·灵枢·四时气》。
[2] 《黄帝内经·灵枢·经别》。

第十三讲
王道社会是过渡性社会

从考古分期上看中国古代进入王道社会是新石器的中晚期。由于处在原始氏族社会，各氏族部落之间交流的程度有限，所以各地区社会发展的程度自然不相同、不统一、不协调。有的部落和地区发展得快，很早就进入了父系氏族社会，如伏羲氏部落；有的部落发展得慢，尚停留在母系氏族阶段，或者处在由母系氏族向父系氏族的过渡阶段。

在历史文献中，伏羲氏虽被称为三皇之一，尊为天子，但并没说他统治的范围有多大。由伏羲氏是文献记载中第一个王道社会的帝王，可推测那时所谓的统治，并不见得有实际的管辖权，大多数氏族部落仍是自行管理，仅是在名誉上尊伏羲为"帝王"或"天子"，这与以后的"五帝"时期还不一样。但伏羲氏对自己的部落还是有一定的统治权，部落中的氏族、胞族还是要服从伏羲的领导。当时的伏羲部落，应是天下最大的部落。

从文献的记载上看，与伏羲有关的就有这些地区：

一是甘肃的天水地区。《水经注》卷十七《渭水上》记载：

"荣氏《〈开山图〉注》曰：伏羲生成纪，徙治陈仓也，非陈国所建也。"

成纪在现今甘肃秦安县东南处。《太平御览》卷七十八《皇王部三》《遁甲开山图》曰：

"仇夷山四绝孤立，太昊之治，伏牺生处。"

仇夷山也称仇池山，在现今甘肃省西和县大桥乡，与成纪相离108

里左右，属天水地区管辖。

二是在现今河南省周口市淮阳区。《水经注》卷二十二《颍水、洧水、渠水、潩水、渠（沙水）》曰：

"沙水又东迳长平县故城北，又东南迳陈城北，故陈国也。伏羲、神农并都之。城东北三十许里，犹有羲城实中。"《左传·昭公十七年》载：

"陈，大皞之虚也。"

三是今天的山东东平湖、微山湖周围地区。《左传·僖公二十一年》载：

"任、宿、须句、颛臾，风姓也。实司大皞与有济之祀，以服事诸夏。邾人灭须句，须句子来奔，因成风也。"

四是重庆市东北部大巴山一带。《山海经·海内经》载：

"西南有巴国。大皞生咸鸟，咸鸟生乘厘，乘厘生后照，后照是始为巴人。"

由此可见，伏羲氏部落生存活动的地域有多大。不仅如此，无论是文献的记载还是考古发现，江浙一带的良渚文化也是伏羲部落的活动地域。可以说，伏羲部落几乎活动在黄河、长江两大文明区域。

当然，在伏羲氏部落活动的区域也同时住着其他部落。如伏羲和神农的都城在陈。

> "《帝王世纪》曰：宓羲为天子，都陈，在《禹贡》豫州之域，西望外方，东及明绪，于周陈胡公所封，故《春秋传》曰：'陈，太冥之墟也。'于汉属淮阳，今陈国是也。神农氏亦都陈，又营曲阜，故《春秋》称：'鲁，大庭氏之库。'"[1]

从伏羲的三皇到五帝，王道社会愈来愈发展，王道社会的特性也愈来愈明显，已经有着上千年甚至三千年的历史，成为中国历史上一个不可或缺的时代，几乎任何人、大多数历史典籍讲历史都要从三皇五帝讲起。

---

[1]　北宋李昉编：《太平御览》卷一百五十五《州郡部一·叙京都上》，第474—475页。

但是，王道社会从社会形态上讲，它是个过渡性质的社会。

一、为什么说王道社会是过渡性的社会

主要基于以下三点原因：

第一，王道社会是介于两种稳定社会结构中间的社会结构，包括社会经济结构、政治结构和意识结构。是由这些社会结构组成的一种稳定的社会形态。每个稳定的社会形态都有它独立的特质，再由这些独立的特质组成它特有的社会经济、政治、意识等社会结构。在王道社会以前的社会形态是天道社会。天道社会是以天体运行为特质的，一切结构都是围绕着天体运行而产生与消亡。王道社会之后是强道社会。强道社会是以强力战胜弱力为特质的，一切社会结构都是围绕着强力战胜弱力而产生与消亡。王道社会处于两者中间，从而决定了前后两种社会形态在王道社会都有所存在和反映。

第二，王道社会是一个不稳定的社会结构。王道社会形态来自天道社会形态，走向强道社会形态，它不具有自身社会结构的稳定特质。它虽将天道社会的一些社会结构平移到王道社会，但在平移的过程中已经发生了一定质的变化。这种质的变化是渐进的，即天道社会的社会结构逐渐减少，而强道社会的社会结构在不断地增多，这就决定了王道社会的社会形态一直处在变化和演进的过程，而没有一个相对的稳定期。这种变化有时是反复的，甚至会出现"反祖"的现象。但这种"反祖"是暂时的，因大趋势的发展天道社会一定要向强道社会演进，这是由人后天形成的本性决定的。

第三，王道社会必定要被强道社会所取代。为什么王道社会发展到强道社会是历史的必然呢？原因在于人类在王道社会时，已经体会到了人的作用或者说是人力的作用可以改变人的自我命运，这对人有很大的吸引力。人可以摆脱天道的束缚，自主地实现自己的梦想。梦想的实现可以满足人的欲望，从而又加剧了人的欲望，而梦想和欲望的实现，需要人具有超越别人的力，这种力反映在人与人的关系上就是强者对弱者

的关系，统治者与被统治者的关系。当王道社会的权力愈来愈在社会发展中起决定重要作用时，不仅统治者自身迷恋权力，被统治者也开始迷信权力。弱者对权力的迷信是相信权力是他的护身符，权力的拥有者会是他们利益的化身，是他的利益的代表者，而作为社会的统治者，他们开始迷恋于手中的权力。权力使他们的心态发生了变异，使人性开始异化。他们逐渐地淡忘了权力的共有性质，而极力地把权力私有化，因为只有把权力私有化才能实现自己其他方面的更大的私有，于是他们在执政过程中，加入了个人的手段和欲望，权力逐渐沦为他们手中的工具。这时，王道时代初期自然延续天道社会的社会权力的产生方式，即通过氏族成员每人一票的选举的做法被渐渐地废弃了，先是开始有血缘关系的贵族世袭，最后发展到完全直系血缘的世袭，国家的权力完全掌握在个人的家族之中。到了王道社会的后期，即原始社会的后期，王道社会已经迈过了强道社会的国家门槛，社会即将进入强道社会阶段。

二、王道社会的六个并存

（一）王权的血缘世袭与禅让制并存

王道社会的帝王已经开始了血缘世袭的制度，尽管这种制度没有明确被社会公认，但原始社会的氏族首领由氏族成员选举产生的制度，到了王道社会时期已经不见了。从伏羲开始，已经不是氏族成员选举，而是氏族首领推举了。天子如此，诸侯也会如此，部落也会如此，氏族可能也会如此。权力将人异化了，人类的天道社会由此衰落是势之必然。

我们从三皇五帝的血缘关系就可以充分地说明这一点。

相传伏羲、女娲既是兄妹，又是夫妻，说明他们年轻时尚处在母系氏族的族内婚阶段，即同辈男女可以互为夫妻。汉代武梁祠石刻伏羲、女娲像，皆作"蛇身人首"两尾相交之状。"蛇身人首"是原始社会的图腾，伏羲氏、女娲氏部落的图腾为"龙"或"蛇"，伏羲与女娲之子少典，是黄帝的父亲。《三皇庙碑》载："包羲子少典为神龙首；东迁少典，君于颛臾之地以守包羲之祀。"《伏羲庙残碑》曰："东迁少典居于颛臾，以奉伏羲之祀。"《世本》曰："昔少典氏娶于有蟜氏，生黄帝、炎帝。曾祖母华胥氏。"

这些记载说明伏羲与黄帝之间是有直系的血缘关系。

又有一说，神农为少典之子。《春秋纬·元命苞》称：

> "少典妃安登，游于华阳，有神龙首，感之于常羊，生神农。人面龙颜，好耕，是为神农，始为天子。"[①]

《帝王世纪》载：

> "神农氏，姜姓也。母曰任姒，有乔氏之女，名女登，为少典妃。游于华阳，有神龙首感女登于常羊，生炎帝，人身牛首，长于姜水，有圣德，以火德王，故号炎帝。"[②]

《补三皇本纪》曰：

> "炎帝神农氏，姜姓，母曰女登，为少典妃，感神龙而生炎帝，人身牛首。"[③]

记载黄帝的血缘世系的文献就太多了。《国语·晋语》称："昔少典氏娶有蟜氏，生黄帝、炎帝。黄帝以姬水成，炎帝以姜水成。"[④]

《大戴礼记·帝系姓》载："黄帝产昌意，昌意产高阳，是为帝颛顼。颛顼产穷蝉，穷蝉产敬康，敬康产句芒，句芒产蟜牛，蟜牛产瞽瞍，瞽瞍产重华，是为帝舜。"[⑤]

《史记·五帝本纪》曰：

---

① 《绎史》卷四引《春秋元命苞》。
② 《太平御览·卷七十八·皇王部三》引。另见《太平御览·卷一百三十五·皇亲部一》引，略有不同。
③ 《补三皇本纪》。
④ 《国语·晋语》。
⑤ 《大戴礼·帝系姓篇》。

"黄帝居轩辕之丘，而娶于西陵之女，是为嫘祖。嫘祖为黄帝正妃，生二子，其后皆有天下：其一曰玄嚣，是为青阳，青阳降居江水；其二曰昌意，降居若水。昌意娶蜀山氏女，曰昌仆，生高阳，高阳有圣德焉。黄帝崩，葬桥山，其孙昌意之子高阳立，是为帝颛顼也……帝颛顼生子曰穷蝉。颛顼崩，而玄嚣之孙高辛立，是为帝喾。帝喾高辛者，黄帝之曾孙也。高辛父曰蛟极，蛟极父曰玄嚣，玄嚣父曰黄帝……帝喾娶陈锋氏女，生放勋。娶娵訾氏女，生挚。帝喾崩，而挚代立。帝挚立，不善，而弟放勋立，是为帝尧……虞舜者，名曰重华。重华父曰瞽叟，瞽叟父曰桥牛，桥牛父曰句望，句望父曰敬康，敬康父曰穷蝉，穷蝉父曰帝颛顼，颛顼父曰昌意。"①

《史记·夏本纪》曰："夏禹，名曰文命。禹之父曰鲧，鲧之父曰帝颛顼，颛顼之父曰昌意，昌意之父曰黄帝。禹者，黄帝之玄孙而帝颛顼之孙也。"②

以《世本》《大戴礼记·帝系姓》《史记·五帝本纪》所记，可整理出伏羲至禹的血缘世系表：

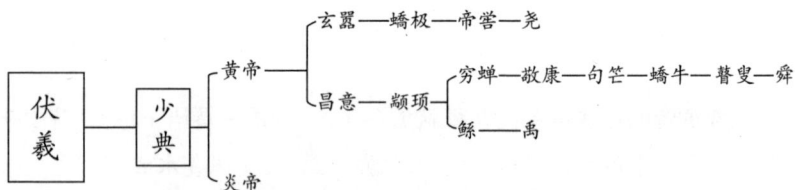

从上可以看出，王道时代的古帝王都出自伏羲一族的血缘。可见，权力已经被世袭，权力私用从王道时就已经开始。权力私用起码在权力的继承上如此。

伏羲自身的部落有多少人，他作为天子统领天下多少诸侯，诸侯国又有多少人？天下这么多人，为什么天下的帝王全是伏羲氏一人的直系血脉，这不是世袭又是什么？这里已经看不见原始社会的氏族首领要求由全氏族人民民主投票产生的制度，而是完完全全地被一个直系家族的

① 《史记·五帝本纪》。
② 《史记·夏本纪》。

血脉控制着。这里有伏羲血脉家族人对权力的迷恋，也有天下人对王权统治的认可和拥戴。人们已经将天道社会对天的崇拜和迷信部分地转移到了帝王身上，所以他被称为天子，即天的儿子，他在一定程度上代表着天。

在王道时代的后期，即尧舜禹时三朝王位的交替，实行一种"禅让"制度。这种制度被普遍地记载下来，而且流传十分广泛，几乎家喻户晓、人人皆知。

历史记载是这样的，唐尧准备退位了，但不把帝位传给他的儿子丹朱：

> "尧曰：'嗟！四岳：朕在位七十载，汝能庸命，践朕位？'岳应曰：'鄙德忝帝位。'尧曰：'悉举贵戚及疏远隐匿者。'众皆言于尧曰：'有矜在民间，曰虞舜。'尧曰：'然，朕闻之。其何如？'岳曰：'盲者子。父顽，母嚚，弟傲，能和以孝，烝烝治，不至奸。'尧曰：'吾其试哉。'于是尧妻之二女，观其德于二女。……尧以为圣，召舜曰：'女谋事至而言可绩，三年矣。女登帝位。'舜让于德不怿。"①

这便是尧让位给舜的过程。舜从这时开始摄政统治天下。尧死，舜正式接受天子之位。舜20岁时以孝出名，30岁时被尧选拔任用了，年50岁时摄行天子事，年58岁时尧崩，61岁代尧登上天子之位，在位39年。

舜在登帝位后22年，也开始考虑自己的接班人的人选。他的儿子商均也不成才，于是舜推荐禹做天子的接班人。舜"践帝位三十九年，南巡狩，崩于苍梧之野。葬于江南九疑，是为零陵。……舜子商均亦不肖，舜乃豫荐禹于天"②。

王道社会的禅让制出现，正是它过渡性社会的一个特点。禅让即不同于母系氏族时期的民主推选制，也不同于强道社会时期的直系血缘的

---

① 《史记·五帝本纪》。
② 同上。

世袭制，它是介于二者中间的产物。

如果是血缘直接世袭，就会直接从帝王自己血缘关系中直接确定谁是帝王的继任者，也不会去征求诸侯意见，让诸侯推举谁来做天子。尧和舜虽与黄帝有血缘关系，但尧是黄帝子玄嚣这枝的第三代孙，而舜是昌意这枝的第七代孙。按古代传统，血缘关系已经出了五服，没有直接的血缘关系。这说明是按氏族社会王位"传贤不传子"的旧体制实行的。

尧舜禹的禅让制的出现，可能也还有一个原因，即在王道社会时期虽然权力对有些人有吸引力，但并不是对所有人都具有吸引力，很多人习惯于天道社会中人自由自在的生活方式，不屑去做什么天子帝王。如《庄子·逍遥游》就讲了这样一个寓言：

尧想把天下让给许由。对许由说："日月都出来了而烛火还不熄灭，难道要与日月比谁更光明，这不是很难的吗？及时雨都下过了，还要去挑水灌溉，还要做润泽禾苗的事，岂不是徒劳吗？先生一旦在位，天下便可以安定，而我还占着这个位子，自己觉得很惭愧，请容我把天下让给你。"

许由说："你治理天下，天下已经安定了，而我还来代替你，我难道为名吗？名声是实质的外表，我难道只是为着虚有的外表吗？小鸟在森林里筑巢，所需不过树的一个枝权；偃鼠到河里饮水，所需不过满腹。你请回吧，我要天下做什么呢？"

尧舜禹的禅让制，是天道、王道两种社会在交替转换过程中出现的一种过渡社会形态的现象，这种现象的出现是由其内在发展逻辑决定的，并非偶然。之后的人们对其禅让大加赞颂，原因在于权力在人们心中的地位太重要了，能轻易放弃权力的人太伟大了，然而，在尧舜那个时代，这也许是极为正常的事情。

（二）贵族之间民主权力与集权并存

在社会上层贵族之间，仍保留着原始氏族成员之间的一些民主权力。这一点从帝王的人选产生就能说明。

《史记》记载，黄帝是神农氏的诸侯。神农后期时，统治势力已经很衰弱了，诸侯之间相互战争，祸害百姓，神农氏没有能力讨伐。黄帝就动用武力去讨伐那些不来朝觐的诸侯。于是诸侯都来朝觐了。炎帝总想以强凌弱，导致诸侯都来归顺黄帝。黄帝在阪泉大胜炎帝，在涿鹿之战中杀死蚩尤。司马迁记载："而诸侯咸尊轩辕为天子，代神农氏。"这里的"咸尊"，是共同推举、拥戴的意思。司马迁没有说，黄帝自称为天子，而是"诸侯咸尊"，说明黄帝的天子之位不是自立的。

从另一个能从侧面说明民主遗风存在的例证，就是黄帝登上帝位以后，对于那些不肯归顺的诸侯，就去征伐他，归顺了，就立即率军离去，而不是占领这个地方，以及对当地诸侯和百姓实行暴力统治。黄帝在朝中设"左右大监，监于万国，万国和"，可见当时有许多诸侯国家。但这些国家无论大小，都一律平等，从而才会出现万国和睦的现象。

最能说明王道社会尚存有一定的民主权力的，就是执政时的一些事例。尧执政时，朝中政事，群臣均可谏言，大至未来谁接替尧做天子，小到一些官职的任免。关于未来谁能接替尧任天子位，尧问群臣说："谁可以继承我的事业？"放齐说："你的长子丹朱英明通达，可以继承。"帝尧说："哼，这孩子心既愚顽又好争讼，不能用。"又问："谁可以继承此位？"讙兜说："共工能调集人力，能兴办事业，可以继承此位！"尧说："共工好夸夸其谈，做事不循正道，表面虔敬而实则傲慢，不能用。"尧对几位诸侯长说："我在位七十年了，你们当中谁能顺应天命，继承我的帝位呢？"四位诸侯长说："我们的品德微薄，不敢辱没帝位。"尧说："你们也可以从在朝的亲贵或被疏远的隐士中推荐。"于是大家都推举舜。

讙兜举荐共工成为天子的接班人。尧说，共工这个人不行，让他试任工师的职位，看他怎么样，结果一试共工果然荒淫邪恶。四方诸侯都举荐鲧治理洪水。尧认为鲧并不适合，但四方诸侯又一再举荐，希望试用一下。尧勉强同意，结果一无所成，还使黎民百姓大受洪水之害。三苗在江淮、荆州一带多次作乱，舜从外巡视回来向尧建议，把共工流放到幽陵，让他去教化北方少数民族；把讙兜流放到崇山，让他去改变南蛮的风俗；把三苗迁往三危，让他去改变西戎的风俗。这样做下来，天下人都感到心服。

从上可见，王道社会仍然保留一些天道社会的民主遗风，在一些重大事件上，帝王还是广开言路听取群臣意见的。但这种民主是帝王统治之下的民主，与原始氏族社会的民主相比有着本质的不同。原始氏族的民主制度下，没有任何人可以凌驾于氏族成员之上，从不看别人的脸色行事，任何人都不能践踏氏族成员的民主权利。在王道社会，只能有贵族之间的民主。这种民主只能是一种建议权而已，大小事务还是由最终掌握权力的人定夺，所以这时的民主是十分有限的。

然而王道社会的集权，却在整个社会时期内表现得十分突出。黄帝尚未当天子时，就通过战争征服那些不到朝廷朝觐的诸侯，天下诸侯从此不敢不来朝觐。炎帝不顺从管制，黄帝便出兵打败炎帝。蚩尤作乱，黄帝便擒拿蚩尤并杀之。这样下来，便没有人敢挑战朝廷的权威，天下诸侯国都归顺了朝廷。到了尧时，朝廷的集权更加强化，共工流于幽陵，讙兜放于崇山，将作乱的三苗迁于三危。舜摄天子事又开始加重刑罚，以图画的形式公布了各种刑法，对犯了五种刑法的罪犯，视其犯罪的情节，给以相应的处罚。官场上如犯有罪行予以鞭刑，在学校如学生犯有罪过则处罚打板子，有些处罚还可以用金钱赎免。

可见，在尧舜时为了维护集权统治，已经采用流放和鞭打等刑罚措施。

（三）贵族与平民并存

王道社会的晚期，即到了尧舜时代，社会进入金石并用的时代，生产力有了一定的发展，但发展的程度十分有限，社会财富尚无较大的积累，社会生产的产品仅能满足于个人生活需要，很少有剩余的产品可供他人剥削。这从《韩非子·十过》中，记载尧舜禹的生活用具就可以得到说明。《十过》中记载了由余与秦穆公的对话：

秦穆公问："我曾经听过一些治国的原则但没有亲眼目睹治国的具体措施，如今我想听听古代的贤明君主，因为什么得到诸侯的拥护和失去诸侯的拥护。"

由余说："我所听到的是因节俭而得到拥护，由于奢侈而失去诸侯的拥护。我听说过去尧统治天下时，用土烧制成的碗吃饭，用土烧制成的杯喝水。但他管辖的地方南面到交趾，北面到幽都，东方、西方分别到太阳月亮升起落下的地方，没有什么诸侯不臣服。尧禅让天下，虞舜接受了以后，饮食器具用从砍伐山上的树木制作，将木制器具上的刀锯痕迹，打磨成光面，再往上面涂刷漆和墨，送到宫里做饮食的器具。诸侯还认为这样太奢侈了，有十三个诸侯国反对舜这么做。舜将天下让给了禹。禹制作祭品的器具，外面涂了墨，用红色朱砂涂在内壁，用缦帛制作成车上的垫子，用蒋草做成带有斜纹边的席子，觚、酌等酒杯、酒勺上画有花纹，樽、俎等酒器、食器上都有装饰。这些东西都太奢侈了，结果国内不服的诸侯有三十几个。"

从这些记载说明，在尧帝时作为天子的他，饮食的用具是以陶器为主，这种陶器在新石器遗址出土的文物中，在生活区房屋中随处可见，应该是当时人们生活的普遍用具，说明尧的物质生活与平民百姓的物质生活并没有什么区别。

距今7000—5000年的仰韶文明出土了大量的彩陶，而且在半坡遗址、姜寨遗址的居民住宅、房屋、墓葬区的墓室里均挖掘出陶器，说明陶器在社会上普遍使用。韩非子所说，舜时祭祀用的陶器很可能就是彩陶，如半坡发掘的陶器几乎全为红色，只有很少数呈灰黑色，陶器为朱砂和细泥两种，类型有碗、钵、盆、小口瓶、罐、瓮等，还有大口尖底器等。

从文献和出土的陶器说明尧舜与平民百姓在物质生活上没有什么大的差别。

黄帝距今应该是5000年左右，当时已进入金石并用的时代。由于生产力有了新的进步，加速了社会的发展，大约在公元前3500年及仰韶文化前期至公元前2600年的仰韶文化晚期，黄河长江流域各地部分出现了一些大型的部落遗址，其面积从数十万平方米到100多万平方米不等。有的遗址有两三百座房屋，有的墓地有上千座墓葬。半坡遗址的房屋大多为半地穴式，只有极少数是平地起建的，有方形，有圆形。圆形的房子面积较小，都在20平方米左右，中等的40平方米左右，大的80平方米左右，有的甚至达到160平方米，这就说明了居住人有了不同的身份和等级，即人群中已出现了等级分化。这种等级的分化并不是普遍一致的，各地均有不同，如龙山文化处于金石并用时代的晚期，即公元前2600年至公元前2000年左右。龙山时代的村落遗址不可胜数，大规模发掘的有河南的阴白营、安阳后岗、永城王油坊和陕西临潼康家等处。每处都有数十座或上百座房址。如康家的房子都是单间小屋成组成排，显示出严密的规划而看不出明显的内部差别。其他三处也是如此。到现在为止，龙山时代的村落遗址还没有发现仰韶文化晚期那种分间式大房子，几乎看不出来同一村落中人们在住宅上大小分化的情况。也可能有另一种原因，即这个时期城市出现，物质财富逐渐往城市集中，而那些氏族社会的上层居住在城市里。

龙山文化时期出现等级制度，可从龙山文化的朱封大墓加以证明。朱封大墓位于山东临朐县南约5公里处。这个墓比较大，是一座重椁墓。从墓中的随葬品可见这是一座贵族墓。棺内有玉钺3件，玉环1件，松绿石管珠5件，松绿石片95件。内椁盖板上置石镞和骨镞共18件。在棺与椁之间以及内椁与外椁之间随葬各种精美陶器50件，种类有鼎、鬶、罍、罐、盆、豆、盉、盒和单把杯等。在一些大墓中，往往随葬象征军权的石钺或玉钺，象征宗教权的玉或玉璧，说明墓主人把握着军事、宗教和经济等特权，证明在人群中已有少部分人脱离普通群众而成为氏族贵族。在正式的墓葬外，还有大量的乱葬坑。每个坑里埋人以至十几人不等，其中有的身有伤痕，有的身首异处，有的作挣扎状。这些死者有可能是战争的牺牲者或被处死的战俘或奴隶，也有可能是刑徒。

（四）公有财产与私有财产并存

王道社会是处于原始社会末期父系氏族社会阶段。那时生产资料为社会所公有，土地、山川、森林、河流等不但不归个人所有，而且连所居住的当地氏族，也并不将该土地、山川、森林、河流看作为自己所有。共同使用、共同所有，是王道社会财产占有的特点。所以才有了《礼记・礼运》对夏以前社会的描述：

> "大道之行也，天下为公。选贤与能，讲信修睦，故人不独亲其亲，不独子其子。使老有所终，壮有所用，幼有所长，矜寡孤独废疾者皆有所养。男有分，女有归。货恶其弃于地也，不必藏于己；力恶其不出于身也，不必为己。是故谋闭而不兴，盗窃乱贼而不作，故外户而不闭。是谓大同。"

然而，王道社会不同于天道社会，它由于生产力发展逐渐出现了剩余产品，这就为私有制的出现提供了可能。它的权力等级制的出现，就为社会贫富贵贱的分化提供了保障。

私有制的出现是导致权力结构产生的直接原因。天道社会，即母系氏族社会时期全体氏族成员没有等级差别，也没有权力结构。人们共同劳动，平均分配，集体消费。到了母系氏族的中后期，在母系氏族制度内部发展变化为母系亲族，由一母所生的子女、女儿与丈夫建立的对偶家庭组成。母系亲族里，由成员共同占有土地，共同劳动，平均分配。这便使原来的母系氏族的占有关系发生了改变，即社会经济单位开始呈现缩小的趋向。进入王道社会即父系氏族阶段以后，母系亲族发展到父系家族，也被称为家长制家族，由一个男性家长及其后代直系血缘组成，形成一个由男性家族族长和包含着若干个以男性为家长的家庭结构。这样在原来的氏族群结构中就出现了男性家族，家族又包含着若干个家庭的社会结构。在这一阶段里，家长制家族是劳动生产的基本单位。土地、山川、河流、森林等生产资料仍属于氏族公有，由氏族分给每个大家庭使用。个体小家庭的出现，使社会生产单位逐渐由家长制家族过渡到个体家庭，生活资料和生产资料的占有也由家长制家族转化为个体家庭的占有，再进一步发展，个体家庭就成为社会一个完整的经济单位。

这样，在王道社会就出现新的权力等级结构。社会最高统治者天子——朝中辅佐官员——诸侯——部落首领——氏族酋长——父系家族族长——家长。这个权力等级结构从天子往下排，权力的职权范围从天子往下降幂排列，愈往下愈小，到了家庭这一级，家长和家庭成员，出现了区别，一般成员也有远近高低之分。权力愈大的人愈有可能成为社会财产的占有者，因为依靠权力的作用很容易获得财产。在王道社会，有一个比较突出的特点，即天子并不是天下最大的私有者，甚至可以说，天子的财产与平民没有多大差别。原因是什么？就是王道时代的天子，是全社会品德智慧最高的人，他自己所追求的和人们对他的要求都是圣贤之王，而圣贤之王主要是心中无己，只有这样才配得起圣贤之王的称号。这方面历史记载最多的是尧、舜、禹的事迹。

尧当时的生活用具与平民百姓的没有什么差别，足见他的俭朴，也说明他个人没有什么财产，否则吃喝用具不会如此的简陋。《韩非子·五蠹》载：

"尧之王天下也，茅茨不翦，采椽不斫；粝粢之食，藜藿之羹；冬日麑裘，夏日葛衣；虽监门之服养，不亏于此矣。"①

意思是，尧统治天下的时候，他住的茅草盖的屋顶也不加以修剪，栎木做的椽子也不加以砍削；吃的是粗米稻饼之类的粗粮和野菜，以及用豆叶之类熬成菜羹；冬天只穿小鹿皮做成的皮衣，夏天只穿葛布做成的粗布衣，就是现在看门人的衣服给养也不会比这更少了。

如此看来，尧家庭的经济状况不比黎民百姓强，甚至远不如一般的黎民百姓。

我们再来看虞舜：

"大舜有大焉，善与人同。舍己从人，乐取于人以为善。自耕稼、陶、渔以至为帝，无非取于人者。取诸人以为善，是与人为善者也。故君子莫大乎与人为善。"②

这是说舜与人为善，并善于吸收别人的长处，学习别人的优点，他从种地、做陶器、捕鱼，一直到成为帝王，一向都是与人为善的。从这里也可以看出舜是一个十分勤奋的劳动者，家庭也不可能富足，否则就不会被孟子说成从事"自耕稼陶渔"的劳作，看来舜在成为帝王之前是一位勤劳的人，这也足以说明他的家庭情况。

再来看大禹：

"禹亲自操橐耜而九杂天下之川，腓无胈，胫无毛，沐甚雨，栉疾风，置万国。禹大圣也，而形劳天下也如此。使后世之墨者，多以裘褐为衣，以跂蹻为服，日夜不休，以自苦为极，曰：'不能如此，非禹之道也，不足谓墨。'"③

这是在讲禹亲自拿着盛土的筐子和耜疏通天下的河川，累得腿肚子

---

① 《韩非子·五蠹》。
② 《孟子·公孙丑上》。
③ 《庄子·杂篇·天下》。

都没了肉，小腿上都没有了毛，整天淋着雨，强风吹乱了头发，最终治理了洪水，万国的人民都得到了安置。禹是多么伟大呀，为了天下人这般的劳苦，所以感动了后来天下的墨家学者，这些人用羊皮、粗布做成衣裳，穿上木屐、草鞋，日夜不息，以自苦为原则，说："不这样，就不是禹的道，不足以称为墨者。"

由此可见，禹的德性感化了很多人。禹有这么高的德性，怎么会去搜刮天下钱财呢？他视钱财为粪土。为黎民百姓做事，才是这些帝王的最大追求。

但不能要求权力结构中的所有人都能如圣王一样，实际上在王道社会后期，社会财富开始分化了，一些贵族成为天下第一批的私有者，因为权力是在贵族之中进行分配的。

从仰韶文化的遗址发掘来看，半坡遗址的房屋中小房子数量最多。姜寨的小房子占姜寨发掘房屋数目的95%左右。小房子又分为四种，一种是15～20平方米的，另一种是8～9平方米的。中型房屋很少，一般面积在30～40平方米。小的房屋中已有生活用具陶器等私有财产。半坡F3圆形半地下式的房屋面积20平方米，门向南，门内有门斗及灶坑，门内有陶器9件、石杵2件、石斧、陶锉和骨锥各1件。姜寨F14是一座14.9平方米的半地穴式方形小房，房内左边和南边一半基本摆满了器物，共有陶盆、陶钵、陶罐及陶瓶等11件，石斧、石铲、石磨棒、石球、骨鱼叉、骨箭头及骨笄9件。[①] 由此可见，一般平民生活工具和生产工具的私有化早在黄帝时期就已经开始形成。平民在仰韶文化时期的私有化程度尚且如此，到了龙山文化时期肯定还会有所发展，而那些贵族的私有化程度就更高了，如上面提到的山东临朐朱封三座大墓，出土了大量的随葬品，充分说明了王道社会后期有些贵族已经十分富有，社会的贫富分化已经十分明显了。

（五）群结构与结构群并存

人类从起源时起，就以群居的形式在一起生存。受觅食的限制，群体规模不能很大，10人左右，最多的可能也就几十个人。人类起源时，

---

① 见苏秉琦主编，张忠培、严文明撰：《中国远古时代》，上海人民出版社2017年版，第135—136页。

婚姻是混乱的。瑞士人类学家巴霍芬认为，

> "最初人们实行着毫无限制的性关系，他把这种性关系用了一个不恰当的名词'淫游婚'来表示。"①

美国学者摩尔根把这种性关系称为"男女杂交"。恩格斯评价说：

> "摩尔根在这样考证过去的家庭的历史时，同他的多数同行一致，也认为曾经存在过一种原始的状态，那时部落内部盛行毫无限制的性关系，因此，每个女子属于每个男子，同样，每个男子也属于每个女子。"②

杂乱的性关系是原始社会群结构的第一阶段。当人们发现这种血亲结婚出现了一些严重的后果，让人们感到困惑，即后代智力下降、体力羸弱、畸形多有发生，于是群结构便进入它的第二个阶段，这便是血缘群婚。

血缘群婚是氏族社会出现前原始人的群结构阶段。它的基本规则就是禁止同一群人不同辈分之间的性关系，群内部同辈分之间可以通婚，避免了祖辈与子孙之间，双亲与子女之间互为夫妻关系。这种婚姻关系也称班辈婚。恩格斯说：

> "如果说家庭组织上的第一个进步在于排除了父母和子女之间相互的性关系，那么，第二个进步就在于对于姊妹和兄弟也排除了这种关系。"③

群结构发展的第三个阶段，便是族外群婚。

血缘群婚（班辈婚）虽然比杂婚进步，但仍然是群内近亲血缘生殖，这对人类生理的进化仍然带来很多不利因素。为了避免这种不利因

① 恩格斯：《家庭、私有制和国家的起源》，《马克思恩格斯选集》第4卷，第2页。
② 同上，第27页。
③ 同上，第35页。

素，人类实行族外婚制。族外群婚的规则就是严禁氏族内部通婚。婚姻经常在野外进行，后又经历男子集体走访——公房制度和男子分别走访——个别偶居制度的三个发展阶段。

族外群婚导致了群结构质的变化，即群结构由血缘家族的群结构发展到氏族社会的母系氏族阶段。在血缘家族阶段，群内的同班辈男女是可以通婚的，而到了族外群婚时，就禁止了任何人家族内通婚，所以氏族的产生是禁止家族内任何人通婚的产物。正如恩格斯所说：

> "一切兄弟和姊妹间，甚至母方最远的旁系亲属间的性关系的禁规一经确立，上述集团便转化为氏族了。换言之，即组成一个确定的，彼此不能结婚的女系血缘亲属集团；从这时起，这种集团就由于其他共同的社会的和宗教的设施而日益巩固起来，并与同一部落内的其他氏族区别开来了。"[1]

在族外群婚制的条件下，子女只能知其母，而无法知其父，血缘关系也只能以母系为主线。

> "在一切形式的群婚家庭中，谁是某一个孩子的父亲是不确定的，但谁是孩子的母亲则是确定的。即使母亲把共同家庭的一切子女都叫作自己的子女，对于他们都担负母亲的义务，但她仍能够把她自己亲生的子女同其余的一切子女区别开来。由此可见，只要存在着群婚，那么世系就只能从母亲方面来确定，因此，也只承认女系。"[2]

母系氏族社会群结构的内部结构：

1. 胞族

关于胞族的产生，恩格斯说：

---

[1] 恩格斯：《家庭、私有制和国家的起源》，《马克思恩格斯选集》第4卷，第39页。

[2] 同上，第38页。

"这部胞族大抵是当初由部落分裂成的最初的氏族；因为在氏族内部禁止通婚的情况下，每个部落必须至少包括两个氏族才能独立存在。随着部落的增殖，每个氏族又分裂成两个或两个以上的氏族，这些氏族如今也作为单个的氏族而存在；而包括一切女儿氏族的最初的氏族，则作为胞族继续存在。"[1]

2.部落

建立在胞族之上的社会组织便是部落。部落由两个或两个以上的氏族组成。氏族是部落形成的基础，一个部落可能没有胞族，但一定会有氏族。

恩格斯在研究印第安人后得出，印第安人的部落有以下七个特征。

一是，"有自己的地区和自己的名称"。[2]

二是，"有独特的、仅为这个部落所用的方言"。[3]

三是，"有隆重委任氏族所选出的酋长和军事首领的权利"。[4]

四是，"有罢免他们的权利，甚至可以违反他们氏族的愿望而罢免他们"。[5]罢免的权利在部落议事会。

五是，"有共同的宗教观念（神话）和崇拜仪式"。[6]

六是，"有管理公共事务的部落议事会"。[7]部落议事会的成员由各个氏族的酋长和军事首领共同组成，是部落最高权力机构，同时也是民主权力机构。开会时，氏族成员有权参加并加入讨论发表自己的意见，但决议由议事会作出。妇女也可以通过她们所选出的演说人陈述她们的意见。虽然议事会是部落最高权力机构，但任何决议通过后，还要听取部落成员的意见。

七是，"在有些部落中间，有一个最高的首领，但他的权力很小"。[8]

---

[1] 恩格斯：《家庭、私有制和国家的起源》,《马克思恩格斯选集》第4卷，第87—88页。

[2] 同上，第89页。

[3] 同上，第89页。

[4] 同上，第90页。

[5] 同上，第90页。

[6] 同上。

[7] 同上。

[8] 同上，第90—91页。

部落最高权力机构是部落议事会，最高首领只是酋长之一。在最紧急行动时，他在议事会做出最后决定之前，他可以采取临时措施以应付事态的发展。

3.部落联盟

由具有血缘亲属关系的部落在完全平等、独立自主处理内部事务的基础上达成一致的两个或两个以上的部落，结成永世联盟。联盟的最高权力机构是联盟议事会，由地位完全平等的酋长组成，这些联盟酋长同时又是部落的酋长：

"联盟议事会的一切决议，须经全体一致通过。"[①]

每个部落的议事会都可以召集联盟议事会，但联盟议事会不能自行召开，因其本身并不是独立的权力结构，它仅是一个民主决策的平台。会议在聚集起来的民众面前公开举行，每个成员都可以发言，但只有议事会才能作出决定；联盟没有一长制首长，即没有主掌执行权的首领；联盟有两个具有平等职能和平等权力的最高军事首长。

以上母系氏族社会群结构，是恩格斯主要依据摩尔根《古代社会》对北美印第安人的记载和他本人研究得出的母系氏族的群结构。

王道社会结构与此相比则发生了质的变化。

王道社会开始了从母系氏族社会向父系氏族社会转变，使社会群结构中产生了异质结构，即家庭结构。原来母系氏族社会整个社会结构除群性质的结构之外再没有其他性质的结构，而家庭结构的普遍出现，说明社会最基础结构已经不是氏族，而是在氏族结构之中又出现的家庭结构。家庭结构并不是群结构，是以家长为核心的新的社会结构。

这种家庭结构在仰韶文化初期就已经出现了。河南郑州大河村仰韶文化遗址曾发现许多分间房屋，从这些分间房屋来看，它的居民应该是包括十多个人的共同体。这种共同体应该是一个多人口的家庭，否则就不会住这种分间的房屋，不会这么紧密地生活在一起，这种多分间的房屋，住的家庭的人口不但比那两间一单元的家庭人口多，人口的结构也

---

① 恩格斯：《家庭、私有制和国家的起源》，《马克思恩格斯选集》第4卷，第93页。

相对复杂，有可能过夫妻生活的成年人不止一对，会有两至三对，否则就不必将一个较大的房子隔成几个很小的房子。

王道社会的婚姻形态已从对偶婚往一夫一妻或一夫多妻制婚姻形态过渡，导致了家庭结构的出现。正是家庭结构的出现开始了原始社会的群结构的解体。

（六）天道文化与强道文化并存

王道社会以前，人类社会文化是以天道文化为主体，较少地形成人类自己的文化，人类文化在社会发展中只起微不足道的辅助作用。一切顺应天地的变化，人类在被动地安排着自身的生产与生活活动。

王道社会出现以后，文化在人类发展变化上发生了质的改变，开启了人道从非主体向主体的转变过程；从被动顺应天道到主动利用天道的转变过程；从天道强盛走向式微，人道从微弱走向强盛的过程。这三个转变过程导致了王道社会的五个"出现"。

第一个出现：权力的出现。

人类在长达几百万年的母系氏族社会中是不存在任何社会权力的，人人平等，任何人没有对别人的支配权与领导权，不存在服从与被服从的关系，任何事情通过民主协商然后投票或举手表决。一旦做出决定，任何人都必须服从，而不能凌驾于这个决定之上。但到了王道社会则不同，据传说，在黄帝尚未成为天子之前，他曾与炎帝在阪泉之野进行了三次大战，并最终击败了炎帝；随后，他又与蚩尤在涿鹿进行了战斗，并成功擒杀了蚩尤。对于这样大规模的对外战争，史料中并没有明确记载黄帝是否与天下部落成员、人民或诸侯进行了商量，也没有提及他是否与本部落联盟的人进行了讨论或进行了民主决议。在原始社会的母系氏族时期，部落联盟的决策通常是通过集体讨论来达成的。例如，摩尔根和恩格斯研究北美洲印第安人的部落联盟时发现，这些联盟的议事会决定需要全体一致通过，每个部落及其议事会成员都必须一致赞成决议才算有效。

摩尔根通过对人类母系氏族社会的活化石北美洲印第安人进行研究发现该地区大约：

"有由五个独立部落组成的易洛魁联盟，由六个部落组成的克利克联盟、由三个部落组成的渥太华联盟、由七会议'篝火'组成的达科他联盟、由新墨西哥的七村组成的摩基联盟、由墨西哥谷地的三个部落组成的阿兹特克联盟。"[1]

这种部落联盟的"联盟议事会的一切决定，需经全体一致通过"。[2]通过后的决议要在每个部落进行表决。而且：

> "每个部落以及每个部落内的议事会全体成员，都必须一致赞成，决议才算有效。"[3]

然而，关于黄帝时期大规模战争的决策过程，史料并未明确记载有类似的议事会和表决程序。因此，我们无法断定黄帝在发动这些大规模战争时是否遵循了类似母系氏族社会的民主决议方式。从现有的史料来看，黄帝的决策似乎更多体现了个人的权威，这与母系氏族社会的决策模式有所不同，因为那是母系氏族社会才有的民主制，到了黄帝时已经进入了父系氏族社会，形成了几乎各地各部落都存在的权力结构。从部落联盟首领、部落酋长、氏族酋长、家族族长、家长等权力结构，这种权力结构逐渐取代了民主式的社会管理及执政方式。

第二，家庭的出现。

在王道社会以前，人类社会是没有家庭结构的。人类只能知其母，而无法知其父。而进入王道社会以后，婚姻形态也由对偶婚发展到了专偶制婚姻形态。恩格斯说它是

> "人类所经历的最深刻的革命之一"[4]。

专偶制婚姻使家庭成为社会的基本细胞。母系氏族社会的基本细胞是氏族，氏族是社会的基本单位或基础单位，现在这个基础单位被家

---

① 摩尔根：《古代社会》，商务印书馆1997年版，第121页。
② 恩格斯：《家庭、私有制国家的起源》，《马克思恩格斯选集》第4卷，第93页。
③ 同上。
④ 同上，第53页。

庭取代了。过去，人们的生产生活以氏族为单位，现在改为以家庭为单位。家庭成员要共同生产、共同生活，共同教育抚养子女，共同赡养老人，还要全家人同甘共苦，一荣俱荣，一损俱损。家庭的固定社会结构，把家庭中的所有人都连接在一起。这就改变了天道文化所形成的群结构，使原来的群结构出现了新的特质的家庭结构，但在王道社会时期群结构依然存在，家庭结构依附于氏族结构而存在。

第三，私有制的出现。

人类进入新石器时期以后，由于生产力的进步，促使农业、畜牧业、渔业、手工业发展较快。

> "一切部门——畜牧业、农业、家庭手工业——中生产的增加，使人的劳动力能够生产出超出维持劳动力所必需的产品。"[1]

社会生产产生了剩余产品，剩余产品归谁所有，这便出现了财富的私有化，使个别人占有比其他人更多的财富有了可能。

> "这些财富，一旦转归家庭私有并且迅速地增加起来，这给了以对偶婚和母权制氏族为基础的社会一个强有力的打击。"[2]

随着私有制的形成和发展，社会的基本经济单位也由氏族过渡到家族或个体家庭。个体家庭在社会生产中的作用愈来愈大，生产单位也由原来的家族生产逐渐向个体家庭过渡，生活资料和生产资料也逐渐从家族向个体家庭转移。这就使个体家庭成为完整的社会经济单位，从而更加巩固家庭在社会中的地位。家庭已成为一个生产单位，一个生活单位，一个以个人为主的私有财富的占有单位。

王道时代的私有制并不是社会经济所有制的主体，氏族共同占有经济依然是王道社会主体经济占有形式。

第四，阶级的出现。

---

[1]　恩格斯：《家庭、私有制与国家的起源》，《马克思恩格斯选集》第4卷，第161页。
[2]　同上，第52页。

列宁曾对此下过定义，他说：

> "所谓阶级，就是这样一些大的集团，这些集团在历史上一定的社会生产体系中所处的地位不同，同生产资料的关系（这种关系大部分是在法律上明文规定了的）不同，在社会劳动组织中所起的作用不同，因而取得归自己支配的那份社会财富的方式和多寡也不同。所谓阶级，就是这样一些集团，由于他们在一定社会经济结构中所处的地位不同，其中一个集团能够占有另一个集团的劳动。"①

马克思、恩格斯在《共产党宣言》中指出，阶级的出现使社会的人群分为富有阶级和贫困阶级：

> "它使阶级对立简单化了。整个社会日益分裂为两大不同的阵营，分裂为两大相互直接作用的阶级：富裕阶级和贫困阶级。"②

在仰韶文化后期，从当时人们的住房来看，不但有分间的住房，而且还有类似于殿堂的大型公共建筑。大地湾遗址901号房是由前堂、后室和东西两个厢房构成的多间式大型建筑。前堂面积最大，宽16米，进深8米，面积达130平方米。后室和2个厢房加前堂面积达到290平方米。房内出土的器物也较为特殊，其中有直径46厘米的四足鼎、畚箕形陶器、平底釜等，都是在一般遗址中所不见的，还有罐、盘、钵、缸等陶器。这么大的房子，远非一般的居室，可能是召开本部落氏族头领会议或举行盛大宗教仪式的场所。这说明，当时的氏族首领们经常活动的地方已经走上了奢侈化、尊贵化，已经脱离和超越了部落居民的整体水平。这些氏族头领已经形成氏族社会的上层阶层。

这种社会分成两个贫富集团，从当时的墓葬也可以看出。仰韶文化后期的墓地，主要见于郑州的大河村、后庄村、洛阳的五湾和陕县庙底沟二期遗址等地。从这些墓葬看，成年人的墓葬均为长方形土坑墓，宽

---

① 列宁：《伟大的创举》，《列宁选集》第四卷，第10页。
② 马克思、恩格斯：《共产党宣言》，人民出版社1997年版。

仅可容身，全部为单人葬，仰卧直肢，也有个别的屈体或俯身葬，很少有陪葬品。如大河村36座墓中，仅3座墓有随葬品，其中的2座墓随葬品为1鼎和1碗，1座墓为2种陶器。在大汶口的墓葬中明显可以看出社会分化为贫富两大集团。大汶口墓葬区各20座墓葬随葬品，有穿孔的石斧，也就是石钺，约占全部墓葬的15%。这类墓大多随葬骨质或象牙雕筒或指环等。随葬品有陶器、石器、骨器以及猪头等。墓主的身份除极个别石骨器制作的手工业者外，大多数应该是武士或氏族贵族，即社会上层的富有人群。在这些随葬品中，有象牙琮、玉钺乃至鼍鼓，主人应是部落乃至部落联盟的酋长。

1987年5月至6月，考古学家发掘了浙江余杭安溪乡瑶山良渚文化遗址，共12座墓，前排即南排7座，后排5座。南排最大的12号墓已被盗，从盗掘者手中收集起来的玉器竟达344件。离瑶山西南5公里处是反山墓。所谓反山，是良渚文化人工堆筑的一个大坟山，其中的20号墓是一座长3.95米，宽1.75米~1.96米，深1.32米的大墓，随葬品有陶器两件，石器24件，象牙器9件，鲨鱼牙1枚，玉器170件（组），随葬品共计547件。

第五，家长奴隶制的出现。

家长奴隶制又称家内奴隶制。恩格斯是这样论证奴隶制出现的问题的：

> "第一次社会大分工，在使劳动生产率提高，从而使财富增加并且使生产领域扩大的同时，在既定的总的历史条件下，必然地带来奴隶制。从第一次社会大分工中，也就产生了第一次社会大分裂，分裂为两个阶级：主人和奴隶、剥削者和被剥削者。"[1]

恩格斯这里所说的第一次社会大分工是发生在原始社会的晚期，畜牧业从农业中分离出来。

中国远古时代奴隶的出现可能很早，距今6500—4500年的大汶口属于少昊氏当年活动的地区。大汶口文化的花厅发现10座大墓中有8座

---

[1]　恩格斯：《家庭、私有制和国家的起源》，《马克思恩格斯选集》第4卷，第161页。

墓内有用人殉葬的现象，如墓20的主人为成年男性，在主人脚下的2层台上有2具少年的尸骨，挨着少年的旁边葬有1只狗，少年的头部旁边葬有1头猪。60号墓主人年龄在30岁左右，在脚下葬有1猪1狗，左下侧葬有1对中年男女和3个儿童。50号墓男主人在25岁左右，在他的脚下葬有10岁左右的儿童。35号墓主人为一青年，脚下葬有1名儿童。[①]

这些殉葬者有可能是战俘，儿童可能是战俘的后代。大汶口文化与良渚文化比邻，有可能代表不同文化部落之间的战争，将战俘变成奴隶，用来生产劳作，甚至殉葬。在龙山文化的墓地里，也有发现葬有奴隶的现象，如龙山文化有的墓葬区中，有大量的乱葬坑。每个坑中埋有十数人不等。这些人有的身上带有伤痕，有的身首分离，也有的作垂死挣扎状。这些人有可能是战争的牺牲者或被处死的战俘，也有可能是奴隶。

龙山文化遗址中，有的房屋或城墙下面有奠墓坑，里面埋有小孩或成人。这些人可能是奴隶或家童。

林耀华的《原始社会史》中记载：

"云南佤族民族调查显示，拥有家内奴隶占各寨人口的比例不一，最少的不到2%，最多不超过7%。"[②]而在云南佤族占有奴隶的家庭中，大部分是部落的首领、氏族酋长以及少数的宗教祭司。

以上五个"出现"，是强道文化在原来的天道文化中表现的结果。说明强道文化与天道文化一同在王道社会存在。

为什么把这五个"出现"看成强道文化，或者看成强道文化的起源？

第一是"权力"。在天道社会中不存在谁有高于别人的权力，人人平等，任何事情都通过民主投票决定。这是靠天道文化决定的，即在天道那里，万物都是平等的。但随着人们不断地交往沟通，表现出每个人的天分不同，即体力与智力的差别。体力强、智力高的人在人群之中起的作用就愈来愈大，便成为同伴追逐和信任的对象。长期如此，这样的人便受到人们追捧，成为人群中的首领。当人类走出乱婚之后，进入氏

---

① 见苏秉琦主编，张忠培、严文明撰：《中国远古时代》，上海人民出版社2017年版，第239—240页。

② 林耀华：《原始社会史》，第370页。

族社会，这些人便成了氏族的首领酋长。所以权力是源于当权人的体力或智力或者是两者兼有的人，这样的人才能成为原始社会权力的掌握者。在天道社会时，这种权力只起一个召集者的作用。而到了强道社会时，权力以整体的形式出现，已成为整个社会权力结构体系，成为强者统治别人的手中工具。

第二是"家庭"。家庭的出现是男女婚姻形态变化的结果，出现专偶制婚姻才出现家庭。在家庭出现之前，社会的基本结构是氏族。为什么是氏族？因为在社会中，女性的作用要大于男性的作用，而随着社会生产力的进步和农畜渔业的发展，男性在社会上的作用愈来愈重要，男人在社会上的作用要大于女性的作用，从而出现了父系氏族社会，才出现了家庭。而家庭的出现开始瓦解原始社会的群结构，结构群逐渐在社会中取代了群结构。家庭成为强道社会的基础社会结构。

第三是"私有制"。男人主导的农牧渔业的发展，使社会劳动产品出现了剩余。家庭的出现，使这些产品有了变为私有产品的可能。但这种可能要转化为现实，还要看社会的第二次分配。社会产品的第二次分配已经不是满足人们生产生活的必需品，而是以多余的产品为需要，这部分产品成为人的私有财富，那些占据社会权力地位的人，一定会有近水楼台先得月的便利，另外就是那些以体力或智力为社会作出贡献的人，一定会成为第二次分配的优先者或者通过自己的行为而成为这些产品的占有者。

第四是"阶级"。阶级的出现是财富的占有不同和在社会上的身份地位不同导致的。身为社会上层的统治者，他可以利用社会赋予他的权力为自己谋取利益，这样就使社会的贫富分化愈来愈快，愈来愈大，贫贱高贵的区分愈来愈对立，愈来愈明显，这些主要是社会权力在起作用。所以阶级的形成，权力的"力"起作用最大。有了权力的统治者，自然就成为强者，而那些没有任何权力的老百姓，自然成为社会的弱者。

第五是"奴隶"。奴隶的出现与战争的作用关系十分大，但主要是人类的欲望，即一部分人想彻底地占有另一部分人，只有把其他人变成自己可以随便使用的工具，人的欲望才能得到最大的满足，也是为了证明自己强大的最为有力的体现，即人能将他人变成同牲畜一样，从而不允许有任何的反抗，来满足强者的最大欲望。

三、王道社会的归宿是天道社会

（一）人类社会面临着新的挑战

王道社会从天道社会而来，走向强道社会。人类已进入强道社会4000—5000年。强道社会最大的特点是：

第一，是以强力解决社会的一切；第二，是以权力组成社会结构。

力加权力构成整个社会的轴心。在一定的意义上讲，力与权力两者重叠，权力也是力的一种体现。

人类的一些思想家一直努力地用文化、人的思想意识去制衡这种"力"，或者制衡各种"权力""权利"，从中找到并实现社会平衡与稳定，但这种制衡是有限的。每当文化和个人思想意识与强力发生矛盾冲突时，往往都是强力胜出。于是，几千年来，人们设想和制定了很多理论学说，又依据理论和学说制定了诸多的制度，包括法律，以及对人的各种惩罚等，力求实现社会的平衡与稳定的发展。

强道社会阶段是人类社会必经的社会发展阶段。不同于王道社会，它是一个稳定的社会结构组成的社会形态。强道社会依然存在着天道文化，但天道文化已不是社会的主体文化。人类社会的历史进入强道社会以后，各个国家由于历史发展的过程不同，人们在社会活动中产生的思想意识不同，导致了强道社会文化的差异。有的国家或民族，由于人们在历史发展中的立场不同，因而形成的历史文化也不同。有的国家或民族在整体上保留的天道文化多一些，有的国家或民族在整体上保留的天道文化少一些，或者天道文化被保留的多寡决定了国家、民族之间的差异。这些差异主要表现在权力的公用和私用、社会财富的人均多寡、社会地位的平等或悬殊、人的自由等方面上，差异大则表明天道文化在社会中保留得少，差异小则表明天道文化在社会中保留得多。

人类社会走到今天，很多问题已经到了难以解决的地步，这说明强道文化已经走过了它的鼎盛时期，即它的合理性愈来愈少，而它的不合理之处却愈来愈多。如核武战争的危机愈来愈逼近；人类生存的自然界遭到无法弥补的破坏；人与人之间的信任愈来愈少；对社会的认可程度愈来愈低；人们对物质的欲望愈来愈强……

这是强道社会发展到今天的必然结果，是无法避免的结局。人类不能再这样走下去了，必须走出强道文化，走出强道社会。人类如果不摒弃强道文化，不仅人类社会中人与人的矛盾会愈来愈深化和激烈，人与自然的矛盾也会愈来愈深化和激烈，最后的结果是人类走向灭亡，大自然遭到极大的创伤和破坏。

人类想要不结束自己的历史，想要继续存在和发展下去，唯有重新走向天道社会，这是人类社会唯一的出路。

人类怎样才能走出强道文化，走出强道社会？

从强道社会进入天道社会，中间仍有一个过渡型的社会——王道社会。

这个王道社会与人类历史上的王道社会既有很多方面相同，又有很多方面不同。

首先，社会形态中的三大结构，即政治、经济、文化结构的发展走向的不同。历史上的王道社会的社会形态中的天道文化，即天道的物质文化与意识文化从多向少发展，而强道文化，即强道的物质文化与意识文化从少向多发展；新的王道社会的社会形态中的天道、物质文化与意识文化从少向多发展，而强道、物质文化与意识文化从多向少发展。

其次，历史的起点不同。历史上的王道社会是建立在社会物质财富极少，人的思想意识较为淳朴、本质，人与自然高度和谐的基础上的，而新的王道社会是建立在社会物质财富较为丰富，人的思想意识较为复杂，人与自然的关系极为不协调的基础上的。

最后，人类自身的发展状况的不同。历史上的王道社会，人与人之间财富的占有、民主的权利、人们的自由基本上是平等一致的；而现今的人类社会，不仅存在着人与人之间的不平等、国与国之间的不平等，还存在着人与人之间的各种矛盾，有的矛盾正在一天一天地走上激化，很多国家的人们根本说不上人权自由，甚至生存权都受到挑战。

（二）走出强道社会，要唤醒人的群体意识

人是地球上唯一具有理性的生命，或者说是唯一的高智慧生命。人的理性与智慧决定了人不仅可以理性地设计人的现在，也可以理性地设计人的未来。

人的理性来源于人的意识，人的意识储存在人的大脑之中。作为一个生物的人，人的大脑储存着最原始的意识，人们称之为"原意识"。原意识中储存着人的四种意识，即生存意识、繁殖意识、群体意识和移植意识。这种原意识，是通过人的遗传而得到的。

生存意识主要表现为人的生理感知，如饥饿、干渴、劳累、疼痛、痛苦、焦虑等；繁殖意识主要包括人的性意识以及性感知和性反应；群体意识是作为动物的人的群居意识，惧怕孤独，由孤独产生的焦躁和危险意识等；移植意识包括爱欲、怜悯、审美、幸福、满足感等。

人的生物性的原意识，本身就是人的天道意识的主体部分。人的生物性与社会性相结合，人的原意识会随着人所面临的社会环境发生改变。在天道社会，人的原意识与人的社会性完全吻合与协调，人的生物性和人的社会性并不矛盾；而在强道社会，社会倡导的是丛林法则，人的四种原意识，其中三种，即生存意识、繁殖意识、移植意识很快便会变异为人的竞争意识。因为按照丛林法则，人的生存、繁殖一直都会面临着机遇与选择，都会面临着其他人或团体的挑战。而人的群体意识则会一点点退化。人一点点地走向自我，走向个体，走向孤独。在人们的心里，竞争意识成为人们的主导意识，而互助意识却愈来愈少。社会倡导竞争，让竞争成为个人和社会向前发展的动力，用竞争去激发人的潜能，实现个人能力的最大化，实现个人的价值，在竞争中打败对手，挑战自我的极限。这使人越来越将人际关系对立化、分裂化，社会中的人成为一群只知道追求个人利益、价值、目的的个体。这种竞争意识导致人们明争暗斗，相互猜疑，人人自危，社会的伦理道德失范，人与人相互友爱团结互助的群体意识丧失。

新的王道社会就是要将人们的群体意识找回来，并对由于现实社会对人的生存意识、繁殖意识、移植意识而产生的异化进行限制与修正，将其引导到以人的群体意识为主的中心意识，成为以群体意识为核心的人的王道社会意识。

（三）建立人与人之间的中庸关系

新的王道社会应以王者为中心，这就要求王者一定是至圣之人，要求王者有圣人的智慧、道德和治理社会的能力，并在此基础上，建立王者与人民大众的中庸社会。中庸社会，就是中庸之道成为社会所有人奉行的思维方式和行为方式。人人言必中庸，行必中庸。中庸成为社会文化的本质，是衡量人类社会和人们社会行为是否正确的唯一标准。同时，在智慧、道德、治理社会的能力三个方面里，智慧是首要的。王者应将智慧变为人的思想力，让人们的思想经过改造后，形成整个社会统一的思想力，形成新的社会群体意识，在此基础上，带领人们走向新的中庸天道社会。

第十四讲
老子的无为至朴

人类社会如何从强道社会走上天道社会？早在2500多年前的老子就已开始设计途径了。

老子认为，只有一个途径：那就是作为社会的统治者必须带领他所管辖的人们一起走上朝着天道社会发展的道路；天下的统治者也好，被统治的人们也好，都要进行自我思想意识的修为，将自己的思想意识修为到符合天道的思想意识。在人群中，统治者十分重要，是社会好坏和决定社会走什么道路的关键。

那么，作为社会的统治者，应该怎么做呢？

一、民不畏死，奈何以死惧之

老子认为的统治者必须达到一种境界，即统治者将老百姓逼上绝境就等于将他自己逼上了绝境。而不将老百姓逼于死路，最为主要的是解决社会财富占有的问题。

一个国家，一个社会，如果大多数人是贫穷的，只有少数人富有，这个社会肯定是失败的。老子说：

"民之饥，以其上食税之多，是以饥。"①

如果社会劳动者生产的产品大多数归自己所有，人民怎么会穷困呢？但他们生产的社会产品，都被社会统治者设立的各种名目剥夺，因而生产者才穷困。那些统治者和那些只出资本或占有资源的富人占人口不到10%，却占有社会财富的90%，广大社会生产者占人口的90%，而财富才不到10%，这个社会怎么会合理，怎么会公平？统治者和富有者满嘴仁义道德，可在社会财富的占有上却又心安理得，他们认为自己就应该多占有社会财富。统治者因为有权，是社会最大的资源者，他们利用手中的权力，为自己谋利益，于是与富有者结成同盟，共同欺压黎民百姓，老百姓怎能不穷困呢？老子看到了这一点，正是由于统治者奉养奢厚，向人们搜刮无度，才使社会矛盾愈积累愈激烈，总有一天，百姓以死抗争。

"民之轻死，以其上求生之厚，是以轻死。"②

这里面先提出一个至关重要的问题：民为何不爱惜自己的生命而"轻死"，原因是统治者奉养奢厚，将社会上大部分的财富都用在自己身上，致使老百姓日益贫穷，民不聊生。这是一条铁律——当老百姓愈加穷困，必然愈犯上作乱；愈犯上作乱，统治者愈要实行严刑峻法的白色恐怖的统治政策；而统治愈残酷，人们反抗就会愈激烈，这离一个朝代的灭亡就不远了。

"民不畏威，则大威至。"③

当老百姓不惧怕统治者的威严，不惧怕统治者的白色恐怖，那么"大威至"，即大的祸乱就会发生了。因为老百姓已经穷得没有人生意义了，你还要用白色恐怖去压榨他，这便是典型的官逼民反。

---

① 《道德经》第七十五章。
② 同上。
③ 《道德经》第七十二章。

　　"民不畏死，奈何以死惧之？"①

　　《道德经》第七十四章、第七十五章是老子对后代统治者的真理般的警言，可惜当时的后代统治者都没有看懂。这也是《道德经》对历代统治者来说最有价值的思想，但每个朝代都取民至厚，以肥己私，尽情享乐，不管黎民百姓的死活。

　　老子这个思想，一是来源于夏商周三代灭亡的教训；二是等到春秋之际，各国王公贵族仍重蹈夏商周统治者的覆辙；三是他是想给当世的统治者和后来的统治者一个警告，希望他们居安思危，希望他们改弦更张，更希望他们能带领被他们统治的人们走上一个和平和谐的发展之路。可惜，历代的统治者并没有从《道德经》中学到这三点。

　　中国历史上多个王朝的改朝换代都是官逼民反。一次次农民大起义，推翻一个个王朝。新的王朝建立，没几年的时间就忘记了前朝灭亡的教训，继续盘剥压榨无权、无势、无财的黎民百姓，再次逼迫老百姓揭竿而起。

　　本来人们期待刚刚结束分裂割据的秦朝和隋朝能将国家带入一个国富民康的社会，但事与愿违，统治者不知节制自己的欲望、因本着奉己之厚的治国理念，对百姓实施暴政，结果秦朝仅存在了14年，隋朝存在了37年，就被两次农民大起义推翻了，统治者与王朝一起灰飞烟灭。

　　统治者能从中总结出教训的莫过于唐太宗李世民和他的臣僚们，贞观之治最典型的一句话就是：

　　"君，舟也；人，水也。水能载舟，亦能覆舟。"②可惜了，晚年的李世民仍然逃脱不出昏庸腐败的命宿。究其原因，与其说人性使然，不如说文化使然。

---

① 《道德经》第七十四章。
② 《贞观政要》卷一。

二、怎样治理国家

在统治者看来，民众很难治理。为什么？因为统治者不会在自己身上找出原因。历史上统治者称那些不服从统治的老百姓为刁民，或盗贼、逆贼等。

如果统治者将权力还给民众，或者将权力的利益给予人民，而不是给予自己，那么，民众还难治理吗？统治者还会得不到人民的拥护吗？但大多数的统治者认为，自己是统治者，多吃、多占是天经地义的。老百姓就该为我服务，我就是老百姓的主宰者，官者自称自己是老百姓的父母官，这哪里还有平等，统治者完全把自己置于老百姓之上，或者对立面，这样，民就很难治了。这样确定两者的关系，视老百姓为低人一等的庶众，严重者视民为草芥，于是民众完全可能由良民变为暴民。民众成为暴民在一定程度上是当官者逼出来的。

那么老子对民难治是怎样诠释的呢？在老子看来，统治者将权力私化，主要原因在于统治者：

"咎莫大于欲得，祸莫大于不知足。"[1]

统治者由于贪欲而剥削老百姓，从而导致老百姓的反叛。因为统治者是想自己得到，得到了还不知足，还寻求更大的、更多的得到，从而必然将权力私化。统治者一旦把权力私化，就要利用权力去为自己做事。而统治者这样做事，百姓必然难治。

这是个因果关系。老子认为：这一个因果关系是统治者的有为。

"民之难治，以其上之有为，是以难治。"[2]

---

① 《道德经》第四十六章。
② 《道德经》第七十五章。

老子把统治者的有为，看作"民难治"的另外一个原因。

在老子看来，统治者有为，而民则难为。民难为，社会还怎么发展呢？另外，统治者"有为"大多为自己而为，势必滥用权力侵犯民众的利益。所以他主张，在上的统治者要行无为而治的政策。为什么要实行无为而治的政策呢？因为无为而治符合天道。为什么无为而治符合天道呢？天道无为，万物有为，天道只规定万物各自的道后，天就不做什么了，让万物按自己的道去发展。老子主张作为统治者要尽量少去作为，尤其少去干涉下面的老百姓的作为，应该像天道那样，给老百姓规定好各自发展的道路，让老百姓自行去发展。

> "侯王若能守之，万物将自化。"[①]

这意思是说，你们这些统治者，如果能奉行天道而无为，并能坚守这个道理，老百姓就会自行教化了，就会想着去做符合天道的事情。老百姓均按天道行事了，那么民众还难治理吗？

老子认为民难治还有一个原因，就是统治者以智巧、计谋治国。

> "民之难治，以其智多。故以智治国，国之贼；不以智治国，国之福。"[②]

民众智多，王弼注："多智巧诈。"无论统治者也好，民众也好，如果智谋多了，必行巧诈，朝野之间必然相互倾轧，人心惊恐，相互猜疑，权谋多变，这样下去，国家的命运、统治者的命运、民众的命运都会走向衰败，这就是智谋治国的结果。老子称之为"国之贼。"

正是因为老子将"以智治国"，看成"国之贼"所以，老子有些走上了极端，他说：

> "古之善为道者，非以明民，将以愚之。"[③]

---

① 《道德经》第三十七章。
② 《道德经》第六十五章。
③ 同上。

"不以智治国，国之福。"①

以道家学说，倡导人要无智无欲，这可以理解，但提出"愚民"，为治国的最好办法，便让人难以理解。但仔细想来，实属于老子的无奈之举。

因为在老子看来，如果明智，人类会将自己的智慧与自己的欲望结合起来，结果必然要违背天道，必然是淫巧奸佞之事猖獗，人皆盗贼，社会将会混乱不堪，动摇不已，从而使正确的变成了邪恶，善良的变成了妖孽。

"正复为奇，善复为妖。"②

人们迷于其中，不知往返。

"人之迷，其日固久。"③

所以，老子才提出，治理国家应做到：

"绝智弃辩，民利百倍；绝仁弃义，民复孝慈；绝巧弃利，盗贼无有。"④

没有了智巧，人就不会去追求完美的人格，不会追求自我私欲的满足，就会变得更加内敛与解脱。

"大成若缺，其用不弊。大盈若冲，其用不穷。大直若屈，大巧若拙，大辩若讷。"⑤

---

① 《道德经》第六十五章。
② 《道德经》第五十八章。
③ 同上。
④ 《道德经》第十九章。
⑤ 《道德经》第四十五章。

人做到了"若缺""若冲""若屈""若纳"，便能始终保持一个知足常乐的心态，人的心态清静了，天下自然就安定了。

"清静为天下正。"①

综上可以得出，老子著《道德经》是有其十分明确的目的的：

其一，他认为，现实社会存在着极其严重的不合理性，而产生这种不合理性的主要根源，是统治者自我欲望的过分膨胀，无节制地对民众进行搜刮，将老百姓逼迫去当暴民，甚至达到造反的地步。

其二，老子想解决社会的不合理，从而才著《道德经》，阐述其治国的理念和思想。《道德经》全书无论阐述自然之道、人类社会之道、自然之德，还是人类社会之德，都是以治国、治民这个总目的为核心、为宗旨。

其三，《道德经》是老子给人类社会留下的治国理念和设想，可以用一句话概括：用天道治理天下，用天道治理国家。

三、以什么去"治国"

老子提出，不以制度治国。为什么不要用制度治国呢

在老子看来，人类经历了这样几个时代。

第一个时代，即与道合一的时代。这个时代被称之为"上德"。

"上德不德，是以有德。"②

"上德"的人，是处于天道时代的人。这个时代，人类不必刻意去追求道德，为什么呢？因为这个时代人人都有道德！

---

① 《道德经》第四十五章。
② 《道德经》第三十八章。

第二个时代，即"道"已经不存在了，仅存有"德"。

"下德不失德，是以无德"。①

这里的"无德"是无"上德"的德，即"道"。无道，仅存有德，就会没有规律，没有法则，天下就要失"范"，也就是失去社会平衡的秩序，社会必然要混乱。

第三个时代，即"德"已经失去了，进入了"仁"的时代。

"上仁为之而无以为。"②

"上仁"的时代，人与人还有爱心，人去爱人尚属于自然，虽然"爱"了，都不以为这是爱人，即"无以为"，因为爱人是自然而然的。

第四个时代，即"仁"已经失去了，进入了"义"的时代。

"上义为之而有以为。"③

"上义"的时代，人与人之间已经没有了爱心，人去做符合义理的事情，已经开始讲条件了，即讲"义气"了，这时人们做事，已经成了相互之间的一种情义交换，所以做什么事是有条件的，是"有以为"。

第五个时代，即"义"已经失去了，进入了"礼"的时代。

"上礼为之而莫之应，则攘臂而扔之。"④

这个时代的人类有所作为，但是得不到人们的响应，于是就扬着胳膊强使他人服从。

五个时代，从上而下，大致可分为上古、中古、近古、近代和当

---

① 《道德经》第三十八章。
② 同上。
③ 同上。
④ 同上。

代五世。如按中国古代社会的发展阶段来看，应是：原始社会初期；原始社会的中期；原始氏族社会的后期，即三皇五帝时期。如按本书的方法，上古、中古应为群结构的天道社会时期；近古应为群结构与结构群同时并存的王道社会时期；近代和当代应为结构群的夏商时期、周时期。

在老子看来，这是一代不如一代，尤其到了以"礼"治国的周时期，得不到人们的响应与顺从，只好用强制的手段，即规范社会制度，来胁迫人们就范。

所以，老子痛斥这个时代。他说：

"夫礼者，忠信之薄，而乱之首。"[1]

礼，不仅是社会忠信缺失的体现，而且是社会祸乱的开始。因为"礼"，不是自然而然的，而是对人的一种绑架与胁迫。

这里的"礼"在先秦时期并不仅仅是礼仪制度，它包括了所有的社会制度。

四、老百姓是治国的基础

老子认为，统治者的"贵"，是以老百姓的"贱"为前提的。没有老百姓的"贱"，何来统治者的"贵"。所以作为统治者，必须明白这个道理。换句话说，统治者的高贵身份，是老百姓给的，只有老百姓存在，才会有统治者的存在。那么，老百姓决定了你的"贵"，给了你的"权"，老百姓也可以不决定你的"贵"，不给你的"权"。

"故贵以贱为本，高以下为基。是以侯王自称孤、寡、不

① 《道德经》第三十八章。

穀。"①

所以，贵以贱为本，高以下为基础，如果失去了根本、基础，那些侯王拿什么称"孤"道"寡""不穀"。正是出于这样的原因，老子说：

"圣人常无心，以百姓心为心。"②

为什么"圣人常无心"？因为圣人与天地合德，以天地之心为心，故自己无心；"以百姓心为心"，就是以百姓为重，看重百姓的心理需求，解决百姓的心里之难，化解百姓的忧愁，只有这样才配称得上"圣人"。

"圣人"，即社会的统治者。那么，他应该怎样统治社会呢？老子认为，作为统治者的圣人，对老百姓要施行"教化"与"自化"和为老百姓提供一个良好的社会环境的三种办法：

第一种办法，统治者首先要作出表率，即要求老百姓做到无为，统治者首先要做到无为，这就是老子所说的：

"不言之教，无为之益，天下希及之。"③

第二种办法，统治者通过自己的无为，而使老百姓自觉地无为，即老百姓的"自化"。

"我无为，而民自化，我好静，而民自正；我无事，而民自富；我无欲，而民自朴。"④

第三种办法，统治者还应该给老百姓提供良好的社会环境。这种社会环境能使老百姓保持一种人本的自然状态。

---

① 《道德经》第三十九章。
② 《道德经》第四十九章。
③ 《道德经》第四十三章。
④ 《道德经》第五十七章。

"不尚贤，使民不争；不贵难得之货，使民不为盗；不见可欲，使民心不乱。"①

"不尚贤"，这主要是从人的政治品质上讲的。在老子以前，多以人的贤良品质作为社会各级官吏选拔的标准，如尧对舜的考察，知道舜贤良，故将天子之位让给了舜；舜经过对大禹的考察，认为禹贤良，故将天子之位禅让给了禹。

老子为什么主张不尚贤呢？在老子看来人的本性都是一样的，而人的差别是后天形成。如果统治者尚贤，那么就会在人群中出现争先恐后地去当"贤才"的局面，这样的结果，自然在人群之中形成竞争，导致人们争名，争利，甚至争地位。

"不贵难得之货，使民不为盗。"②

这主要是从人们的利己观上讲的。货物本来就应该具有使用价值，货物本身并没有衡量贵贱的价值。一颗草芥与一两黄金，只有当它对人们形成需要时，它才产生价值，人不需要它时，它便没有任何价值。可人类偏要将人们能够遇到的货物分出个三六九等，于是就有了"贵"与"贱"之分。有了"贵""贱"之分后，人们便对那些贵重的物品产生了贪念之心，又不能以正确的方法和手段得到它，于是也就产生了偷盗的心理。

"不见可欲，使民心不乱。"③

人有七情六欲，七情六欲是人的心里对外界事物的反应。当人的心外世界灯红酒绿、纸醉金迷，人们见到美色、美食、美服、美宅等，必然要产生倾慕之心，这便使得人们心乱了。心乱行为必乱。由于心失去了平衡，人的自制力就会下降，从而便会做出本来不该做的事情来。反

---

① 《道德经》第三章。
② 同上。
③ 同上。

之，如果没有这些贵重的物品扰乱人心，那么，人心则静，则稳，则会平衡。

除通过"三不"净化民众的现存环境外，老子还主张要对民众自身进行治理。圣人是怎样治理民众自身的呢？

"虚其心，实其腹，弱其志，强其骨。"①

"虚其心"，就是让人的心灵达到宁静与清静之极致，没有任何的思虑，心里是空虚的。"实其腹"，"实"就是人能饱食，不会受到饥饿。但实其腹，并不是实其欲。仅限于人能够吃饱，不求多食。"弱其志"，"弱"与"强"相对。老子主张治理民众，不能让其有很强大的志向。人若有强烈的志向，便多产生强烈的欲望，功名利禄之心也会随之而来。"强其骨"，"骨"是人身体的骨骼，是自然人的重要组成部分。"强其骨"就是强化人的自然性，相对减弱人的社会性，主张人应该有一个强壮的身体，即四肢发达，但头脑简单。

统治者仅能做到以上三点还不够，还要得到人民的拥护。

作为一个统治者，怎样才能成为让民众拥护的人呢？老子说：

"江海之所以能为百谷王者，以其善下之，故能为百谷王。"②

这就说：如果一个君主，真正想要成为民众归心的王者，你要"善下"，你虽然为民众的君主，但你自己要将身段放得比民众还低，把民众看得比你高，民众才会像水往低处流一样的归心于你。

"是以圣人欲上民，必以言下之；欲先民，必以身后之。是以圣人处上而民不重，处前而民不害。是以天下乐推而不厌。以其不争，故天下莫能与之争。"③

---

① 《道德经》第三章。
② 《道德经》第六十六章。
③ 同上。

所以，圣人如果想将民众抬高在自己之上，一定会以谦和低下的语言与民众讲话；想要让民众随同你走，必定会将自己的利益放在民众之后。正是这样，圣人处在社会的统治地位而民众不会感到压力沉重，统治者走在民众前面，民众跟随其后而相信不会受到伤害。所以天下人都愿意拥戴他而不会厌弃。这样的统治者，表面上不与人争，实际上天下人没有人能和他争。

五、统治者不过度追求事业的发展

老子认为，作为一个统治者，以无为统治为上，以有为统治为下，甚至提出逆社会发展的思想。

"是以圣人处无为之事，行不言之教；万物作而不为始，生而不有，为而不恃，功成而弗居。夫唯弗居，是以不去。"①

作为一个统治者，对老百姓不妄为、不干扰，不发号施令，让万物顺着自然状况去生养繁息，不要据为己有。

"功遂身退，天之道也。"②

不仅不据功为己有，而且万物功成，自己反要退在万物之后，让万物处在道的状态。

"保此道者，不欲盈。"③

老子为什么主张统治者要无为，要功成身退，要万物顺从自然，要

① 《道德经》第二章。
② 《道德经》第九章。
③ 《道德经》第十五章。

不追求盈满而不主张将事物发展到极致？因为老子有一种思想，即：

> "反者道之动；弱者道之用。天下万物生于有，有生于无。"[1]

这就是说，事物到一定阶段，就要向相反的方向发展。如植物的发展，大多是春生、夏荣、秋衰、冬凋的过程，第二年植物又走着这样的过程。就如人们观察到的太阳一天的运动一样，升高降落，第二天太阳又走着这样的过程。这种走向对立面和循环往复就是道在其中起作用，所以老子说"反者道之动"。

什么是"弱者道之用"呢？老子说：

> "天下莫柔弱于水，而攻坚强者莫之能胜，以其无以易之。"[2]

意思是说，世间没有比水更柔弱的，可是冲击坚强的东西没有能胜过它的，因为没有什么能代替它。接着老子又说：

> "弱之胜强，柔之胜刚，天下莫不知，莫能行。"[3]

意思说：弱胜过强，柔胜过刚，天下人没有不知道的，但是没有人能实行。

老子在另一处评价水，他说：

> "上善若水。水善利万物而不争，处众人之所恶，故几于道。"[4]

"几于道"就是近于道，即最接近于"道"了。水的品性：静、柔弱，不争，处众人所恶，最脏、最藏污纳垢的地方，水都愿意去，给万

---

[1] 《道德经》第四十章。
[2] 《道德经》第七十八章。
[3] 同上。
[4] 《道德经》第八章。

物以好处而不求回报，是不是"几于道"？从上面，我们可以得出"弱者道之用"，即用弱便是用"道"。

"弱者道之用"还有一层含义，即将事物发展尽量保持在"弱"这个阶段上，尽量不使"弱"转变为"强"，老子说：

> "是以圣人云：'受国之垢，是谓社稷主；受国不祥，是为天下王。'正言若反。"①

我听说能够承受全国的耻辱，才配称得上国家的君主，承担全国的祸难，才配得上做天下的君王。正言犹如反着说。

承受全国的耻辱与全国的祸难，这样的君主是不是守弱呢？是啊，他如果坚强，如果信奉刚毅威猛，就不会忍辱负重，更不会承受这些苦难，早就甩锅不干，或以力对力，对天下实行强力统治了。

所以，尽量守住事物柔弱的一面，不让其发展到强盛的一面，这是法宝。因为柔弱是一直处在发展上升的阶段，而刚强则盛旺，便会走向衰变，处在发展的下降阶段。

> "物壮则老，是谓不道，不道早已。"②

不要把事物发展到强壮的极端，凡是气势强盛的事物就要开始衰败，花开无长时，都有凋谢日，物极必反，泰极否来。做事慕强，这样就不符合道了，不符合道很快就会消逝。

六、统治者不能逞强好武

强道社会斗争向来是强者哲学。强则好争，好争者必斗，斗则动

---

① 《道德经》第七十八章。
② 《道德经》第三十章。

武，这都是"无道"的表现，也是强道社会普遍存在的社会现象。

作为一个统治者——君主，穷兵黩武，这是一种无道的表现，老子说：

> "以道佐人主者，不以兵强天下，其事好还。师之所处，荆棘生焉；大军之后，必有凶年。"[1]

"强"是以力服人，孟子曾说：

> "以力假仁者霸，霸必有大国；以德行仁者王，王不待大。汤以七十里，文王以百里。以力服人者，非心服也，力不赡也；以德服人者，中心悦而诚服也，如七十子之服孔子也。"[2]

老子并不是一律地反对战争，战争分为正义之战与不正义之战。正义之战还是要坚持的，而且必须战。中国有句古话：人不犯我，我不犯人；人若犯我，我必犯人。人家都欺辱到你家门口了，威胁人民的财产和生命安全了，你还在这里讲柔弱、讲和合，这是绝对不行的。所以，该战还要战。但老子讲个"度"，这个"度"就是"其事好还"。如果超出了这个"度"，那么你就会极容易得到报应，即你对人家用兵，人家也会对你用兵，如李息斋在《道德真经义解》中说：

> "杀人之父，人亦杀其父；杀人之兄，人亦杀其兄，是谓好还。"[3]

林希逸说："我以害人，人亦将以害我，故曰其事好还。"朱谦之说："'其事好还'谓兵凶战危，反自为祸也。"[4]

在该不该用兵和"其事好还"中间的"度"在哪里？恐怕在"正

---

① 《道德经》第三十章。
② 《孟子·公孙丑章句上》。
③ 《道德真经义解》。
④ 陈鼓应著：《老子今注今译》，商务印书馆 2003 年版，第 192 页。

义"上。这个正义应该上升到符合"天道"的层面。如果你的战争行为符合"正义",那么就一定会符合"天道"。老子虽然讲不能以"兵强天下",但并非连正义的战争都不行。

老子并不完全反对"用兵",并将"用兵"作为治理国家的基本政策。他说:

"以正治国,以奇用兵,以无事取天下。"①

可见老子治国的三个途径之一,就是"用兵"。老子说:

"夫兵者,不祥之器,物或恶之,故有道者不处。"②

这说明,老子是反对用兵,把兵看作不祥之器,认为有道德的君主不会轻易使用兵。但是,在不得不用时,老子也并不反对用兵。

"兵者不祥之器,非君子之器,不得已而用之,恬淡为上。胜而不美,而美之者,是乐杀人。夫乐杀人者,则不可得志于天下矣。"③

这句话,"恬淡为上。胜而不美,而美之者,是乐杀人。夫乐杀人者,则不可得志于天下矣",他是在讲,在没有办法的情况下用兵了,要淡然处之,胜利了也不要扬扬得意,而那些自鸣得意的是乐于杀人的人,是不可以得志于天下的。这与第三十章讲的"其事好还",讲的是一个道理,即讲用兵要讲"度",尤其还提出,用兵如果战胜了,回来不仅不庆祝,反以丧礼处之。

"杀人之众,以悲哀泣之,战胜以丧礼处之。"④

---

① 《道德经》第五十七章。
② 《道德经》第三十一章。
③ 同上。
④ 同上。

从用兵有"度"，到见好则罢兵，这是老子的一贯思想，即老子的知止思想。

"始制有名，名亦既有，夫亦将知止，知止可以不殆。"①

老子主张，万物从开始成形，逐渐都有了自己的名称，当各种名称都有的时候，就知道了每个事物都有了自己的范围和限度。知道限度了，就是知止，知止就可以避免危险。这种"知止"，实际上就是"其事好还"，不要再继续下去的意思。

但从总体上讲，老子是反对用兵的。他说：

"天下有道，却走马以粪。天下无道，戎马生于郊。"②

天下有道的时候，马都用在耕田上，这里的粪，是指肥料。天下无道的时候，战马将自己的驹犊生在战地的郊野上，说明马都用在战争上了。

为什么要有战争呢？老子接着说：

"咎莫大于欲得；祸莫大于不知足。"③

无论是"欲得"，还是"不知足"，都是人们"不知止"。所以掌握事物发展的"度"太重要了。

老子说："用兵有言：'吾不敢为主，而为客；不敢进寸，而退尺。'是谓行无行；攘无臂；扔无敌；执无兵。祸莫大于轻敌，轻敌几丧吾宝。故抗兵相若，哀者胜矣。"④

这里也反映了老子的用兵思想。一是用兵要用守势，而不应该取攻势，即："不敢进寸，而退尺"。二是在双方交战时，以"无"胜"有"，

---

① 《道德经》第三十二章。
② 《道德经》第四十六章。
③ 同上。
④ 《道德经》第六十九章。

以"虚"胜"实"。三是万万不可轻敌，"祸莫大于轻敌"。四是两者实力相当时，柔弱一方将战胜刚强一方。

> "故坚强者死之徒，柔弱者生之徒。是以兵强则灭，木强则折，强大处下，柔弱处上。"①

七、作为统治者，用"道"治理天下

作为统治者，如何学会用"道"治理天下？
首先，统治者要：

> "处无为之事，行不言之教。"②

这是对统治者自己讲的：自己退到众人的后面，反而众人视你为先导；越不看重自身生命，反而自己的生命越会得到众人的保护；不看重个人的利益，反而众人又成全了统治者的利益。

> "是以圣人后其身而身先；外其身而身存。非以其无私邪？故能成其私。"③

统治者还要远离声色犬马。

> "是以圣人为腹不为目。"④

统治者这样做了，老百姓也会无知无欲。

---

① 《道德经》第七十六章。
② 《道德经》第二章。
③ 《道德经》第七章。
④ 《道德经》第十二章。

"常使民无知无欲。"①

"百姓皆谓：'我自然'。"②

统治者的榜样作用十分重要。老子说：

"是以圣人执一，为天下式。"③

这里的执一，就是坚守"道"。"一"即"道"；"为天下式"，就是为天下人做出一个榜样，"式"，即范式。老子不仅要求统治者要在坚守道方面做出榜样，而且要统治者们做到"四不"。即：

"不自见，故明；不自是，故彰；不自伐，故有功；不自矜，故能长。"④

"四不"即不自我表白，反而光明磊落；不自以为是，反而彰显突出；不自我吹嘘，反能看到你的功绩；不自我做作矜持，反能长久得到别人的尊重。

其次，统治者治国要"朴散则为器"。⑤

这里的"朴"指的是纯粹的"道"；"道常无名、朴"。⑥

这里的"道"指的是"真朴"。"道"生了万物，"道"在万物之中，万物成了器，器中都有道。统治者就是要按照万物之中的道去治理万物、治理天下，如此，统治者就成为民众的官长。

老子的原话是这样讲的：

"道常无名、朴。虽小，天下莫能臣。侯王若能守之，万物将

---

① 《道德经》第三章。
② 《道德经》第十七章。
③ 《道德经》第二十二章。
④ 同上。
⑤ 《道德经》第二十八章。
⑥ 《道德经》第三十二章。

自宾。"①

这意思是说，道永远是处于无名，但它是纯朴存在的。虽然它很"小"，但天下没有什么能让它臣服。如果王侯能守住它，天下万物都会自然地归顺他。

这是老子告诉统治者统治天下的方法，即用道治理天下黎民百姓，用万物之道去治理万物。

天下任何事物都有"道"，故事物又可称为"神器"。物可为器，因为任何物的里边都有道。老子说：

"天下神器，不可为也，为者败之，执者失之。"②

这是说治理天下万物要顺道而为，否则你不顺道去治理，做任何有为都会失败。你也不要试图去控制万物，想控制万物就会失去万物。所以，对待万物最好的治理就是顺其自然。

"故物或行或随；或嘘或吹；或强或羸；或培或堕。"③

这里的意思是说，万物"行""随""嘘""吹""强""羸""培""堕"，一定有其自身发展、顺逆反复的规律，人都不要强行干涉，不施所为，才能符合万物之道。

"不欲以静，天下将自正。"④

老子告诫统治者，一定要控制住自己的欲望。统治者不起贪欲，天下就会清明安静了，社会将会在正确的道路上向前发展。统治者要控制住自己的欲望，要做到"三去"，即：

---

① 《道德经》第三十二章。
② 《道德经》第二十九章。
③ 同上。
④ 《道德经》第三十七章。

"是以圣人去甚，去奢，去泰。"①

"去甚"，即去掉自己极端的行为；"去奢"，即去掉奢侈豪华的生活；"去泰"，即去掉非要将天下治理成盛世的想法。

八、老子设想的"理想国"

老子主张人类社会应该是什么样的呢？老子在《道德经》结束章的前一章，即第八十章讲到了这个问题：

"小国寡民。使有什伯人之器而不用；使民重死而不远徙。虽有舟舆，无所乘之；虽有甲兵，无所陈之。使民复结绳而用之。甘其食，美其服，安其君，乐其俗。邻国相望，鸡犬之声相闻，民至老死不相往来。"②

老子的理想社会核心就是四个字："小国寡民。"这个国家不仅国小，国民也少。这个国家的生产力是很原始的，因为人们拒绝使用那些超出人工十倍、百倍的器械。人人看重自己的国家，怕自己不能死在这里而不向远处迁徙。国家虽然有车、船等交通工具，可没有人去乘坐它。虽然有铠甲武器，但没有地方去陈放它。让所有的人恢复到结绳记事的生活中去。这个国家的人民有甜美的饮食、美丽的衣服、舒适的居所、快乐的习俗。邻国之间人们可以相互看得见，鸣犬之声可以听得到，但是人们之间却老死不相往来。

这就是老子为人类勾画的"天道社会"。

老子的"理想国"——天道社会，有些像原始社会中晚期的情景，

---

① 《道德经》第二十九章。
② 《道德经》第八十章。

因为人们已经"甘其食，美其服，安其居，乐其俗"，这在早中期是达不到的，社会尚没有这样的物质条件。但它又像要从老子所处的当下向原始社会回归，因"使人复结绳而用之"，这里的"复"是"重复""恢复"的意思。

总之，老子的理想社会不是希望人类社会往前走，而是希望人类社会回到过去那个人人安居乐业、和谐宁静的远古时代。"反者道之动。"①也许老子希望人类社会应该在一个确定的时空中反复地轮回，那么人类社会才会更好些。

这一讲，主要讲的是老子关于社会治理的思想。核心是统治者要怎样治国、治民、治理整个社会，以及要将社会和国家及人民治理成什么样子，最后实现一个怎样的理想国家。

老子的理政思想十分宝贵，从一定程度上说，他开启了人类历史上政治思想的先河。他第一次揭示了统治者与被统治者之间的矛盾，主要原因在于统治者的私欲，在于统治者违背天道的妄为，在于现今社会制度的不合理。也第一次提出用"道"来治理天下，不仅要用"道"治理天下人与人的关系，而且要用"道"来治理人和社会与自然万物的关系。

老子的理政思想，至今仍然有着十分重要的借鉴意义。我们现在世界上存在的诸种因发展而带来的问题，他在2000多年前就看到了。老子试图解决这些问题，并给出一些解决方法，只可惜仅为思想者的老子，无法将这些方案实施，而他的治国理政的方案与中国古代历代统治者的利益相左，致使老子之后中国古代秦、汉、三国、魏、晋、南北朝、隋、唐、五代、宋、辽、西夏、金、元、明、清诸王朝，几乎没有一个帝王重视老子的治国理政思想。老子的治国理念就这样被历史长河淹没了。

---

① 《道德经》第四十章。

第十五讲
老子的格道识道

一、知"道"

一个人只有知道"道"，才能得到"道"。

一个人怎样才能得到道，达到一个什么样的状态才能算得到道呢？

（一）什么是道

老子给出的解释是这样的：

> "道冲，而用之或不盈，渊兮，似万物之宗……湛兮，似或存。吾不知谁之子，象帝之先。"①

"道"是空虚没有形状的，但它的作用却无穷无尽的深邃呀，它就像万物的宗主；幽深啊，似不存在又存在。我没办法说出它是如何产生的，但可以说它是天帝的祖宗。

在老子看来，道创生了宇宙天地、人、万物。西方人有一种观念认为宇宙、天地、人、万物是上帝创造的。那么，这个上帝又是谁创造的呢？老子说宇宙、天地、人、万物是由道创造的。因为，"道"是"帝之先"，即帝的祖宗。在西方人看来，创造者是上帝，但是在老子看来，如果说有"上帝"，即老子讲的"帝"，那么帝之前还有一个"道"。如

---

① 《道德经》第四章。

果你相信宇宙之间的万物是被"有目的"地创造出来的话，那么就要相信有一个"道"。正是这个道，安排了如此精密到无法再精密的宇宙，以及地球上的万物。整个宇宙是一个精密系统，整个银河系是个精密系统，整个太阳系是个精密系统，整个地球上的万物也是个精密的系统。这四大精密系统，都存在运转变化的固定规律，这个规律即"道"。现今人们可以求证出来的，无论是过去还是现在以至于将来，人类都无法否认"道"的存在。"道"是宇宙间万事万物的主宰。

"道"是什么？老子认为，"道"既是"有"，又是"无"。

　　　　"'无'，名天地之始；'有'，名万物之母。"①

这是说在"无"时，道创造了天地；等万物"有名"了，是"道"创造了万物。也可以说，道创生了万物，才使万物有了"名"。"名"代表着万物已成。

　　　　"此两者，同出而异名。"②

"此两者"指"有"与"无"，即"有"与"无"同出于道。

　　　　"同谓之玄。玄之又玄，众妙之门。"③

这是说："无"与"有"，都是道创造出来的，"道"又可称为"玄"。"玄之又玄"说明道进一步发展生出了"阴阳"，阴阳相互作用，便生出万物。万物之中都存有"道"，这个万物之中的"道"，可称为"万道"，所以"万道"又称为"众妙"。

万物是从"玄"中生出来的。这"玄"即"一阴一阳为之道"。所以此处"玄"包括阴阳，或者也可以称为"阴玄"或"阳玄"，是"玄"的两种性质。

---

① 《道德经》第一章。
② 同上。
③ 同上。

老子在《道德经》第六章中又讲到"玄"，但这章讲"玄"，后面加了个"牝"字。说明这个"玄牝"是"玄"的阴。

"玄牝"在老子那里又称为"谷神"。"谷"是中间低深下去的，中间是空虚的，象征着母性的生殖器，按照这样的逻辑，"玄"还应代表雄性，即"阳玄"，但老子一直没有说代表"阳玄"的是什么"神"。

> "谷神不死，是谓玄牝。玄牝之门，是谓天地根。绵绵若存，用之不勤。"[1]

谷神中间是空虚的，对应雌性生殖器中间也是空虚的。但谷神玄牝的空间无限大，它生出了天地，是天地之根，说明宇宙是从空虚之中生出来的。这个空虚的谷神被"玄牝"的一扇门开阖着，生出了天地万物，是天地万物的母亲。那么，既然是万物之祖，万物都是从空虚之中生出来的，作为我们人类是不是该守住这个玄牝之门，守住里面的空虚呢？

谷神先生出天地，天地再生出万物。

天与地是两个"道"，又是两个"玄"。天是阳玄，地是阴玄。阳玄有自己的道，阴玄也有自己的道。地代表"阴"，地便是"阴玄"，万物从地生了出来。地是万物之母。天代表"阳"，天便代表"阳玄"，天"受精"于地，天便是万物之父。天地相交生出万物。怎么生出万物呢？天地也是在空虚之中生出万物，即天地是通过阴阳二气在空虚之中相交。在空虚之中相交，无形无状，是阴阳二气的交合，交合的过程也既是"有"，又是"无"，"有"是阴阳二气，"无"是无形无状。但交合之后，便产生有广延性的形体，这变成了万物的实有。

> "天地之间，其犹橐籥乎！虚而不屈，动而愈出。"[2]

老子说，天地之间就如一个大的风箱，空虚但不会衰竭，可一旦发

---

[1] 《道德经》第六章。

[2] 《道德经》第五章。

动起来，就会生生不息。万物就是在这空虚的风箱之中产生出来的。

"谷神""玄牝"、风箱都是空虚的，天地、万物都在这空虚之中产生出来。所以老子说：

"多言数穷，不如守中。"①

这里的"守中"就是守住空虚，而且不仅要守住空虚还要守住"牝"，即雌性，也是母性。母性是什么？柔弱、慈爱。于是老子的整个人生的哲学所讲的道，就是人应该如何守住空虚和柔弱。

老子在第十一章中又进一步举了例子，说明虚空的重要性：

"三十辐，共一毂，当其无，有车之用。埏埴以为器，当其无，有器之用。凿户牖以为室，当其无，有室之用。故有之以为利，无之以为用。"②

这意思是：三十根辐条汇集到一个毂当中，有了车毂中间空虚的地方，车才有了行路的作用。糅合陶土做成了器具，只有器具中间是空虚的，才有了器具的作用。建设房屋，有了四壁门窗房屋中间是空虚的，才有了房屋的作用。所以，"有"带给人们便利，而"无"才是最大的作用。

（二）守住空虚，是得道的前提

老子主张，不能盈满，如果盈满了，就没有了虚空，道也就没有了。

"保此道者，不欲盈。夫唯不盈，故能蔽而新成。"③

这意思是说，只有不盈满，才能有虚空；有虚空了，才会不断有新的事物生产出来。

---

① 《道德经》第五章。
② 《道德经》第十一章。
③ 《道德经》第十五章。

老子为什么将"空虚"看得这么重要？

第一，老子讲的"空虚"，是指人心灵的空虚。为什么要使人的心灵空虚起来呢？因为人一旦成为社会人以后，人的心灵装满了真、善、美、假、恶、丑、吃、喝、拉、撒、油、米、盐、柴、喜、怒、哀、乐、生、离、死、别等世俗的东西。这些东西形成了人的思维方式与行为方式，并主宰着人的思维与行为。而这些东西，在老子看来，由于它来自这个不合理的社会，必然均要烙上不合理的印迹，既然这个社会都是不合理的，那么上述这些东西也自然不合理。所以，人必须把加持在人心灵之上的这些不合理的东西清除掉，并且要彻底地从心理的思想观念中摒弃这些东西，还人心灵的本来面目，回到人本被异化前的状态。这样就使自己的心灵空虚起来。

第二，只有心灵空虚了，道才能进入你的心灵之中，你的心灵中才会有天地、万物之道，才能使你与天地万物同频，与道同频，才能实现天人合一。

第三，只有心灵空虚了，才能实现"用中"。老子的"用中"思想不同于孔子的中庸思想。孔子的"中"是指事物的中心、核心，或度与性质，而老子的"中"是指中间的一个区域，如车的毂、埏埴的中空、房屋的中央。上下四方有遮盖，中间是空的，才能"用中"。人的心灵也是这样，只有让心灵空虚起来，天道才能不断地进入你的心灵。如果心灵已经盈满，新的天道，即变化的天道和变化的事物则进不到你的心灵之中，人便与道分离了。

所以怎样得道？得道就是守住空虚，守住柔弱。你真正做到空虚和柔弱了，你就有了得"道"的基础了。

二、格物识道

守住空虚，是得道的先决条件，但并不是得到了"道"。

道在身外，非在本心，得道是通过格物得出来的。什么叫"格物"？"格物"是对事物进行一种微观的、宏观的观察和研究。"格"即分格，把一事物的整体分割成若干等份进行解释，微积分就是这样的数理分析方法。

怎样格物？朱熹提出"格物致知"。据说王阳明听信了朱熹的话，"格"了很长时间的竹子，几乎把自己格疯掉了，生了一场大病，什么也没有格出来。

我认为按照老子的思想，格物识道分为三步。

第一步，先格阴阳。

为什么要先格阴阳呢？"道"存在于阴阳之中，这是道的阴阳二重结构决定的。道的阴阳二重结构具体表现在事物的阴阳二重结构之中。老子说：

> "万物负阴而抱阳，冲气以为和。"①

依据我们人类的认知能力，能分析出万物的阴与阳并不难。从万物与太阳的关系来看，面对太阳的部分为阳，而背对太阳的部分为阴；从万物的性别上看，雄性为阳，雌性为阴；从万物的物理结构上看，原子的正负电子，正为阳、负为阴等。找出万物的阴阳，即直接分出道的两个方面。一阴一阳谓之"道"。通过分析每个万物的阴阳关系，找到万物的本质。

格出事物的阴阳，便打开得道之门，既可以通过阴阳的对立统一，观察两者的联系与作用，从中找出道在事物中的发展变化。

第二步：守住阴。

为什么要守住阴呢？"阴"是"谷神"，是"玄牝"之门。万物都是从玄牝之门产生出来的。所以，"守住阴"，就是守住了道的空虚，道的根本。

老子说：

> "知其雄，守其雌，为天下溪。"②

---

① 《道德经》第四十二章。
② 《道德经》第二十八章。

"雄"代表阳，刚进躁动；"雌"代表阴，柔弱、退让、静止。这句话的意思是说，深知雄强，却守于雌柔，甘为天下的溪谷。"溪谷"即山中低洼下去的山谷。这里代表着空虚的意思。守雌，还是守柔、守弱。柔弱为阴性，刚强为阳性。这句话核心还是守住阴。

"知其白，守其黑，为天下式。"①

"知其白"，"白"为阳，为刚，为日作，为躁动；"守其黑"，"黑"为"阴"，为柔，为夜息，为安静。这句话意思是说：深知其明亮，却要守于暗昧，这是天下的准则。"式"，范例，这里应当作"准则"讲。这里的"白"，表面的含义是指阳、刚。隐含的意思是清楚、明白。"黑"，表面的意义代表着阴、深幽、阴暗，隐含的意思是不清楚、不明白，即无知的状态。这句话核心是守住"无知""无欲"，即暗昧，实际核心还是守住阴。

"知其荣，守其辱，为天下谷。"②

"荣"为美、彰显、光亮、荣耀，为阳；"辱"为卑、暗淡、低微、耻辱，为阴。人只有将光鲜、亮丽、荣耀都让给别人，将暗淡、低微、耻辱留给自己，才能得到人心的归向，故为天下谷。所以"守其辱"，也同样是守住阴。

为什么守住阴就找到格物得道的入径了呢？在老子看来，阴是空虚的"溪谷"，万物只有从空虚之中产生出来，阳为盈满，盈满则无从产生万物；阴是柔，是弱，柔、弱是事物发展的初始阶段，老子反对将事物违背自然地推送至强壮阶段，强壮后事物很快就走上自己的反面，"物壮则老"；阳是动，阴是静。如果"守阳"，阳是一种躁动，无法恪守。往往成为人为的干涉，即有为。有为则违背老子的主旨，也在一定程度上改变事物发展的规律。而"阴"是可以守。阴主静，只要不人为加以

---

① 《道德经》第二十八章。
② 同上。

干涉，任其事物在静中发展变化。

　　"重为轻根，静为躁君。"①

　　静，便符合了道，静即无为，静候天道去为。所以，守住阴，就等于守住了空虚，守住了柔弱，守住了静，从而也守住了事物的自然变化，故而守住了天道。

　　守住阴，是找到了格物得道的入径。

　　第三步：格万物之道。

　　前面两格，是格道本身，第三格则是格道生出来的万物。老子说：

　　"朴散则为器，圣人用之。"②

　　这里的"朴"，即真朴，也指"天道"。即从妙之门出来的道，散开便成了万物之形体。在万物的形体之中存在着万物之道，这是道化为器，器又存有道的过程。先有"道"，然后才有"万物"，"万物"之中又有了"万道"；"万物"是道的"朴散"，即"道"散开化育万物的过程。

　　万物成为器，即万物都有了自己的形状。我们如何从万物中将其"道"格出来呢？怎么能将万物的"道"格出来，就是要研究万物的本质，研究万物本质的发展变化过程，即找出万物发展变化的规律。

　　王阳明曾经格竹，据说格了七天七夜，不仅没有格出"道"，反而格出了一场大病。

　　那么，竹子的道是什么呢？

　　一是竹子有极强的适应性。它有众多的种类，遍布于热带、亚热带、暖温带地区，有1000多种。这就决定了竹子有较为广泛的空间适应性，适合于迁移性繁殖。

　　二是竹节不变。竹子出土前多少竹节，长大后依旧是多少竹节。

---

① 《道德经》第二十六章。
② 《道德经》第二十八章。

三是竹子生长速度极快。只要环境能满足它生长的需要，2~3个月就可以长成大竹，3~4年便可以成材。

四是经冬不凋。竹子的竹叶四季常青，即使在冬天花草枯萎但竹子仍不变色而且生机盎然，有着战风斗雪的独特品质。

这就是竹子的天道。

通过以上三个步骤，将宇宙万物的道格出来。做到这三步，便对你所要认识的道，有了真正的了解和认知。

了解和认知"道"，是个人"得道"的前提和基础。

三、老子格道的具体事例

万物之道是怎么被格出来的呢？

就是要格出万物的秉性、功能与作用。那么，老子是怎样格出水之道，即水的特性、功能与作用的？

（一）格水

老子有句名言："上善若水。"

> "上善若水。水善利万物而不争，处众人之所恶，故几于道。"[1]

"上善若水"是格水后得出的结论。

通过水的那些特性和功能、作用得出这个结论，主要有两点：

第一，"水善利万物而不争"。万物，这里大多指动植物，也包括一些无生命的物质，都离不开水，如果离开水，动植物都无法生存。水有如此好的功能与大的作用，但水对万物无私奉献，它什么都不索取，不与万物争任何利益，这是不是天道呢？天道就是利万物而不求索取，一味地奉献而不争任何的利益。水就如天道一样，给万物以利，而不与万

---

[1] 《道德经》第八章。

物争，甚至连表面上的名誉都不要，是彻底的不争。

第二，"处众人之所恶"。水最愿意流向低洼潮湿，甚至浊臭的地方，这是人最不愿意停留的地方。低洼处属于空虚之地，阴暗之处，属于阴，那么水最能守住空虚，守住阴。这便守住了道。所以老子说，水"几于道"。

老子从格水之中，格出人道，就是他在第八章所说，人应该向水学习：

> "居善地，心善渊，与善仁，言善信，政善治，事善能，动善时。夫唯不争，故无尤。"[1]

"居善地"，是指人应该像水那样，选择生存环境很差的地方。为什么不是很好的地方？很好的地方就不需要你付出了，你就不可能像水那样去利万物。很好的地方是万物利你，而很差的地方，才能发挥人的作用，把自然改造好，像水一样给万物利益与生机。还有好的地方，人去多了就必然要"争"，"争"就不是水的秉性。所以要不争，就要选择去最差的地方。

"心善渊"，渊水有以下特点：一是深邃，二是宁静，三是净洁。人的内心如果像渊水那样便能使人沉稳与静谧，表现为水的"静"的特点。

"与善仁"，"仁"，爱人。"与善仁"，即与人交往能以善爱之心待人，表现水利万物的特点。

"言善信"，"信"，指言而有信，人不失其言，说什么，都能兑现什么。水对万物的作用，不欺不诈，守信守约，只要能得到水，水就起到它的滋养作用。

"政善治"，"政"为"正"的通假字。"治"，治理。为政之人能很好治理各种行政事务，表现出像水那样将万物调理得蓬勃向上、生机盎然的状态。

"事善能"，"能"，能力。指做事具有好的本领与能力，表现出像水

---

[1] 《道德经》第八章。

那样具有多种功能，如弯曲、顺从、柔弱等特点。

"动善时"，"时"，指时间、时机，不动则已，动一定是好的时间与好的时机。表现水的天上地下的资源，人需要就可及时出现的特点。

善地、善渊、善仁、善信、善治、善能、善时这七善正是水的七种美德，正是人从格水之中得到的。人的一生若遵守"七善"。做到"七善"，人便可以像水一样："夫唯不争，故无尤。"这意思说：人能做到像水那样，善利万物而不为自己争。不为自己争，所有人都能如此，人类便和谐了，所有人就不会有危险也不会有过错了。

（二）格道

老子格道，主要体现在《道德经》第一章、第二十五章和第十四章。

> "道可道，非常道；名可名，非常名。'无'，名天地之始；'有'，名万物之母。故常'无'欲以观其妙；常'有'欲以观其徼。此两者，同出而异名，同谓之玄。玄之又玄，众妙之门。"[1]

这一章，老子格出来什么呢？

第一，格出来的是，"道"并非人们常说的"道路"或"道理"，而是宇宙万物运行之"道"，是永恒不变之道。这个"道"，是宇宙的总规律，万事万物的规律。

第二，格出来的是，"道"既是"无"，又是"有"。"道""无"是"天地始"，"道""有"是"万物母"。这个"道"，又与规律不同，它是天地万物之母，先天地而生，规律是它创造出来的。

第三，格出来的是，从"无"中观察出"道"的妙理，也可以从"有"中观察出"道"的端倪。"故常'无'欲以观其妙；常'有'欲以观其徼。"这个"道"，是可以被认知的，并不是完全神秘莫测的。

第四，格出来的是，"无"与"有"都是"道"，是"道"的两个称呼，但也可以把"无"与"有"称为"玄"。"此两者，同出而异名，同谓之玄。"这个"道"派生出来"无"与"有"，"无"是"道"而生，

---

① 《道德经》第一章。

"有"也是"道"而生。"无"与"有"都是"玄","玄"即"道"。

第五，格出来的是，"无"与"有"相交后，便生出无数的众有"道"，以及"道"化生出来的万物。"玄之又玄，众妙之门。""道"自身经过"玄变"与"玄化"，便生出天地万物。

总的来说，老子格出来了道是什么，道又怎样生出天地万物的。这是第一章的重点。

> "有物混成，先天地生。寂兮寥兮，独立而不改，周行而不殆，可以为天下母。吾不知其名，强字之曰'道'，强为之名曰'大'。大曰逝，逝曰远，远曰反。故道大，天大，地大，人亦大。域中有四大，而人居其一焉。人法地，地法天，天法道。道法自然。"①

老子在第二十五章，又格出了道的什么？

第一，格出了"道"的存在时间："先天地生"；"道"的运行状态及规律："寂兮寥兮，独立而不改，周行而不殆"；"道"创生了天下万物："可以为天下母。"

第二，格出了没有办法知道它的名字，勉强给它起个字为"道"，勉强送给它个名，叫"大"。这个"道"有四种现象：一大，二逝，三远，四反。"一大"，说"道"是广大而无边际；"二逝"说"道"在不停地运动，在运动中逐渐地消逝；"三远"说明道走向远方；"四反"说"道"又从远方返回身边。这是格出来"道"大到与天地相齐，运动不息、无所不在、周而复始的基本特点。

第三，格出来宇宙中有四大："道大，天大，地大，人亦大。"其中将人与"道""天""地"并列，说明人在宇宙中的重要性。人的重要性在于人能认识"道""天""地"。人是天地之间最有灵性的动物，为万物之长。

第四，格出了道、天、地、人四者的关系。四种关系中："人法地"，人为什么"法地"？人生存在地球上，地球上的万物都以地为生存条件，离开地球，人类及万物都无法生存，所以，人必须法地。"地法天"，地

---

① 《道德经》第二十五章。

球为太阳系的行星，地球的"天"是以太阳系的空间为主。太阳系的存在和运行法则决定了地球的存在和运行法则，所以地球必须效法太阳系，即效法太阳系的天。"天法道"，这里的天指的是远超过太阳系的天。指的是整个宇宙。整个宇宙是"道"创生出来的。"道"决定了宇宙的存在和运行的法则。所以天要效法"道"。"道法自然"，这是传统的断句，这种断句存在着一个问题，即道要效法自然。然而，整个自然，包括宇宙，也包括宇宙之外，假如宇宙之外还有宇宙的话，那么，所有的存在，都是由"道"创生出来的，既然道创生了"自然"，那么"道"又如何效法自然呢？应该是包括"自然"的一切存在都应效法"道"，这才是该有的逻辑。自然是物质的存在，这种存在也是由"道"决定的。所以，正确的逻辑应该是"道"给自然"立道"，或道给自然"立法"。自然界的法，是"道"给确立的，这句话正确的断句及标点，应该是"道：法自然"。

> "视之不见，名曰'夷'；听之不闻，名曰'希'；搏之不得，名曰'微'。此三者不可致诘，故混而为一，其上不皦，其下不昧，绳绳兮不可名，复归于无物。是谓无状之状、无物之象，是谓惚恍。迎之不见其首；随之不见其后。执古之道，以御今之有。能知古始，是谓道纪。"[①]

这章老子又格出"道"的什么？

从这章中，老子主要研究了"道的形体"。道有没有形体？道不是既有又无吗？道存在于万物之中，万物是有形体的，怎么能说"道"没有形体呢？但在万物之中，你能说出道有什么形体吗？我们又说不出来。

道在无中生出"一"，"一"即道，"一"即有。"一"如果不是有，就生不出"二"，即生不出阴阳。但"一"有形象吗？没有，一是个数理，同时一还是"道"。所以，"一"还是有两面性，既"有"又"无"。但以"有"为主，它已经有个数理的"一"。"一"生出"二"，"二"生出"三"，"三"生出万物。这样，属于"道"这个"一"，既在

---

① 《道德经》第十四章。

"二"中，又在"三"中，也在"万物"之中。那么这个"一"无论在"二""三""万物"中，有形象吗？没有。所以，"道"是形而上的。

老子在这章主要讲了"道"的形而上的特点。看不见它，听不见它，抓不住它，这就是没有形体。"视之不见，名曰'夷'；听之不闻，名曰'希'；搏之不得，名曰'微'。"从这三个方面你都得不到"道"，因为它是无形状的"一"。"此三者不可致诘，故混而为一。"但这个"一"中混合了所有有形的因子，即可以生成"二""三""万物"的因子。但这个"一"的上面不光明，下部也不阴暗，可它却连绵不绝，明显感觉它像是存在，又没办法给它起名，把它还原吧，它又什么都没有。"其上不皦，其下不昧，绳绳兮不可名，复归于无物。"所以"道"是个"无状之状，无物之象"。我们只好说它是若有若无、闪烁不定的"惚恍"。你如果从它前面迎过去，却见不到它的头，从后面跟随过去又见不到它的尾。"迎之不见其首；随之不见其后。"

这就是老子对道体的格悟。

在这章中，老子还格出了道的功能和作用："执古之道，以御今之有。能知古始，是谓道纪。"把握住最早的道，用来分析把握住现今的万事万物，就能知道万事万物的原始，以及它整个的发展过程。这可以叫作"道"的发展历史。

（三）格德

老子所讲的德，是从道中格出来的。我们从《道德经》第二十一章、三十四章、五十一章可以看到老子是怎样将"德"格出来的。第二十一章：

"孔德之容，惟道是从。道之为物，惟恍惟惚。惚兮恍兮，其中有象，恍兮惚兮，其中有物。窈兮冥兮，其中有精；其精甚真，其中有信。自今及古，其名不去，以阅众甫。吾何以知众甫之状哉！以此。"[1]

第一段："孔德之容，惟道是从。"这是格出来德与道的关系。"孔

---

① 《道德经》第二十一章。

德"，即大德，大德是说再没有比这更大的德了。大德的容貌，即大德的好恶，是由"道"决定的，"惟道是从"。大德一切好恶都听从"道"的决定。道如何决定，德就如何顺从。这在《道德经》中，表现为以"道"为主，以"德"为辅的主次关系，决定与被决定的关系。

第二段：老子格出"德"是在道中产生，并且指出它是在道的哪个阶段产生，以及"德"是"万物"的本质。

"道之为物"，说明道已经从"无"中开始产生了有，已经开始化育成物的阶段。"惟恍惟惚"，说明尚处生物未成形阶段，即若有若无阶段，"惚兮恍兮，其中有象；恍兮惚兮，其中有物"，注意在这若有若无之中，已经有了"象""物"。

"道"分两个阶段：一个阶段是"无"，即第十四章"是谓无状之状，无物之象"；另一个阶段即"有"，即本章讲的，"其中有物"。因为有了"象"，就有了"物"，有了"物"，就该产生"德"了。

"窈兮冥兮，其中有精；其精甚真，其中有信"，这句讲的就是"德"。"精"，是万物的本质，也可以理解为万物的精神。道的创生能力、规律、本质、品性，都是由这个"精"决定的。"信"是"精"的同义语，"信"即"精"。这个"精"与"信"应该在最初的"道"中就存在。"德"产生后，它便是"德"最为主要的部分。也可以把"精"理解为"德"的核心、本质，创生万物的能力等；"信"为信验、证实，即规律。"精"和"信"组成"德"。

道在先。为什么"道"在先？"道"处在什么都没有时，它就存在了。这时的"道"还没有"德"。"道"进入"有"的阶段，"有"将"精"与"信"组成在一起，这便是"德"。

第三段：格出了怎样去知道万物的起源。

"自今及古，其名不去，以阅众甫。吾何以知众甫之状哉！以此"，我们从现在开始，一直研究到古代，"道德"这个名字一直存在，用它就可知道万物的起源。我怎么能知道万物初始的情形呢？就是从"道"与"德"开始认识的。

老子从"道"中格出"德"在第三十四章也有体现：

"大道泛兮，其可左右。万物恃之以生而不辞，功成而不有。

衣养万物而不为主，常无欲，可名于小。万物归焉而不为主，可名为大。以其终不自为大，故能成其大。"①

这章老子格出三个方面。

第一，道无处不在、无物不有，如影随形，就在你的左右，"大道泛兮，其可左右"。

这是在讲"道"的普遍性。人们往往不知道，故四处求道、悟道，其实"道"无一物不存，无一事不在，无一时间不发生，无一空间不存在。它在举手投足之中，在坐卧起行之中，在饮食作息之中，也在朝堂市井之中。

第二，从道的普遍性中格出了"德"。"万物恃之以生而不辞，功成而不有。"

万物长成，都认为这是自己生长结果，其实一切都是道的功劳。道不仅生养了万物，还给万物提供必需的环境，这只有道才能做到。可见有谁把万物的成长归功于道呢？道从来不这么认为，万物也不这么认为，都把其看成自然而然的变化。这是不是道的一种无私的品德呢？"衣养万物而不为主，常无欲，可名于小。""道"养育了万物，但从不当万物的主人，既不役使万物，又不求从万物那里得到回报，对自己、对万物没有任何的欲求。"道"在万物之中，"小"到了没人知道它存在的地步。"万物归焉而不为主，可名为大"，万物没有不归顺于道的，因为离开了道，万物便不存在了。能决定万物存在与运动发展变化的"道"，不需要万物向"道""纳贡""称臣"，世界上还有比这更"大"的品德吗？

第三，品德的高低、多寡、大小不是自己说的，"道"就是这样的。"以其终不自为大，故能成其大。""道"不仅创生了万物，万物的性命都是"道"给予的，还养育了万物，万物都无法离开道，道规定了万物如何存在，如何运动，如何发展变化。但"道"自始至终没有称自己为"大"，将万物视为"小"，但对万物来说，没有比"道"更"大"的了。所以，谁"大"谁"小"，不是自己说了算。"桃李不言，下自成蹊"，

---

① 《道德经》第三十四章。

"道"从来不自以为伟大，所以才能成就它的伟大。

老子在《道德经》第五十一章，格出了万物与"道"与"德"的关系：

> "道生之，德畜之，物形之，势成之。是以万物莫不尊道而贵德。道之尊，德之贵，夫莫之命而常自然。故道生之，德畜之；长之育之，亭之毒之；养之覆之。生而不有，为而不恃，长而不宰，是谓'玄德'。"①

第一，格出万物的生成、完善与发展、变化的过程，即"道生之"。道从无中生出万物的基因，即万物各自存在的本源；"德畜之"，道生出万物的基因和本源之后，道便将万物的基因和本源交给了德。德在万物的基因和本源之上加入了万物的各自本性"精"与"信"；"物形之"，万物按着各自的本性形成了物体；"势成之"，万物各自形成自己的势能以及运动发展变化的规律。

第二，格出了"道""德"与万物的因果关系："是以万物莫不遵道而贵德。"万物之所以遵道而贵德，是因为道德对万物的"生""畜""形""成"的因，才导致万物"尊道而贵德"的果。

第三，格出《道德经》第三个核心命题"无为"。"夫莫之命而常自然"这句话说"道"与"德"虽"生""畜""形""成"万物，但是从不命令万物应该如何去做，而万物虽尊道贵德，也从不为道与德去做什么，一切顺从自然。"无为"既是"道"与"德"对自己的要求，也是万物对自己的要求。这里有另一种含义，即"常自然"。"常自然"即指恒定的自然而然，不去干涉，任其自然而然地发展，就是要处于大自然的恒定状态。但大自然并不是死的，而是运动变化的，大自然中的万物都在大自然之中生老病死，自在自为，而这里的"常自然"不是完全的"无为"，而是顺从大自然而为。

第四，格出了什么是"玄德"。"玄德"，即最深奥的、最玄妙的、最广大的、最高的德。"玄德"是"道"在"德"上最集中的体现。按

---

① 《道德经》第五十一章。

照老子的写作习惯和篇章结构，每章均有十分典型的起、承、转、合的逻辑。"道生之、德畜之、物形之、势成之"，是启，即开宗明义，说出了"道""德""万物"三者的关系；"是以万物莫不尊道而贵德"，是承，是讲明上下之间是个同等关系，以下承上；"道之尊，德之贵，夫莫之命而常自然"，是转，即由以上两段引发了逻辑的转折，转到引发出另一个新的概念命题——无为；"故道生之，德畜之；长之育之；亭之毒之；养之覆之。生而不有，为而不恃，长而不宰。是谓'玄德'"，是合，即得出玄德——结论。玄德就是"道"与"德"对万物"生""畜""长""育""亭""毒""养""覆"这8个方面的作用，从而完成"生""畜""形""成"的4个过程。

但仅这8个方面4个过程还不够，还要做到以下3个目的，即"生而不有"，生了万物并不占有它；"为而不恃"，让其顺其自然而不控制它；"长而不宰"，让万物生长，长成而不宰制万物满足己欲。这样，就是"玄德"。

四、以弱守道

了解和知道了"道"是什么，并通过对物质的研究格出了万物之"道"，还不是真正的"得道"。"道"还需要"守"。

"守道"，就是与道在一起，不能将已经知道的"道"、格出来的"道"丢掉了。老子说："弱者道之用。"[1]

什么是"弱者道之用"？

在老子看来，事物都是相互转化的。强弱之间的转换是必然的。人的生命也好，人在社会中所遇到的事物也好，尽量要守住弱，不让其发展到强的阶段。事物的发展过程无外乎从弱至强，再从强至弱的过程。任何事物一旦发展到强的阶段，即事物的鼎盛阶段，便开始走向反面，即往衰败方向发展。

---

[1] 《道德经》第四十章。

"物壮则老，谓之不道，不道早已。"①

这意思是说：过分的强壮就会趋向于衰老，或走向衰变，这叫作不符合"道"，不符合"道"很快就会死亡。

老子并不是反对事物有兴起、发展、鼎盛、衰败、死亡的过程。但他反对过早地发展、鼎盛。他希望能在兴起、发展的阶段多停留一些时间，即在合理的、符合道的时空中多停留一些，保持事物处在发展上升的阶段，而阻止其过早地走向强盛。

不仅如此，老子还认为，人在人世的各种活动中，柔弱最终能战胜刚强。

"弱之胜强，柔之胜刚，天下莫不知，莫能行。"②

他的意思是说，弱胜过强，柔胜过刚，天下没有人不知道的，但没有人去这么做。为什么？因为一是人们都慕强，羡慕强者表面上风光，能给人名誉、地位、尊严；二是正因为有第一点，所以所有人都争强好胜，而人们不知，如果将强与弱放在一个很长的时间段，最后，胜利者一定是那个柔弱的一方。因强最终要走向弱，弱最终要走向强，这是规律。

"天下之至柔，驰骋天下之至坚。"③

这是说，天下最柔软的东西，一定能驾驭天下最坚硬的东西。因此：

"故坚强者死之徒，柔弱者生之徒。"④

---

① 《道德经》第三十章。
② 《道德经》第七十八章。
③ 《道德经》第四十三章。
④ 《道德经》第七十六章。

就如人的身体一样，人的身体一旦僵硬了，便成了僵尸，只有身体处于柔软状态，人才活着。所以：

"强大处下，柔弱处上。"①
"见小曰明，守柔曰强。"②

不与人家争一时的高下，先保全好自己。怎样保全好自己？老子说：

"曲则全，枉则直。"③

这是说，委曲反能保全，你只能将自己蜷曲起来，才能伸直，这是天下的至理。

那么，人如何能做到以上这些，老子除了提出无为、不争的思想，还有一个对人十分有用的思想，即"知止"。老子说：

"夫亦将知止，知止可以不殆。"④

这意思是人们做任何事物，一定要知道限度在哪里，只有知道了限度，才可以避免危险。

"故知足不辱，知止不殆，可以长久。"⑤

知足，即知道事物的限度在哪里，不可多求，多了就会受到耻辱或受人辱骂。知识也是知道限度在哪里，这样的人，才能立于不败之地，才能更长久。

---

① 《道德经》第七十六章。
② 《道德经》第五十二章。
③ 《道德经》第二十二章。
④ 《道德经》第三十二章。
⑤ 《道德经》第四十四章。

知止还有一层意思，即人要知道功成身退：

> "是以圣人为而不恃，功成而不处，其不欲见贤。"①

这意思是说：圣人养育了万物，但并不将万物视为己有，取得了事业的成功，但功成身退，他不想让人们知道他的聪明才智。

> "道隐无名。"②

道始终是隐藏的，它无名无姓，因为道无己私，故要名何用。

正是因为"道"无己无私，所以才能天道长久：

> "天长地久。天地所以能长且久者，以其不自生，故能长生。"③

为什么天地能够长久呢？因为天地所有的运动、作为都不是为了自己，所以天地才能长生。

这一章老子主要讲，作为个人怎样去认识天道，又如何从万事万物之中格出天道。这是作为个人"得道"的前提，是个人"得道""修道"的基础。

---

① 《道德经》第七十七章。
② 《道德经》第四十一章。
③ 《道德经》第七章。

第十六讲
老子的返璞归真——修道得道

老子希望人通过格天、格地、格人、格万物得出什么是"道"，而且能用柔弱去守住"道"，是不是真正地得到道了呢？还不是，这时还是道是道，你是你，尚未得到"道"。真正的得道还得去修道。就如你拿到一本真经，而且也知道真经里面讲的是什么，但这仅仅是知识，或者说是重要的讲经知识。知道是真经，是道经，并不等于你可以完全会用真经——知识去解决一切问题。得道，是将道化为己，即成为道的化身，这才是真正的得道。这种"化身"是靠修行才可得来的。知道"道"，又学会通过万物来格道十分重要。只有格出道，人心中才能自觉地相信"道"，也才能把天道放在心中。心中存有天道了，人便开始修行。将天道修成头脑中的意识，这是不是"得道"呢？还不是。因这还没成为你的本性。当头脑中的天道意识成为人的本性时，人才是真正的"得道"。

为什么要修道呢？在老子看来，他所在的那个社会的人类偏离天道太远了。人类自从王道社会以来一直在偏离天道。夏商周以及春秋时期的国家、民族，几乎都走上了强道路线。那个时代，是强道战胜天道的历史。

强道社会，如果用老子的阴阳平衡理论来说，它是阴阳失衡的社会。强道社会使人类走上了以力量强弱、大小来决定每个人、每个民族、每个国家的社会地位尊卑、利益多寡、名誉高低的发展道路。社会上的人与人之间是一种统治与被统治的关系。在这种关系下，决定人的命运和社会的发展变化完全是一种人与人之间的竞争关系。英国哲学家霍布斯把它形容为人与人的战争关系，每个人都是其他人的敌人，想尽一切办法去偷抢别人的财产。人与人执行的是"丛林法则"。这种"丛林法则"的竞争关系能调动所有人的所有细胞，为自己或自己所在的利益集团所用。

老子认为，这种文化已成为社会的主流文化、统治文化，已经成为人们的思想文化意识，所以就要将这种文化从人们的思想中摒弃掉。

如何摒弃这种已经占据人们心灵的文化，老子给出了以下方案。

一、拒绝与一切不利于修道事物的接触

老子看到，人愈来愈迷恋于由强道文化形成的世俗社会，现今世俗社会的一切将人的本性异化了。怎么解决这个问题？老子提出拒绝与一切不利于修道的事物接触，先要从人的感觉器官上杜绝：

> "五色令人目盲；五音令人耳聋；五味令人口爽；驰骋畋猎，令人心发狂；难得之货，令人行妨。"[1]

从器官上看，人与外界接触主要有五个方面：目、耳、口、心、手脚。老子认为，引起人迷恋从而让人失去心智的主要是色、音、味、畋猎、珍稀难得的东西。

这是人的最基本的生存、生活本能，是任何人都有、都存在的社会最基础的需要。人生活在世上，无法不去看东西、听声音、吃食物，但想什么、追求什么，正是有理性的人类摆脱动物界的一个明显的标志。

如果人仅想作为一个社会正常人，无可厚非，但要修天道却不行。为什么？因为，在老子看来，人要修天道首先要回到本我，即人的最早的那个我，或者说从娘胎里出来的那个我，也叫回到人的本性。

---

① 《道德经》第十二章。

　　"五色令人目盲。""五色"指青、赤、黄、白、黑。五色本来是大自然的本色。人的眼睛本来是用来看事物的，但人类把杂乱的"五色"合在一起，已经不是自然界该有的五色，这种五色是人为制造出来的色彩斑斓的五色，令人眼花缭乱，使人失去了看事物的功能，成为目盲，即无法分清那个颜色的真假、美丑、好坏，因为我们的眼睛已离开了大自然应有的颜色，被人造的色彩所迷惑了。无法让我们通过双眼去看到大自然的指引，找到来自天道的旨意。

　　"五音令人耳聋。""五音"指角、徵、宫、商、羽。这五种声音本来是大自然的不同声音，每一种声音都代表自然界声音的一部分。但人类将这五种声音合在一起，创造出各种各样的音乐。这种音乐占据了人们的听力，从而人们听不到来自大自然的"呼唤"，以及大自然的"命令"。

　　"五味令人口爽。""五味"指酸、苦、甘、辛、咸，是大自然的物质本身就有的五种味道。人们将这五种味觉的物质调和在一起，虽然满足了人的口欲之需，但它也使人的食物链发生了重大的改变。人把各种味道调和在一起，就会吃那些本不该吃的东西。由于创造了五味调和的饮食，使得本以吃饱来维持人类活动需要的原则被打破。人类为了满足口欲，吃遍了世间能吃的动物和植物。这就大大地破坏了自然界的生物平衡。

　　"驰骋畋猎，令人心发狂。""驰骋"，指纵横奔走；"畋猎"，指猎取禽兽。人同动物之间本来是平等的，可人类却要凌驾于所有动物之上，将其变成人所驯养的动物，如牲畜和家禽，圈养宰杀，以满足人类的口欲；将不能被驯养的，变成家畜与牲畜的，采取猎杀的方式，变为己有。更有甚者，将猎杀禽兽变成人类泄欲的一种游戏，致使在禽兽的眼中，人类就是大自然中能吃掉自己的恶魔。人类将打猎变成游戏，促使人类贪婪的本性形成与发展，使人从对动物的贪婪，走上了对人的贪婪。

　　"难得之货，令人行妨。"自从金银珠宝这些珍稀难得之物进入人类的视野，人对财产占有产生了更大的欲望。人类最早的占有途径是人对人的占有和人对土地或剩余生产产品的占有。金银珠宝的出现，使人的占有欲望发生了质的改变。金银珠宝的属性不同于人与土地及剩余生产产品。人有思想，表面的被你占有，实际上未必真的占有。土地任何人是带不走的，而金银珠宝和其他的物品，只要你占有了，在你能控制它的时空内，它就是你的。而且它是可以移动的，并可以按人的意志去任意存放。在所有的物品中，越是稀世珍宝，越是让人着迷，越是让人的行为不轨。

所以，老子说，你要成为一个得道的圣人，就一定要只求得个人的安饱而不去追逐声、色、味、嬉、贪之欲，才能丢掉物欲的诱惑，使自己保持一种自我本性的状态。

"是以圣人为腹不为目，故去彼取此。"[1]

这意思是说，圣人但求吃饱肚子而不追逐声色之欲，从而要摒弃物欲之诱惑，保持人的知足心态。

在老子看来，富与贵非人本性自有，生不带来，死不带去，是人的身外之物。人的一生如此，人的一时也是如此，此时富贵为福，转身富贵为祸。有些事情，看着是祸，而幸福却藏在灾祸之中，有些事情看着是幸福，而灾祸却倚伏在幸福的里面。

"祸兮，福之所倚；福兮，祸之所伏。"[2]

他在《道德经》第九章中，也阐述了同样的观点，即：

"金玉满堂，莫之能守；富贵而骄，自遗其咎。"[3]

老子认为一切要听从自然。人不要人为地去想获得什么，不仅人，就连天地都无法左右自己。

"故飘风不终朝，骤雨不终日。孰为此者？天地。天地尚不能

---

① 《道德经》第十二章。
② 《道德经》第五十八章。
③ 《道德经》第九章。

久，而况于人乎？"①

老子说：就连狂风都刮不到一个早晨，暴雨都下不了一整天，天地想要改变这一切都无法做到，更何况人呢？所以，个人是无法决定自己的贫贱、富贵命运的。

那么人应该怎么办呢？老子说，要去寻找道啊，要与"道"同行，还要与德同行。如果你不与"道""德"同行，你便失去道，失去了德。

"故从事于道者，同于道；德者，同于德；失者，同于失。"②

怎样才能与"道"同行呢？老子认为人要杜绝这样的一些行为，他说：

"企者不立；跨者不行；自见者不明；自是者不彰；自伐者无功；自矜者不长。"③

如果你想站立却跷着脚尖或提起脚跟，你怎么会站得牢、站得久？你跨步走路，又怎么能走远呢？人如果总自我逞能，又怎么能自知呢？人总是自以为是，又怎么能在人群中彰显呢？人如果总是吹嘘自己，别人怎么能承认你的功劳呢？人如果总是抬高自己，你的统治又怎么会长久呢？"自见""自是""自伐""自矜"在老子看来都是多余的，他说：

"其在道也，曰：余食赘行。物或恶之，故有道者不处。"④

这些行为，都是不在"道"里。从道的角度看，这些行为就如吃剩了的饭菜和人身上长的赘疣一样，所以，有道之人是不会这样的。

老子这是在讲必须规范人的行为。

---

① 《道德经》第二十三章。
② 同上。
③ 《道德经》第二十四章。
④ 同上。

怎么规范人的行为? 老子在讲人的规范时, 反对儒家的礼仪制度, 他认为用礼仪制度规范人, 这恰恰是祸乱的开始:

> "夫礼者, 忠信之薄, 而乱之首。"①

老子认为, 以前那些智者, 把"礼"看成"道"的外在表现, 这是错的, 也是愚民的开始:

> "前识者, 道之华, 而愚之始。"②

那么人应该立身淳厚, 不居于浮浅; 追求内在的朴实, 而不在意外在的华丽。只有舍去肤浅与华丽, 才会得到淳厚与朴实:

> "是以大丈夫处其厚, 不居其薄; 处其实, 不居其华。故去彼取此。"③

老子将礼仪看成人外在的浮于表面的一种形式。人如果过于追求礼仪, 是追求一种浅薄与浮华, 人只有从内心回归到纯朴, 才是人之根、人之本, 这才是深, 才是厚。

所以, 老子修道不是看重人的外表, 而是看重人的内心修为。他说:

> "我有三宝, 持而保之。一曰慈, 二曰俭, 三曰不敢为天下先。慈故能勇; 俭故能广; 不敢为天下先, 故能成器长。"④

怎么解释这三宝。老子说:

"慈故能勇。""慈"为什么能做到勇呢? 慈一般与"爱"联系在

---

① 《道德经》第三十八章。
② 同上。
③ 同上。
④ 《道德经》第六十七章。

一起，也与"仁"联系在一起，即"慈爱""仁慈"。真正做到"仁慈""慈爱"，人便没有什么可怕的了。因为有了慈爱之心，人就愿意为它去奉献。但老子这里的"慈"，不是小我的"仁慈"和"慈爱"，而是大仁、大爱。那么当人有爱天下人之心，自然就没什么可惧怕的了，必然行为果敢，有担当。

"俭故能广。"这里的"俭"，是节俭、节省的意思。这里含有一个更深层的含义，即不争。因为，当你用费节省了，没有争的欲望了，就没必要去争了。不争是老子提倡的一种美德。不与人争，就是心怀天下，广为人友。

"三曰不敢为天下先，故能成器长。"老子为什么不敢为天下先？如果"为天下先"，老子认为，不会有好的结果。老子时的社会是强道的社会。强道社会你为天下先了，去争社会名利、地位、利益等，作为追求道的老子，他会这么做吗？肯定不会。

有人可能会想，老子可以率先去实现天道，或践行天道，敢为天下先不就正确了吗？问题是老子那个时代有先行天道的可能吗？有践行天道的基础吗？那时的"强道社会"还处于方兴未艾的阶段，你去践行天道社会本身就违背天道。强道社会是另一个新的更高级的"天道"社会的必经阶段。

可以设想一下，在老子心中先后是没有用的。所以不必争先恐后，应顺道而行。如果人能顺道而行了，不正是与道合一了吗？既然与道合一了，就没必要去争，因为你争在道的前面，就会出现与道相左的可能。所以，顺道而行才是老子"不敢为天下先"的真正理由。

"故能成器长。"因为人能做到慈爱、俭省，又能顺天道而行，那么就可以做万物的首领，成为万物之长。

而那些舍去这"三宝"的人，走的不是生路，而是一条死路：

"今舍慈且勇；舍俭且广；舍后且先；死矣！"[1]

在老子看来，修道的人的最大障碍就在于人有欲望。对于一个修道

---

[1]《道德经》第六十七章。

者来说，应该：

"塞其兑，闭其门，终身不勤。"[1]

"兑"，河上公说："兑，目也，目不妄视也。"王弼："兑，事欲之所由生。""塞其兑"，意思是要塞住你的眼睛；"闭其门"，河上公说："门，口也，使口不妄言。"王弼："门，事欲之所由从也。"关闭你的嗜欲之门；"终身不勤"，河上公说："人当塞目不妄视，闭口不妄言，则终身不勤苦。"王弼说："无事永逸，故终身不勤也。"[2]

"开其兑，济其事，终生不救。"[3]

如果一个人，打开嗜欲的孔窍，总想将事情做成功，那么这样的人的一生没救了。

所以，老子主张，人要经常闭目养神，慎行慎言，让自己内心保持一种静默空虚的状态。

二、修道，静是一切的开始

人与动物的最大差别在于人有理性。而人的理性思维只有心静时才能进行。一个人身心处在不断的躁动之中，哪来的理性。

修道更是如此。别说修道，就是发现道，若心是躁动的，意识是狂乱不居的，能从天地的运行之中发现天道吗？能从万物之中发现万物之道吗？人的很多错误，很多愚蠢的事情都是由内心不静、慌乱导致的。当你冷静下来的时候，为时已晚。

所以，老子说：

---

[1] 《道德经》第五十二章。
[2] 崔仲平、崔为注译：《老子译注》，吉林文史出版社1996年11月版，第195页。
[3] 《道德经》第五十二章。

"重为轻根，静为躁君。是以君子终日行不离辎重。虽有荣观，燕处超然。奈何万乘之主，而以身轻天下？轻则失根，躁则失君。"①

这意思是说：厚重是薄轻的根本，安静是躁动的君王。因此，君子整日行走，不离开拉着生活必需的物资和供他卧息的车子。虽然，外面有繁华之景、游欢之乐，仍然要安闲卧处、超然物外。君子都能这样，为什么大国的君主，在天下人面前的表现还那么轻率躁动呢？轻率就会失去根基，躁动就会丧失主宰。

修道也同这事情一样，首先是从"静"开始。

"静"与"动"是反义词，"清"与"浊"也是反义词。可"清"与"静"是近义词。只有"静"了才能"清"，水就是这样，但有"清"了才能"静"，两者又是互为因果关系。"动"与"浊"也是如此。因为水动了，水中的沙土才能使水混浊，水混浊了是因为水被搅动了。

所以老子说：

"孰能浊以静之徐清，孰能安以动之徐生？"②

老子这里讲了两层意思：

第一层意思是说："谁能使那浑浊的流水静止下来，让它慢慢地变清。"这是"静"的第一层境界。它隐含的意思是让被世俗混浊的心田、混乱不堪的精神意识，一步步、一步步地慢慢地变得清澈与单纯起来。

第二层意思是说："谁能让人的身体从宁静与安稳之中，再慢慢地动起来。"即一种新的心理活动在身体中慢慢地产生。人进入"静"的第二重境界就是修道的真正开始，是进入道的门槛。

修道还要进入静的第三层境界：就是在道的境界中持续不断地修炼。

① 《道德经》第二十六章。
② 《道德经》第十五章。

"保此道者，不欲盈。夫唯不盈，故能蔽而新成。"[1]

这意思是说，在长期的修炼之中，不要急于成功，不要追求盈满，就像胸前端着一杯水那样，总怕它盈满溢出。正因为这种心理，才能使身体里陈旧的部分不断地得到更新。

到此，人已经进入了"道"的境界。

三、道的三重境界

那么，进入"道"的境界又是怎样的呢？

第一重，让自己的心身进入"致虚极，守静笃"的状态。

"致虚极"。"极"为虚的极致，是让人的心境回到空明的虚空之中。"虚极"，即人的心境已达到无法再去虚空的状态。

"守静笃。""笃"为静的极致，是让人的心境宁静到不能再静的顶点。与万物和谐相处、共同生长，从中观察万物之道。万物之"道"是什么呢？即循环往复：

"致虚极，守静笃。万物并作，吾以观复。"[2]

"吾以观复"之中，老子又得出了这样的"道"：

"夫物芸芸，各复归其根。归根曰静，静曰复命。复命曰常，知常曰明。不知常，妄作凶。知常容，容乃公，公乃全，全乃天，天乃道，道乃久，没身不殆。"[3]

---

[1] 《道德经》第十五章。
[2] 《道德经》第十六章。
[3] 同上。

这一段讲了三层意思：

首先，万物都要回归到本根，如草木的植物，无不枯落，各自复返其根而等待再生。这种复归本根是草本植物的一种静态，而这种静态是为了使其不死，再复还性命。复命也就是不死，再次重生。这种不死和重生就是"常"。"常"就是规律，就是"道"。作为一个得道的人，知道了"常""道"，也就是明白了"道"。

其次，如果你不知道"常"，也就是不知道"道"。不知道"道"，人就会胡乱狂为、胡乱妄为，所以凶。

再次，认识了"常""道"的得道之人，心中就能包容一切，就会坦然大公。坦然大公的人就会真心爱惜世间万物，就能符合天之道。也就符合了所有的道，这样的道才能长久。人能与长久的道在一起，会一生没有危险。

这就是第一层"吾以观复"的境界。这种境界就是回到出生的原本、静，以及看透生死、枯荣，是人生命的自然规律"常"。

那么，处于第一重境界的得道的人是什么样的呢？老子在《道德经》第四十一章中描绘道：

　　"明道若昧；进道若退；夷道若颣；上德若谷；大白若辱；广德若不足；建德若偷；质真若渝。"①

老子认为，大道幽隐无形，存在于万事万物之中。一个得"道"的人，他的身上一定会呈现出"道"的特点，表现出来的现象是：看上去，光明却又好似暗昧；前进却又好似后退；平坦却又好似崎岖；崇高却又好似峡谷；广大却又好像不足；刚健却又好似怠惰；质朴纯真却又混浊未开。让人难以分辨他的真假、虚实、前后、左右。即，处在一种惚兮恍兮之中的人。

老子接着说，这种人不仅让人看不懂，玄变莫测，而且进入道的境界，他已经超越了"有"与"无"。

---

① 《道德经》第四十一章。

"大方无隅；大器晚成；大音希声；大象无形；道隐无名。"①

"大方无隅"，意思是说最方正的东西没有棱角；"大器晚成"，帛书作"免"，最大的器皿是没有器皿；"大音希声"，最大的声音是无声；"大象无形"，最大的形象是没有形象；"道隐无名"，道隐藏在无之中。

老子在《道德经》第四十五章中又提到：

"大成若缺，其用不弊；大盈若冲，其用不穷；大直若屈，大巧若拙，大辩若讷。"②

这说明得道的人，将人所能认知到的事物，在他们身上已经虚化掉了。在他们身上你见不到任何高大上或超越别人之处，他就是一个行为举止极为普通的人。得道又似没得道，有道又似没有道，在他的身上已经看不出任何的端倪来。

但老子最后总结说，正是这种普通，使他真正地得到了"道"。而得了"道"的人，一定做什么事情都会有一个好的开始，也会有一个好的结束：

"夫唯道，善贷且成。"③

"善始且善成"，为帛书乙本。河上公本作"善贷且成"，意思是"只有道，善于辅助万物并使它完成"。即，这样的人，已经到达孔子所说的"七十而从心所欲，不逾矩"的人生阶段。

第二层是无知无欲的婴儿境界。

老子认为，真正得道的人就如婴儿一样，所以主张人要回到像婴儿那样无知无欲的状态。《道德经》总共81章，三次提到"婴儿"，两次提到"小孩"：

---

① 《道德经》第四十一章。
② 《道德经》第四十五章。
③ 《道德经》第四十一章。

"载营魄抱一，能无离乎？专气致柔，能如婴儿乎？"①

"众人熙熙，如享太牢，如春登台。我独泊兮，其未兆，如婴儿之未孩。"②

"知其雄，守其雌，为天下溪。为天下溪，常德不离，复归于婴儿。"③

"圣人在天下，歙歙焉，为天下浑其心，百姓皆注其耳目，圣人皆孩之。"④

"含德之厚，比于赤子。"⑤

老子为什么主张，得道的人就如婴儿、赤子？我们从以上五段的论述中可以看出其原因。

《道德经》的第十章，讲的是一个人得道的状态。"载营魄抱一，能无离乎。"意思是能让你的精神与"道"合而为一吗？"一"即"道"；营魄，即人的魂魄。婴儿就能做到这一点。他是一个尚未接触社会的一个自然人。自然人本身就是处在"道"的状态，他的身体和意识均在道中。

"专气致柔，能如婴儿乎。"这是说得道人"专"，"专"这里是"抟"，当集中、结聚的意思讲，能把你的精气集中在"柔"上，就像婴儿那样吗？婴儿的精气肯定是至纯，而且柔弱。他在这章中又接着说：

"涤除玄览，能无疵乎。"⑥

"玄览"，河上公注："当说其心，使清净也。心居玄冥之处，览知万事，故为玄览也。"意思是说，涤洗清净你的内心，能做到没有一丝一缕的杂念瑕疵吗？而从人的发展阶段来看，只有婴儿才能做到。

---

① 《道德经》第十章。
② 《道德经》第二十章。
③ 《道德经》第二十八章。
④ 《道德经》第四十九章。
⑤ 《道德经》第五十五章。
⑥ 《道德经》第十章。

"爱民治国，能无为乎。"①

婴儿的状态是无法有为的，人真正的无为是在婴儿阶段，他是在等待别人有为来帮助他。

"天门开阖，能为雌乎。"②

天门在这里指人的耳目口鼻，敞开口鼻，呼吸吐纳，能做到轻柔静谧吗？婴儿的呼吸状态，正是这种状态。

这正是得"道"之人的五个方面的特征，在婴儿的身上都能很好地体现。

所以老子在第二十章就说，自己就是个婴儿，"人们都熙熙攘攘，就如同在享食太牢的盛宴，如在春天里登上高台观花赏景。可我啊，独自淡泊无为啊，就像一个未曾开始有情欲、混混沌沌、还没有发育的婴儿"。

老子不仅说自己像个婴儿，他说所有的圣人都如同小孩子一般。他在第四十九章说：圣人治理天下时，"歙歙焉，为天下浑其心"。"歙"，收敛，指收敛人的欲望，不敢妄为。王弼注，"心无所主，是也""为天下浑其心"，"浑"即不察，不辨真假，不辨别是非，总是糊里糊涂的样子。"百姓皆注其耳目"，这是说，老百姓都注重自己的耳聪目明，而圣人则不然，像个孩子，"圣人皆孩之"。

为什么"圣人皆孩之"？因为老子认为这是作为圣人的追求。他在第二十八章中说，你能知道自己是雄，但还能守其雌吗？甘心做天下的溪谷吗？当你甘心做天下的溪谷了，永恒的德性就不会离开你，你就归复到你的婴儿状态了。

为什么要归复到婴儿状态，老子在第五十五章说："含德之厚，比于赤子。"身蓄德性深厚的人，就好像初生的婴儿，那么无情无欲，无心无肺，一切自然而然，这就是他所说的"比于赤子"。

---

① 《道德经》第十章。
② 同上。

第三层是同其光、合其尘，天人合一的境界。

老子认为达到婴儿阶段，并不是得道人的最高状态。在老子看来，还要再进一步。这一步最为难得。

老子在第十五章中，讲了为道者的上乘境界：

> "古之善为士者，微妙玄通，深不可识。夫唯不可识，故强为之容：豫兮若冬涉川；犹兮若畏四邻；俨兮其若客；涣兮其若释；敦兮其若朴；旷兮其若谷；混兮其若浊。"①

第一句话，就点明了"善士"是得道的上乘之人。古代善于行道的人，为"古之善为士者"，在王弼注本和帛书乙本"士"作"道"，所以这里的"善士"是指"善道"。这种善于行道的人，"微妙玄通，深不可识"，可见老子对古代善于行道的人评价之高。正是由于"善士"的深不可测、深谙天道，所以，老子采用修辞的方式对它稍作形容。老子对"善士"的形容，分为7个方面，而且7个方面从有形到无形，从有像到无像，一步步将善道者刻画得惟妙惟肖。

第一个方面：豫兮啊，犹豫啊，就像冬天脚踩在川河的冰面，小心迟疑。

第二个方面：顾虑啊，就像害怕邻居对己不利。

第三个方面：庄严啊，就像彬彬有礼的客人。

第四个方面：涣散啊，就像完全融化了的冰雪。

第五个方面：朴实啊，就像一块未经雕琢的璞玉。

第六个方面：空虚啊，就像深山里的幽谷。

第七个方面：浑厚啊，就像看不清物的浊水。

这说明得道的上乘之人，外表看上去像是个迟钝犹豫的人，就如"道"一样的惚兮恍兮。这种人庄严起来彬彬有礼，散涣起来就像冰雪消融，纯朴起来就如一块尚未雕琢的璞玉，空虚起来似深山里的幽谷，浑厚起来又如看不清任何东西的浊水。这种人是不是有些像老子在第十四章讲的"其上不皦，其下不昧，绳绳不可名，复归于无物。是谓

---

① 《道德经》第十五章。

无状之状，无物之象，是谓惚恍。迎之不见其首，随之不见其后"的"道"。他已经非常接近于道，所不同的是，"道"有了人的载体而已。这样的人：

> "用其光，复归其明，无遗身殃；是为袭常。"①

"用其光。"光来自天，指的是天道；"复归其明。"意思是使自己归回于天道。这里的"明"仍然指天道。"无遗身殃。"指不给他带来任何灾难。"是为袭常。""袭"为习，也可当世袭讲，即学习了道；"常"，指"道"，或世袭了"道"。

这样的得道之人能做到：

> "塞其兑，闭其门，挫其锐，解其纷，和其光，同其尘，是谓玄同。"②

"塞其兑"，指堵塞住嗜欲的孔窍；"闭其门"，指关闭起嗜欲的门径；"挫其锐"，指挫去人的锋芒；"解其纷"，指摆脱世俗的困扰；"和其光"，"光"来自天，天乃道，与道相合；"同其尘"，"尘"来自地，与地相同。这就是天地人三者合一的境界。在老子看来，这是得道的最高境界。

四、老子对人类社会的思考

《史记·老子韩非列传》中说："老子者，楚苦县厉乡曲仁里人也，姓李氏，名耳，字聃，周守藏室之史也。"③楚国苦县即今河南鹿邑县（一说为今安徽涡阳）。孔子曾向老子问过礼。西周末年，老子西出函谷关，隐退。先秦书中多称老聃。一说老子是三人，即老聃、太史儋、老

---

① 《道德经》第五十二章。
② 《道德经》第五十六章。
③ 《史记·老子韩非列传》。

莱子。又一说老子即太史儋或老莱子。

老子《道德经》有着很严密的内在逻辑和思想体系，并非两人或三人的合集。所以《道德经》一书基本上是老聃本人的思想。在老子的思想中，"道"与"天道"还是有区别的。老子认为天是因道而生，故多不使用"天道"而使用"道"，如：

> "故道大，天大，地大，人亦大。"①

他认为，在所有的空间之中，有"四大"，而"道"是最大的。

> "域中有四大，而人居其一焉。"②

老子《道德经》共81章，有35章提到"道"（不包括玄牝、玄德等代名词），单用"道"字共62处，用"天之道"或"天道""王乃道""道之在天下"等8处。可见老子更多讲的是"道"而不是"天道"。

那么，在老子的思想中，"天道"与"道"有怎样的关系呢？

如他在第九章说：

> "功遂身退，天之道也。"③

这是说，天道不居功自傲，而是隐在事物成功者的后面。这里的天道对万物的作用与道对宇宙万物的作用是一样的。

又如第七十三章中所说：

> "天之道，不争而善胜，不言而善应，不召而自来，繟然而善谋。"④

---

① 《道德经》第二十五章。
② 同上。
③ 《道德经》第九章。
④ 《道德经》第七十三章。

这是讲天道的功能作用以及特点，这些也与老子讲的"道"没有任何的差别。

还如第七十九章所讲：

> "天道无亲，常与善人。"①

这也与道没有任何的不同。

那么老子的"道"与"天道"有何不同呢？

恐怕仅仅有这么一点差别，那就是与人发生关系时，老子有时会在道的前面加上个限定词"天"字，以求说明天人之间的关系，有时不加。老子主要用"道"字，是为了说明道的全面性，道在万物之先，也在天地之先。所以，老子的道包含着天道。道除了它创生了天之外与天道没有本质的区别。如果我们从更加广阔的视角看，我们所讲的天应包括宇宙，所以老子讲的"道"，也是天道。

老子认为，人道与天道是有本质差别的，他先是说：

> "天之道，其犹张弓与？高者抑之，下者举之；有余者损之，不足者补之。"②

意思是：天道不是很像开弓射箭吗？高了就把它压低些，低了就把弓箭向上抬举些，有余就把它减少些，不足就给它增加些。

老子的这种比喻接近了孔子的中庸思想。

接着老子便说出天道与人道的差别：

> "天之道，损有余而补不足。人之道，则不然，损不足以奉有余。"③

这意思是说：天道是减少有余的补给不足的；人道则不是这样了，

---

① 《道德经》第七十九章。
② 《道德经》第七十七章。
③ 《道德经》第七十七章。

人道是减少不足的去给那些本来已有余的。

这就是天道与人道的差别。

人道这种不合理的占有关系，是靠人对人的剥夺所实现的。

老子已经看到了这一点。怎么解决这个问题？他提出：

"孰能有余以奉天下？唯有道者。"[①]

谁能做到将有余补给不足的？只有遵循"道"的人才能做到。

老子在这里说出他创作《道德经》的目的，就是让人们成为有"道"的人。人们成为有"道"的人就会把自己多余的各种资源拿去补给天下资源不足的人。

于是，老子便设计了《道德经》中最主要的两个主题。

一个主题是个人得道。怎样做到个人得道呢？人要清心寡欲、无欲无求、返璞归真，最后像婴儿那样，便得道了。人得道了就会遵守天道行事，就会把自己多余的资源心甘情愿地奉献给那些不足的人。

另一个主题就是社会得道。社会得道就是老子在《道德经》最后结束前的一章，第八十章所讲的小国寡民。老子认为那样一个社会、人人：

"甘其食，美其服，安其居，乐其俗。邻国相望，鸡犬之声相闻，民至老死，不相往来。"[②]

这样的社会虽然看上去经济落后，但人心淳朴、善良，人与人无争、无欲、无求，人人都活得自我、自由、自在，这是老子的理想社会。

---

① 《道德经》第七十七章。

② 《道德经》第八十章。

第十七讲
庄子天道与无为

一、什么是天道？天道与万物的关系

《庄子·天道》篇，开篇明义：

"天道运而无所积，故万物成。"①

这句话的意思是说，天道运行永远不会停止，因而万物得以生成。它有两个意思：一是天道周而复始，永不停歇；二是天道决定了世界万事万物发展变化的过程。

（一）什么是天道呢？

庄子说：

"夫道，于大不终，于小不遗，故万物备，广广乎其无不容也，渊渊乎其不可测也。"②

这意思是说，天道大到再大的东西都无法将其穷尽，小到再小的东西都无法将其遗漏，所以世间万物都存有道。天道无所不在、无所不

---

① 《庄子·外篇·天道》。
② 同上。

有；无限的广大，能无所不容；及其深邃，不可测量。

他在《大宗师》篇中说：

> "夫道，有情有信，无为无形；可传而不可受，可得而不可见；
> 自本自根，未有天地，自古以固存；神鬼神帝，生天生地；在太极
> 之上而不为高，在六极之下而不为深，先天地生而不为久，长于上
> 古而不为老。"[①]

这是说"道"具有以下特点：一是说"道"具有两种德性："有情"，
喜欢生养万物；"有信"，表现为道的存在与运动极具秩序性、规律性。
二是说"道"的无为，"无为无形"。道存在于万物之中，它什么也不做，
却决定万物的运作，可它无形无状。万物有自己的形体，而道没有形
体，由于道的无形无状，可以心传，但无法手授，人可以得到道，但你
却见不到道，即"道不可闻，闻而非也；道不可见，见而非也；道不可
言，言而非也"。[②]三是说道有自己的根本，在天地没有之前，它就存在
了"自本自根，未有天地，自古义固存"。四是说它生出了鬼神和上帝，
生出了天地。正是由于"道"具有这样四个特点，所以庄子说，"道"
在太极之上却不算高，在六合之下却不算深，先天地存在却不算久，长
于上古却不算老。

> "道无终始，物有生死，不恃其成。"[③]

天道没有开始，也没有结束。而道创生出来的万物，则有生有死，
有始有终。所以，物之成不足恃，物既能成，也能毁。故人没有必要追
求成功。

> "一虚一盈，不位乎其形。年不可举，时不可止。"[④]

---

① 《庄子·内篇·大宗师》。
② 《庄子·外篇·知北遊》。
③ 《庄子·外篇·秋水》。
④ 同上。

道分阴阳，阴阳发展变化时虚时满，从来没有固定的形体。虚与满是从道促使事物在空间变化上说的，而"年不可举，时不可止"，年岁不能存留，时光不可挽住，这是从道促使事物在时间变化上说的。

"消息盈虚，终则有始。"[①]

"盈""虚"代表事物发展的空间上的消灭、空虚、生长、充盈，"终""始"代表事物发展的时间，终结了恰恰是另一个新的开始，这些都是在讲"道"在宇宙间事物二重结构之中的发展变化。

"是所以语大义之方，论万物之理也。物之生也，若骤若驰。无动而不变，无时而不移。何为乎？何不为乎？夫固将自化。"[②]

这里的"大义"，指的就是"天道"或者可译成"大道"。庄子意思说：这就是我所讲的大道的方方面面，谈论的万理之中存在的玄之又玄的道理。然而万物的生长，生灭流谢，运动不停，极为迅速。没有不在空间中变化的事物，也没有不在时间中转换的事物。什么可以做？什么不可以做？万物纷乱，同禀天然，安之化之，守住自然而然，必自变化，人又何必执着于可为不可为呢？

（二）庄子将道生万物分为以下三个阶段

在"道"生成万物方面，庄子是这样论述的：

"泰初有无，无有无名；一之所起，有一而未形。物得以生，谓之德；未形者有分，且然无间，谓之命；留动而生物，物成生理，谓之形；形体保神，各有仪则，谓之性。性修反德，德至同于初。同乃虚，虚乃大。合喙鸣；喙鸣合，与天地为合。其合缗缗，若愚若昏，是谓玄德，同乎大顺。"[③]

---

① 《庄子·外篇·秋水》。
② 同上。
③ 《庄子·外篇·天地》。

第一，道处在生成万物之前的阶段。

泰初，也称太初，即宇宙之初。"泰初有无"，即宇宙之初已有"无"；"无有无名"，既没有"有"，也没有"名"，即什么都没有；"一之所起，有一而未形"，这是说在什么都没有时，产生了"一"，这个"一"就是"道"。这时的"一"，还没有分出阴阳。这说明，在无之中，道开始存在了，但这时"道"还没有形体。

第二，道生出万物的阶段。

"物得以生，谓之德"，道开始生出万物，这时道进入了德的阶段。道是怎样生出万物的呢？

"一"（道）先生出了阴阳，即"一"有分，这个分是在万物"未形"之前，这个阴阳是流动变化的，阴与阳没有空隙，故说它"无间"。庄子把"无间"的阴阳称为"命"，阴阳之间交合，便生成了物；"留动而生物"，万物各自按着阴阳结合而形成自己的生命之理或存在之理，从而产生了万物的形体；"物成生理，谓之形"，形体形成了，每个形体又由阴与阳结合组成每个形体的精神，每个物又都有自己的存在法则和运动法则，各自不同；这样，万物都具有了性，即所谓"形体保神，各有仪则，谓之性"，这时万物自身已经生成了形与性。

万物生成了形与性并不代表万物已经完成，因万物还缺"德"，庄子还设计了第三个阶段，即"大顺"阶段。

第三阶段也是万物形、性生成之后的阶段。

第三阶段，是庄子为人类特设的阶段。主要讲万物之中的灵长类——人类社会。庄子认为，道生成了万物，万物都是道的化身。万物从产生到生长都能与道合一，而人则不同。人生成后要进行自我修养，要"性修反德"，即回到德生万物之初，与德一同再退回到第一阶段，即"泰初"的阶段。万物中除人之外，自然是万物的基本天性，所以万物并不需要反修。人的主观性使人很容易改变人的自然天性。这样人要"性修反德"。人只有通过"性修反德"才能进入"大顺"社会。人通过"反修"与"德"一同进入虚空状态，"虚乃大"，虚空了就会包容扩大。人便能与鸟说话，鸟可与人说话，达到人与天地相合。人与天地自然而然相合，不见任何不合的蛛丝马迹。人人如无智若愚、混混沌沌一样，这就是最高的道德，然后社会进入"大顺"的社会形态。"大顺"，即人完全地回归到自然，即老子在《道德经》第六十五章中提到的"大顺"。

> "常知稽式，是谓'玄德'，玄德深矣，远矣，与物反矣，然后乃至大顺"。[1]

可见，庄子的"大顺"是从老子这里借用过去的。稽式，指"法式"或"法则"。意思是说守住这个法则，就是守住了"玄德"，而"玄德"即"道"。可见，人类是只有通过"道"才能达到人类的最高境界——大顺。大顺，在老子的思想中，指纯粹的自然。老子主张，人类来自自然，还要回归于自然。庄子完全赞同老子的这一主张。

二、道的秩序

> "以道泛观，而万物之应备。故通于天者，道也；顺于地者，德也；行于万物者，义也。"[2]

但在"道""德""义"三者之中，"德""义"是受"道"决定与支配的。

第一，在庄子看来，宇宙处于一种道的秩序之中：

> "则天地固有常矣，日月固有明矣，星辰固有列矣，禽兽固有群矣，树木固有立矣。夫子亦放德而行，循道而趋，已至矣。"[3]

"天地固有常矣"，意思是说，天地之间存在着道的秩序，这种秩序表现在日月原本就是光明的，星辰运转原本都有固定的轨迹，禽兽原本都有固定的群体，树木原本都是立着生长的。这些，人类都是无法改变

---

① 《道德经》第六十五章。
② 《庄子·外篇·天地》。
③ 《庄子·外篇·天道》。

的。人们只要依照德去做，遵循着道的指引去行动，就可以达到最好的目的。

第二，庄子也把"道"分为天道、人道：

"何谓道？有天道，有人道。"①

天道与人道的差别在于：

"无为而尊者，天道也；有为而累者，人道也。"②

庄子对天道与人道的说法与老子不同。老子是从万物发展的结果角度得出两者的不同，即天道是损有余而补不足，人道是损不足而补有余。庄子则是从万物发展的原因角度得出两者的不同，即天道无为，人道有为。但老子和庄子在天道的认识上是相同的。老子认为，天道是一切自然而然，并不是有为地在做什么，一切均为自然界本身的造化，庄子也同样主张天道无为。但庄子将天道用在人道上，则与老子的思想有所区别。庄子说：

"主者，天道也；臣者，人道也，天道之与人道也，相去远矣，不可不察也。"③

在庄子看来，天道与人道本为一对整体的君臣关系，这里的"主"，指的是国家的君主。君主在上位，应合乎天道自然无为，而作为国君的臣子在下位，应司职有为。所以庄子的"人道"并不是完全的"无为"。

第三，道无所不在，无物不有：

"夫道，于大不终，于小不遗，故万物备。广广乎其无不容也，

---

① 《庄子·外篇·在宥》。
② 同上。
③ 同上。

渊渊乎其不可测也。"①

道存在于万事万物之中，并主宰着万事万物的发展变化。对于任何大的东西都不穷尽，对于任何小的东西都不遗漏，所以万事万物之中都有道。

第四，天道与万物的关系。

庄子在《天运》中是这么论述的：

"上治人者，事也；能有所艺者，技也。技兼于事，事兼于义，义兼于德，德兼于道，道兼于天。"②

这里，天、道、德是本，而技、事、义为末。天道顺则本末俱顺。所以庄子接着说：

"古之畜天下者，无欲而天下足，无为而万物化，渊静而百姓定。记曰：'通于一而万事毕。'"③

"天其运乎？地其处乎？日月其争于所乎？孰主张是？孰维纲是？孰居无事推而行是？意者其有机缄而不得已邪？意者其运转而不能自止邪？云者为雨乎？雨者为云乎？孰隆施是？孰居无事淫乐而劝是？风起北方，一西一东，在上彷徨，孰嘘吸是？孰居无事而披拂是？敢问何故？"④

庄子这里提出了 14 个问题。即天在运转吗？地在静处吗？日月同于黄道，在相争于居所吗？是谁在主宰着？谁在维持着？又是谁在无事推动着？或者是有机关发动而出于不得已？还是因为它自行运转而无法停止？天上的云是为了下雨吗？下雨是为了再形成云层吗？是谁在兴云作雨？是谁闲来无事高兴而这样做呢？风从北方吹起，忽东忽西，在天

---

① 《庄子·外篇·天道》。
② 《庄子·外篇·天地》。
③ 同上。
④ 《庄子·外篇·天运》。

空上回转往复，是谁在吹吸它？又是谁闲来无事而拨动着风？请问这都是什么缘故？

庄子的设问，是为了他下面的回答：

> "巫咸祒曰：'来！吾语女。天有六极五常，帝王顺之则治，逆之则凶。'"①

巫咸说，来，我来告诉你为什么。天有六合五行，帝王顺之社会则治，逆之社会则亡。

"巫咸"，神巫也；"六极"，指六合，四方上下；"五常"，指五行，金木水火土。

从这段论述来看，庄子认为天下这些纲纪都是东西南北、上下和金木水火土决定的。他认为"天道"在"六极五常"之中，即东西南北和上下及"五行"之中。天道的秩序是由"六极"和"五行"决定的。而作为人道位置至极的帝王，要顺天道而行。顺天道而行，则天下大治，逆天道而行，则天下大凶。

社会应该怎样治理，人类社会如何能走上天道社会的道路，这是道家老庄一直在思考和践行的问题。

三、无为与天道

老子提出无为思想。无为即顺应自然变化。老子认为宇宙万物的本原是"道"，天地由"道"生成。"道"是"天地根"，"可以为天下母"。"道"是"无为"而自然，人效法"道"，也应做到"无为"，从而顺应自然。

自然有自身生长的规律，不能擅自改变。人与天，都有自己运行的规律，所以"人法地，地法天"。老子认为，人只有无为才能达到自然。

---

① 《庄子·外篇·天运》。

老子所讲的"自然"，既指整个的自然界，也包含自然界的发展规律。从大的自然观来看，人也是自然界中的一分子。因此人要尊重自然，按自然规律办事。所以，老子提出的"无为"思想是正确的，有它的积极的一方面。但是，人又是自然界中的高级生物，人的行为不仅受本能支配，还要受人的复杂的思想支配。老子过分强调"无为"自然的因素，忽视了人的主观能动性的发挥。那么，这是不是"无为"消极的一面呢？人真的能做到"无为"吗？

老子主张治世要无为，万不得已才有为，如老子在谈到用兵之时说：

> "兵者不祥之器，非君子之器，不得已而用之，恬淡为上。胜而不美，而美之者，是乐杀人。夫乐杀人者，则不可得志于天下矣。"①

这就是说，老子的"无为"也不是绝对的无为。老子的"无为"，主要是"顺道而为"，即顺从自然而为。

庄子继承了老子的"无为而无不为"的思想。

庄子的无为，先从天地讲起，然后再讲到人该无为。他说：

> "天无为以之清，地无为以之宁。故两无为相合，万物皆化生。芒乎芴乎，而无从出乎！芴乎芒乎，而无有象乎！万物职职，皆从无为殖。故曰：天地无为也而无不为也。人也孰能得无为哉！"②

庄子论证无为，认为天地作为人生存的自然环境无为，因此人要适应环境而无为。天地相交，万物不为自合，草木繁茂，春生夏长，秋收冬藏，皆自生自灭。一切顺从天道。人应像万物一样，无为而无不为，无乐反而得到至乐。所以，人不应该得到无为的至理吗？

---

① 《道德经》第三十一章。
② 《庄子·外篇·至乐》。

"静而圣，动而王，无为也而尊，朴素而天下莫能与之争美。夫明白于天地之德者。此之谓大本大宗、与天和者也。"①

庄子认为，人的心神宁静便会空明，空明的内心便得到充实，充实便是完备。虚则静，静则动，动则得矣。静则无为，无为便使万物各尽其责。无为的人便能得到安逸，得到安逸的人就不会被忧虑困扰，人的寿命就会长久。虚静、恬淡、寂寞、无为，是天地之本。明白这个道理，人就能做到静则为圣，动则为王，纯粹、朴素，天下之人没有能与之相媲美的。

"万物殊理，道不私，故无名。无名故无为，无为而无不为。"②

万物皆有各自不同的规律，大道没有偏私，所以没有称谓。没有称谓就无所作为，无所作为也就无所不为。

庄子这里将无为从另一个角度与道联系起来。即万物各自都有自己的本性，也使万物都有各自的名称，有名有实（本性），而道无私，所以道没有名。道没有名也就不与万物争各自的有为，这表现为道无为。但是万物又是由道给予的本性，万物均按照其本性在作为，所以表面上看道无为，实际上道是在无不为。

庄子这就从学理上将道"无为而无不为"讲得十分透彻，得出了道为什么不做什么，但它始终在做着什么的道理。

庄子对"无为"思想的另一个贡献，就是他指出了"无为"和"有为"，是"天道"和"人道"的差别。他说：

什么是道？有天道，有人道。无为而尊贵的是天道，有为而劳累的是人道。

所以，人为有为，就会在一定程度上违背天道。人应该任其自然，这样就符合天道了。庄子说：

---

① 《庄子·外篇·天道》。
② 《庄子·杂篇·则阳》。

"汝徒处无为，而物自化。"①

庄子的意思是说，如果你能顺应自然无为，万物就会自己自然而然地发展变化。

"堕尔形体，吐而聪明，伦与物忘，大同乎涬溟。"②

忘掉你的形体，丢弃你的聪明；物我两忘，将自体与自然合为一体。

"解心释神，莫然无魂。"③

开阔心胸，放下神魄，莫然无知，死灰无魂。

"万物云云，各复其根，各复其根而不知。"④

万物纷纷纭纭，各自自然生长，又自然返回自己的根本，而各自返回根本，自己不知，这都是道的使然。对于所发生的事情，不用去辩解，而让事物本身去表明自己，这样就符合天德了。

"天地有大美而不言，四时有明法而不议，万物有成理而不说。圣人者，原天地之美，而达万物之理，是故至人无为，大圣不作，观于天地之谓也。"⑤

不刻意作为而率性自为，是天道，所谓：

---

① 《庄子·外篇·在宥》。
② 同上。
③ 同上。
④ 同上。
⑤ 《庄子·外篇·知北游》。

"无为为之之谓天。"①

这里又提出一个新的问题，即对人类来说"无为之为"是什么？对天道好理解，即天道可不必"为"，因为天道给予万物的本性自身就在为，万物在为，也就是天道在为。那么对人类来说呢？即人不可能不做事，做事就要有为。这个"为"是什么，就是"无为之为"。"无为之为"的"为"，有的人提出是人的率性而为，我认为此说虽有些道理，但细想并不尽然。率性是自己的本性，即人的自然本性的一种表现，按照人的本性去为。但这里也有个问题，人的本性的界定在哪里，仅仅包括人的生物性吗？人的生物性，这是人的本性，但除生物性之外，人又是社会中人，不可能没有社会性。人的本性是人的生物性和社会性混合在一起，仅提出"率性而为"还不行，因为率性中可能包括人社会性的丑恶的东西。为了解决人社会性中的丑恶的东西这个问题，庄子提出"虚无无为"的思想：

"夫恬惔寂寞，虚无无为，此天地之本而道德之质也。"②

仅有"虚无无为"的思想还不够，庄子直指人们的功名利禄等欲望，提出"无功"的主张，即让人们放弃取得功名的欲望。他说：

"至人无己，神人无功，圣人无名。"③

庄子认为道德高尚的至人就能够达到忘我的境界，那些精神境界超越外物的神人心目中就没有功名利禄的欲望，而思想臻于完美的圣人从不追求名誉和地位。

在社会的治理上，庄子提出作为国家的君主一定要实行无为而治。他在《在宥》篇说：

① 《庄子·外篇·天地》。
② 《庄子·外篇·刻意》。
③ 《庄子·内篇·逍遥遊》。

如果一个圣子不得已而君临天下，那么他应该如何统治天下呢？对天下最好的统治就是无为而治，顺应自然，让天下万物自我发展变化。所以，如果一个人轻视自己的身体，舍身而去追逐名利，这样的人是统治不好天下的。只有无为而为才能使天下众生都能安于自己的生命本性。把自身看得比天下还重要的人，才可以把天下托付给他；把爱护自身看得比爱护天下还重要的人，才可以把天下寄付于他。

> "故贵以身于为天下，则可以托天下；爱以身于为天下，则可以寄天下。"[1]

在庄子看来，天下虽大，治理起来并不难，关键是治理者能否顺道而为，行无为之事。他说：

天下虽然很大，但它的演化是十分均匀的。万物虽然很多，但它的发展变化都是由道决定的；臣民虽然众多，但君主只能有一人。作为君主，他的所有作为都来自天德，万物各有所得，顺应自然而天成。所以，远古时代的君主治理天下，无所作为，仅凭天德就已足够了。

因此，无为是治理天下的根本。

> "故圣人观于天而不助，成于德而不累，出于道而不谋。"[2]
> "故曰，玄古之君天下，无为也，天德而已矣。"[3]

庄子接着讲：

道覆盖和承载着万物，浩浩瀚瀚十分广大，作为当世的君王，不可不去效法道的无为，不可不洗去积累于心的污垢，不可以不弃除成心。庄子认为，君王应该做到以下 10 个方面：按无为去做就是天道；按着本性去做就是天德；任其性命之情，心无偏执，爱人利物就是仁；万物不同，各止其分，不必求同于我就是大；行为没有止境、和光同尘就是宽；包罗万象、海纳百川就是富；守住天德就是纲纪；修成天德就是道

---

[1] 《庄子·外篇·在宥》。
[2] 同上。
[3] 《庄子·外篇·天地》。

立；按照天道去为就是完备；不以事物挫折而改变心志就是有始有终。君子做到这10个方面，便可包容万物万事，其心胸可谓大，能使万物繁荣，各按其性任其自行发展。如能这样，藏金于深山，藏珠于深渊，不追求财富，不攀于富贵；不以长寿为乐，不以短命为悲；不以通达为荣，不以贫穷为耻，不搜集天下之财为己所有，不以君临天下为显耀。彰显便会炫耀，更不符合韬光养晦，万物都在天下生存，人应做到物我两忘，生死同状。

但庄子讲的统治者无为，主要是一国国君无为。这种思想也与老子的思想是互通的，即君无为而臣有为。同理，官无为而民有为。所以，老子讲的无为，并不是什么也不做，是指作为统治者，上层要无为，而让下层去有为；官吏要无为，而让老百姓有为。这里的无为是顺自然而为，天下人都统一到道那里，即无为者也好，有为者也好，都是顺道而为。正如老子讲：

> "我无为，而民自化；我好静，而民自正；我无事，而民自富；
> 我无欲，而民自朴。"[1]

这里的"民自化""民自正""民自富""民自朴"，都在讲是民在有为，只不过是在自为，而不是别人强迫在为。这种"自为"，就是在自然而然地为，在顺应天道而为。统治者及圣人即使做事，也要做容易做的小事、细事。

> "天下难事，必作于易，天下大事，必作于细。是以圣人终不
> 为大，故能成其大。"[2]

这里的两个"作"还是当"为"讲，只不过是"为易事""为小事"。又如老子在《道德经》第六十四章中讲：

---

① 《道德经》第五十七章。
② 《道德经》第六十三章。

"民之从事，常于几成而败之。慎终如始，则无败事。"①

这里的民之从事，还是在讲"民有为"的意思。

庄子也是这种思想。庄子说：

"夫帝王之德，以天地为宗，以道德为主，以无为为常。"②

在庄子看来，作为人间的帝王，治理国家要以天地为宗旨，以道德为遵循，以无为为准绳，虽复千变万化，而常虚静本朴。

在"无为"和"有为"治理社会的结果上，庄子说：

"无为也，则用天下而有余；有为也，则为天下用而不足。"③

庄子的意思是说：君主无为，智照宽旷，御用区宇，而闲暇有余。如果君主有为，势必导致臣下无为，臣下无为，就会出现君主忙忙碌碌，深感时间精力等方面的不足。

"故古之人贵夫无为也。上无为也，下亦无为也，是下与上同德，下与上同德则不臣；下有为也，上亦有为也，是上与下同道，上与下同道则不主。"④

社会上，如果上面的君主无为，这是君主的品德，但下面的臣属也无为，那么臣属就与君主有同样的品德，这样便错了，应该君有君的德，臣有臣的德，同德则"不臣"。同理，君有君道，臣有臣道，君臣同道，则"不君""不臣"。

从而庄子得出结论为：

---

① 《道德经》第六十四章。
② 《庄子·外篇·天道》。
③ 同上。
④ 同上。

"上必无为而用天下，下必有为为天下用，此不易之道也。"①

庄子的说法是，处上位的君主，无为而任物，让事物去发展变化，处下位的臣子，亦当亲事有为，称所司之职任，则天下就和谐有序地发展。这是永远不变的治理天下之道。

"虚则静，静则动，动则得矣。静则无为，无为也则任事者责矣。无为则俞俞，俞俞者忧患不能处，年寿长矣。夫虚静恬淡寂寞无为者，万物之本也。明此以南乡，尧之为君也；明此以北面，舜之为臣也。以此处上，帝王天子之德也；以此处下，玄圣素王之道也。以此退居而闲遊，则江海山林之士服；以此进为而抚世，则功大名显而天下一也。静而圣，动而王，无为也而尊。朴素而天下莫能与之争美。"②

他在《天地》篇中讲了这样一个寓言故事：

尧的老师是许由，许由的老师是啮缺，啮缺的老师是王倪，王倪的老师是被衣。许由、啮缺、王倪、被衣四人，是尧时代的隐士。这样的人怀道抱德，清廉洁己，远离世俗，不问世事。尧问许由说："啮缺可以做天子吗？我请王倪来邀请他。"

许由说："危险很快就会危及到天下啦！啮缺的为人，聪明睿智，机警过人，而今用他的心智去求得与自然天道相符，这难于做到。他精于禁止过失，而不知道过失恰恰就是因此而产生的，因为过于精算，本身便违背天道的自然而然。让他做天子吗？他会凭借人为而无视于天道，他会以自身为本位而让万物为己所用，会尊尚技巧而谋于急用，而且将会开启后世以事役使人们的先河，会为外物所束缚，会弄得顾盼四方，应酬不暇，会事事求得合理，会只求让自己所知主宰万物的变化，今日可能是对的，明天可能就是错误的。这样的人怎么可以做天子呢？虽然有人群的地方必然要有祖宗，啮缺可以为一族的首领，即地方的长

---

① 《庄子·外篇·天道》。
② 同上。

官，而不能做一国的君主。让他治理国家，就会导致祸乱，不仅是臣子的祸乱，也是君主的祸乱。"

庄子认为，像啮缺这样的人，是以智力见长，善于观察每个人的过失，就会提出这样是对，那样是不对。这就使君主势必有为。君主有为便违背君子无为臣子有为的常理。故啮缺不适合于做一国的国君，但可以做一族或地方之长。这样能做到君主无为，而臣下有为。

庄子在《天地》篇还讲了这样一件事，足见道家治国的无为思想：

尧治理天下，伯成子高被立为诸侯。尧禅让给舜，舜禅让给禹，伯成子高辞去诸侯的位置回家种田。禹前往拜访他，相见在田野。禹快步走到伯成子高耕田处下风口的地方，站着说道："过去尧治理天下时，先生被立为诸侯。尧禅让给舜，舜禅让给我，而您却辞去诸侯职位来这里耕田，请问为什么？"

子高说："过去尧治理天下，不必行赏而人民却能自勉行善，不用刑罚而民众却能自我敬畏。现今你赏罚并用但人民却不仁爱，德行自此而衰落，刑法自此而创立，后世的祸乱从此开始了。"说罢，伯成子高低下头耕田而不再抬头。

庄子的结论是：

> "天不产而万物化，地不长而万物育，帝王无为而天下功（成）。"[1]

即天无情于生产而万物自行化生，地无心于长成而万物自行养育，帝王无为，化万物自为，所以天下万物自行功成名就。

---

[1] 《庄子・外篇・天道》。

第十八讲
庄子的理想社会

庄子在国家治理上，与老子主张一样，无为而治。那么他希望将社会治理成什么样子，他的理想国家是什么样的呢？

一、庄子的理想国

老子的理想国是小国寡民，庄子的理想国有个名字叫"建德之国"：

> "南越有邑焉，名为建德之国。其民愚而朴，少私而寡欲；知作而不知藏，与而不求其报；不知义之所适，不知礼之所将，猖狂妄行，乃蹈乎大方；其生可乐，其死可葬。"[1]

这个建德之国的百姓淳厚而内心淳朴，少私而寡欲；只知道劳动而不知道将劳动成果据为己有，给予别人而不求报答；不知道义用于什么上，不知道礼有什么用处。从心所欲，想做什么就做什么。但这么做却在践行着大道。他们活着时充满快乐，死后得到安然埋葬。

这个国家地处广袤而空无人迹的南越之中。去这个国家的人要放弃

---

[1] 《庄子·外篇·山木》。

权力、财产、名誉、地位等世俗心态，不留恋舒适的生活，然后渡过江河，浮游大海，一眼望去见不到边际，护送的人只能送到大海的边上，所谓"君其涉于江而浮于海，望之而不见其崖，愈往而不知其所穷，送君者皆自崖而反，君自此远矣！"[1]

庄子在《天地》篇中把"建德之国"称为"至德之世"，他说：

> "至德之世，不尚贤，不使能；上如標枝，民如野鹿，端正而不知以为义，相爱而不知以为仁，实而不知以为忠，当而不知以为信，蠢动而相使，不以为赐。是故行而无迹，事而无传。"[2]

这个国家的人们，不崇尚贤才，不任用能人；君主地位虽高，仅仅是树梢上的细枝，民众就如山中的野鹿一样自由自在；人们行为端正但不知道这是义，彼此相爱而不知道这是仁，诚实无欺也不知道这是忠，言行得当而不知道这是信，无目的互相帮助而不认为这是赐给。因此，这个国家情况没有记载，有关这个国家的事情也没有流传下来。

庄子在《马蹄》篇中也介绍了这个国家的情况。他说：

> "故至德之世，其行填填，其视颠颠。当是时也，山无蹊隧，泽无舟梁；万物群生，连属其乡，禽兽成群，草木遂长。是故禽兽可系羁而遊，鸟鹊之巢可攀援而窥。"[3]

至德时代，这时的人走路都很稳重端庄，看东西的目光专注而不游离。在那时，山中还没有开凿出大大小小的道路，湖泊河流之上还没有船只和桥梁，万物一起生长，人与兽都居住在一起，飞禽和走兽成群结队，草木滋长繁密。因此，人们牵着兽到处游玩，爬到树上，你可以去看鸟鹊之窝。

庄子接着表述这个"至德之世"说：

---

[1] 《庄子·外篇·山木》。
[2] 《庄子·外篇·天地》。
[3] 《庄子·外篇·马蹄》。

"夫至德之世，同与禽兽居，族与万物并，恶乎知君子小人哉！同乎无知，其德不离；同乎无欲，是谓素朴；素朴而民性得矣。及至圣人，蹩躠为仁，踶跂为义，而天下始疑矣；澶漫为乐，摘僻为礼，而天下始分矣。故纯朴不残，孰为牺樽！白玉不毁，孰为珪璋！道德不废，安取仁义！性情不离，安用礼乐！五色不乱，孰为文采！五声不乱，孰应六律！夫残朴以为器，工匠之罪也；毁道德以为仁义，圣人之过也。"①

盛德的时代，人和鸟兽同居，族群与万物并存，不知道谁是君子，谁是小人！所有人都没有智巧，这就是人本性朴素；正是朴素使人保存本性的纯真。等到圣人出现，急迫用力地提倡仁，不遗余力地倡导义，从此，天下人心中开始产生疑惑；恣纵人的情欲为乐，烦琐人们之间交往的过程为礼，天下的人才开始分为贫富、贵贱。所以完整的树木不被截断，怎么会被制成酒器！洁白的玉石不被毁坏，怎么会有珪璋！道与德不被废弃，怎么会有仁义，本性真心不离开人，怎么还会需要礼乐！五色不被混淆，哪里会有文采！五声不被错乱，怎么还会需要六律！残破的木头被制成酒器，这是工匠的罪过，毁掉道与德去倡导仁义，这是圣人的过失。

庄子所讲的"建德之国"，也不是他所幻想出来的，也就是老子《道德经》第八十章所讲的小国寡民的理想国家。他在《胠箧》篇中说：

"子独不知至德之世乎？昔者容成氏、大庭氏、伯皇氏、中央氏、栗陆氏、骊畜氏、轩辕氏、赫胥氏、尊卢氏、祝融氏、伏犠氏、神农氏，当是时也，民结绳而用之，甘其食，美其服，乐其俗，安其居，邻国相望，鸡狗之音相闻，民至老死而不相往来。若此之时，则至治已。"②

你难道不知道道德完善的时代吗？那是从前的容成氏、大庭氏、伯

---

① 《庄子·外篇·马蹄》。
② 《庄子·外篇·胠箧》。

皇氏、中央氏、栗陆氏、骊畜氏、轩辕氏、赫胥氏、尊卢氏、祝融氏、伏羲氏、神农氏的时代。在这样的时代，老百姓用结绳来记事，人们觉得饮食很合口，衣服很美好，风俗很安乐，居住很安逸，邻近的国家能相互望到，鸡鸣狗叫的声音能互相听见，老百姓老到死也不相往来。像这样的时代，就太平了。

庄子"昔者"句下面的十二氏，为传说中的古帝王，也是父亲氏族社会的首领，其中轩辕氏、祝融氏、伏羲氏、神农氏可见于其他书记载，另外几人已无从考稽，也有可能有记载但图书已佚，或是庄子自己杜撰出来的人物。但有一点可以确定的，那就是庄子所讲的"建德之国""至德之世"指的就是古朴的原始社会。而往下从"民结绳"开始，引的是老子《道德经》第八十一章的话，另把老子的"鸡狗之声"改为"鸡狗之音"，一字之差，也可能是后来转抄版本之误。看来庄子的理想国，就是老子的理想国。

老庄一脉，想让社会回到原始社会，完全出于无奈。人类社会在进化过程中，的的确确做了很多正确的事，但也做了很多的蠢事与错误的事。老、庄看到人类发展中出现的问题，并提出解决的方案。可惜几千年走下来，没有人再像老、庄那样去思考，他们的治国理念和理想国家成为人们茶余饭后的谈资而已，实足可惜可叹！

二、以天道治理天下

既然天道是天地万物的主宰、纲纪，那么人世间的君主就应该以天道来治理天下。庄子说：

> "天地虽大，其化均也；万物虽多，其治一也；人卒虽众，其主君也。君原于德而成于天，故曰：玄古之君天下，无为也，天德而已矣。"①

————————

① 《庄子·外篇·天地》。

庄子认为，天地万物均归道主宰与治理，社会上人虽众多，主政的只有君王一人。君王应该据"天德"，而得到天道从而获得成功。三皇以前的帝王，都是无为而治理天下，都是符合无为的"天德"而已。

在庄子看来，治理天下，天道是不二的选择。

"以道观言，而天下之名正；以道观分，而君臣之义明；以道观能，而天下之官治；以道泛观，而万物之应备。故通于天者，道也；顺于地者，德也；行于万物者，义也。"[1]

能以道去治理国家，国家会是什么样的呢？庄子认为，从道的角度去看社会言论，那么，这样的君主一定是有道的君主；从道的要求去看待君臣，君臣之间职责与义务会是十分明确的；从道的要求去评判官吏的能力，官场就会得到治理；从道的角度广泛地观察万物，就会得出万物都有自己对应的道。所以，在天地间相通的是德，决定万物变化的是道。

将国家治理到什么状态呢？庄子提出一个理想社会"至德时代"。

庄子对"至德之世"的描述应该是他凭空想象出来的。庄子所在的时代，虽然离三皇五帝至少有4000年的时间，比我们今天要近得多，但关于那个时代的文献记载应该十分少，甚至根本就没有记载。庄子时能见到以前的文献可能比我们现在多一些，但从来就没见过有人转引或转录过，因此庄子的"至德之世"基本上是他推理出来的社会，但这也反映了庄子对美好社会的向往。

那么，怎样才能将国家治理成为盛世或者说实现庄子提出的"至德时代"呢？

庄子在《马蹄》篇中，讲了这样一件事，庄子说：

"马，蹄可以践霜雪，毛可以御风寒，龁草饮水，翘足而陆，此马之真性也。"[2]

---

① 《庄子·外篇·天地》。
② 《庄子·外篇·马蹄》。

马这种动物，它的蹄子可以践踏霜雪，毛可以抵御风寒，吃草、饮水，翘足跳跃，这些都是马的天性。

"虽有义台路寝，天所用之。"[1]

即使有高台大殿，对它来说，没有任何用处。

"及至伯乐，曰：'我善治马。'烧之，剔之，刻之，雒之。连之以羁馽，编之以皂栈，马之死者十二三矣！"[2]

天下出现治马的伯乐。他说："我会治理马。"于是用火"烧"，铁炙也。剔，给马剪其毛。刻，削其蹄，给马钉上马掌。雒，给马戴上笼头。羁，几个马连拴在一起。馽，将马的前面双脚连上。然后再将马编入马槽。如此下来，马便被治死十之二三了。

"饥之渴之，驰之骤之，整之齐之，前有橛饰之患，而后有（便）〔鞭〕筴之威，而马之死者已过半矣！"[3]

剩下这十分之七八的马，因饥饿、干渴、奔跑、骤停、排列整齐等训练，这就使马前面口衔镳缨的祸患，后备皮鞭竹筴的威胁，这样下来，马就死掉一大半了。

庄子讲治马，其实庄子也在讲治人治国。庄子说：

"然且世世称之曰：'伯乐善治马，而陶匠善治埴木。'此亦治天下者之过也。"[4]

让人不理解的是，世世代代都称颂说："伯乐会治理马，陶工与木

---

[1] 《庄子·外篇·马蹄》。

[2] 同上。

[3] 同上。

[4] 同上。

匠善于烧陶治木，这与治理天下的人所犯的过错不是一样的吗？"

为什么伯乐治马犯了过错？

一是伯乐通过一系列对马的治理，将马治死了十分之六七，将马治死，还是治马吗？

二是伯乐的这种治法，即使马能活下来，那么，马的天性全无，马还是马吗？

治理天下也是如此。统治天下的人，希望人像被治服的马一样，失去人的天性，变成为可以指哪打哪的"顺民"。庄子所在时代，这方面表现最为突出的国家便是秦国。秦国靠严刑峻罚统治天下，被统治的人们不仅完全失去了人身自由，而且也失去了心理自由，人们动辄得咎。然而这种"顺民"背后却隐藏着滔天的怒火。陈胜、吴广大泽乡起义，天下人们响之如流水，致使秦朝二世而亡。

所以，庄子说，这样治国是不行的：

> "吾意善治天下者不然。彼民有常性，织而衣，耕而食，是谓同德。一而不党，命曰天放。"[1]

他说，我认为会治理天下的不是这样的。人们应该保有人本有的天性，如每个人自己织布为自己穿衣，自己耕田为自己饮食，这是所有人的德性。遵守着天道中庸，而不偏于一端，自然而然，无拘无束，这就是人的天性与天命。

庄子也与老子一样，不仅想出以上的治国主张，也想出系统的治人主张。怎样"治人"？庄子主张让君子"虚其心"，"虚其心"的目的是在人心中装上"十谓"，即天、德、仁、大、宽、富、纪、立、备等十种人的品性。

第一谓，"无为为之之谓天"。天道无为，但又什么都在为，无为而无不为，这就是"天道"。

第二谓，"无为言之之谓德"。不言说什么，但万物本身的道却在自言之，即道在没说什么却主宰着万物的运转，这就是万物的自身拥有的

---

[1] 《庄子·外篇·马蹄》。

"天德"。

第三谓，"爱人利物之谓仁"。人能做到爱惜众人利于万物，这就是仁。

第四谓，"不同同之之谓大"。人能将不相同的万物融合在一起，这就是大。

第五谓，"行不崖异谓之宽"。人的言行举止不特立独行，这就是宽。

第六谓，"有万不同之谓富"。人与万物虽有异，但认为没有什么不同的，才是真正的富有，人应有海纳百川的胸襟。

第七谓，"故执德之谓纪"。守住德行的人，就是守住了做人的原则。

第八谓，"德成之谓立"。人只有修成了好的品德，人才能站立起来，成为真正的人。

第九谓，"循于道之谓备"。遵循天道才能成为纯粹的人。

第十谓，"不以物挫志之谓完"。不以事物改变自己的志向，才是个完美的人。

庄子说："君子明于此十者，则韬乎其事心之大也，沛乎其为万物逝也。"[1]这意思是说，如果一个人能明白上面所说的十个方面，说明他的心能包容所有事情，有这种大格局的君子会让天下万物归之如流水。

这样的人就是得道的人。

> "若然者，藏金于山，沈珠于渊；不利货财，不近贵富；不乐寿，不哀夭；不荣通，不丑穷；不拘一世之利以为己私分，不以王天下为己处显。显则明。万物一府，死生同状。"[2]

这是对得道人行为的描述。得道的人，就如藏在深山的金矿、藏在深渊之中的珍珠，不谋求万贯家资，不与富贵接触，不追求长寿，不悲哀短命，不以达为荣，不以穷为耻，不聚集世上的利益为己所有，不以能君临天下而为荣耀，因彰显自己便不符合道的本性，应物我两忘，与万物同处同生同死。

---

[1] 《庄子·外篇·天地》。
[2] 同上。

庄子主张，以天道治理天下，应在天地之间出现"三道"共治的局面。

第一，天道。庄子说：

"天道运而无所积，故万物成。"[1]

天道的正常运转，永不停息，使天下万物生成。天道决定万物的存在与变化，决定着人的存在与变化，也决定着人与万物之间的关系，故天道在三道共治之中是起决定和主宰作用的。因为万物的生长如何，主要依靠天道的作用，人道虽能起辅佐作用，但有时也起破坏作用。

第二，帝道。庄子说：

"帝道运而无所积，故天下归。"[2]

这是说：帝王者法天相地，运御万物，各顺其道，散而不积，施化四方，所以一统天下，万物所归其德。这主要表现在统治者对社会的统治作用上。在人道社会中，尤其是王道社会，帝道起主宰和决定作用，而天道只起辅佐作用。

第三，圣道。庄子说：

"圣道运而无所积，故海内服。"[3]

这是说，天地之行，圣人取其天地之象。圣道，是圣人之道，无爵位，素王也，因圣人得天道，靠其德而使天下人归之。这是说，圣人是靠自己的品德和思想让天下人敬佩，从而使之归服。

"帝道"，主要是作为天下帝王者，应有帝王之德。什么是帝王之德？

---

[1]　《庄子·外篇·天道》。
[2]　同上。
[3]　同上。

"夫帝王之德，以天地为宗，以道德为主，以无为为常。"①

这是帝王之道的三个方面。什么是"以天地为宗"，即以天地为自己的祖宗，王者宗本于天地。什么是"以道德为主"呢？就是以天道为国家和人们的思想主体意识。什么是"以无为为常"？把"无为"作为治理国家的永恒政策。

由此可见，庄子的"帝道"是国家实际权力的掌控者——帝王。但这个帝王不同于强道社会的帝王，而是王道社会的帝王，即肩负着将人类社会从强道社会向天道社会转变的历史使命的帝王，这是由庄子所讲的他身上带有"帝王之德"决定的。

"圣道"，主要表现在圣人主静，并不是因为静也能达到善才主静，而是因为万物不能扰乱圣人之心，所以静。水静便能明澈照见须眉，工匠才能从水平面取平准之法。水静都能如此，何况人的精神！圣人之心静，可以鉴证天地之道，可以洞察万物之根本。退，可闲居于江海之中；进，可抚世功名达显于天下。所以，庄子说：

（圣人）"静而圣，动而王，无为也而尊，朴素而天下莫能与之争美。"②

庄子的"圣道"讲的也是王道社会的圣人治国之道。圣人是以思想治理社会，以自己的品行引领社会，获得人心归顺。在社会的治理上，"圣道"胜过于"帝道"。

他在《人世间》中说：

"天下有道，圣人成焉；天下无道，圣人生焉。"③

---

① 《庄子·外篇·天道》。
② 同上。
③ 《庄子·内篇·人间世》。

三、人道君主无为是治理天下的根本

以"人道"治理天下，是从"天道"治理降了一个维度。若将国家治理成符合天道的人间社会，统治者必须行无为之治。

> "无为也，则用天下而有余；有为也，则为天下用而不足。故古之人贵夫无为也。"[1]

这是说，帝王用无为之政治理天下，天下的物用充足而有余；相反，如果用有为之政去治理天下，天下的物用紧张而不足。所以远古的人都把无为作为治国的政策。

"无为"是有条件的。

在治理国家的问题上，庄子也并非一律地讲无为，如在统治集团中，庄子主张，作为一国的最高统治者，君主要无为，而作为臣下的要有为。

> "上无为也，下亦无为也，是下与上同德，下与上同德则不臣；下有为也，上亦有为也，是上与下同道，上与下同道则不主。"[2]

这意思是说，在上的君主无为，在下的臣子也无为，这是君臣都具有无为的品德，但是臣下就不是臣下了。因为臣下与君主一样，那么还是臣下吗？如果做臣下的有为，做君主的也有为，这是君主与臣下处在同一道路上，君主与臣下一样，那么还是君主吗？所以，庄子说："上必无为而用天下，下必有为为天下用，此不易之道也。"这意思是说：处在国家君主位置上的人，自己不需要有任何作为，他的作为只有任用能人，仅此而已。他是自己无为，用天下能人而为。处在国家臣子位置

---

① 《庄子·外篇·天道》。
② 同上。

上的人，应当亲事亲为，称所司之职，成为君主想为之为。这样天下则大顺，此乃治国不变之道。

庄子将老子的无为思想具体地落实在君臣治理国家的关系中、功能上，化解了许多人对道家"无为"思想的误解。如从这个角度去理解道家主张作为君主奉行的无为之政，更能透彻地体现"君无为，臣有为""无为无不为"的思想。

庄子认为上古的国家就是这样的：

> 故古之王天下者，知虽落天地，不自虑也；辩虽雕万物，不自说也；能虽穷海内，不自为也。天不产而万物化，地不长而万物育，帝王无为而天下功（成）。[1]

这是说三皇五帝之时的帝王，他们的知识虽然可以精通天地，但从不自谋，即大智不谋；他们的口才能宏辩如流，雕饰万物，但从不自说，大辩不言；他们的能力能超过所有人，但他们从来不亲力亲为，而行无为之政。天无情于生产而万物自己化生，地无心让万物生长而万物自我长成，帝王无为而天下之功自成。

所以，庄子说：

> "故曰：莫神于天，莫富于地，莫大于帝王。"[2]

这是说：最神秘的莫过于天，最富有的莫过于地，最大的莫过于远古帝王。为什么帝王最大呢？因为：

> "故（曰）帝王之德配天地。此乘天地，驰万物，而用人群之道也。"[3]

帝王的品德合天地无为之道德，乘天地之阴阳，故能应万物之变

---

① 《庄子・外篇・天道》。
② 同上。
③ 同上。

化，尽人群之用也。

作为有道君主，应知"道隐无名"的道理，不以己私己欲为治国理政的出发点，总想建功立业，名留千古，以证明自己是"千古名帝"，实为一种自私自利的表现。

所以庄子说：

"鱼不可脱于渊，国之利器不可以示人。"①

这是庄子引用老子的话。鱼能深潜则能长活，不能轻易地离开深渊。而作为一个国家不可将治国的利器轻易示人。"利器"有解释为威武权势，也有解释为"穷兵黩武"，都是一种示强的表现。示强则是强道，这种做法老子是不赞成的，因国家恃强，就会面临着多种风险。老子反对治国恃强的理念，而庄子则把国家的"利器"，称为圣人：

"彼圣人者，天下之利器也，非所以明天下也。"②

庄子的圣人指的是尧舜文武等人。他认为尧舜文武等人是圣智——仁、义、礼、智的代表。作为人应该绝圣弃智而反冥勿极，回归人本纯朴。如果将仁、义、礼、智昭明天下，反而有了世俗的是是非非、真真假假，若执而行者，必致其弊。所以，庄子说：

"故绝圣弃知，大盗乃止；擿玉毁珠，小盗不起；焚符破玺，而民朴鄙；掊斗折衡，而民不争；殚残天下之圣法，而民始可与论议；擢乱六律，铄绝竽瑟，塞瞽旷之耳，而天下人始人含其聪矣；灭文章，散五采，胶离朱之目，而天下始人含其明矣；毁绝钩绳而弃规矩，攦工倕之指，而天下始人有其巧矣。故曰'大巧若拙'。"③

---

① 《道德经》第三十六章。
② 《庄子·外篇·胠箧》。
③ 同上。

为什么说"绝圣弃智，大盗乃止"？与同篇"圣人已死，则大盗不起"，"圣人不死，大盗不止"，讲的是同样一个道理。

这里的圣人，指的都是尧、舜、禹、周文王、周武王。因为这些人被称为具有圣智，而且在社会上行仁、义、礼、智之道。在庄子看来，大盗不是那些社会上打家劫舍、小偷小摸之人，而是那些盗用仁、义、礼、智名义，沽名钓誉之人。

庄子认为，世上最有智慧的人，有不为大盗贼提供智慧的吗？最高的圣人不为大盗贼提供保护自己的措施吗？昔日关龙逄被斩，比干被剖心，苌弘被刳肠，伍子胥尸体腐烂于江中，像这四位贤人都难免遭到杀身之祸。因此，盗跖的门徒问盗跖："盗也有道吗？"盗跖说："无论那里怎么会没有道呢！如能准确猜出屋里所藏的是什么，这就是圣；带头先进去抢掠的，就是勇；最后出来的，就是义；酌情判断能不能下手，就是智；分赃平均，就是仁。这五样不具备而能成为大盗，那是天底下绝对没有的事。由此说来，善人不懂圣人之道的便难以自立，盗跖不懂圣人之道便不能横行天下。

庄子这段话中其实讲了一个十分深刻的道理。即圣人之道可以用在不同空间、不同的时间、不同的人群，会有各自不同的道理，会有不同的原则和目的，也会有不同的社会行为。

所以尧舜文武的圣人之道可以被社会上各种形形色色的人所用。如果圣人不死，大盗就不会停止。用圣人来治理天下，反而增加了盗跖的利益。制造了斗斛量，却连斗斛盗走了；制造天秤称，却连天秤盗走了；制造印章取信，却连印章盗走了；提倡仁义来教民，却连仁义盗走了。

"何以知其然邪？彼窃钩者诛，窃国者为诸侯，诸侯之门而仁义存焉，则是非窃仁义圣知邪？故逐于大盗，揭诸侯，窃仁义并斗斛权衡符玺之利者，虽有轩冕之赏弗能劝，斧钺之威弗能禁。"[①]

庄子说，为什么这么讲呢？你看，那些偷窃带钩的被诛杀，而那些

---

① 《庄子·外篇·胠箧》。

盗窃国家的人反倒成为诸侯。而诸侯的门里面装满了仁义道德，难道这不是盗窃了仁义和圣智吗？

因此，那些争为大盗，成为诸侯，和盗走仁义、斗斛、天秤、符印的人，因得到了利益，即使用高车冠冕的赏赐和斧钺的严刑峻罚，也无法禁止他们。

而这些都是圣人的过错。

那么，治理国家者应该怎么办呢

要在国家内抛弃聪明和智巧，这样大盗才能休止；毁尽珠宝，小盗就没有了；焚烧符印，人民就纯朴了；击破斗秤，人民就不争了；尽毁圣人的圣智圣德，人民才能开始广开言论；丢掉六律乐器，塞住师旷之耳，天下的人才能开始耳聪；消灭文章，散去五色，天下的人才能开始目明；砸掉丢弃钩绳规矩、工倕的手指，天下的人才能隐匿他们的技巧。

这就是"大巧若拙"。

庄子在《人世间》中讲述这样一个寓言，他说：

有一个人他的形体不全，故庄子称他支离疏。这个人的脸部隐藏在肚脐的下面，双肩高过头顶，颈后的发髻朝天，五脏腧穴向上，两条大腿和胸旁肋骨相并。这个人为人家缝制衣服和簸米筛糠为生，养活全家10口人，足够生活。政府征兵时，支离摇摆着游走于人群之中，政府征夫时，支离因残疾而免除劳役，政府放赈救济贫病的时候，支离可以领到3锤米和10捆柴。庄子说：

"夫支离其形者，犹足以养其身，终其天年，又况支离其德者乎！"[1]

庄子的意思是说：形体残缺不全的人，还能够养身及保全家人，享尽天年，又何况能做到功成不居，为而不恃，推功名于群才的忘德的圣人呢！

在《人世间》的篇末，庄子的结束语是这样讲的：

---

[1] 《庄子·内篇·人间世》。

"山木，自寇也；膏火，自煎也。桂可食，故伐之；漆可用，故割之。人皆知有用之用，而莫知无用之用也。"①

山木，由于有用而被砍伐，实为自己祸及自己；膏火因能照明，才受其煎烧，桂树树心辛香而遭砍伐；漆树产漆，而被割取。世上人都知道有用之用，所以将欲求都集中在有用之物上，从而必然竭而反之，急功近利。治理国家如果仅看到这一点，恰恰是本末倒置。真正的无用，才是最大的有用。天道，人们看不见、摸不着，让人无法能做到具体的实用，但天道却决定了宇宙间、人世间的一切。

---

① 《庄子·内篇·人间世》。

天道·下册

中国传统哲学思想33讲

33 Lectures on Traditional Chinese
Philosophical Thought

宋一夫　著

中国文史出版社
CHINA CULTURAL AND HISTORICAL PRESS

第十九讲
庄子的遊于道与齐于道

庄子在《知北遊》中说：

> "人生天地之间，若白驹之过郤，忽然而已。注然勃然，莫不出焉；油然漻然，莫不入焉。已化而生，又化而死，生物哀之，人类悲之。解其天弢，堕其天袠。纷乎宛乎，魂魄将往，乃身从之，乃大归乎！不形之形，形之不形，是人之所同知也，非将至之所务也，此众人之所同论也。彼至则不论，论则不至。明见无值，辩不若默。道不可闻，闻不若塞。此之谓大得。"[1]

庄子感叹人生短暂。但万物生生死死，自然轮回。人见生物衰变而哀伤，见人死去而悲痛，但想开这一切，精神的消散、肉体的消失，这是返归自然的大本营。形生形灭，这是人人都知道的，并不是得道人追求的；这是众人议论的，而得道人从不议论。论者不得道，得道者不论。道是不能听闻，听闻不如塞上耳朵不听，这才是得道。

不听道，不问道，不论道，那么人该怎么办呢？

这是本讲的两个主题：即庄子主张"逍遥"与"齐物"。

---

[1] 《庄子·外篇·知北遊》。

一、物的自然本性，人的自然本性是修道的根本

老子"道"的学说，从整体上说，主要反映了老子客观唯心主义的思想。他认为道是客观存在的，而在人们如何遵循"道"、实现人道合一上，老子提出"见素抱朴""效法自然"的方法，但怎样去"见素抱朴""效法自然"，老子并没有提出更为有效的、直接的、可操作的途径。

庄子在道家学说发展史上，最为突出的贡献便是为现实中的人们找到一条实现"人道合一"的修道途径。这条途径便是他提出的以"遊心"为主的畅遊于人的自然本性之中的思想。

庄子的"遊心"思想在《田子方》中是这样表述的：

孔子去见老子，见老子形体有如枯木，超然物外，问其何由？老子说："吾遊心于物之初。"即："我遊心于万物的初始"。"遊心"庄子的意思让自己的心灵与天地自然共遊。

> "孔子曰：'请问遊是？'老聃曰：'夫得是，至美至乐也，得至美而遊乎至乐，谓之至人。'孔子曰：'愿闻其方。'曰：'草食之兽不疾易薮，水生之虫不疾易水，行小变而不失其大常也，喜怒哀乐不入于胸次。夫天下也者，万物之所一也。得其所一而同焉，则四支百体将为尘垢，而死生终始将为昼夜而莫之能滑，而况得丧祸福之所介乎！弃隶者若弃泥涂，知身贵于隶也，贵在于我而不失于变。且万化而未始有极也，夫孰足以患心！已为道者解乎此。'"[1]

庄子认为，人若能达到"遊心"的境界，人便可以达到至美至善的境界。人从开始体味至美，然后由至美而遊于至乐，能达到这样，人便成为了"至人"。

---

[1] 《庄子·外篇·田子方》。

怎么通过"遊心"而达到"至人境界"呢？关键在于人要掌握天道。人心中掌握了天道，人便可以"遊心"。开始"遊心"，那么人世俗的喜怒哀乐的各种情绪就不会侵入人的心胸，就如吃草的兽性不在于草泽的改换，水中的鱼虫不存在池沼的改换，因为其中的"道"是同一的。天下万物都有"道"的共同性，了解天下万物"道"的共同性，你就会把万物同等看待了。当你让自己与"道"同一时，通过"遊心"的办法你就会忘记你的身体，你就会认为人的四肢百骸如同尘垢，而人的生死就如同昼夜的变化。因此，生死已不能扰乱你的心胸，那些得失祸福更不能纷扰你的心绪。你会舍弃得失祸福，就如舍弃泥土一样，知道自身的本性比得失祸福更重要，从而任何的改变都改变不了人的自然本性。世上的事物千变万化，无法穷尽，不因万物变化而困扰你的心，修道的人就能做到这一点。这就是庄子讲的"遊心"。

从庄子借老子讲的"遊心于物之初"到"逍遥遊"，其实质都是遊于物的自然本性和人的自然本性之中，最终要返归内心实现，天人合一，物我两忘，回归天道的本原。

庄子遊于人自然本性之中的思想是由各种因缘促成的，这与庄子所处的社会环境及他人生的志向有关。

庄子（约前369—286年），姓庄，名周，字子休（一说子沐），宋国蒙地（今安徽蒙城，一说为今山东首县，一说今河南商丘）人。他做过蒙地的漆园吏，是个很卑微的小官，后来辞去官职，隐居于"穷闾陋巷"，家境贫困，有时以打草鞋为业。但庄子非常有学问，名声广播。可他宁肯穷困潦倒，也不愿与统治者合作。据说，楚威王爱慕庄子的学问，曾以千金聘其为相，而庄子不爱，他说：

> "千金，重利；卿相，尊位也。子独不见郊祭之牺牛乎？养食之数岁，衣以文绣，以入大庙。当是之时，虽欲为孤豚，岂可得乎？子亟去，无污我。我宁遊戏污渎之中自快，无为有国者所羁，终身不仕，以快吾志焉。"①

---

① 《史记·老子韩非列传》。

《庄子·秋水》也记载了此事：

> "庄子钓于濮水。楚王使大夫二人往先焉，曰：'愿以境内累矣！'庄子持竿不顾，曰：'吾闻楚有神龟，死已三千岁矣，王以巾笥而藏之庙堂之上。此龟者，宁其死为留骨而贵乎？宁其生而曳尾于涂中乎？'二大夫曰：'宁生而曳尾涂中。'庄子曰：'往矣！吾将曳尾于涂中。'"①

庄子在濮水钓鱼，楚王派了两个大夫先前来邀请他出仕，说："愿意把国事委托给先生！"庄子持着渔竿头也不回地说道："我听说楚国有只神龟，已经死去 3000 年了。楚王将它的骨甲蒙上罩巾装在竹箱里，供奉在太庙明堂之上。对于这只龟来说，它是愿意死后留下骨甲而尊贵呢？还是宁愿活着在泥里拖着尾巴爬行呢？"两个大夫说："宁愿活着拖着尾巴在泥里爬行。"庄子说："那么请回吧！我还是希望拖着尾巴在泥巴里爬。"

有的学者说庄子是安于不得志的命运才形成他的道家思想及学说，这是难以成立的。庄子的一生是为自己的理想而奋斗的一生，这种奋斗的原因，不仅源于他对老子学说的认同，也源于他对当时社会的种种看法，这些看法最终归结到了人的问题上。他认为当时社会的人，已经远离了人的本性。他难以在现实中的人那里找到思想与灵魂上的认同，难以再与现实中的人为伍。

他说：

> "大知闲闲，小知间间；大言炎炎，小言詹詹。其寐也魂交，其觉也形开，与接为构，日以心斗。缦者，窖者，密者。小恐惴惴，大恐缦缦。其发若机栝，其司是非之谓也；其留如诅盟，其守胜之谓也；其杀若秋冬，以言其日消也；其溺之所为之，不可使复之也；其厌也如缄，以言其老洫也；近死之心，莫使复阳也。喜怒哀乐，虚叹变熬，姚佚启态；乐出虚，蒸成菌。日夜相代乎前，而

---

① 《庄子·外篇·秋水》。

莫知其所萌。已乎，已乎！”①

　　意思是，现在的人大的认知过于广博，小的认知又过于精细，大话说得过于盛气凌人，小语说得又过于喋喋不休。这些人睡觉时也心神烦乱，醒来后也形体不安，人与人之间交往，整日里钩心斗角。有的人漫不经心，有的人心机深沉，有的人心思缜密。对小的恐惧提心吊胆，对大的恐惧沮丧涣散。他们讲话就如射出的箭那样快速，不讲话是为了窥探事情的是非，暗藏心机让人丝毫不能察觉，目的是以守取胜；再到衰败时就如秋冬景物那样凋落，这说明他们一天天在削弱；他们之所以日益削弱，在于他们的所作所为，无法恢复到原来的状态了；他们即使对这样的生活厌倦了，但还是闭口不言，这说明这些人已经老朽败坏了；他们的心已经几近于死亡一样，没有什么办法可以让他们恢复生机了。高兴、愤怒、哀伤、欢乐、忧虑、感叹、变态、恐惧、轻浮、安逸、放荡、娇淫；就如乐声从空虚的乐器中发出来，又像地面湿气蒸生而长出来的霉菌。夜以继日地一代接着一代，就如眼前的这个样子，而不知道又是怎么生成这样的，算了，算了吧！

　　由此可见，庄子不仅对现实社会失望，而且对他能见到的人更加失望。但他无力去改变这个社会，也无力去改变他身边的人。他说：

　　　　“与物相刃相靡，其行尽如驰，而莫之能止，不亦悲乎！终身役役而不见其成功，茶然疲役而不知其所归，可不哀邪！人谓之不死，奚益！其形化，其心与之然，可不谓大哀乎？”②

　　现实的人一旦与外物接触，他的心立即追逐外物，奔跑得一分钟也不停留，难道这不令人感到可悲吗！一个人一辈子忙忙碌碌，一件事刚做完又接着做另一件事情，看不见自己最后的成果，看不见成功便让人精神不振，却又不甘心，于是又疲于劳役，整日不知道自己的归宿在哪里，这不是很可悲吗！面对这样的人生，虽然人没有死，可活着的益处

①　《庄子·内篇·齐物论》。
②　同上。

又在哪里呢？意义在哪里呢？人的形体一天天地衰老，精神随着形体的变化而逐渐消失，这不是人的最大的悲哀吗？

庄子这种悲悯的胸怀，不仅反映了他对世人的看法，同时也是他对自己的看法。他认为这一切都是人失去本性、丢失大道的结果。

庄子试图从现实的人，或者从他自己那里找到老子所提出的天道合一的途径，这个途径便是遊于物的自然本性和遊于人的自然本性之中的思想。

二、《逍遥遊》的本质是遊于道

庄子这种遊于人的自然本性和物的自然本性之中的思想在《庄子》全书中都有体现，但主要集中在《逍遥遊》中。《逍遥遊》主要思想是"遊心"，也可以看成"意念之遊"。"遊心"是庄子经常使用的一个名词，如《人间世》中的"且夫乘物以遊心"，《应帝王》中的"遊心于淡"，《德充符》中的"而遊心乎德之和"。

《逍遥遊》中讲到四种遊法：

第一种便是大鹏的遊法。庄子说：

> "北冥有鱼，其名为鲲。鲲之大，不知其几千里也。化而为鸟，其名为鹏。鹏之背，不知其几千里也；怒而飞，其翼若垂天之云。是鸟也，海运则将徙于南冥。南冥者，天池也。"①

北极有一条鱼，它的名字叫作鲲。鲲的体积巨大，不知道有几千里。鲲变成一只鸟，它的名字叫作鹏。鹏的背翅也不知道有几千里，鹏昂首奋飞，它的翅膀就像从天边垂下来的云。这只鸟，要等待风起海动的时候，它将要迁徙到南极大海。南极大海，是天然的大池。

庄子说：

① 《庄子·内篇·逍遥遊》。

> "《齐谐》者，志怪者也。《谐》之言曰：'鹏之徙于南冥也，水击三千里，搏扶摇而上者九万里，去以六月息者也。'野马也，尘埃也，生物之以息相吹也。天之苍苍，其正色邪？其远而无所至极邪？其视下也，亦若是则已矣。"①

齐国有一本书叫《齐谐》，是专门记载怪异事情的书，里面记载了鲲鹏南遊这件事情。书中说："大鹏向南极大海迁徙的时候，翅膀拍击的水面有3000里，大鹏乘着暴风盘旋而上达到9万里高空，一去要飞6个月的时间才能停下来。"整个天地之间飞扬着尘埃，就如有无数匹野马在奔腾着，天地间的生物被扰动得喘气相吹。天是深深的蓝色，这是不是天的本色呀？天空的高远难道就没有穷尽吗？南飞的大鹏从天上往下看，也不过是这个样子罢了。

第二种便是蜩和学鸠的遊法。庄子说：

> "蜩与学鸠笑之曰：'我决起而飞，抢榆枋，时则不至而控于地而已矣，奚以之九万里而南为？'"②

蜩和学鸠讥笑大鹏说："我们奋力而飞，碰到榆树和檀树就停止，有时飞不上去，落在地上就是了。何必要飞九万里到南海去呢？"

蜩和学鸠的遊法，是从地上到树上飞上飞下的遊法。每次飞都时间不长，能上去便落在树上，飞不上去便落在地上。这种遊法十分普遍，凡是能飞的昆虫都属于这种遊法。

第三种便是斥鷃的遊法。庄子说：

> "斥鷃笑之曰：'彼且奚适也？我腾跃而上，不过数仞而下，翱翔蓬蒿之间，此亦飞之至也。而彼且奚适也？'"③

---

① 《庄子·内篇·逍遥遊》。
② 同上。
③ 同上。

斥鷃讥笑大鹏说："它将飞往什么地方去呢？我跳跃往天上飞，不过数丈便落下来，在蓬蒿的野草间飞来飞去，这种飞翔已经是最好的飞翔了，而它究竟要飞到什么地方去呢？"

斥鷃之飞是代表鸟的一种遊法，与能飞的昆虫相比，斥鷃的飞行本领要好得多，所以它说，我在野草之中飞翔已经是最好的飞翔了。所以它不止一次地问，大鹏要飞到哪里去呀？

第四种便是人的遊法。庄子说：

"夫列子御风而行，泠然善也，旬有五日而后反。"①

意思是，列子乘风而行，飘然自得，驾轻就熟，走了15日后返了回来。

列御寇又称"圄寇""圉寇"，尊称列子，郑国人，一说春秋人，一说战国人。列子家贫，郑相子阳曾赠粟于他被他谢绝。他曾就学于壶子，终身持朴守素，独处生活。列子的遊法是驾风行走，这种遊法已经不同于一般人用双腿走路的遊法了。

庄子在《逍遥遊》中讲到的4种遊法有着本质的不同，第一种大鹏的遊法是代表候鸟的遊法。这种候鸟春天往北来，秋天往南去，随着季节而迁徙。大鹏与候鸟不同的是体型大，但同飞得高又飞得远。一旦飞起来要惊天动地、气势非凡。

庄子是怎样评价大鹏的遊法呢？他说：

"且夫水之积也不厚，则其负大舟也无力。覆杯水于坳堂之上，则芥为之舟；置杯焉则胶，水浅而舟大也。风之积也不厚，则其负大翼也无力。故九万里，则风斯在下矣，而后乃今培风；背负青天，而莫之夭阏者，而后乃今将图南。"②

这意思说：如果水不深，那么浮力就不足以载起大船。倒一杯水在

_____

① 《庄子·内篇·逍遥遊》。
② 同上。

堂前低洼的地上，那么一根小草就可以作为船，放一只杯子就会如粘住不动，这是水浅而船大的缘故。风如果相积聚的强度不大，那么风力就不足以托起大鹏的翅膀。所以大鹏能飞上9万里高空是因为有风在翅膀下面，然后才能凭借风力，背负青天而毫无阻碍地飞翔，之后才能向南极大海飞去。

庄子的言外之意是，大鹏的遊法没有什么值得称道的，飞得高、飞得远、声势大，可是"有待"啊！这一切是凭着风，没有风，大鹏便无法南遊了。看来，庄子对大鹏的遊法不以为然。

庄子又是怎样评价两只小昆虫的遊法的呢？他说：

> "适莽苍者，三餐而反，腹犹果然；适百里者，宿舂粮；适千里者，三月聚粮。之二虫又何知！"①

庄子说：到十里近郊去的人只带三餐的粮食，当天就可以返回来，肚子还是饱饱的；去百里远的人，要用一夜的时间舂米，准备粮食；去千里远的人，要用三个月时间准备粮食。这两只小昆虫又怎么会知道其中的道理呢？

庄子没有对两只小昆虫从地上往树上遊的遊法作评价，只是评论了两只小昆虫的发问："它为什么偏要飞向9万里的高空，又往南极大海飞去呢？"庄子说，两只小昆虫是无法知道大鹏为什么要飞这么高又飞这么远的。

就此问题，庄子发表了一段精彩的议论，其中包含有对事物的局限性、有限性、相对性的认识思想，这在中国思想史上是比较有贡献的：

> "小知不及大知，小年不及大年。奚以知其然也？朝菌不知晦朔，蟪蛄不知春秋，此小年也。楚之南有冥灵者，以五百岁为春，五百岁为秋；上古有大椿者，以八千岁为春，八千岁为秋。此大年也。而彭祖乃今以久特闻，众人匹之，不亦悲乎"！②

---

① 《庄子·内篇·逍遥遊》。
② 同上。

他说：才智小的不了解才智大的，寿命短的不了解寿命长的。怎么知道是这样的呢？生命仅一个早晨的菌类植物是不可能知道一昼夜时光的。夏生秋死的寒蝉，是不会知道一年的时光的，这是小年的寿命。楚国的南部生长着一种冥灵树，以 500 年为一个春天，以 500 年为一个秋天。远古时代有一种大椿树，以 8000 岁为一个春季，以 8000 岁为一个秋季，这便是大年的寿命。可是活了 700 来岁的彭祖如今还因长寿而特别闻名，众人都想与他相比，岂不可悲！

庄子这里在说，事物都有它的局限性的。这种局限性来自它的有限性。小才智的有限性决定了它对事物的局限性，也决定了与大才智比较的相对性。生命的有限性决定了它生存的局限性，也决定了生命长与短的相对性。庄子这种认识是正确的，也是客观的。

庄子对斥鷃的遊法是怎样评价的呢？与对两只小昆虫一样，庄子没有对斥鷃在草丛中飞来飞去的遊法做什么评价，只是说了一句"此小大之辩也"①。斥鷃反复地追问："它将要飞往哪里去呀？"庄子的意思说，斥鷃太小了，它怎么能知道大鹏往哪飞，以及大鹏心里在想什么，它的志向去哪里呢。

庄子接着又发了一通议论。他说：

> "故夫知效一官，行比一乡，德合一君而征一国者，其自视也亦若此矣。而宋荣子犹然笑之。且举世而誉之而不加劝，举世而非之而不加沮，定乎内外之分，辩乎荣辱之境，斯已矣。彼其于世未数数然也。虽然，犹有未树也。"②

所以，那些才智能胜任一官的职守，行为能够庇护一乡百姓的，德行能投合一个君王的心意的，能力能够取得全国信任的，他们看待自己，也像上面说的那只小鸟一样，而宋荣子对这种人加以嘲笑。宋荣子这个人，世上所有的人都称赞他，他并不因此就特别奋勉，世上所有的人都诽谤他，他也并不因此就感到沮丧。他能把握住对自己和对外物的

---

① 《庄子·内篇·逍遥遊》。
② 同上。

分寸，分辨清楚荣辱的界限。他能做到的也就不过如此罢了。他对待人世间的一切事物，都没有过分地去追求。即使如此，他还是有未达到的境界。

这里庄子将社会上那些达官贵人看成草丛中飞腾的小斥鷃、小麻雀。这些达官贵人被像宋钘这样多少得到一些大道理的人所讥笑，而对宋钘的看法，庄子认为也就仅此而已，也没有什么了不起的。

小斥鷃也无法知道大鹏的志向，那些如同小斥鷃的达官贵人以及讥讽达官贵人的宋钘等人，怎么又能了解到那些得道人的志向呢！

最后仅剩下庄子对列御寇的遊法的看法了。他是这样评价的：

> "彼于致福者，未数数然也。此虽免乎行，犹有所待者也。"[1]

他对于求福这样的事情，从来不去汲汲追求。他这样虽然免于步行之苦，仍然是有所凭借的。

看来庄子对列御寇的评价还是要高于宋钘。宋钘只是在做官做事上能看开名声地位，其他方面也就平平，而列御寇能看开人世的吉凶祸福，并能驾风行走，足见已有"半仙"之体了。但庄子最后还是给了他一句话，列御寇与大鹏一样，都要凭借着风，都是"有待"的。

"有待"在《庄子》书中，是一个哲学范畴，指的是世间的人和物皆有所凭借、有所依赖，是有条件的自由，而非绝对自由。

庄子追求的是"无待"。他认为世间一切有形有体的东西总是有赖以生存的条件。从蜩与学鸠到大鹏及清高的宋钘与驾风行走的列御寇莫不如此，所以动物和人都不是自由的，或者说都仅有相对的自由。只有无形无体的精神才无所待，才能达到绝对的自由。

至此，庄子全面引出《逍遥遊》的核心思想，他说：

> "若夫乘天地之正，而御六气之辩，以遊无穷者，彼且恶乎待哉！故曰，至人无己，神人无功，圣人无名。"[2]

---

① 《庄子·内篇·逍遥遊》。
② 同上。

如果能因循天地自然的本性，顺应阴、阳、雨、风、晦、明六气的变化，以遨游于无边无际的境界，他还有什么可以依赖的呢？所以，修养最高的人能任顺自然、忘掉自己；修养达到神化莫测境界的人无意于求功；有道德学问的圣人无意于求名。

在庄子看来这样的"至人""神人""圣人"，才是真正得道的人。庄子提出"乘天地之正，而御六气之辩，以遊无穷者"，实际上是一种"遊心"。"遊心"，即心之遊，也就是说遊的主体是心，而不是身，即人的思想意识之遊。

庄子在《人间世》中说：

> "且夫乘物以遊心，托不得已以养中，至矣。"[①]

意思是说：让心神顺着外扬的事物变化而遨游，寄托于不得已而保养心性，最好了。"寄托于不得已"就是外表随顺现实。人活在世上，有很多不得已的事情，这是你无法改变的，但你的内心可以独自遨游，这样既能让人在现实社会中生存，又能颐养自己的心性。庄子认为，这样不是最好的吗？

怎样做到"心之遊"，庄子提出"心斋"，即人心灵的斋戒：

> "若一志，无听之以耳而听之以心，无听之以心而听之以气！耳止于听，心止于符。气也者，虚而待物者也。唯道集虚。虚者，心斋也。"[②]

你要使自己的心思高度集中，排除一切杂念，不要用耳去听，而要用心去听；不要用心去听，而要用凝寂虚无的意境去感应。耳的功用仅在于聆听，心的功用仅在于跟外界事物交合。只有凝寂虚无的心境才能容纳宇宙万物。只有大道才能汇集于凝寂虚无的心境。这种虚无空明的心境就叫作"心斋"。

---

① 《庄子·内篇·人间世》。
② 同上。

庄子要求人们要先关闭耳目感官通道，停止一切思虑活动，达到心灵的虚静。这种虚静要虚之又虚，以至达到忘记自身的存在，即"坐忘"。

庄子认为，假如人能进入这种境界，就不会为各种名利所动。平时与人相处，别人能听得进去的话，你就说；听不进去的话，你就不说。不开启你的感觉器官就不会遭到外物的伤害。他说，人为人情驱使，容易造假，而为自然驱使便难以作弊。人们都只听到过有翅膀才能飞，没有听说过没有翅膀也能飞翔；只听说过有了知识才能认识事物，没有听说过没有知识也可以认识事物。他说：

> "瞻彼阕者，虚室生白，吉祥止止。夫且不止，是之谓坐驰。夫徇耳目内通而外于心知，鬼神将来舍，而况人乎！是万物之化也，禹舜之所纽也，伏羲几蘧之所行终，而况散焉者乎！"①

这里的意思是说，去观看空明的心境，把自己的内心空虚起来，才能使内心纯洁，吉祥就会到来。如果你的内心不能止于空虚，这就叫作形坐而心驰。关闭耳目器官，使外物不能内通，内心不被感知，即使鬼神来了也要依附，何况是人呢！顺应万物的变化，这正是禹和舜处世的关键，也是伏羲、几蘧终身奉行的准则，何况是普通人呢！

庄子认为遊心，要做到忘记，他在《德充符》篇中提出"诚忘"：

> "故德有所长，而形有所忘。人不忘其所忘，而忘其所不忘，此谓诚忘。"②

所以，一个人如果在德性方面有超出常人的地方，他在形体方面的缺陷就会被别人遗忘。人们不会忘记所应当忘记的东西，而忘记了所不应当忘记的东西，这就叫作真正的遗忘。

庄子这里所说的"德性"，是人平日里的性情。庄子接着说：

---

① 《庄子·内篇·人间世》。
② 《庄子·内篇·德充符》。

"有人之形，故群于人，无人之情，故是非不得于身。"①

有人的形体，没有人的性情。有人的形体，所以能与人群居；没有人的性情，所以是非便不会在他身上发生。

人忘记世俗的性情，便会忘记功名利禄、吉凶祸福。再通过心斋，去遊心至道的世界。

至道的世界是什么样的呢？

庄子说：

"至道若是，大言亦然。周遍咸三者，异名同实，其指一也。尝相与遊乎无何有之官，同合而论，无所终穷乎！尝相与无为乎！澹而静乎！漠而清乎！调而闲乎！寥已吾志，无往焉而不知其所至，去而来而不知其所止，吾已往来焉而不知其所终，彷徨乎冯闳，大知入焉而不知其所穷。物物者与物无际，而物有际者，所谓物际者也。不际之际，际之不际者也。谓盈虚衰杀，彼为盈虚非盈虚，彼为衰杀非衰杀，彼为本末非本末，彼为积散非积散也。"②

这段翻译过来是：最高的道是这样的，表达至道的大言也是这样的。"周""遍""咸"三个词，名不同而实质相同。它们在表述"道"的实质上是一样的。尝试相互去遊什么也没有的虚无之境，把你的言论与至道之言合在一起，就不会有所穷尽了；尝试相互无所作为吧。淡漠而清静啊！寂寞而又清虚呀！和谐而安闲啊！我的心里虚空寂寥，不知道向哪里去，也不知现在何处，去了又来也不知道要止于哪里，我已经在其中来来往往，而不知道哪里是终点。逍遥自在于广漠空虚之中，大智慧的人进入这种境界也不知道它的边际。创造万物的道与物是没有分界的，而物是有分界的，这就是所说的物的界限。由没有分界的道生成有分界的物，又复归没有分界的道。所以万物才有盈满、空虚、衰败、

---

① 《庄子·内篇·德充符》。
② 《庄子·外篇·知北遊》。

肃杀的变化。道使物盈满变化，而物并没有盈满变化；道使物有空虚变化，而物没有空虚变化；道使物衰杀变化，而物并没有衰杀变化；道使物本末变化，而物并没有本末变化；道使物有积聚变化，而物并没有积聚变化。物是由于物之间的道决定的。这就是庄子认为的，人修道后会带领人们进入至道的世界。人到至道世界后，你会发现你进入了一个淡漠、清静、和谐、安闲的虚空，不知从哪里来，又不知何处去，也不知现在何处，也不晓自己要停留在哪里，一切如生，一切又如死，一切如动，一切又如静，无边无界无你无我，整个人逍遥在广漠空虚之中。

人进入至道世界是通过人的遊心实现的。

庄子在《道遥遊》中讲到的四种遊法，均为实遊。所谓实遊，即"以体遊"，也就是形体之遊。人的形体之遊，也能做到对道的认知，但这种认知的途径不是通过庄子所讲的"遊心"形式，而是亲临山水自然，通过对自然的感悟，去理解万物，去理解道。

庄子在《天地》篇中说：

"黄帝遊乎赤水之北，登乎昆仑之丘而南望，还归遗其玄珠。"[1]

意思是，黄帝在赤水的北边漫游，登上昆仑山顶而向南眺望，然后沿着原路返回，结果丢失了玄色的宝珠。

黄帝"遊乎赤水"，"登乎昆仑"，说明黄帝是实遊。黄帝在这次漫游中丢失了"玄珠"。有人把"玄珠"理解为"大道"。如果庄子也认为黄帝丢的"玄珠"，是指黄帝丢失了大道，说明庄子是不主张实遊的，那一定是庄子以为黄帝为外物所累，即为赤水之北的风光、昆仑之南的景色所动，为物所动而产生观美之心，从而内心的大道便失去了。

那么，庄子是不是完全否定人的"实遊"，而认为只有遊心即神遊这唯一的途径，才是修养自我，通达大道呢？并不是。庄子认为，通过观察天地万物，达到认识道的目的，这对人学习道、掌握道是十分重要的。他说：

---

[1]　《庄子·外篇·天地》。

"天地有大美而不言，四时有明法而不议，万物有成理而不说。圣人者，原天地之美而达万物之理，是故至人无为，大圣不作，观于天地之谓也。今彼神明至精，与彼百化，物已死生方圆，莫知其根也。扁然而万物自古以固存。六合为巨，未离其内；秋毫为小，待之成体。天下莫不沈浮，终身不故；阴阳四时运行，各得其序。惛然若亡而存，油然不形而神，万物畜而不知。此之谓本根，可以观于天矣。"①

这是说：天地有大的美德而不向人言说，四时有明确的法则而不同人议论，万物有生成的规律而不向人表达。圣人知道天地大美的本质和通达万物生成之理。所以圣人认为，圣人不作为这就是所说的观察天地之道。现今天地蕴含的活力已经达到至精的程度，参与万物无穷无尽的变化。物或生或死，或方或圆，无法去知道它的根源。万物芸芸，自古以来就是这样存在着。天地上下四方虽大，未有离开道的范围之内；秋毫虽小，依靠道而生成形体。天下万物无不在生长消灭中变化，始终不会完结；阴阳四季运行，各得其秩序。大道若明若暗地存在其中，自然而然地见不到形体却又在其中主宰，它在万物之中而万物不会不知道。这就叫作根本，可以由此观看到天地自然之道。

《逍遥游》一文中最为重要的问题是庄子的"有待"思想。庄子认为，世界上的人和物都是"有待"的，这正是人不能达到至道的主要原因。人只要有待，人生便有所累，人便无法清静虚无，无为无欲，而被各种各样的俗事所束缚，失去了人性的自由。不仅人如此，万物也是如此。

所以解决"有待"问题，只有通过与道合一，即得到道，才能超然万物、无所凭借。庄子笔下的至人、神人、圣人，便已做到了"无待"。这样的人，"如果能遵循天地的本性，又能依循阴、阳、风、雨、晦、明天气的变化，在无穷无尽的至虚幻境之中遨游，他还有什么可待的呢？"

---

① 《庄子·外篇·知北游》。

"无待"是遊心的前提条件，也只有无形无体的精神才能做到"无所待"，也才能实现人的绝对自由。达到精神"无待"是对人"有待"的否定，是有待的现实人生向无待的精神世界的转变。这种转变虽然改变不了现实社会的现状，但可以改变一个人的精神世界。

三、《齐物论》的本质是齐于道

庄子在《齐物论》中提出：宇宙间的事物，此也是彼，彼也是此。彼有彼的是非，此有此的是非。果真有彼此是非吗？彼此都设有它的对立面，这就是物通为一的规律。掌握了这一规律便可以得到了万物运转的核心，掌握了万物的核心就可以应付万物无穷的变化。"是"的发展变化是无穷尽的，"非"的发展变化也是无穷尽的。所以，还不如以空明的心境去反映事物的原本。

事物本来都是"一"。这个一来自创生事物的道为"一"。齐物就是万物都是"一"。在道那里都是独立的、平等的，没有"二"，即没有谁是"二"。这里的"二"不是指数字的序列，而是指地位高低、谁大谁小。不仅没有高低大小的关系，也不存在彼此的对立关系。庄子说：

> "物无非彼，物无非是。自彼则不见，自是则知之。故曰彼出于是，是亦因彼。彼是方生之说也。虽然，方生方死，方死方生；方可方不可，方不可方可。因是因非，因非因是。是以圣人不由，而照之于天，亦因是也。"[1]

这是说，世界上的事物没有不是"彼"的，也没有不是"此"的。从彼那方面就看不到"此"，从自己这方面才能看到"彼"。所以，彼此是对立而存在的。虽然这样，但任何事物都随起就随灭，随灭就随起，刚说可就转向不可，刚说不可就转向可。有是就有非，有非就有是。所

---

[1] 《庄子·内篇·齐物论》。

以圣人不走这样的道路，而是观照于事物的天道，即顺从自然之道。

庄子说：

> "是亦彼也，彼亦是也。彼亦一是非，此亦一是非。果且有彼是乎哉？果且无彼是乎哉？彼是莫得其偶，谓之道枢。枢始得其环中，以应无穷。是亦一无穷，非亦一无穷也。故曰莫若以明。"[1]

此就是彼，彼也就是此，但彼和此又都有对立的是非观。这些矛盾说明彼和此都是不真实的。人们可以提出这样的问题：彼此果真存在还是根本就不存在呢？答案是否定的。陷在"彼""此"中就不符合道。"道"超出"彼此"的对立之上，即彼此共同拥有的东西，那就是"道"，也称"道枢"。庄子的"道枢"也相当于彼此共有的中枢。中枢，既不是彼，也不是此，"道枢"也是道运行的中间。这个中间好比一个环的中心，无论环怎么转动，它的中心是不动的，这样，人就可以用无是无非来对付是非，即它在是与非的中间。

庄子的"环中"或"道枢"思想，源自老子的"用中"思想。老子的"用中"指的是虚空，即用"虚空"就是用"道"。"道"在虚空中产生，即道为"无"的特性，万物在虚空中产生，即"道"的"有"的特性。"道枢"，就是道的枢纽。"枢"是门轴。门之所以是门，门的轴起关键作用。"道枢"就是道的关键部分。庄子说："枢始得其环中，以应无穷。"这是说，道的核心在环的中部，即虚空的部位。这个"环中"即有老子的"用中"思想，即虚空的思想，也在一定的程度上有孔子的"中庸"，即"用中"的思想。孔子的"用中"与老子的"用中"还不一样。老子的用中是指用中间的虚无、虚空，然后在其中产生万物。而孔子的"用中"，是用事物的核心与本性。老子的"用中"是从中间的空虚中产生事物，孔子的"用中"是决定事物存在与制衡的关系。

庄子的"环中"是从"彼""此"之间的关系中得出来的。庄子认为事物不存在彼此的对立。彼即此，此即彼，故强调"彼"与"此"都不对的。他认为事物的关键不在认识事物的彼此，因"彼""此"是变

---

[1] 《庄子·内篇·齐物论》。

化无穷的，但事物的根本存在于道枢，抓住了道枢就抓住了事物的本质。而事物的本质存在于哪里？存在"环中"。"环中"即空虚，但又在彼与此的两者的中间，这便接近于孔子的"折其两端而得中"的中庸思想。但这是接近于孔子中庸思想的认识论思想，是不是也有孔子中庸的天道观思想呢？也不能完全否定，因为庄子讲的"环中"就是"道枢"。从这一点上，庄子的"环中"思想也是十分难能可贵的，可惜的是，他也同孔子一样，没有进一步论述中庸与天道是怎样的关系，庄子也同样没有将"环中"思想论述发挥，而只是讲了"枢始得其环中，以应无穷"的结论。

"一"，处在道的"有"阶段。

这里说"道"的"无"与"有"，两者同出，异名同谓。何谓"异名同谓"？即"有"和"无"虽是异名，但是同一种称呼。这个称呼是什么？就是"道"，即"有"和"无"可以合称为"道"。"玄之又玄，众妙之门"，"玄"，即"道"；"玄之又玄"，是说"道"幽深微妙，高远莫测；"众妙之门"讲的是"道"生出万物。

> "道生一，一生二，二生三，三生万物。"[①]

万物由"道"产生，那么万物追溯到"道"这里便齐一了。万物齐一，便是庄子"齐物"思想的来源。

庄子为什么这么重视"齐物"思想？不仅因为"齐物"思想是庄子认识论的基础，是庄子对自然界、人类社会万物认识的出发点，而最为主要的是，他要说明一个观点：

> "天地与我并生，而万物与我为一。既已为一矣，且得有言乎？既已谓之一矣，且得无言乎？一与言为二，二与一为三。自此以往，巧历不能得，而况其凡乎！故自无适有，以至于三，而况自有适有乎！无适焉，因是已。"[②]

---

① 《道德经》第四十二章。
② 《庄子·内篇·齐物论》。

这意思是说，天地万物与我并生，我与天地万物一体。既然万物与我为一体了，还能再去说些什么呢？万物与我为一体是一，再加上我说的就成为二，二再加上一就成了三，从此往下推算，就算是最高明的数学家也不能得出答案，更何况是一般的人呢！所以，从无到有，以至于推出三来，更何况从有到有限！无穷无尽，还是顺其自然算了。

庄子的主要目的是要说明，人与万物同生，万物即人，人即万物，庄子以为这是人与万物产生于道的共同性决定的。既然万物与人相同，人即万物，那么人就应该像万物那样返璞归真，回归大道。这是庄子"齐物论"最终要达到的目的。

庄子还有一个目的，即针对当时社会的"百家争鸣"。他的意思是说，你们争来争去，谁说的都有理，谁说的又都没理，原因是你不知道"道"。他指出：

> "夫道未始有封，言未始有常，为是而有畛也，请言其畛：有左，有右，有伦，有义，有分，有辩，有竞，有争，此之谓八德。六合之外，圣人存而不论；六合之内，圣人论而不议。春秋经世先王之志，圣人议而不辩。故分也者，有不分也；辩也者，有不辩也。曰：何也？圣人怀之，众人辩之以相示也。故曰辩也者，有不见也。"[1]

他说，大道从开始就没有界限，言论从开始就没有定论，因此从无中产生了有，才有了万物差别的界定。请允许解说一下这些差别界定：有左，有右，有伦序，有合宜，有分别，有辩论，有竞弱，有争强，这就是八种交情界定的表现。天地以外的事情，圣人将它存留起来不加以论说；天地以内的事情，圣人只论说而不详议。《春秋》一书是记载治理社会的编年史，是先王治世的历史，圣人只评议而不争辩。所以有的是分别的，有的是不分别的；有的是争辩的，有的是不争辩的。为什么这么说，圣人将分辨装在心里，百家争鸣的众人争辩不休，并相互夸耀自己取胜。所以，这些善于争辩的人，只见到自己的是，而不见自己

---

[1] 《庄子·内篇·齐物论》。

的非。

庄子还说：

> "夫大道不称，大辩不言，大仁不仁，大廉不嗛，大勇不忮。道昭而不道，言辩而不及，仁常而不周，廉清而不信，勇忮而不成。五者无弃而几向方矣。故知止其所不知，至矣。孰知不言之辩，不道之道？若有能知，此之谓天府。注焉而不满，酌焉而不竭，而不知其所由来，此之谓葆光。"[1]

大道是用不着宣扬的，最好的辩论是不用语言的，最仁的人是没有偏爱的，大廉洁的人是不会自称廉洁的，大勇敢的人是不会害人的。道如果彰显出来形状就不是道，言语争辩总是会有所达不到，仁爱变为经常就会有所不周全之处，廉洁到了清白的程度就不会被人相信，勇敢已变成了害人就不会取得成功。能将这五个方面丢弃就差不多近于道了。所以，明智的人知道止于他所不知的境界，就达到了极点了。谁能知道不用言语的争辩，不用称道的道呢？如果有人能知道，这个人的心可称得上是大自然的府库了，往这个府库里面注入多少东西都不会盈满，取出多少东西也不会枯竭。知道"道"来自何处，可以称作道是隐藏起来的光明。

庄子继承了老子的客观唯心主义思想，即"道"为世界本源，同时又在老子的客观唯心主义的基础上，将他的思想发展到主观唯心主义。庄子承认"道"是一种抽象的客观精神定律，但又将"道"看成主观的认识标准，"道"就是"我"，"我"等同于"道"，"天地与我并生，而万物与我为一"，把世界万物和人合而为一，这是完全从自己的主观去认定天地万物，否定天地万物的客观独立性和差异性，从而使天地万物变成了人的主观思想，成为人的主观派生物。

庄子的这一思想，完成了道家思想从老子的客观唯心主义向他的主观唯心主义的过渡，这一过渡是认识史上的深化，将道家认识学说从客观唯心主义阶段推向了主观唯心主义阶段。

---

[1] 《庄子·内篇·齐物论》。

庄子看到了概念自身的矛盾性。他说：

> "以道观之，物无贵贱；以物观之，自贵而相贱；以俗观之，贵贱不在己。以差观之，因其所大而大之，则万物莫不大；因其所小而小之，则万物莫不小；知天地之为稊米也，知毫末之为丘山也，则差数睹矣。以功观之，因其所有而有之，则万物莫不有；因其所无而无之，则万物莫不无；知东西之相反而不可以相无，则功分定矣。以趣观之，因其所然而然之，则万物莫不然；因其所非而非之，则万物莫不非；知尧、桀之自然而相非，则趣操睹矣。"[①]

从道的角度来看，万物没有贵贱的分别；从万物本身的角度来看，万物都以自己为贵而以相互为贱；从世俗的角度来看，物的贵贱决定于外在而不在自身。从万物的差别性来看，顺着万物大的一面去看而认为它是大的，万物就没有不是大的；如果顺着万物小的一面去看而认为它是小的，那么万物就没有不是小的。明白了天地就像稊米一样小，一根毫毛末梢就像山丘一样大，那么物体之间的大小差异就可以看清楚了。从物的功效来看，顺着万物有用的一面去看而认为它是有用的，那么万物就都是有用的。顺着万物无用的一面去看而认为它是无用的，那么万物就都是无用的。知道东与西两个方向既相互对立而又相互依存，那么事物的功效和职分就可以确定了。从事物的趋向上来看，顺着万物值得肯定的一面而肯定它，那么万物都是正确的；顺着否定万物的一面去否定它，那么万物都是错误的。知道唐尧、夏桀都认为自己是正确的而否定彼此，那么人们的志向不同就可以看清楚了。

庄子这里提到物质价值的"贵贱"、体积的"大小"、功能的"有用"与"无用"，是在讲概念的相对性。它的合理性在于揭示了物质差别的无限层次，即如果将物质的大小放在不同的空间去考察，得出来的结论是截然相反的，这里面包含着一定的辩证关系，但是人们的认识仅仅停留在这个层面上就没有任何的意义了。这样来比较万物是齐一的，从而也就没有了大小的概念了。人们就无法去判定物质的大小，物

---

① 《庄子·外篇·秋水》。

质也就无法从体积上去说明，人类在认识物质体积时就会陷入一片混乱之中。

物质功效的有用性和无用性也是如此，世界上没有万能的物质，任何物质的功效也不可能是万能的。同样，物质的贵贱也是如此。贵贱是人对物质的价值认定，并不是自然界中物与物之间相互认定谁贵谁贱。

有一种观点认为，庄子的认识论走到认识事物的相对性便停止了，走向了相对主义，从主观唯心角度否定了客观世界的真实性和差异性，否定了认识事物的客观标准。

如果从天道的角度看，《齐物论》思想有其另外一种认识价值，即自然万物同源、同根，都是从"道"那里衍生出来的。那么，包括人在内的所有万物都要做到以下几点。第一，都要遵从道，以道为宗、以道为主、以道为大。人的行为应该一切遵从道、服从道。第二，人与万物同根同源，人与万物之间就应建立一种和谐平等的关系。第三，万物各自有各自的道，天道都不干涉万物之道，人也不应该去干涉万物发生、发展变化之道，万物的道应自然而然地由万物自己去践行。

正如庄子在《秋水》篇中写到的那样：

"万物一齐，孰短孰长？道无终始，物有死生，不恃其成；一虚一盈，不位乎其形。年不可举，时不可止；消息盈虚，终则有始。是所以语大义之方，论万物之理也。物之生也，若骤若驰，无动而不变，无时而不移。何为乎，何不为乎？夫固将自化。"[1]

万物原本齐一，哪个短？哪个长？大道没有始，也没有终。物有死、有生，但其生长变化不断，每个阶段都不足以依赖。空虚盈满时时转化，不在一个位置上而总处在同一形状。逝世的岁月不可从头再来，流逝的时光不可止息。天地万物的消长、盈虚，都在周而复始地循环。理解了上述道理，才能来谈论大道的宗旨，探究万物的道理。万物的生长，就像奔马一样疾速，没有一处不动、一处不变化的，无时无刻不在发生位置的推移。应当作什么呢？不应当作什么呢？万物自己知道怎样

---

[1] 《庄子·外篇·秋水》。

做，它就在不断地自行变化着。

　　这说明庄子是看物与物之间的差别的。但这种差别否定不了万物在道上的同一性，而这种同一性又是由万物自身的本性决定的，即它的同祖同宗，它的发展变化均受道的主宰；它的最终归向都由道来决定。生生死死，循环往复，一切出自道，回归于道。所以，在庄子看来，这种同一性远远要重于差异性，所以他说出："天地一指也，万物一马也。"[①]这句话看似无理，细研之，又何尝不如此呢！

―――――――――――――

① 《庄子·内篇·齐物论》。

第二十讲
庄子论形神归于道

一、形神统一的境界

庄子在《达生》《知北游》《庚桑楚》《则阳》等多篇中论证人的形神问题，足见形神思想在庄子的思想体系中十分重要。

与道合一，是庄子追求的至高境界。庄子认为若达到与道合一，必做到形神合一。在社会当中能做形神合一的，有这样五种人，即天人、至人、真人、圣人。这五种人在庄子看来已经进入形全精复，同于大道，既无累于物也无累于心的自由境界和自然境界。

什么是天人？

"不离于宗，谓之天人。"①

什么是神人？

"不离于精，谓之神人。"②

庄子论述较多的是"圣人""真人"和"圣人"。

---

① 《庄子·杂篇·天下》。
② 同上。

什么是至人？

首先，至人是摆脱世俗烦恼的人。

庄子在《庚桑楚》篇中说：

> "夫至人者，相与交食乎地而交乐乎天，不以人物利害相撄，不相与为怪，不相与为谋，不相与为事，翛然而往，侗然而来，是谓卫生之经已。"①

至人求食于地而与同乐于天，不以己喜，不以物悲，不受人与物的利害关系困扰，不责怪于人，也不图谋于人，远离世俗烦恼，不与他人共事，无拘无束而去，纯真无知而来，这就是使人的身心与道合一的境界。

其次，至人是人间至美至乐之人。

什么是至美至乐呢？庄子认为，让自己的心在万物的本始之中畅游的人，就是至美至乐之人。万物生有所由始，死有所归终，始终循环没有穷尽。能够进入这种境界的人，才是至人。

> "夫得是，至美至乐也，得至美而遊乎至乐，谓之至人。"②

最后，至人接近于"神人"或"真人"，即已超出常人具有一定的特异功能。至人，上能观察苍天，下可俯察地下，在天地八面八方飞翔，泰然自若。庄子的说法是：

> "夫至人者，上窥青天，下潜黄泉，挥斥八极，神气不变。"③

什么是真人？道家认为是"修真得道"或"成仙"的人。

《庄子·天下》中说到关尹和老子时说，他们二人在修道上，虽未达到极点，但已经是自古以来博大精深的真人啦。

---

① 《庄子·杂篇·庚桑楚》。
② 《庄子·外篇·田子方》。
③ 同上。

"虽未至极，关尹老聃乎，古之博大真人哉！"①

真人是什么境界呢？庄子在《列御寇》中说：

> "为外刑者，金与木也；为内刑者，动与过也。宵人之离外刑
> 者，金木讯之；离内刑者，阴阳食之。夫免乎外内之刑者，唯真人
> 能之。"②

人体外的刑罚是刀斧和桎梏，人内心的刑罚是躁动和自责。而能够
避内外刑罚的，只有真人才能做到。

由此可知，真人已完全置身于世俗之外。他的行为方式和思维方式
已超越了世俗，进入人道合一的境界。

什么是圣人呢？

第一，圣人是生活在世俗社会的人。庄子在《外物》中说：

> "圣人踌躇以兴事，以每成功。"③

圣人做什么事情之前，都很犹豫不决，以谋取每件事情成功。

第二，圣人能通达万物，将万物与天道视为一体，虽并不知道最终
的原因，而是靠自己的真性与天道一致得到的。

> "圣人达绸缪，周尽一体矣，而不知其然，性也。"④

第三，圣人是遵道守德，能观察事物发展变化的人。

---

① 《庄子·杂篇·天下》。
② 《庄子·杂篇·列御寇》。
③ 《庄子·杂篇·外物》。
④ 《庄子·杂篇·则阳》。

"故道之所在，圣人尊之。"①

"以天为宗，以德为本，以道为门，兆于变化，谓之圣人。"②

第四，圣人在人间主要的任务是对人起教化的作用。庄子说：

> "故圣人，其穷也使家人忘其贫，其达也使王公忘爵禄而化卑。其于物也，与之为娱矣；其于人也，乐物之通而保己焉；故或不言而饮人以和，与人并立而使人化。父子之宜，彼其乎归居，而一闻其所施。其于人心者，若是其远也。"③

这意思是说：圣人在穷困之时，能使家人忘记了自己的贫穷；他通达的时候，能使王公贵族忘去爵禄的享受而变得谦卑；他与万物能和谐相处；他与人愿意沟通又不失去自我的本真，因而常施不言之教使人的心灵得到滋养，与人在一起使人受到感化；他使社会人与人之间的关系走上正轨，各得其所，人人所为与天地同德，清静无为。所以圣人的心要远远地超过一般人的心。

第五，圣人爱人。

庄子说：

> "圣人之爱人也，人与之名，不告则不知其爱人也。若知之，若不知之，若闻之，若不闻之，其爱人也终无已，人之安之亦无已，性也。"④

庄子说：圣人爱人，是人们对他的称赞。如果人们不相告，并不知道圣人爱人。人们对此像是知道，又像是不知道，像有所闻，又像是无所闻，圣人爱人是没有终止的，人们安于这种爱也是无终止的。这一切是出于人的本性。

---

① 《庄子·杂篇·渔父》。
② 《庄子·杂篇·天下》。
③ 《庄子·杂篇·则阳》。
④ 同上。

从上可以看出，至人、真人已经达到人道合一的境界，即我们所说的天人合一的境界，而圣人的境界仍是人间的境界。圣人是同芸芸众生在一起，育化和带领人们去实现人类的天人合一境界的人。所以至人和真人在通往天人合一的道路上，已是完成时，而圣人则是处在进行时阶段。但圣人的责任更大，他要将天下众生带到人类的大同世界中去。这就是老子、庄子所说的圣人。

但是，人生存在于宇宙之中，处处充满着矛盾，也处处充满了诱惑。从人类社会现存的现象上看，这种至人、真人的境界是几乎不可能达到的。在这样一种错综复杂的矛盾旋涡中，庄子力图向人们展示出一幅和解矛盾、超越矛盾、达到"道"的境界的图画。所以，他通过揭示经验层面的世俗人生的局限性、相对性、暂时性，来说明这样的世俗人生并不具有人应追求的价值，从而倡引人们追求形而上的、超越的、永恒的"道"的境界，这便成了庄子形神学说中的最基本的思维方式。而正是这种思维方式，决定了他的形神学说的深刻性；也正是这种思维方式，招致了世人对他的种种误解，诸如相对主义、虚无主义等。

二、形与神的产生

庄子的形神学说具有丰富的内容。我们不妨从生成论的角度来看形神。

首先，形神是怎么产生的。

"形"是形体，形体是物质，凡是物质的都有它的广延性，即长、宽、高，那么形体是怎么产生的？是从幽暗的无形之物中产生出来的，即它产生于"无"，这个"无"就是庄子讲的"太初"阶段。这个"太初"的"无"时，已经有了"道"。

"道"先出有形的万物，即"道生万物"。道怎样生出有形的万物呢？"道"先生出精神，这便是说"精神"是先于物被生出来的。这个"精神"就是万物的本质或性质。它分为两方面：一方面是"精"，另一方面是"神"。这个"精"，也是老子讲的道转化为物的阶段。

"道之为物，惟恍惟惚。惚兮恍兮，其中有象；恍兮惚兮，其中有物。窈兮冥兮，其中有精；其精甚真，其中有信。"[1]

而有形体的万物再从上述两者之中的"精"中生出来。先出来的有形的万物，又分为九窍和八窍。九窍的是胎生，八窍的是卵生。

庄子说：

"夫昭昭生于冥冥，有伦生于无形，精神生于道，形本生于精，而万物以形相生，故九窍者胎生，八窍者卵生。"[2]

可见，老庄认为是道先生出来"精神"，然后再由"道"的物化"精"，生出万物的形体。这样，"神"是先于"形"存在的。"道"的"精"生出万物的形体，万物的形体再与"道"的"神"相结合，便产生了生命，也产生了万物生命中的各种意识，我们将这种意识称为"精神"。

按照老庄的理解：精神已经不是纯意识的了，因为精神中的"精"，也已经是道的"物化"。我们现在说的"精神"是意识的、思维的产物，与老子和庄子的说法是有差别的、不同的。

精神和形体相结合，便有了生命。

其次，生命又是怎样生长变化，向前发展的呢？

从人生来说：一个完整的生命，总是由精神（灵魂、智慧、知识）、形体（人的身体）、社会环境（社会物质，人的各种关系组成人们之间地位、名誉、利益等）三大要素组成。三大要素其实是两者关系。为什么说是两者关系呢？因为人的精神和形体是两者为一的、相互依存的。

那么，在庄子看来，保养人的形体，首先遇到的问题便是物质。这就涉及形体（身体）、神（生命）、物质的三者关系。这三种关系在现实中，又是怎样表现的呢？庄子说：

---

① 《老子·道德经》第二十一章。
② 《庄子·外篇·知北游》。

"达生之情者，不务生之所无以为；达命之情者，不务命之所
无奈何。养形必先之以物，物有余而形不养者有之矣；有生必先无
离形，形不离而生亡者有之矣。生之来不能却，其去不能止。悲
夫！世之人以为养形足以存生；而养形果不足以存生，则世奚足为
哉！虽不足为而不可不为者，其为不免矣。"①

这意思是说，真正通达生活实情的人，不去追求生活所不必要的东
西；真正知道命运实情的人，不去追求命里不应该有的东西。保养人的
形体，必先资货衣食之物，可是有些人资货衣食之物绰绰有余了，而形
体却得不到很好的保养；保有生命必须使它不离开形体，可是有些人形
体没有离开而生命却已亡失了。生命来临时不能拒绝，生命离去时又不
能阻止。可悲啊！世上人认为，养形足以保存生命，然而保养形态又不
足以保存生命，那么世间的事还有什么值得去做的呢？虽然不值得去做
却又不得不去做，这就成为不可避免的、无可奈何的事了。

所以，庄子主张，人想通过"养形"是做不到"达生"的。只有通
过"养神"，不注意财物、名位、权势，才能达到形体健全、精神充足，
与自然为一。

三、怎样做到形神的统一

这里庄子指出，现世的人，形与神是分离的，既然仅依靠物来养
形，是保不住生命（神）与形体分开的，保不住，还得保，这便成为人
们的无奈之举。

怎么办呢？如何破解这一问题。

庄子说：

---

① 《庄子·外篇·达生》。

"夫欲免为形者，莫如弃世。弃世则无累，无累则正平，正平则与彼更生，更生则几矣。事奚足弃而生奚足遗？弃事则形不劳，遗生则精不亏。夫形全精复，与天为一。天地者，万物之父母也，合则成体，散则成始。形精不亏，是谓能移；精而又精，反以相天。"①

庄子说：要想免除形体的劳累，不如舍弃世俗；舍弃世俗，人的形体就没有拖累了，没有拖累人就心正气平了；人心正气平了，就能与物（自然）共同更新变化了；同自然共同更新变化了，人便接近于道了。世俗为什么要舍弃，生命为什么要遗忘？因为舍去世俗，形体就不会再遭到劳累，遗忘生命人的精神就不会亏损。这样形体健全、精神恢复，便同天地之道合而为一。天地是万物的产生的根源。人与天地合为一体，分时是另一种形体的开始。这样形体与精神永远处在不亏损的状态，人便能随着自然变化而不断更新，人的形神愈来愈统一，反过来又使天地自然更加和谐。

这里就有一个至关重要的问题，即人若能达到形神合一，处于得道的自然状态，人就不会被大千世界的各种事物所打搅，但在现实社会当中人能做到这样吗？

庄子讲了这样一件事：

"子列子问关尹曰：'至人潜行不窒，蹈火不热，行乎万物之上而不栗。请问何以至于此？关尹曰：'是纯气之守也，非知巧果敢之列。居，予语汝！凡有貌象声色者，皆物也，物与物何以相远？夫奚足以至乎先？是形色而已。则物之造乎不形而止乎无所化，夫得是而穷之者，物焉得而止焉！彼将处乎不淫之度，而藏乎无端之纪，遊乎万物之所终始，壹其性，养其气，合其德，以通乎物之所造。夫若是者，其天守全，其神无却，物奚自入焉！'"②

――――――――――

① 《庄子·外篇·达生》。
② 同上。

列子问关尹说：至人在水下行走（游泳）不感到气息堵塞，在火上行走不感到炎热，在万物之中行走不感到畏惧，请问怎么会如此呢？关尹说：这是保守了自己纯正之气的缘故，不是靠知识、机巧或者刚毅和果敢等才能做到的。坐下，我来告诉你！凡是有形貌、声音、色彩的都是物。物与物怎么能相远？能超越其他物，被人先见到，是由于它美丽的颜色。如果人能观察到物在没有被创造出来之前，即物在无色无形的状态，即你处在无极的状态中，你又如何能受物之所制呢？物又怎么能困扰了你呢？你将会处在清心虚淡，心度弘博，身在大道的无端无绪、无始无终之中，游于万物的生死创化之场，与大道同一本性，呼吸吐纳，以养元气，抱一守性，不离天德，通晓万物都是由道创造出来的，便能达到至道之原的境界。如果这样的人，他的天性是完备的，他的精神是纯真的，那么世俗的事物又如何能困扰他的形神合一呢？

庄子接着说：

"夫醉者之坠车，虽疾不死。骨节与人同而犯害与人异，其神全也，乘亦不知也，坠亦不知也，死生惊惧不入乎其胸中，是故忤物而不慴。彼得全于酒而犹若是，而况得全于天乎？圣人藏于天，故莫之能伤也。"[1]

醉酒的人从车上坠下，虽然受了伤却不会摔死，骨节与别人相同但遇到同样的伤害结果却不一样，这是它形神合一的缘故。他乘车也不知道，坠下也不知道，死生惊惧进不了他的心胸，所以触撞外物而不惊惧。那个得全于酒的人都可以这样，何况是得全于道的人呢？圣人藏之于天道之中，所以外物伤害不了他。

庄子认为，凡是有形象、声音、色彩都是物，而物是由无形的道创造出来的。人的形体也是物，但人的形体又不完全等同于物。从与物的差别上看，它是人的形体；从相同上看，它又都是道创造出来的物。那么人的形体与其他物的差别在于什么地方呢？主要在于人的形体要存养人的精神，人的形体是精神的居所。人的精神在人的形体之中，形成人

---

[1] 《庄子·外篇·达生》。

的主观世界，这种主观世界与人体之外的客观世界相统一，庄子认为要统一到大道，要与大道相合。大道即自然，所以人的精神也应顺应自然。这样精神和形体便在道那里合二为一了。

> "夫王德之人，素逝而耻通于事，立之本原而知通于神。故其德广，其心之出，有物采之。故形非道不生，生非德不明。存形穷生，立德明道，非王德者邪！"①

一个有圣德的人，形神一定是统一的。他一定是在立身行事上怀抱极其朴素真情的人。他不愿意将自己陷入烦琐的世俗事物之中而不能自拔，周旋于权贵之间而失去自我。他会将自己立身于本源，将自己的智慧与天道相通，通过自己的内心与外物交感。因而形体非道不能产生，生命非德不能彰显，依存形体，充实生命，主德明道，这岂不就是盛德之人吗！

这里庄子将人的形神与道联系起来，认为人做到形神合一，便能"立德明道"，人也达到人道合一的境界。

所以，庄子主张通过形神统一来修道：

> "形劳而不休则弊，精用而不已则竭。水之性，不杂则清，莫动则平；郁闭而不流，亦不能清；天德之象也。故曰：'纯粹而不杂，静一而不变，惔而无为，动而天行，此养神之道也。'夫有干越之剑者，柙而藏之，不敢轻用也，宝之至也。精神四达并流，无所不极，上际于天，下蟠于地，化育万物，不可为象，其名为同帝。
>
> 纯素之道，唯神是守；守而勿失，与神为一；一之精通，合于天伦。野语有之曰：'众人重利，廉士重名，贤人尚志，圣人贵精。'故素也者，谓其无所与杂也；纯也者，谓其不亏其神也。能体纯素，谓之真人。"②

---

① 《庄子·外篇·天地》。
② 《庄子·外篇·刻意》。

这意思是说：人的形体过于辛劳而不知道休息，就会疲倦，而人的精神过于集中、消耗，思想就会枯竭。水的本性，不将其混杂，它才能清澈，不搅动它才会平静，但堵塞而不流动，也不会澄清，这是自然的现象。所以说人的思想纯粹而不能混杂，静心寂寞而不能心猿意马，恬淡虚无而不能恣意而为。人的行为遵循自然而然，这就是养神的道理，就像吴越国的宝剑，收藏在匣子里，不敢轻易拿出来使用，因为它太珍贵了。人要将精神养育成通达流溢，无所不至，上达于天，下及于地，化育万物，还不留痕迹，使自己的精神的作用如同天地一样。

纯粹人的精神的办法，只有一个，就是守住自己的神魂，万不可将其丢失，做到与神合一；人将自己的形体与精神合一了，便使你的精神与道合一，人便真正地得到了天道。正如野语所说："大家都看重利益，廉洁的人看重名声，贤达的人看重个人的志向，圣人看重自己的精神。"所以素就是不能去掺杂着杂质；纯就是人的精神不亏。在一个人身上能够体现出来纯与素，这个人一定就是"真人"。

所以，庄子说：

> "古之治道者，以恬养知；知生而无以知为也，谓之以知养恬。知与恬交相养，而和理出其性。"[1]

古时修道的人，以恬静涵养智慧；智慧生成却不外用，称为以智慧涵养恬静。智慧和恬静交相涵养，便使人的和顺之理从本性之中流露出来。

庄子还说：

> "古之存身者，不以辩饰知，不以知穷天下，不以知穷德，危然处其所而反其性已，又何为哉！道固不小行，德固不小识。小识伤德，小行伤道。故曰：'正己而已矣。乐全之谓得志。'"[2]

---

[1] 《庄子·外篇·缮性》。

[2] 同上。

古时候人们不用巧变来文饰智慧，不用智慧来粉饰天下，不用计谋来装饰德性，一切自然而然地表现着人的本性，除此之外，并不需要刻意去做什么。道本来就不需要小行，德本来就不需要小识。小识损伤了德，小行损伤了道。所以，自己站得正就是了。保全自我天性是人们的最大志向。

庄子说：

"古之所谓得志者，非轩冕之谓也，谓其无以益其乐而已矣。今之所谓得志者，轩冕之谓也。轩冕在身，非性命也，物之傥来，寄者也。寄之，其来不可圉，其去不可止。故不为轩冕肆志，不为穷约趋俗，其乐彼与此同，故无忧而已矣。今寄去则不乐，由是观之，虽乐，未尝不荒也。故曰，丧己于物，失性于俗者，谓之倒置之民。"①

这段讲的意思是：古时候所谓得志之人，并不是指人获得了荣华高位，而是指自己内心获得无以复加的欣悦而已。现今所谓的得志者，只看人是否能得到很高的社会地位。而荣华富贵对人来说并不是人的真性本命，它就如外物偶然到来，寄托在你的身上。寄托的东西，来时无法拒绝，去时又不能阻止。所以，人不能让荣华地位搅乱你的心志，不要因贫穷潦倒而趋附于世俗，无论身处荣华还是穷困，人们的快乐都是相同的，做到这样人便没有忧愁。而现在的人，寄托的东西失去了便不快乐，从这点去观察，过得虽然快乐，心里未尝不是慌乱的，因为得到时，你会自然担心失去。所以，人如果丧失自我而迷恋于物欲，这样的人就是被称为本末倒置的人。

作为人来说，形神应该是统一的，但往往会存在"形不得安，神不得宁"的状况，人的形神之所以发生矛盾，甚至对立，是因为人有欲望。因此，庄子主张，人要看透身外之物，不被外物所诱惑，才能达到人形神的统一。他说：

___

① 《庄子·外篇·缮性》。

"而且说明邪？是淫于色也；说聪邪？是淫于声也；说仁邪？
是乱于德也；说义邪？是悖于理也；说礼邪？是相于技也；说乐
邪？是相于淫也；说圣邪？是相于艺也；说知邪？是相于疵也。天
下将安其性命之情，之八者，存可也，亡可也。"①

庄子的意思是说，人如果喜欢明目，就会沉溺于美色之中；喜欢好
听的，就会沉溺于音乐之中；喜欢仁爱，就会使天德处于混乱之中；喜
欢义，就会违背自然之理；喜欢礼，就会陶醉于繁俗缛礼的技艺之中；
喜欢乐，就会沉醉于靡靡之音之中；喜欢圣智，就会助长学习各种技
能；喜欢有智巧，就会使人表现得明察秋毫、吹毛求疵。然而，这八种
事物均是人的身外之物，却会使人的精神与形体走上分裂，使人的精神
不能安于人的形体当中，存留可以，丢弃也可以。

在如何外排物欲与人本性复归上，庄子主张：古时保全自身的人，
不以巧言辩说来文饰自己的智慧，不用已知去困累天下人，也不追求无
限之知去困累自己，超然物外而处于无为境界，而求得回归人的自然本
性，除此之外，人还能做什么呀！有道之人本来就不必再去迁就世俗之
行，有品德之人本来就不必再去企求世俗的智慧。世俗之智伤害品德，
世俗之行伤害大道。所以说，端正自己就是了。

要端正自己，就不要外求，而要内求，即求己，向自己的本性求得
自我满足、自我平衡。庄子还说，如果人不向内求而向外求，为了追求
物欲而丧失了自己，为了趋从于世俗而丢弃了自己的本性，这样的人也
是本末倒置。

那么向内求又怎样能求得到道呢？庄子的"内求"并不是为了得到
天道，而是为了得到人的自然本性。

他在《在宥》篇中，庄子借广成子之口讲了这样一件事：

"黄帝退，捐天下，筑特室，席白茅，闲居三月，复往邀之。
广成子南首而卧，黄帝顺下风膝行而进，再拜稽首而问曰：'闻
吾子达于至道，敢问，治身奈何而可以长久？'广成子蹶然而起，

————————————

① 《庄子·外篇·在宥》。

曰：'善哉问乎！来！吾语汝至道。至道之精，窈窈冥冥；至道之极，昏昏默默。无视无听，抱神以静，形将自正。必静必清，无劳汝形，无摇汝精，乃可以长生。目无所见，耳无所闻，心无所知，汝神将守形，形乃长生。慎汝内，闭汝外，多知为败。我为汝遂于大明之上矣，至彼至阳之原也；为汝入于窈冥之门矣，至彼至阴之原也。天地有官，阴阳有藏，慎守汝身，物将自壮。我守其一以处其和，故我修身千二百岁矣，吾形未常衰。'"①

黄帝禅让天下，建筑了一间别室，地上铺着白茅，闲居了三个月，又去拜访广成子。

广成子头朝南躺着，黄帝从下方匍匐过去，再叩头拜礼后说："听说先生明达'至道'，请问怎样修身才能长久？"广成子忽然坐起身来，说："你问得好！来，我告诉你'至道'。'至道'的精髓，深远暗昧，'至道'的极致，静默沉潜。人既看不到，又听不到，持守心志专一静默，形体就会随之端正。一定要让自己心静神清，让你的形体没有任何劳累，让你的内心世界不受任何事物的打扰，只有这样才能长生。眼睛不要被眩惑，耳朵不要被骚扰，内心没有任何计虑，形体才能够长生。持守你内心的虚静，绝弃你外在的纷扰，追求过多的智慧就要败坏形体。我使你达到大明的境地，保你达到至阳的本源，帮你进入深远暗昧的门径和至阴的本源。天地各司其职，阴阳各居其所，谨慎守护你的自身，万物就会自然昌盛。我持守'至道'的纯一而把握'至道'的和谐，所以我修身一千二百岁了，我的形体还没有衰老。"

这里，庄子表达了四层意思：其一，持守心志专一静然，形体就会随之端正；其二，外无形体的劳累，内无精神的纷扰、耗费，才能长生；其三，不为感官迷惑，不为心智所累，按照天道自然无为的要求去修炼；其四，让自己的形神到达至阳、至阴的境界，人便获得了长生。

庄子主张人的形神统一的思想是对的，他把形说成神的居所这也是正确的。在两者的关系上，庄子主张两者是合一的，形是神的基础，如果形不存在了，神也将不复存在；同时"神"又是"形"的主宰，离开

---

① 《庄子·外篇·在宥》。

"神"，"形"的存在也毫无意义。

庄子认为，外物是导致人的形神分裂的主要原因，也是人与道合一的主要障碍，所以人要断绝尘世的种种欲念，将人的思想意识内化，向人的本性寻求人精神的支点，从而达到形神的统一。

四、向圣人学习

庄子认为，人应该向圣人学习，才会达到形神合一、与天道同齐的境界。他说：

> "圣人之生也天行，其死也物化；静而与阴同德，动而与阳同波；不为福先，不为祸始；感而后应，迫而后动，不得已而后起。去知与故，循天之理。故曰无天灾，无物累，无人非，无鬼责。不思虑，不豫谋。光矣而不耀，信矣而不期。其寝不梦，其觉无忧。其生若浮，其死若休。其神纯粹，其魂不罢。虚无恬淡，乃合天德。" ①

这意思是说：圣人活着的时候顺应自然而活动，死时随着形体的消失而物化。静止时与阴同一德性，运动时与阳同路前行。不成为福的先导，也不成为祸的开始，感受自然变化而后应，顺应自然运动而后动，不得已顺应自然变化而变化。去掉智慧与后天学到的诈伪技巧，遵循天道之理，所以没有天灾，没有物累，没有人非，没有鬼神责备。其生如水上浮萍，其死如同休息。不去深思，不去远虑，明亮时不耀眼，守信时也不必考虑如何兑现。睡觉不做梦，醒来也无忧虑，精神纯粹，从不疲劳，清新虚无恬淡，与天德性相合。

在庄子看来：

---

① 《庄子·外篇·刻意》。

"悲乐者，德之邪；喜怒者，道之过；好恶者，心之失。故心不忧乐，德之至也；一而不变，静之至也；无所于忤，虚之至也；不与物交，惔之至也；无所于逆，粹之至也。"①

悲哀和欢乐的人，是人没有抱着天德去做而出现了偏邪；高兴和发怒的人，是人没按照天道去做而出现了偏邪；喜欢和厌恶的人，是人丢失了自己的本性。所以，人内心不忧伤也不欢乐，天德就会到来；守着天道不改变，清静至极便会到来；没有任何叛逆抵触的心理，空虚的至极就会到来；不与外物接触，恬淡的至极便会到来；与外物无所违逆，纯粹的至极便会到来。

在庄子看来，人的纯粹而没有杂质，是形体和精神的纯粹，是形神的高度统一。形神不杂，高度统一，就如刚刚出生的婴儿那样。

他在《人世间》中说：

"夫道不欲杂，杂则多，多则扰，扰则忧，忧而不救。"②

婴儿不知道自己在做什么，爬行不知所去的方向，与人相见也不分辨远近亲疏，饮食水奶尚不知甜美，醒睡无常更不晓昼夜。人如能像婴儿一样，既不会有福，也不会有祸，人就可以长生与道相合。

庄子认为，达到形神的最高境界，人应该忘记自己的身体，忘记自己的生命，忘记自己的后人。

庄子在《知北游》写了舜与丞的一段对话：

"舜问乎丞曰：'道可得而有乎？'曰：'汝身非汝有也，汝何得有夫道？'舜曰：'吾身非吾有也，孰有之哉？'曰：'是天地之委形也；生非汝有，是天地之委和也；性命非汝有，是天地之委顺也；子孙非汝有，是天地之委蜕也。故行不知所往，处不知所持，食不知所味。天地之强阳气也，又胡可得而有邪！'"③

---

① 《庄子·外篇·刻意》。
② 《庄子·内篇·人间世》。
③ 《庄子·外篇·知北遊》。

舜问丞说："道可以获得并且拥有吗？"丞说："你的身体都非你所有，你怎么能获得道并拥有它呀！"舜说："我的身体非我所有，那归谁所有呢？"丞回答说："是天地寄托给你的形体；人之所以生，非你的原因，是天地相合的阴阳二气，人出生后，性命并不是你的，是顺应自然而赋予给你的；子孙并非你的，是天地寄托给你繁衍子孙的能力。所以，行动时不知往哪里去，停下来不知持守什么，饮食不知什么味道，这一切都是天地气的运动，你又怎么能获得和拥有它呢？"

所以，庄子认为，人的一切都是由天地决定的。天地又是由道决定的。人与天地合一，便能达到人的形神合一，也能达到与道合一。

第二十一讲
庄子论制欲

一、制止人的欲望

庄子说："自三代以下者，天下何其嚣嚣也？"[①]

"三代"，指夏、商、周。"嚣嚣"，即乱世之貌，社会呈现嘈杂、喧嚣之状。

> "自三代以下者，天下莫不以物易其性矣。小人则以身殉利，士则以身殉名，大夫则以身殉家，圣人则以身殉天下。"[②]

在庄子看来，自三代以后：

"天下莫不以物易其性矣！"这意思说，从夏、商、周以后，人的物欲增强，使人的本性发生了改变。

"小人则以身殉利。"这里的殉，有两个含义：一是"杀身从之曰殉"；二是"殉"通"徇"，即当"营"或"遵循"讲。前面说"小人"为了利甘心冒杀身之险，后者说"小人"将"利"作为一切行为的宗旨。

"士则以身殉名"。这里的"士"指君子或指战国时的士人；也有

---

① 《庄子·外篇·骈拇》。
② 同上。

将此文的"士"解释为廉士。即君子或士人、廉士，看重的是自己的名节，故以身殉名。

"大夫则以身殉家。"这里说大夫身为国之臣属，却放弃自己身上的重任，而为自家谋取利益。

"圣人则以身殉天下。"这是圣人与"小人""士""大夫"不同，以上三种人均为自己，而圣人则以身为"天下"。

为什么会出现这种社会现状？庄子认为都是夏、商、周三代违背天道无为，而倡导"有为"造成的。

庄子以崇尚自然为宗旨，对人的私欲加以否定。庄子继承了老子的无为思想，认为顺从自然是道的核心精神，道的品格也由此得到完善。顺从自然，自然而然，必然排斥人为，人为是个人主观意志的表现，属于私意。人为很容易使人与人或人与物形成对立关系。从天道的角度看，人为很多是不符合天道的妄举。庄子在《大宗师》说：

"是之谓不以心损道，不以人助天。是之谓真人。"[①]

这意思是说：不用自己的聪明智慧去破坏自然规律，不以人力去影响自然，干扰天道，这样的人就是真人。

《庄子·秋水》篇中，庄子借北海之神之口说：

"河伯曰：'何谓天？何谓人？'北海若曰：'牛马四足，是谓天；落马首，穿牛鼻，是谓人。故曰：'无以人灭天，无以故灭命，无以得殉名。谨守而勿失，是谓反其真。'"[②]

河伯问："什么是天然，什么是人为？"北海之神若说："牛马天生就有四只脚，这就叫天然；给马套上笼头，给牛鼻穿上绳子，这就是人为。所以不要因为人的意志干违背自然规律的事；不要以任性的做法改变天命；不要为贪得去获取虚名，小心谨慎地守住道德的底线，千万不

---

① 《庄子·内篇·大宗师》。
② 《庄子·外篇·秋水》。

能丧失德行，这就是返璞归真。"

庄子在《应帝王》篇中讲了这样一个寓言故事：

> "南海之帝为儵，北海之帝为忽，中央之帝为浑沌。儵与忽时
> 相与遇于浑沌之地，浑沌待之甚善。儵与忽谋报浑沌之德，曰：'人
> 皆有七窍以视听食息，此独无有，尝试凿之。'日凿一窍，七日而
> 浑沌死。"①

浑沌本来没有"七窍"，无欲无求，他靠纯真与质朴去善待南北二
帝儵、忽，并不想得到回报，但南儵和北忽却要强行回报浑沌的盛情款
待，这是他们的第一个错。浑沌的天性就是无知无欲、浑浑沌沌的，南
儵和北忽非要给他凿出七窍来，七窍出，浑沌的天性就丧失了，他就不
是浑沌了，他能不死吗？这是南儵和北忽的另一个错。

庄子虽然不像老子那样完全强调人的"无欲"，但他主张人欲顺天
道，即天道自然之性，反对一切人为的技巧。因为，任何技巧都会丧失
人的天性。他在《天地》篇中讲了这样一个故事：

> "子贡南游于楚，反于晋，过汉阴，见一丈人方将为圃畦，凿
> 隧而入井，抱瓮而出灌，搰搰然用力甚多而见功寡。子贡曰：'有
> 械于此，一日浸百畦，用力甚寡而见功多，夫子不欲乎？'为圃者
> 仰而视之曰：'奈何？'曰：'凿木为机，后重前轻，挈水若抽；数
> 如泆汤，其名为槔。'为圃者忿然作色而笑曰：'吾闻之吾师，有机
> 械者必有机事，有机事者必有机心。机心存于胸中，则纯白不备；
> 纯白不备，则神生不定；神生不定者，道之所不载也。吾非不知，
> 羞而不为也。'子贡瞒然惭，俯而不对。"②

子贡到南方的楚国去游玩。返回晋国时，经过汉水南岸，看见有一
个老人正在整治菜畦，只见他从挖好的隧道下到井底，抱着装满水的陶

---

① 《庄子·内篇·应帝王》。
② 《庄子·外篇·天地》。

罐上来，把罐中的水倒在菜地里。然而，用的力气非常大，但得到的功效却十分小。子贡说："有这样一种机械，一天能浇一百畦，用力很小但功效甚多，您不想用它吗？"老者抬起头来看着子贡说："那机械什么样？"子贡说："用木料做成的机械，后面重前面轻，把水从井下拖上来就如抽水那样省力，速度之快就和溢出的沸汤一样，它的名称叫作槔。"菜园子的老人听了，面起怒色，但又笑着说："我从我的老师那里听说，有机械的人一定有机巧的事，有机巧事的人一定会有机巧变诈之心。机巧变诈之心存在于人的心胸中，那人就不具有纯洁质朴的心理。人不具备纯粹质朴的心理，那么人的精神就游移不定。精神游移不定的人，为大道所摒弃不容。我并非不知道有这样的机械，只是以之为羞耻而不去使用。"子贡满脸羞愧，低着头无言以对。

每一次科学技术的重大发现或发明，都会引起人们的生产和生活的重大变化。过去我们批评庄子，认为庄子惧怕这种变化对人们质朴的本性产生冲击，使人的天性发生改变。人类社会发展到今天，庄子的这一反对就真的是多此一举、庸人自扰、杞人忧天吗？我认为庄子的这一思想是深刻的，不仅两千年前人类没有解决好这件事，即便在今天也仍然是个必须面对、甚至应着力解决的问题，即科学技术的高度发展带来的负面效应被人类解决了吗？这种负面效应是多方面的，它包括对老庄所说的"天道"，即大自然的破坏；包括对人的本性的破坏，包括对人类伦理道德的不断冲击和挑战；包括对整个人类生存危机的加剧甚至可能导致整个地球毁灭，并直接威胁着整个太阳系乃至宇宙的秩序与平衡等。难道不存在这种种可能吗？

庄子认为，人为也是对人自身的损伤。因为自然之道不可违逆。人为出于私欲，私欲的产生在于人受形体（肉欲）的支配而被外物所诱惑，进而逐物不返，结果人被外物所牵累，包括他自己也经常受外物所困扰，甚至莫名其妙的欲望使他误入歧途。

他认为人也好，动物也好，往往被控制在欲望的枷锁之中，不但使你不能摆脱，而且不自知已处在濒临丧生之地的危险之中。他在《山木篇》讲述了这样一个寓言故事：

"庄周遊于雕陵之樊，覩一异鹊自南方来者，翼广七尺，目大运寸，感周之颡而集于栗林。庄周曰：'此何鸟哉，翼殷不逝，目大不覩？'蹇裳躩步，执弹而留之。覩一蝉，方得美荫而忘其身；螳螂执翳而搏之，见得而忘其形；异鹊从而利之，见利而忘其真。庄周怵然曰：'噫！物固相累，二类相召也！'捐弹而反走，虞人逐而谇之。庄周反入，三日不庭。蔺且从而问之：'夫子何为顷间甚不庭乎？'庄周曰：'吾守形而忘身，观于浊水而迷于清渊。'且吾闻诸夫子曰：'入其俗，从其令。'今吾遊于雕陵而忘吾身，异鹊感吾颡，遊于栗林而忘真，栗林虞人以吾为戮，吾所以不庭也。"①

庄子在雕陵栗树林里游玩，看见一只奇异的怪鹊从南方飞来，翅膀宽达七尺，眼睛大若一寸，碰着庄子的额头而停歇在果树林里。庄子说："这是什么鸟呀，翅膀大却不能远飞，眼睛大视力却不敏锐？"于是提起衣裳快步上前，拿着弹弓静静地等待着时机。这时突然看见一只蝉，正在浓密的树荫里美美地休息而忘记了自身的安危；一只螳螂用树叶作隐蔽打算见机扑上去捕捉蝉，螳螂眼看即将得手而忘掉了自己形体的存在；那只怪鹊紧随其后认为那是极好的时机，眼看即将捕到螳螂而又丧失了自身的真性。庄子惊恐而警惕地说："啊，世上的物类原本就是这样相互牵累、相互争夺的，两种物类之间也总是以利相召引！"庄子于是扔掉弹弓转身快步而去，看守栗园的人却在后面追着责问。

庄子返回家中，整整三天心情很不好。弟子蔺且跟随到一旁问道："先生为什么这几天来一直很不高兴呢？"庄子说："我留意外物的形体却忘记了自身的安危，观赏于浑浊的流水却迷惑于清澈的水潭。而且我从老聃老师那里听说：'每到一个地方，就要遵从那里的习惯与禁忌。'如今我来到雕陵栗园便忘却了自身的安危，奇异的怪鹊碰上了我的额头，游玩于果林时又丧失了自身的真性，管园的人不理解我又进而侮辱我，因此我感到很不愉快。"

蝉为了躲避暴晒，安逸地待在树荫中，这种安逸的享乐让它忘记身后有一只想吃它的螳螂；螳螂一心想吃掉蝉，却忘记了身后还有一只想要吃掉它的黄雀，黄雀一心想要吃掉螳螂，而不知自己身后还有一个拿

---

① 《庄子·外篇·山木》。

着弹弓要射杀它的庄周。黄雀是只奇特的鹊，长了双大眼睛，可在利益面前，这双大眼睛却看不到他者，先看不到庄周，碰了他的头，后又看不到庄周拿着弹弓站在它的身后。庄周也只顾眼前的一切，忘记了旁边还有一位看园子的人。

一切来源于私欲，一切来源于贪欲。庄子认为，私欲和贪欲都源于人的不知足。他说：

> "知者之为，故动以百姓，不违其度，是以足而不争，无以为故不求。不足故求之，争四处而不自以为贪；有余故辞之，弃天下而不自以为廉。廉贪之实，非以迫外也，反监之度。势为天子而不以贵骄人，富有天下而不以财戏人。"①

有智慧的人做事情，行动以百姓的愿望为基础，从不违背这个原则，因此知足而不争，无所作为，所以不含糊，知足才知有余，所以能够辞让，抛弃天下的财物也不认为自己清廉。清廉和贪求的实质，并非迫于身外的物质，要反过来看他自己内心是否有个度。权势达到天子，而不以天子之贵而骄横天下；财产富甲天下，也不拿财富去戏弄侮辱他人。

庄子说：

> "平为福，有余为害者，物莫不然，而财其甚者也。今富人，耳营于钟鼓管籥之声，口嗛于刍豢醪醴之味，以感其意，遗忘其业，可谓乱矣；侅溺于冯气，若负重行而上坂也，可谓苦矣；贪财而取慰，贪权而取竭，静居则溺，体泽则冯，可谓疾矣；为欲富就利，故满若堵耳而不知避，且冯而不舍，可谓辱矣；财积而无用，服膺而不舍，满心戚醮，求益而不止，可谓忧矣；内则疑劫请之贼，外则畏寇盗之害，内周楼疏，外不敢独行，可谓畏矣。此六者，天下之至害也，皆遗忘而不知察，及其患至，求尽性竭财，单以反一日之无故而不可得也。故观之名则不见，求之利则不得，缭

① 《庄子·杂篇·盗跖》。

意绝体而争此，不亦惑乎！"①

这意思是说，能够满足生存需要是福，多余为害，所有的物不是这样的，财产更是如此。现今的富人，耳朵要听钟鼓管籥的声音，口里要尝牛羊狗猪美酒的滋味，用这些来满足他的心意，而忘记了自己的事业，可以说是迷乱了；整个人沉溺在盛气之中，就如背着很沉重的东西往上坡行走，可以说太辛苦了；贪财而招惹怨恨，贪权而导致精疲力竭，闲下来精神萎靡不振，身体虚胖肥满，可以说有疾病了。为了求富趋利，本来财富堆积已经越过墙也不知足，而且愈多愈加不舍，可以说不知耻辱了；财富积攒而没有用处，心里时刻装着而放不下，更加忧伤焦虑，追求更快的增多而不知停止，可以说到了忧虑的程度；在家中就忧虑盗贼不请自来偷走财物，在外面便畏惧受到寇盗的伤害，在家中四周很怕留的空隙大，在外不敢单独行动，可以说到了畏惧的程度了。这六种情况，是天下最大的祸害，却将它全都遗忘了而一点也不警觉，直到灾难到来了，才挖空心思用尽一些财富，只求像过去一样过上一天好日子而做不到。因此，想看见自己的名声显赫而看不到，想得到的利禄却得不到，费尽心思、牺牲身体去拿这些，不是太迷惑了吗！

古人讲知足常乐，恐怕道家老庄讲得最多。道家的天性就是知足，不知足便是欲望的源起。庄子讲人心中应该有个"度"，这个"度"即原则，也是界限。可惜多少人能把握住原则这个度？蝉当了螳螂嘴边的肉，螳螂又成了黄雀口边的食，黄雀又成了庄周手中弹弓要打的鸟。欲望中的欲望，欲望背后的欲望，欲望背后还有欲望的欲望，一个无法让你挣脱的欲望链条。一个字——贪，让人因物走上了不归的路。

二、保有人的本性

庄子继承老子的思想，也提出"复初"，即"复归于朴"的人性状态。

①《庄子·杂篇·盗跖》。

在庄子看来，人性的发展经历了以下几个历史时期。

第一个时期，即远古时代。在那个时代，人们都处在混沌的蒙昧时代，所有的人都过着恬静淡泊、无欲无求的生活。阴阳协调，四季适时，万物都不受伤害，一切生物都能终其天年而不夭折。庄子说：

> "至德之世，不尚贤，不使能；上如標枝，民如野鹿，端正而不知以为义，相爱而不知以为仁，实而不知以为忠，当而不知以为信，蠢动而相使，不以为赐。是故行而无迹，事而无传。"[1]

这意思是说：在远古时候，社会不崇尚贤才，也不任用能者，地位高的人如同树梢上的细枝，民众就像在山野中自由奔跑的野鹿。行为端正而不知是义，彼此相爱而不知是仁，诚实相待而不知是忠，应该去做的不知是信。那个时代，人们无为而自成，人的行为都能与自然之道相吻合，是人与自然处在一种绝对统一的状态。那个时代，庄子把它称为"至德之世"。

第二时期，则是燧人氏、伏羲氏治理天下的时期。这一时期只能顺民之心而不能达到与自然的绝对统一，这时人的本性开始衰落了：

> "及燧人、伏羲始为天下，是故顺而不一。"[2]

第三个时期，是神农、黄帝治理天下的时期。这个时期只能使天下安定，却不能顺民之心，这使人的本性又开始进一步衰落了：

> "德又下衰，及神农黄帝始为天下，是故安而不顺。"[3]

第四个时期，是尧舜治理天下的时期：

> "德又下衰，及唐虞始为天下，兴治化之流，澆淳散朴，离道

---

① 《庄子·外篇·天地》。
② 《庄子·外篇·缮性》。
③ 同上。

以为，险德以行，然后去性而从于心。心与心识知，而不足以定天
下，然后附之以文，益之以博。文灭质，博溺心，然后民始惑乱，
无以反其性情而复其初。"①

　　唐、尧、虞、舜时期开始通行治理和教育社会的统治政策，这使
淳厚的社会风尚变得浅薄，使质朴的民风开始散离。人们离开大道去求
善，危害德性的做法在社会上盛行，然后舍去人的本性而完全听从于心
智的支配，开始互相窃取对方的心思，这样仍不能使天下安定，然后又
发明了文字，制定各种繁文缛节，并旁征博引以充实其说。繁文缛节使
人的本性泯灭，旁征博引淹没了人纯朴的心智，在这之后民众开始迷惑
和混乱，没有办法使人回归本性从而恢复原初状态。

　　庄子反对用社会制度对人的本性强加干预和管理。他在《在宥》篇
中讲了这样一个寓言故事，用此来讽刺黄帝时期的社会统治：

　　"黄帝立为天子十九年，令行天下，闻广成子在于空同之山，
故往见之，曰：'我闻吾子达于至道，敢问至道之精。吾欲取天地
之精，以佐五谷，以养民人，吾又欲官阴阳，以遂群生，为之奈
何？'广成子曰：'而所欲问者，物之质也；而所欲官者，物之残
也。自而治天下，云气不待族而雨，草木不待黄而落，日月之光益
以荒矣。而佞人之心翦翦者，又奚足以语至道哉！'"②

　　这是讲：黄帝做天子十九年，政令通行天下，听说广成子在空同
山上石屋中修道，特地前来拜见，说："我听说您已经通达至道了，请
问至道的精髓是什么？我想得到至道的精髓，来佐助五谷的生长，用来
教育人民；还想使阴阳各司其职、相互协调，使各种生物顺利生长，为
了这些我该怎么做呢？"广成子说："你所想问的，是物质的原始形态，
而你现在想要管理的，已经是残缺不全的物质了。自从你治理天下以
来，云气尚未有积累便下起雨来，草木尚未枯萎便已凋落，日月的光芒

① 《庄子·外篇·缮性》。
② 《庄子·外篇·在宥》。

日益强烈刺眼。你是有才智之心的人，但心胸狭小琐碎，又如何能与你说大道呢？"

庄子和老子一样，都希望人类能往回走，让人们回到最为原始的状态中去。人是动物界中有思维有智慧的动物，永远让人类总像动物那样顺应自然，这是不可能的，除非你能把人的理性思考去掉，否则必然会走出原始社会的，社会也必然要向前发展。发展又必然要导致人的变化，这种变化在人的形体上是微乎其微的，而主要在人的思想意识上的发展变化。不承认这种变化的合理性和无法抑制性，是老子和庄子对社会发展认识的局限性决定的。但是，人类向前发展，怎样去解决人性与人的社会性的问题，的的确确还是值得探索的。如果从这个角度上讲，老庄的思想是有一个合理的价值空间。他们找不到解决这一问题的办法，往回找也不是一条完全没有必要的道路。核心问题就在于找到原始的人的本性之后，如何解决在现实生活中保留和扬弃的问题。

怎么解决这一问题？庄子提出，人的本性是可以自我完善的。

他说：

> "吾所谓臧者，非所谓仁义之谓也，任其性命之情而已矣；吾所谓聪者，非谓其闻彼也，自闻而已矣；吾所谓明者，非谓其见彼也，自见而已矣。夫不自见而见彼，不自得而得彼者，是得人之得而不自得其得者也，适人之适而不自适其适者也。"[①]

庄子说：我听说的自我完善，并不是靠仁义去完善，而是任其人的自然本性去完善而已；我听说听觉好的人，不是指他能超出他的本性多听到什么，只是任自己耳朵的性能去听而已；我听说视力好的人，并非指他能看清什么东西，只是任自己的眼力去看而已。不是靠自己的本性去见事物，不是靠自己的本性得到事物，是得到了外物而失去了自己的本性应得的事物，是适合于别人所适合的，并不是适合于自己的本性所适合的。

---

① 《庄子·外篇·骈拇》。

庄子在《马蹄》篇中说：马的本性几乎被人为弄得全然消失了。庄子还说，人不仅对动物这样，对没有生命的物质也是这样，将万物的本性人为地破坏掉了。他举例说：

> "陶者曰：'我善治埴。圆者中规，方者中矩。'匠人曰：'我善治木，曲者中钩，直者应绳。'夫埴木之性，岂欲中规矩钩绳哉？然且世世称之曰：'伯乐善治马，而陶匠善治埴木'，此亦治天下者之过也。"①

陶工说："我善于整治细密的黏土，制造圆形能符合规的要求，方形能符合矩的规定。"木工说："我善于治理木料，可以让弯曲的木料与曲尺相全，直的木材与墨绳相合。"于是，庄子发问，难道说黏土和木料的本性要与规矩、钩绳的标准相符合吗？然而，世世代代的人们都在夸赞治马的伯乐，善于制陶的陶工及善于治木的木匠，这是治理天下的人所犯的过失啊。

他在《至乐》篇中还讲了这样一个寓言故事：

> "昔者海鸟止于鲁郊，鲁侯御而觞之于庙，奏《九韶》以为乐，具太牢以为膳。鸟乃眩视忧悲，不敢食一脔，不敢饮一杯，三日而死。此以己养养鸟也，非以鸟养养鸟也。夫以鸟养养鸟者，宜栖之深林，游之坛陆，浮之江湖，食之鳛鳅，随行列而止，委蛇而处。彼唯人言之恶闻，奚以夫诐诐为乎！《咸池》《九韶》之乐，张之洞庭之野，鸟闻之而飞，兽闻之而走，鱼闻之而下入，人卒闻之，相与还而观之。鱼处水而生，人处水而死。彼必相与异，其好恶故异也。"②

从前有一只海鸟落在鲁国都城的郊外，鲁侯把它迎接到鲁君的大庙，并用酒宴招待它，演奏九韶的乐曲去娱乐它，设太牢的饮食让它用

---

① 《庄子·外篇·马蹄》。
② 《庄子·外篇·至乐》。

膳。但是这只海鸟头晕目眩，忧伤悲啼，不敢吃一块肉，不敢饮一杯酒，三天就死去了。鲁侯这是用养自己的方式去养鸟，而不是用养鸟的方式去养鸟。用养鸟的方式来养鸟，就应该让它栖息在森林中，飞翔在沙洲荒岛之上，沉浮在江河湖海之上，捕食泥鳅、白鲦等小鱼，随着鸟群一同飞行与停留，从容自如地生活着。鸟最厌恶听到人的声音，更何况做那么多嘈杂喧嚣的事情呢！咸池、九韶一类的乐曲，在广大的旷野中演奏，鸟听到了都要飞走，兽听到了要跑开，鱼听到了要沉入水下，只有人听了，才环绕着观看。鱼在水中才能生存，人在水中就会死去。彼此各不相同，因此好恶也不同。

庄子反对现实社会对人本性的改造和改变。他认为人有自我修复本性、回归本性的能力，这只是庄子美好的愿望而已。人的本性是由人的生物性和社会性决定的。人的生物性随着人的成长而发展、变化，人会有各种各样的生理、心理的需求，而人的社会性随着人类社会发展的不同阶段，也会有不同的社会欲望需求，这些不仅会使人的社会性发生改变，也会使人的生物性发生改变，这些改变是合理和正常的。庄子希望阻止这种改变，这是任何人都无法做到的事情。

但是有没有一个更好的社会制度，使人的生物本性得到更好的发展与发挥，这的确是古今先贤不断地提出又不断地被否定之否定、修正之修正的问题，这也是人类至今尚在寻找的答案、需要当下人们破解的实现问题。

三、人类创造的思想意识文化是毁灭人性的罪魁祸首

庄子认为，人类不仅破坏了自然界万物的天性，更为严重的是破坏了人自身的天性，他说：

"至德之世"，人本来与万物混同在一起，合群而生，禽兽成群结队，人牵引着禽兽到处漫游，各自由着本性放任自乐。每个人走路都稳重端庄，看东西目光专注而游移。没有道路，没有车船，人与无知的动物一样，没有高低贵贱之分，也没有君子小人的区别。等到圣人出现

了，用强力去推行仁，急迫地去行使义，天下的人从此开始猜疑迷惑；到处是放纵的音乐，颁布繁文缛节的礼仪制度，从而天下的人开始区分尊卑贵贱。所以，天然的木料不被割开，怎么能制成牺樽的酒器！白玉不被割开，怎么制作成珪璋玉器！大道不被废弃，哪里还用得上仁义！人的本性与人的形体不分离，哪里用得上礼乐！五种纯色不相互混合，谁能绘出美丽的图案！五种声音不混杂，谁能制出六律相合的乐曲！毁坏天然的木料制成器具，是工匠的罪过，毁坏大道来推行仁义，是圣人的罪过。

而圣人出现后，创造出来的这些事物，不仅使人丧失了本性，而且使人愈陷愈深，使社会道德丧失，诈伪之事层出不穷。庄子说：

> "为之斗斛以量之，则并与斗斛而窃之；为之权衡以称之，则并与权衡而窃之；为之符玺以信之，则并与符玺而窃之；为之仁义以矫之，则并与仁义而窃之。何以知其然邪？彼窃钩者诛，窃国者为诸侯，诸侯之门而仁义存焉，则是非窃仁义圣知邪？故逐于大盗，揭诸侯，窃仁义并斗斛权衡符玺之利者，虽有轩冕之赏弗能劝，斧钺之威弗能禁。此重利盗跖而使不可禁者，是乃圣人之过也。"①

给天下人制定斗、斛来计量物品的多少，那么就连同斗斛也被盗窃走了；给天下人制定秤锤、秤杆来计量物品的轻重，那么就连同秤锤、秤杆一同被盗窃走了；给天下人制定符、玺来取信于人，那么就连同符、玺一道被盗窃走了；给天下人制定仁义来规范人们的道德和行为，那么就连同仁义一道被盗窃走了。怎么知道是这样的呢？那些偷窃腰带环钩之类小东西的人受到刑戮和杀害，而窃夺了整个国家的人却成为诸侯，诸侯之门内就存在仁义，这不就是盗窃了仁义和圣智吗？所以，那些追随大盗、高居诸侯之位、窃夺了仁义以及斗斛、秤具、符玺之利的人，即使有高官厚禄的赏赐也不可能劝勉他放弃窃国之盗，即使有行刑杀戮的威严也不可能禁止他任意而为。这些大大有利于盗跖而不能使他

---

① 《庄子·外篇·胠箧》。

们禁止的现状，不都是圣人的过错吗？

庄子认为，迷失的人们仅仅做出诈伪和盗贼的事情，还不要紧，可世上的人为了满足自己的各种欲望，甚至不惜丢掉自己的性命。他说：

从夏商周三代以后，天下莫不用外物来改变人的本性，小人物因为私利而舍弃生命；世人为求得好的功名而舍弃生命；卿大夫为了自己的家族而舍弃生命；圣人为求天下人幸福而舍弃生命。

所以庄子主张要恢复人的本性和物的本性，他说：

> "且夫属其性乎仁义者，虽通如曾史，非吾所谓臧也；属其性于五味，虽通如俞儿，非吾所谓甘也；属其性乎五声，虽通如师旷，非吾所谓聪也；属其性乎五色，虽通如离朱，非吾所谓明也。吾所谓臧者，非仁义之谓也，臧于其德而已矣；吾所谓臧者，非所谓仁义之谓也，任其性命之情而已矣；吾所谓聪者，非谓其闻彼也，自闻而已矣；吾所谓明者，非谓其见彼也，自见而已矣。"①

改变本性去从属于仁义，虽然像曾参、史鱼那样精通，都不是我所认为的完善；改变本性去从属于五味，虽然有俞儿那样的识味之人，但也不是我所认为辨味最好的；改变本性去从属于五音，虽然像师旷那样精通乐理，却也不是我所认为耳力最聪的人；改变本性去从属于五色，虽然像离朱那样有好的视力，却也不是我所认为双目通明的人。我所认为的完善，并不在所谓仁义之称，而在率性任情就是了；我所认为的聪敏，并不是听闻于身外的声音，而是省察自己罢了；我所认为的明达，并不是只看清别人，而是内视自己罢了。

所以，庄子认为，制止人的欲望，最好的办法就是顺应天道，让自身保持一种无为的状态。

庄子在《应帝王》中讲了四个无为：

> "无为名尸，无为谋府，无为事任，无为知主。"②

---

① 《庄子·外篇·骈拇》。
② 《庄子·内篇·应帝王》。

"无为名尸"，指人无欲、无求，不去妄做任何事情，忘掉自己，无名无姓，从而不受任何名誉地位所累。

"无为谋府"，指人要虚淡无心，率真忘怀，纯朴无华，至知不谋，使万物各自谋也。

"无为事任"，指人不要干预事物的自行发展，让万事万物自为、自任、自导、自演。

"无为知主"，指人应忘心绝虑，顺应众生，不执己智己见，让万物自主其知也。

人们能做到这四种无为，那么就会出现：

> "体尽无穷，而遊无朕；尽其所受乎天，而无见得，亦虚而已。至人之用心若镜，不将不迎，应而不藏，故能胜物而不伤。"[1]

"体尽无穷"是什么意思呢？在庄子看来，天下人若能做到以上四种无为，那么，天下万物就会自为。天下万物自为了，万物的自主发展就会无穷无尽，即"体尽无穷"。这是一种让万物自然而然地存在，自然而然地发展变化，没有任何的人为干涉与阻碍。

"而遊无朕。""朕"，秦以前指"我的"或"我"。这意思是说，人虽然在万物之中穿行，但万物之中没有任何我的存在，物是物，我是我。

"尽其所受乎天。"人就会将天赋的禀性发挥出来，使人的所有思维方式与行为方式符合于自然，存合于天道。

"而无见得。"由于人一切自然而然，人就会"忘其所见，忘其所得"。因为如人有所见、有所得，便是万物之中有了我的干预与存在，则不是"游无朕"。

"亦虚而已。"这里的"虚"，是虚化自己，淡化自己。它是由于虚，所以治天下之道，才能做到"顺物自然，而不容私"。所以，至人虚空。

"不将不迎。""将"，送也。"迎"，迎接也。来了则不迎，走了也不送，一切任凭自然而然。

---

[1] 《庄子·内篇·应帝王》。

　　"应而不藏。"这里的"应"，为"顺应"，适应的意思。即万物自立，人应顺应自然，不藏任何私心。

　　"故能胜物而不伤。""胜物"，指人能承担起天道赋予人的职责，与万物一同发展，不因物感而伤害人的本性。天下之广，万物之众，但人应能做到无劳神之累。

第二十二讲
庄子论修道

一、人怎样才能"得道"

庄子在《知北游》中说：知向北游至玄水边，遇无为谓。知对无为谓说："何思何虑则知道？何处何服则安道？何从何道则得道？"意思是说，怎样思虑才能懂得道？怎样处身、怎样行为才能安于道？由什么方法、什么途径才能获得道？

无为谓不知道怎么回答。

知求解不了答案，回到帝宫见到了黄帝，便问黄帝。黄帝说："无思无虑始知道，无处无服始安道，无从无道始得道。"[①]

意思：没有思虑才懂得道，没有居处、行为才安于道，没有方法、途径才获得道。

庄子在《寓言》篇里又讲了修道的时间与过程。

> "颜成子游谓东郭子綦曰：'自吾闻子之言，一年而野，二年而从，三年而通，四年而物，五年而来，六年而鬼入，七年而天成，八年而不知死、不知生，九年而大妙。'"[②]

---

① 《庄子·外篇·知北遊》。
② 《庄子·杂篇·寓言》。

这里讲九年修道的过程。一年返于质朴，二年顺从事物而不自执，三年通俗无碍，四年与物同化，五年众物来集，六年鬼神来舍，七年合于自然，八年不生不死之状，九年而进入大道的玄妙境界。

看来入道在于修炼。怎样修炼？

庄子在《达生》篇中，讲了这样一个寓言故事：

> "仲尼适楚，出于林中，见痀偻者承蜩，犹掇之也。
>
> 仲尼曰：'子巧乎！有道邪？'
>
> 曰：'我有道也，五六月累丸二而不坠，则失者锱铢；累三而不坠，则失者十一；累五而不坠，犹掇之也。吾处身也，若橛株枸；吾执臂也，若槁木之枝；虽天地之大，万物之多，而唯蜩翼之知。吾不反不侧，不以万物易蜩之翼，何为而不得！'
>
> 孔子顾谓弟子曰：'用志不分，乃凝于神，其痀偻丈人之谓乎！'"[1]

这篇寓言故事在讲：孔子到楚国去，经过树林中，见一驼背的老人用竹竿黏蝉，就像在地上拾东西那样容易。

孔子说："你是有技巧呢？还是有道呢？"

老人回答说："我有道。经过五至六个月的练习，在竿头上累叠两个丸子而不会掉下来，那么失手的时候就很少了；累叠三个丸子而不会掉下来，去黏蝉，失手的概率只有十分之一；累叠五个丸子而不会掉下来，就好像弯腰取东西一样容易。心安所处，犹如枯树，用臂执竿，如同枯木之枝，凝寂停审，不动之至；虽然天地广大，万物众多，我只用心在蝉翼，心无二念，不因外物的纷扰而改变对蝉翼的注意，怎么会黏不到蝉呢！"

孔子回头对弟子说："用心不分散，凝神会精，不就是说的这位驼背的老人吗！"

作为个人修行，达到至道的境界，并非像黏蝉这样的容易。庄子认为人需要从炼气开始。

---

[1] 《庄子·外篇·达生》。

庄子的炼气是围绕着人的养生之道开始的，而人的养生之道关键在于人的凝神养气。

庄子讲述了人的形体与气的关系，他说：

> "夫昭昭生于冥冥，有伦生于无形，精神生于道，形本生于精，而万物以形相生。"①

那些明显的物体都是从暗昧混沌之中生长出来的，有形的物体都是从无形的精气中生长出来的。形体产生于精气，而万物以形体相生。

这个"精"，就是存在于道中的现今人们无法求证出来的物质，它与"神"都是道生出来的，而"精"就成了万物的各自的本质，由它演变成万物。所以，精气不仅是万物的始祖，也应该是人的始祖。它不仅创生了万物，即使存在当下的万物也仍然由它产生。所以，在庄子看来，养人的精气，就等于养形。因此他说："我的身体非我所有，它是天地给人的和气生成的身体。"不仅是我们的身体和生命，就是我们的子孙和万物都是由天地之和气生成的。

不仅身体、生命、万物是由精气构成的，而且人的生与死也是气聚与气散的结果。气聚，身体和生命则生、则长、则成、则盛。气散、身体及生命则衰、则减、则灭、则死。人也好，物也好，都在循环着从没有形体到有形体，又从有形体到没有形体的发展演变过程。

庄子认为：

> "物之有知者恃息，其不殷，非天之罪。天之穿之，日夜无降，人则顾塞其窦。胞有重阆，心有天遊。"②

不仅人的形体和生命是由气组成，而且人要靠气来生存。在庄子看来凡是有知觉的物类，都要靠天然的气来呼吸生存。如果气不畅通富足，那不是天的过错。天把气源源不断地通过人的孔窍送给了人，日夜

---

① 《庄子·外篇·知北遊》。
② 《庄子·杂篇·外物》。

不减，可人的欲望把自己的七窍阻塞住了。正是由于这种堵塞，人与自然相隔绝，使人的形体与精神不能与天地自然共遊，相处和谐，从而使人远离大道。

庄子认为，得道之人的呼吸与平常人不一样。他说：

> "古之真人，其寝不梦，其觉无忧，其食不甘，其息深深。真人之息以踵，众人之息以喉。"[1]

古时候的真人，睡觉时不做梦，醒来时也没有忧虑。饮食不求甘美，呼吸深沉有力。真人是用脚跟呼吸的，普通人是用喉咙呼吸的。

北宋苏轼曾学习过"踵息"。他曾写下："平生学踵息，坐觉两镫温""不如闭目坐，丹府夜自暾"。王夫之《思问录·内篇》指出：

> "庄周曰：'至人之息以踵。众人之言动喜怒，一从膺吻而出，故纵耳目之欲而鼓动其血气，引其息于踵，不亦愈乎！'"[2]

从此王夫之认为，庄子讲的"踵息"可能与气功运气有关。

庄子在多处描写人养气的状态。《齐物论》开篇就介绍了一位养气高人——南郭子綦，他"靠着几案而坐，仰面朝天，缓慢地吐着气，形体木然，仿佛精神离开了形体"：

> 南郭子綦隐机而坐，仰天而嘘，荅焉似丧其耦。颜成子游立侍乎前，曰："何居乎？形固可使如槁木，而心固可使如死灰乎？今之隐机者，非昔之隐机者也。"子綦曰："偃，不亦善乎，而问之也！今者吾丧我，汝知之乎？汝闻人籁而未闻地籁；汝闻地籁而未闻天籁夫！"子游曰："敢问其方。"子綦曰："夫大块噫气，其名为风。是唯无作，作则万窍怒呺。而独不闻之翏翏乎？山陵之畏佳，大木百围之窍穴，似鼻，似口，似耳，似枅，似圈，似臼，似

---

① 《庄子·内篇·大宗师》。
② 《思问录·内篇》。

洼者，似污者；激者，謞者，叱者，吸者，叫者，譹者，宎者，咬者。前者唱于而随者唱喁。泠风则小和，飘风则大和，厉风济则众窍为虚。而独不见之调调之刁刁乎？"子游曰："地籁则众窍是已，人籁则比竹是已。敢问天籁。"子綦曰："夫天籁者，吹万不同，而使其自己也，咸其自取，怒者其谁邪！"①

"耦"字，在这里是匹对的意思。南郭子綦"荅焉似丧其耦"，表示精神超脱身体达到忘我的境界。这段文字的意思是：南郭子綦靠着几案而坐，仰着头向天缓慢地呼吸，貌似神魂出窍之状。颜成子游站在身旁，说："怎么回事呀？形体安静得就如一棵枯木，而心灵寂静得就如一堆死灰？今天靠在几案的你，可不是往日靠着几案的你。"

子綦说："偃（孔子的弟子子游，姓言，名偃，"孔门十哲"之一。但这里只是庄子拿来说事，未必是真），你问得好啊！今天我已经丢弃了自我，你知道吗？你听说过人籁，可没有听说过地籁，你听说过地籁，而没有听说过天籁吧？"

子游说："请问三籁的究竟。"

子綦说："大地发出的气，叫风。这风不发作则已，一发作万种不同的窍孔都怒号起来。你没有听到过长风呼啸的声音吗？大风扇动着山上的树木，一百个人才能围过来的大树上的窍穴（树洞）像鼻子，像嘴，像耳，像梁上的方孔，像杯口，像舂臼，像洼地，像污水坑；像水湍激荡，像箭镞掠过，像大声叱咤，像喘息，像呼喊，像哭号，像从深谷传出，像在哀切。前面的风在唱，后面的风在合。小风则相会的声音也小，大风则相会的声音也大。烈风停止后所有的窍孔都空寂无声，而能见到的草木又在那里轻轻地摇动着。"

子游说："地籁就是众多地上的窍孔发出的声音，人籁就是从竹孔发出的声音，请问天籁是什么？"

子綦说："天籁是万物发出的不同声音，是万物自己发出自己的声音，都是万物自己决定的，没有谁能主宰万物发出什么声音。"

所以，庄子讲的天籁就是整个宇宙自然的声音。这种声音就是所有

———————————

① 《庄子·内篇·齐物论》。

的物质自然而然地发出的声响，只要静心去听，人是可以听到的。

这说明，万物产生于气，而万物形成之后，都有万种气孔，即窍孔。

人如何利用人的窍孔对人养气来说，是十分重要的问题。

庄子具体地讲述了养气的方法。他说：

> "吹呴呼吸，吐故纳新，熊经鸟申，为寿而已矣；此导引之士，养形之人，彭祖寿考者之所好也。"[1]

意思是：调息呼吸，吐故纳新，模仿熊攀树而引气，类鸟飞空而伸脚的动作，以此达到延年益寿而已。这就是从事的导引之术、养身之术，像彭祖这样长寿的人都喜好这样做。

这说明在庄子之时或之前，人们养气时会有一些从动物那里学来的动作。这从马王堆汉墓出土的帛书《导引图》中可以得到印证。帛书《导引图》中有"鹞背""龙登""熊经"等图案，有的作猴状，有的作虎豹扑食状等。

庄子认为，养气首要的是保证自己的内心虚静。他说：

> "汝遊心于淡，合气于漠，顺物自然而无容私焉。"[2]

意思是，要使你的内心虚静寂寞，气静不扰，顺着物体的自然规律而不掺杂主观的成见。

他借广成子讲给黄帝的话说：

> "至道之精，窈窈冥冥；至道之极，昏昏默默。无视无听，抱神以静，形将自正。必静必清，无劳汝形，无摇汝精，乃可以长生。目无所见，耳无所闻，心无所知，汝神将守形，形乃长生。慎汝内，闭汝外，多知为败。我为汝遂于大明之上矣，至彼至阳之原

---

[1] 《庄子·外篇·刻意》。

[2] 《庄子·内篇·应帝王》。

也；为汝入于窈冥之门矣，至彼至阴之原也。天地有官，阴阳有藏。慎守汝身，物将自壮。我守其一以处其和。故我修身千二百岁矣，吾形未常衰。"①

庄子借用广成子的话，即至道的精髓，深邃而暗昧；至道的极致，昏暗而又静默。看不见，听不到，让精神处在宁静的状态，形体自然端正。一定要宁静，一定要清空，不去劳顿你的形体，不去扰动你的精气，你就可以达到长生。眼睛不要去看什么，耳朵不要去听什么，心不要去感知什么，让你的精神守护着你的形体，你的生命便会得到长生。谨慎地保持你内心的虚静，关闭你对外物的所有感知，感知多了养气过程就一定失败。我将帮你到达大明的境界之中，让你达到"至阳"的本原；帮你进入深远幽暗的大门，到达"至阴"的本原。天地各司其职，阴阳各居其所，谨慎地守住你的身体，万物都将会自然健壮地成长。我遵守着道的纯一，处在阴阳和气之中，所以我修炼身体已活 1200 岁了，我的形体仍然未见衰老。

庄子还论述了人在运气过程中，不同阶段时人体的不同表现。这个论述是从列子向老师壶子描述一位神巫开始的：

"郑有神巫曰季咸，知人之死生存亡，祸福寿夭，期以岁月旬日，若神。郑人见之，皆弃而走。列子见之而心醉，归，以告壶子，曰：'始吾以夫子之道为至矣，则又有至焉者矣。'壶子曰：'吾与汝既其文，未既其实。而固得道与？众雌而无雄，而又奚卵焉！而以道与世亢，必信，夫故使人得而相汝。尝试与来，以予示之。'"②

列子见到郑国的神巫季咸后，对他的神算十分折服，回来后对壶子说："原来我认为先生的道术是最高的，没有想到还有比先生还高深的。"壶子说："我教你的都是些表面的东西，真正的东西还没教你呢，难道你就认为自己得到了道吗？都是些雌鸟而没有雄鸟，又怎么能生出蛋来

---

① 《庄子·外篇·在宥》。
② 《庄子·内篇·应帝王》。

呢！你以道术与社会较量，必然表露出你的真心，所以才让人看清了你的面目。你把他请来，让他给我相一面吧。

第二天，列子与季咸一起来见壶子。季咸出来对列子说：

> "'嘻！子之先生死矣！弗活矣！不以旬数矣！吾见怪焉，见湿灰焉。'列子入，泣涕沾襟以告壶子。壶子曰：'乡吾示之以地文，萌乎不震不止，是殆见吾杜德机也。尝又与来。'"①

"唉！你的老师快要死了，不能活了，不会超过十天。我看他形色怪异，精神就如湿了的灰一样，毫无生机。"

列子进屋，痛哭流涕，泪水沾襟，把季咸刚才说的话告诉了壶子。壶子说："刚才我展现给他的像地文地貌那样的寂静，但静中萌动不发，既不震动，又不停止。他看到了我关闭了自己生机的迹象。你和他再来一次看看。"

壶子是在养气的第一阶段，也就是"入静"阶段。入静就如大地一样，静寂不动，但又不是绝对的死静，在静止中开始萌动。这种动只有养气人自己知道，而在外人看来，一切如死寂一般，人的形体毫无生机可言。所以季咸认为壶子只有十天的寿命了。

又过了一天，季咸与列子又去见壶子，他出来对列子说：

> "'幸矣！子之先生遇我也！有瘳矣！全然有生矣！吾见其杜权矣。'
>
> 列子入，以告壶子。壶子曰：'乡吾示之以天壤，名实不入，而机发于踵。是殆见吾善者机也。尝又与来。'"②

"万幸啊！你的老师多亏遇见了我！有好转了，竟然有生机了，我看见他闭塞的生机开始有变化了。"

列子走进屋里，把季咸的话告诉了壶子。壶子说："刚才我显示出

---

① 《庄子·内篇·应帝王》。
② 同上。

的是天地之间的生气，名利不入我的心里，而生机则从我的脚后跟发出。他大概看到我往好的生机转化了。你再尝试约他来看看。"

壶子的第二步是开始运气阶段。这一步是天地交合，阴阳调和，所以体内充满着和气，充满着生机，而作为运气的人，要忘记世俗的各种名誉、地位、利益等，让真气从脚跟的涌泉穴向上升起，使人的七窍随之开阖。季咸可能看到了这一点，所以他说壶子有救了。

第三天，列子又同季咸来看壶子。季咸出来对列子说：

> "子之先生不齐，吾无得而相焉。试齐，且复相之。
>
> 列子入，以告壶子。壶子曰：'乡吾示之以太冲莫胜。是殆见吾衡气机也。鲵桓之审为渊，止水之审为渊，流水之审为渊。渊有九名，此处三焉。尝又与来。'"[①]

"你的老师神情不定，我没有办法给他相面，等他神情安定下来，我再给他相面。"

列子进屋，告诉了壶子。壶子说："刚才我显示了阴阳二气的虚静状态。他大概看到了我的阴阳均衡，无迹象可寻的状态。鲸鱼逗留的地方是深渊，深水不流动的地方也是深渊，流动的深水也是深渊。深渊有9种，我只给他看了3种。你带他再来看看。"

壶子这时是在养气的第三阶段，也就是守气的阶段。这一阶段要求体内的阴阳二气完全调和，阴阳二气持平，没有一方偏胜；显示出一种没有征兆可见的太虚境界。在这种境界之中，既寂静，又有阴阳二气的微动，但这种微动又不能打破两者的平衡。

> "明日，又与之见壶子。立未定，自失而走。壶子曰：'追之！'列子追之不及。反，以报壶子曰：'已灭矣，已失矣，吾弗及已。'壶子曰：'乡吾示之以未始出吾宗。吾与之虚而委蛇，不知其谁何，因以为弟靡，因以为波流，故逃也。'"[②]

---

① 《庄子·内篇·应帝王》。
② 同上。

第四天，列子又和季咸来看壶子，季咸进屋脚跟还没有站稳，便自行跑了出来。壶子说："赶快去追他！"列子跑出去，追没追上，返了回来，向壶子报告说："已经没有影子了，已经跑掉了，我追不上了。"壶子说："刚才我显示给他看的不是我的根本大道，我只不过随便应付，使他不了解我究竟是什么样的人，而是随着外物的变化而变化，好像是随波逐流一样，所以他逃跑了。"

照常理来说，养气运道的最后一阶段是忘我，即物我两忘，即与大道同合。但壶子并没有这样做，而是表现出一副随波逐流，对季咸随便应付，这一下子便将季咸弄得迷惑了。他本以为自己已经看出壶子是位得道的高人，可没想到壶子却和他随风唱影，一副世俗之像，他便搞不懂了，于是便一跑了之。

那么，列子又如何呢？庄子说：

> "然后列子自以为未始学而归，三年不出。为其妻爨，食豕如食人。于事无与亲。雕琢复朴，块然独以其形立。纷而封哉，一以是终。"①

季咸逃去之后，列子方悟已迷，始觉壶子道深，神巫术浅。他请求壶子让他回家，习尚无为。据说他回家之后，三年不出门，替妻子烧饭、喂猪，就像一个仆人服侍主人一般，不再去关心任何事物，弃浮华而复归真朴，外除雕饰，内遣心智，人如槁木。虽世上纷扰，而能自我守住真本，以得道为人生终极目标。

二、庄子的"坐忘"功法

庄子还发明一种修炼道的功法叫"坐忘"。

"坐忘"指端坐而浑忘一切物我、是非差别的精神状态，它是道家

---

① 《庄子·内篇·应帝王》。

一种重要的至道修炼方法。

这种修炼方法要达到的目的，是让人回归到淡泊朴素、无知无欲的婴儿状态。

老子说："专气致柔，能如婴儿乎？""涤除玄览，能无疵乎？"为什么要"涤除玄览"？河上公注曰："当洗其心，使洁净也。心居玄冥之处，览知万事，故谓之玄览也。"王弼注："玄，物之极也。言能涤除邪饰，至于极览。"这说明，刚出生的婴儿，他的心就如一面清澈明亮的玄镜，万事万物进入这面玄镜之后，不断地映照下去，使这面镜子愈来愈污浊。在老子看来，人就是一边污浊一边长大的，同时逐渐失去了人的物性，使单独的物性即本性变成复杂的物性，从而人的本性便被蒙挂上层层的污垢。所以，老子要"涤除"这些污垢。

怎样清洗人心这面镜子呢？老子提出的途径是"虚""虚其心"，就是将人心空虚起来，人心一旦空虚了，原来被污浊的心就被洗涤干净了。重归于朴，人的心境也便复归于本。这个过程是个清除的过程，所以"虚其心"，就是让原来心中有的东西化为乌有，而这个"乌有"的过程就是庄子讲的"坐忘"的过程。

"坐忘"，被当代人说成古代的"静气功"，这种说法如果说抛去庄子的真正目的话，就其从强身健体的功能上说是符合事实的。

"气功"是以炼养精、气、神来强身健体的方法，分为静、动两种。静功有坐、卧、站等不同姿势。经现代人研究，气功最早出现在原始社会，考古发掘材料证明，北京人和山顶洞人已经由单纯的肺部呼吸过渡到腹式呼吸[1]。这种腹式呼吸或许就是中华气功的萌芽[2]。先秦及秦汉的典籍，很多都记载了上至三皇五帝，下至夏商周时期人们练习气功的方法，说明在老子、庄子之前，气功在社会上已有了相当程度的发展。

如果承认运气是锻炼身体的一种方法，那么这种方法仅仅可以说它有法则，也就是一般意义上的气功。与老子庄子所讲的还有本质上的不同。前者主要目的是强身健体，而后者的主要目的是"至道"，或者通过这种方式搜寻"道"。

---

① 陶秉福、杨卫和：《浅说腹式呼吸》，《气动疗法集锦》，人民卫生出版社1982年版。

② 胡美成：《气功起源何时》，《气功》杂志第二卷第二期。

人心的虚化、虚空，是源于总道，即大道的虚。既然大道和天道最终都是空虚的，人道也自然空虚。

那么，这种至虚空、达大道的修炼方法是怎样的呢？

庄子在《大宗师》中讲述了这种做法：

"颜回曰：'回益矣。'

仲尼曰：'何谓也？'

曰：'回忘礼乐矣。'

曰：'可矣，犹未也。'

他日，复见，曰：'回益矣。'

曰：'何谓也。'

曰：'回忘仁义矣。'

曰：'可矣，犹未也。'

他日，复见，曰：'回益矣。'

曰：'何谓也？'

曰：'回坐忘矣。'

仲尼蹴然曰：'何谓坐忘？'

颜回曰：'堕肢体，黜聪明，离形去知，同于大通，此谓坐忘。'

仲尼曰：'同则无好也，化则无常也。而果其贤乎！丘也请从而后也。'"[1]

颜回说："我进步了。"

孔子说："为何说你有进步了呢？"

颜回说："我忘记了礼乐了。"

孔子说："很好，但还不够。"

过了几天，颜回又见到孔子，说："我又有进步了。"

孔子说："为何这么说呢？"

颜回说："我忘掉了仁义。"

孔子说："很好，但还是不够。"

---

[1] 《庄子·内篇·大宗师》。

过了几天，颜回又见到了孔子，说："我又进步了。"

孔子说："为何这么说呢？"

颜回说："我坐忘了。"

孔子惊奇地问："什么叫坐忘？"

颜回回答说："忘却自己的肢体，废黜自己的聪明，离开了自己的形体，抛弃自己的知识，与大道相合，这叫坐忘。"

孔子说："同大道合为一体就没有偏好了，与万物一同变化就没有偏执了，你果真是位贤人啊！我愿意步你的后尘。"

这里庄子借用颜回和孔子对话先讲了"两忘"，一是忘"礼乐"，二是忘"仁义"，接着讲了第三忘"坐忘"，即忘掉肢体、忘掉聪明、忘掉形体、忘掉知识。为什么要忘掉这些呢？这还要回到老子的思想中去。老子认为人的心被蒙上了种种污垢，这些污垢是什么呢？

"大道废，有仁义；六亲不和，有孝慈；国家昏乱，有忠臣。"[1]

看来仁义、礼乐、智慧、孝慈、忠奸，都是蒙在人心灵上的污垢，所以老子想让人们把它虚化掉，而庄子是想让人把这些忘掉。

在庄子看来，礼乐、仁义等都是人世俗的累赘，他提出忘记的都是人的世俗烦恼，人只有将这些忘掉，使人内心排除杂念，才能心静虚空，方能通达大道。

三、庄子"坐忘"中的"心斋"功法

坐忘中有一种"心斋"和"心养"的境界。庄子又假托孔子与弟子颜回的对话，提出什么是"心斋"。

《人间世》的寓言中讲，当颜回为了制止卫国君主的暴政，决定赴

---

[1] 《道德经》第十八章。

卫国游说，孔子与他有段对话：

> "回曰：'敢问心斋。'
>
> 　仲尼曰：'若一志，无听之以耳而听之以心，无听之以心而听之以气！耳止于听，心止于符。气也者，虚而待物者也。唯道集虚。虚者，心斋也。'"①

颜回问："请问什么是'心斋'？"

孔子说："你心志专一，不用耳朵去听而用心去体会，不用心去体会而用气去感应。耳的作用止于聆听外物，心的作用止于感应现象。气乃是空明而能容纳外物的，只要你达到空明的心境，道理自然与你相合。这个'虚'，就是'心斋'。"

关于心斋的状态，庄子说：

> "颜回曰：'回之未始得使，实有回也；得使之也，未始有回也；可谓虚乎？'
>
> 　夫子曰：'尽矣。吾语若！若能入游其樊而无感其名，入则鸣，不入则止。无门无毒，一宅而寓于不得已，则几矣。'"②

颜回说："我在没有听到'心斋'道理的时候，实在不能忘我；听到"心斋"道理之后，顿然忘却自己，这样可算达到空明的心境了吗？"

孔子说："这就对了，我告诉你如能悠游于藩篱之内而不为名位所动，能够接纳你的意见就说，不能接纳你的意见就不说。自己不要固闭，也不要暴躁，用纯一、通达之心去接纳那些不得不如此的事物，那么就差不多合于'心斋'的要求了。"

所谓"一志"，就是要求意志专一、斩断杂念，不受外界干扰，使心绪平静、思想安稳。所谓"无听之耳而听之以心"，就是舍外专内，

---

① 《庄子·内篇·人间世》。
② 同上。

使意志内收，堵塞各种欲念的通道，用心意去静静体会。所谓"无听之以心，而听之以气"，就是去心智而任自然，用体内萌动的真气来代替意念活动，以吾体之气与外物之气相感通。一旦内外相通，就进入了一种虚寂、混沌、空明、清静的境界，这就是心斋。可见心斋是依靠气达到的一种最高境界，这种境界的完成是经由知觉和心理的表层领域达到其深层，从而上升到沟通外界的气的领域。

庄子的"心养"，即让人一切顺遂自然、无为，不为外物去扰乱人的心境。

> "鸿蒙曰：'噫！心养。汝徒处无为，而物自化。堕尔形体，黜尔聪明，伦与物忘；大同乎涬溟，解心释神，莫然无魂。万物云云，各复其根，各复其根而不知；浑浑沌沌，终身不离。'"[1]

这里的"心养"与"心斋"略有一同。"心养"主要强调人应"无为"，通过"无为"而达到"至道"。

四、庄子"坐忘"中的"朝彻"功法

坐忘还有一种修炼的方法或境界叫作"朝彻"。

"朝彻"，是指把心胸修炼到澄清透彻的状态。

《大宗师》里是这样记载的：

> "南伯子葵问乎女偊曰：'子之年长矣，而色若孺子，何也？'
>
> 曰：'吾闻道矣。'
>
> 南伯子葵曰：'道可得学耶？'
>
> 曰：'恶！恶可！子非其人也。夫卜梁倚有圣人之才而无圣人之道，我有圣人之道而无圣人之才，吾欲以教之，庶几其果为圣人

---

[1] 《庄子·外篇·在宥》。

乎！不然，以圣人之道告圣人之才，亦易矣。吾犹告而守之。三日
而后能外天下；已外天下矣，吾又守之，七日而后能外物；已外物
矣，吾又守之，九日而后能外生；已外生矣，而后能朝彻；朝彻，
而后能见独；见独，而后能无古今；无古今，而后能入于不死不
生。杀生者不死，生生者不生。其为物，无不将也，无不迎也；无
不毁也，无不成也。其名为撄宁。撄宁也者，撄而后成者也。'"①

南伯子葵向女偊说："你的年岁已高，而面色却像个小孩，为
什么？"

女偊说："我得道了。"

南伯子葵说："道可以学得到吗？"

女偊说："不，不可以，你不是可以学道的人。比如卜梁倚，他有
圣人的才能，但无圣人之道，我呢，有圣人之道，却没有圣人的才能。
我想教导他，或许能把他教导成为一个圣人呢！不是吗？用圣人之道，
讲解给有圣人之才的人，还是容易领悟的。我仍然以守道而教导他，三
天之后他就把天下忘了；我又以道教导他，七天后便能忘记身外之物
了；他已经忘记外物了；我还又以道来教导他，九天之后已经忘记了自
己还活着；已经忘记了生，这之后就进入朝彻境界；朝彻之后人就能见
到独，即自己在天地之间独往独来；见到独了之后，人便达到没有古
今，即没有时间的状态；没有时间了人便进入到不生不死的状态。能让
物死去的道永远不死，能让物生的道永远不生。道对待所有的物，没有
不送的，也没有不迎的，没有不毁的，也没有不成的。我给这个过程起
个名字，叫撄宁。什么叫撄宁呢，就是经过去纷扰之后，再进入道的一
种宁静状态。"

关于对"朝彻"的理解，成玄英解释为："死生一观，物我兼忘，
惠照豁然，如朝阳初启，故谓之朝彻也。"林希逸解释为："朝彻者，胸
中朗然，如在天平且澄澈之气也。"林希逸的说法，是从气功功法去解
释"朝彻"。张荣明先生的说法与林希逸相同。

《说文》："彻，通也。"彻是通达、普遍的意思。"朝彻"，即一朝豁

---

① 《庄子·内篇·大宗师》。

然通达之意。张荣明认为，练功经过几个阶段，真气充沛，不可遏制，就会在体内冲破尾闾、夹脊、玉枕三个关窍，使腹背任督二脉的气流一朝贯通。气功中的这种境界道教就称为"周天"。

《三丰丹诀·金丹节要》说：

> "一气上升，至于泥丸"（指脑海）；"霹雳一声，天门打开。"[1]

可以说，这些记载对解释庄子所谓"朝彻"的含义，很有启发作用。

"朝彻而后能见独"，经过"朝彻"这个阶段之后，就能"见独"，即在练功中产生质变，不是守之而又守之的静坐功夫，而是到了一种新的境界，练功者已能体会到常人所体会不到的东西。佛家《成实论》卷二十指出：经过禅定之后，就能获得"天眼通""天耳通"等六神通。

朝彻应该是经过坐忘修炼后的一种结果，即经过修炼达到如在黑暗中见到朝阳初升的状况。庄子认为经过静守无己、无物、无知、无虑的虚无状态后，就会产生骤睹光明的感觉，这种感觉就是"朝彻"。达到"朝彻"之后，再通过静守体验到自己独一无二的"见独"。"见独"就是见到了大道，从此便进入无生死、无古今的境界。

---

[1] 《三丰丹诀·金丹节要》。

第二十三讲
孔子的中庸天道理论

一、从孔子"得道"说起

子曰："朝闻道，夕死可矣。"①

一是孔子从20岁至50岁学习天文历法知识。

中国是世界上天文学起步最早、发展最快的国家之一。在公元前24世纪尧舜时，就设立了专职的天文官。所以司马迁说：

"自初生民以来，世主曷尝不历日月星辰？及至五家、三代，绍而明之，内冠带，外夷狄，分中国为十有二州，仰则观象于天，俯则法类于地。天则有日月，地则有阴阳。天有五星，地有五行。天则有列宿，地则有州域。三光者，阴阳之精，气本在地，而圣人统理之。"②

《尚书·尧典》记载了尧命令羲、和观察天象，日月星辰依据其运行规律，去制定历法；命令羲仲、羲叔、和仲、和叔分别在东、南、西、北四个方位，观察太阳在每个季节的运行情况，以此制定四季人们生产生活方式的行为准则。

---

① 《论语·里仁》。
② 《史记·天官书》。

"乃命羲和，钦若昊天，历象日月星辰，敬授民时。分命羲仲，宅嵎夷，曰旸谷。寅宾出日，平秩东作。日中，星鸟，以殷仲春。厥民析，鸟兽孳尾。申命羲叔，宅南交，曰明都。平秩南讹，敬致。日永，星火，以正仲夏。厥民因，鸟兽希革。分命和仲，宅西，曰昧谷。寅饯纳日，平秩西成。宵中，星虚，以殷仲秋。厥民夷，鸟兽毛毨。申命和叔，宅朔方，曰幽都。平在朔易。日短，星昴，以正仲冬。厥民隩，鸟兽氄毛。帝曰：'咨！汝羲暨和。期三百有六旬有六日，以闰月定四时，成岁。允厘百工，庶绩咸熙。'"①

夏朝仲康王时代（约公元前21世纪）负责观测天象的羲、和因酗酒，擅离职守，故而未能及时报告当时发生的一次日食。结果被下令砍头处死。说明远在古代原始社会后期军事民主制时，我国已建立严格的观测天文历法制度，开始对天体变化进行不间断的观测和较为详细的记载。

孔子年轻时，曾学习钻研过夏朝的天文历法。

"孔子曰：'我欲观夏道，是故之杞，而不足征也，吾得《夏时》焉。'"②

郑玄笺："得夏四时之书也，其书存者有《小正》。"《史记·夏本纪》也说："太史公曰：孔子正夏时，学者多传《夏小正》。"夏代的历法是现今所知我国最早的历法。保存于《大戴礼记》中的《夏小正》是现存记载有关夏朝天文历法的重要文献。

《左传·昭公十七年》记载，郯国国君郯子来访鲁国，宴会上，鲁国大夫向郯子请教："少皞氏（古部落）鸟名作官名是何缘故？"郯子在回答时讲到火历、龙历、鸟历等历法。孔子听说后，便去找郯子学习历法。

---

① 《尚书·尧典》。
② 《礼记·礼运》。

二是孔子从周易中领悟到天道。

《易》学起源于中国遥远的古代，是古时人们长期观望研究天象的结果。《史记》记载：

> "昔之传天数者：高辛之前，重、黎；于唐、虞，羲、和；有夏，昆吾；殷商，巫咸；周室，史佚、苌弘；于宋，子韦；郑则裨灶；在齐，甘公；楚，唐眛；赵，尹皋；魏，石申。"[①]

从这里可以看到，《易》学直接产生于古代的天文学，是人们观测天象后，用数字、图像、文字记录天象变化的结果。《史记》还记载：

> "夫天运，三十岁一小变，百年中变，五百载大变；三大变一纪，三纪而大备，此其大数也。为国者必贵三五。上下各千岁，然后天人之际续备。"[②]

这说明古代的人们不仅观察研究天象及天的变化规律，而且把天象和世上的人事变化及人事规律联系起来。

（一）孔子三次与《易》接触

50岁以前孔子接触到的《周易》，应该是当时社会流传的简易本，有可能仅有卦象和卦辞。虽在民间流传，但因过简，让人难以读懂，所以并没有引起人们（包括孔子）的注意。

孔子52岁到55岁任大司寇，摄相事时应该能接触到鲁太史氏秘藏本《周易》。

> "二年春，晋侯使韩宣子来聘，且告为政而来见，礼也。观书于大史氏，见《易》《象》与《鲁春秋》，曰：'周礼尽在鲁矣，吾乃今知周公之德与周王之所以王也。'"[③]

---

① 《史记·天官书》。
② 同上。
③ 《左传·昭公二年》。

这说明，韩宣子所见的《易》《象》，非民间流传的简《易》。孔子可能接触到秘本《周易》，是因为孔子不可能放过任何可以见到典籍的机会，尤其以他当时的身份而言。可这时的孔子，为官不足 5 年，官职四迁，政绩斐然，国运一新，说明他投入了极大的精力，如此，他是很难有时间去阅读太史氏秘藏本《周易》的。辞摄相事，周游列国，鲁也不可能让孔子带走秘本，所以，孔子与秘本《周易》失之交臂。

68 岁孔子回国后进行《周易》整理。回国后孔子的身份为国老，鲁国的顾问，以其身份及影响来看，是可以阅读到秘本《周易》，而孔子整理古典文献，理应选择秘本《周易》。

司马迁说：

"孔子晚而喜《易》，序《彖》《系》《象》《说卦》《文言》。读《易》，韦编三绝。曰：'假我数年，若是，我于《易》则彬彬矣。'"①

要是能够再多给我几年时间，我对《周易》会有更深入的了解。

"子曰：'加我数年，五十以学《易》，可以无大过矣。'"②

让我再多活几年，50 岁时去学习《周易》，便可以没有大的过错了。

一直到北宋前，孔子作《十翼》是公认的说法。欧阳修著《周易童子问》对此提出疑问，认为《彖》《象》为孔子所作，其他不是孔子所著。南宋叶适继承了欧阳修的说法。清朝史学家崔述对此进行考辨，也认为《十翼》均不是孔子所作。但《十翼》是何人所作，已无从考证。

《易传》是孔子之后人的作品似乎已成定论，但不能否定孔子对《易》的影响和作用。也可以说，《易传》中的很多论述是孔子论述过的，或者是孔子的思想。

原因如下：一是孔子在整理《周易》的过程中，肯定对《周易》进

---

① 《史记·孔子世家》。
② 《论语·述而》。

行过一定程度上的编纂工作。二是孔子晚年在鲁国设教的课程中包含《周易》，在讲授时不可能只讲《周易》的卦辞、爻辞，一定要对其隐含的深意进行讲解，而且商瞿就是受业于孔子而传《易》于后世的。[①]三是马王堆出土的汉代帛书《易传》有《系辞》（两篇），《二三子问》（两篇），《要》《缪和》《昭力》各一篇。其中《要》："夫子老而好《易》。"孔子自己说："后世之士疑丘者，或以《易》乎。"这与《孟子》所载"知我者其惟《春秋》乎"的说法很近似。如果说孔子仅仅是学习和阅读《易》，为什么又说后人会质疑他呢？

那么，孔子又是怎样通过学习、研究、整理、传授《周易》，从中得到"天道"的呢？

（二）《周易》每一卦中的三种主要关系

内外关系。从内外关系来推断，下卦代表事物发展变化的内部状况。在内部起决定作用的是二爻即中爻，代表事物的核心即本质；初爻是事物发展到目前阶段的历史，事物发展的过去；三爻代表着事物发展的近期走向。上卦则代表事物发展变化的外部状况。五爻代表事物外部状况发展的现状，在事物外部状况中起核心作用；四爻是事物发展外部的历史状况。六爻是事物发展变化外部的未来状况。

三才关系。三才也指天地人三道。"立天之道曰阴与阳，立地之道曰柔与刚，立人之道曰仁与义。"[②]从三才关系来判断：五六爻代表天，主要用来判断事物发展的情况即是与天时、天象相违背，还是相应相合，天时、天象即阴与阳在一年四季之中消长变化；初爻、二爻主要判断事物发展的地理和物象的阴阳消长变化，即看事物与地理、物象违背还是相应合；三爻、四爻主要判断事物发展中的人，看是违背仁义原则，还是与仁义原则相契合。

比应关系。在一卦六爻之中，相邻位为"比"。"比"又有承和乘的区别，如二爻往下，即与初爻的关系为"乘"，而往上，即与三爻的关系为"承"。分析"比"的"承"与"乘"好与不好，主要以阳上阴下为宜，否则为不好；应：一与三、三与五，二与四、四与六爻位为应，

---

① 见《史记·仲尼弟子传》。
② 《周易·说卦》。

阴阳异性相应为好，同性相应为不好。

比应关系是六爻之间的对立统一、质量互变、否定之否定的关系。异性相应，既对立又统一，而同性相应，是敌应而无法统一的关系。异性相应相合而达到统一，同性敌应相分而无法达到统一，当相应相合、相敌相分，达到一定程度便会发生质量互变；当相应相合、相敌相分达到相互否定的程度便会发生否定之否定。

以上三个关系中，第一个关系是事物与时空的关系；第二个关系是事物与天地人三者的关系；第三个关系是事物与对立统一、质量互变、否定之否定的关系。

《周易》正是在以上三个主要关系的基础上，研究预测事物现在和未来发展变化的。正是因为《周易》具有以上这三种关系，

> "是故阖户谓之坤，辟户谓之乾，一阖一辟谓之变，往来不穷谓之通，见乃谓之象，形乃谓之器，制而用之谓之法，利用出入，民咸用之谓之神。"①

（三）《周易》推理判断吉凶祸福的四个主要原则

《周易·系辞》有这样一段话："夫《易》，圣人之所以极深而研几也。唯深也，故能通天下之志；唯几也，故能成天下之务；唯神也，故不疾而速，不行而至。子曰：'《易》有圣人之道四焉'者，此之谓也。"

这圣人之道"四焉"是什么？

> "子曰：'知变化之道者，其知神之所为乎。《易》有圣人之道四焉：以言者尚其辞，以动者尚其变，以制器者尚其象，以卜筮者尚其占。'"②

孔子提出《易》中有圣人"四道"，但并没有解释什么是"四道"。《系辞》的解释为，"尚其辞""尚其变""尚其象""尚其占"。笔者认

---

① 《周易·系辞上》。
② 同上。

为这不是孔子的原意。"辞""变""象""占"四个方面，是《易》的全部内容，不是《易》的原则和方法。《易》作为一个整体，不仅仅是"四道"，"四道"存在于"辞""变""象""占"之中，应该是圣人推演《易》时使用的四个原则或四个方法。

我们认为"中""正""应""时"才是真正的"四道"。

中（居中）：一卦之中上卦下卦的中位，即二爻和五爻，是决定事物发展变化的主要爻位，也是决定吉凶性质的爻位，如大有卦☲，六五爻为阴爻，虽不当位，但居上卦之中，《象》说："柔得尊位大中，而上下应之。"上卦五爻又称尊位，虽阴爻居之，但因居尊位，故吉。"六五：厥孚交如威如，吉"。如果是阳爻居之，便称为"九五"之尊，吉上加吉了。同样在下卦中位，因中而吉，但如果是阴爻居之，则更为吉，如谦卦☷，六二爻辞说："鸣谦，贞吉。"《象》曰："'鸣谦，贞吉'，中心得也。"

正（得位、得正）：称为"当位"或"正位"，即阳爻居阳位，阴爻居阴位。如果阳爻居阴位，或阴爻居阳位，则为"不正"或"失位"。"正位"或"当位"为吉，"不正"或"失位"为凶，如噬嗑卦☲，六三爻辞："噬腊肉遇毒，小吝，无咎。"《象》曰："'遇毒'，位不当也。"如贲卦☲，六四爻辞："贲如皤如，白马翰如。匪寇，婚媾。"《象》曰："六四，当位疑也。'匪寇婚媾'终无尤也。"

应（比应）：每卦相邻的两个爻为比。"比"又有承和乘的区别。一爻位对上称为乘，分析好坏以阳上阴下为吉，阴上阳下为不吉。上下卦之间初与四、二与五、三与六爻位上下为应。相应的两个爻，以阴阳相合为吉，以同为阳，同为阴为不吉。如泰卦☷，卦辞："小往大来，吉亨。"《象》曰："'泰，小往大来，吉，亨'，则是天地交而万物通也，上下交而其志同也。"如坎卦☵，九二爻辞："坎有险，求小得。"《象》曰："'求小得'，未出中也。"九二爻有险，一是位不正，二是与上无应。六三爻辞："来之坎坎，险且枕。入于坎窞。勿用。"《象》曰："'来之坎坎'，终无功也。"原因是六三爻下爻为九二，为阴乘阳也。未济卦☲，《象》曰："虽不当位，刚柔应也。"

时（识时、知时、观时、用时）：识"时"之义，知"时"之行，观"时"之变，用"时"之机，找出事物发展的细微征兆，在事物发展的萌芽阶段便掌握事物发展变化的时机，如节卦䷻，爻辞，"初九：不出户庭，无咎"。"九二：不出门庭，凶。"九二，失位，失应，还不及时地出来，故而凶。

同时，这四个原则又代表事物在时空中的变化。"中""正"代表空间；"时"代表时间，"应"代表在时空中发展变化的事物。

1. 从《周易》的四个原则中得到中庸之道

孔子是怎么从四个原则中得出中庸之道的？

中，中心、核心。孔子是将四原则的"中"直接拿过来，成为"中庸"的"中"。

在时空中，"中""正""应""时"普遍适应于万事万物。普遍适应便是"庸"。"庸"有普通、平常之义，笔者更倾向于《说文》对"庸"的解释："庸，用也"，当"使用"解。

如此，我们便可以把中庸理解为以中为核心，普遍使用的四个原则。将"庸"解释为用，唐代的孔颖达也是这么认为的，《礼记·中庸》孔《疏》"按：郑《目录》云'名曰中庸者，以其记中和之为用也。庸，用也'。"

由以上论述，也可以把"中庸之道"看成"用中"或"中用"。这便抓住了事物发展变化的核心，既坚持了《周易》四原则以"中"为核心，又兼顾了"正""应""时"三者在决定事物发展变化过程中，与"中"一同发生作用，四者统一，是不可分离的整体。

其实，在《易》产生之时，或在《易》产生之前，用"中"的思想在一定程度上已经成为人们的思维方式和行为方式。1921年，瑞典地质学家安特生发现了距今5000—7000年的仰韶文化遗址（今河南省渑池县仰韶村）后，在这里考古发现了具有很多造型的陶器，其中最引人注目的是一种尖底瓶陶器，这种陶器形状几乎贯穿整个仰韶文化，存在时间达2000年之久。

最初人们认为这种尖底瓶是古人使用的汲水器。20世纪80年代，北大力学系学者做过实验，用尖底瓶打水时，空瓶重心偏上，放置水上，瓶口自动灌水，灌到一半时，

瓶处于中立状态，然而当灌满之后，尖底瓶就会倾倒，无法汲水。这说明尖底瓶不是汲水工具。这种尖底瓶充分体现了"中庸"的思想。当水灌到一半，即瓶的中间部位时，瓶子便处于中立状态，在水中中立，便体现瓶子的"正"，这反映了尖底瓶与瓶中水及与瓶外水三者的关系，这种关系便是"应"，而只有瓶中的水处于一半即中部时，瓶子才能中立，没到一半和超过一半即不能中立，这便是"时"。

苏秉琦先生认为，尖底瓶是一种盛酒器。甲骨文、金文、小篆"酉"字的写法，就是尖底瓶的象形字，酉字加三点水便是"酒"字。考古专家通过电子显微镜发现尖底瓶内壁上有白色的残留物，经鉴定是酒的痕迹。苏先生认为，这种尖底瓶酒器，是重大祭祀场合用的器皿。从汉字分类看"尊"与"奠"都在"酉"部，甲骨文中"尊"字，下部都是两只手高举着尖底瓶的形象。

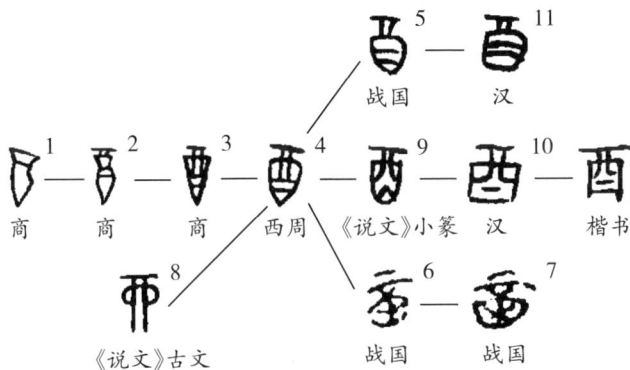

另一种说法，这种尖底瓶是古人用来警示自己的"座右铭"。

《荀子·宥坐》记载：

> "孔子观于鲁桓公之庙，有欹器焉。孔子问于守庙者曰：'此为何器？'守庙者曰：'此盖为宥坐之器。'孔子曰：'吾闻宥坐之器者，虚则欹，中则正，满则覆。'孔子顾谓弟子曰：'注水焉！'弟子挹水而注之，中而正，满而覆，虚而欹。孔子喟然而叹曰：'吁！恶有满而不覆者哉！'子路曰：'敢问持满有道乎？'孔子曰：'聪明圣知，守之以愚；功被天下，守之以让；勇力抚世，守之以怯；富有四海，守之以谦。此所谓挹而损之之道也。'"

宥同"右"，坐同"座"。宥坐之器，即放置在座位右边的器皿。空虚时倾斜，注入一半水时便中立端正，注满水时便翻倒倾覆，目的是提醒人们为人处世不过或不不及，即应保持中庸状态。

从考古发现的尖底瓶到孔子在鲁桓公庙见到的宥坐之器，说明在商周以前，人们已经有了"用中"的思想，并且已经起到"座右铭"的作用，并将这种尖底瓶的器皿一直从六七千年前传至夏、商、周，并在鲁庙中还可见到。

孔子中庸思想文本是在《论语》记载孔子与子贡两人对话中体现的。子贡向孔子问子张和子夏两个人谁更贤德一些，孔子说：

> "'师也过，商也不及。'曰：'然则师愈与？'子曰：'过犹不及。'"①

即过分和赶不上同样不好。"过犹不及"，都不是中，不过也不不及才是中。这个"中"便是从《周易》的四个原则中转化而来的"中"。

除上述比较明确地阐述中庸思想的"中"的意思外，还有几处接近于"中"的思想。

> "子曰：'吾有知乎哉，无知也。有鄙夫问于我，空空如也。我叩其两端而竭焉。'"②
>
> "子曰：'不得中行而与之，必也狂狷乎！狂者进取，狷者有所不为也。'"③

得不到言行符合中庸的人与之交往，那就去交往激进的人和狷介的人，激进的人，一往无前，狷介的人不肯做坏事。

"庸"则是"中""正""应""时"天德的体现。天德要求万物要"居中""守正""相应""适时"。

---

① 《论语·先进》。
② 《论语·子罕》。
③ 《论语·子路》。

"子曰：'中庸之为德也，其至矣乎！民鲜久矣。'"①

这句话翻译过来就是："中庸这种道理，该是最高大的了，已经很久很少人知道它了。"也可以理解为中庸代表天道，中庸之德就是"天道之德"，天道施给万物之恩德。可惜的是，这种至高之德，很少被人们知道啦！

孔子从没给中庸下过明确的定义。

从《论语》的言论中可见，孔子教授学生时从来不把道理一次讲完。

孔子提出中庸思想已是晚年。这也是他没给中庸下过明确定义的原因之一。

可能还有另外一个原因，即天道不可言说。

"幽厉以往，尚矣。所见天变，皆国殊窟穴，家占物怪，以合时应，其文图籍机祥不法。是以孔子论六经，纪异而说不书。至天道命，不传；传其人，不待告；告非其人，虽言不著。"②

这段有一处十分重要："至于天道命，不传"，那些得到天道或天命的圣哲，都是自己体悟出来的。

《周易·系辞上》也有这样的说法：

"圣人以此洗心，退藏于密，吉凶与民同患。"

《周易集解纂疏》引陆绩曰：

"退藏于密，受著龟之报应，决而退藏之于心也。"③

"决而退藏之于心"，即并不将著、龟结果告知于百姓，而是隐藏于

---

① 《论语·雍也》。
② 《史记·天官书》。
③ 《周易集解纂疏》。

心里。这也是孔子不向别人讲起天道的另一个原因。

那么，什么是孔子所讲的"中庸"？又何以说是天道呢？在孔子看来，中庸就是他对天道的描述，也是对天道的掌握和理解。

按照孔子的思想逻辑，我们可以给中庸下一个定义：一是天道居中的自然规律。二是认识天道、人道、自然之道的思维方法。三是建立天下共主、万物制衡的社会秩序。

天道在中，运行在庸，天道在制，运行在衡，天道在德，运行在损益。

2.为什么说从《周易》得出的中庸思想就是"天道"

假设是天道：

第一个求证，从《周易》被创造出来说起。

据传，《周易》的前身八卦产生于6000年前的伏羲时代。当时农业生产，需要通过观测太阳、月亮及行星的运动来测定天气、物象的变化，并尝试从大量的观测记录中寻找天体及自然发展变化的规律。因当时文字尚未产生，只能以图符的形式将这些认知记载下来，久而久之便形成了8种图形，逐渐产生了八卦。《周易·系辞下》说：

> "古者包牺氏之王天下也，仰则观象于天，俯则观法于地，观鸟兽之文与地之宜，近取诸身，远取诸物，于是始作八卦，以通神明之德，以类万物之情。"[1]

包牺氏即为伏羲。伏羲通过观察天地山川和万物的发展、变化、运动，从而找出天道运行的规律，然后"观物取象"，画出了八卦。

1985年，安徽省含山县铜闸镇凌家滩距今5300—5600年前人类文化遗址中发掘出一件玉龟和一件玉版。

玉版的八方图形与中心象征太阳的图形相配，四周钻孔有四、五、九、五之数。饶宗

含山出土玉版

---

[1] 《周易·系辞下》。

颐先生在《未有文字以前表示"方位"与"数理关系"的玉版》中引用天文学家陈久金、考古学家张敬国发表在1989年第4期《文物》上的《含山出土玉片图形试考》一文言"玉片图形表现的内容应为原始八卦"。[①]

陈久金先生在《北斗星斗柄指向考》一文中说："凌家滩文明（古皇有巢氏）距今5300年至5600年。当时的历法是太阳历与火历。这个时期以北斗九星和大火星来判定季节，实行1年10个月，每月36天的太阳历。玉版玉龟出土时是玉龟夹着玉版，说明他们是一起的。两块玉龟上也有钻孔，龟背钻孔数8，龟腹钻孔数5。如果上下叠加，中间数5，两侧各是4，这与真实乌龟背甲分布数完全一致。乌龟背甲中间5块，两侧各4块，一共13块。"[②]古皇有巢氏，尊称巢皇。燧人氏之父，缙衣氏之夫，伏羲氏、女娲氏的祖父。

从上可见，《周易》产生是古人研究天象、考究天道的结果，而考古文物可证，在远古时期人们由对太阳的认知得出的天数以及历法，已经到了十分深入的程度。

《周易·系辞上》说："易有太极，是生两仪，两仪生四象，四象生八卦。"我们从太极图的出现，来求证中庸之道。《系辞上》提出太极说，但太极是什么，并没有说明。汉代人认为，太极是个"元气"，宋代朱熹把太极看作"理"。但与道家的道很相同，认为无形无象，看不见，听不到。

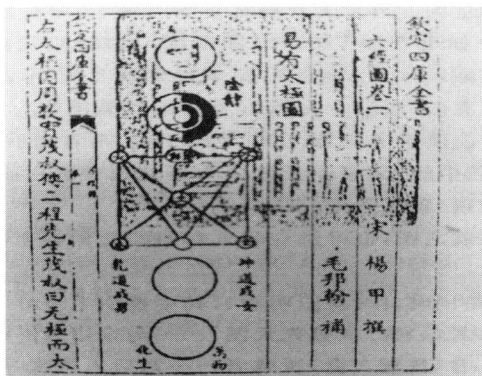

《周氏太极图》，取自《四库全书》

---

① 安徽省文物考古研究所编：《凌家滩文化研究》，文物出版社2006年版，第18页。
② 《自然科学史研究》1994年第3期。

在文献中出现的第一种太极图是一种空心圆。第二种就是北宋周敦颐的太极图，由朱震献图于世。

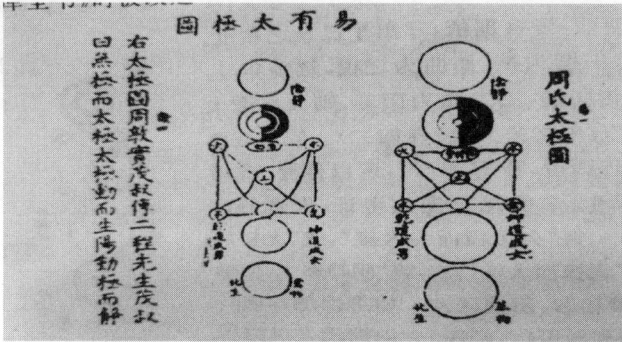

朱熹认为，黑中有白，而白中无黑，认为此图不合理，所以"改而正之"。

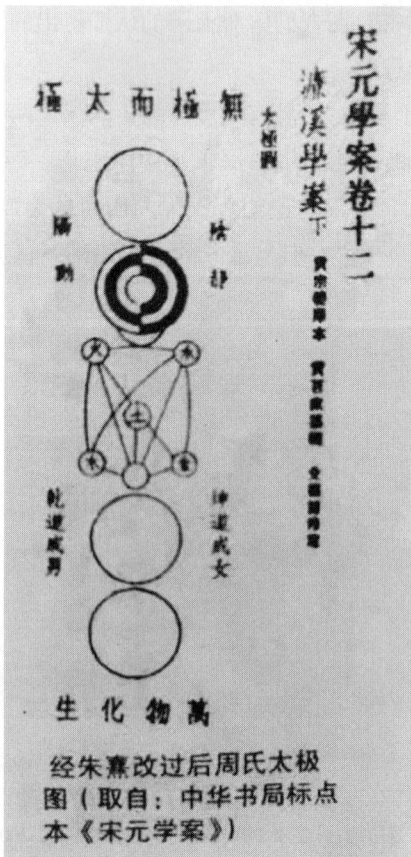

经朱熹改过后周氏太极图（取自：中华书局标点本《宋元学案》）

第三种即出现在明代赵㧑谦的《六书本义》"阴阳鱼太极图"。

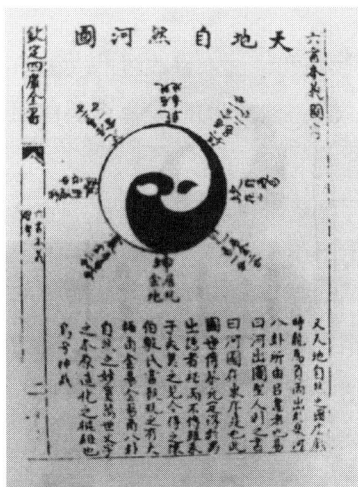

赵㧑谦认为，龙马从荥阳附近的黄河中驮上来的就是此图，伏羲就是依据此图画出八卦的。

从三类太极图来看，后两类已分为黑白两部分，明显显示出太极生两仪，即生出黑白阴阳。第二类周敦颐太极图和朱熹改过的太极图中间有一个圆形，表示中心，圆圈的外部左右黑白阴阳对立，有一条线将黑白阴阳分开，即表现出有一条明显的分界线。第三类赵㧑谦的阴阳鱼太极图，阴起于上，阳起于下，阳进阴退，阴进阳退，阴阳自始至终交合，阴阳各自发生量的变化，表示阴阳的消长，但在太极的中间即太极的至中位置阴阳达到可以完全重叠，达到完全平衡的状态。

第二种周氏太极图和经过朱熹改过的太极图，是将太极图除中心圆外部，通过上下一条线一分为二。它两处体现"中庸"的"中"，一是中心圆，居太极图中的中心位置，是圆形太极的中心；二是中心圆外部的太极，被上下一条中线，将阴阳分开。周氏的太极图中线左侧为阳，右侧为阴。周氏太极图的特点是阴静在上，阳动在下；右侧黑中有白，左侧白中无黑。朱熹改过的太极图中线两侧，既有阴，又有阳，阴阳三分，包围着中心圆。中线则体现中心圆之外部分左右"中"间位置。

邱汉生、朱伯崑二位先生认为，朱熹改过的太极图与周氏太极图有两处不同：一是"自无极而为太极"或"无极而生太极"改为"无极而太极"；二是"阴静在上，阳动在下"改为"阴静居右，阳动居左"。李申先生认为还应加一点，即由原来的"黑中有白，白中无黑"改为"黑中有白，白中也有黑"。[①]

笔者认为周氏太极图和经过朱熹改过的太极图有以下三个特点：

一是均体现对立统一。太极图既是一个黑白阴阳统一体，又是一个黑白阴阳对立体；

二是均有图中之中心或黑白两者之中心；

三是均表现出黑白阴阳平衡。在太极图中心圆以外部分，阴与阳所占比例均等。如将中心圆的面积算上，阳所占的比例面积大于阴所占的比例面积，这种阴阳比例面积的不同，多出来的中心圆部分，应代表"太极"，无形无象，由太极而生出两仪，即阴阳。那么，这个太极则处于太极图的中心、核心，即"道"。

第三种即赵㧑谦太极图，这张太极图，一说是伏羲所作，一直在秘密流传。也有说是陈抟所作，连周敦颐也没有见过此图。所以，周敦颐才另作太极图。这张阴阳鱼太极图，阴阳由小到大，又由大至小，循环往复，以至无穷。充分体现出阴阳生生不息的机制。阴阳共生、共汇，又此消彼长，阳在阴中生，阴在阳中始，阴盛阳衰，阳盛阴衰，既对立又统一，既增减又平衡。这便使阴阳鱼太极图具备以下特点：

一是太极的中心不是固定不变的。随着阴阳消长而变动。变动的区域在黑中的白点和白中的黑点之间挪移，靠近黑点还是靠近白点，主要看阴阳的消长。

二是阴阳的变化。阴阳总面积一直处于恒定的状态，代表阴的黑增长多少，同时代表阳的白就减退多少，反之也如此。

所以，阴阳鱼太极图更能体现中庸之道的"中"与"平衡"的核心思想。

《周易》全书之中体现阴阳均衡的思想。从构成爻位阴阳数量上的平衡上看，八卦阴阳爻各12个，六十四卦阴阳爻各192个。从卦上看，八卦两两相对：乾与坤、震与巽、坎与离、艮与兑，六十四卦从前向后，每两卦构成对偶，表现为"非覆即变"的关系。这说明"中"与"平衡"是一种相互依赖的关系。离开"中"则不能"平衡"，失"中"

[①]　朱伯崑主编：《周易通释》，昆仑出版社2004年版，第319页。

则"失衡",反之,离开"平衡"则不能"中","失衡"则失"中"。

第二个求证,用现代天文学来证明它。

在西方,直到公元510年前后,才提出太阳居中,诸行星和地球都围绕太阳转动的日心地动学说。哥白尼《关于天体运动假说的要释》手稿,提出地球不是宇宙的中心,只是月球轨道的中心;太阳位于宇宙中心的附近,地球和其他行星都在绕着太阳转动;恒星都在遥远的、始终静止不动的恒星天上,恒星天离我们的距离远比太阳到地球的距离远得多;地球自转不息,从而使所有的天体东升西落;地球只是一颗普通的行星,它和其他行星都在围绕着太阳公转,我们能见到的行星在天空中顺行和逆行是地球和各颗行星都在绕着太阳公转引起的合成效应。哥白尼《要释》的这些见解,成为《天体运行论》的核心思想。

哥白尼去世之后,布鲁诺在英国出版《星期三的灰烬圣餐》和《论无限、宇宙和众世界》两本书,提出宇宙无限,其中有无数个世界,我们的太阳并不在宇宙的中心,发展了哥白尼的天文学理论(见太阳系运行图)。

太阳系运行图

太阳居于太阳系的中间位置,这个位置完全符合中庸之道的"中"。中、中心、核心,太阳居中,印证了中庸之道所主张的"中"的原则。

太阳系所有的星体都在自己该在的轨道上运转,几乎分毫不差,也充分体现中庸之道所主张的"得位""得正"的"正"的原则。

所有物体与太阳之间相互制衡,物体与物体之间又相互制衡,从而形成结构稳定,相互关联、相互呼应、相互作用的太阳系整体,这便符合了中庸之道的相应、相合的"应"的原则。

太阳系所有物体围绕太阳公转,物体本身又自转,时时刻刻,永不停歇,这又充分体现了中庸之道所主张的适时的"时"的原则。

德国天文学家约翰尼斯·开普勒在17世纪初,研究地球绕太阳公转时得出地球的运行轨道。在地球绕太阳作偏心圆规运动的假说下,开普勒推出面积定律。通过面积定律,开普勒得出:地球绕太阳公转的椭圆轨道与圆的差别很小。

战国以前，古代人将天划分为 $365\frac{1}{4}$ 度，即太阳在天空视运动日行一度，然后将太阳在天空恒星背景的移动描述下来。如《河图》所载：

> "天元十一月甲子夜半朔，日月俱起牵牛初度。推历考宿，正月在营室；二月在奎；三月在胃；四月在毕；五月在东井；六月在柳；七月在翼；八月在角；九月在房；十月在尾；十一月在斗；十二月在牵牛。"

地球围绕着太阳公转，从天空的视运动看，并不是完全居中；地球中部与太阳中部之间有一个夹角，正是这个夹角体现了天有好生之德。

地球围绕着太阳运转，太阳和地球处在同一个水平面上。黄道面是地球绕日运动的轨道面，赤道在地球的中间位置。

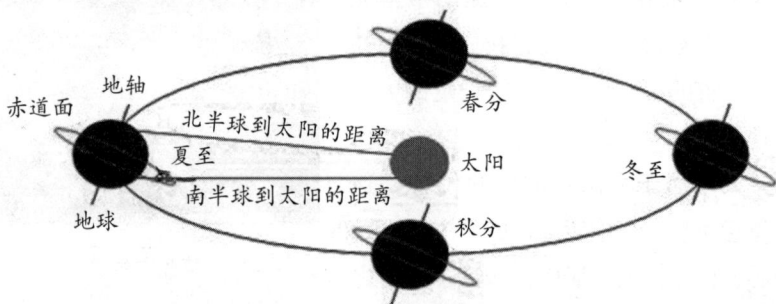

地球两极到太阳距离远近示意图

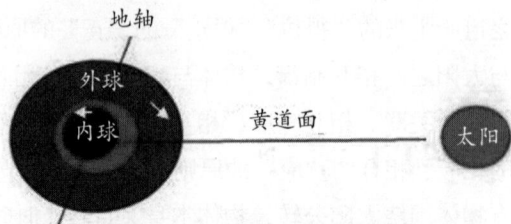

地球内、外球转动示意图

黄道面和赤道面的交角为 23 度 26 分。赤黄面没有完全重合。黄道和赤道相重合是每年的春分和秋分这两天。中国古代人能在历法中，准确地测量出黄赤重合会在春分和秋分这两天，说明天文观测已经十分精准。丹麦天文学家弟谷，在公元16世纪末才完成对黄赤交角进行精准测定。地球绕着太阳转，基本上是以中道运行。出现的夹角，是地球自转的结果。地球自转轴与其公转的轨道面成66度34分的倾斜，从而出现黄道面与赤道面的交角。而正是这个夹角的出现，使地球有了充足的阳光、雨露，四季分明，才有利于地球动植物的生存。假设黄赤交角为0度，地球上一年四季如春，北半球纬度比较高的地域因气候热度不足使农作物等无法成熟，农作物的耕种线便会南移；地中海气候、热带草原气候将会消失；地球上没有了极昼、极夜现象，因太阳直射点不会移动，全球太阳正午的高度不会发生变化；再没有昼长夜短、昼短夜长的变化。如果黄赤没有交角，始终重合，那么，能在地球上生存的生命，便被限定在很少的有限区域了。

通过对当代天文学关于太阳运行及太阳系天体结构的考察，中庸之道的居中、守正、呼应、时动的思想，符合天体运行的规律，中庸之道是人类对天体运行的自然规律的揭示。

第三个求证，用《论语》的话自证。

我们再来看一下，孔子在《论语》中讲的"道"，是不是"天道"。

《论语》中有两大难题一直没有得到很好的破解。即：

> "子曰：'人能弘道，非道弘人。'"①

当代注释《论语》专家杨伯峻先生在注释这段话时讲："这一章只能就字面来翻译，孔子的真意何在，又如何叫做'非道弘人'，很难体会。朱熹曾经强为解释，而郑皓的《论语集注述要》却说：'此章最不烦解而最可疑。'则我们也只好不加臆测。《汉书·董仲舒传》所载董仲舒的对策和《礼乐志》所载的平当对策都引此二句，都以为是治乱兴废在于人的意思，但细加思考，仍未必相合。"②

我们来看朱熹是如何解释的：

> "人外无道，道外无人。人心有觉，而道体无为；故人能大其

---

① 《论语·卫灵公》。
② 杨伯峻《论语译注》。

道，道不能大其人也。"①

朱熹这段解释可商榷。首先他否定了"天道"的客观性，即"人外无道"；其次他又否定了"天道"与人的自然独立性，即"道外无人"；最后他否定了"天道"自然而为的作用，"而道体无为"。

据说，朱熹在向弟子讲解时，正好手中拿着一把扇子，如是便借此发挥："道如扇，人如手，手能摇扇，扇如何能摇手？"②

这个比喻也是错误的，"道"和人不是手和扇的关系。

人改变不了"天道"，故手不能摇扇，说"手能摇扇"，即说人可以使"天道"运转起来，这是错了。其次，"扇"不能摇手也是错的。"扇"即天道，"手"即人，天道是可以决定人及社会变化和自然界变化的。

这个比喻错在指代关系上，扇不能指代天道，扇是人用来驱炎送凉的器具，扇是天道，道则成了道具，形而下的东西了。

像朱熹这样解释这段话，会越解释越让人糊涂。

为什么从古至今人们没有把这段话搞清楚，关键之处在于对"道"的理解上。

这个道非"人道"或"社会之道"，乃是"天道"。

如果我们把"非道弘人"解释为天道不能弘人，即天道自然。既不会去弘张三，也不会去弘李四，也不会只弘人类而不去弘天下其他生物。天道一定是自然而然地行使自己的使命，不会去弘人，那么是不是"非道弘人"便可解了呢。

《论语》中还有一章，也是历代争论不休，现在仍使孔子被误解的一句话：

"子曰：'民可使由之，不可使知之。'"③

杨伯峻先生的注译是这样的，我们来看译文："孔子说：'老百姓，可以使他们照着我们的道路走去，不可以使他们知道那是为什么。'"

---

① 《论语集注》。
② 《朱子语录》。
③ 《论语·泰伯》。

〔"子曰……知之"——这两句与'民可以乐成，不可与虑始'①所载西门豹之言（《商君列传》作"民不可与虑始，而可以乐成"）意思大致相同，不必深求。后来有些人觉得这种说法不很妥当，于是别生解释，意在为孔子这位圣人回护，虽煞费苦心，反失孔子本意。如刘宝楠《正义》以为"上章是夫子教弟子之法，此'民'亦指'弟子'"。〕杨伯峻不同意刘宝楠的解释，认为"自古以来亦曾未有以'民'代'弟子'者"②。

朱熹的解释采用了逻辑推理的办法，"民可使之由于是理之当然，而不能使之知其所以然也"。③朱熹这句话翻译过来就是："民可以被役使是理所当然的，所以，不用告诉他们为什么也是理所当然的。"其实在朱熹看来，不用去向民众解释什么，说明为什么，役使他们就行了，这才是真正的愚民。

程颢、程颐二人认为孔子不是"愚民"：

> "圣人设教非不欲人家喻而户晓也，然不能使知之，但能使之由之尔。若曰圣人不使民知，则是后世朝四暮三之术也，岂圣人之心乎？"④

二程认为"圣人不使民知"，即孔子不让民知道，这种说法不符合孔子的原意，是后世的人们，即统治者的一种统治权术而已。但孔子这段话的原意是什么，"二程"也没能说出来。

杨伯峻先生的译文是正确的。但"由之"是什么？"知之"又是什么？直到今天，还有人以为这是孔子的污点，看不起老百姓，不必告诉老百姓为什么这么做，就让他们照着说的去做好了。

孔子从来不愚民，他身上也从没有发生过看不起老百姓的事情，如《论语》载：

---

① 《史记·滑稽列传》。
② 见《论语译注》，中华书局2015年版，第80页。
③ 《四书章句集注·论语集注》。
④ 同上。

　　　　"子贡问政，子曰：'足食，足兵，民信之矣。'子贡曰：'必不得已而去，于斯三者何先？'曰：'去兵。'子贡曰：'必不得已而去，于斯二者何先？'曰：'去食。自古皆有死，民无信不立。'"[1]

　　孔子将取信于民看得如此重要，不让民知，如何取信？孔子为什么说出这句话来呢？一定是有其他的缘由，子贡就说：

　　　　"子贡曰：'夫子之文章，可得而闻也。夫子之言性与天道，不可得而闻也。'"[2]

　　连子贡都没听到孔子讲"天道"，天道不是所有人都可以知道的。
　　所以，孔子讲，不必让老百姓知道的不是社会平常之道理，而是有关"天道"，即那些符合天道的事，设计好了，让老百姓做便行了，不必去同老百姓讲为什么这么做。这应该是孔子当时讲此句的原意。
　　第四个求证，"大道至简"。
　　"易"有三义，东汉郑玄《易赞》："易为之名也，一名而含三义。易简一也，变易二也，不易三也。"郑玄的三义说，来自《周易》自说：
　　《系辞传》："乾以易知，坤以简能，易则易知，简则易从。"这便是"易简"。
　　《系辞传》："阖户谓之坤，辟户谓之乾，一阖一辟谓之变，往来不穷谓之通。""广大配天地，变通配四时，阴阳之义配日月，易简之善配至德。"这便是"变易"。
　　《恒·彖传》："天地之道，恒久而不已也。"这便是"不易"。
　　我们说中庸之道来自《周易》，那中庸之道是不是也有这"三义"的含义？
　　首先看"易简"，中庸之道十分简单，即无论观察事物的天道，还是践行事物的天道，只要坚持"用中"原则，便可直达"天道"。"用中"最为重要的是观察事物的"中"，事物的"中"是事物的核心、中

────────────

[1] 《论语·颜渊》。
[2] 《论语·公冶长》。

心，对立双方的平衡点；再者是"执中"，"执中"即抓住事物的本质，"不偏不倚"，不过也不不及，然后达到促进事物平衡有序地发展。这便是"简中"。

其次看"变易"：中庸之道的"中""正""应""时"四原则，是随着事物在时空中变化而变化的，那么按照中庸之道变化的事物，便符合"天道"。任何事物都存在于时空之中，都会随着时空的变化而发生改变，形成在共时态中的内外关系，历时态中的历史、现在、未来关系。在上述关系中，事物在对立统一、质量互变、否定之否定中发展变化，也使事物不断处于"中"与"失中""平衡"与"失衡"之间。所以"中庸之道"是随着事物的变化而变化的，这便是"变中"。

最后看"不易"：中庸之道的"中"，是恒久不变的"至中"，不偏不倚，不过也不不及，事物只要"至中"，便符合"天道"，否则即背离"天道"，这就是永恒不可改变。这便是"恒中"。

通过以上四个求证，可以得出，孔子讲的"中庸之道"就是天道，也就是他说"朝闻道，夕死可矣"的道。

3. 中庸之道如何认识和效法天道？

首先，天道是什么，最主要是中，即核心。所以，中庸之道便是"用中"或"中用"。如果离开中心或核心，便没有天道了，天便要混乱。在万事万物中，"中"是事物的本质，是事物发生、发展、变化的最为根本的性质。"中"不一定是事物绝对的居中位置，但它是事物的根本性质，它是决定事物发生、发展、变化的不可替代的力量。为什么太阳是太阳系的中心、核心？因为太阳的质量占整个太阳系总质量的99%以上。

其次，天道有德，表现为给万物生长需要的阳光、空气、雨露，万物靠天生长，天并不求回报。一个好的社会就应给生活在这个社会所有的人幸福，而不求回报。天德主要表现为"正"，"正"即位置正确。孔子讲"不在其位，不谋其政"，讲的就是这个道理。一切人都"正"了，都得位了，社会一定会好。"正"不仅是位置的正，还要做到品行端正。《论语》是这样说的：

"子曰：'其身正，不令而行；其身不正，虽令不从。'"[1]

"季康子问政于孔子。孔子对曰：'政者，正也。子帅以正，孰敢不正？'"[2]

所以，在"正"的问题上，一个社会首先是执政者、社会的管理者要正，"上梁不正，下梁歪"，统治者不"正"，被统治者怎么"正"？被统治者也要自我端"正"。

"子曰：君子食无求饱，居无求安，敏于事而慎于言，就有道而正焉，可谓好学也已。"[3]

"子曰：'富与贵，是人之所欲也；不以其道得之，不处也。贫与贱，是人之所恶也；不以其道得之，不去也。'"[4]

再次，天有秩序，在"应"的相互关系上。人类社会有序则表明其拥有好的社会制度。这种制度能使人们建立良好的社会关系，也就是《周易》八卦中的"比应"关系，相通关系。社会上人与人之间关系都融通和谐了，社会自然就好了。这种井然有序的社会秩序，首先是社会上层的秩序。孔子说：

"天下有道，则礼乐征伐自天子出；天下无道，则礼乐征伐自诸侯出。"[5]

一个国家，如果没有中心，便没有了秩序，多中心一定会导致天下的混乱。孔子断言，多中心，中心愈多，这个中心的寿命就愈短，他说：

---

① 《论语·子路》。
② 《论语·颜渊》。
③ 《论语·学而》。
④ 《论语·里仁》。
⑤ 《论语·季氏》。

"自诸侯出，盖十世希不失矣；自大夫出，五世希不失矣；陪臣执国命，三世希不失矣。天下有道，则政不在大夫；天下有道，则庶人不议。"①

最后，天道时时在运行，它在"时"上，永远不会停止。具有中庸之道的社会，应时时保持处于中庸的状态。社会由人组成，人有欲望，致使人很容易离开中庸。社会应该设立防止人们离开中庸的制度，来保障人们离不开中庸之道。人有时会处中，有时不会，都是欲望作怪。人若能清心寡欲，"中正"的时候便会多，而纵情恣意，"不中正"的时候也会多。孔子主张作为一位君子，要时时刻刻不能违背中庸之道，就是吃一顿饭的时间里，也不能离开中庸之道，即使是仓促匆忙如此，颠沛流离也同样如此。这充分体现了人道的"中"、"正"、"应"、"时"。

二、《中庸》误导人们理解孔子的中庸之道

1.子思的《中庸》存在的问题

（1）"喜怒哀乐之未发，谓之中；发而皆中节，谓之和。"②这句话将中庸之道看成"中和"。

"和"这个字，在孔子那里是有明确指意的，如：

"子曰：'君子和而不同，小人同而不和。'"③

这句话翻译过来就是"孔子说：君子用自己的正确主张纠正别人的错误主张，使一切做到恰到好处，而不肯盲目附和。小人只是盲从附和，却不肯表达自己的不同意见。""子曰：道不同不相为谋。"④孔子如

---

① 《论语·季氏》。
② 《中庸·第一章》。
③ 《论语·子路》。
④ 《论语·卫灵公》。

果为了"和"而合，他就不会离开鲁国，不会辞去摄相事。离开原则的"和"不为孔子所取。孔子的中庸之道并不主张一团和气。

> "子贡问曰：'乡人皆好之，何如？'子曰：'未可也。''乡人皆恶之，何如？'子曰：'未可也。不如乡人之善者好之，其不善者恶之。'"①

可见，人人都说他好，这样是人人一团和气了，但失去了原则，即失去善恶的标准。只有善人说他好，恶人说他坏的人，才是君子，才是好人。故孔子十分厌恶乡愿之人，他说："乡愿，德之贼也。"②乡愿即没有是非的好好先生。孔子认为这种人是足以败坏道德的小人。孔子对"和"有十分深刻的理解，他不用"和"而用"庸"，就是怕人们因讲"和"而忘记了"中"，从而"失中""失正"，使中庸之道变成老好人的哲学。因《中庸》一文的出现，将"中庸"解释成"中和"，便使"中庸"被误解，成了老好人、好好先生的处事方法，在社会上大行其道，蒙蔽人们的视线和良知，个人从中得到好处，得到利益，从而加官进爵。所以，"中庸"与"中和"不是同一概念，中庸之道不是中和之道，两者有本质的差别。

"中和"，若从认识论上讲，是可以成立的，可以有两种存在方式：

第一种，将一事物的整体看成"中和"。一事物既然有"中"，一定存在着"不中"，将代表事物的"中"与"不中""和"起来便是事物的整体。但"和"起来的整体，便是事物的全部，那么也就不是"中庸"了。从方法论上讲中庸的"中心"，是讲事物的"性质"，和起来怎么讲"中心"？怎么讲"性质"？这样中庸便失去"用中""中用"的功效。中庸是讲"和"，"和"的体现是以"中"为核心的原则下的"和"，即"中""正""应""时"四者相应相合，而不是简单地把"不中"和到"中"来，这种"和"是一种调和论，不是在"用中"或"中用"下的"和"。也可以说"中和"是整体论的方法，那么整体论的方法便不是中庸方法。两者都存在，但绝不可混淆，即"中和"不是"中庸"。

---

① 《论语·子路》。
② 《论语·阳货》。

第二种，将各种事物中的"中"合在一起。这是一种美好的愿望，这种"中和"是可以实现的。但各种"中"或各种"性质"和在一起仍然是一个大杂烩，这种"和"建立不起有效的秩序。"中庸"讲在一个特定时空中，一个中心，而"中和"这种"和"只能是"多中心"，"多中心"的"和"是暂时的。宇宙是多中心的"和"，但人类要走上宇宙"多中心"的"和"，恐怕还要有很久远的路要走。人类现阶段"多中心"肯定会处于一种混乱的秩序阶段。混乱的"中和"状态可以存在，但它不是有秩序的"中庸"状态。"中和"不能等同"中庸"。

（2）将中庸之道纳入伦理道德系统。

孔子说："修身以道，修道以仁。"[①]伦理道德是"人道"，中庸是天道，两者有本质的差别，两者又是紧密联系的。"人道"必须符合天道，天道是人道要遵循的原则和目标。不能简单地把"中庸"视为人道。

（3）把"诚"推到至高无上的境界。

《中庸》说："诚者自成也；而道自道也。诚者物之终始，不诚无物。"[②]这句话翻译过来："诚，是自己完善自己；中庸之道，是用来规范自己的。诚贯穿一切事物的始终，没有了诚，也就没有了万事万物。"人没有了"诚"，世界上的万事万物真的就没有了吗？"诚"能决定万事万物的存在吗？

《中庸》又说：

> "故至诚无息，不息则久，久则征，征则悠远，悠远则博厚，博厚则高明。博厚，所以载物也。高明，所以覆物也。悠久，所以成物也。博厚配地，高明配天，悠久无疆。"[③]

《中庸》认为"诚"是不间断的，不停止的；不停止则久，久了作用会显现出来，也会更加长远，长远了就可以成就万物，成就万物使诚更加高明；成就万物了就可以如地一样，高明了就如天一样，悠久了万物就与天地共存了。这是在说，"诚"像太阳那样高明，像地那样博厚，

---

① 《中庸》第二十章。
② 《中庸》第二十五章。
③ 《中庸》第二十六章。

像时间那样没有止境。

在《中庸》作者子思看来，将"诚"抬至如此，还不够，他将"诚"上升到"天地之道"，"天地之道，可一言而尽也"。[①]

将"诚"提到这么高的地位是不对的。我们不责怪子思把"诚"上升到世界本体，不理会他把"诚"说成天地之道，就假定说"至诚"是人的最高品德，那么人能做到吗？

朱熹大讲"诚"，大讲"存天理，灭人欲"，可晚年又被诟病为"伪道学""伪君子"的代表。朱熹本人也不得不承认自己的虚伪。就连朱熹这样一位饱读"圣人"之学的人都做不到"至诚"，那么，又有多少人能做到"至诚"呢？说到底，"诚"仅仅是"人道"中伦理道德的一部分，把"人道"的一部分抬高至"天道"，必然是错误的。

2.《中庸》一书混淆了孔子学说的三个系统

（1）天道观系统

孔子的中庸之道是通过对天文历法知识的掌握以及晚年学习、研究、传授《周易》而得出来的，即向天取道的结果。

子思认为"诚"不仅是天道，而且是地道。那么，"诚"是"天道""地道"的科学依据在哪里呢？

（2）伦理道德系统

孔子是讲中庸之德，但孔子讲的不是仁、义、礼、智、信、忠、诚、恕、廉、耻、勇等，这是人道之德。中庸之德是天德，即天的运行秩序。天体运行的秩序几乎是恒定的，略有变化马上又恢复到秩序当中。这种平衡与制衡之德，是人类社会任何"德"都无法相比的。

"诚"的概念在孔子那里是有界定的。在孔子的伦理道德的概念里，"仁"一直处在总德的位置。义、礼、智、信、忠、诚等是下一级范畴。孔子讲，如果人没有了"仁"，那么，人掌握了礼、乐又有什么用呢？"子曰：'人而不仁，如礼何？人而不仁，如乐何？'"[②]在孔子人道思想的体系中，诚、信、忠概念的内涵和外延有很多重叠的地方，更多时候孔子提"主忠信"，将"诚"都可以省略。

---

① 《中庸》第二十六章。
② 《论语·八佾》。

（3）方法论系统

中庸之道的方法论有三个属性：

来源属性，即它来自人们可以认知的天体及整个自然界运动规律的属性。

道德属性，即整个天体运行的平衡秩序和制衡秩序中体现出来的天德属性。

认识论属性，即用中、正、应、时等原则方法去认识自然界，认识人类社会，从中得出人应该怎么办的方法的属性。

《中庸》书中，子思除用几段孔子讲过的"过犹不及""执其两端""用其中于民"外，对方法论没有任何新的阐述，似乎中庸方法论，仅仅是孔子在《论语》中所讲的而已。

中庸之道最有价值的部分就在它的方法论上。这个最有价值的方法论却没有引起子思的任何注意，反而把孔子的"用中""中用"的核心抹去，将中庸变成了中和，致使整个概念错位、混淆，使人们不知怎样去使用中庸这一方法，又为老好人主义、好好先生开了方便之门，成为欺世盗名的有力手段。不仅如此，还大书特书"诚"的学说，从而导致人们认为"诚"才是《中庸》一书要阐述的重点，"至诚"便是中庸。

三、《中庸》对后世的影响

《中庸》收入《小戴礼记》中。李学勤先生认为：

"《中庸》也收入《子思子》书中。《子思子》这部分最早著录于《汉书·艺文志》'《子思》二十三篇'，班氏自注云：'名伋，孔子孙，为鲁缪公师。'书列于《诸子略》儒家，以《晏子》、《曾子》之间。另外《汉志》之《六艺略》礼家有《中庸说》二篇，例以志文有《明堂阴阳》、《明堂阴阳说》，《伊尹》、《伊尹说》，《鬻子》、《鬻子说》等，当系专对《中庸》解释引申。这说明《中庸》很早就受到特殊重视，而且可能有单行之本。"①

至北宋，《中庸》一书及《中庸》书中的"至诚"思想被提到非常高的地位。

北宋周敦颐："诚精故明。"②

张载："自明诚，由穷理而尽性也；自诚明，由尽性而穷理也。"③

南宋朱熹："诚则无不明矣，明则可以至于诚矣。"④

《宋史·道学传·序论》：程颢、程颐"表章《大学》《中庸》二篇，与《语》《孟》并行"，开始了"四书"经典之先河。朱熹作《中庸章句》《大学章句》《论语集注》《孟子集注》，将《中庸》《大学》《论语》《孟子》并列，刊刻《四书章句集注》，后世统治者列为科考标准，从而，"四书"与"五经"并列。

正是由于《中庸》一书，愈被重视，愈被虚夸，则将孔子真正的中庸之道思想湮没在历史的尘埃之中，甚至被误认为是折中主义、老好人的哲学。

四、孔子中庸思想的当代价值

（一）用中庸的思想树立人人都应居中守正

中庸思想使人的思维方式和行为方式均处在一个合理的限度之内，不过也不及，就是做好自己该做的事情。这种目标的实现：

一是让人们认为自己的言行符合天理人道，包括人的利益、名誉、地位的取舍，该是你的就是你的，不越位，不贪得，正如孔子所说："不在其位，不谋其政。"⑤曾子是孔子晚年收的弟子，颇受孔子喜爱。他也

---

① 李学勤：《周易溯源》，巴蜀书社2006年版，第96页。

② 《通书》。

③ 《正蒙·诚明》。

④ 《中庸章句》。

⑤ 《论语·宪问》。

多少领悟了一些孔子中庸的思想。他说："君子思不出其位。"[①]意思是说，正人君子所思虑的不超出他自己的本岗位。

二是建立一整套规定人们应该居中守正的社会制度，让制度保证每个人的言行都符合中庸之道。如果人人都能守住这一节度，居中守正的社会制度必然会被遵守，会被全社会人们去贯彻执行。人人若能有孔子所主张的生活态度，这个社会很快便会好起来。"子曰：'饭疏食，饮水，曲肱而枕之，乐亦在其中矣。不义而富且贵，于我如浮云。'"[②]意思是说："吃粗粮，喝冷水，弯着胳膊当枕头，也有着无穷的乐趣呀。干不正当的事而得来的富贵，对我来说就如一片浮云。"

（二）建立秩序的、平衡的、制衡的社会制度

社会秩序的存在，大体可分为三种：

1.平衡态，即社会按中庸的天道观思想运行，社会处在一种平衡的社会状态。这种平衡态的社会面貌，大约与《礼记·礼运》描绘的大同世界相同。平衡态是人类全面贯彻实行中庸之道、按照"中""正""应""时"四道去治理社会，从而使社会达到"天道在中，运行在庸"的平衡状态。即使不能完全达到四道，但能真正做到"用中"，也会出现平衡态的社会局面，只不过平衡得没有那么彻底而已。

2.失衡态，即社会未按中庸的天道思想去运行，天下失中、失正、失应、失时，这样的社会必然失去秩序，没有天下之共主。原来的社会秩序被打破了，制度被破坏掉了，新的社会秩序和制度还没有建立起来。这恰恰是孔子所处的社会，周天子名存实亡，礼乐征伐自诸侯出，自大夫出，自陪臣出。统治者穷奢极欲，人性几乎失去节制，为了掠夺更多的财富，大国侵占小国，强国欺凌弱国。而下层的老百姓苦不堪言，民不聊生，出现严重的两极分化，怨声载道，盗贼四起，社会处在极度混乱之中。失衡态主要原因是社会失制，失衡。"天道在制，运行在衡"。

这种失衡态的社会，走到极端，物极必反，一定是代表旧秩序的国家或王朝被改朝换代。秦始皇统一六国后，大权独揽，刚愎自用，社会对他无制约，他的个人欲望极大膨胀。修建阿房宫和骊山墓，用刑徒70

---

① 《论语·宪问》。

② 《论语·述而》。

万人，修长城30万人。

> "收泰半之赋，发闾左之戍，男子力耕不足粮饟，女子纺绩不
> 足衣服。竭天下之资财以奉其政，犹未足以澹其欲也。海内愁怨，
> 遂用溃畔。"①

加上严刑峻罚，民动辄得咎，道路以目，最终百姓揭竿而起，至二世
而亡。

3.治衡态，即代表旧的、乱的社会秩序结束，代表新的平衡的社会
秩序端倪开始出现，社会秩序从乱走向治的过程。社会要重新建立中庸
之道的社会秩序。所谓中心，即一个小国或大国，要确保一个权威中
心。这个中心的国王或天子一定是夏禹、商汤、周文王、周武王之类的
明君，才能带领人民把国家从混乱中拯救出来，才能使国家开始走向治
衡态。治衡态是人类社会从失衡态向平衡态的转变，即"天道在德，运
行在损益"。

损即修偏，通过减损来修偏，将不中、不正、不应、不时纠正过
来。由不中转化为中，由不正转化为正，由不应转化为应，由不时转化
为时。

损卦，"《彖》曰：'损，损下益上，其道上行。'"此卦上下二卦
可理解为上下体的关系，那么"损下益上"就变成了"损民"而"益统
治者"。但一卦之中上体下体，也可看成内卦和外卦，而笔者更倾向于
是内卦和外卦的关系，下卦为内，上卦为外。如看成内外关系，则指所
有人，不分统治者和被统治者。损下是内部事物，是我；益上是外部事
物，是他人。如果这样，便将"损下益上"理解为损自我而益他人，这
便符合损卦的核心思想。"其道上行"，指这样做减损自己益于他人，这
便符合了天道。损卦的卦辞说："损，有孚，元吉，无咎，可贞。利有
攸往。曷之用？二簋可用享。"意思是：损卦，象征着减损，心存诚信，
会有大的吉祥，没有灾祸。坚守中正，利于向前发展。减损之道用什么
来体现呢？两簋淡食就足以奉献给尊贵的人和神灵。所以，减损还有一

---

① 《汉书·食货志上》。

个反对奢侈的含义。反对奢侈就是减损人的欲望。个人欲望减损了，人与人之间的关系也就逐渐和谐了。"《象》曰：'山下有泽，损；君子以惩忿窒欲。'"山下有泽，象征"减损"；君子因此抑止愤怒，堵塞邪恶以自损欲望。

《益》卦则可以看成统治者与被统治者的关系，即官和民的关系。从治世来看，每个人都要从混乱的社会秩序中走出来，即修偏。但在整个修偏过程中，统治者又是最为重要的，所以《益》就是讲如何去损统治者，去益被统治者。

《益》卦辞："益，利有攸往，利涉大川。"这说明"益"已经是治世的第二阶段，社会已经过"损"的治理，发展到"益"的阶段。这个阶段，发展大道通畅，可涉万险，前景光明。《象》曰："益，损上益下，民说无疆；自上下下，其道大光。"统治者应该减损自己，将更多的利益福祉留给老百姓，这样老百姓便会其乐无穷，天道和人道就会大放光芒。这段《象》辞还讲了中、正、应、时的四个方面："'利有攸往'，中正有庆；'利涉大川'，木道乃行。益动而巽，日进无疆；天施地生，其益无方。凡益之道，与时偕行。"

秦朝刚刚统一天下，社会出现失衡态，仅14年而亡。经8年的楚汉战争，西汉初年开启了治衡态的社会。由于连年战乱，社会出现大饥荒、人相食的惨状，饿殍遍野，满目疮痍。

"自天子不能具钧驷，而将相或乘牛车，齐民无盖藏。"[①]

汉高祖刘邦登基后不久，便下令解散军队，让兵士返乡。关东人愿意留在关中，免除12年徭役，如回关东的免除6年徭役，有爵位的加官进爵，并一律免除本人及全家人的徭役，军吏卒按军功大小给予田宅；因饥荒自卖为奴婢的，一律免为庶人。打击商人投机倒把，不允许商人穿绫罗绸缎，携带兵器，乘车骑马，担任官吏，减轻赋税，行十五税一；对生孩子的妇女，免除两年赋税；战乱中，逃往山泽中的百姓各归本土，恢复原有的田宅。

---

① 《史记·平准书》。

西汉初年，经过近70年的休养生息，一损一益，天下大治，开创了中国历史上第一次社会发展的盛世——"文景之治"。

（三）处理好人与自然界的关系

在处理好人与自然的关系上，孔子的中庸思想与老子的思想是相通的，老子讲的"四法"也是中庸之道遵循的"四法"。

"人法地，地法天，天法道，道法自然。"①

人为什么要法地？地球的四季使人们不得不法。人以四季为衣，以四季为食，以四季为住，以四季为行。人的衣食住行，哪一项都离不开地球的四季。

地为什么要法天？地球以天为存在，是太阳的行星，绕着太阳运转。地势坤，厚德载物，但离开天，地球无法载物。地球上有生命的物种，如果离开阳光还能生存吗？在古代人看来，地上的旱、涝、灾、异、福报、祥瑞都是由天决定的。

"天法道"，在古人看来，天上的太阳早升晚落，"独立而不改，周行而不殆"。整个天是以太阳的运行为法，升为昼，落为夜。所以，天要效法道。

"道法自然"，"天道"即天的运动规律，在一定程度上讲，亦是太阳的运行规律。天也好，太阳也好，存在于整个宇宙之中。我们的太阳系只是整个宇宙的一部分。宇宙，我们也可以称之为自然，包括所有天体。但在老子看来，自然是由"道"创生出来的。所以，道不是效法自然，而是自然要效法道。

这里需要指出的是，老子的"道"与孔子提出的天道还是有区别的。老子的"道"，是自然之上的"道"，它不仅是自然界的规律，还创生了自然界。所以，过去人们讲"道法自然"，认为是"道"效法自然，这是错的。"道"，创生了自然，它怎么能效法自然呢！应该自然效法道。问题出在这句话的断句上。正确的断法应该是："道：法自然"，即自然界的一切法则出自"道"，"道"给自然界立法。

———————

① 《老子》第二十五章。

第二十四讲
孔子的天道治世之道

孔子的"治世之道"，是孔子在对天道认识的基础上，提出人类社会应该如何治理，怎样才能实现天道社会的，也是孔子对从当时历史条件出发，如何从人道社会，一步一步地走上天道社会的具体思考。

一、为政之道，从共主的"道"与"德"说起

（一）共主与"德"的关系

"子曰：'为政以德，譬如北辰居其所而众星共之。'"①

北辰，又称北极星、紫薇星，指的是靠近北天极的一颗恒星。《观象》载：北极星在紫薇宫中，一曰北辰，天之最尊星也。其纽星，天之枢也。天运无穷，而极星不移。古代天文学家十分尊崇北极星，因它固定不动，众星环绕，是帝王的象征。古人将北斗和极星作为一个整体，称为"斗极"（见北斗星图）。

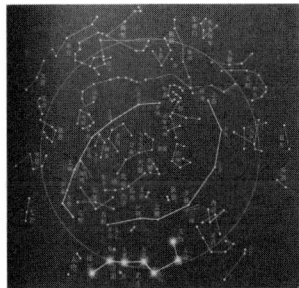

北斗星图

---

① 《论语·为政》。

《甘石星经》说：

> "北斗星谓之七政，天之诸侯，亦为帝车。"

《夏小正》用斗柄的指向，提示时令季节。《鹖冠子·环流》载：

> "唯道之法，公政以明。斗柄东指，天下皆春；斗柄南指，天下皆夏；斗柄西指，天下皆秋；斗柄北指，天下皆冬。斗柄运于上，事立于下，斗柄指一方，四塞俱成。此道之用法也。"

《史记·天官书》载：

> "斗为帝车，运于中央，临制四乡，分阴阳，建四时，均五行，移节度，定诸纪，皆系于斗。"

"众星共之"这句话的核心就是怎样治世。治世需要"两个前提条件"的统一。

第一个前提条件是一个"德"字。

纵观商代，商初商汤为天下共主，他不用人殉，视民如予，"汤祷桑林"，启用出身低微的伊尹为相，商得德，故天下大治。

商末纣王，拒谏饰非，为非作歹，淫奢无度。

> "以酒为池，县肉为林，使男女倮相逐其间，为长夜之饮。"[①]

厚赋税以实鹿台之用，剖比干，囚箕子；远君子，近小人，失"德"，众叛亲离，故失天下。

反观周之所以能代商而主天下，是因为周文王姬昌，受殷封于岐山之下，为商西方诸侯之长，网罗天下名士，《史记·周本纪》记载周文王继位后，恭行仁义，尊敬老人，慈爱晚辈，礼贤下士，无论自己政务多忙，都要抽出时间来接待想要拜访他的人，于是伯夷、叔齐、太颠、

---

① 《史记·殷本纪》。

闳夭、散宜生、鬻子、辛甲大夫等人皆往归之。

这一得一失，足以看出"德"在共主得失天下和治理天下中的重要作用。第二个前提条件是一个"共"字。为什么"众星共之"？

首先作为"共主"，你要值得众星去"共"，"共主"应具有至高的品行和智慧，众星才会拥戴你。

牧野之战，商纣赴火而死。周武王遂斩纣头，杀妲己，"释箕子之囚，封比干之墓，表商容之闾。封纣子武庚禄父，以续殷祀，令修行盘庚之政。殷民大说"。[①]

周武王的做法：一是天有好生之德在他身上的体现。否则取代一个已有300年历史的王朝，怎么敢仅杀掉暴虐的天子（共主）和王后妲己，让殷的王族再获社祀，商民重新建国，还让商的后人提出吸取殷商教训，主修盘庚之政？周武王这是以仁德治国，对天下人行仁政，从而深得人心。

二是表现出十分高超的政治智慧。武王亲自向纣王尸体射了三箭，再用剑刺纣王尸体，然后用黑斧砍下纣王的头颅，把头颅悬挂在大白旗的旗杆上，又到纣王宠妾住所，向已上吊自杀的宠妾各射三箭，用剑击之，将头颅挂在小白旗的旗杆上，以示惩戒。这向殷人说明，殷人无罪，罪在暴君纣王，既然暴君受到了惩罚，那么，过去的已经结束，殷人与天下人一样，应该重新面对新的未来。

这样一手施恩，另一手惩戒，充分显示出周初统治者的政治智慧，不仅让人相信，周代商，是周在替天行道，还在一定程度上化解了殷人复仇的心理。

西周虽然出现周武王这样贤明智慧的君主，但到了后期仍无法逃脱灭亡的运数。到了周厉王时，又开始变本加厉地膨胀个人的欲望，从而"失中""失正""失应""失时"，开始走向了商纣王的覆辙。

公元前841年，蓄积的怨恨就如洪水一样冲破大堤，"国人暴动"，周厉王仓皇逃出王宫。西周王朝开始了"共和执政"时期。"共和"之后，西周虽经宣王短暂的"中兴"，但西周又上来一位比周厉王还失"德"的天子，这便是周幽王。

---

① 《史记·殷本纪》。

周幽王宠爱褒姒，废掉申后及太子，褒姒做了皇后，让褒姒生的儿子做了太子。当时的太史伯阳读史书后说道："大祸酿成了，无可奈何。"《史记》记载：

> "褒姒不好笑，幽王欲其笑万方，故不笑。幽王为烽燧大鼓，有寇至则举烽火。诸侯悉至，至而无寇，褒姒乃大笑。幽王说之，为数举烽火，其后不信，诸侯益亦不至。"[1]

西周就这样灭亡了，西周王朝再一次失去"众星共之"的"北辰"。

西周方去，殷鉴不远，孔子对这段历史应该是十分清楚的，所以，《为政》开篇那句话，既是治世之道的两个先决条件，也是孔子对殷周两代历史的总结，更是孔子中庸之道的主张。

"中庸之道"，先有"中"，后有"庸"。从治政来说，"中"就是"共主"，"庸"便是其他群星，即所谓"臣民"。以天道和德政来治理天下（国家），就如北极星一样，它所在的位置，别的星都围绕着它。

"德"与"众星共之"才符合天道，才是孔子的"治世之道"。"德"与"众星共之"是因，出现"治世之道"是果。也可以说，因为"有德"，才能"众星共之"，天道即治世之道才会出现。可见"德"是治理天下或国家的一个基础，得到了"德"，也得到了"道"，也就得到了天下或国家，反之，失"德"则失"道"，则失天下。

（二）共主与"道"的关系

孔子讲的"道"与共主的"道"，即国家治理之道。在国家治理上，有"天道"与"人道"之分。"天道"即指按照天的运行之道去治理国家，不按"天道"去治理，那便是"人道"了。

在孔子以前的社会，帝王把自己称为天子，把自己统治的社会，看成代替天来统治人间社会，即替天行道。

就帝王统治而言，分为"天道"和"人道"。"人道"包括不了"天道"，但"天道"包含"人道"中的"仁政"，即"德政"。

帝王的"人道"统治分为三种状态：

第一种是"德政"，商初商汤实行的便是"德政"。

---

[1] 《史记·周本纪》。

第二种是"暴政"，如商纣实行"暴政"，大臣祖伊对商纣王说："上天已经中止了我们商朝的命运，能够认清形势的人和占卜都不认为我们有什么吉祥可言，不是祖先不保佑我们这些后代，是因为您的荒淫无道把商朝葬送了。上天抛弃了我们商朝，让祖先的宗庙再不享受祭祀。可是您至今还不思过反省，体察上天的旨意，还不去遵守先王的纲常旧典。如今的民众没有一个不盼望商朝灭亡的，他们说：'老天爷为什么不显示威灵，商王的死期为什么还不到来？'情况已经这么严重了，大王您打算怎么办？"纣曰："我生不有命在天乎！"祖伊反，曰："纣不可谏矣。"[1]

第三种介于两者之间，即不德也不暴，居于中间，也是历代平庸的帝王统治出现的社会局面。

符合"天道"的统治，包含着"人道"中的德政。

前提为治国之道是按照"天道"的原则执行的，怎样把国家治理成符合"天道"，也可以换句话说，怎样将"天道"转化成为国家的治理？

"天何言哉？四时行焉，百物生焉，天何言哉？"[2]

首先，社会的统治者要在"无为"中体现"有为"。不去做违背天道秩序的事情。人类生存的自然界是按天道存在和发展的。人类不应过度地干涉自然界的生存与发展，而应形成与自然界共生、共荣、共发展的人类行为理念。

其次，统治者不可违背人的善良本性，更不可干涉人的善良本性，而应让社会回到一种自然而然的状态。人们日起而作，日落而息，劳作不是为别人去劳作，而是为了自己生存去劳作，世界上再没有剥削，也没有了压迫；人对自然的索取仅仅是为了本身生存需要，而不是满足无限度膨胀的个人私欲；人们将有德作为自己追求的目标，这个目标就是人的言行要对他人、社会有利，对人类存在的自然界有利。这就是符合天道的人类社会。

---

① 《史记·殷本纪》。
② 《论语·阳货》。

最后，人类社会要想进入天道社会，首先要去掉人的贪欲之心。在自然界的动物中，人的贪欲最大，从而也使人类社会最为混乱。去掉人的贪欲之心，就要建立起人的廉耻之心。所以，就需要用"德""礼""乐"来辅佐"天道"。

《论语》中有一段话，引起后世治世理念之争：

> "子曰：'道之以政，齐之以刑，民免而无耻。道之以德，齐之以礼，有耻且格。'"①

关于这个"道"字怎么解，杨伯峻说："有人把它看成'道千乘之国'的'道'一样，治理的意思。也有人把它看成'导'字，引导的意思，我取后一说。"②

朱熹说："道，犹引导，谓先之也。"③

这个"道"仅仅解释为"引导"或"治理"，并不能涵盖孔子的深层含义。"道"与"齐"均为动词，发出行为的主体是人。人用什么去"引导""整齐划一"于"政""刑""德""礼"。

所以，治理国家的理念十分重要。孔子认为，两种不同的治理理念结果是不一样的。如果执政者的治国手段是以"政令"为主，再加上"刑罚"，那么，人民只能免于罪过，却没有廉耻之心；如果执政者的治国手段是以"德"为主，加之"礼""乐"，那么，人民不但有廉耻之心，而且人心还会向善的方向改变。

这也是几千年来人们一直争论不休的问题，即"法治"好，还是"德治"好。孔子无疑是主张"德治"的。

（三）共主与臣民的关系

"共主"与"臣民"的关系，孟子讲得很清楚，"民为贵，社稷次之，君为轻"。④这种思想发展到唐代，唐太宗自己对大臣们说："为君之道，

---

① 《论语·为政》。
② 杨伯峻：《论语译注》，中华书局 1980 年版，第 12 页。
③ 《四书章句集注·论语集注》。
④ 《孟子·尽心下》。

必须先存百姓。若损百姓以奉其身，犹割股以啖腹，腹饱而身毙。"[1]他还讲："天子者，有道则人推而为主，无道则人弃而不用。"[2]唐太宗还引用荀子的话，以"舟"来比喻君主，以"水"来比喻百姓，"水能载舟，亦能覆舟"。[3]

人类应该向天取道，从天与万物的运行与生息关系上，来规划君主和臣民的关系，天下才会存在永远不会错乱的至恒秩序。

> "杞国有人忧天地崩坠，身亡所寄，废寝食者。又有忧彼之所忧者，因往晓之，曰：'天，积气耳，亡处亡气。若屈伸呼吸，终日在天中行止，奈何忧崩坠乎？'其人曰：'天果积气，日月星宿，不当坠邪？'晓之者曰：'日月星宿，亦积气中之有光耀者，只使坠，亦不能有所中伤。'其人曰：'奈地坏何？'晓者曰：'地积块耳，充塞四虚，亡处亡块。若躇步跐蹈，终日在地上行止，奈何忧其坏？'其人舍然大喜。晓之者亦舍然大喜。"[4]

劝说者解释得并不科学，但说明古代人们对天地的稳定性有所担忧。李白在《梁甫吟》诗中说："白日不照吾精诚，杞国无事忧天倾。"

天不会崩塌是由天体平衡稳定性决定的。牛顿在解释这一问题时，按照他的引力理论，苹果和月亮都应遵从相同的定律。但月亮之所以不掉到地球上，是因为月亮有一个最初的横向速度，所以，月亮便绕着地球做圆周的运转。牛顿的初始推动力，便回到了亚里士多德："任何被推动者皆被某一事物推动，'必然导致'一个不被任何别的事物推动的第一推动者。"

但宇宙有第一推动力把天体推动起来了，运转还会有问题。牛顿说：

> "如果构成我们的太阳和行星的物质以及宇宙的全部物质都均

---

① 《贞观政要》卷一《君道》。
② 《贞观政要》卷一《政体》。
③ 《贞观政要·教诫太子诸王篇》。
④ 《列子·天瑞》。

匀分布于整个天空，每个质点对于其他一切质点来说都有其内在的重力，而且物质分布于其中的整个空间又是有限的，那么，处于这空间外面的物质，将由于其重力而趋向所有处于其里面的物质，而结果都将落到整个空间的中央，并在那里形成一个巨大的球状物体。但是，如果物质是均匀分布于无限的空间中的，那么，它就绝不会只是聚集成一个物体，而是其中有些物质会聚集成一个物体，而另一些物体会聚集成另一个物体，以致造成无数个巨大物体，它们彼此距离很远，散布在整个无限的空间中。很可能太阳和恒星是这样形成的，如果这种物质还具有发光的性质。"[1]

假设，我们把地球上的人类社会，比喻为一个太阳系，就意味着地球上的人类，只能有一个共主。历史上曾有人这样做过，如古罗马恺撒，古希腊亚历山大大帝，以及后来法国的拿破仑等，但都失败了。因人类历史的文明程度织不出如太阳系一样合理、和谐、平衡的社会经纬网络结构。人类将来文明能否走到这一步，也很难得出结论。如按照从历史走过来的社会，现今社会的发展路径，百分之百达不到与天道相统一的社会，反而还会导致人类社会走向灭亡的道路。

假如我们把地球上的人类社会比作银河系，不妨这样比喻一下：银河系有数千亿颗如太阳的恒星，这些恒星都有自己的恒星系。人类社会虽没那么多的国家，但也有100多个。如果一个国家就是一个太阳系，那么这个国家便可以形成"共主式"社会经纬结构了。这样，世界就如同一个小的银河系。世界上每个国家，都有一个"共主"，每个国家在"共主"的领导下运行，然后再由这100多个"共主"成立一个世界联合体，制定世界各国的行动准则。

首先，这个"共主"具有巨大的引力。太阳系中的太阳，占有整个太阳系质量的99%，其他行星、卫星、矮行星及星云中的物质质量占不到1%。"共主"代表国家，但他本人并不拥有多出于别人的财富和权力，一切财富和权力均为国家所有。"共主"可以代表国家运用这些财富和权力。

---

[1] H.S.塞耶编：《牛顿自然哲学著作选》，上海人民出版社1974年版，第54页。

只有"共主"代表国家的权力和财富，这些权力和财富便会产生足够的引力，从而使国家内的"臣民"离不开"共主"。

其次，"共主"要把国家内部的经纬社会结构建立好。"共主"是一国的中心，即核心，在核心的下面应有若干个分中心。这种分中心一直分下去，但是无论分到多少层级，"共主"是全国的唯一总中心、总核心，这是什么时候都不能变更的。国家内从"共主"到普通老百姓都有自己明确的位置、明确的生产生活轨道和大体一致的思维行为标准。

最后，"共主"要与相邻国家及不邻国家建立友好关系，保证国与国之间的和平安泰，不引发战争，不出现混乱。各个国家在世界上都有明确的地位，明确的社会发展方向、道路以及人们生产生活的轨道。

二、孔子主张的治世之道，即效法天道

天道是一种自然而然之道。"天道"在"治世之道"中表现为有秩序的、和谐的、无征伐的、无饥馑的、人与人之间平等的社会状态，而这种有秩序的社会还能体现天的好生之德。

人类社会秩序如何能像天那样经纬有序呢？

由于远古的中国人对天道有粗浅的认知，原始社会解体之后的社会结构，主要表现于两个结构形成的两个纲纪：一是血缘结构形成的血缘纲纪，以父父、子子为主要核心；另一个则是社会结构形成的社会纲纪，以君君、臣臣为主要核心。

血缘结构就是以血缘亲情组成的家庭和由家庭向外扩大的家族社会组织结构。社会结构即人们在社会不同领域由于社会分工而形成的人与人之间的社会组织结构。

血缘结构是按辈分高低和血缘远近排列的，社会结构是按人在不同社会领域的地位排列的。血缘结构与社会结构相互重叠，即每一个人既是血缘结构中的一员，又是社会结构中的一员。一个人的社会地位既能在血缘结构中表现为辈分的高低，又在社会结构中表现为地位的高低。这便形成一个大的社会纲纪网络。地位最高的君主自然是网络层级的最

高端，然后降级向下排列。这种有序的社会结构很像自然的天体。血缘结构从人类产生起便开始存在，并成为社会的最基本的结构。而除血缘结构之外的社会结构只是人类社会由于发展变化而产生的社会分工才作为血缘结构的补充出现的。

（一）天然的原始社会血缘群结构

人类最初的社会组织形式是原始群。原始群社会是以同一血缘为纽带的人们组成共同劳动、共同生活的群体。

这是人类初级的群结构。人类刚从动物发展演变而来，人类的人性尚未完全摆脱动物的本性，处在人性发展的初级阶段，沿袭了很多动物的天性，如原始群人与人之间没有辈分，没有固定的配偶对象，处于一种杂交状态。这与人之外的其他动物相较，没有多大的差别。随着摆脱性别的杂交状态，人类开始进入初期的群婚阶段，配偶只能在同辈中进行但仍然在一个氏族内，称班辈婚，也称血缘家族。

原始群、血缘家族往下发展，人类社会进入氏族公社阶段。氏族公社排除了族内通婚的旧俗，实行族外婚，由同一地域相近的几个氏族公社组成较为稳定的婚配集团。

氏族公社再往下发展，人类社会便进入了母系氏族公社。因人只知其母不知其父，母系氏族的辈分是按照母方来计算的。另一个原因是氏族社会当时生产以农业为主，女人采集是当时主要的生产方式。

从原始群到母系氏族公社，群及公社内部实行生产资料的公有制，政治上氏族成员平等，没有人比别人占有多的权力和财富。氏族或公社在事务的管理上，以酋长为中心。酋长从氏族成员中选举产生，也由氏族成员投票撤换，在氏族内没有什么特权。

母系氏族公社的后期，随着畜牧业和手工业的发展，男性在社会生产中占有更重要的地位，加之生产力的发展出现了生产剩余，私有制逐渐萌芽，同时随着婚姻制度由族外婚也逐渐开始向对偶婚过渡。男性希望将个人的私有财产留给自己亲生的子女，一妻一夫制的家庭形式开始出现，使母系氏族公社开始分化为若干个以男人为中心的大家族，社会开始进入父系氏族公社。

父系氏族公社初期，公社内部仍实行生产资料公有制，个体家庭内财产的私有制。到了公社晚期，个体家庭成为整个公社的生产与生活的基本单位，原来的公社内部的公有制被彻底瓦解了，小家庭所有制便成为公社的主体。原始社会的父系氏族公有制走向解体。

父系公社社会的解体，标志着人类社会的原始群结构社会组织开始走向终结，逐渐被一种以家庭为基本组织的社会结构所取代。

原始社会的群结构，社会基本结构是群，构成群结构的是群中的每个人，每个人在群中都是平等的，到群结构的后期，即父系氏族公社的晚期，出现了军事酋长或首领，其地位已经远高于其他氏族成员。在群结构上，已经出现氏族群结构之间的联盟，这种联盟最早是从婚姻需要开始，最后因对抗自然灾害或应对外面氏族的入侵而形成政治联盟。群结构以群的带头人酋长为中心。

家庭结构的出现是群结构血亲分化的必然结果，是人摆脱人与动物共有的天性的开始，也是"人欲"逐渐走向膨胀的开始。

人欲的增长，是随着人的能力提高而增长的。人的能力愈提高，人的欲望便愈加扩大。而家庭这种清晰的血缘结构，便成为不断刺激人的欲望增长的温床。人的每一个细胞便被这种家庭血缘结构调动起来，从人出生一直到人死去，家便成了人的出发点，也成了人的归宿点。这时的家庭便与财富和权力等与人相关的利益连结起来，来到世上的每个人都会如此。为此，家的社会结构便迅速地发展起来，使原来的原始社会的群结构荡然无存。

家又开始不断地分化。家是以男人为中心的，那么每出生一个男人，就要成立一个家，这样随着时间的推移，由一个家被分衍出若干个家，若干个不同辈分和代别的家，如此便形成了家族。

这时便出现了以家为基本单位组成的家族群的社会组织，但家族群已经不是社会最基本组织了，最基本组织是家庭。家庭又由家内的成员组成。我们把这种群，叫作"结构群"社会结构，那是由数个或者无数个基本家（庭）结构组织成的社会组织。

为什么会出现结构群的社会组织呢？因为家的组织结构是十分坚固的，从上古到今天，人们仍然无法打开和去掉这一结构，所以它的存在是合理的。但从远古到现在，"家庭"只是一种血缘组织，它的功能只能表现在人的血亲关系上，以及由血亲关系而决定的人的社会地位、财产的继承关系上。而人的所有生产生活，从远古到今天还必须在更大的空间去完成，所以为了生产和生活的需要，人又必须走出血缘，走出家庭，与其他人，即与来自自己同家族的、不同家族的人交往，如是便开始了由社会交往和分工而形成的社会结构群的社会结构。

血缘群结构出现了二级结构，即以家庭为核心的底层结构，建立在家庭之上的同姓氏族家族结构。而由社会交往和分工产生的结构群也随着社会的发展而不断地发生变化，并逐渐分化出多层级、叠床架屋式的社会结构群。

（二）夏、商、周社会结构群

1.部落结构群

结构群的社会是群结构解体后的社会结构。结构群的社会是随着人们交往的不断扩大而产生而发展变化的。

中国古代三皇五帝时期便已经进入了结构群的社会。三皇五帝时期，是原始社会群结构解体后产生的同源、同族的结构群，即所有人可能都是出自一个氏族公社，上可追溯到母系氏族公社的先祖，或父系氏族公社的先祖。

关于五帝的说法，第一种说法是将五帝按地域分布，即黄帝居中，太昊居东，炎帝居南，少昊居西，颛顼居北。这是说五帝时五个部落是按中东西南北五个方位居住。第二种说法是五帝是按着时间先后顺序出现的。

据《史记》记载，黄帝时，天下已经出现了诸侯、百姓等，说明此时处于原始社会后期，即军事民主制阶段。人们生产生活是以当时的中原为核心，向四周扩散，但已形成很多氏族部落，这些氏族部落中包含着若干个氏族，即"百姓"，"百姓"中的每个氏族，实际上就是同姓家族组成的氏族，然后又由不同姓氏氏族组成一个大的部落。

不同姓氏的联合，一是由于地域的关系，使氏族联合起来；二是同族同源的关系使氏族联合起来；更重要的原因是为了争夺更大的生存空间。每个氏族、每个家庭都想获得更大的私人利益，但家庭是利益最终获得单位，这种人的欲望使具有相同目的的氏族联合起来。

这种联合有的也是在氏族或部落不断地迁移中实现的。这些部落在迁移中相互融合，或经过武装侵占后相互融合。黄帝与炎帝在阪泉之野发生激战，经过多次争战，最后黄帝打败炎帝，炎帝族人并入黄帝部族，黄帝又战胜了蚩尤，成为天下的共主。

这是国家出现前的社会组织。这种社会组织主要由三级血缘构成，即最基层的家庭组织，第二层氏族组织，第三层部落组织。

2. 国家结构群

五帝之后，社会又按照血缘结构的发展途径发展到了尧舜禹时代，这已经到了国家产生的门槛。

尧舜禹时，已出现了天下一统，虽然那时天下的范围并不大，但这种统一也促使社会的血缘结构进入一个大的发展时期。这一时期明显的特征是战争减少，人口也增长起来了。人们社会交往的范围扩大，组建家庭男女选择的空间增大，利于生者优化。

《礼记·礼运》在叙述大同社会之后，谈到当时的社会时说：

> "今大道既隐，天下为家。各亲其亲，各子其子，货力为己，大人世及以为礼，城郭沟池以为固，礼仪以为纪。以正君臣，以笃父子，以睦兄弟，以和夫妇，以设制度，以立田里，以贤勇知，以功为己。故谋用是作，而兵由此起。禹、汤、文、武、成王、周公，由此其选也。此六君子者，未有不谨于礼者也，以著其义，以考其信，著有过，刑仁讲让，示民有常，如有不由此者，在势者去，众以为殃，是谓小康。"

这段话讲的就是群结构之后的结构群的社会状况。从时间上看，这是从私有制的出现、家庭的产生开始，一直写到孔子时为止。尧、舜、禹三代，虽不能说已经形成国家的社会结构，但标志着国家的一些要素已经出现，如《史记·五帝本纪》记载当时已经有了法律。

据《史记·五帝本纪》记载，在舜时便开始由皋陶制定法律。"舜曰：'皋陶，蛮夷猾夏，寇贼奸宄，汝作士。'"并告诫皋陶定罪量刑时要遵守统一的原则，即"五刑有服，五服三就；五流三度，五度三居"。[①]舜说：皋陶，蛮夷侵扰中国，盗贼犯法横行，你去担任法官，五刑要使用得当，对于犯罪的人要在规定的场所用刑；五刑如改为流放应按照罪行的轻重去规定远近的里程：五种不同程度的流放，应安置在郊

---

① 《史记·五帝本纪》。

野、市、朝三个不同的场所方可执行。总之，只有执法严明，才能取得人们的信任。《尚书·康诰》还说："父子兄弟，罪不相及。"《尚书·大禹谟》中记载皋陶说："与其杀不辜，宁失不经；好生之德，洽于民心。"即如果杀掉无罪之人，执法者应承担不按法度行事的责任。有了爱护老百姓的品德，才能使老百姓从内心感到亲近。

这说明，在尧舜时期，社会的法律已经涉及防盗、防贼、保护老百姓利益等方方面面了。

从某种意义上讲，原始社会人们所行的人道，与动物所行的动物道有所差别，但并不是本质的差别。只有国家出现，人类所行的人道，才与动物所行的动物道出现了本质的差别。

在国家产生之前，人类社会的群结构，是一种无中心的社会秩序，随着人口繁殖及增长，人们交往范围的不断扩大，使各氏族部落生存空间相互交叠，这种交叠一方面可能出现和平融合成一个部落，也可能发生冲突，导致氏族部落之间的战争。战争的结果胜利方融合战败方，接纳氏族的全部人口及其领地。在原始社会末期，部落之间发生战争，胜利的氏族部落并不是屠杀失败的氏族部落，而是将两个氏族部落合并为一体。

到了夏商周时期，这时的社会血缘结构已经发展为四级，即家庭——氏族——部落——国家。

从血缘结构来看，已经发展到了它的终极层。

国家出现对血缘结构的意义：

第一，血缘结构成为夏朝最基本的社会结构。

夏朝建国之后，对当时天下的管理，并没有打破氏族血缘的地方管理，而是将天下各氏族按照与夏关系的远近进行了分封。《史记·夏本纪》载：

> "禹为姒姓，其后分封，用国为姓，故有夏后氏、有扈氏、有男氏、斟寻氏、彤城氏、褒氏、费氏、杞氏、缯氏、辛氏、冥氏、斟戈氏。"

当时分封的氏族部落有很多，有的典籍记载的较为夸张，说有一万个左右。《吕氏春秋·用民》载："当禹之时，天下万国。"夏代一方面分封氏族部落为国，另一方面将那些不听指挥的邦国灭掉。禹分封一万个左右的诸侯，"至于汤而三千余国"。《吕氏春秋·用民》说明有夏一朝，先后灭去了六七千个诸侯国。当时以氏族部落成立的诸侯国在社会生产上都有明确的分工，如：羲氏、和氏为夏观测天象，负责制定历法；周的先祖为夏农官，负责农业生产；封父国负责制造兵器良弓；奚仲是夏代善于造车的氏族首领，担任夏朝的车正，负责造车；商族的首领冥，担任夏的水官，负责治水。

这些氏族邦国臣服于夏，受夏的分封，成为当地的诸侯。夏族人本身，以夏原有的氏族部落为核心，形成天下邦国部落总联盟，即邦国归属于夏朝的统治。这些邦国与夏的关系，有的近，关系好些，有的较疏远，关系差一些，但均为夏的邦国。

《尚书·禹贡》，讲禹治理九州，但九州只是禹治理水患而划分的区域，并非以地域进行管理的行政区域，"九州攸同，四隩既宅……中邦锡土姓。祗台德先，不距朕行"。意思说："九州的水利工程都已经完工，四方的土地都可以居住了……九州之内的土地都分封给诸侯并赐之以姓氏。诸侯们都要把我的德行放在治理邦国的首要位置，不得违背我所推行的德政。"

国家的出现，使一定地域空间内，形成一个凌驾于社会之上的统治机构。从夏商周来看，尽管不像今天国家这样完备，但立法机构、行政机构、军队、监狱都已经具备了，但夏商周的国家因刚刚从氏族公社演化而来，整个国家是建立在原始部落氏族基础上的，所以整个社会组织，是在血缘家庭之上建立起来的。这种血缘社会结构到了战国时仍十分突出。如孟子说：

　　"人有恒言，皆曰天下国家。天下之本在国，国之本在家，家之本在身。"①

孟子的意思是：天下的基础是国，国的基础是家。

国家的出现，便由血缘组成一个庞大的社会血缘结构网络：

_____

① 《孟子·离娄上》。

首先，天子是这个血缘结构的最顶端，天子的直系血亲结构，非直系血亲结构，往下是诸侯的血亲结构，大夫的血亲结构，士的血亲结构，最后到庶民老百姓的血亲结构。

第二，每个人从自己的家庭血亲可以追溯到家族的血亲，又从家族的血亲可以追溯到同宗族的血亲，每个人都可以织出一张很大的血亲网。这种血亲网成为人在社会上非常依赖的社会关系。

商朝基本沿袭了夏朝的氏族血缘结构为社会的基本结构。商人的祖先子姓，是一个具有悠久历史的古代族群，取代夏朝时已发展成为以子姓为核心的许多部落联合体，《史记·殷本纪》载"契为子姓，其后分封，以国为姓，有殷氏、来氏、宋氏、空桐氏、稚氏、北殷氏、目夷氏"。

汤灭夏桀时，得到"诸侯群后"的支持，与天下众多部落建立起反夏联盟。商代夏后，"诸侯毕服，汤乃践天子位"，商因得到天下各诸侯、部落的支持得到天下，所以，商前期对各诸侯国和氏族部落采取忍让怀柔政策，允许一些部族首领参与殷王朝朝政的管理，并担任一些重要职务，尤其当时的贞人集团，负责商朝占卜的人员大多数由部落酋长担任。这些人试图通过神权占卜，来控制商朝的政治、经济、文化的发展。正因为如此，各部落的血缘社会结构，不但没有遭到破坏，反而得到了进一步的加强。血缘社会结构变成了商朝社会的基本结构。从武王灭商，处理殷遗民就可以印证这一点。

周初分封给鲁公"殷民六族：条氏、徐氏、萧氏、索氏、长勺氏、尾勺氏，使帅其宗室，辑其分族，将其类丑，以法则周公，用即命于周"[1]，还分封给康叔"殷民七族：陶氏、施氏、繁氏、锜氏、樊氏、饥氏、终葵氏"。[2]由此可见商朝的地方社会结构，仍然是从原始社会直接过渡到夏殷社会的氏族血缘结构。

从周朝开始，嫡长子继承制的血缘宗族制度开始确立。从天子开始，国家最高统治者宗君合一，即天子既是天下的共主，同时又是王室的大宗，其他庶子分封到各地建立诸侯国。诸侯和卿大夫、士均实行嫡长子继承制，嫡长子为大宗，其他庶子为小宗。大宗称百世不迁，不论

---

① 《左传·定公四年》。
② 同上。

过多少代，由始祖的嫡长子一代代传下来的为大宗，是所有族系成员的共奉之宗。小宗又称"五世则迁之宗"，即血缘关系一旦超过"五服"，就不再奉之为宗。大宗世代不变，小宗则随着血缘关系的逐渐疏远而不断更新。庶子对嫡长子来说是小宗，小宗也实行嫡长子继承制，小宗的嫡长子对庶子又成为大宗。大宗有继承爵位、财产、祭祀祖先的权利。宗族祭祀由大宗主持。

周朝的国人与庶民家庭也按嫡长子继承制的原则分为大宗小宗，但并不严格，庶民以家庭为核心进行生产和生活，但家族或宗族仍对每个家庭有一定的组织和领导作用。晁福林先生《论周代国人与庶民的社会身份的变化》一文指出："西周春秋时期所谓'国人'，皆为宗族之人。换句话说，游离于宗族之外的国人，在那个时期是找不到的。""西周时期庶人社会身份盖为宗族中的普通劳动者，即宗族中最普通的人数最多的成员。"①

（三）国家的天道秩序

原始社会天然的群结构社会组织，是人类社会处于蒙昧状态天道的体现，这种与地球上的其他动物一样，野蛮无序地生长，只能靠一种自然繁殖与淘汰去顺行天道，而不是作为地球上有智慧的生灵在更高层次和更高的领域体会和接近天道，完成弘大天道的人类使命。

国家的出现，使人类有了遵循天道，顺从天道而行的路径。

尧舜禹三代是进入国家的门槛时期，为后人树立了正确的榜样，可惜这种符合天道的行为被禹破坏掉了。禹打破了"传贤不传子"的传统，将国家的权柄交给了自己的儿子启。所以，从国家一开始建立，人类社会便进入一道错误的门径，而且越往里走越错，乃至无法返回。

从地球上观测天道，只能观测到太阳系的天道。太阳系的天道，是以太阳的运行为核心、为轴心运转的天道，人类若在地球上模仿天道运行，就要在特定的时空领域建立以"共主"为核心的社会运行发展秩序，"共主"就相当于特定时空中的太阳，所有人都围绕在"共主"周围，与"共主"建立起"中""正""应""时"的社会秩序，共同参与国家治理。

---

① 　晁福临：《夏商西周史丛考》，商务印书馆2018年版，第981页、第994页。

这便是孔子晚年才发现的思想，将其写入《礼记·礼运》里面，即所谓的大同世界。可惜这时孔子已是垂暮之年，来不及整理他的全部思想，便撒手人寰了。

三、建立维持天道秩序的礼仪制度

维持这个天体般的社会网络结构最为重要的是"中"，即社会"共主"。

"共主"则是社会上层统治者，以及从"共主"开始往下降级排列的各级官吏，他们是社会发生变化的主导者、决策者、操纵者。另一个便是维系纲纪的礼法制度了。

孔子主张恢复的周礼，不能仅仅理解为社会礼仪制度。周礼涉及周的政治制度、经济制度、文化制度，范围广泛，包括人们日常生活中的婚丧嫁娶、迎来送往、衣食住行、制礼作乐等方面。在这些方面，都有具体的规定。这些规定就是想将两个结构固化下去，形成经纬式的两个纲纪，目的是形成社会各个结构之间的稳定的社会秩序。

这种社会秩序运转得好坏，在孔子看来，"中"对君主是十分重要的，君主好与坏的状况决定着这种社会秩序的好与坏的状况。

孔子说：

> "天下有道，则礼乐征伐自天子出；天下无道，则礼乐征伐自诸侯出。"[①]

天子出，这是一个有秩序的社会。天子一声号令，各国诸侯也好，民众也好，都要执行，否则一个天下，天子也出号令，诸侯也出号令，这就失去了社会秩序。

齐景公向孔子问政，孔子说："君要像个君，臣更要像个臣，父亲

---

① 《论语·季氏》。

要像个父亲，儿子要像个儿子。"

　　"齐景公问政于孔子。孔子对曰：'君君，臣臣，父父，子子。'"①

做到了这四像，社会秩序就稳定了。否则社会就会动荡、混乱。

孔子认为，当时的鲁国是最容易实现符合天道的社会。

　　"子曰：'齐一变，至于鲁；鲁一变，至于道。'"②

为什么鲁一变，就会至于道呢？因为鲁是周礼的制定者周公后代所建立的国家。礼制比其他国家完备，经过治理很容易就会达到有序的社会。

在春秋时期，各国的国君最为重要。一个国家发展得如何，主要看国君是否具有治理国家的才能。可惜，孔子时期的国君大多不具备这样的才能。

仅有好的君主或共主还不够，还要有好的官僚队伍，还要有好的制度。

《论语》载：

　　"子曰：'管仲之器小哉！'或曰：'管仲俭乎？'曰：'管氏有三归，官事不摄，焉得俭？''然则管仲知礼乎？'曰'邦君树塞门，管氏亦树塞门。邦君为两君之好，有反坫，管氏亦有反坫。管氏而知礼，孰不知礼？'"③

这是说管仲作为宰相，不知礼节，有与君主分庭抗礼、僭越礼制的行为，从而在这点上孔子反对管仲，说他格局不大。

---

① 《论语·颜渊》。
② 《论语·雍也》。
③ 《论语·八佾》。

　　"孔子谓季氏：'八佾舞于庭，是可忍也，孰不可忍也？'"①

　　一次季氏要去祭祀泰山。

　　"季氏旅于泰山。子谓冉有曰：'女弗能救与？'对曰：'不能。'"②

　　在当时，只有天子和诸侯才有祭祀"名山大川"的资格。这时孔子再次谴责季氏的"僭礼"行为。

四、治世之道，兴废在民

　　"子谓子产有君子之道四焉：其行己也恭，其事上也敬，其养民也惠，其使民也义。"③

　　子产是位法家先驱，为春秋时郑国的宰相。孔子评价他有四种好的品行。其中后面两点是对平民百姓的，即子产执政，让平民百姓得到实惠，子产从不役使百姓，凡役使百姓之事都是符合道义的。

　　鲁哀公二年（前493年），即孔子出游的第四年，到了宋国。孔子要求见宋景公，宋景公才接见了他，结果两人话不投机。孔子到宋国原本有很大的期许，他是宋人之后，夫人亓官氏也是宋人，本想看在宋可否能有所作为，不想一句话得罪了宋大司寇桓魋。此人是宋先臣向戎之孙，宋桓公的后裔，为人骄横奢侈，想死后不朽，让人给他做一副巨型石椁。由于石椁制作难度大，三年尚未完工，工匠们疲不堪言，孔子见状，不禁动起气来，说："与其他这样奢侈，不如叫他死后早些烂掉！"这话传到桓魋那里，惹出麻烦，桓魋要杀孔子，吓得孔子及弟子都化了

---

① 《论语·八佾》。
② 同上。
③ 《论语·公冶长》。

妆，穿上便服，连夜逃出宋国。

　　"季氏富于周公，而求也为之聚敛而附益之。子曰：'非吾徒也，小子鸣鼓而攻之，可也。'"①
　　"子适卫，冉有仆。子曰：'庶矣哉！'冉有曰：'既庶矣，又何加焉？'曰：'富之。'曰：'既富矣，又何加焉？'曰：'教之。'"②

孔子对家境比较穷的学生，格外照顾。

　　"冉子为其母请粟。子曰：'与之釜。'请益。曰：'与之庾。'"③

对穷人富有同情心。

　　"原思为之宰，与之粟九百，辞。子曰：'毋！以与尔邻里乡党乎！'"④

《说苑》载："孔子初仕为中都宰，制为养生送死之节，长幼异食，强弱异任，男女别途，路无拾遗。"
孔子相鲁，鲁国大变，人心思治，任大司空时"设法而不用，无奸民"。⑤

　　仲尼相鲁，景公患之。谓晏子曰："邻国有圣人，敌国之忧也。今孔子相鲁若何？"⑥

　　以上记载可以看出，孔子在鲁国从政时所展现的治理社会的才能，以及社会上各个方面对他治理社会的反应，说明孔子的政治实践是成功

---

① 《论语·先进》。
② 《论语·子路》。
③ 《论语·雍也》。
④ 同上。
⑤ 《史记·孔子世家》。
⑥ 《晏子春秋·外篇》。

的。孔子成功的原因，是将"民"放在他政治的首位，所以鲁国大治，民心安定，盗贼不起。可惜的是，从辞摄相事后，社会再没给孔子政治舞台，没给他任何从政的机会。

五、孔子的理想社会

从上可见，孔子认为的治世，就是将世界向着天道的目标去治理，形成自然的、有序的、相互制衡的社会，人们在有序制衡的社会之中享受着自由、平等、相爱、富足、无忧无虑的生活。

什么是孔子理想的社会制度呢？我们来看他对尧舜禹的称赞吧！他赞美尧是在替天行道，尧将天的恩德广施于天下百姓，建立十分好的礼仪制度，使天下百姓都不知道怎样去赞美他。他赞美舜和禹说，舜和禹其德很崇高呀，他们贵为天子，富有四海，但每天为老百姓操劳，一点都不为他们自己。他说：我看不到禹有什么不好的地方让我去批评他。他作为天子，自己吃得很差，穿得也很差，却把祭祀的贡品办得十分丰盛，把祭服做得十分华美。他住得也很坏，却把他所有的力量都用来修筑沟渠水利。这样的人，我对他还能批评什么呢？

《礼记·礼运》记载，有一次，鲁国岁末举行蜡祭，祭祀百神，孔子担任蜡祭的蜡宾。祭祀完成后，孔子走出宫廷，站在台阶之上，不禁长长地叹息。弟子言偃在旁问道："老师为什么叹息？"孔子说："五帝时是大道施行的时代，三代时的英明君臣，我虽没有赶得上，但典籍中都有记载的。"孔子很是向往尧舜禹那样的社会，《礼记·礼运》中的话，发出了他心底的声音：

> "大道之行也，天下为公。选贤与能，讲信修睦，故人不独亲其亲，不独子其子，使老有所终，壮有所用，幼有所长，矜寡孤独废疾者皆有所养。男有分，女有归。货恶其弃于地也，不必藏于己；力恶其不出于身也，不必为己。是故谋闭而不兴，盗窃乱贼而不作，故外户而不闭，是谓大同。"

第二十五讲
孔子的天道治人之道

孔子的治人之道，是从春秋时代人的现状出发，对人的道德品质进行治理，从而得出，他想将人治理成拥有"君子"的品德。这种"君子"品德是人类从人道社会向天道社会转化时期，人应该具有的品质。

一、君子指哪些人

孔子说："克己复礼为仁。一旦克己复礼，天下归仁焉。"[①]

克己讲的是恕道，要反省自己。孔子认为能够坚持恕道的人，又能做什么事情都合乎于礼仪，天下的人就会称之为仁人。这样的仁人是孔子为现实社会人们树立的道德标杆。他几乎倾一生心血，不断地讲现实人所应该有的理想品格。他将具有这样品格的人，称为君子。

"君子"一词，最早见于《尚书·酒诰》。《酒诰》是周初周公对康叔的诰辞，即劝诫年幼的康叔戒酒勤政，吸取殷人因酒败政的历史教训。现从甲骨文中，尚未见到"君子"一词。"君子"一词在《酒诰》中出现，故"君子"一词，可能产生于周代。

---

① 《论语·颜渊》。

> "庶士、有正越庶伯、君子，其尔典听朕教。尔大克羞耇惟君，尔乃饮食醉饱。丕惟曰：尔克永观省，作稽中德。尔尚克羞馈祀，尔乃自介用逸。兹乃允惟王正事之臣，兹亦惟天若元德，永不忘在王家。"①

周公平定三监之乱后，把康叔封在殷地，周公怕年幼的康叔不能完成统治殷人的任务，便写给康叔一篇上位前的训诫之辞。大意是这样的。庶士、有正、庶伯、君子，希望你们能认真地听我的教导。你们能够很好地服侍长辈和国君，你们就会酒足饭饱。这样，你们更能反省自己，言行举止都符合中正之德。这样你们基本上能参加国王祭天仪式，你们自己就可以向上天祈求幸福快乐的生活。你们都是被国王允准为国办事的大臣，你们能够按照天德去做事，永远不要忘记自己是国王臣下的身份。

《酒诰》主要内容是周公告诫康叔及官员不要饮酒，不要像商末统治者那样堕落。

这里的"君子""庶士""有正""庶伯"指的都是官员统称，并不是具体的官位。

而"君子"特指品德和素质较好的官员。"君子"一词出现时，就是官员的代名词。在最高统治者看来，他的官吏都是人群中品德和素质最好的，所以称为"君子"。

这在周成王所作的《周官》中也能得到充分的证明。西汉经学家孔安国为《周官》作的《序》说："成王既黜殷命，灭淮夷，还归在丰，作《周官》。"《周官》一文，主要阐明周王朝设官、分职、用人之法。《史记》记载与此完全相同。

在文中，周成王说：

> "王曰：'呜呼！凡我有官君子，钦乃攸司，慎乃出令。令出惟行，弗惟反。'"②

---

① 《尚书·酒诰》。

② 《尚书·周官》。

王说："唉！凡是我那些担任各级官职的君子，一定要谨慎地对待你们所负责的事务，谨慎地发布命令。"

这是以周天子名义发布的文诰，也是第一次把周朝的大小官吏称为君子。

从周代的另一文献《冏命》，也可以验证这一点。

《史记·周本纪》说："王道衰微，穆王闵文武之道缺，乃命伯冏申诚太仆国之政，作《冏命》。"周从成王到穆王，中间只隔了两代天子，即康王和武王。这时的西周已经王道衰微。周天子穆王对伯冏说："伯冏，我没能够培养好我的品德，登上天子的王位后，忧惧警惕，时常半夜醒来，思考怎样才能避免过失。""昔在文、武，聪明齐圣，小大之臣，咸怀忠良，其侍御仆从，罔匪正人。"[1]这句话翻译过来便是："过去文王、武王是才智聪颖的圣人，大小官吏都心怀忠良，他们的左右近臣没有一个不是正人君子。"

所以，君子是当时周天子对官吏的品德要求。

《诗经》的作品大致产生在西周初年至春秋的中期。

《诗经》的第一首诗《关雎》，已有了君子的词句。

"关关雎鸠，在河之洲。窈窕淑女，君子好逑。"[2]

另一首《樛木》也提到了君子：

　　"南有樛木，葛藟累之。乐只君子，福履绥之。南有樛木，葛藟荒之。乐只君子，福履将之。南有樛木，葛藟萦之。乐只君子，福履成之。"[3]

这两首诗歌里的"君子"是不是指官吏呢？已无法去求证了。但在《诗经》的另两首诗中，也出现了"君子"成为丈夫的代称：

　　"遵彼汝坟，伐其条枚。未见君子，惄如调饥。遵彼汝坟，伐

---

① 《尚书·冏命》。
② 《诗经·周南·关雎》。
③ 《诗经·周南·樛木》。

其条肄。既见君子，不我遐弃。"①

"喓喓草虫，趯趯阜螽。未见君子，忧心忡忡。亦既见止，亦既觏止，我心则降。陟彼南山，言采其蕨。未见君子，忧心惙惙。亦既见止，亦既觏止，我心则说。陟彼南山，言采其薇。未见君子，我心伤悲。亦既见止，亦既觏止，我心则夷。"②

《诗经》收集了诗歌305首，其中：《风》收诗160首，在160首中，君子指代国君的5处，官吏的9处，有能力的人2处，文采风流的人5处，情郎1处，丈夫25处，指代不清的4处，共出现52处；《雅》收诗105首，在105首中君子指代周天子54处，君王（诸侯）25处，官37处，品德好的人1处，快乐的人10处，丈夫3处，共出现130处；《颂》40首，只有1处出现君子，指代的是国君。

从上可见，在孔子之前，"君子"一词所指代的人很广泛，上至周天子、各国诸侯，下到平民百姓家中的已婚男人，妻子称丈夫为君子，也有女人称情郎为君子。同时，也出现了把那些有文采风流的人称为君子。

在《诗经》中，已经出现把君子指向要求人们学习的诗句："君子是则是效。"③

则，指法则、榜样；效，指仿效，让人们向君子学习。称周天子为"岂弟君子"。岂弟，指品德高尚。这样的称赞周天子，多次在《诗经·大雅》的诗中出现。

"君子"一词，从文献记载看，也有可能最早见于《周易》。《周易》卦辞、爻辞，应产生在周文王或周公时。《周易》中乾卦中有一爻辞，用"君子"一词，"九三，君子终日乾乾，夕惕若厉。无咎"。《坤》卦，卦辞出现"君子"一词：

"坤：元，亨，利牝马之贞。君子有攸往，先迷；后得主，利。"④

---

① 《诗经·周南·汝坟》。
② 《诗经·召南·草虫》。
③ 《诗经·小雅·鹿鸣》。
④ 《周易·坤》。

《屯》卦爻辞三出现君子："六三，即鹿无虞，惟入于林中，君子几不如舍，往吝。"①

《小畜》卦上九出现君子："上九，既雨既处，尚德载。妇贞厉，月几望；君子征凶。"②

《否》卦卦辞出现君子："否：否之匪人，不利君子贞，大往小来。"③

《否》卦六二出现小人："六二，包承，小人吉，大人否。亨。"④同卦出现"大人"，"九五，休否，大人吉"。⑤

《同人》卦卦辞出现君子："同人于野，亨。利涉大川，利君子贞。"⑥

《谦》卦卦辞出现君子："谦：亨。君子有终。"⑦"爻辞："初六，谦谦君子，用涉大川，吉。"⑧"九三，劳谦，君子有终，吉。"⑨

《观》卦出现君子："初六，童观，小人无咎，君子吝。"⑩"九五，观我生，君子无咎。"⑪"上九，观其生，君子无咎。"⑫

《观》卦卦辞出现"王"。"六四，观国之光，利用宾于王。"⑬

《剥》卦卦辞出现君子："上九，硕果不食，君子得舆。小人剥庐。"⑭

《遁》卦卦辞出现君子："九四，好遁，君子吉，小人否。"⑮

---

① 《周易·屯》。
② 《周易·小畜》。
③ 《周易·否》。
④ 同上。
⑤ 同上。
⑥ 《周易·同人》。
⑦ 《周易·谦》。
⑧ 同上。
⑨ 同上。
⑩ 《周易·观》。
⑪ 同上。
⑫ 同上。
⑬ 同上。
⑭ 《周易·剥》。
⑮ 《周易·遁》。

《大壮》卦出现君子："九三，小人用壮，君子用罔。"①

《明夷》卦出现君子："初九，明夷于飞，垂其翼。君子于行，三日不食。有攸往，主人有言。"②

《解》卦出现君子："六五，君子维有解，吉，有孚于小人。"③

《夬》卦出现君子："九三，壮于頄，有凶。君子夬夬独行，遇雨若濡，有愠无咎。"④

《革》卦出现君子："上六，君子豹变，小人革面，征凶，居贞吉。"⑤

《周易》卦爻辞共出现"君子"一词20处。

《周易》卦爻辞中，出现"夫君""君""王""臣""丈夫""君子""小人""小子"等均为代名词。

《周易》始于周文王。卦辞和爻辞皆成于周。《周易》中对人的名称指代，是十分清楚的。

这些指代中，小人出现9处，其中，6处与君子同卦文出现，品德好的为君子，不好的为小人。3处是讲天子或王公不能用小人，因小人品德不好。

由此可见，君子在西周时，并非专指统治阶级的官员，也指代那些人品好的人，包括在统治者之中的人，和不在统治者当中的人。

但还没有出现将"君子"这一名词主要指向品德好的人，也没有论述君子的品格应该是什么样的。论述君子应该具备什么样的品格，这是从孔子才开始的，孔子把君子讲成了品德高尚人的化身。随着孔子不断地讲和孔子在人们心目中地位的提高，孔子所讲的君子内涵与外延基本上形成了。

---

① 《周易·大壮》。
② 《周易·明夷》。
③ 《周易·解》。
④ 《周易·夬》。
⑤ 《周易·革》。

二、君子的人性

君子的人性来源于人的天性，即天赋予君子的本性。天赋予人的本性本来都是一样的，但君子，他能把天赋予人的本性继承下来，并加以光大。

天赋人性的第一个方面就是孝悌。这是因血亲关系成为君子人性的第一层次，即基础层次。人的后天既可以继承天性，也可以泯灭天性，这是君子与小人的差别。如在孝的问题上，人与人的看法都很难一致。

有一次，弟子宰我向孔子请教。宰我说："父母死要守孝三年，这时间太久了吧。君子有三年不去学习礼仪，他对礼仪会知道得很少；三年不去演奏音乐，他奏的乐已无法听了；陈年的谷子吃完，新谷子就要接继上；打火用的燧木四季用完一轮，所以人守孝一年就可以了。"

孔子问道："守孝不到三年，你吃大米饭，穿绫罗绸缎，你能心安吗？"

宰我说："安哪。"

孔子说："你安心，你便去做好了。君子在服孝期间，吃着饭不觉得甜，听着乐不感到乐，起卧在家心绪不宁，才不去这么做。如今，你觉得能心安，去做好了。"

宰我退了出去，孔子说："宰我真不仁啊！儿女生下来，三年之后才能离开父母的怀抱。替父母守孝三年，天下人都是这样做的。宰我也有父母对他的三年之爱护啊！"

"宰我问：'三年之丧，期已久矣。君子三年不为礼，礼必坏；三年不为乐，乐必崩。旧谷既没，新谷既升，钻燧改火，期可已矣。'子曰：'食夫稻，衣夫锦，于女安乎？'曰：'安。''女安，则为之！夫君子之居丧，食旨不甘，闻乐不乐，居处不安，故不为也。今女安，则为之！'宰我出。子曰：'予之不仁也！子生三年，然后免于父母之怀。夫三年之丧，天下之通丧也。予也有三年之爱于其父母乎？'"①

在孔子时，三年服孝是人们应遵守的丧礼，宰我提出一年便可，孔子认为这有悖于常理，故认为宰我不仁。不仁则不是君子。

子游问什么是孝道。孔子说："现今所谓孝，就是养活爹娘便可以了。那么犬马也都能得到人的饲养；不去孝敬父母，那么养活爹娘和饲养狗马又有什么区别呢？"

"子游问孝。子曰：'今之孝者，是谓能养。至于犬马，皆能有养。不敬，何以别乎？'"②

孟懿子向孔子问孝。孔子回答说：不要违背礼节。父母活着的时候，依照礼节去侍奉，死去时依照礼节去安葬，去祭祀。

"子曰：'生，事之以礼；死，葬之以礼，祭之以礼。'"③

在不违背礼节上，孔子举了一个颜回的例子：

"子曰：'吾与回言终日，不违，如愚。退而省其私，亦足以发，回也不愚。'"④

颜回听孔子讲学一整天，从不提反对意见和问题，像一个蠢人一样，这表现出"不违"。但等到他回到自己家里以后，自己便开始研究，却能在孔子讲的基础上加以发挥。视老师为父母，弟子对老师也应在符合礼节时"不违"。

颜回做到了，在老师讲课时，不会打断或者提出什么疑问，可是回到家里独处的时候，便研究老师讲的，有时还能在老师讲的基础上加以

---

① 《论语·阳货》。
② 《论语·为政》。
③ 同上。
④ 同上。

发挥。孔子对颜回的做法是赞扬的。

对待父母，如果父母有不对的地方，应该委婉地劝止。如果自己的意见并没有被父母采纳，还是要恭敬地不能触犯他们，虽然内心是很忧虑，但不怨恨父母。

　　　　"子曰：'事父母几谏，见志不从，又敬不违，劳而不怨。'"①

所以，孔子讲的"不违"，在符合礼节的前提下，也可以变动，可以向父母提出自己的意见，而父母不同意，才去"不违"。

人能做到孝，就是符合对长辈的孝道。那么对待兄长自然也就能予以尊重，便能做到悌。

孝悌是血缘亲人晚辈对长辈的孝道，同时引发人的另一天性，便是慈爱，孔子对季康子说，父母应慈爱幼小，即"孝慈"。孝慈是人的天性。这种天性不仅人具备，很多动物也有这种天性。

孟武伯问孝。"子曰：'父母唯其疾之忧。'"②意思是，做爹娘的只是为孝子的疾病发愁。

人性的第二个层次，便是智。人的智是天性带来的，人生来就有别于其他动物，即人有比其他动物更高层的逻辑理性认知能力。

在获得知识上，人分为4等：生来就知道的是上等人；学习后才知道的是次一等人；在实践中遇到难题再去学习又次了一等；而遇到困难，还不学习，就等同于不学习的老百姓了。

　　　　"孔子曰：'生而知之者上也，学而知之者次也；困而学之，又其次也；困而不学，民斯为下矣。'"③

人怎样才能有智慧和掌握知识？孔子的看法是："多闻，择其善者而从之；多见而识之；知之次也。"④孔子说自己获得知识有智慧的办法

---

① 《论语·里仁》。
② 《论语·为政》。
③ 《论语·季氏》。
④ 《论语·述而》。

是多多地听，选择好的予以接受，多多地看而辨别其好坏，这样的认知，仅次于生而知之的人。同时孔子认为对求知要有正确的态度："知之为知之，不知为不知，是知也。"①

对知识应有选择，怎么选择？孔子认为："知之者不如好之者，好之者不如乐之者。"②对知识的选择，想懂得它不如喜爱它，而喜爱它还不如以它为乐趣。这样你所掌握的知识既能学得懂，也能学得好。孔子就是一个这样的人。他说，他的知识不是生来就有的，是因为他喜爱古代的文化，所以靠自己的勤奋和敏感才求得到知识和智慧。"子曰：'我非生而知之者，好古，敏以求之者也。'"③

对知识的选择还有一层意思，就是不要什么都去学。孔子说一个老农向他请教种庄稼的知识，而孔子一点这方面知识都没有。可见，孔子也并不是什么知识都懂，什么知识都掌握的人。

孔子又说："知者乐水，仁者乐山。知者动，仁者静。知者乐，仁者寿。"④

为什么"知者动"呢？想要求得知识和智慧，就要行动起来，去学习，去实践，这就涉及孔子是主张知与行相统一的。他带领弟子周游列国，碰到什么讲什么。为什么"知者乐水"？因为水是动的，所以想学知识和拥有智慧的人，一定是喜欢动的。

"知者乐"是因为，学习过程中，愈发会使你产生乐趣，因为那些获得知识和对未来知识的渴望，会让人产生无穷无尽的乐趣，对一个想求知的人来说，这种乐趣远非其他乐趣可比。

人通过学习，可以达到"不惑"，孔子有两处讲到"不惑"。一处在《子罕》："子曰：'知者不惑，仁者不忧，勇者不惧。'"⑤

另一处在《宪问》："子曰：'君子道者三，我无能焉：仁者不忧，知者不惑，勇者不惧。'子贡曰：'夫子自道也。'"⑥

这种不惑，是指人已经达到君子人格的最高境界，已经对什么事情

① 《论语·为政》。
② 《论语·雍也》。
③ 《论语·述而》。
④ 《论语·雍也》。
⑤ 《论语·子罕》。
⑥ 《论语·宪问》。

都不迷惑不疑虑了。为什么？因为当你的知识智慧达到一定程度后，你会掌握事物发展的自身规律，你可以依据规律去寻找你的答案。如那位种田的农夫问孔子稼穑之事，孔子说对种田我真的一点都不懂，但我"叩其两端而竭焉"。也基本上可以回答农夫提出的问题，这就是一种不惑的状态。

孔子还说到了智和仁的关系。

人因为聪明而有智慧，会有多种机遇在等待你，因为你可以发觉，感觉到，而在别人还没有得到或想到时你已得到了机会或已经获得了结果。但是如果你不仁，即使得到了也很可能会失掉，只有你是个仁人，有仁德，你才能守住你应该得到的。这又涉及知识和人的品德之间的关系。

> "子曰：'知及之，仁不能守之，虽得之，必失之。'"①

孔子认为，人有了知识和智慧，是可以预知未来的。

弟子子张问孔子："今后10代可以预知吗？孔子回答道，依据已有的是可以预知未来的。殷朝沿袭夏朝的礼仪制度，所废除的，所增加的，是可以知道的；周朝沿袭了殷朝的礼仪制度，所废除的，所增加的，也是可以知道的。那么，假设有继承周朝而当政的人，就是以后百年，是不是也可以知道的呢？"

> "子张问：'十世可知也？'子曰：'殷因于夏礼，所损益，可知也；周因于殷礼，所损益，可知也。其或继周者，虽百世，可知也。'"②

孔子认为，一个有智慧的君子，最主要的要"知命"。"知命"，即要知道自己的命运。孔子讲的"知命"与以后发展起来的命理还不一样。在《论语》中，孔子在一定程度上承认人有命运，但这个命运人是

---

① 《论语·卫灵公》。
② 《论语·为政》。

不能掌握的，是无法知道的。孔子所讲的"知命"，是知道上天赋予人的使命。孔子认为，作为能成为君子的人，就应该依"天命"去行事，才是一个合格的君子，所以孔子说："不知命，无以为君子也。"①

为什么要"知天命"。天地生了万物，天为父，地为母。万物之中，人是被天地赋予智慧的，是代表天地来统领万物生灵的，这包括有生命物质，也包括无生命物质。人怎么去统领，就要按天的意志去做，君子是人群中最有智慧和品德的人，君子就应该去认识天命，了解天的旨意，而做不到这一点，就称不上君子。

能知"天命"的君子，就应去践行使命，去行动。

在孔子那里，知与行是统一的。孔子说，书本上的学问、知识，我大约与别人差不了太多，但在具体的生活当中怎样去实践才能让自己成为一个君子，我还没有真正地到达。由此可见，孔子把日常生活中通过实践去践行自己的理想而成为一个君子看得多么重要。

"子曰：'文，莫吾犹人也。躬行君子，则吾未之有得。'"②

他不仅要求自己去践行，对别人、对弟子他也这么要求。子路问孔子，怎样的行，才是君子之行呢？孔子回答："言语发自真心不假，行为一丝不苟，严肃认真，即使到了蛮夷之邦，照样可以行得通。语言欺诈无信，行为摇摆不定，轻浮敷衍，就是在本乡本土，能行得通吗？"

因此，他说：作为君子，最忌讳说得多，而做得少。

"子曰：'君子耻其言而过其行。'"③

孔子四处寻求用武之地，可均无结果，正在无奈之中，晋国中牟宰佛肸请孔子去，孔子真的动了心，子路反对孔子去，因佛肸以中牟谋反，对抗晋国执政赵简子。子路说："从前你说过，亲自做了坏事的人那里，君子是不去的。"孔子说："我是说过这样的话，但这样下去，我

① 《论语·尧曰》。
② 《论语·述而》。
③ 《论语·宪问》。

难道是匏瓜吗？只能在那里悬挂着它而人又不能食用。"

> "子曰：'然，有是言也。不曰坚乎，磨而不磷；不曰白乎，涅而不缁。吾岂匏瓜也哉？焉能系而不食？'"①

孔子不希望自己成为一个摆设，他希望自己能去社会权力体系中，找到一个位置，去施展自己的政治抱负。所以他是主张知与行两者统一的。

三、君子的品格

（一）君子品格的核心是仁

君子的品格来源于天德，天有好生之德，天生万物，而不需万物回馈、酬谢。作为君子就应行天道，继天德，而成为人的品格。

在孔子看来，仁是有界限标准的，不能将被人称道的好的都看成仁。有一次，弟子子张问孔子，楚国的令尹子文在楚三次做令尹（宰相），又三次被罢免，任令尹时他面无喜色，罢免时也见不到他脸上的怨怒之气，还每次一定要把自己的政令全部告知接任者。这个人怎么样？孔子说，可算尽忠于国家了。子张问，这算不算仁呢？孔子说，"未知，焉得仁？"②意思是说，"不知道，这怎么能算得上仁呢？"

> "子张问曰：'令尹子文三仕为令尹，无喜色；三已之，无愠色。旧令尹之政，必以告新令尹。如何？'子曰：'忠矣。'曰：'仁矣乎？'曰：'未知，焉得仁？'"③

子张又问道：崔杼无理地杀死了齐庄公，陈大夫陈文子有马40匹，

---

① 《论语·阳货》。
② 《论语·公冶长》。
③ 同上。

舍弃不顾，离开齐国，到了另一个国家，说道："这里的执政者同我们齐国的崔子差不多，又离开。又到了另一个国家，没多长时间又说，这里的执政者同我们齐国的崔子差不多，于是又离开了。这样的人怎么样？"孔子说："清白得很。"子路问："那他算不算仁呢？"孔子说："不晓得，这怎么能算仁呢？"

> "'崔子弑齐君，陈文子有马十乘，弃而违之。至于他邦，则曰："犹吾大夫崔子也。"违之。之一邦，则又曰："犹吾大夫崔子也。"违之。何如？'子曰：'清矣。'曰：'仁矣乎？'曰：'未知，焉得仁？'"①

还有一次弟子原宪问："一个人能杜绝好胜、自谤、怨恨、贪心这4种毛病在自己身上发生，这可以说是仁了吧？"孔子回答说："可以说是难能可贵了，但若说他是仁人，那我还是不同意的。"

> "'克、伐、怨、欲不行焉，可以为仁矣？'子曰：'可以为难矣，仁则吾不知也。'"②

孟武伯向孔子问子路有没有仁德。孔子说："不知道。"他又问，孔子说："仲由呀，如果有千乘的大国，让他去负责军政方面的工作，这是没什么问题的。至于他有没有仁德，我还不晓得。"

> "孟武伯问：'子路仁乎？'子曰：'不知也。'又问。子曰：'由也，千乘之国，可使治其赋也，不知其仁也。'"③

孟武伯继续问："冉求又怎么样呢？"孔子说："求啊，有千户人口的县邑，让他做个县长，或有百辆兵车的大夫封地，让他当个总管，应该没有什么问题。至于他有没有仁德，我不晓得。"

---

① 《论语·公冶长》。
② 《论语·宪问》。
③ 《论语·公冶长》。

"'求也何如？'子曰：'求也，千室之邑，百乘之家，可使为之宰也，不知其仁也。'"①

"那公西赤人又怎么样呢？"孔子说："赤啊，穿着礼服，立于朝廷之上，让他接待外宾，处理外交事务可以。至于他有没有仁德，我不晓得。"

"'赤也何如？'子曰：'赤也，束带立于朝，可使与宾客言也，不知其仁也。'"②

那么，什么是仁呢？

孔子的弟子多人问过什么是仁。但颜渊问仁，孔子回答的是仁的本质，因为孔子认为同颜回说话，可以和他讲最深奥的道理。

"颜渊问仁。子曰：'克己复礼为仁。一日克己复礼，天下归仁焉。为仁由己，而由人乎哉？'"③

这话翻译过来就是"克制自己，使自己的言行都符合于礼，就是仁，一旦这么做了，天下的人都会称你为仁人。实践仁德，全凭自己，还依赖别人吗？"

颜渊又说："先生，您能否讲得详细些。"孔子回答：

"子曰：'非礼勿视，非礼勿听，非礼勿言，非礼勿动。'"④

孔子讲的"四非"谁能做到呢？很难做到，但这的确是仁的核心思想。这个核心思想来源于哪里？来源于天道和天德。在孔子看来，天

---

① 《论语·公冶长》。
② 同上。
③ 《论语·颜渊》。
④ 同上。

虽不言，但天给万物的生息发展、昌盛灭亡等都建立了一整套的自然秩序，这种自然秩序在相互制衡着。

　　"子曰：'天何言哉？四时行焉，百物生焉，天何言哉？'"①

　　孔子之前的几代圣人，三皇五帝至夏商周的开国君主，在一定程度上仍不能依据天道给万物制定社会秩序。在孔子看来，周礼在一定程度上讲，已经很完备了，依周礼去做，即可改变现在社会的混乱，周礼又可成为人们在社会中、在自然界中的行为准则。但这种社会秩序并不是天道秩序，而是当时的人道秩序。他认为这样做，便是最大的仁了，即仁的核心。

　　樊迟有一次问仁，孔子说，"爱人"。"樊迟问仁。子曰：'爱人。'"②"爱人"还是从人的小我出发，即一个人去爱别人就是"仁"。而孔子对颜回讲的"克己复礼"，是大仁，是仁爱的社会。

　　过去，我们认为"四非"人们很难做到。"四非"虽然很难做到，但如果真能把社会制度制定好，然后人人都去执行这个制度，人类社会是不是会是一个有序的并与万物和谐发展的社会呢？至于这种秩序是不是合理，比如周礼这种社会制度按天道与天德的要求，有多少是合乎要求的，又有多少是不合乎要求的，正如孔子所说，历代都有"益损"，那么逐渐改，逐渐符合天道与天德就好了。

　　所以"四非"从建立一个更高、更好的社会制度（不要把周礼看成一成不变的）来说，是对的。人们做不到，才有奸佞邪恶、巧取豪夺的事情发生，才有统治者依靠自己的权力，贪欲无限度地膨胀，无止境地剥削无权力者，才会有"朱门酒肉臭，路有冻死骨"的现象出现；才会有人类无限度地掠夺自然界有机生灵和无机物质，使自然陷入失衡和逐渐走向毁灭的边缘。在孔子那个年代里，建立周礼所主张的社会，是合理的，是正常的人道社会。

　　所以，孔子提倡君子就是在吃顿饭这么短的时间里，都不违背仁德，在仓促匆忙的时候也不忘记与仁德同在，就连颠沛流离的时候也一

---

① 《论语·阳货》。
② 《论语·颜渊》。

定与仁德相伴。

　　　　"君子无终食之间违仁，造次必于是，颠沛必于是。"①

　　孔子也承认，做一个仁德的人很难的，所以他在教授弟子时，很少提到仁，当孟武伯似乎有些难为孔子，问子路、冉求、公西赤是不是仁人时，孔子便以不知道他们是否为仁人作答，实际上等于否定了这三人是仁人。孔子在教示中，只有在弟子问到仁时，孔子才谈及"仁"。

　　"子罕言利与命与仁。"②意思是，孔子很少主动向人提到"利""命运"和"仁德"。为什么？因为作为一个仁德的人，首先是"克己"，而"克己"靠的是自己，别人说是没有用的。

　　可见孔子把爱人当作"仁"的第二个层次。"爱人"也是从天道或"天德"得来的，因为不去爱别人就很难和谐共处在一个秩序之内。孔子与弟子讲过这样的话，子游说："过去我也听老师说过：'君子学道则爱人。'"③

　　这个"道"指的就是"天道"下的人道，但正确的人道是源于天道的。人的品性因后天的原因，总会是不一样的。孔子从人的品性的角度，把人分为君子和小人两类，而只有君子才能知道应该去喜爱哪些人，厌恶哪些人。

　　所以，孔子说："唯仁者能好人，能恶人。"④

　　这种喜爱与厌恶是君子因知天命、天道，所以知道哪些人的行为是符合天命、天道的，而哪些人的行为不符合天命、天道。

　　仁的第三个层次，便是人要树立自己的仁德志向。孔子说：

　　　　"子曰：'苟志于仁矣，无恶也。'"⑤

---

① 《论语·里仁》。
② 《论语·子罕》。
③ 《论语·阳货》。
④ 《论语·里仁》。
⑤ 同上。

这意思是说，假如人立志成为仁人，对他来说是没有什么坏处的。

就是人要立志当一个仁人，那么人生就不会有过错，也不会有灾难。一个人是否想具有仁德，只是个心理问题。

"子曰：'仁远乎哉？我欲仁，斯仁至矣。'"①

所以，从这一点上说，一个人想求得仁德并不是件什么难事，只是想不想做而已。

仁德的第四个层次，便是真实、纯粹。孔子最讨厌花言巧语之人。他说："仁者，其言也讱。"

"子曰：'刚、毅、木、讷近仁。'"②

孔子还说：

"巧言令色，鲜矣仁！"③

体现孔子对巧舌如簧的人的反感，他认为这样的人很难有仁德。

孔子自己在这方面也给弟子做出表率。他说："我对于别人，诋毁了谁，称赞了谁？如果我所有称赞，一定是我已考验过了他。夏、商、周三代人都是如此，所以三代时人们能直道而行。"

"子曰：'吾之于人也，谁毁谁誉？如有所誉者，其有所试矣。斯民也，三代之所以直道而行也。'"④

孔子认为，夏商周三代，之所以被他推崇，因为那时三代还能奉行天道而行。孔子说"直道"，表明他认为从大的方面三代还是符合天

---

① 《论语·述而》。
② 《论语·子路》。
③ 《论语·学而》。
④ 《论语·卫灵公》。

道的。

仁的第五个层次，便是有仁德的人在世上的行为标准，也同样取决于道。

孔子说："目标在道，根据在德，依靠在仁，在游乐于六艺之中得到本领和知识。"

"子曰：'志于道，据于德，依于仁，游于艺。'"①

这里的"道"与"德"，有着一定的天道与天德的体现，可见作为一个君子，天道与天德是首要的。

孔子说："发大财，当大官，这是人的正常欲望，但不用符合道的方式去得到它，君子是不会做的；贫与贱，是人们都厌恶的，但不以符合道的方式摆脱它，君子也不会去做的。"

"子曰：'富与贵，是人之所欲也；不以其道得之，不处也。贫与贱，是人之所恶也；不以其道得之，不去也。'"②

可见，在孔子那里，以天道天德为主要内容的人的道德品性是一切行为的先决条件。

只有按照"道""德"去做，道才成为人的行为准则。只有仁者，才能符合"道"，为什么？孔子说：

"夫仁者，己欲立而立人，己欲达而达人。"③

所以，仁又与恕分不开。恕，就是反躬自问，叩问自己，以己心比别人心，再以别人心比自己心。如一个官员，他的仁恕之道就是要先管理好自己。孔子说："假如你端正了，治理国家又会有什么困难呢？一个人连自己都不能端正，怎么去端正别人。"

---

① 《论语·述而》。
② 《论语·里仁》。
③ 《论语·雍也》。

"子曰：'苟正其身矣，于从政乎何有？不能正其身，如正人何？'"①

"子曰：'其身正，不令而行；其身不正，虽令不从。'"②

端正自己就是一种仁的恕道要求。所以，当官的人要不断地克己，行恕道，即"修己以敬""修己以安人""修己以安百姓"。③

从而孔子才说，统治者本身行为正当，不用去发布命令，事情也能行得通。他本身的行为都不正当，虽然三令五申，百姓也不会听从。所以，统治者要："躬自厚而薄责于人。"④"君子求诸己，小人求诸人。"⑤即君子要求自己，而小人则要求别人。而且君子还要"见贤思齐焉，见不贤而内自省也"。⑥

（二）君子的其他品格

义：在中国古代，人们把"义"排在"仁"之后，可见"义"的重要。"义"是孔子君子品格理论中十分重要的一个方面。

《说文解字》："义，己之威仪也。从我、羊。"义，本义是仪表，是人的外在形式。《诗经・相鼠》说："人而无仪，不死何为！"大概从这开始，人们逐渐把外在容貌行止的"仪"，演变成人内在的行为原则和道德规范的义。义学在中华民族文化的形成与演变中起到十分重要的作用，它不仅是民族文化的重要组成部分，也是中华民族性格的重要组成部分。无论在历史上还是在今天，人们都把义理解为相互忠诚、相互帮助、扶危济困、除暴安良的美德。

孔子将"义"看作人的本质。他说：

"子曰：'君子义以为质，礼以行之，孙以出之，信以成之。君

---

① 《论语・子路》。
② 同上。
③ 《论语・宪问》。
④ 《论语・卫灵公》。
⑤ 同上。
⑥ 《论语・里仁》。

子哉！’”①

"义"也是衡量人格优劣的标准。"子曰：'君子喻于义，小人喻于利。'"②

这里，孔子把"义"看得比"礼""信"等还要重要。同时，"义"又与"理"联系在一起，称为"义理"。所以，孔子反对那种整日同众人聚在一起闲聊，不说一句有道理的话，只喜欢卖弄小聪明的人，认为这种人十分难教导。

> "子曰：'群居终日，言不及义，好行小慧，难矣哉！'"③

孔子主张社会要崇尚德行，而义是人实现德行的途径。有一次，子张问如何增进德行、辨别迷惑。孔子说："以忠诚信实为主，追求正义，就是增进德行。"

> "子张问崇德辨惑。子曰：'主忠信，徙义，崇德也。'"④

面对混乱不堪的现实社会，孔子说：对品德不进行培养，对学问不进行钻研，听到正义不能奔赴，有了错误不能及时改正，这些就是我所担忧的。

> "子曰：'德之不修，学之不讲，闻义不能徙，不善不能改，是
> 吾忧也。'"⑤

孔子有时也将"义"作为"德"来使用，"在上者重视礼法，则人民不会不恭敬；在上者重视道义，则人民不会不信服；在上者重视诚

① 《论语·卫灵公》。
② 《论语·里仁》。
③ 《论语·卫灵公》。
④ 《论语·颜渊》。
⑤ 《论语·述而》。

信，则人民不会不诚实"。

"上好礼，则民莫敢不敬；上好义，则民莫敢不服；上好信，则民莫敢不用情。"①

孔子认为，个人的得失利害，应受义的制约，即遇到有利可得时，要想一想是否合乎义，不要见利忘义。

"今之成人者何必然？见利思义，见危授命，久要不忘平生之言，亦可以为成人矣。"②

孔子认为一个有道德的人，应该看到利就要先想到该不该得，遇见危险便肯付出生命，过久贫困日子都仍然不会忘记自己平日的诺言。所以，孔子说："做违背义的事而得来的富贵，对我来说就如同天边的浮云。"

"不义而富且贵，于我如浮云。"③

孔子认为，君子对于天下的事情，没有人为非要这样做，或不要这样做，只要符合义理就那么做。

"子曰：'君子之于天下也，无适也，无莫也，义之与比。'"④

但是，作为一个有权力的君子，当你使用权力役使人们时，一定要符合义理。孔子说：

"君子之道四焉：其行己也恭，其事上也敬，其养民也惠，其

① 《论语·子路》。
② 《论语·宪问》。
③ 《论语·述而》。
④ 《论语·里仁》。

使民也义。"①

义并不等于勇敢，见义勇为首先是"义"，这是勇敢的前提。

"子路曰：'君子尚勇乎？'子曰：'君子义以为上，君子有勇而无义为乱，小人有勇而无义为盗。'"②

在儒家的思想命题中，礼是被排在第三位的。礼的本义是敬神。《说文解字》说："礼，履也，所以事神致福也。从示从豊。"《诗经·相鼠》说："人而无礼，胡不遄死！"说明礼在当时太重要了。在儒家创始人孔子之前的殷周社会，统治阶级内部实行分封制、等级制和世袭制，礼就是这些制度的体现。礼作为人类社会必不可少的行为规范，从古至今，一直以它特定的价值作用，推动着人类社会的发展。它的主要作用体现在为符合社会的需要而从礼制上规范人们的社会行为。

在孔子的思想中，礼占有十分重要的地位。在《论语》一书中，孔子多处讲到礼。孔子讲礼主要有以下几种含义：

第一，指西周到春秋时的社会制度。子张问孔子："今后十世的情况可以知道吗？"孔子说："殷朝因袭夏朝的礼法，所减少和增加的是可以知道的；周朝因袭殷朝的礼仪制度，所减少和增加的是可以知道的。或许将来有继承周朝的，即使是一百世，也是可以知道的。"

"子张问：'十世可知也？'子曰：'殷因于夏礼，所损益，可知也；周因于殷礼，所损益，可知也。其或继周者，虽百世，可知也。'"③

"夏朝的礼我能说出来，夏朝的后裔杞国保留的文献也不足以证明；商朝的礼，我能说出来，商朝后裔宋国保留的文献也不足以证明。这都是文献不足的缘故。如果文献足够，那我可以证实当时的礼了。"

---

① 《论语·公冶长》。
② 《论语·阳货》。
③ 《论语·为政》。

"子曰：'夏礼，吾能言之，杞不足征也；殷礼，吾能言之，宋不足征也。文献不足故也。足，则吾能征之矣。'"①

第二，指各种礼节仪式。

"当父母活着的时候，要按照礼的要求孝敬他们；父母亡故，要按照礼的要求安葬他们，并按照礼的要求祭祀他们。"

"子曰：'生，事之以礼；死，葬之以礼，祭之以礼。'"②

子贡想在每月初一告祭祖先时，省去一只活羊。孔子说："赐啊！你爱惜羊，我更爱惜礼。"

"子贡欲去告朔之饩羊。子曰：'赐也！尔爱其羊，我爱其礼。'"③

孔子对齐相管仲评价很高，称"管仲相桓公，霸诸侯，一匡天下，民到于今受其赐"。④

但对管仲违背礼仪，则提出严厉的批评。

"国君殿门前设立塞门，管仲在大门口也设立塞门。国君为了与别国修好，招待外国国君时在堂上设有放酒杯的台子，管仲也有这样的台子。如果说管仲知礼，那么还有谁不知礼吗？"

"邦君树塞门，管氏亦树塞门。邦君为两君之好，有反坫，管氏亦有反坫。管氏而知礼，孰不知礼？"⑤

---

① 《论语·八佾》。
② 《论语·为政》。
③ 《论语·八佾》。
④ 《论语·宪问》。
⑤ 《论语·八佾》。

这里，孔子批评管仲，身为臣子，却同国君一样执礼，这是管仲的不知礼。

第三，表示谦让、礼貌、耿直、恭敬、勇敢的个人品质。孔子说："能够用礼让原则来治理国家，那还有什么困难呢？不能用礼让原则来治理国家，怎么能实行礼呢？"

> "子曰：'能以礼让为国乎？何有？不能以礼让为国，如礼何？'"①

孔子说："只是恭敬而不以礼来指导，就会徒劳无功；只是谨慎而不以礼来指导，就会畏缩拘谨；只是勇猛而不以礼来指导，就会违法作乱；只是心直口快而不以礼来指导，就会说话尖刻。君子如果能厚待自己的亲人，老百姓当中就会兴起仁的风气；君子如果不遗弃老朋友，老百姓就不会对人冷漠无情了。"

> "子曰：'恭而无礼则劳，慎而无礼则葸，勇而无礼则乱，直而无礼则绞。君子笃于亲，则民兴于仁；故旧不遗，则民不偷。'"②

"不学会礼仪礼貌，就难以有立身之处。"

> "不学礼，无以立。"③

第四，礼是人们行为的准则。"不合礼制的东西不看，不合礼制的声音不听，不合礼制的话语不说，不合礼制的事情不做。"

> "非礼勿视，非礼勿听，非礼勿言，非礼勿动。"④

———————————

① 《论语·里仁》。
② 《论语·泰伯》。
③ 《论语·季氏》。
④ 《论语·颜渊》。

君子广泛地学习古代的文化典籍，又以礼来约束自己，也就可以不离经叛道了。

"君子博学于文，约之以礼，亦可以弗畔矣夫。"①

"智"是儒家思想中重要的命题之一，是儒家伦理思想的重要范畴，是儒家崇尚的一种道德品质和思维境界。智在儒家思想中有两种含义：一是做"知"解，即知德、知礼、知道；一是指聪明、睿智。中国古代的智实质上是一种辨别是非、对错的能力。人有智慧而不失其德，并将自己的聪明才智用于正途，正是当时孔子极力倡导的。

孔子认为，智为聪慧豁达的品德，是儒者修道治世的本领。他认为，智者能通宇宙万物和人伦之理，凡事能秉理而行，故"知（智）者不惑"。孔子心目中的智者既知人，也知礼，还知命。他说："不懂得上天赋予你的使命，就不可以成为君子。不懂得礼仪礼节，就不能立足于社会。不懂得分辨言语和明辨是非，就不能了解别人。"

"不知命，无以为君子也。不知礼，无以立也。不知言，无以知人也。"②

孔子不仅主张知命，还要知"道"，这是知的最重要层次。

孔子自己就做到了知道。孔子说："君子所行的三件事，我还一件也没能做到：仁者不忧，知者不惑，勇者不惧。"子贡说，这正是他老人家对自己的描述呀。

"子曰：'君子道者三，我无能焉：仁者不忧，知者不惑，勇者不惧。'"③

"子曰：'道之将行也与，命也；道之将废也与，命也。公伯寮

---

① 《论语·雍也》。
② 《论语·尧曰》。
③ 《论语·宪问》。

其如命何！'"①

这里的"命"，既指"命运"，也指规律，所以，孔子说，公伯寮能把我的命运怎样呢？

孔子曾多次向他的学生解释智的含义。樊迟问孔子什么是智，孔子说是"知人"，樊迟没有明白是什么意思。孔子进一步向他解释说："选拔那些正直的人，把他们的位置提拔到邪恶的人的上面，这样才能促使那些邪恶的人变得正直。"

"举直错诸枉，能使枉者直。"②

一句话，智者知人善任。孔子还告诉樊迟，智者应知"义理"。这个"义理"就是"努力做老百姓想做的事，对鬼神敬而远之，就算是智了。"

"务民之义，敬鬼神而远之，可谓知矣。③

孔子还多次论述知和仁的关系。孔子说知是实现仁的重要条件，知与仁相辅相成、相得益彰。凭借聪明才智得到的事物，但没有仁德保持它，即使得到，也一定会丧失。凭借聪明才智得到的事物，也有仁德保持它，但不用严肃的态度来对待，那么百姓就会不敬。凭借聪明才智得到的事物，也有仁德保持它，又能用严肃态度来对待，但行为不合礼制，那也是不完善的。

"知及之，仁不能守之，虽得之，必失之。知及之，仁能守之，不庄以涖之，则民不敬。知及之，仁能守之，庄以涖之，动之不以礼，未善也。"④

---

① 《论语·宪问》。
② 《论语·颜渊》。
③ 《论语·雍也》。
④ 《论语·卫灵公》。

这说明，智的品质还必须与其他的品质和行为相配合，智才能发挥正确的作用，人也才能成就事业。

孔子还说，仁者不忧虑，是因为仁者乐天知命，内省不疚，所以才能无忧无虑；智慧者不迷惑，是因为智慧者明于事理，洞达因果，所以才能不迷惑；勇毅者不畏惧，是因为勇毅者心存大道，一往直前，所以才能不畏不惧。"智""仁""勇"成为儒家理想美德"三大德"的雏形，被其后来者所继承。

孔子认为，就人的资质敏慧而言，有的人是生来就聪明的，即生而知之，这为上智；有的人是生来就愚笨的，即为下愚，而上智与下愚的差别是无法改变的。

"唯上知与下愚不移。"[①]

孔子认为，上智是生而知之的圣贤，是统治者，而下愚是困而不学的下民，是不可教化的。

"孔子曰：'生而知之者上也，学而知之者次也；困而学之，又其次也；困而不学，民斯为下矣。'"[②]

知，又是观察人和了解人的方法。孔子说，对待君子，不可以用小的事情来考验他，而且可以让他接受重大的任务。对小人，不可让他接受重大任务，也没有必要对他了解得那么多。

"君子不可小知而可大受也，小人不可大受而可小知也。"[③]

这里的"知"就是对人的了解。

故孔子主张推行国家统治人民，有些事可以让人民知道，但事关天道的大事，指使人们去做事就行了，不一定要让他们明白天道，因为天

① 《论语·阳货》。
② 《论语·季氏》。
③ 《论语·卫灵公》。

道对于普通的老百姓来说，太深奥了。

　　　　"民可使由之，不可使知之。"①

　　这里的"知"，也是当了解和知道讲的。

　　孔子虽然主张生而知之，强调人生来就有聪颖的智慧，但人也要后天的学习才能没有弊病。他说："有聪明才智却不学礼度，它的弊病是放荡不羁。"

　　　　"好知不好学，其蔽也荡。"②

　　孔子自谦道："我不是生来就懂得事理的人，是喜好古代典制，勉力以求的人。"

　　　　"我非生而知之者，好古，敏以求之者也。"③

　　孔子主张在知识面前应有谦虚、诚恳的态度，知道就是知道，不知道就是不知道，这才是聪明智慧的表现。

　　　　"知之为知之，不知为不知，是知也。"④

　　孔子主张掌握知识应该为社会服务，不能成为炫耀自己的筹码。他说古代学者学习的目的在于修养自己的学问道德，现代学者学习的目的在于装饰自己，给别人看。

　　　　"子曰：'古之学者为己，今之学者为人。'"⑤

----

① 《论语·泰伯》。
② 《论语·阳货》。
③ 《论语·述而》。
④ 《论语·为政》。
⑤ 《论语·宪问》。

信，从人从言，即信守诺言，诚实无欺，忠实于自己所承担的义务。"信"最早是人们对上天和祖先的诚实与信赖。

"忠于民而信于神也。""祝史正辞，信也。"①

到了春秋时期，信成为人们普遍遵循的道德规范。信作为儒学中的重要学说，在几千年的中国社会中，成为人们所遵循的美德。无论是今天还是未来，信仍将是人们奉行的人生准则。因为，信来自天道，符合于天道。说它来自天道，即"天何言哉？四时行焉"。天道守信，万古不变。

孔子认为，"信"是人不可缺少的道德修养。如果人不讲"信"、不具备"信"的品质，就无法在社会上立足。孔子说："做人不具备信的品德，就不知道他有什么可取之处了。好比大车无輗、小车无軏一样，这样的车靠什么行路呢？"

"子曰：'人而无信，不知其可也。大车无輗，小车无軏，其何以行之哉？'"②

孔子把"信"分为三点：一是信任，"宽厚就能得到百姓的拥护，诚实就能取得百姓的信任"。

"宽则得众，信则人任焉。"③

"在上位的人能重视信的品德，民众便不敢不用他们的真心来对待在上位的人。"

"上好信，则民莫敢不用情。"④

① 《左传·桓公六年》。
② 《论语·为政》。
③ 《论语·阳货》。
④ 《论语·子路》。

二是信用，"人与人交往，要守信用"。

"与朋友交，言而有信。"①

"君子要先取得老百姓的信任，而后再去任用他们；没有取得信任就去任用他们，老百姓就会认为是苛待他们；取得君主的信任而后再去进谏；没有取得信任就去进谏，君主就会认为是诽谤自己。"

"君子信而后劳其民；未信，则以为厉己也。信而后谏；未信，则以为谤己也。"②

孔子很多时候将忠信放在一起。他认为忠信是大多数人的品格。

"子曰：'十室之邑，必有忠信如丘者焉，不如丘之好学也。'"③

孔子有时甚至强调把忠信作为人的主要品格。

"子曰：'主忠信，毋友不如己者，过则勿惮改。'"④

三是相信。"子问公叔文子于公明贾曰：'信乎，夫子不言，不笑，不取乎？'"⑤

意思是说，公叔文子不言语，不笑，不取，这是真的吗？这里的信，是相信的意思。

"子曰：臧武仲以防求为后于鲁，虽曰不要君，吾不信也。"⑥

---

① 《论语·学而》。
② 《论语·子张》。
③ 《论语·公冶长》。
④ 《论语·子罕》。
⑤ 《论语·宪问》。
⑥ 同上。

孔子说："臧武仲凭借他的采邑防城请求立其子嗣为鲁国卿大夫，说他这不是对国君的要挟，我是不会相信的。"

"忠"、"恕"和"信"是相关的道德范畴，"忠"作为道德规范，在春秋时引起重视，并流传开来。"忠"侧重于人对自身的要求。《说文》："敬也，尽心曰忠。"贾公彦解释"忠"是"中心曰忠，中下从心，谓言出于心皆有忠实也"。①

"忠"被认为是"德之正也""民之完也"，成为做人所应具备的品质。

"忠"作为人的道德标准，带有普遍性，适应于一切人。"忠"受到历代儒家的重视。

孔子把忠作为个人必须具备的品德，提出"处事当以忠信为根本"的思想。

> "子张问行。子曰：'言忠信，行笃敬，虽蛮貊之邦，行矣。言不忠信，行不笃敬，虽州里，行乎哉？'"②

孔子的学生曾子主张把忠信当作每日反省自己的信条。"我每天多次自我反省：我替别人谋划事情是否尽心竭力呢？我与朋友交往是否以诚相待呢？我学习前人传下来的知识是否认真复习了呢？"

> "吾日三省吾身——为人谋而不忠乎？与朋友交而不信乎？传不习乎？"③

孔子是从 4 个方面来教育他的学生的，即文献典籍、言行、忠诚、守信。

> "子以四教：文，行，忠，信。"④

---

① 《周礼·地官疏》。
② 《论语·卫灵公》。
③ 《论语·学而》。
④ 《论语·述而》。

可见忠信有多么重要。子张问怎样才能提高品德，分辨迷惑，孔子回答说：以忠实诚信为主，符合义的事才去做，这样品德就会得到提高。

"子张问崇德辨惑。子曰：'主忠信，徙义，崇德也。'"①

人的日常行为要恭顺端庄，办事要严肃认真，与人交往要讲究忠信。

"居处恭，执事敬，与人忠。"②

孔子主张，忠要讲究个度，如果违背了度的原则，就是自取其辱。所以，孔子不主张愚忠。

"子贡问友。子曰：'忠告而善道之，不可则止，毋自辱焉。'"③

但人如果忠于人，就要说真话，对人负责，教导他。

"子曰：'爱之，能勿劳乎？忠焉，能勿诲乎？'"④

廉，正直，不贪婪，廉洁。廉耻思想不但是中华民族的灵魂，而且是中华民族文化的重要组成部分。

孔子在《论语》中讲到廉，但与以后儒学政治思想中廉的含义是不一致的，"古时候端庄矜持的人品行方正，现在端庄矜持的人易怒而不近人情"。

---

① 《论语·颜渊》。
② 《论语·子路》。
③ 《论语·颜渊》。
④ 《论语·宪问》。

"古之矜也廉，今之矜也忿戾。"①

但在他的思想中，已存有以后儒学中"廉"的内容。如孔子的学生子张问孔子："齐国执政大夫崔杼杀死了齐庄公，大夫陈文子家有 10 辆车，他厌恶崔杼的所作所为，毅然舍弃家产离开了齐国。到了其他的国家，他看到执政者的所作所为就说：执政的人像我们齐国的大夫崔杼一样呀。于是离开这个国家。到了另一个国家，他看到执政者的所作所为就又说：执政的人像我们齐国的大夫崔杼一样呀。又离开了。他这样的人怎么样呢？"孔子说："廉洁啊。"子张问："算是做到仁了吗？"孔子说："只看到了他的廉洁的事迹不知道他的仁义。哪里算得上仁呢？"

"崔子弑齐君，陈文子有马十乘，弃而违之。至于他邦，则曰：'犹吾大夫崔子也。'违之。之一邦，则又曰：'犹吾大夫崔子也。'违之。'何如？'子曰：'清矣。'曰：'仁矣乎？'曰：'未知；——焉得仁？'"②

不与统治者同流合污，洁身自好，孔子认为是"清廉"。这正是以后儒学思想中廉的端倪所在。又如孔子在谈到古今被遗忘的人时说：虞仲、夷逸，避世隐居，不再谈论世事。行为廉洁，放弃手中的权力。

"谓：'虞仲、夷逸，隐居放言，身中清，废中权。'"③

执政者不仅在政绩上不要图快，要脚踏实地做工作，而且要廉洁。正如孔子所说：不要贪求快速，不要贪图小利。贪求快速，反而不能达到目的；贪求小利，反而做不成大事。

"子曰：'无欲速，无见小利。欲速，则不达；见小利，则大事不成。'"④

---

① 《论语·阳货》。
② 《论语·公冶长》。
③ 《论语·微子》。
④ 《论语·子路》。

孔子主张，君子在奢侈与俭朴上，应该选择俭朴，虽然俭朴显得寒酸，但宁愿寒酸，而不要奢华。

"子曰：'奢则不孙，俭则固。与其不孙也，宁固。'"①

而且，君子要知足。他称赞卫公子荆，认为他是个非常容易满足的人。

"子谓卫公子荆，'善居室'。始有，曰：'苟合矣。'少有，曰：'苟完矣。'富有，曰：'苟美矣。'"②

"知行"之知，是指认识、知识、道德意识等；行，本义为道路，引申为行动、行为、践履之义。在中国古代，知行问题既涉及认识论，也涉及伦理道德等其他哲学范畴。知行思想是中国哲学史上出现较早的一对哲学范畴，是古人争论久远且又激烈的问题，乃至今日也是认识论中时常讨论的重要课题。

孔子非常重视知行在认识社会以及道德修养中的作用。孔子认为人的道德修养是一个学习和锻炼的过程，即从学习道德知识到确立道德信念，再到认识和把握规律、进行实践、实现自由的过程，而这个过程也正是知行统一的过程。孔子的知行思想中，在知行的关系上，他倾向于先知而后行，故讲知要多于讲行。

首先，孔子强调，人应"多闻""多见""敏而好学"。他说："我不是天生就有知识的人，只是热爱古代典籍文献，勤奋学习而获得知识的人。"

"我非生而知之者，好古，敏以求之者也。"③

他还说："多听，选择好的有益的知识，并按照它去办；多见，从

---

① 《论语·述而》。
② 《论语·子路》。
③ 《论语·述而》。

而去认识它。"

> "多闻，择其善者而从之；多见而识之。"①

其次，孔子提出"谨慎言语""谨慎行动"。"孔子说：'由！教给你对待知与不知的正确态度吧！知道的就是知道，不知道的就是不知道，这才是明智的呀。'"

可见，孔子这里的"知"，是在讲怎样客观地对待事物的态度。子张向孔子问求得俸禄的办法。孔子说："多听，有怀疑的地方，先将其保留下来，自己有信心的事情，谨慎地说出来，这样便可以减少错误。多看，有怀疑的地方，先加以保留，其他方面自己有信心的谨慎地去做好，这样则会减少后悔。说话很少出现错误，事后很少感到后悔，官职和俸禄就会在其中了。"

> "子曰：'由！诲女知之乎？知之为知之，不知为不知，是知也。'"②

> "子张学干禄。子曰：'多闻阙疑，慎言其余，则寡尤；多见阙殆，慎行其余，则寡悔。言寡尤，行寡悔，禄在其中矣。'"③

再次，一个人的道德品质是否高尚，不能仅凭其言论，还要看他的实际行动。宰予在白天睡觉。孔子说："腐烂的木头是不能用来雕刻的，粪土的墙壁是无法再粉刷的；对于宰予这样的人，还有什么可以责备的呢。"孔子又说道："开始时，我看一个人，听了他的话，便相信了他的行为；今天，我看见一个人，听了他的话，还要看看他的所作所为。"

> "宰予昼寝。子曰：'朽木不可雕也，粪土之墙不可杇也；于予与何诛？'子曰：'始吾于人也，听其言而信其行；今吾于人也，

---

① 《论语·述而》。
② 《论语·为政》。
③ 同上。

听其言而观其行。于予与改是。'"①

孔子说，考察一个人，通过观察他做事情的目的，考察他们的行动，他的心安于什么，就够了。子曰："视其所以，观其所由，察其所安。人焉廋哉？人焉廋哉？"②

最后，主张学思并重。孔子说："只学习不思考，就会迷茫，只思考不学习，就会精神疲倦。"

"学而不思则罔，思而不学则殆。"③

什么是"中庸"？《说文解字》："中，正也"；"庸，用也"。就是用不偏不倚的正确的原则处理事物发展的相互关系。中庸的概念最早由孔子提出，但类似的思想在孔子之前就存在了。《尚书·尧典》："直而温，宽而栗，刚而无虐，简而无傲。"《尚书·皋陶谟》也有这样的记述："宽而栗，柔而立，愿而恭，乱而敬，扰而毅，直而温，简而廉，刚塞，强而义。"《周易》将中正作为立义言事的准则。

孔子的中庸思想，首先是他的天道观点。在天道观点思想的基础上，又形成了孔子人道观的中庸思想。

孔子人道观的中庸思想，首先体现在认识论上。他说："我有知识吗？没有哩。有一个乡间的农夫问我，我心中空空的。我从他所提出的问题的首尾两头去问，（从中得到很多对我有用的东西，）然后尽量地告诉他。"

"吾有知乎哉？无知也。有鄙夫问于我，空空如也。我叩其两端而竭焉。"④

这就是孔子提出的"叩其两端而竭焉"的命题。孔子所讲的"两

① 《论语·公冶长》。
② 《论语·为政》。
③ 同上。
④ 《论语·子罕》。

端"，就是事物的两个方面，有始末、不同、相反和对立之意。所以，他提出在处理事物时应"诚实地握住它的中间"的中庸思想。

尧说："咦！你这位舜呀！天道发展变化的规律重担已经落在你的身上了，你要在处理事物上诚实地把握事物的中间，保持事物发展的正确。"

"尧曰：咨！尔舜！天之历数在尔躬。允执其中。"①

这里的"中"，是指"无过"与"无不及"。无过，是指没有超过中，即在中。无不及，是指没有不达到的。为什么不及不好呢？因为"不及"还没达到中，中是目的，已经达到中。"中"在哪里？"中"就在"无不及"与"无过"之间。孔子在与弟子子贡的一次对话中进一步解释了"过犹不及"。"子贡问孔子：'颛孙师（子张）和卜商（子夏）两个人，谁更贤德？'孔子说：'颛孙师过头了，而卜商还没有达到。'子贡说：'那么，颛孙师是更贤德一点呢？'孔子说：'过头和达不到是一样的。'"

"子贡问：'师与商也孰贤？'子曰：'师也过，商也不及。'曰：'然则师愈与？'子曰：'过犹不及。'"②

可见，中是一个时间与空间的"度"。这个中间度就在"不及"和"无过"之中。这个度的质点，就在"无过"和"无不及"的中间上。强调"中庸"是事物的中间度，这是孔子思想中最为重要的方面。

中庸又是一种天德。这种天德视万物为平等，无阶级、无贵贱之别。

"子曰：'由！知德者鲜矣。'"③

---

① 《论语·尧曰》。
② 《论语·先进》。
③ 《论语·卫灵公》。

"子曰：'中庸之为德也，其至矣乎！民鲜久矣。'"①

但中庸之德又很难达到。孔子说：

"不得中行而与之，必也狂狷乎！狂者进取，狷者有所不为也。"②

此外，孔子还提出"和而不同"，并认为这是中庸之道的具体体现。他说："君子追求和谐关系，但绝不苟同；小人一味求取苟同，但达不到和谐。"

"子曰：'君子和而不同，小人同而不和。'"③
"子曰：'众恶之，必察焉；众好之，必察焉。'"④
"子曰：'乡愿，德之贼也。'"⑤

因此，"和而不同"的中庸之道，成为君子践行的理想目标，需要人们把这一原则贯彻到生活实践的方方面面，以期达到"和"，即达到兼容两端，以求恰到好处。

（三）君子的综合品格

孔子认为，君子与人交往时要切记对自己有益的朋友有3种：正直的人，诚信的人，见识广博的人；对自己有损害的人也有3种：谄媚奉承的人，当面恭维而背地里诽谤的人和夸夸其谈、言过其实的人。

"孔子曰：'益者三友，损者三友。友直，友谅，友多闻，益矣。友便辟，友善柔，友便佞，损矣。'"⑥

---

① 《论语·雍也》。
② 《论语·子路》。
③ 同上。
④ 《论语·卫灵公》。
⑤ 《论语·阳货》。
⑥ 《论语·季氏》。

陪着君子说话，容易犯的 3 种过错：不该你说话的时候，你抢先说话，这叫作躁；该你说话，你却不说话了，这叫作隐瞒；不看君子的脸色就贸然开口，这叫作瞎了眼睛。

"孔子曰：'侍于君子有三愆：言未及之而言谓之躁，言及之而不言谓之隐，未见颜色而言谓之瞽。'"①

君子有 3 件事情应该警诫自己：血气未定的年轻之时，要警惕迷恋于女色；血气旺盛的壮年时期，要警惕争强好斗；血气已经衰弱的老年时候，更要警惕贪婪。

"孔子曰：'君子有三戒：少之时，血气未定，戒之在色；及其壮也，血气方刚，戒之在斗；及其老也，血气既衰，戒之在得。'"②

君子有 3 件害怕的事情：怕天命，怕王公大臣，怕圣人的言语。小人不懂得天命，因而不畏惧天命，轻视王公大人，轻侮圣人的言论。

"孔子曰：'君子有三畏：畏天命，畏大人，畏圣人之言。小人不知天命而不畏也，狎大人，侮圣人之言。'"③

君子有 9 个需要着重考虑的事情：看的时候，要考虑看明白了没有；听的时候，要考虑听清楚了没有；脸上的颜色，要考虑温和；容貌上，要考虑庄重；说的时候，要考虑诚信；做事情的时候，要考虑严肃认真；遇到疑问，要考虑向人请教；思想的时候，要考虑到难处；看见自己有所得，要考虑是否符合道义。

"孔子曰：'君子有九思：视思明，听思聪，色思温，貌思恭，

---

① 《论语·季氏》。
② 同上。
③ 同上。

言思忠，事思敬，疑思问，忿思难，见得思义。'"①

孔子认为，君子有5种品德：庄重，宽厚，诚实，勤敏，慈惠。庄重就不会遭到侮辱，宽厚就会得到大多数人的拥护，诚实就会得到别人的信任，勤敏就会得到较高的效率，慈惠就会让人听从你的使唤。

"孔子曰：'能行五者于天下为仁矣。'请问之，曰：'恭、宽、信、敏、惠。恭则不侮，宽则得众，信则人任焉，敏则有功，惠则足以使人。'"②

孔子对子路说："仲由！你听说过有6种品德便会有6种弊病吗？"子路回答说："没有。"孔子说："坐下，我来告诉你。"

"爱仁德，却不爱学问，其弊端就是愚昧；爱聪明，却不爱学问，其弊端就是放荡；爱诚实，却不爱学问，其弊端就是容易被人利用而反害了自己；爱直率，却不爱学问，其弊端就是言语苛刻，刺痛人心；爱勇敢，却不爱学问，其弊端就是捣乱闯祸；爱刚强，却不爱学问，其弊端就是胆大妄为。"

"子曰：'由也！女闻六言六蔽矣乎？'对曰：'未也。''居！吾语女。好仁不好学，其蔽也愚。好知不好学，其蔽也荡。好信不好学，其蔽也贼。好直不好学，其蔽也绞。好勇不好学，其蔽也乱。好刚不好学，其蔽也狂。'"③

君子有5种美德：君子给人民好处，而自己又不用费心劳力；役使老百姓，老百姓却不怨恨；有欲望，但从不贪婪；庄重，却从不傲慢；威严，却不凶神恶煞。

"惠而不费，劳而不怨，欲而不贪，泰而不骄，威而不猛。"④

---

① 《论语·李氏》。
② 《论语·阳货》。
③ 同上。
④ 《论语·尧曰》。

第二十六讲
孟子论天道

一、孟子的天道思想

孟子名轲，生卒年不详，一说生于公元前385年前后，卒于公元前304年前后。邹国（今山东邹县）人，离孔子故乡曲阜不远。孟子出生时，孔子辞世已近100年了。

传统的说法，孟子的老师是孔子的孙子子思，但据很多学者考证，孟子出生时子思早已离世。故孟子可能是子思门人的学生。后人将子思、孟子并称为思孟学派，可见孟子与子思在思想学说上有一定的渊源。

孔子的中庸天道理论，并未在他的弟子曾子那里得到继承。换句话说，曾子并没有认识到中庸思想是孔学的核心思想。曾子在《论语·里仁》中说："夫子之道，忠恕而已矣！"曾子这一思想对弟子子思产生过深刻的影响，以至子思在作《中庸》时把中庸归结为"诚"。孟子受子思的影响，也将"诚"提高到至高无上的地位，即"诚"为天道，他说：

> "是故诚者，天之道也；思诚者，人之道也。"[1]

_____

① 《孟子·离娄上》。

这句话是这样引起的。孟子说：如果一个人职位低下，又得不到上级的信任，是难以将他管辖的百姓治理好的。要想获得上级的信任是有方法的，一个人不被朋友信任就得不到上级的信任，而获得朋友的信任同样也是有方法的，如果你孝敬父母得不到父母的高兴，朋友就不会信任你。孝敬父母要反省自己心意是否真诚，不真诚是不会让父母高兴的。人若不明白什么是善，也就不能使自己诚心诚意了。然后，孟子便说出了"是故诚者，天之道也"的论断。

这里明显看出，孟子将人的诚与"天的诚"联系起来，至于说，天道为什么是"诚"，孟子并未给出解释。因为这个"诚"，他只是继承了子思的说法。

从这里可以得出，孟子认为的天道是在自己的内心的诚意，为内求。所以他说，"道在迩而求诸远"，意思是说天道就在你的身边，在于你对父母的孝敬，对朋友及身边人的诚信。

这是将天道看成为人的道德范畴。但孟子将天道视为"诚"这一思想，与他的另一些关于道的论述相矛盾，说明孟子的天道思想还处于尚未成熟完善的阶段。

二、孟子天道思想上的突破

在社会的治理上，孟子将天道与统治者是否得人心联系起来。他说：

> "桀纣之失天下也，失其民也；失其民者，失其心也。得天下有道，得其民，斯得天下矣；得其民有道，得其心，斯得其民矣；得其心有道，所欲与之聚之，所恶勿施尔也。"[1]

桀和纣为什么丧失天下？由于他失去了天下人民；失去了天下人

---

[1]《孟子·离娄上》。

民，也就失去了人心。得天下是有方法的，得到人民，就得到天下了；得到人民也是有方法的，得到人民的心，就可以得到人民；得到人民之心也是有方法的，人民所需要的，替他们聚积起来，他们所厌恶的，不要给予他们，仅此而已。

这段明显指出，天道已不是内求，而在人之外的老百姓心中，老百姓的"心"对统治者来说是客观存在的。

孟子这里的"道"，有天道成分，天道人心，从治理国家上看，天道就在老百姓的心中，老百姓的心中有杆秤，会评判出这些统治者的所作所为是否符合天道。但这里也是方法论上的含义，即统治者得天下，得人民，得人心的方法。这符合权力来自人民的天道思想。本来天道社会是没有权力的社会结构的，王道社会出现了权力，但权力是人民给予的。人民将自己的权力给予了统治者，那么统治者就应该代表人民的利益。代表人民利益的统治者，必然得到人民的拥护，从而便可以推导出，得民心者得天道。

在孟子看来，天道既是客观的，也是主观的，如关于尧舜禹三代禅让，是不是天授权力的问题，弟子万章问孟子：

> "万章曰：'尧以天下与舜，有诸？'
>
> 孟子曰：'否。天子不能以天下与人。'
>
> '然则舜有天下也，孰与之？'
>
> 曰：'天与之。'
>
> '天与之者，谆谆然命之乎？'
>
> 曰：'否。天不言，以行与事示之而已矣。'
>
> 曰：'以行与事示之者如之何？'
>
> 曰：'天子能荐人于天，不能使天与之天下；诸侯能荐人于天子，不能使天子与之诸侯；大夫能荐人于诸侯，不能使诸侯与之大夫。昔者尧荐舜于天而天受之，暴之于民而民受之。故曰："天不言，以行与事示之而已矣"。'
>
> 曰：'敢问荐之于天而天受之，暴之于民而民受之，如何？'
>
> 曰：'使之主祭而百神享之，是天受之；使之主事而事治，百姓安之，是民受之也。天与之，人与之，故曰：天子不能以天下与

人。舜相尧二十有八载，非人之所能为也，天也。尧崩，三年之
丧毕，舜避尧之子于南河之南。天下诸侯朝觐者，不之尧之子而之
舜；讼狱者，不之尧之子而之舜；讴歌者，不讴歌尧之子而讴歌
舜，故曰，天也。夫然后之中国，践天子位焉。而居尧之宫，逼尧
之子，是篡也，非天与也。《泰誓》曰："天视自我民视，天听自我
民听。"此之谓也。'"①

这段话的大意如下：

万章问孟子："尧拿天下授予舜，有这么回事吗？"

孟子说："不，天子不能够拿天下授予人。"

万章问："那么，舜得天下，是谁授予的呢？"

孟子说："天授予的。"

万章问："天授予的，天是反复叮咛告诫他了吗？"

孟子说："不是的，天不会说话，它是用行动和事实表达出来而已。"

万章问："用行动和事实表达出来，是怎样的呢？"

孟子回答说："天子可以把人推荐给天，不能够叫天把天下给谁；
诸侯能够向天子推荐人，却不能够强迫天子把诸侯的职位给予他。大夫能
够向诸侯推荐人，却不能够让诸侯把大夫的位子给予他。从前，尧把舜
推荐给天，天接受了；又把舜公开介绍给老百姓，并且老百姓也接受
了。所以，天不说话，用行动和事实表示出来罢了。"

万章问："推荐给天，天接受了；公开介绍给老百姓，老百姓也接
受了，如何证明是这样的呢？"

孟子答："让他来主持祭祀，众神都享用祭祀了，这说明天接受了；
叫他来主持朝政，政事得到了治理，老百姓都很安宁，这是老百姓接受
了。天授予他，百姓授予他，所以，天子不能拿天下授予人。舜辅佐尧
执政28年，不是人力所能办到的，是天。尧死了，3年丧期完毕之后，
舜为了能使尧的儿子继承天下，自己便躲到黄河的南岸去了。但是，天
下诸侯来朝觐，不是到尧的儿子那里去，却到舜这里来；打官司的人，
不到尧的儿子那里去，却到舜这里来；歌颂的人，不歌颂尧的儿子，却

---

① 《孟子·万章上》。

歌颂舜，所以，这是天意啊！这样，舜才回到了首都，君临天下，就登上了天子之位。如果不是这样，舜开始就居住在尧的宫殿，逼迫尧之子让位，这就是篡位，并不是天授给他的了。《泰誓》说：'天能看见的自然也是我们老百姓能看见的，天能听到的自然也是我们老百姓能听到的。'说的就是这一点。"·

这里面，有一个十分重要的思想，即"天意"与"民心"的关系。在孟子看来，天虽不言，但天是"以行与事示之"于天下的。这个"行与事"有两层含义：一层是天对天下事的默认，如天子禅让和禅让给谁的问题，如果天不同意，禅让就进行不了，能够顺利进行了就证明天是同意的。如祭祀天神的事，如果祭祀大典能正常进行，说明上天神灵已经享用祭品，就证明上天神灵承认天子的人选。另一层意思就是，天能看见的，老百姓也能看见，天能听到的，老百姓也能听到，这样，老百姓的人心，就代表了上天的心。如果上天不同意，就会让老百姓出来说话进行阻止；天若同意，就让老百姓顺从和服从。

孟子的这一思想，就将孔子、老庄的天道思想向前发展了一步，即天道具体化了。天道可以表达自己的意见，这就是"天意"，"天意"要怎样表达出来呢？通过决定事物的发展好与坏、成与败、壮与衰的结果得之。事物"好""成""壮""生"等，就代表天是赞成的，反之如果出现"坏""败""衰""死"等结果，就说明天是反对的。"天意"还可以通过"民心"表现出来，如果老百姓"接受""服从""安顺"，就说明符合"民心"，符合"民心"了，也即符合"天意"了；而老百姓如果"不接受""反抗""暴乱"，就说明不符合"民心"，不符合民心，也就不符合"天意"了。

孟子的这一思想非常有意义，这就等于在"天道"与"人道"中间架了一道桥梁，从而打通了天道与人道的阻隔。假设孔子的天道思想是中庸，中庸既是宇宙观，又是人类的道德观、价值观，同时也是方法论。但天道如何和人道交融起来，中间的通道在哪里，在孔子的思想中并不明显。老庄的天道观，以宇宙自然观为主，作为现实的人，只能去主动和被动地适应于天道。所以老庄的天道观是退让的、被动的，不思进取的，无生机的天道观，这种天道观主张事物要尽量缓慢地发展，"物壮则老"，物壮则死，以虚空阴柔取道。天道的显现是柔的、弱的、空虚的、慢慢的。这种天道观对于有理性、积极进取的人类来说，在进取带给人类的灾难结果还不足以否定进取的发展观时，人类的确难以接受老庄的天道观。

应该说孟子还没有自己的天道理论或完整的天道思想，尚处在一种认识上的肤浅阶段，但他抓住了一个十分重要的问题，即天道与人道的关系，这两者的关系是被孟子提出的，即提出"天意"与"民意"，"天心"与"民心"的问题。孟子这一思想产生的根源，一是他通过对社会的观察，看到有一个规律的东西在左右着人类社会，这种左右在统治者那里和被统治的广大人民群众中都能找到它的蛛丝马迹；二是他引用《尚书·泰誓》上"天视自我民视，天听自我民听"的话，说明孟子也深受前人的思想影响。

孟子和万章的对话并没有结束。万章接着问：

> "万章问曰：'人有言："至于禹而德衰，不传贤而传于子。"有诸？'
>
> 孟子曰：'否，不然也。天与贤，则与贤；天与子，则与子。昔者舜荐禹于天，十有七年，舜崩。三年之丧毕，禹避舜之子于阳城。天下之民从之，若尧崩之后，不从尧之子而从舜也。禹荐益于天，七年，禹崩。三年之丧毕，益避禹之子于箕山之阴。朝觐、讼狱者不之益而之启，曰："吾君之子也。"讴歌者，不讴歌益而讴歌启，曰："吾君之子也。"丹朱之不肖，舜之子亦不肖。舜之相尧，禹之相舜也，历年多，施泽于民久。启贤，能敬承继禹之道。益之相禹也，历年少，施泽于民未久。舜、禹、益相去久远，其子之贤不肖，皆天也，非人之所能为也。莫之为而为者，天也；莫之致而至者，命也。匹夫而有天下者，德必若舜禹，而又有天子荐之者，故仲尼不有天下。继世以有天下，天之所废，必若桀纣者也，故益、伊尹、周公不有天下。'"[①]

万章问："人们有一种说法：'到了禹时，德行就开始衰落了；他不

---

① 《孟子·万章上》。

把君位传给贤人，而是传给了自己的儿子。'有这样的事吗？"

孟子说："不，不是这样的。天要授予贤人，就授予贤人，天要授予儿子，就授予儿子。从前舜把禹推荐给天，既过17年，舜死了。3年丧期结束后，禹为了回避舜的儿子就躲到阳城去了。天下的老百姓都跟随着禹，就像尧死后不追随尧的儿子而追随舜一样。禹把益推荐给天，经过7年，禹死了。3年的丧期结束以后，益回避禹的儿子躲到了箕山的北坡去了。朝觐和打官司的人，不到益那里去，却到启这里来。他们说：'这是我们君王的儿子呀。'歌颂的人也不歌颂益，而歌颂启，他们说：'这是我们君王的儿子呀。'尧的儿子丹朱不好，舜的儿子也不好。而且舜辅佐尧，禹辅佐舜经历的年限多，给老百姓恩惠的时间也长。启很贤明，能够谨慎地继承禹的传统。益辅佐禹，经历的年限短，给老百姓的恩惠时间也不长。舜、禹、益距离的年限太远了，他们的儿子好或不好，都是天意，不是人力所能左右的。不能做而做到了，这就是天；不能达到而达到了，这就是命。普通的人能够有天下，德行一定要像舜、禹这样，同时还要有天子的推荐，所以仲尼不能有天下。继承君位而有天下，被天废掉的，一定要像桀、纣这样的人，所以益、伊尹、周公不能有天下。"

这段对话的内容与上一段不一样，上一段讲天子禅让，这是人类原始社会后期，即父辈氏族阶段的军事民主制时期，这时社会处在人类天道社会的后期，出现了等级制，权力集中在军事首领身上。在等级制下，有一位天子凌驾于众臣民，但权力非私有，主要表现在权力是向贤者禅让，传贤不传子。那时严格说国家还没出现，是处在出现国家的门槛阶段，所谓的天子，是各部落的最高首领，天道社会的主要社会制度还依然存在。天子仍然是各部落氏族人民共同的拥戴者，天子除地位与各部落氏族人员不同，居住与使用的物品比部落人员优厚与优越之外，并没有个人的财产，财产尚没有私有化，至今我们尚未见到尧舜禹时有个人财产的记载。

这段讲的事情则不同，是禹死后，继承天子位的并不是辅佐禹的益，而是禹的儿子启。这说明社会已经结束了原始社会的军事民主制时期，已经进入了国家权力私有化的阶段，主要体现国家权力执政者由选举或选贤改为血缘家庭的继承，也说明人类社会从这时起进入了强道社会阶段，即人们不是靠民主权力决定权力的分配，而是由占有绝对的权力的人，以一己之力就可以决定所有人权力的分配。社会开始了以力的强弱、大小而角逐社会权力、地位与财富的时期。力量强的、大的，就可压制、压迫力量弱的、小的，力量强大的成为社会的统治者，而力量弱的、小的就成为社会的被统治者。

孟子将"传贤""传子"都看成"天意"，即代表"天道"的天意，这也是孟子的十分可贵难得之处。他说："天与贤，则与贤；天与子，则与子。"意思是说，该传贤还是该传子，这是"天道"的"天意"决定的。这前面有一层意思：尧、舜、禹的儿子贤与不贤，都是由天决定的。天让尧、舜的儿子不贤，故传不了子，而天让禹的儿子启贤，就能传于子。这些都是上天决定的。还有一层意思，"传贤"与"传子"也是天道发展的结果，从而也说明上天对强道社会的肯定，即传子让人类社会进入权力私有，这也是天道和天意决定的。

不仅仅是"天意"，更重要的是"天意"要通过民意反映出来。禹去世后，人们前来朝觐的、讼狱的、讴歌的都是启，而不是益，说明启继任天子是上得天心，下符合民意的，从而人类社会便从天道社会走进了强道社会。

三、孟子的人道思想

孟子还有一种思想，即他明确指出与"天道"相对应的"人道"概念。

可惜的是，孟子的"人道"概念自然没有摆脱子思《中庸》一书对他的影响。他给"人道"下的定义是"思诚者，人之道也"。[①]

"思诚"并不能定义为人之道。因为"诚"仅仅是人之道的一部分。"诚"在孔子的人道思想体系中只是其中的一部分，在孔子看来它还不如"信"与"忠"重要。将"诚"提高到至高无上的地位，是曾子的

---

① 《孟子·离娄上》。

《大学》和子思的《中庸》。这是他们二位想发扬孔子学说，反而肢解和分离了孔子的学说体系。

所以，曾子和子思的思想深深地影响着孟子对天道的认知和理解。

不过，孟子并没有将自己固限在"诚"的桎梏上。他的主要贡献，是在天道与人道的交会融合上而产生的一些思想。

> "万章问曰：'人有言伊尹以割烹要汤，有诸？'
>
> 孟子曰：'否，不然。伊尹耕于有莘之野，而乐尧舜之道焉。非其义也，非其道也，禄之以天下，弗顾也；系马千驷，弗视也。非其义也，非其道也，一介不以与人，一介不以取诸人。汤使人以币聘之，嚣嚣然曰："我何以汤之聘币为哉？我岂若处畎亩之中，由是以乐尧舜之道哉？"汤三使往聘之，既而幡然改曰："与我处畎亩之中，由是以乐尧舜之道，吾岂若使是君为尧舜之君哉？吾岂若使是民为尧舜之民哉？吾岂若于吾身亲见之哉？天之生此民也，使先知觉后知，使先觉觉后觉也。予，天民之先觉者也；予将以斯道觉斯民也。非予觉之，而谁也？"思天下之民匹夫匹妇有不被尧舜之泽者，若己推而内之沟中。其自任以天下之重如此，故就汤而说之以伐夏救民。吾未闻枉己而正人者也，况辱己以正天下者乎？圣人之行不同也，或远或近，或去或不去，归洁其身而已矣。吾闻其以尧舜之道要汤，未闻以割烹也。《伊训》曰："天诛造攻自牧宫，朕载自亳。"'"[①]

万章问："人们有一种说法：'伊尹是靠给成汤切菜、割肉、烹调，讨好成汤才得到相位的。'有这样的事吗？"

孟子说："不，不是这样的。伊尹在莘园的郊野种田，而以尧舜之道为乐。如果不符合尧舜的大义，不符合尧舜的做事原则，就是把天下的禄位都给他，他都不会看它一眼的；牵来 4000 匹马送给他，他也不奢望一下的，不符合尧舜的大义，尧舜的原则，就连一株草也不会给别人，也不去拿别人的。汤派人用礼物聘请他，他却淡然地说：'我要汤

---

① 《孟子·万章上》。

的聘礼做什么呢？这哪里能比得上我在田野中，以尧舜之道逍遥自乐呢？'汤三次派人去聘请他，随后他才恍然大悟地改口说：'我与其在田里以尧舜之道自乐，哪里比得上我让这个君主成为尧舜式的君主呢？哪里比得上让这些老百姓成为尧舜治下的老百姓呢？哪里比得上我自己亲眼看到尧舜之道在天下施行起来呢？上天生育了这些老百姓，就是要让先知去觉醒那些后知者。我呢，是百姓中的先觉者，我将用尧舜之道去觉悟这些老百姓。不是我去觉醒他们，又能是谁呢？伊尹认为天下的老百姓中的男人、女人存在没有获得尧舜之道恩泽的人，就好像自己把他们推进深沟里去一样。他是这样把天下的重担加在自己身上的，所以他接受了汤的邀请，并且说服汤去征伐了夏桀，拯救了天下的老百姓。我没听说过，自己不正还能去规正别人，何况屈辱自己还能规正天下人呢？圣人的行为是不一样的，有人到远方去隐居，有人接近君主，有人去做事，有人不去做事。不过，归结起来都是为了自己干干净净罢了。我只听说过伊尹用尧舜之道要求汤，没有听说过用切肉、烹调讨好汤。《伊训》说：'老天诛伐夏桀，从牧宫开始发起进攻，我是从亳邑开始谋划的。'"

孟子在这里指出，民间传闻伊尹是靠给商汤做饭、烹饪而取得汤的喜欢，当上宰相，并不符合历史事实。而这在段里，最为重要的是阐释了孟子关于"天道"与"人道"的关系，以及他对人在这两者关系中，所发挥的主观能动性的认识。

首先，他指出，夏朝的灭亡，是天道决定的，即上天要亡夏朝。他引用了《尚书·伊训》的话，原文为：

> "曰：'呜呼！古有夏先后，方懋厥德，罔有天灾。山川鬼神，亦莫不宁，暨鸟兽鱼鳖咸若。于其子孙弗率，皇天降灾，假手于我有命，造攻自鸣条，朕哉自亳。'"[①]

伊尹说："啊！古代夏朝的祖先大禹，努力地施行德政，因而上帝没有降下天灾，山川鬼神也没有不安宁的，甚至连同鸟兽鱼鳖等诸众生

---

① 《尚书·伊训》。

物也都孳乳繁衍了起来。遗憾的是到了他的子孙夏桀这一代不能遵循祖先的常道，因此上天降下灾祸，上帝受天命于成汤，假借成汤之手，从鸣条开始征伐夏桀暴君，我从亳邑开始施行德政教化。

孟子在这里是说：天道决定了夏朝的灭亡，商汤的崛起，非人力而为。

其次，则涉及一位得道的人，即得天道的人，在强道社会，应该如何去做，去处理天道和人道的关系。

孟子这里提倡的，既不同于老子、庄子的做法，又有异于孔子的主张，与孔子的主张，有些地方吻合，有些地方又不吻合。

与孔子不吻合的地方在于，孔子讲"有道则仕，无道则隐"这样的话。孟子在开始描述伊尹时，伊尹就是这样一个隐士，他隐于田野之间，自乐于尧舜之道。可当商汤三次聘他之后，他的想法改变了。改成主动要将商汤变成像尧舜时那样的君主，要把天下的老百姓变成像尧舜时那样的老百姓，而且希望通过自己的努力，亲眼看到这一天的到来，这一理想的实现。这就与孔子的主张略有不同了，即天下虽然是夏桀的天下，天下无道，但作为得道的人应该主动出击，去投奔于在位的诸侯门下，然后去消灭这个无道的王朝。也不能说，孟子这一点与孔子完全不同。孔子仍然抱有想通过自己的努力改变现实社会的想法，于是，他愤然离开鲁国，是因为鲁国君臣无道，但当他周游列国期间，他发现，他遇不到他心中的明君，那么他还是想有一番作为，如他几次适卫，卫灵公并不是有道之君，但孔子还是想得到卫灵公的重视，在卫国施展自己的政治抱负。这也说明孔子不是彻底地主张"无道则隐"，他的周游列国的行动就说明他不想隐。孟子讲的伊尹就是个不隐的事例，这反映了孟子在处理天道与人道的关系上，主张通过采用个人的努力，改变社会现状的方式，使强道社会重新走回天道社会中去。

最后，这段对话中，孟子还有一个十分重要的思想，他是通过阐述伊尹这位得道之人说出的，即"天之生此民也，使先知觉后知，使先觉觉后觉也。予，天民之先觉者也；予将以斯道觉斯民也"。

这种"先知"与"先觉"是指对天道的"知"与"觉"。这种"知"与"觉"建立的前提，是对当时强道社会的"知""觉"，即通过对天道的认识，否定了当时社会存在的合理性。在感知合理的天道之后，提出推翻当时的社会统治，建立尧舜那样的有道社会，即以天道为主的社会。

伊尹作为当时社会的"先知""先觉"者，是以直接参与政治斗争，即参加商汤政治集团的途径，去实现自己的政治抱负的。他的政治抱负，就是将商汤辅佐成为像尧舜一样的帝君，将天下老百姓变成像生活在尧舜天道社会中的老百姓一样，这是当时得道之人应该选择的正确道路。

按照孟子在该段的论述，圣人，即得道之人，对现实社会是持有批判态度的，他们通过否定现实社会的合理性的途径，使人类走向天道社会。

　　"圣人之行不同也，或远或近，或去或不去，归洁其身而已矣。"①

很明显，持道家学说的人，肯定是远离政治，逍遥自在，独善其身去了，而身为儒家的孟子主张则不同，他认为伊尹的做法是对的，要积极地去作为，而这种作为又是顺天道而为。

孟子的"先知""先觉"思想中，还有更深的一层含义，是"先知"如何带动"后知"，"先觉"如何带动"后觉"。这便是一场人类的思想革命。

伊尹的"先知""先觉"，是因为了解"乐尧舜之道焉"，说明作为那个时代的人，伊尹是个掌握尧舜之道的人。所以伊尹说：

　　"予，天民之先觉者也。"②

可见，伊尹"先知""先觉"的是天道，是尧舜禹时的王道社会，这个社会被孔子认为是最理想的人类社会，孔子也将尧舜禹称为圣人。

这件事情，如果孟子的记载完全符合历史事实的话，说明早在商汤

---

① 《孟子·万章上》。
② 同上。

建立商朝的过程中，伊尹就提出人类社会应该回到尧舜禹那样的社会。说明在当时，人类社会的发展道路应该如何走，是走夏朝的强道社会道路，还是走尧舜禹的天道社会道路，不同的人已经产生分歧了。商汤虽是位明君，又有伊尹为相，但商朝最终还是沿着夏朝的强道社会走了下去，这在某种意义上说也是历史发展的必然。那个时期，权力私有、财产私有，以及名誉私有等方兴未艾，私有制具有着强大的生命力，它直接满足人本能的欲望。私有一旦化成为人性中的本质，贪婪便会占据人的思想，使人们每天都去寻取不同程度的满足。人原来的本性被人的社会性一点一点地玷污，一次次地扭曲，人格被弄得支离破碎。人已经变成了非人。这就是强道社会人类的生存状况。

人类的出路在哪里？确实在孟子那个时代人们已经去探讨这个问题了。孟子提出让每个人都成为尧舜的思想，想通过把每个人都变成为尧舜，而解决人类社会发展面临的难题。《孟子·告子下》是这样记载的：

> "曹交问曰：'人皆可以为尧舜，有诸？'
>
> 孟子曰：'然。'
>
> '交闻文王十尺，汤九尺，今交九尺四寸以长，食粟而已，如何则可？'
>
> 曰：'奚有于是？亦为之而已矣。有人于此，力不能胜一匹雏，则为无力人矣；今日举百钧，则为有力人矣。然则举乌获之任，是亦为乌获而已矣。夫人岂以不胜为患哉？弗为耳。徐行后长者谓之弟，疾行先长者谓之不弟。夫徐行者，岂人所不能哉？所不为也。尧、舜之道，孝弟而已矣。子服尧之服，诵尧之言，行尧之行，是尧而已矣；子服桀之服，诵桀之言，行桀之行，是桀而已矣。'"[1]

曹交问孟子："人人都能够成为尧舜，有这种说法吗？"

孟子说："有的。"

曹交说："我听说文王身高 10 尺，成汤身高 9 尺，我现在身长 9 尺 4 寸，可我只有吃饭的本事，这如何才好呢？"

---

[1] 《孟子·告子下》。

　　孟子说："这又有什么关系呢？只是努力去做就是了。譬如说：有一个人，他的力量还没有一只小鸡大，可以说再没有比这力量小的人了，现在说要举起3000斤，那他就是位有力量的人了。这就是说，他原来连小鸡的力气都不如，如今能举起秦国大力士乌获举过的重量，他也就成了乌获了。人怎么会去忧虑自己不胜任呢？原因在于自己不去做而已。跟在长辈的后面慢慢地行走，这是悌道；抢在长辈的前面快步地走，这叫不守悌道。那慢慢地行走，难道是人们做不到的吗？就是不想做罢了。尧舜之道，说到底就是孝、悌之道而已。你穿上尧的衣服，说尧应该说的话，做尧应该做的事情，你就是尧；你穿上桀的衣服，说桀应该说的话，做桀应该做的事，你也就是桀了。"

　　真的人人可成为尧舜吗？尧舜之道仅为孝悌这么简单吗？

　　如果这么简单，为什么不是人人都去做呢？其实说难也难，说不难也不难，关键在于人的思想意识。人的言行举止是受人的思想意识控制的。你心中头脑里全是强道文化、强道思想意识，你必然以恣情纵欲为乐，以强占多得为福，你若心中存有天道文化、天道思想，你就会发现人仅仅满足实现个人的欲望，而不顾他人的死活，这样的人是极端利己的人，把个人的幸福建立在践踏他人的幸福之上的人，是极端自私自利的人。这种行为不仅被别人所不齿，有一天也会被自己所不齿。

第二十七讲
孟子王道社会的思想

一、孟子的王道社会

孟子的王道思想是在他反对霸道社会，以及与强道社会的对立中产生的。他在很多处论述王道社会时，都要提及霸道社会。孟子的王道社会不等同于天道社会，但它是人类社会未来走上天道社会的基础。

孟子的王道社会、霸道社会是他对一个国家发展道路的思考。即一个国家所奉行一个什么样的发展路线。一条路线是王道，一条路线是霸道。

什么是王道社会？什么是霸道社会？

"孟子曰：以力假仁者霸，霸必有大国。以德行仁者王，王不待大，汤以七十里，文王以百里。以力服人者，非心服也，力不赡也。以德服人者，中心悦而诚服也，如七十子之服孔子也。《诗》云：'自西自东，自南自北，无思不服。'此之谓也。"①

这段话，有3层含义。

第一层含义，讲什么是霸道，什么是王道。

什么是霸道？

---

① 《孟子·公孙丑上》。

孟子认为：一是以力称霸，以个人的强力，或者以集体的强力称霸。以个人的力量强大称霸，是指在人群之中，依靠个人的强力称霸。这种强力包括个人强大的身体力气，个人所拥有的权力、财力、智力等。这些强力在人群之中超群拔俗，以达到个人的称霸，成为政治、经济领域的主宰者；以集体强力称霸，指一个政治集团，以一国之军力、财力、智力的强大，成为一个地区或区域的霸主，乃至世界的霸主。二是，这种以力称霸者，却打着假仁爱的幌子，只是将仁爱当作一种手段，真正的目的是侵夺、占有和统治别人或别的国家。

什么是王道？

孟子的定义是：一是以德称王。以德称王指国家的君主要有高尚的道德品格，包括心地善良，品行端庄，公正无私，生活俭朴等本性。二是在国家实行仁政。仁政是指在国内实施以爱人为本的治国国策，包括不扰农时，轻徭薄赋，休养生息，不兴建大型土木工程，对不法的老百姓实行以教化为主、减轻刑罚等措施，给人民以公平、正义、民主、自由的生存环境。

第二层含义，讲霸道、王道不同的治国道路。

霸道的治国道路，能使国家成为大国、强国。但是这样的国家都是短命的，很快就会灭亡，如春秋时期的齐、晋、秦、楚、吴、越等国，均走上霸道治国的道路，这些称霸的国家，在追逐称霸的较量中，先是齐、晋、秦、楚，后是吴、越等纷纷从霸主的祭坛上跌落下来，历史上又出现新的霸道国家，即战国七雄。战国七雄中六国的势力已经很弱，只有靠联合起来才能与秦国抗衡，但还是被以霸道治国路线更彻底的秦国消灭。秦国成为中国历史上第一个大国。秦国的疆土是秦以前中国历史上从来没有过的。这种完全以霸道路线建立的国家，又是历史上最短命的王朝，秦只活了两任皇帝，至二世而亡，仅在历史上存留14年。历史证明孟子说"霸必有大国"，这种论断是正确的，但历史也证明以强力、霸道治国，王朝都是短命的，都是昙花一现的，中外历史无不证明这一点。为什么？因为强道社会和霸道社会，是违背天道的。

王道的发展道路则不同。孟子说："王不待大。"意思是说，行王道的国家，不用等待它发展成为一个大国，它虽然只是个小国，但它可以战胜大国，取代大国。他举了之前的历史例证，汤仅靠一个方圆70里的小邦国的王道国家，战胜和取代了拥有天下的霸道之主夏桀王朝；文王靠一个方圆百里的西部边陲的王道小国，战胜并取代了以霸道治国的商纣王朝。执行王道治国的国家，即使它不去与其他国家征伐打仗，这样的国家也会逐渐发展壮大起来，因为人心所向，人是会自觉或不自觉地流向那些以天道治国的国家的。

第三层含义，讲的是王道与霸道谁优谁劣的问题。

孟子认为，霸道以力服人，并不是让人心里服从，而是人的力量不足，在力量悬殊的情况下，不得不服。"以力服人者，非心服也，力不赡也。"这种服从，只能是暂时的，一旦对方力量得到增强，达到可以势均力敌的时候，双方的争执乃至斗争，甚至武力冲突随时可能出现。所以，以力服人赢得的一切都是短暂的。从一个国家来说，爆发新一轮的危机是注定的，不可改变的，而只有以德服人，才会让人心服口服。这种服从是发自内心的，就如孔子的 70 名弟子，深为孔子的道德文章折服。这种服从是长久的，很难改变的。作为一个国家，从道德制高点上让所有国人佩服，那么还会有人起来反对这个国家吗？还会出现社会危机吗？因为所有国人都不希望改变现状，并甘愿为了保护这种好的社会现状付出自己的一切，乃至生命，因为国人认为值得。

关于王道和霸道，孟子和公孙丑有这样一段对话：

> "公孙丑曰：'夫子加齐之卿相，得行道焉，虽由此霸王不异矣。如此，则动心否乎？'
>
> 孟子曰：'否。我四十不动心。'
>
> 曰：'若是，则夫子过孟贲远矣。'
>
> 曰：'是不难，告子先我不动心。'"[1]

公孙丑说："老师假如您做了齐国的卿相，又能按着您的主张做事，从此小则可以成就霸业，大则可以成就王业，也没有什么可奇怪的。如果这样您是不是也会动心呢？"

孟子说："不，我从 40 岁以后就不再动心了。"

---

[1] 《孟子·公孙丑上》。

公孙丑说："这么说来，老师比孟贲强得多了。"

孟子说："这个不难，告子能够不动心比我还早呢。"

> "公孙丑问曰：'夫子当路于齐，管仲、晏子之功，可复许乎？'
>
> 孟子曰：'子诚齐人也，知管仲、晏子而已矣。'或问乎曾西曰：'吾与子路孰贤？'曾西蹴然曰：'吾先子之所畏也。'曰：'然则吾子与管仲孰贤？'曾西艴然不悦，曰：'尔何曾比予于管仲？管仲得君如彼其专也，行乎国政如彼其久也，功烈如彼其卑也，尔何曾比予于是！'曰：'管仲，曾西之所不为也，而子为我愿之乎。'"[①]

公孙丑说："如果您在齐国当权，管仲晏子的功业能在齐国再现吗？"

孟子说："你真不愧是个齐国人，就知道管仲和晏子。有人问曾西：'你同子路比谁更好些呢？'曾西不安地说：'他是我父亲所敬畏的人。'那人又说：'那你与管仲相比谁更好一些呢？'曾西马上不高兴起来，说道：'你为什么拿我与管仲相比呢？管仲得到齐桓公的信任是那样地专一，执掌齐国的政权又是那么地长久，而取得的功绩却是那么地卑小。你为什么拿我跟他比呢？'"

孟子又说："管仲，连曾西都不愿意去学他，而你认为我愿意去学他吗？"

孟子为什么不愿意向管仲学习呢？下面便有了答案。

公孙丑说："管仲由于辅佐齐桓公而成就了霸业，晏婴由于辅佐齐景公而取得显赫的名声，难道管仲、晏婴还不值得学习吗？"

孟子说："以齐国来统一天下，易如反掌。"

公孙丑说："照你说来，使我更加不懂了。像文王那样的德行，而且还活了将近100岁，他推行德政，也没能统一天下，武王、周公继承了他的事业，然后才大大地推进了王道，才统一了天下。如今你把统一天下说得这么容易，那么说，文王也不值得效法了吗？"

孟子回答：

---

① 《孟子·公孙丑上》。

　　"曰：'文王何可当也！由汤至于武丁，贤圣之君六七作。天
下归服久矣，久则难变也。武丁朝诸侯有天下，犹运之掌也。纣之
去武丁未久也，其故家遗俗，流风善政，犹有存者；又有微子、微
仲、王子比干、箕子、胶鬲皆贤人也，相与辅相之。故久而后失之
也。尺地莫非其有也，一民莫非其臣也，然而文王犹方百里起，是
以难也。齐人有言曰："虽有智慧，不如乘势。虽有镃基，不如待
时。"今时则易然也。夏后、殷、周之盛，地未有过千里者也，而
齐有其地矣；鸡鸣狗吠相闻，而达乎四境，而齐有其民矣。地不改
辟矣，民不改聚矣，行仁政而王，莫之能御也。且王者之不作，未
有疏于此时者也；民之憔悴于虐政，未有甚于此时者也。饥者易为
食，渴者易为饮。孔子曰："德之流行，速于置邮而传命。"当今之
时，万乘之国行仁政，民之悦之，犹解倒悬也。故事半古之人，功
必倍之，惟此时为然。'"①

　　孟子说："怎么能和文王比呢？殷从成汤到武丁，贤德的君主有
六七位。天下归服商王朝的时间已经相当长了，时间一久就不容易改变
了。武丁朝被诸侯朝拜而拥有天下，天下运转尽在掌心之中。纣王离武
丁朝不远，殷王朝历代励精图治的传统、善政的遗风还有一些存在。又
有微子、微仲，王子比干、箕子、胶鬲等贤人辅佐纣王。所以商王朝也
是经过了很长时间的统治才丢了天下的呀。当时没有一寸土地不是归殷
所有，没有一个老百姓不是它的臣下，而文王呢，不过是百里起家，所
以是很难的。齐国有句俗话：'虽有智慧，不如把握住形势，虽有锄头，
不如把握住农时。'当下的时机是容易做到的呀。夏、商、周三代的盛
世，土地没有超过方圆1000里的；但是现在一个齐国却有了方圆千里
的土地：这里的鸡鸣狗叫，到处都可以听得见，从首都一直通到四域的
边界。齐国有了这么多的民众了，土地不必再开拓，百姓也没必要再增
加，只要实行仁政来统一天下，就没有人能够阻止得了的。而且，一统
天下的王者这么久的时间没有出现，历史上从来没有过。老百姓受到虐

---

① 《孟子·公孙丑上》。

政的煎熬，从没有像现在这么厉害过。肚子饿的人就会不选择食物，口渴的人就会不选择饮料。孔子曾经说过，德政的流行，比驿站的传达政令还要迅速。现在这个时代，拥有万乘兵车的国家施行仁政，老百姓高兴的劲头，就如解除倒悬的痛苦一样。所以，事半功倍，只有这个时代才行。”

孟子这里提出一个十分有价值的思想，即他认为，当时的七国实现王道社会的路线，不用武力去开疆扩土，也没有必要使其他国家的人口成为齐国的编户齐民，而只要实行“仁政”，就能统一天下，实现王道社会，而且任何国家都无法阻挡。

他的理由是什么呢？他说：

首先，现在天下各个国家，“王者之不作”，即没有出现一位能统一天下的“贤君”的时间太久了，所以时代呼唤着要出现这样一位“贤君”。

其次，老百姓被腐败暴虐的政治统治的时间也太久了，从来没有这么久过，人的肚子饿了就会饥不择食，口干舌燥了就会渴不择饮。如果天下出现一位贤君，解百姓于倒悬，那么就一定会民心所向，归之如流水。

最后，只要抓住与掌握好时机，就会取得前人达不到的功绩，即事半而功倍。

但可惜，齐国没有抓住这个机会。

孟子讲，当时的齐国，若行王道，一定会统一天下，而且易如反掌地那般容易。为此，他认为管仲和晏婴，都是不值得学习的人，因为他们二人都没有辅佐君王，在齐国实现王道治国，从而错失建立王道社会，错失了齐国一统天下的时机。

二、王道社会的核心是“王政”

建立王道国家，实现王道大业，这是孟子的梦想。

孟子，生于今山东邹城，离孔子故乡曲阜不远，所以孟子说自己

"近圣人之居，若此其甚也。"①当时齐国的首都在临淄，与孟子的家乡相距不远，齐又是当时大国，是孟子最想大有作为的国家。据说孟子当时已经很有名气，出行马车数十乘，侍从数百人，所到国家国君都要馈赠黄金，供给衣食，并听取孟子的议论。

孟子第一次到齐国是齐威王二十八年（公元前329年），这时孟子44岁。孟子受到齐威王的重视，授予卿位，居三卿之中，正卿之职。此时，齐威王任用孙膑、田忌等人，齐国在列国中争霸，国力日隆，所以对孟子的"仁政"理论并没有完全接纳。估计是齐国的君主对孟子的政见并不感兴趣，孟子也拒绝了齐威王的馈赠，所以孟子在齐国并不得志。当齐威王三十三年（前324年），宋王偃称王，而且准备行仁政，孟子离齐去宋。但宋王偃受奸佞之人左右，孟子接受了馈赠70镒而离开宋。过薛，受50镒。公元前321年，孟子去滕。滕国是方圆不足50里的小国，难以实现孟子的抱负，孟子在公元前320年至梁，此时孟子53岁。公元前319年梁惠王卒，孟子离梁入齐，此时齐威王卒，齐宣王继位。

《孟子·梁惠王下》记载：

"齐宣王问曰：'人皆谓我毁明堂，毁诸？已乎？'

孟子对曰：'夫明堂者，王者之堂也。王欲行王政，则勿毁之矣。'

王曰：'王政可得闻与？'

对曰：'昔者文王之治岐也，耕者九一，仕者世禄，关市讥而不征，泽梁无禁，罪人不孥。老而无妻曰鳏，老而无夫曰寡，老而无子曰独，幼而无父曰孤，此四者，天下之穷民而无告者。文王发政施仁，必先斯四者。'《诗》云：'哿矣富人，哀此茕独。'"②

齐宣王问："人们都建议我毁掉明堂，毁呢，还是不毁呢？"
孟子回答说："明堂是什么？是有道德而能统一天下的王者的殿堂。

---

① 《孟子·尽心下》。
② 《孟子·梁惠王下》。

您如果要实行王政，就不应该把它毁掉了。"

齐宣王问："王政，你可以讲讲吗？"

孟子说："从前文王治理岐周的时候，种田的人按照九中取一的比例纳税；做官的人世代都有俸禄；关卡、集市上只进行稽查，并不征税；无论水里，还是山上，都不禁止渔猎；犯罪的人不株连他的妻子儿女。老了没有妻子的人，叫作鳏，老了没有丈夫的人叫作寡，老了没有子女的人叫作独，幼而无父的人叫作孤，这4种人是社会上最穷苦无靠的人。周文王实行仁政，最先照顾到的就是这种人。《诗经·小雅·正月》篇说："哿矣富人，哀此茕独"[①] "有钱财的人是可以过得去了，可怜那些孤单的无依无靠者吧！"

从这段对话中可以得出，孟子所倡导的王政：

第一，对被统治的农民，实行减税。将农民的收入分为9份，而税收只收其中的1份，将8份留给农民自己。这是轻徭薄赋。

第二，对所有官吏，实行俸禄制，世世代代都享有官府发放的俸禄，让这些官员安心在职位上工作。这是以薪养廉。

第三，在全国的关口和集市上进行稽查，而不再征收任何赋税。这是开放市场，减免税赋。

第四，无论是江河湖海，还是山林，都允许人们打渔狩猎，向人民开放国家资源。这是放利给人民，实行富民的国策。

第五，对社会上的鳏、寡、孤、独的弱势群体，国家给予特殊的优先照顾，让他们生活无忧。这是关爱弱势群体。

这五点，是一个王道社会或者说是太平盛世出现的基本条件。如果真正能按照孟子提出的五条原则去办，齐国一定能成为一个仁政大国，统一天下也会指日可待。

可惜的是，孟子遇到的不是雄才大略的明君。他的治国良策，并没有引起齐宣王的多大兴趣。齐宣王随口说了一句："善哉言乎！"这说明齐宣王并没有否定孟子的建议。孟子赶紧说道："王如善之，则何为不行？"君王您如果赞许的话，那么，为什么不去实施呢？齐宣王说：

---

① 《诗经·小雅·正月》。

"寡人有疾，寡人好货。"①

我有个毛病，我喜爱财钱。言外之意，实行孟子的王政有困难。对此，孟子回答道：

"昔者公刘好货。《诗》云：'乃积乃仓，乃裹餱粮，于橐于囊，思戢用光。弓矢斯张，干戈戚扬，爰方启行。'故居者有积仓，行者有裹粮也，然后可以爰方启行。王如好货，与百姓同之，于王何有？"②

孟子说："从前周的始祖公刘也喜欢钱财。《诗经·大雅·公刘》篇写道：'粮食真多，外有囤，内满仓，包里还有着干粮，装满橐，装满囊，人民安集，国威发扬。箭上弦，弓开张，其他武器都上场，浩浩荡荡向前行。'因此如果留在家里的人有积谷，行军打仗的人有干粮，这样才能率领军队前进。大王如果喜好钱财，能够与老百姓共同分享，那么称王天下还有什么困难？"

齐宣王又说：

"寡人有疾，寡人好色。"③

我还有个毛病，我喜爱女色。言外之意行仁政还是有困难。孟子答：

"昔者太王好色，爰厥妃。《诗》云：'古公亶父，来朝走马，率西水浒，至于岐下。爰及姜女，聿来胥宇。'当是时也，内无怨女，外无旷夫。王如好色，与百姓同之，于王何有？"④

---

① 《孟子·梁惠王下》。
② 同上。
③ 同上。
④ 同上。

孟子又回答说："从前周太王古公亶父也喜爱女色，非常疼爱他的妃子。《诗风·大雅·绵》篇写道：'古公亶父清早便骑着马，沿着西方河岸行，来到岐山的脚下。伴着妃子姜氏女，开始来到这里定居。'在那个时候，家里没有不嫁的女子，社会上也没有不娶的男人。王如果爱好女色，和百姓一起来爱好，那么，要想称王又有什么难的呢？"

其实，齐宣王说自己喜欢钱财和喜欢女人，只是用来搪塞孟子而已，因为已经贵为大国之王的齐宣王，对仁政并不感兴趣，他认为仁政是为了别人，而现在他对自己的生活十分满意了，何必要再节外生枝，搞什么仁政呢？

接下来的谈话，孟子便直接涉及齐国的当前的社会治理问题。

"孟子谓齐宣王曰：'王之臣有托其妻子于其友，而之楚游者。比其反也，则冻馁其妻子。则如之何？'

王曰：'弃之。'

曰：'士师不能治士，则如之何？'

王曰：'已之。'

曰：'四境之内不治，则如之何？'王顾左右而言他。"①

孟子说："君王的臣子把他的妻子托付给友人，自己去楚国周游去了。等到他回来，他的妻子还在挨饿受冻，应该怎样处置呢？"

宣王说："和他绝交。"

孟子说："如果管理刑罚的长官不能管理他的下级，那应该怎么办呢？"

宣王说："杀掉他。"

孟子说："国家里的政事得不到治理，应该怎么处理呢？"齐王回过头来左右张望，把话题扯到别处去了。

这次谈话，结果是不甚投机，不欢而散。

本来齐宣王对孟子的王政就表现出不感兴趣，孟子不知难而退，反而又连问出三个问题。这三个问题反映了齐国的政治、吏治等重要问

①《孟子·梁惠王下》。

题。第一个问题，臣子之间没有诚信，受人之托，不办受托之事，结果让妻儿冻馁；第二个问题，管理刑罚的官员管不了自己的下属，说明吏治无能，也预示着官场的腐败；第三个问题，整个国家都得不到治理，说明一国政治出了问题。那么，作为国君的他又如何逃得脱干系呢？所以，齐宣王环顾左右而言他，这次谈话便不欢而散了。

这场谈话，也是孟子在测试齐宣王是否是位能纳谏的明君，故意把锋芒直指齐宣王。从对话中可见，齐宣王是位爱惜钱财、喜欢女色、胸无大志的庸君，而且对于齐国的现状既无忧虑之心，又无励精图治之志，这自然使孟子大失所望。

但孟子并不死心，又去拜见齐宣王。这次谈话，孟子又直接指出国君应该如何用人的问题：

> "孟子谓齐宣王，曰：'所谓故国者，非谓有乔木之谓也，有世臣之谓也。王无亲臣矣，昔者所进，今日不知其亡也。'
>
> 王曰：'吾何以识其不才而舍之？'
>
> 曰：'国君进贤，如不得已，将使卑逾尊，疏逾戚，可不慎与？左右皆曰贤，未可也。诸大夫皆曰贤，未可也；国人皆曰贤，然后察之；见贤焉，然后用之。左右皆曰不可，勿听；诸大夫皆曰不可，勿听；国人皆曰不可，然后察之；见不可焉，然后去之。左右皆曰可杀，勿听；诸大夫皆曰可杀，勿听。国人皆曰可杀，然后察之；见可杀焉，然后杀之。故曰，国人杀之也。如此，然后可以为民父母。'"[1]

孟子说："我们平日所说的故国，并不是指高大的树木说的，是指有累代功勋的老臣说的。您身边现在没有亲信的臣子了，过去所用的人今天差不多都被您罢免了。"

宣王问："我怎么能够预先知道他人品不好而不用他呢？"

齐宣王这是为自己开脱。即孟子说：你身边的人大都被你罢免了。齐宣王说：因我无法了解他的人品，但用了发现这些人的人品有问题，

---

[1] 《孟子·梁惠王下》。

才罢免了他们。

这便引出了孟子关于君主如何用人的议论。

孟子说："国君选用贤德的人才，如果是迫不得已才用的，那么，会让那些地位低的人超过地位高的人，关系远的超过关系近的人，对这种事能不慎重吗？因此，左右亲近的人都说某人好，不可轻信。众位大夫都说某人好，也不可轻信。全国的人都说某人好，然后去了解，发现他真有才干，再任用他。左右近臣都说不可以的，不要听信。各位大夫都说不可以的，不要听信。国内人都说不可以，考察一下，确认是不可以的，然后把他辞退掉。左右的近臣都说可杀的，不要听信。各位大夫都说可杀的，不要听信。国内的人都说可杀的，考察一下，确认是可杀的，然后杀掉他。所以，这是全国人杀的呀。能够这样，然后才可能成为老百姓的父母。"

这是孟子给齐宣王出的选能用人的治国之策，也包括惩治官吏腐败之策。这次孟子论述的重点在于王道社会的官治，主要是在选择用人和惩治官员腐败的考察机制上。这次对话，最大亮点就是无论"用人""撤人""杀人"，都要以天下百姓的民意为准则，这是王道社会用人的先决条件。这一点也是孟子对王道社会政治制度的最大贡献。民为根本，政治失去民本，那么政治就变成统治者手中玩弄民众的工具。

孟子见在齐国得不到齐宣王的重用，便考虑去梁国，看能否有施展自己的抱负，建立一个王道国家的机会，《孟子》载：

"孟子见梁襄王。出，语人曰：'望之不似人君，就之而不见所畏焉。卒然问曰："天下恶乎定？"吾对曰："定于一。""孰能一之？"对曰："不嗜杀人者能一之。""孰能与之？"对曰："天下莫不与也。王知夫苗乎？七八月之间旱，则苗槁矣。天油然作云，沛然下雨，则苗浡然兴之矣。其如是，孰能御之？今夫天下之人牧，未有不嗜杀人者也。如有不嗜杀人者，则天下之民皆引领而望之矣！诚如是也，民归之，由水之就下，沛然谁能御之？"'"①

①　《孟子·梁惠王上》。

孟子觐见了梁襄王，出来后，对人说："（梁襄王）远远看上去不像个国君的样子，走近他也看不到有什么使人敬畏的地方。（见了我后）突然问道：'天下要怎样才能安定呢？'我回答说：'天下安定在于统一天下。''谁能统一天下呢？'我对他说：'不喜欢杀人的国君能统一天下。''谁会归附他呢？'我又回答：'天下没有不归附他的。大王您知道禾苗生长的情况吗？当七八月间一发生干旱，禾苗就要枯槁了。一旦天上乌云密布，下起大雨，那么禾苗就长得茂盛了。像这样的话，谁能阻止它呢？而现在天下国君，没有一个不嗜好杀人。如果有一个不喜欢杀人的（国君），那么普天下的老百姓都会伸长脖子期待着他来解救。如果像这样，老百姓就归附他，就像水往低处流一样，这汹涌势头，谁又能够阻挡得了呢？'"

见完了梁襄王（此时应该还未称王），孟子又去见梁襄王的父亲梁惠王，后者对孟子说：

"梁惠王曰：'寡人之于国也，尽心焉耳矣。河内凶，则移其民于河东，移其粟于河内。河东凶亦然。察邻国之政，无如寡人之用心者。邻国之民不加少，寡人之民不加多，何也？'

孟子对曰：'王好战，请以战喻。填然鼓之，兵刃既接，弃甲曳兵而走，或百步而后止，或五十步而后止。以五十步笑百步，则何如？'

曰：'不可。直不百步耳，是亦走也。'

曰：'王知如此，则无望民之多于邻国也。不违农时，谷不可胜食也。数罟不入洿池，鱼鳖不可胜食也。斧斤以时入山林，材木不可胜用也。谷与鱼鳖不可胜食，材木不可胜用，是使民养生丧死无憾也。养生丧死无憾，王道之始也。五亩之宅，树之以桑，五十者可以衣帛矣。鸡豚狗彘之畜，无失其时，七十者可以食肉矣。百亩之田，勿夺其时，数口之家可以无饥矣。谨庠序之教，申之以孝悌之义，颁白者不负戴于道路矣。七十者衣帛食肉，黎民不饥不寒，然而不王者，未之有也。'"[1]

---

① 《孟子·梁惠王上》。

梁惠王对孟子说："我对于国家，真是尽心尽力了。河内发生灾荒，就把那里部分老百姓转移到河东，又把河东的部分粮食运到河内。河东发生灾荒了，也是这样的办法处理。我观察邻居国家，没有一个国家像我这样用心理政的。但是，邻国的人口并没有减少，我国的老百姓也并没有增加。这是什么缘故呢？"

孟子说："您好战，我就用战争来比喻吧。战鼓咚咚地擂响，双方兵刃相交，可就有士兵丢掉盔甲拖着兵器逃走。有的跑了100步才停下来，有的跑了50步就停下来。那跑50步的嘲笑跑100步的，这说得过去吗？"

梁惠王说："不可以的，只不过没有跑到100步罢了，这同样是逃跑啊。"

孟子说："大王如果懂得这个道理，就不必指望老百姓比邻国多了。不违背农时，不让农民去服徭役或兵役，粮食自然是吃不完的。不用细密的渔网到大池塘里捕捞，鱼鳖是吃不完的。砍伐树木要有时间规定，这样木材是用不尽的。粮食吃不完，鱼鳖吃不完，木材用不尽，这样就使老百姓对生养死葬之事没什么缺憾的，这就是王道的开始啊！在5亩大的宅园中，种植桑树，那么50岁的人就可以穿上绸缎了。鸡鸭狗猪这些家畜，都不错过繁殖的时间，70岁的人就可以吃上肉了。一家有100亩田地，如果不夺农时，几口之家就没有饥饿了。认真地兴办学校，反复讲述孝悌之道，那么头发花白的老人就不会在道路上负重了。70岁的人有绸缎穿，也有肉吃，一般的老百姓不挨饿，也不受冻，这样还不能称王天下，那是从来不曾有过的。"

梁惠王又问孟子：

"梁惠王曰：'晋国，天下莫强焉，叟之所知也。及寡人之身，东败于齐，长子死焉；西丧地于秦七百里；南辱于楚。寡人耻之，愿比死者一洒之，如之何则可？'

孟子对曰：'地方百里而可以王。王如施仁政于民，省刑罚，薄税敛，深耕易耨，壮者以暇日修其孝弟忠信，入以事其父兄，出以事其长上，可使制梃以挞秦楚之坚甲利兵矣。彼夺其民时，使不得耕耨以养其父母；父母冻饿，兄弟妻子离散。彼陷溺其民，王往而征之，夫谁与王敌？故曰：'仁者无敌。'王请勿疑。"①

梁惠王说："天下没有比晋国更强大的国家了，这一点您是知道的。但是，到了我身上，东边被齐国打败了，我的长子也战死了；在西边将七百里的土地割让给了秦国；在南边又受到楚国的羞辱。我对此深以为耻，想要为战死的人报仇雪恨，我要怎么做才可以呢？"

孟子回答说："有方圆百里的地方就可以称王了。王如果能施仁政于民，减省刑罚，薄赋税，使百姓深耕细作，勤于劳作，安排青壮年在闲时学习孝悌忠信的道理，在家侍奉父兄，在外能服从长官，这样即使他们拿着木棍也能打败拥有坚实盔甲、锐利兵刃的秦国、楚国的军队了。秦、楚两国占用了老百姓耕种农田的时间，使他们不能耕田除草，没有收获去养活父母，父母受冻挨饿，兄弟妻子各自逃散，他们使老百姓陷入苦难之中，大王前往讨伐，还有谁能与大王对抗呢？所以仁者是无敌的，国君请不必怀疑这一点。"

---

① 《孟子·梁惠王上》。

第二十八讲
孟子对王道社会的追求与实践

一、君主是国家实现王道社会的决定力量

"君仁，莫不仁；君义，莫不义；君正，莫不正。一正君而国定矣。"①

这是君主集权制国家社会发展的必然结果。

在孟子看来，王权社会的国家能否实行王道社会，不在于国家的大小，社会能否建成王道社会的关键在于国君一人。所以，孟子与孔子一样，每到一国，无论大小，都去说服国君，希望国君能践行王道。

孟子是在公元前312年辞去齐国卿位。此年孟子61岁，回到故乡邹国，从此以讲学著书为业。

在离开齐国的路上，孟子的弟子充虞问孟子：

"'夫子若有不豫色然。前日虞闻诸夫子曰："君子不怨天，不尤人。"'

'曰："彼一时，此一时也。五百年必有王者兴，其间必有名世者。由周而来，七百有余岁矣，以其数，则过矣；以其时考之，则可矣。夫天，未欲平治天下；如欲平治天下，当今之世，舍我其谁

---

① 《孟子·离娄上》。

也？吾何为不豫哉？'"①

充虞问孟子："先生好像有些不太愉快的样子。从前我听先生说道：'君子不抱怨天，不责怪人。'"

孟子说："那是一个时候，现在又是一个时候了。历史上每隔500年必定会有一位圣君兴起，而且还会有辅佐圣君的贤臣出现。从周朝算起，已经有700余年了。按年数计算，已经超过了。若按时势论，现在正是应该出现圣君和贤臣的时候。上天还没有想平定天下，如果要平定天下，在当今这个世界，除了我还有谁呢？我为什么不快乐呢？"

孟子在30岁时开始授徒讲学，40岁时涉入邹国官场，一直到他61岁离开齐国，他一直在寻找那位圣君王者，想辅佐圣君王者建立一个太平盛世，可惜，其下场结果与孔子一样，只能叹恨终生，不得释怀。

《孟子·公孙丑下》还记载了这样一件事：

> "孟子去齐。尹士语人曰：'不识王之不可以为汤、武，则是不明也；识其不可，然且至，则是干泽也。千里而见王，不遇故去，三宿而后出昼，是何濡滞也？士则兹不悦。'
>
> 高子以告。曰：'夫尹士恶知予哉？千里而见王，是予所欲也。不遇故去，岂乎所欲哉？予不得已也。予三宿而出昼，于予心犹以为速，王庶几改之。王如改诸，则必反予。夫出昼而王不予追也，予然后浩然有归志。予虽然，岂舍王哉？王由足用为善。王如用予，则岂徒齐民安，天下之民举安。王庶几改之，予日望之。予岂若是小丈夫然哉？谏于其君而不受，则怒，悻悻然见于其面，去则穷日之力而后宿哉？'"②

孟子离开齐国，齐人尹士对人说："不知道齐王不可能成为商汤、周武王，那是不明智的；知道齐王不可能做到，还到齐国来，那是为俸禄来的，跋涉千里来见齐王，当意见相左时便辞官而去，在昼县停留了

---

① 《孟子·公孙丑下》。
② 同上。

3夜才离开，为什么这样慢慢腾腾地离开？我对这点很不高兴。"

孟子的弟子高子把听到的话转述给孟子。孟子说："那个尹士怎么会了解我呢？跋涉千里来见齐王，是我对齐王有所期待；意见不合便离开齐国，并不是我所期盼的，我是不得已。我在昼县住了3夜才离开，在我看来离开得还是太快了，齐王或许会改变态度，一定会召我回去。我离开齐地，齐王没有来追赶我，我这才产生了回家的感想。我虽然离开了齐国，难道我肯舍弃齐王吗？齐王还是有能力推行善政的；齐王如果用我，那么岂止是齐国的老百姓得到安定，天下的老百姓都会得到安定。齐国或许会改变态度的，我天天在盼望着啊！我难道能像一个器量狭窄的小人吗？向君王进谏不被采纳，就立刻发怒，一旦离开，非要走得急急匆匆，直到精疲力竭才肯住脚吗？"

孟子没有论述过这位圣君是怎样的，但从他和一些君主的谈话中，我们大致可以勾画出他希望王道社会的君主是位什么样的人。

二、王道君主的个人素质

（一）王道的君主，一定是位善于学习的人

一个集所有权力于一身的君主，应该不断地自我完善，只有这样他才能不断地战胜自我，挑战自我，并接受随时会面对的复杂的外部事物，并能接受臣下的正确意见，从而摆脱君主最容易犯的错误——故步自封、以我为尊，坚持偏执的、狂妄的己见，将国家置于万劫不复的地步。

孟子以为，君子最大的德行就是与人为善。他说：

> "子路，人告之以有过则喜。禹闻善言则拜。大舜有大焉，善
> 与人同。舍己从人，乐取于人以为善。自耕稼、陶、渔以至为帝，
> 无非取于人者。取诸人以为善，是与人为善者也。故君子莫大乎与
> 人为善。"[1]

---

① 《孟子·公孙丑上》。

子路，别人指出他的错误，他便高兴；禹听到了有价值的话，就给人下拜。大舜有个伟大的地方，他的善表现为尽可能让自己和善良的人一样，放弃自己的观点，而听从别人有益的话，乐于从别人那儿吸取优点来行善。他从干农活、制陶器、打鱼直到做天子，没有哪一优点不是取自别人的。优点取之于别人而用来行善，就是和别人一道行善。君子最高的德行就是和别人一道行善。

一个君王，如果能做到这一点，是他当好君主的起点。往往君主都被自己手中的权力所异化，面对能让人满足各种欲望的权力，人往往都会失去正常的理智，使自己一步步走向神坛而不觉，只相信自己，而忘记了别人，视别人为草芥、为奴才。在君王看来这些人都要靠君王的恩惠，才能存活。这就使他无法摆脱的天子、君王的威严架势，完全失去了常人应有的理智，什么也学不进去，什么也听不进去，这成了历代君主的通病。

（二）王道的君主，要能自我反省错误

君主，集全国的权力于一身的人，他可以通过权力受到众人的吹捧。他无论做任何事情，无论好与坏，都会被人极力地讴歌颂扬，正确、伟大之声不绝于耳。什么事，他都能做到推过揽功。一旦如此，便失去了是非曲直，掩耳盗铃、皇帝新衣的丑事就会如雨后春笋般出现。而为了掩盖错误与丑事，就要用更多更大的谎言来遮蔽真相，从而社会将一步步失去真实，人人都活在虚伪和谎言之中，欺上瞒下，虽心里明白，可谁都不愿意揭开这层笼罩真相的帷幔。人人都如同生活在虚拟的时空中一样。

孟子在《公孙丑》篇中讲了一件事：

> "孟子之平陆，谓其大夫曰：'子之持戟之士，一日而三失伍，则去之否乎？'
>
> 曰：'不待三。'
>
> '然则子之失伍也亦多矣，凶年饥岁，子之民老羸转于沟壑，壮者散而之四方者，几千人矣。'
>
> 曰：'此非距心之所得为也。'
>
> 曰：'今有受人之牛羊而为之牧之者，则必为之求牧与刍矣。

求牧与刍而不得，则反诸其人乎？抑亦立而视其死与？'

曰：'此则距心之罪也。'

他日，见于王曰：'王之为都者，臣知五人焉。知其罪者，惟孔距心。'为王诵之。

王曰：'此则寡人之罪也。'"①

孟子到了平陆，跟那里的邑宰说："你的操戟的战士，一天有3次失误，是不是要杀掉他呢？"邑宰回答说："用不着等到3次。"孟子说："那么说你失职的地方也够多的了。遇到荒年歉收的岁月，你所管辖的老百姓，老弱的转送到深沟里埋葬，年富力强的流亡到四面八方，足有几千人啊。"邑宰距心说："这不是我能解决得了的问题。"

距心认为这是灾年所致。孟子讲："假如一个人，接受了别人的牛羊而替别人放牧，那就一定替人找到牧场和草料。如果牧场和草料都找不到，是把牛羊退给主人为好，还是就站在那里看着牛羊一个个死去呢？"经孟子这么讲，这才让孔距心承认自己的错误。

又过了一天，孟子见到齐宣王，说："为君王治理都邑的，我认识5个人了。这5个人之中，知道自己过错的，唯有孔距心。"齐宣王这才认识到，孟子认识5位地方长官，4位都不知自己有罪过，而第5位也是经孟子提示才认识到自己的错误，那么作为国家的君主，用人是他的第一要务，那么用人不当显然是他的过错了。

王道社会，也是王权统治，也会通过官吏一级一级地管理。从君主到基层小吏，每个人都有自己的职责，如果想推脱职责，为自己开脱罪过是很容易的。君主都会如此，更何况一般的官员呢！

孟子还讲了这样一件事，齐宣王攻打燕国，取得胜利，征求孟子的意见：

"齐人伐燕，胜之。宣王问曰：'或谓寡人勿取，或谓寡人取之。以万乘之国伐万乘之国，五旬而举之，人力不至于此。不取，必有天殃。取之，何如？'

孟子对曰：'取之而燕民悦，则取之。古之人有行之者，武王

---

① 《孟子·公孙丑下》。

是也。取之而燕民不悦，则勿取。古之人有行之者，文王是也。以万乘之国伐万乘之国，箪食壶浆，以迎王师，岂有他哉？避水火也。如水益深，如火益热，亦运而已矣。'"①

齐国攻打燕国，战胜了它。齐宣王问孟子道："有些人劝我别兼并燕国，也有人劝我兼并它。（我想）以一个万乘之国去讨伐另一个万乘之国，50 天便打下来了，光靠人力达不到这一目的（一定是天意如此）。如果不去兼并，上天会（认为我们违反了他的旨意而）降下灾害来。兼并它，怎么样？"

孟子答道："如果兼并它，燕国百姓高兴，便兼并它，古人有这样做的，周武王就是个例子。如果兼并它，燕国百姓不高兴，就不要兼并它，古人也有这样做的，周文王就是个例子。您以一个万乘之国去讨伐燕国这个万乘之国，燕国的百姓却用筐盛着饭，用壶盛着酒来欢迎大王的军队，难道会有别的意思吗？只不过想躲开那水深火热之苦罢了。如果水更深，火更大，那燕国百姓也只会奔走逃避而去而已。"

齐国占领燕国后，孟子曾向宣王建议，为燕国选立一位君主然后撤兵。宣王没有听从，结果遭到燕人的反抗，赵国等诸侯国趁机出兵，迫使齐军大败而还。宣王对此感到很惭愧，《孟子》载：

"燕人畔。王曰：'吾甚惭于孟子。'

陈贾曰：'王无患焉。王自以为与周公孰仁且智？'

王曰：'恶！是何言也！'

曰：'周公使管叔监殷，管叔以殷畔。知而使之，是不仁也；不知而使之，是不智也。仁智，周公未之尽也，而况于王乎？贾请见而解之。'

见孟子，问曰：'周公何人也？'

曰：'古圣人也。'

曰：'使管叔监殷，管叔以殷畔也。有诸？'

① 《孟子·梁惠王下》。

　　曰：'然。'

　　曰：'周公知其将畔而使之与？'

　　曰：'不知也。'

　　'然则圣人且有过与？'

　　曰：'周公，弟也；管叔，兄也。周公之过，不亦宜乎！且古之君子，过则改之；今之君子，过则顺之。古之君子，其过也，如日月之食，民皆见之；及其更也，民皆仰之。今之君子，岂徒顺之？又从为之辞。'"①

　　燕国人背叛齐国。齐宣王说："我对孟子感到很惭愧。"

　　陈贾说："大王不必难过。大王自认为与周公相比，谁更仁、智呢？"

　　齐宣王说："咳！这是什么话！"

　　陈贾说："周公派管叔去监督殷人，管叔却带着殷人叛乱。如果周公知道他会反叛还任命他，这是不仁；如果不知道他会反叛而任命他，这是不智。仁和智，连周公都没有完全做到，何况大王呢？请让我去见孟子作些解释吧。"

　　陈贾见到孟子，问道："周公是怎样的人？"

　　孟子说："古代的圣人。"

　　陈贾问："他派管叔监督殷人，管叔却带着殷人叛乱，有这回事吗？"

　　孟子说："有。"

　　陈贾问："周公是知道他会反叛而派他去的吗？"

　　孟子说："不知道。"

　　陈贾问："这么说来，圣人也会有过错了？"

　　孟子说："周公是弟弟，管叔是哥哥，周公的过错，不是有情可原的吗？况且，古代的君子，有了过错，随即改正，而今天的君子，有了过错，竟将错就错。古代的君子，他的过错，好像日食月食一般，老百姓个个都看得到，当他改正的时候，个个都抬头望着。今天的君子，不

①《孟子·公孙丑下》。

仅仅将错就错，而且还编造一番假道理来为错误辩解。"

推过揽功，并为过错寻找说辞，这是齐宣王和陈贾的做法。这种做法是几千年封建社会中帝王的一贯做法。这在强道社会是无所谓的，也合情合理，谁的权力大、谁掌握了政治权力，对错、真假就在谁的手里。可要作为一个王道社会的君主，这样就绝对不行。因为君王也是人，是人就要犯错误，作为一个王道的君主，就要有超出一般君主之处，那就是可以犯错误，但他会努力地纠正和改正错误。否则。他就会在错误的道路上愈走愈远。

（三）王道君主一定是位恭敬节俭，礼让臣下的人

王道社会绝大部分的资产都为国家所有。这种国家所有，并非个人所有，即不是君主所有。在几千年的强道社会里，国家所有在某种意义上说是君主或天子私有，因为天子或一国国君，他既是国家的最高统治者，同时又是国家的拥有者、代表者。所以中国几千年的封建社会财产的国有制，等于说也是天子、君王的私有制，这与王道社会的国有或公有完全是两回事。

在强道社会，天子、君王这种绝对的权力和国家财产的私有，就决定了作为统治者的天子或君王如果不知道节俭的话，他会竭尽全国所有而满足个人的私欲，而且似乎他这么做，天经地义、合情合理，又无人能监督，无人能制衡。而王道社会的君主，他本身就是个智者，又是一位得天道的圣王，他绝不耻于做任何恣悖纵欲，违背人民利益的事情。

作为一个最高的统治者，君主或天子，一定要做到礼让臣下，只有这样臣下才能更加忠心耿耿地为君主办事卖命。

孟子说：

> "爱人不亲，反其仁；治人不治，反其智；礼人不答，反其敬——行有不得者皆反求诸己，其身正而天下归之。"[1]

这是说，如果你爱护别人，别人不来亲近，就要反问自己的品德是

---

[1] 《孟子·离娄上》。

否有问题；管理别人，别人不服从管理，就要问问自己的智慧够不够；礼貌待人，别人却不以礼貌回敬，就要问自己对人够不够恭敬。行为没有达到预期的结果，就要反过来问自己是不是什么事情做得不对，只要你自己身体端正了，天下的人就会来归顺于你。

（四）王道的君主应有"不忍"之心

"不忍"心，是指对弱者产生一种同情、怜悯的心理。

这种"不忍"之心，对一个身居王位的人来说十分重要。王位既是权力的顶峰，也是权力的象征。在强道社会，身处王位的人大多是嗜权如命，性格贪婪，以通过权力暴力抢夺为主，这就是强者的逻辑，也是强道社会的逻辑，同时是强道社会在权力统治下将必然要形成的人的正常心理。然而具有这样心理的王者，一定不会是位好的国家君主。

一个处在权力顶峰的人，还有一颗"不忍"之心，说明这个人尚没有被权力完全异化，说明他还存有人的本性，而一个行王道的天子或君主，他必须有人的本性，然后他才行仁德，施王政。

《孟子·梁惠王上》记载了这样一件事。齐宣王任国君的第一年，孟子从魏国来到齐国，见齐宣王：

> "齐宣王问曰：'齐桓，晋文之事，可得闻乎？'
>
> 孟子对曰：'仲尼之徒，无道桓、文之事者，是以后世无传焉，臣未之闻也。无以，则王乎？'"
>
> 曰：'德何如则可以王矣？'
>
> 曰：'保民而王，莫之能御也。'
>
> 曰：'若寡人者，可以保民乎哉？'
>
> 曰：'可。'
>
> 曰：'何由知吾可也？'
>
> 曰：'臣闻之胡龁曰：王坐于堂上，有牵牛而过堂下者，王见之，曰："牛何之？"对曰："将以衅钟。"王曰："舍之！吾不忍其觳觫，若无罪而就死地。"对曰：然则废衅钟与？曰："何可废也？以羊易之！"不识有诸？'
>
> 曰：'有之。'
>
> 曰：'是心足以王矣。百姓皆以王为爱也，臣固知王之不忍也。'

王曰：'然，诚有百姓者。齐国虽褊小，吾何爱一牛？即不忍
其觳觫，若无罪而就死地，故以羊易之也。'

曰：'王无异于百姓之以王为爱也。以小易大，彼恶知之？王
若隐其无罪而就死地，则牛羊何择焉？'

王笑曰：'是诚何心哉？我非爱其财而易之以羊也。宜乎百姓
之谓我爱也。'

曰：'无伤也。是乃仁术也，见牛未见羊也。君子之于禽兽
也，见其生，不忍见其死；闻其声，不忍食其肉。是以君子远庖厨
也。'"①

齐宣王跟孟子说："齐桓公、晋文公（称霸）的事，可以讲给我听
听吗？"

孟子回答说："在孔子的弟子中没有讲述有关齐桓公、晋文公事情
的人，因此后世没有流传。我没有听说过这事。王如果一定要我说，那
便来讲讲用王道（仁政）统一天下的道理吧？"

齐宣王问："德行怎样才可以称王呢？"

孟子说："爱护百姓推行王道的，没有人能够阻挡。"

齐宣王说："像我这样的人，能够保全百姓吗？"

孟子说："可以。"

齐宣王说："从哪里知道我可以呢？"

孟子说："我从胡龁那听说，您坐在大殿上，有个人牵牛从殿下走
过。您看见这个人，问道：'牛牵到哪里去？'那人回答说：'准备用它
（的血）来涂在钟上行祭。'您说：'放了它！我不忍看到它那恐惧战栗
的样子，这样没有罪过却走向死地。'那人问道：'那么既然这样，需要
废弃祭钟的仪式吗？'您说：'怎么可以废除呢？用羊来换它吧。'不知
道有没有这件事？"

齐宣王说："有这事。"

孟子说："这样的心就足以称王于天下了。百姓都认为大王吝啬，
但是我知道您是出于于心不忍的缘故。"

---

① 《孟子·梁惠王上》。

　　齐宣王说："是的。的确有这样对我产生误解的百姓。齐国虽然土地狭小，我怎么至于吝啬一头牛？就是因为不忍看它那恐惧战栗的样子，就这样没有罪过却要走向死亡的地方，因此决定用羊去换它。"

　　孟子说："您不要对百姓认为您是吝啬的感到奇怪。以小的动物换下大的动物，他们怎么知道您的想法呢？您如果痛惜它没有罪过却要走向死亡的地方，那么牛和羊又有什么区别呢？"

　　齐宣王笑着说："这究竟是一种什么想法呢？我也说不清楚，我的确不是因为吝啬钱财才以羊换掉牛的，这么看来老百姓说我吝啬是理所应当的了。"

　　孟子说："没有关系，这是体现了仁爱之道，原因在于您看到了牛而没看到羊。有道德的人对于飞禽走兽看见它活着，便不忍心看它死；听到它哀鸣的声音，便不忍心吃它的肉。因此君子不接近厨房。"

　　孟子正是看到齐宣王具有不忍之心，认为他具备成为王道君主的道德素质，所以想辅佐齐宣王实现王道社会的伟业。孟子认为君主具有不忍之心，就能行不忍之政，天下王道便可以实现。他说：

　　　　"人皆有不忍人之心。先王有不忍人之心，斯有不忍人之政矣。以不忍人之心，行不忍人之政，治天下可运之掌上。所以谓'人皆有不忍人之心'者，今人乍见孺子将入于井，皆有怵惕恻隐之心——非所以内交于孺子之父母也，非所以要誉于乡党朋友也，非恶其声而然也。由是观之，无恻隐之心，非人也；无羞恶之心，非人也；无辞让之心，非人也；无是非之心，非人也。恻隐之心，仁之端也；羞恶之心，义之端也；辞让之心，礼之端也；是非之心，智之端也。人之有是四端也，犹其有四体也。有是四端而自谓不能者，自贼者也；谓其君不能者，贼其君者也。凡有四端于我者，知皆扩而充之矣，若火之始然，泉之始达。苟能充之，足以保四海；苟不充之，不足以事父母。①

　　每个人都有怜悯体恤别人的心。先王由于有怜悯体恤别人的心，所

---

①　《孟子·公孙丑上》。

以才有怜悯体恤百姓的政治。用怜悯体恤别人的心，施行怜悯体恤百姓的政治，治理天下就可以像在手掌心里面运转东西一样容易了。我之所以说每个人都有怜悯体恤别人的心，是因为，比如忽然看到有一个小孩快要掉到水井里，每个人都会表现出惊恐怜悯的心；他们不是想借此和这小孩的父母攀谈结交，也不是想借此在乡里的朋友中博得名声，更不是因为讨厌那孩子的哭声才如此的。由此看来，没有怜悯心的人，不是人；没有羞耻之心的人，不是人；没有谦让心的人，也不是人；如果没有是非之心，也同样不是人。同情之心是仁的萌芽，羞耻之心是义的萌芽，谦让之心是礼的萌芽，是非之心是智的萌芽。人有了这 4 种萌芽，就像人有了四肢一样。有了这 4 种萌芽又认为自己不行的人，是自暴自弃的人。人如能将这 4 种心理的萌芽扩充起来，就可以保住天下，如果这 4 种心理的萌芽得不到扩充，那么就连最基本的侍奉父母都做不到。

三、王道君主如何实现王道社会

（一）能正确地处理好君与臣的关系

作为君主，普天之下都是他的臣民，故当好一名君主，首先就要处理好同臣民的关系，这是最为重要的。君主身为九五之尊，不可能会直接与天下任何臣民都发生关系，所以，处理好与身边臣下的关系是重中之重。

对自己身边的臣下，要怎样处理关系，孟子是这样说的：

　　"君之视臣如手足，则臣视君如腹心；君之视臣如犬马，则臣视君如国人；君之视臣如土芥，则臣视君如寇仇。"[1]

君主把臣下看成自己的手脚，臣下就会把君主看成心腹；君主把臣下看成狗马，臣下就会把君主看成一般的人；君主把臣下看成泥土草

---

[1] 《孟子·离娄下》。

芥，臣下就会把君主看成仇敌。

在君与臣的关系上，孟子说：

> "规矩，方圆之至也；圣人，人伦之至也。欲为君，尽君道；
> 欲为臣，尽臣道。二者皆法尧、舜而已矣。不以舜之所以事尧事
> 君，不敬其君者也；不以尧之所以治民治民，贼其民者也。孔子
> 曰：'道二，仁与不仁而已矣。'暴其民甚，则身弑国亡；不甚，则
> 身危国削，名之曰'幽''厉'，虽孝子慈孙，百世不能改也。《诗》
> 云：'殷鉴不远，在夏后之世。'此之谓也。"①

圆规和曲尺是方圆的标准，圣人是做人的标准。作为一国的君主，
就要尽君主之道，而作为一国之臣子，就要尽为臣之道。这两种道只要
效法尧舜便可以了。不用舜服侍尧的态度和方法来服侍君主，这是对君
主的不恭敬；不用尧治理百姓的态度和方法去治理百姓，便是对百姓的
残害。孔子说："治理国家的方法有两种，行仁政和不行仁政罢了。"暴
虐百姓太厉害，本身就会被杀，国家就会灭亡；即使不是暴政，本身也
会有危险，国力也会被削弱。死了的谥号叫作"幽"，叫作"厉"，纵使
他有孝子贤孙，经历100代也是更改不了的。《诗经》说过："殷商有一
面离它不远的镜子，就是前一代的夏朝。"说的就是这个道理。

孟子说：

> "无罪而杀士，则大夫可以去；无罪而戮民，则士可以徙。"②

如果士没有罪过被杀掉，那么大夫便可以离开这样的君主；如果无
罪的百姓被杀害，那么士人便可以离开这个国家。

孟子还说：

> "君仁，莫不仁；君义，莫不义。"③

---

① 《孟子·离娄下》。
② 同上。
③ 同上。

这些说明，在君臣的关系上，起决定作用的是君主。所以，君主要居中守正，这样才能引导整个社会的人们居中守正。孟子主张君主要发扬光大孔子提出的中庸之道，即：

> "中也养不中，才也养不才，故人乐有贤父兄也。如中也弃不中，才也弃不才，则贤不肖之相去，其间不能以寸。"①

这意思是说，守中庸之道的人，教育不守中庸之道的人，有才干的人教育没有才干的人。所以人们才高兴有贤德的父兄。如果守中庸之道的人嫌弃不守中庸之道的人，有才干的人嫌弃没有才干的人，那么，贤和不肖的距离，中间的相差不能用寸衡量。如此则自然会走向强道文化，进入强道社会。他说：

> 禹恶旨酒而好善言。汤执中，立贤无方。文王视民如伤，望道而未之见。……禹思天下有溺者，由己溺之也；稷思天下有饥者，由己饥之也，是以如是其急也。"②

大禹这个人不喜欢美酒，但喜欢听到有价值的话。商汤在选拔人才上，一直坚持中正之道，不拘一格地选拔贤德之人。文王看待百姓受了伤，就如自己受了伤一样……禹认为天下人遭到淹没，就好像自己被淹没了一样；稷认为天下人有挨饿的，就好像自己挨饿一样，所以他们拯救百姓才这样急迫。

如果一个天子或君王，如能如此对待自己的臣子和百姓，那么何愁天下人与人之间关系不和睦，何愁不能创造一个太平盛世呢？

（二）与民同忧同乐是王道君主的最大情怀，最高愿望

身为天子或君主的人，万不可沉湎于个人的欲望之中，应该有大的格局和情怀，即与万民同忧同乐。这应是检验一位君主是不是王道君主的试金石。如果这些君主仅仅想的是个人的得失，无论他的功业有多

---

① 《孟子·离娄下》。
② 同上。

大，多辉煌，其结果只能像后世出现的秦皇、汉武一样，是个霸道社会的君主，永远不可能是王道社会的君主。

齐宣王在雪宫别墅召见孟子。宣王问孟子：

"贤者亦有此乐乎？"有道德的贤人也有这种快乐吗？

孟子答道：

> "有。人不得，则非其上矣。不得而非其上者，非也。为民上而不与民同乐者，亦非也。乐民之乐者，民亦乐其乐；忧民之忧者，民亦忧其忧。乐以天下，忧以天下，然而不王者，未之有也。"①

孟子回答说："有的。如果得不到这种快乐，他们会埋怨国王的，这是不对的。可是作为一国之君，有快乐不同他的百姓一同享受，这也是不对的。以百姓的快乐为自己的快乐，百姓就会以国王的快乐为自己的快乐，以百姓的忧愁为自己的忧愁，百姓就会以国王的忧愁为自己的忧愁。和天下的人同忧同乐，这样还不能使天下归服于国王的，是从来不曾有过的事。"

范仲淹在《岳阳楼记》中说："先天下之忧而忧，后天下之乐而乐"，实际上应受孟子上述思想的影响。它是孟子要求王道社会的君主应有的胸襟与格局。

（三）施仁政

孟子主张在经济上，不违农时，开放江海湖泊、山林，即让经济发展起来，使人民生有所养，死有所葬，养生死丧无憾。他说：

> "五亩之宅，树之以桑，五十者可以衣帛矣。鸡豚狗彘之畜，无失其时，七十者可以食肉矣。百亩之田，勿夺其时，八口之家可以无饥矣。"②

---

① 《孟子·梁惠王下》。
② 《孟子·梁惠王上》。

孟子十分看重经济发展。他认为经济发展是实现王道社会的基础。所以，孟子倡导国家要实行井田制。

滕文公派毕战向孟子请教井田制，孟子说：

> "子之君将行仁政，选择而使子，子必勉之！夫仁政，必自经界始。经界不正，井地不钧，谷禄不平。是故暴君污吏必慢其经界。经界既正，分田制禄可坐而定也。夫滕壤地褊小，将为君子焉，将为野人焉。无君子，莫治野人；无野人，莫养君子。请野九一而助，国中什一使自赋。卿以下必有圭田，圭田五十亩。余夫二十五亩。死徙无出乡，乡田同井，出入相友，守望相助，疾病相扶持，则百姓亲睦。方里而井，井九百亩，其中为公田，八家皆私百亩，同养公田；公事毕，然后敢治私事，所以别野人也。此其大略也，若夫润泽之，则在君与子矣。" ①

你的国君准备实行仁政，选派你来问我，你一定要好好学习。实行仁政一定要从划分和整理田界开始。田界划分得不正确，井田的大小就不均，作为俸禄的田税收入就不会公平。因此，残暴的君主和贪污的官吏一定会打乱正确的田间界限。田间的界限正确了，分给人民的田地，制定官吏的俸禄，即使坐着也可以决定下来。滕国土地狭小，但也要有政府的官吏，也要有耕种的农夫。没有官吏，就没有人来治理农夫，没有农夫，就没有人来养活官吏。我建议，在郊野用九分抽一的办法，城市就十分抽一，让他们自行纳税，卿以下的官吏一定要有供祭祀用的圭田，每家50亩，家中未成年的男子另给25亩。死葬和搬迁都不离开本乡范围，乡里的田都要同样是井田制，人们出入劳作时相互伴随，抵御盗寇时互相帮助，有疾病事故时互相照顾，这样百姓就友爱和睦了。方圆1里为1个井田，1个井田为900亩，中间1块田地为公田，八家各以100亩为私田，但要共同料理好公田；把公田的事办完了，然后才能做私田的事，这就是农民与那些不在编户之中的野人的区别。这只是1个田井的大概情况，至于怎样更健全和完善，就要靠国君和你了。

---

① 《孟子·滕文公上》。

在政治上，孟子认为一定要善待老百姓。老百姓的事就是最大的事，老百姓的事刻不容缓。

滕国国君向孟子请教怎样治理国家。孟子说：

> "民事不可缓也。《诗》云："昼尔于茅，宵尔索绹；亟其乘屋，其始播百谷。"①

孟子回答说：老百姓的事情是不可延缓的，《诗经·豳风·七月》上说："白天割取茅草，晚上绞成绳索，赶紧修缮屋顶，很快又将播种百谷。"孟子在告诉滕文公，治国是从治理好老百姓开始的。把老百姓的生活起居和农业生产都安排好了，国家才有了一个和平发展的基础，也就是说，老百姓是国家的根本。正是从这一点讲，孟子提出让老百姓有恒产，这样老百姓才能有恒心。他说：

> "民之为道也，有恒产者有恒心，无恒产者无恒心。苟无恒心，放辟邪侈，无不为已。及陷乎罪，然而从而刑之，是罔民也。焉有仁人在位罔民而可为也？是故贤君必恭俭礼下，取于民有制。"②

老百姓有自己的生存之道，这个生存之道就是有自己固定的产业才有长久不变的心态，如果没有固定的产业，就没有长久不变的心态，人民就可能迁徙，做一些违法乱纪的事情，等待他们犯了罪，然后加以处罚，就等于设下罗网等着老百姓犯罪，这哪里是仁德的君主所应该做出的事情呢？所以，仁德的君主要勤俭节约，礼待自己的臣民，而去向老百姓征收税收一定要有明确的制度。

孟子说：

> "夏后氏五十而贡，殷人七十而助，周人百亩而彻，其实皆什一也。彻者，彻也；助者，藉也。龙子曰："治地莫善于助，莫不

---

① 《孟子·滕文公上》。
② 同上。

善于贡。'贡者，校数岁之中以为常。乐岁，粒米狼戾，多取之而不为虐，则寡取之；凶年，粪其田而不足，则必取盈焉。为民父母，使民盻盻然，将终岁勤动，不得以养其父母，又称贷而益之，使老稚转乎沟壑，恶在其为民父母也？"[1]

这段是说：在夏朝时每家占有土地50亩而实行"贡"法，商朝每家70亩而实行"助"法，周朝每家100亩而实行"彻"法。其实税率都是十分之一。"彻"是通的意思，"助"是借的意思。龙子说，"征收田税没有比助法更好的，没有比贡法更差的"。贡法是比较几年的收成得到平均的常数，按此来抽税。丰年时谷物堆得满地，多征些粮食不算暴虐，贡法却收得少，荒年时，就算施肥，收成也不够纳税的，而贡法却要收到足数。作为百姓的父母，却让百姓眼睛中含有愤怒，整天辛辛苦苦，收成也只能养活父母，还需借贷来补足税额，致使老人和小孩饿死在田沟山溪之中，这哪里还能做百姓的父母呢。

在孟子看来，当时国家的税收表面上是国家统治的经济措施，实际上是个政治问题。国家如果把老百姓的大部分收入通过各种方式盘剥走了，老百姓为什么要热爱你？这是孟子在2000多年前看到的问题。

梁惠王在问到魏国怎样才能强大时，孟子提到国家政治，提出要"省刑罚"，即减少对人民的刑事处罚。在齐宣王问政时，孟子提到"罪人不孥"，即惩罚罪犯不要牵连妻儿老小。

孟子还提出给人们更大的活动空间，不应设关卡，不限制人们到山林川泽中获利，市场交易自由，"关市讥而不征，泽梁无禁"[2]。

孟子认为，利于老百姓的事情愈早办愈好。《孟子·滕文公下》载：

"戴盈之曰：'什一，去关市之征，今兹未能，请轻之，以待来年，然后已，何如？'

孟子曰：'今有人日攘其邻之鸡者，或告之曰："是非君子之道。"曰："请损之，月攘一鸡，以待来年，然后已。"如知其非义，斯速

---

[1] 《孟子·滕文公上》。
[2] 《孟子·梁惠王下》。

已矣，何待来年？’”①

宋国的大夫戴盈之对孟子说："税率十分抽一，免除关卡和商品的赋税，今年还办不到，等到明年，然后完全施行，怎么样？"

孟子回答说："现在一个人每天偷邻居一只鸡，有人告诉他说：'这是不正当的行为。'他便说：'请允许我减少一些，每一个月偷一只，等到明年，然后完全不偷了。'如果认为这种行为不合道理，便尽快地停止下来，为什么要等到明年呢？"

（四）保民者才能为王

孟子认为，在当时的战国诸侯有三宝：

> "诸侯之宝三：土地、人民、政事。宝珠玉者，殃必及身。"②

而在这三宝之中，人民最为重要。他说：

> "民为贵，社稷次之，君为轻。"③

孟子的这种思想是十分难能可贵的。"民贵""君轻"，人民比国家更重要，人民比君主还要重要。一位君王，只有得到人民的支持，才能成为天子，"是故得乎丘民而为天子"。如果得不到人民的支持，则不可能得到天下。他说：

> "桀纣之失天下也，失其民也；失其民者，失其心也。得天下有道：得其民，斯得天下矣；得其民有道：得其心，斯得民矣；得其心有道：所欲与之聚之，所恶勿施尔也。民之归仁也，犹水之就下、兽之走圹也。故为渊殴鱼者，獭也；为丛殴爵者，鹯也；为汤武殴民者，桀与纣也。今天下之君有好仁者，则诸侯皆为之殴矣。

---

① 《孟子·滕文公下》。
② 《孟子·尽心下》。
③ 同上。

虽欲无王，不可得矣。"①

夏桀、殷纣失去天下，就是因为失去老百姓的支持，就是失掉了民心。要想得到天下是有办法的，得到老百姓的支持，就得到了天下；得到老百姓的支持是有办法的，得民心，就可以得到老百姓的支持；得民心是有办法的，老百姓想要的就给他们，为他们聚集起来；老百姓讨厌的不要欺压到他们身上。老百姓归服到仁人一边来，就像水往低处流，兽往旷野跑一样。所以往深渊里驱赶鱼类的是水獭；往丛林里驱赶雀类的是鹯鹰；往成汤、武王那里驱赶老百姓的是夏桀和商纣。现在天下的君主有爱好仁德的人，诸侯就都替你把老百姓驱赶过来了，即使你不想称王，也是办不到的。

孟子认为，现在有些诸侯，虽然有仁爱的心肠与名声，但百姓却没有得到实际的恩惠，这样的君主不可能成为后代的楷模，主要原因是他们没有实行先王的制度。所以，仅仅靠好心，不足以治理好政治，仅有好的制度法律，而没有行动也达不到目的。《诗经》说过：

"不愆不忘，率由旧章。"②

意思是不要偏差，不要遗忘，一切遵守传统的规章。遵循先王的法度而出现错误，却是从来都没有的事。

孟子认为，作为一名君主，一定要懂得：

"得道者多助，失道者寡助。寡助之至，亲戚畔之；多助之至，天下顺之。"③

---

① 《孟子·离娄上》。
② 《诗经·大雅·假乐》。
③ 《孟子·公孙丑下》。

第二十九讲
荀子论天道（上）

荀子，名况，字卿，又名孙卿，战国末年赵国（今山西安泽）人。生卒年不详，主要活动年代在公元前298年至公元前238年前后。15岁时开始游学，曾去齐、楚、秦、赵等国。齐襄王时，曾任稷下学宫"祭酒"（学宫之长），后赴楚任兰陵令。晚年著书于兰陵。

荀子的天道思想如下。

一、天道自然

在荀子看来，天道是什么呢？《荀子》说：

"列星随旋，日月递炤，四时代御，阴阳大化，风雨博施。"①

这就是荀子认为的天道，即陈列在天空之中的恒星，相互守望，伴随着旋转；太阳和月亮交替照耀着大地；四季更迭，轮流驾驭着时空的节气；阴阳二气，相互转化，厚育万物的生成；风来雨至，哺育着万物苗壮成长。

---

① 《荀子·天论》。

荀子对天道的论述是通过四步完成的。

第一步，荀子将整个宇宙，日月星辰的分布及运转都看成天道，这无疑是一个十分庞大的天道视野，这是将整个宇宙都纳入他的观察与思考之内，即"列星随旋"，浩瀚的宇宙之间星罗棋布，在不停地运转，不能不说这种超大的时空宏观观察宇宙的视野，已经可以同现今人们观察宇宙的视角相媲美。

第二步，他从整个天体转向下一个观察对象——太阳系，即人类社会时空中的一年，"日月递炤""四时代御"。"四"表明空间已经从整个星空转为太阳系，因为四季更迭是在地球上发生的，是太阳与地球的运行关系导致的。同时从时间上看，从无限的时间到了有限的时间——四季。

第三步，他提出天道是通过阴阳二气在时空中的相互作用，促成天地万物的生成，即"阴阳大化"。

第四步，他提出天道用风雨润泽万物，促使万物的成长，即"风雨博施"，沐浴万物。

荀子对天道的论述，采用了从宏观到微观的系统分析的方法。这种方法也是我们现今的天文学、宇宙学以及其他自然科学的研究方法。它足以说明荀子的观察形式以及思维形式在当时历史条件下的先进性。

其实，荀子这种系统的思维方式在当时的社会中并不是独创的，在荀子之前以及同期，这种思维方式已经很常见或普遍了。在当时的历史文献中，很多记述都存在这种系统思维方式。如在荀子之前的《周易》，阴阳五行、历法、中医、古天文学、星象学，均为这样的观察形式及思维形式。

日月星辰，暑去寒来，阴阳转换，风雨广博，日复一日，年复一年，无穷无尽，无休无止，这就是天道，这就是宇宙给予人们的自然之道。

> "万物各得其和以生，各得其养以成。"[1]

这是在讲道与万物的关系。万物包括人在内，只能与"道"相结合

---

[1] 《荀子·天论》。

才能得以生，与道相结合才能在正确的轨道上发展。

"不见其事而见其功，夫是之谓神。"①

天道是如何运作于万物的，有的可见，如日月风雨，有的则无法看见，如星辰阴阳。即使是日月风雨，你能见到它对万物的作用，可又无法完全说清楚它是通过怎样的具体的行动起作用的，这就是"不见其事而见其功"。这就是天道对万物化生的作用，为此，又称之为神妙。

"皆知其所成，莫知其无形，夫是之谓天。"②

人们都知道是天道使万物得以生成，却不知道天道是无任何踪迹将万物生成的，这就是天道。荀子得出结论：

"唯圣人为不求知天。"③

荀子认为天道神妙莫测，所以圣人不在这方面做无谓的探索与臆测，而只注重如何使人道去符合天道，人道如何按天道的规则去做，现今的人类也只能如此。

天道神妙莫测，这是荀子对天道的敬畏。

天道的确是神妙莫测的。荀子的时代，人类对天道的研究刚刚开始不久，那时人类还不具有我们今天对天道的观察能力。即使到了今天，我们对天道的观察仍然是初步的、肤浅的。人类只有按照已知的天道规则去做。

（一）天道与人道

天道是宇宙自然之道。那么天道与人又是什么关系呢？荀子是这样论述的：

---

① 《荀子·天论》。
② 同上。
③ 同上。

天职既立，天功既成，形具而神生。好恶、喜怒、哀乐臧焉，夫是之谓天情。耳、目、鼻、口、形，能各有接而不相能也，夫是之谓天官。心居中虚，以治五官，夫是之谓天君。财非其类，以养其类，夫是之谓天养。顺其类者谓之福，逆其类者谓之祸，夫是之谓天政。暗其天君，乱其天官，弃其天养，逆其天政，背其天情，以丧天功，夫是之谓大凶。①

这段话的意思是：天的职责已经确立了，天的功能已经完成了。这里，荀子提出了天的职责和天的功能。什么是天的职责呢？不为而成，不求而得，即是天职。什么是天的功能呢？给人以形神，即是天的功能。人的身体也是天职与天功所为，天道使人生成形体。形，为人的百骸九窍；神，即人的精魂。人具有形体，便产生了人的精神。爱好与厌恶，高兴与愤怒，悲伤与欢乐等。这些精神方面都蕴藏在人的形体之内，这就是人天生的情感，称为天情。耳、目、鼻、口、身体，各自有各自的功能，而不可能相互代替，这便是人天生的或先天的感官。人的心脏处在人身体不空虚的胸腔内，用来管理人的五种感官，所以称它为人身体中天生的君主。

荀子这里是论述天道与人的形神关系。怎样处理好天道与人的形神之间的关系呢？

首先，是天养。什么是天养？是指人们利用自然界的万物来养育自己，这就是天养。人能处理好人与万物的关系，用来培养所有人，这便是天然的供养。其次是天政。什么是天政？即自然规则。对人而言，天能顺应人们需要的，供给人们自然物品的就是福，如果人们违背天意，超出天能给予人类的，而去取得的这就是祸。"福"与"祸"便是天然的政治原则。最后，那些使人内心纷乱，扰乱了人的感觉器官，抛弃了天然的供养，违背了福祸的天政，背离了人的天情，丧失了人的天功的，就叫作"大凶"。

这里，荀子将人的形体及精神都看成天道给予人的。正是这个缘故，人必须完全地顺从天道。如果人违背天道，即"天养""天政""天

---

① 《荀子·天论》。

情""天功"，那么将是一个"大凶"的结果。为此，

> "圣人清其天君，正其天官，备齐天养，顺其天政，养其天情，以全其天功。"①

圣明的君主或者圣人在人与天道的关系上就要发挥作用。但发挥怎样的作用呢？要做好自修，自修的办法就是使自己的心胸更加清澈，不被世俗的事物扰乱自己的心理；修正好自己的感官，而不受世俗物欲、色欲、权欲所迷惑；准备好天然的供养，处理好与大地生长和蕴藏的万物之间的关系；顺应天然的福祸原则，抱着天道的规律去趋利避害；保存好天道给人的纯真情感，使人的心理纯粹善良；从而达到与天道合一的真正目的。

> "如是，则知其所为，知其所不为矣，则天地官而万物役矣，其行曲治，其养曲适，其生不伤，夫是之谓知天。"②

正是因为如此，圣人就应该明白自己应该做的事了，也明白了自己不应该做的事了。天地就会被人类管理，受天地之托，万物也可以被人类役使了。这样，圣人通过自修其政，实现代理天来治理天下，也使供养人类的万物适应了人的役使，并不会受到人类的伤害。这就是"夫是之谓知天"，言明作为人真正地了解了天道了。

> "故大巧在所不为，大智在所不虑。所志于天者，已其见象之可以期者矣；所志于地者，已其见宜之可以息者矣；所志于四时者，已其见数之可以事者矣；所志于阴阳者，已其见知之可以治者矣。官人守天而自为守道也。"③

这段话的意思是：既然人们知道了人应顺从天道，那么，最大的

---

① 《荀子·天论》。
② 同上。
③ 同上。

技巧就在于不去做天所不为的事；最大的智慧则在于不去想那些不能考虑和不让你考虑的事。如对于上天的了解，应该只去了解它所显现出来的天象中那些可以测定的气候变化所预示的事物等；对于大地所要了解的，也不过是大地所显现出来的适合耕种的那些庄稼的地理条件而决定了人们的生产作息规则等；对于四季应该了解的不过是每个季节显现的节气规律，按照规律去进行人们的生产与生活的作息时间等；对于阴阳的了解不过是通过了解所显示出来的阳气、阴气的变化，而管理事务的发展变化等。圣人让那些观察天地自然的官员去观天守象，而自己严格地恪守天道，掌握着治理自然和人类社会的根本方法。

（二）天道不会因人而改变

在荀子看来，天道是一种自然规律，它不会因人而改变。他说：

"天行有常，不为尧存，不为桀亡。"[1]

天道的运行永恒不变，它不因尧的存在而运行，也不会因桀的存在而不运行。这句话也可以这样翻译成"大自然的规律是永恒不变的，它不会因尧而存在，也不会因桀而不存在"。

那么天道真的与人道一点关系都没有吗？也不是。荀子接着讲：

"应之以治则吉，应之以乱则凶。"[2]

这说明人道与天道还是有关联的。天道是永恒不变的，天道的所有变化，基本上是恒定的，但人为的结果则大不一样了。如果人能采用顺应天道的行为去适应天道的变化，那么人得到的就是个吉利的后果，反之，人若用逆天道的行为去违背天道的变化，那么就会得到凶险的结果。

所以，人的做法的不同决定了人在天道那里得到的结果的不同，荀子说：

---

[1] 《荀子·天论》。
[2] 同上。

"强本而节用，则天不能贫；养备而动时，则天不能病；循道而不忒，则天不能祸。故水旱不能使之饥渴，寒暑不能使之疾，祆怪不能使之凶。"①

这就是说，人类应在加强农业国家根本的同时，要节约费用，这样上天就不会让你贫穷；供养充足又按照季节适当地运动，上天就不会让你生病；遵循着天道去做事，又不出任何差错，上天就不会让你有灾祸。做到以上几点，即使遇到旱涝的灾年，也不致遭受饥荒，严寒酷暑也不会使你生病，即使遇到祆怪也不会出现凶险。

所以荀子得出结论：

"受时与治世同，而殃祸与治世异，不可以怨天，其道然也。故明于天人之分，则可谓至人矣。"②

这是说，按照自然规律去做，就会出现治世，导致灾祸的并非天灾而是人祸，因此不能埋怨老天，灾祸是人的行为离开了天道而导致的结果。懂得灾祸不在天，而在人，这样的人便是圣人了。

荀子又进一步举例子来说明这一问题。他说社会出现"盛世"和"混乱"，是由上天决定的吗？他回答说：太阳、月亮、行星、恒星、日月星辰运转的现象，在禹与桀的时候都是相同的，但禹是个治世，而桀是个乱世。可见，治世与乱世不是上天决定的。那么是季节造成的吗？庄稼春播、夏锄、秋收、冬藏，这在禹与桀时都是一样的，可见也不是季节造成的。在荀子看来，流星陨落、日食、月食、旋风、暴雨，这些都是自然现象，与君主的残暴，政治的昏暗并没有什么直接关系。

相反，人道上的反常与违背天道才是最为可怕的。所以，他说：

"物之已至者，人祆则可畏也。楛耕伤稼，耘耨失岁，政险失

---

① 《荀子·天论》。
② 同上。

民。"①

"政令不明，举措不时，本事不理，夫是之谓人祆"。②

这意思是说，在已经发生的事情中，人为的怪现象是最可怕的了。在田地里粗放地耕耘，而伤害了庄稼，粗放地除草而伤害了年成，政治上的险恶而失去了民心。政策法令不明确，采取的措施不合时宜，不做好农业生产，这就是人为的灾祸。

（三）人应该了解天道

天道既然不会因人而改变，那么对人来说，它的意义又是什么呢？

荀子认为，人很容易被纷繁复杂的各种事物所蒙蔽。他举例子说：

"墨子蔽于用而不知文，宋子蔽于欲而不知得，慎子蔽于法而不知贤，申子蔽于势而不知知，惠子蔽于辞而不知实，庄子蔽于天而不知人。"③

墨子（墨翟）蒙蔽于只看重实用而不知文饰；宋子（宋钘）蒙蔽于只看到人有寡欲，而看不到人还有贪欲；慎子（慎到）蒙蔽于只注重法治，而不知道任用贤人；申子（申不害）蒙蔽于只知权势的作用，而不知才智的作用；惠子（惠施）蒙蔽于只务名辩而不知实际；庄子蒙蔽于只知自然的作用，而不知人的作用。

圣人则不同，圣人看到了人容易被事物所蒙蔽。荀子说：

"圣人知心术之患，见蔽塞之祸，故无欲、无恶，无始、无终，无近、无远，无博、无浅，无古、无今。"④

这是说，圣人观察事物，既不任凭爱好，又不任凭憎恶；既不只看开始，又不仅看终结；既不仅看近处，又不仅看远处；既不只务广博，

---

① 《荀子·天论》。
② 同上。
③ 《荀子·解蔽》。
④ 同上。

又不只务浮浅；既不只看古，也不只看今。可见，圣人是要全面系统地看待问题。

为什么要这样呢？荀子说：

"兼陈万物而中县衡焉。"①

这句话的意思是：把诸种不同的事物都并列地排出来，在这中间要建立一个正确的标准，去加以辨别。

这个标准是什么？就是"衡"。

"何谓衡？曰：道。故心不可以不知道。"②

荀子说，"衡"就是天道。那么作为人来说是不可以不知道天道的。为什么人必须知道天道呢？

"心不知道，则不可道而可非道。"③

这是说如果人心里面不了解天道，那么就否定天道而肯定非天道事物，如果这样问题就变得较为严重了。

荀子说：

"人孰欲得恣而守其所不可，以禁其所可？以其不可道之心取人，则必合于不道人，而不合于道人。以其不可道之心与不道人论道人，乱之本也。夫何以知？"④

人既然可以随心所欲，那么还有谁会愿意守着自己不愿意做的事，而不去做他想做的事情呢？以他那种否定天道的心去选择人，那么合他

---

① 《荀子·解蔽》。
② 同上。
③ 同上。
④ 同上。

意的人也一定是不守天道的人。用不守天道的心和不守天道的人去议论那些守天道的人，这是社会混乱的根源。同为这样的人，不能认识天道，也必然是违背天道的。他怎么能知道天道呢？

人靠什么去知道天道呢？荀子说：

> "心何以知？曰：虚壹而静。心未尝不臧也，然而有所谓虚；心未尝不满也，然而有所谓一；心未尝不动也，然而有所谓静。"[1]

要知道天道，就要做到虚、壹、静。

虚：人的心理无不蕴藏着过多的记忆。人一出生就有智能，有智能人便有了记忆，这些记忆就会蕴藏在人的思想意识之中。但是不能让这些记忆妨碍你接受更为有用的知识，这就需要把自己的心胸虚空起来。如果不虚空，以前的记忆就会将人整个心胸填满，那么就难以将天道再装进来，这便是虚的道理。

> "人生而有知，知而有志。志也者，臧也，然而有所谓虚，不以所已臧害所将受谓之虚。"[2]

这里面又会产生另一个问题，怎样去用人脑，即学过的知识是死记硬背保存在自己的大脑中好呢，还是只记将来有用的东西？但人又怎样能知道哪些是有用的，哪些是无用的呢？

壹：人心，即人的认识，可以同时认识两种，甚至多种事物。有认识就会产生一些知识，知识多就会产生疑问，也会产生很多不同的思想认识，这就会使人无所适从，不知道什么是对什么是错。

> "心生而有知，知而有异，异也者，同时兼知之。同时兼知之，两也，然而有所谓一，不以夫一害此一谓之壹。"[3]

---

[1] 《荀子·解蔽》。
[2] 同上。
[3] 同上。

　　但是人心只有专一到天道上，即人只有认识了什么是天道，人才能做到专一，才能使人认识到什么是对，什么是错，从而使人不再迷惑。因为"一"，即"天道"。如从"一"的角度理解，记住与"天道"相关的事物与知识，或掌握认知"天道"的方法和途径，方是最为重要的。

　　静：人的心意是不断活动的，即便人在睡着的时候也会做梦的，懈怠的时候更会肆意驰骋想象，还会为自己和别人出谋划策，所以心从来就没有不活动的。但是如果人有了静，梦幻或人世间的俗事就不会烦扰你的心，

　　　　"心，卧则梦，偷则自行，使之则谋。故心未尝不动也。"①
　　　　"未得道而求道者，谓之虚壹而静。"②

　　荀子告诉人们，想要求得道的人，达到虚其心，专其意，静其神，就可以得到道了。

　　但当人心过于躁动，就不可能认识到道，道也不会到人的意识中来。人只有在一切寂静之中，才能理解到天道。

　　所以要告诉人们，虚心、专心和静心的道理，并把它作为人生的准则。这3点十分地重要，

　　　　"作之则。将须道者，之虚则人；将事道者，之壹则尽；将思道者，静则察。"③

　　这是说：如果你是想得到道的人，当你的心胸、你的意识空虚时，道便会到来；如果你是想奉行道去做事的人，当你的思想意识达到专一的地步，你就会穷尽道的全部；如果你是想研究探索天道的人，当让你的心静如止水，你就会明察到天道。

　　　　"知道察，知道行，体道者也。虚壹而静，谓之大清明。万物

① 《荀子·解蔽》。
② 同上。
③ 同上。

莫形而不见，莫见而不论，莫论而失位。坐于室而见四海，处于今而论久远。疏观万物而知其情，参稽治乱而通其度，经纬天地而材官万物，制割大理而宇宙理矣。"①

如果人能将天道认得十分清楚了，知道了天道如何运行又能按天道去做，这才是真正体会到了天道的人。所以能达到虚、壹、静的人，到了对天道的认识极其透彻，达到了至道之人的境界。达到圣道的人，万物的一切形象他都能够看见，没有他看不见的，也没有能看见而不能评判的。凡事评判都能恰到好处。而到达至道之人，也就是"大清明"之人，他坐在屋里就能够看见整个天下，处在当今而能论述远古，大致观看万物就能了解事物的真相，考察社会的治理状况，就能把握住社会问题的关键点。治理天下、管理万物，与天道运行完全一致。

荀子对这样的"大清明"的至道之人，给予较高的赞扬，他说：

"恢恢广广，孰知其极！睪睪广广，孰知其德！涫涫纷纷，孰知其形？明参日月，大满八极，夫是之谓大人。夫恶有蔽矣哉？"②

荀子赞扬至道之人的智慧广阔而又深远，谁人能知道他眼界的极限，思想浩瀚无垠；谁人能知道他德行的深厚，千变万化；谁人能知道他变化莫测的形体。他的智慧可与日月同辉，充满整个天地之间，这样的人就是"伟大的人"。这种人哪里还能被别人蒙蔽呢？

二、心学与天道

（一）用心载道

荀子认为圣人、至人、伟人，都是能透彻地认识天道、掌握天道的

---

① 《荀子・解蔽》。
② 同上。

人，那么，作为我们平常人，是否也可以认识了解掌握天道呢？

荀子认为认识天道的关键点在于人的心。他说：

> "心者，形之君也，而神明之主也；出令而无所受令；自禁也，自使也；自夺也，自取也；自行也，自止也。"①

这意思是说，人的心是人身体的君主，也是人精神的君主。君主向人的身体和精神发出命令，但从不接受人肉体和精神的命令。人的肉体和精神限制什么，做什么，放弃什么，接受什么，都是心在决定，行动或不行动，都是心在做主。

荀子还说：

> "故口可劫而使墨云，形可劫而使诎申，心不可劫而使易意，是之则受，非之则辞。"②

这句话的意思是：人的嘴可以被强迫不说话或说话，身体也可以被强迫弯曲或伸直，但心却不能强迫它改变意志，心认为是正确的便接受，不正确的便不接受。

荀子接下来说：

> "故曰：'心容，其择也无禁，必自见；其物也杂博，其情之至也不贰。'《诗》云：'采采卷耳，不盈顷筐。嗟我怀人，寘彼周行。'顷筐易满也，卷耳易得也，然而不可以贰周行。故曰：心枝则无知，倾则不精，贰则疑惑。以赞稽之，万物可兼知也。身尽其故则美。类不可两也，故知者择一而一焉。"③

这段话翻译过来是这样的：

所以说，心是能容纳万物的，他对是非的选择不受任何的限制而自

---

① 《荀子·解蔽》。
② 同上。
③ 同上。

行做主，他认识的事物虽然繁多，但当他的心境达到虚壹而静的时候，神情就会专一不贰。《诗经》说："采啊采呀，采着卷耳，总是装不满小小的顷筐。心中想念着那心爱的人，索性不采了，把筐放在大路上。"顷筐是容易满的，卷耳也是容易采的，但是不能这样三心二意地待在大路上。所以，人的思想一旦分散了，心里便无法获得知识，心里不专一，出现贰意了，心里就会有疑惑。专一于道，用道来考察万物，这样万物便可以被认知了。如果一个人能完全地做到这样，那就太完美了。对任何事物的认知，都不可以三心二意，所以得道的人是择道而行，守住"一"。

荀子又进一步举例来说明这个道理。他说，农夫精于种田，却不能因此而当管理农业的官吏；商人精于经营，但也不能因此而当管理市场的官吏；工匠精于制作器皿，却也不能因此而成为管理制作的官吏。然而有些人，并不具有以上 3 种人的技能，却可以成为管理这 3 个行业的官吏。为什么呢？是因为他精于这 3 个方面的"道"，并不是精于这 3 个方面的技能。这说明精通具体事物的人，只能去治理某一类事物，而精通"道"的人，却能治理一切事物。

所以，君子专于一而研究道，思想就能正确，用道来帮助他去考察事物，就能明察事物的全貌，用正确的思想意识和方法认识事物，那么，事物都会得到很好的管理。

（二）心定则道生

荀子认为，用心载道，关键在于心要能承载住道。因此，心一定是十分重要的。他说：

> "凡观物有疑，中心不定，则外物不清，吾虑不清，则未可定然否也。"[1]

凡是观察事物，如果心中有疑惑，那么，对事物就会认识不清；人的思虑不清，那就不能判断是非。这说明，作为认识事物的主体，当主体的思维状态处在混乱状态，人是无法认清客体的。

---

[1] 《荀子·解蔽》。

荀子说：

> "冥冥而行者，见寝石以为伏虎也，见植林以为后人也，冥冥蔽其明也。醉者越百步之沟，以为跬步之浍也，俯而出城门，以为小之闺也，酒乱其神也。厌目而视者，视一以为两；掩耳而听者，听漠漠而以为㤅㤅；势乱其官也。"[①]

荀子说，在黑夜之中行走的人，见到横卧的石头，就认为是趴着的老虎，看见树木就认为是跟在后面的鬼魅，这是因为黑夜蒙蔽了他的视觉。喝醉酒的人过百步宽的水道，以为是过一二步宽的水沟；低头走出城门，还以为走出闺房的小门；这是酒扰乱了他的神志。压着眼睛去看人的人，看见一件以为是两件，捂住耳朵去听声音的人，听到漠漠无声，反而认为是㤅㤅作响；这些都是因为人遮蔽耳目，从而扰乱了人的感受器官导致的。

荀子从此得出结论，当人的感官被外界干扰后，就如人从山上远望山下的牛，就好像是羊，而如果你去找羊是找不到羊的，因为山下就不是羊。这是因为距离，缩小了牛的形状。你从山上望山下的树，你会发现，几丈高的树就如筷子那么矮小，然而，想找筷子的人是不会下山去找它的，因为人们知道山的高缩短了树的长。水晃动而映在水中的影像也会随之晃动，人们不会以这时的影像来判断美丑，因为人们知道水晃动了，也导致了映像的失真。盲人仰视也见不到夜空的星星，人们并不因此判断星星的不存在，这是因为盲人的眼睛看不见东西。如果有人以水晃动和盲人看星星的状态去判断事物，那么他一定是个愚蠢的人。这种愚蠢的人判断事物用疑惑的感觉来判断，不清楚事物的本身，他的判断一定是不准确的。如果人的判断都是不准确的，他做事情怎么能没有错误呢？

荀子这里提出一个十分重要的问题，即人们认识天道，人的内心一定不能有疑惑，这个不疑惑，也就是他在前面提到的，是做到虚壹静，通过虚壹静而达到内心的专一不二；人内心专一不二了，人心就定了；

---

① 《荀子·解蔽》。

人心定了，就不会被遮蔽，人便可以清楚地认识客观事物了。

（三）知道"道"，是人的本性

天道是客观的，但知道"道"，那是人的本性决定的。为什么呢？人本身就是天道的一部分，因为人是道所生万物中的一员。人的本性就存有道。但这并不等于"天道"可以内求。内求只能得到人的身体及自我意识的运行之道，但得不到天道。

荀子说：

> "凡以知，人之性也；可以知，物之理也。"①

这句话的意思是能够认识事物，这是人的本性；可以被人们认识的，是事物本身的道理。

这句话有两个关键点：一是作为人，他具有认识事物的理性，这一点是人与其他动物的根本区别，也是人所固有的本性；二是作为物，它之所以可以被认知，因为任何物都有存在的合理性，即它的规律性。它之所以能被认知，正是它的合理性和规律性决定的。物之理，即指它的合理性和它的规律性。而这个合理性与规律性，就是道。

荀子说：

> "以可以知人之性，求可以知物之理而无所疑止，之则没世穷年不能徧也。其所以贯理焉虽亿万，已不足以浃万物之变，与愚者若一。学，老身长子而与愚者若一，犹不知错，夫是之谓妄人。"②

人们凭借着认识事物的本能，去探索事物本身存在的道理，就会存在一个问题：如果没有一个界限，那么人用一辈子的时间也无法穷尽人对外部事物的认识。人们学习的事理虽然很多，但最终仍不足以应对事物的千变万化，那就和愚蠢的人没什么不同。这样去学，即使学到老，儿女都长大了，也与愚蠢之人没有什么两样。如果人还不知错，那就叫

① 《荀子·解蔽》。
② 同上。

作无知的妄人。

> "故学也者，固学止之也。恶乎止之？曰：止诸至足。曷谓至
> 足？曰：圣也。圣也者，尽伦者也；王也者，尽制者也。两尽者，
> 足以为天下极矣。"①

所以学习本来就应该有一定的限度和目的。那么应该把学习的限度
和目的确定在哪里呢？应该在"至足"。什么是"至足"？即达到圣王的
境界。所谓圣，就是完全精通自然万物和社会规律的人。所谓王，就是
精通于社会治理的人。一个人具备这两个方面是可以成为天下最至极的
人了。

三、知天道，可以向圣王学道

荀子认为，人类最早掌握天道的人，是古代的圣王，即三皇五帝。

古代舜治天下时，不用事事都给以指示，可一切事情却办得恰到好
处。人人都专心于"一"，"一"则道，人人都警觉怕离开道，所以，每
个人都认为光明会充满于自己的周围。人人都自觉培养专心于道，注意
每一件事的细微之处，那么光明就会在不知不觉中到来，荀子说：

> "故学者，以圣王为师，案以圣王之制为法，法其法，以求其
> 统类，以务象效其人。向是而务，士也；类是而几，君子也；知
> 之，圣人也。"②

这意思是说，人们学习就要以圣王为师，并以圣王的制度作为自
己的行为法则，用这些法则去治理天下的人，以求达到所有人都效法圣

---

① 《荀子·解蔽》。
② 同上。

人。切实以圣王为师，就是学习圣王之道。向着这方面努力的就是士，与圣王的道相接近的就是君子，完全知道圣王之道的人，就是圣人。

> "故有知非以虑是，则谓之惧；有勇非以持是，则谓之贼；察孰非以分是，则谓之篡；多能非以修荡是，则谓之知；辩利非以言是，则谓之讪。"①

如果一个有智慧的人不用智慧来考虑对错，这是对圣王之道的畏惧；有力量的人，不用力量来保卫正义，那就叫作贼；分析能力很强的人，但不用来分析是非，这就叫作混淆视听；虽有很多技能，但不用来发扬光大圣人之制，这就叫作巧诈；虽然能说会道，但不来宣传表扬圣王之道，那就叫作一堆废话。

荀子认为，社会能否进入圣王之道，社会倡导什么十分重要。

古书上说，天下的事情都有是非两个方面，通过"非"进而分辨出"是"，通过"是"进而分辨出"非"。符合圣王之道的就是"是"，不符合王道的就是"非"。假设天下人不以王道为标准，那么还能判断出天下事情的是非曲直吗？假如有一种学说不是用来分辨是非，判定对错、曲直、治乱，以及研究做人的道理，那么让人们学习掌握又有什么好处呢？这种学说只不过是标新立异，玩弄辞藻，相互扰乱罢了。

荀子说：

> "案强钳而利口，厚颜而忍垢，无正而恣睢，妄辨而几利；不好辞让，不敬礼节，而好相推挤：此乱世奸人之说也，则天下之治说者，方多然矣。传曰：'析辞而为察，言物而为辨，君子贱之。博闻强志，不合王制，君子贱之。'此之谓也。"②

这段话的意思是，靠着强力去压制别人，并竭力为自己辩护，厚着脸皮，忍受辱骂，不走正路而胡作非为，狂妄至极，唯利是图，不讲辞

---

① 《荀子·解蔽》。
② 同上。

让，不重礼节，却喜欢相互排挤，这就是混乱社会中奸佞之人的学说。

荀子认为，一个好的社会，一定要摒弃奸佞之人的学说。而能否摒弃奸佞之人的学说，君主的作用十分重要。

在《解蔽》篇的最后，荀子强调君主执政一定要像天道一样正大光明：

> "周而成，泄而败，明君无之有也。宣而成，隐而败，暗君无之有也。故君人者周，则谗言至矣，直言反矣，小人迩而君子远矣。《诗》云：'墨以为明，狐狸而苍。'此言上幽而下险也。君人者宣，则直言至矣，而谗言反矣，君子迩而小人远矣。《诗》曰：'明明在下，赫赫在上。'此言上明而下化也。"①

隐瞒真情就会成功，公开真情就会失败，这事不会发生在明君身上；公开真情就会成功，隐蔽真情就会失败，这事不会发生在昏君身上。统治人民的君主如果讲求隐蔽周密，那么毁谤的话就来了，正直的话就缩回去了，小人接近而君子远离了。《诗经》云："把墨黑当作明亮，就会把狐狸看成苍色。"这是说君主昏庸愚昧，那么臣民就会险恶。统治人民的君主如果开诚布公，那么正直的话就来了，而毁谤的话就缩回去了，君子接近而小人远离了。《诗经》云："皎洁明亮在下方，光辉灿烂在上方。"这是说君主光明正大，那么臣民就会被感化。

---

① 《荀子·解蔽》。

第三十讲
荀子论天道（下）

一、荀子继承了孔子的中庸之道的思想

在先秦儒家思想家中，真正继承了孔子的中庸思想的是荀子。荀子突出了中庸的"中"的意义，他把"中"说成人心中的"中理"，人行为中的"中事"，是人道的集中体现。

（一）中，即道

荀子认为，历代圣王都没有改变的原则，就足以证明它是一贯的原则，说明无论朝代如何更迭，都要去适应这一贯的原则。不管社会如何混乱，这个一贯的原则并没有消亡。这个原则是什么呢？荀子说：

"故道之所善，中，则可从；畸，则不可为；匿则大惑。"①

所以，道的善，中则可以服从，偏离了中则不可以服从，违背了中就会造成极大的混乱。

这里的"中"，指代的就是"道"，即"道"最为首要的原则即"中"。如果离开了"中"，就不称其为"道"。所以不能仅仅把"中"，理解为"中"（zhòng），即符合、适合、适当的意思，"中"本身就是道的核心体现。

①《荀子·天论》。

荀子下面这段话可以说明这一点：

> "万物为道一偏，一物为万物一偏，愚者为一物一偏，而自以为知道，无知也。慎子有见于后，无见于先；老子有见于诎，无见于信；墨子有见于齐，无见于畸；宋子有见于少，无见于多。"①

这段话内容的核心是讲"偏"，万事万物仅体现自然规律的一部分，某一种事物仅是万事万物中的一部分。愚昧的人是认识了某一种事物的一部分，就以为知道了自然规律，这是很无知的。慎到、老子、墨翟、宋钘等人就是如此。他们错误就是在于他们看到了"偏"，而离开了"中"，从而导致过失。

又如荀子在《正论》篇中说：

> "凡人之盗也，必以有为，不以备不足，足则以重有余也。而圣王之生民也，皆使当厚优犹不知足，而不得以有余过度。"②

这里讲，圣王养育百姓，使他们达到富裕知足，而不允许财物过当，超过限度。这就是在讲"中"，讲"道"的标准。

如荀子对人的欲望的看法：

> "凡语治而待去欲者，无以道欲而困于有欲者也。凡语治而待寡欲者，无以节欲而困于多欲者也。有欲无欲，异类也，生死也，非治乱也。欲之多寡，异类也，情之数也，非治乱也。欲不待可得，而求者从所可。欲不待可得，所受乎天也；求者从所可，受乎心也。所受乎天之一欲，制于所受乎心之多，固难类所受乎天也。"③

荀子这里是对道家消极思想的批判。他认为，凡是讲治理好国家，

---

① 《荀子·天论》。
② 《荀子·正论》。
③ 《荀子·正名》。

要靠去掉人们的欲望，这是没有办法做到的，反而会被人们的欲望所困住。凡是讲治理好国家要靠让人们清心寡欲，但又无节制人的办法，只能被国人的欲望给难住。人的欲望是人的类型决定的，这是有生命物质和无生命物质的区别，而不是社会太平与动乱的原因。人的欲望多与少，也是由人们之间欲望差异决定的，人的情感数量上的差异，也不是由社会太平或动乱决定的。人的欲望不是等到其所欲之物有可能得到的时候才产生的，但是追求欲望的人是在他认为可以得到的情况下才去争取的。人的欲望是天生之禀赋，是人的本性，这是天给予的；而求得欲望的获得，则是人的心理决定的，即受人内心支配的。天给予人的只有人的简单的欲望，而后天的人的欲望受制于人心，人的欲望无穷无尽，这自然不同于受于天的自然单纯的欲望。

荀子这里指出，欲望分为天授予人的本性欲望和后天形成的欲望，前者是简单的本能的欲望，只有一种本能的欲望。而人的大部分欲望是后天形成的，这种形成产生于人的心理，即人与外界接触后，心里产生的欲望会多于人本性的欲望。

> "故欲过之而动不及，心止之也。心之所可中理，则欲虽多，奚伤于治？欲不及而动过之，心使之也。心之所可失理，则欲虽寡，奚止于乱？故治乱在于心之所可，亡于情之所欲。不求之其所在而求之其所亡，虽曰'我得之'，失之矣。"①

在荀子看来，人最大欲望莫过于生存，人最大厌恶莫过于死亡，但人可以舍身赴死的，这原因并不是人不想活，而是在那种情势下，人不能活，只可以死。

所以，当人的欲望非常强烈，但行动并没有按自己欲望去做，这是由于心节制了欲望。人能否节制欲望的关键在于心中有无"中理"。荀子这里讲的"中理"即"道"。人的心中只要有道，即使人的欲望很多，也无害于社会的治理。人的欲望并不强烈，而行动超过了欲望，同样也是心使他这样做的。所以国家治理的好坏的原因在于人的心中有没有

---

① 《荀子·正名》。

道，而不在于人有多少的欲望。不去从关键方面找出社会治理好坏的原因，却从与之没有关系的人的欲望去寻找，虽然自以为找到了，其实并没有找到。

荀子这里讲的"中理"，就是人心中的道，即中庸之道。人心中的中庸之道，也可以看成人做事情的原则。如果人心中有一个中庸的原则，那么做什么事情，就都符合于天道了。

这里便有一个十分关键的问题被提了出来，即"中理"—"道"—"中庸"与人欲望的关系，即"中理"—"道"—"中庸"，如何内化在人心里。荀子认为人心里面如果有了"中理"，就不惧怕人有多少欲望，因为"中理"可以节制，即管理人的欲望。

在荀子看来，圣人就是掌握"中理"的人。他说：

> "先王之道，仁之隆也，比中而行之。曷谓中？曰：礼义是也。道者，非天之道，非地之道，人之所以道也，君子之所道也。"①

荀子认为，先王的道，是仁德的最高体现，因为是按照中正之道来实行的。什么是中正之道？礼义就是中正之道。这个道不是天道，也不是地道，是人道，是君子应该遵循的道。

在荀子看来，"中"是人道的最高体现，即应是君子所奉行之道，是人们行为的准则。人心中存有"中理"，人的欲望，便不会给自己和他人带来危害，社会自然会得到治理。

（二）中，即事理

荀子说：

> "言必当理，事必当务，是然后君子之所长也。凡事行，有益于理者立之，无益于理者废之，夫是之谓中事。凡知说，有益于理者为之，无益于理者舍之，夫是之谓中说。"②

---

① 《荀子·儒效》。
② 同上。

荀子这段话的意思是说，说话符合事理，做事恰到好处这是君子的特长。符合事理且恰到好处，便是君子处世的中庸状态。接着他说：凡是做事，有利于事理的，就做，无利于事理的就不做，这就是"中事"，"中事"即正确的事。凡是知识学说，有利于事理的，就实行它，无益于事理的，就放弃它，这就是正确的学说。可见"中说"，即正确的学说。

荀子这里的"中"，即他前面提到的"中理"。"理"即"道"。但荀子明确说明，这个道不是天道，而是人道——君子之道。

荀子着重强调"中""中理"，说明在他看来，"中""中理"与"天道中庸"还是有区别的。"中庸"是天道，是自然之道，整个天体宇宙处在一种中庸状态，而人类社会则不同，不可能万事万物都处于一种中庸状态，这是由人的主观能动性决定的。人只能做到尽力让自己处在一种"中"或"中理"的状态，保证"人道"与"天道"尽量吻合。

所以荀子说：

> "事行失中谓之奸事，知说失中谓之奸道。奸事奸道，治世之所弃，而乱世之所从服也。"[①]

这里，荀子再次强调了"中"的重要性。凡是做事，如果失去了"中"这个根本，那么这个事便是"奸事"；知识和学说，如果失去了"中"这个原则，便是奸邪的知识和学说，是被太平盛世所抛弃而衰败乱世所依从的知识和学说。因此，"中"是人们思维方式和行为方式必须恪守不能改变的原则。正是在这样认识的前提下，荀子要求君子在品格上要做到不偏不倚，即孔子提出的一种中庸的状态：

> "君子宽而不慢，廉而不刿，辩而不争，察而不激，寡立而不胜，坚强而不暴，柔从而不流，恭敬谨慎而容，夫是之谓至文。"[②]

这是从性格、品性来描绘君子，把君子描写为德行完备的人：君子

---

① 《荀子·儒效》。
② 《荀子·不苟》。

的心胸宽阔但不马虎懈怠；清正廉洁但不侵害他人；善于雄辩但不与人争吵；洞察若明但十分冷静；品行正直但不盛气凌人；性格刚强但不凶狠残暴；态度和善但不随波逐流；恭敬谨慎但又待人宽容。

这是荀子对个人即君子的品格要求。那么，对于统治者来说，中庸之道就更为重要了。

荀子认为，社会行中庸之道，就是在社会上实行君子之道，君子之道即人道中最好的道：

"道者，何也？曰：君子之所道也。"①

这里的君子之道，就远远不止于一般人的君子之道，而是多指社会上的为官者。荀子时代，即战国时期，君子多指代为官者。荀子认为，如果为官者能做到以道治理国家，天下的人就会归之，这便是人心所向，如果这位君子是君主的话，便可以称霸天下。

荀子举了这样一个例子：

"人主欲得善射，射远中微者，县贵爵重赏以招致之，内不可以阿子弟，外不可以隐远人，能中是者取之，是岂不必得之道也哉！虽圣人不能易也。欲得善驭——及速致远者，一日而千里，县贵爵重赏以招致之，内不可以阿子弟，外不可以隐远人，能致是者取之，是岂不必得之之道也哉！虽圣人不能易也。"②

这意思是说：作为君主，你想求得善于射箭的人，那么一定以射得远又射得准为标准，并要用重金高官录用他。不能以是你的圈子内的人或圈子外的人为标准，以能射中为唯一的录用标准，难道这不是一位得道君主的体现吗？而且就连君主自己都不能改变这一原则。如果你想求得一位善于驾车的人，那么也一定要以"一日千里"能以最快速度到达目的地为标准，也要以高官厚禄录用他，不以是不是你圈内或圈外的人

---

① 《荀子·君道》。
② 同上。

为标准，以能以最快的时间到达目的地为标准，如这样，这位君主是不
是位得道的君主呢？一旦定下来录用，就连君主本人也无权改变。

实际上，这里荀子强调的是，君主在用人上的中庸之道，即正确、
适当、合适地用人。这种正确、适当、合适正是中庸的体现。

荀子认为，君主要想治理好国家、管理好人民，必须做到上下统一
协调，君臣同心同德，这样在内会国运昌隆，对外可抵御外敌的入侵。
但可惜的是，很多的君主不这样。

> "然而求卿相辅佐，则独不若是其公也，案唯便嬖亲比己者之
> 用也，岂不过甚矣哉！故有社稷者莫不欲强，俄则弱矣；莫不欲
> 安，俄则危矣；莫不欲存，俄则亡矣。"①

君主在求取卿相辅佐的时候，他的公正却偏偏不像这样，而是只去任
用自己宠爱的小臣以及亲近依附自己的人，这难道不是错得太厉害了吗？
荀子为什么说这种行为错得厉害呢？因为君主不是以公心取人，而是以私
心取人，这样便失去了用人的标准，则偏，则失中，失去中庸之道。这种
做法会导致什么样的后果呢？荀子说：掌握国家政权的君主无不希望国
家强盛，但不久国家就衰弱了；无不希望自己国家安定，但不久国家便
混乱了；无不希望国家长久存在，但不久国家便灭亡了。原因是什么？

> "古有万国，今有数十焉，是无它故，莫不失之是也。故明主
> 有私人以金石珠玉，无私人以官职事业，是何也？曰：本不利于所
> 私也。彼不能而主使之，则是主暗也；臣不能而诬能，则是臣诈
> 也。主暗于是，臣诈于下，灭亡无日，俱害之道也。"②

这段话是荀子对失道君主的所为和为何失道的原因的分析。他说：
古代有上万个国家，而今天尚存活的仅有十几个了，这并没有什么其他
的缘由，都是因为用人不公而丢失政权的。所以，圣明的君主可以私下

---

① 《荀子·君道》。
② 同上。

把珠宝送给亲近的人，但从来不会把官职政务私下许给人。这是为什么呢？答案是：因为私下给人官职根本不利于那些被君主偏爱的人。为什么？因为德才不配位，不配位则失中而走偏，就不适当、不合适，违背中庸之道。那些人没有才能，而君王任用这样的人，就说明这是昏庸的君主。作为臣子没有才能而冒充有才能，这是臣子的欺诈。如果在上的君主昏庸，在下的臣子欺诈，那么离这个国家的灭亡就不远了。

荀子得出结论，这样的君主和臣子都是对人道的损害。

（三）"中"，即用中

荀子说：

"百王之无变，足以为道贯。一废一起，应之以贯，理贯不乱。不知贯，不知应变。贯之大体未尝亡也。乱生其差，治尽其详。"[1]

各代帝王都没有变更的东西，说明这东西可以作为一个一以贯之的原则。朝代不断地兴替，但应有一个一以贯之的原则去适应它。如果人们能整理出一个一贯的原则来，社会就不至于混乱。而如果人不知道应变，不懂得一贯的原则，就不会知道如何去适应事物的变化。如果这一原则没有消亡的话，社会就不至于混乱，正是运用了这一原则，社会才没有出现偏差，而社会安定一定是十分完备地贯彻了这一原则。那么，这一原则是什么呢？荀子说：

"故道之所善，中，则可从，畸，则不可为，匿，则大惑。"[2]

这原则就是"道之所善"，这个"善"要用"中"来实现，即"中"与"善"合在一起。这里的中（zhòng），指同道相符合。而"畸则不可为"。"畸"（jī），是偏离了道，偏离了道则不中，故为畸。"匿则大惑"，匿通慝（tè），指差错，差错也是离开中，离开适当，所以荀子说：

---

① 《荀子·天论》。

② 同上。

"水行者表深，表不明则陷；治民者表道，表不明则乱。"①

这段话的意思说：涉水的人要依照指示水的深浅的标志行事，如果标志的不清楚，人就可能掉入水中溺死；而统治人民的君主，要以道作为标准，如果这个道的标准表达得不清楚，国家就要混乱。这里，荀子的意思是，统治者不仅要自己按道统治国家，还要把道告诉被统治的人们。那么，这个道是什么，就是"中"，即"中道"，或"中庸"。

（四）宥坐中庸

宥坐之器是一种陶器的器皿。考古工作者在河南省渑池县仰韶村距今5000—7000年的仰韶文化遗址发现了多种陶器，其中就有宥坐陶器。

在远古时就有这种器皿，将它放在人的座位的右边，对人起警示的作用。《荀子·宥坐》篇，并不是荀子的原著，该篇记载的内容是荀子及其弟子平时言行的资料，后经编者汇编到《荀子》书中。但这篇的内容也在一定程度上代表和反映当时荀子及其弟子，以及当时社会上人们的一些思想。

这篇记载了这样一件事：

"孔子观于鲁桓公之庙，有欹器焉。孔子问于守庙者曰：'此为何器？'

守庙者曰：'此盖为宥坐之器。'

孔子曰：'吾闻宥坐之器者，虚则欹，中则正，满则覆。'

孔子顾谓弟子曰：'注水焉！'弟子挹水而注之，中而正，满而覆，虚而欹。

孔子喟然而叹曰：'吁！恶有满而不覆者哉？'"②

孔子在鲁桓公的庙里参观，看见了一只倾斜的器皿。孔子便问守庙的人说："这是什么器皿，用来做什么的呢？"

守庙的人回答说："它叫宥坐之器，大概是君主放在座位的右边，

---

① 《荀子·天论》。
② 《荀子·宥坐》。

来警示自己的器皿。"

孔子说："我听说君王座位右边的器皿，空着的时候就会倒下倾斜，如果往里面灌水，到一半时就会站立端正，灌满时又会翻倒。"孔子回头对弟子说："往里面灌水。"弟子往里面灌水，灌到一半时，尖底瓶就端正立了起来，再往里灌水，瓶子就翻倒，空了的瓶子就又歪斜着了。孔子看后感叹地说道："唉！哪有满了而不翻倒的呢？"

在旁边的子路向孔子问：

> "'敢问持满有道乎？'
>
> 孔子曰：'聪明圣知，守之以愚；功被天下，守之以让；勇力抚世，守之以怯；富有四海，守之以谦。此所谓挹而损之之道也。'"①

子路向孔子提问，保持盈满有什么方法呢？这里的盈满暗指人怎样才能保持一种极盛的状态，或者是保持住富贵的地位。孔子回答说：聪明圣知的人，要用笨拙去保持它；功劳名誉已盛满天下，要用谦让保持它；靠勇敢和力气震慑天下，要靠胆怯去保持它；富甲天下要用节俭去保持它。这就是抑制盈满，减损自我的最好的办法。

这件事情表明，持中守正从远古时起，一直到荀子的时代，都是人们一以贯之的思想。从5000—7000年前的仰韶文化部落发现的老百姓生活所用的器皿，一直到孔子在鲁桓公庙里发现的可能是帝王或君主用的宥坐之器，都说明"用中"和"使中"，是一种十分普遍的社会现象。

二、荀子的王道思想

（一）君主是关键

荀子的王道思想是从论述国家和君主的关系开始的，他说：

---

① 《荀子·宥坐》。

> "国者，天下之制利用也；人主者，天下之利势也。"①

这句话的意思是说，国家政权，是普天下最有力量的工具，君主，是普天下最有权势力量的人。

两者加在一起，就成了君主集权的社会统治。那么，这样的社会与天道是什么关系呢？荀子说：

> "得道以持之，则大安也，大荣也，积美之源也。不得道以持之，则大危也，大累也，有之不如无之，及其綦也，索为匹夫不可得也，齐湣、宋献是也。故人主，天下之利势也，然而不能自安也，安之者必将道也。"②

国家由君主把持着，如果是一位得到天道的君主把持着国政，那么天下就会出现安定繁荣的局面，社会会有大的发展，是一切美好事情的起源；如果是一位没有得到天道的人把持着国政，整个国家就有倾覆的危险，整个社会困乏劳顿、祸患不断、民不安生。有这样的国君还不如没有他好。如果社会发展到这样的地步，这样的国君想做个平民百姓都不能如意，齐愍王、宋献公就是这样的国君。所以，君主处于天下最有权势的地位，但他并不能自己决定自己和国家是不是安全的，而决定自己和国家是否安定稳固的，一定是天道。

中国古代社会制度的特殊性，决定了君主在社会中起到的作用。荀子说：

> "君者，民之原也，原清则流清，原浊则流浊。故有社稷者而不能爱民，不能利民，而求民之亲爱己，不可得也。民不亲不爱，而求其为己用，为己死，不可得也。民不为己用，不为己死，而求兵之劲，城之固，不可得也。兵不劲，城不固，而求敌之不至，不

---

① 《荀子·王霸》。
② 同上。

可得也。敌至而求无危削、不灭亡，不可得也。"[1]

君主，就像人民的源头；如果源头的水是清澈的，那么下面的水流也一定是清澈的；如果源头的水是浑浊的，那么下面的水流也一定是混浊的。所以，拥有天下的君主，如果不能爱民，不能给人民带来利益和好处，而要求天下的人民去亲爱他，这是不可能办到的。人民对君主不亲不爱，而要求人民为君主所用，为君主而死，这也不可能做到的。人民不为君主所用，不为君主去死，君主想得到强大的兵力，十分坚固的城防，这也是不可能做到的。国家兵力不强大，城防不坚固，而要求敌人不来侵犯，那也是不可能办到的。敌人来了，而要求自己国家没有危险，国力不被削弱，乃至不灭亡，那更是无法办到的。

在国家、君臣、天道三者之中，君主的地位十分重要。国家是一台政治机器，它需要人来操纵，天道是客观存在，但也需要人去弘扬与执行。其中，只有君主能起到这个作用。

一个无道的君主，让人民亲爱他不可得，为其用不可得，为其死不可得，求兵之劲不可得，城之固不可得，敌不至不可得，不灭亡更不可得。那么，这样的君主便是无可救药的亡国之君。

荀子接着说：

"危削、灭亡之情举积此矣，而求安乐，是狂生者也。狂生者，不胥时而落。"[2]

这意思是说，国家即将灭亡的风险都积聚在他那里了，这位君主却还在那求得安逸与快乐，这就是狂妄无知的人。狂妄无知的人，还在那不顾时宜地寻求享乐，不用等多久就会衰败灭亡的。因为，这样昏庸的君主，他被身边的佞臣所包围，他根本不了解社会的真实情况。

"故人主欲强固安乐，则莫若反之民；欲附下一民，则莫若反

---

[1]　《荀子·君道》。
[2]　同上。

之政；欲修政美俗，则莫若求其人。"①

这意思是说：作为君主，你若想国家强大，政权稳固，个人安逸快乐，那就没有什么比得上重新返回到人民中来；你若想要使臣下归附，使人民与你一条心，那就没有什么比得上回到政事上来；你若想要治理好政事，美化社会风尚，那就没有什么比寻找善于治国的人才参与政事更为重要。

这就是说，作为君主，要想国家稳固和自己的安乐，就必须依靠人民，让人民与你一条心，如果想要将社会治理好，没有什么比寻找善于治国的人才更重要了。

在荀子看来，君主最为重要的是让天下人人心归服。他说：

> "道者，何也？曰：君子之所道也。君者，何也？曰：能群也。能群也者，何也？曰：善生养人者也，善班治人者也，善显设人者也，善藩饰人者也。"②

这里荀子指出，作为君主最为重要的是"能群也"。这一思想十分重要，历来君子都将自己称为"孤家寡人"，认为自己身处九五之尊，所以便称孤道寡，以示异于别人，因为自己是天子。荀子提出一个相反的观点，君主要能合群。这种思想十分可贵，应该说是王道君主制的核心问题。这种思想是符合天道文化的。

什么叫"能合群"？荀子解释为：

> "善生养人者，人亲之；善班治人者，人安之；善显设人者，人乐之；善藩饰人者，人荣之。四统者俱而天下归之，夫是之谓能群。"③

这意思是说，善于养活人的君主，人们就会亲近他，善于治理人的

---

① 《荀子·君道》。
② 同上。
③ 同上。

君主，人们就会顺从地服从他，善于任用人之君主，人们就会喜欢他，善于将人分为不同等级的君主，人们就会敬重他。相反，不善于养活人的君主，不善于治理人的君主，不善于任用人的君主，不善于将人们分为不同等级的君主，人们就会不亲近、不服从、不喜欢与不敬重他。

荀子把君主分为4种：善于养活人的人，善于治理人的人，善于任用人的人，善于把人分为不同等级的人。这4种人，第一是善于养活人的人，这是最重要的。老百姓是君主的子民，君主不能养活老百姓，老百姓投靠你干什么？所以荀子将"生养人"放在第一位，说明老百姓的重要。从这里可以看出，君主的好坏，完全看君主的作为，然后看人民对他的态度。

荀子说，一个国家统治得如何，就能得出这个国家的君主，是位明君还是位昏君：

> "观国之治乱臧否，至于疆易而端已见矣。其候徼支缭，其竟关之政尽察：是乱国已。入其境，其田畴秽，都邑露：是贪主已。观其朝廷，则其贵者不贤；观其官职，则其治者不能；观其便嬖，则其信者不悫：是暗主已。凡主相臣下百吏之俗，其于货财取与计数也，须孰尽察；其礼义节奏也，芒轫僈楛：是辱国已。其耕者乐田，其战士安难，其百吏好法，其朝廷隆礼，其卿相调议：是治国已。观其朝廷，则其贵者贤；观其官职，则其治者能；观其便嬖，则其信者悫：是明主已。"[1]

荀子认为，从各方面的端倪就可以看出来一个国家治理得好与坏。一进入这个国家，如果边境的士兵不断地巡逻，边境关卡检查得十分繁细，那么这一定是个混乱的国家。进入国境之内田地荒芜，城镇破乱，这个国家的君主一定是个贪婪的君主。看他的朝廷，显贵者都不是贤良的人；看其官僚都是些无能的平庸者；看其左右的亲信都是些阳奉阴违不诚实的人，这就是个昏君了。凡是君主、宰相、臣子及各级官吏都争名于朝，争利于市，而对礼义制度，却茫然无知，不知廉耻，这就是个

---

[1] 《荀子·富国》。

可耻的国家。如果那个国家的农民乐于耕耘，战士不避危险，百官清廉和重视礼义法制，君臣协商理政，这就是个治理得好的国家。君主如果好大喜功，那个国家就会变得贫穷。所以明主一定会谨慎地维护好安定的社会政治局面，节流、开源，对钱财的收支时常加以调节，使天下的财富绰绰有余。像这样君主和民众都很富足，双方都没有地方来储藏财富，国计民生达到了顶点，这样的君主，一定会得到人民的拥护。

（二）王道是正确的选择

荀子认为王道社会应该是怎样的呢？他认为君主一定要把老百姓放在首位。荀子说：

> "马骇舆，则君子不安舆；庶人骇政，则君子不安位。马骇舆，则莫若静之；庶人骇政，则莫若惠之。"[①]

这是荀子举的一个例子。马在拉车时受到了惊吓一定会狂奔不已，那么在车中的君子就坐不稳了；老百姓在反抗统治中受到惊吓，那么君子就不会稳坐江山。马在拉车时受到惊吓，那没有比让马安静下来更好了；老百姓在反抗统治时受到惊吓，那么没有比给予他们恩惠更好的了。

作为王道的君主应该怎么做呢？荀子以为：

> "选贤良，举笃敬，兴孝弟，收孤寡，补贫穷，如是，则庶人安政矣。庶人安政，然后君子安位。"[②]

荀子认为王道的君主应该选贤用能，行孝道，抚养孤寡，补救贫困，这样做，老百姓就会服从统治，君主也便可稳定江山了。

这在当时社会来说，无疑是最好的治国良策，也是王道社会应该具有的治国方略。更让人惊奇的是，荀子说，古书讲君与民是水与舟的关系，水可载舟，也可覆舟，这无疑是春秋战国之时最为先进的政治

---

① 《荀子·王制》。
② 同上。

思想：

> "传曰：'君者，舟也；庶人者，水也。水则载舟，水则覆舟。'
> 此之谓也。故君人者，欲安，则莫若平政爱民矣；欲荣，则莫若隆
> 礼敬士矣；欲立功名，则莫若尚贤使能矣。是君人者之大节也。三
> 节者当，则其余莫不当矣。三节者不当，则其余虽曲当，犹将无
> 益也。孔子曰：'大节是也，小节是也，上君也。大节是也，小节
> 一出焉，一入焉，中君也。大节非也，小节虽是也，吾无观其余
> 矣。'" ①

荀子这里将"爱民"放在大节3项的首项，即如果不爱民，其他2
项仍构不成"大节"。如能做到"三节者当"，那么"其余莫不当"，足
见"三节"构成的"大节"在王道社会的重要性。

荀子认为，王道社会，在以下3个方面超过其他国家：

> "仁眇天下，义眇天下，威眇天下。" ②

"眇"，高远的意思。这是说，王道社会在仁爱、道义、威势3个方
面远远高于其他国家。因此，这样的国家天下没有谁不亲近它、不尊重
它，也没有谁敢与它为敌。

> "王者之制：道不过三代，法不贰后王。" ③

即王道社会采取的夏、商、周三代的治国之道，实行的法度也不
背离后王。荀子与孟子主张的"法先王"不同。荀子也推崇圣王，但
认为在众多的圣王之中，应该重视和效法距当世更近的后王，即"以
近知远，以一知万，以微知明"。他认为先王后王，治乱之道古今一
也，虽久同理。荀子的"后王"历来解释不同，一是"近时之王""当

① 《荀子·王制》。
② 同上。
③ 同上。

今之王""当时之王"；二是周文王、周武王；三是只是一位虚悬的理想
之王。

荀子认为，王道社会核心是如何让民众富庶，"王者富民"，与别的
国家争抢人心的归顺，"王夺之人"。

> "无德不贵，无能不官，无功不赏，无罪不罚。"[1]

朝廷之上没有靠侥幸获得的官位，老百姓没有靠侥幸而获得生存，
即人人都要劳动。尚贤使能，德行配位，制裁狡诈，刑罚不过，所有民
众都知道在家行善，在朝廷也能得到奖赏；即使在暗地里做坏事也终会
大白于天下。

荀子还主张对人民实行轻徭薄赋：

> "关市，几而不征；山林泽梁，以时禁发而不税。相地而衰政，
> 理道之远近而致贡。通流财物粟米，无有滞留，使相归移也。四海
> 之内若一家。故近者不隐其能，远者不疾其劳，无幽闲隐僻之国，
> 莫不趋使而安乐之。"[2]

这意思是说：王道社会对于关卡和集市进行检查而不征税；对于山
林湖泽，按时关闭和开放而不征税。天下财务、粮米流通，没有积压，
各地互通有无，四海之内就如一家。近处的人不隐藏自己的才能，远处
的人不厌恶自己的劳苦，无论地处多么远的国家，无不愉快地听候王者
的使唤。

荀子还提倡接受霸道社会，反对强道社会。

荀子并不完全否定霸道社会，有时也王霸并论。但他总体上认为霸
道社会没有王道社会好。他说：

> "彼霸者不然。辟田野，实仓廪，便备用，案谨募选阅材伎之

---

[1] 《荀子·王制》。
[2] 同上。

士，然后渐庆赏以先之，严刑罚以纠之；存亡继绝，卫弱禁暴，而无兼并之心，则诸侯亲之矣。"①

那些奉行霸道的君主，他们开垦土地，充实粮仓，改进设备，选拔技士及有才能的人，然后用加重奖赏来诱导他们，加重刑罚去督促他们，目的不是为了民富，也不是为了争得人心，而是为了去争夺国家的霸权。霸道国家并没有吞并别国的野心，但希望他国都心悦诚服地听从它的号令。既然没有侵占别国的野心，那么也会得到弱小诸侯国家的拥护和支持，从而达到称霸的目的。

荀子所说的"用强者"，就是指走强道社会的国家。荀子是不赞同强道社会的，他认为这样的国家最后都是危险的。他说：

"用强者，人之城守，人之出战，而我以力胜之也，则伤人之民必甚矣。伤人之民甚，则人之民恶我必甚矣。人之民恶我甚，则日欲与我斗。人之城守，人之出战，而我以力胜之，则伤吾民必甚矣。伤吾民甚，则吾民之恶我必甚矣。吾民之恶我甚，则日不欲为我斗。人之民日欲与我斗，吾民日不欲为我斗，是强者之所以反弱也。"②

这段话的意思是，使用强力去同别的国家争夺土地的君主，别的国家只好据城守之或出城迎战，而我用强力去战胜他们，那么被战胜国人民一定会残伤严重。死伤严重，那国的人民恨我之心一定会日益加重。也必然每天想着要与我战斗。人家据城守战，或出城迎战，如果我以强力战胜他们，我的人民一定也会死伤严重，死伤严重，那么我的人民也一定会怨恨我，人民怨恨我日益严重，那么天天想着不为我战斗。别的国家的人民每天想着与我战斗，而我的人民每天想着不为我战斗，这就是强国反而转变为弱国的原因。

所以，以强道治国的君主。

---

① 《荀子·王制》。
② 同上。

　　"地来而民去，累多而功少，虽守者益，所以守者损，是以大者之所以反削也。诸侯莫不怀交接怨而不忘其敌，伺强大之间，承强大之敝，此强大之殆时也。"①

　　"地来而民去"，这意思是说，你依靠强力而抢夺的土地，土地你是占有了，但地上的人民因对你仇恨，必然离你而去。

　　"累多而功少"，劳苦付出的很多，但取得的功效却很小。这意思是说，这样做得不偿失。因为虽然你要守卫的土地增多了，但用来守卫土地的民众却减少了，这是强大的国家反而削弱了的原因。而那些诸侯国却在互相结交，联合那些对强国心怀不满的国家共同对付他们的敌人。他们时刻在窥探那个强大国家的漏洞，一旦这个国家出现问题，呈现衰落迹象，马上联合起来进攻这个国家，此时这个强大国家就危险了。

　　所以，荀子说，懂得强大之道的君主不会穷兵黩武，而是保存自己的实力，积累自己的德行。自己的实力增加了，那么各国的诸侯也就没有办法削弱他了，德行积聚了，如果此时天下尚没有能够成就王业、霸业的君主，那么，你就会乘机取胜，脱颖而出了。

　　荀子认为，作为国家的君主，在走什么道路上是起着决定性作用的。他可以对国家的发展道路进行选择。荀子说：

　　"知此三具者，欲王而王，欲霸而霸，欲强而强矣。"②

　　此"三具"指或强或霸或王。那么君主应该如何选择呢？荀子说：

　　"故道王者之法，与王者之人为之，则亦王；道霸者之法，与霸者之人为之，则亦霸；道亡国之法，与亡国之人为之，则亦亡。三者，明主之所以谨择也，而仁人之所务白也。"③

－－－－－－－－－－

① 《荀子・王制》。
② 同上。
③ 《荀子・王霸》。

　　他讲，作为君主，选择哪一条道路，一定要谨慎。君主一旦确定自己走哪一条道路后，任用人便十分重要了。所以，实行王道之法，任用王道之人去执行，就能够称王天下；实行霸道之法，任用霸道之人去执行，就能称霸天下；实行强道的亡国之法，任用强道的亡国的大臣去执行，国家就会灭亡。这3种情况，明主一定要谨慎选择，这也是讲究仁德的人一定要明白的。

第三十一讲
管子论天道（上）

管仲（公元前723或716—公元前645）年龄大于老子和孔子。他的思想主要收集在《管子》书中。《管子》一书最早见于《韩非子》中：

> "今境内之民皆言治，藏商、管之法者家有之。"①

说明在战国后期之前，《管子》一书已在社会上流行。《管子》应包括记述管子本人的思想及战国中期以前一批以崇尚管子功绩的人为主撰写的著作。现在收存的《管子》是由西汉刘向整理编定的。正是因为《管子》一书出自春秋至战国时期不同学派思想家之手，所以这是一部汇聚百家学说的著作，而书中论述天道思想的地方随处可见，这不仅反映了在春秋之初，统治者治理国家将以天道治国放在首位，也说明了春秋战国之际在人们社会思想意识领域里，天道思想已广为流行及普遍存在。

---

① 《韩非子·五蠹》。

一、《管子》书中的天道思想

（一）管子继承了老庄天道虚无的思想

管子说：

> "虚无无形谓之道。化育万物谓之德。"[1]
>
> "道在天地之间也，其大无外，其小无内，故曰不远而难极也。虚之与人也无间，唯圣人得虚道，故曰并处而难得。"[2]

这说明道虽是虚无，但又无处不在，想得到它十分之难。唯有圣人才能得到其道，而不是圣人的人，虽道与你没有距离，与你同在，但你却很难得到它。那应该怎么办？管子说：

> "世人之所职者精也，去欲则宣，宣则静矣。静则精，精则独立矣。独则明，明则神矣。神者至贵也，故馆不辟除，则贵人不舍焉。故曰'不洁则神不处'。人皆欲知，而莫索之其所以知，彼也。其所以知，此也。不修之此，焉能知彼。修之此，莫能虚矣。虚者无藏也。故曰：去知则奚率求矣。无臧则奚设矣。无求无设则无虑，无虑则反覆虚矣。"[3]

这段话的意思是，世人要想得到道，人们要做到：心意要专一。清除人内心的各种欲念，使心里达到虚静空无，心境空无了，便可以专心一意，让内心独立于万物之上。这样就能明察一切，从而达到神的境界。神是高贵的。如果你的内心不清洁，神是请不来的。所以说："不洁则神不处。"人的心是认识外界万物的主体，不把自己的心修养好，怎么能认识外界万物呢？修心的最好的办法，就是把心虚空起来，就是

---

[1] 《管子·心术上》。

[2] 同上。

[3] 同上。

无所保留。人如果能做到将智慧都放弃，就没有什么可追求的了，能做到无所保留，也就没有什么可筹划的了，人也就处于虚空的境界了。

虚空还有一层意思，即道本身就是虚空的：

> "道也者，动不见其形，施不见其德，万物皆以得，然莫知其极。"①

这是说，道无形无状，本身就是虚空。

> "虚则不屈，无形则无所位迕，无所位迕，故遍流万物而不变。"②

由于道是虚空的，无所抵触，所以天道能普遍流通于万物之中而不变。那么人将自己的内心虚空后，便与道合而为一。

> "天之道虚，地之道静。虚则不屈，静则不变，不变则无过，故曰不伐。洁其宫，阙其门，宫者，谓心也。心也者，智之舍也，故曰宫。洁之者，去好过也。门者，谓耳目也。耳目者，所以闻见也。物固有形，形固有名，此言不得过实，实不得延名。姑形以形，以形务名，督言正名，故曰圣人。"③

因为天道是虚空的，地道是宁静的，虚空便没有曲折，宁静就没有变动。没有变动就没有失误，所以叫"不伐"。为什么叫"不伐"呢？言能体天而虚，顺地而静，则道德全备，故不可伐也。室屋指的是人心。扫清它就是清除人心中的各种杂念。人是通过耳目去看清事物的，万物都有它一定的形体，凡是有形体就会有名称，名称必须与物的形体相吻合，也就是名称不能超出事物的实际。以形体的实际来说明形体，以形体的实际来确定名称，这样的人就是得道之人，也就是圣人。

---

① 《管子·心术上》。
② 同上。
③ 同上。

很明显，《管子·心术》的作者接受了老庄关于天道的虚静空无的思想。至于让人的内心也处于虚静空无的状态，这些思想与老庄的思想，基本上是一致的。

（二）继承了孔子的中庸思想

因《管子》一书成书较晚，因此管子一派的人在一定程度上接受了孔子的思想。

管子曰：

"道之在天者，日也。其在人者，心也。"①

太阳系，太阳是中心，每一个人的身体，人的心脏就是每个人的中心。那么，《管子》的作者在这里是否隐含着"中心"的意思呢？这是不是与孔子的中庸思想相吻合呢？

《管子》书中还有其他处与孔子中庸相吻合的地方，如：

"天地万物之橐，宙合有橐天地，天地苴万物，故曰万物之橐。宙合之意，上通于天之上，下泉于地之下，外出于四海之外，合络天地以为一裹。散之至于无闲，不可名而山，是大之无外，小之无内，故曰：有橐天地。其义不传，一典品之，不极一薄，然而典品无治也。多内则富，时出则当，而圣人之道，贵富以当。奚谓当？本乎无妄之治，运乎无方之事，应变不失之谓当。变无不至，无有应，当本错，不敢怂，故言而名之曰宙合。"②

这段意思是说：天地包裹着万物，所以是万物的橐，而宙合又包裹着天地。所谓宙合，就是上在天空之上，下于地之下，外达四海之外，将天地合拢起来，便成为一个包裹。如果把它铺开，将至于无限。说不出它的名字，大到没有什么在物体之外，小到没有什么东西可以在体内了，所以宙合能包裹天地。这是将宇宙看成一个大的整体，这个整体大

---

① 《管子·枢言》。
② 《管子·宙合》。

到包含着整个宇宙，小到包含着宇宙最小粒子。

这段话中有一个最为重要的思想，即圣人之道，贵在于面对烦琐纷杂的万事万物时，能将事物处理得恰到好处，即"当"，得当的状态。什么叫得"当"。事物的变化是无穷无尽的，但如果处理得不得当，就会使事物离开得"当"的状态。这里的"当"与"应"均为适当、合适的意思。"当"谓行赏以当功，当功便无所错，无错，人则不敢忿怒也。所以，圣人之道在于中庸，做到不能离开得当的中心，这就叫宙合。

这里的"得当"与"宙合"，即孔子讲的中庸。

这段的核心命题是"宙合"，它大到包裹着天地万物，小到无以再小，即我们今天讲到的微观粒子，这是它的一个特点。宙合的另外一个特点，就是能够将宇宙间的万事万物处理得恰到好处，即"得当""当"的状态。那么，这是不是在说，中庸是宇宙的核心之道呢？

《管子》吸收了孔子的中庸思想，还有一处写得十分清楚：

> "政者，正也。正也者，所以正定万物之命也。是故圣人精德立中以生正，明正以治国，故正者所以止过而逮不及也。过与不及也，皆非正也。非正，则伤国一也。"[1]

这里的"政"，既指"政治"又指"政务"。"政"就是正。政治、政务的"正"是从哪里来的呢？是从"中"而来的。

即"圣人精德立中以生正"，而制止"过"，逮住"不及"，得到的便是中庸。得到了中庸，便得到了天道，必然"正"。所以，得不到中庸，就得不到"正"，而"非正，则伤国一也"。这是说，如果不能用"中庸"，用"正"来治国，就会使国家受到伤害。

管子说：

> "孰能法无法乎？始无始乎？终无终乎？弱无弱乎？故曰：美哉弟弟。故曰不中有中，孰能得夫中之衷乎？"[2]

---

[1] 《管子·法法》。
[2] 《管子·白心》。

谁能做到有法令就如没有法令来治理国家吗？谁能做到有开始却似乎又没有开始吗？谁能做到有终结又没有终结吗？谁能做到既柔弱又不柔弱吗？如能做到这样是多么美妙的事啊。所以不"中"之中，还有中，谁能得到这中正不偏的深刻本质呢？

这是说，你表面看，已经是中正，但中正之中还有中正，看上去，已经没有中了，但偏中仍然存在着中。因为任何事物，无论它在时空之中的形体发生怎样的改变，但其中的"道"依然存在。这个道就是事物运行的中庸之道。中庸是事物的本质。这个本质的"中正"是随着万物发展的变化而变化的。

《管子·白心》接着说道：

> "故曰：功成者隳，名成者亏。"[1]

这是老子所说的"反者，道之动也"，即事物发展到一定程度，便开始走上其反面。

> "故曰：孰能弃名与功，而还与众人同？孰能弃功与名，而还反无成？无成有贵其成也，有成贵其无成也。"[2]

人既然能知道物极必反，可谁又能放弃名望和功业，回到普通人中间呢？谁又能放弃名望和功业，返回到一无所成的状态呢？没有成功的看重成功，有成功的看重没有成功的，这两者不是矛盾的吗？

> "日极则仄，月满则亏。极之徒仄，满之徒亏，巨之徒灭。孰能已已乎？效夫天地之纪。"[3]

这段的意思是：太阳升到最高点之后，便会偏斜下来；月亮到了最满之后，便会走上亏缺。最高的要偏斜，最满的要亏缺，最巨大的将要

---

[1] 《管子·白心》。
[2] 同上。
[3] 同上。

消灭，谁能忘掉自己呢？效法天地运行的法则吧。

天地运行的法则是什么？就是中庸，即无论时空如何流转，万物如何变化，是生是死，是兴是衰，是无是有，是满是亏，但中庸之道无时无刻，无所无处，无事无物不存立着，时时中庸，物物中庸，处处中庸。

（三）天道为一，其用不同

管子说：

"道之所言者一也，而用之者异。"①

天道只有一个，便是"一"。万物有万种道，但都在天道总的统摄之下，离开总道，万物各自的道便不复存在。万物均依据自己的特点而行天道，便形成了万物自己的道，这便是"其用不同"。

"其用不同"，还表现在得到天道的人的身上。即：

"有闻道而好为家者，一家之人也。有闻道而好为乡者，一乡之人也。有闻道而好为国者，一国之人也。有闻道而好为天下者，天下之人也。有闻道而好定万物者，天下之配也。"②

这是天道在人身上的体现。

有的人修得了天道之后，善于治理家庭，这样的人便是治理家庭的人才；有的人修得天道之后，善于治理一乡，便是治理乡里的人才；有的人修得了天道之后，善于治理国家，便是治理国家的人才；有的人修得了天道之后，善于治理天下，便是治理天下的人才。

这也说明，天道小可治家，大可治理天下，乃至与天地一样，可以治理万物，足见天道的作用无所不包，天之所能，非人力可比。所以：

"道往者，其人莫来；道来者，其人莫往。"③

① 《管子·形势》。
② 同上。
③ 同上。

"道"之所以离开了，是因为没有得道之人的到来，"道"之所以来了，是因为得道之人没有离开。所以"道"一直与得道的人在一起，不会与没有得道的人在一起。正是如此，才会：

> "道之所设，身之化也。持满者与天，安危者与人。失天之度，虽满必涸；上下不和，虽安必危。欲王天下，而失天之道，天下不可得而王也。"①

只要道存在，一定是得道的人与道化为一体。能够做什么事情都保持兴盛的人，是因为顺应了天道，能在安与危的状态下保持不败的人，是因为顺应了人道。如果失去了天道的法则，虽然现在很盈满但一定会干涸；君臣不和，现在虽安稳了，但一定会有危险。想做天下的王者却失天道，这样的人，是不可能得到天下的，即使得到了也会失去，这是铁律。因此，管子说：

> "得天之道，其事若自然；失天之道，虽立不安。其道既得，莫知其为之。其功既成，莫知其释之。"②

这段话的意思是：得到天道的人，行为处事一切顺其自然；若失去天道的人，虽然人仍可站立，但内心却不安稳。所做之事符合天道了，没感知做了什么反而自然而然地获得成功，获得了成功，又能自然而然地放下。所以，管子接着说：

> "藏之无形，天之道也。疑今者察之古，不知来者视之往。万事之生也，异趣而同归，古今一也。"③

道将决定事物发展变化，但它藏匿在无形之中，这就是天道。怀疑现今事物的发展可以去考察它的历史，不知道事物将来如何发展的，可

---

① 《管子·形势》。
② 同上。
③ 同上。

以考察它的往事。万事万物的生长变化，性质虽然不同，但最后都要归还于道，古今向来如此。

这说明，道是万事万物的出发点，也是万事万物的归结点，万事万物看起来毫无章法，但实质上各种偶然性都是由必然性决定的，即任何事物的发展变化，都是由天道在万事万物中的规律决定的。

（四）天道的普遍性

《管子·宙合》认为，人们对万物的认识能力和途径不同，得到的结果也不一样：

> "可浅可深，可浮可沉，可曲可直，可言可默。"①

为什么会不同呢？管子解释说，这是由于人自身想法的选择，他认为选择"浅"或"深"，"沉"或"浮"，都是为了符合自己的心意，达到自己的目的。但他否定了这种选择，因为这种选择有些是不符合天道的。为什么说这样的选择不符合天道呢？管子说：

> "天不一时，地不一利，人不一事。"②

因为天有多个时辰，就决定了天有多种不同的变化；地有多种物质，也决定了地有多种变化；而人不可能只会发生一件事，会有多种事情同时发生。如果只是选择其一，就会挂一而漏万。所以，管子说：

> "方明者察于事，故不官于物而旁通于道。"③

具有高明智慧的人，能观察清楚这种认识上存在的问题，所以，他不只专于一时一事，而是广泛地观察决定这种现象的背后本质，这个本质就是决定事物发展的"道"。

---

① 《管子·宙合》。
② 同上。
③ 同上。

"道也者，通乎无上，详乎无穷，运乎诸生。"①

"道"是什么呢？道通达无上之高，细小到无穷之多，决定着所有事物的发展变化，也可以说无所不在，无所不有。为此，管子说：

"是故辩于一言，察于一治，攻于一事者，可以曲说，而不可以广举。"②

如果仅仅凭借着一种说法，观察一种社会治理的现象，掌握了一件事情的来龙去脉，得出来的结论一定不会是正直公正的，并不能代表普遍的事物存在、发展、变化的状态。因为，这样只能是管中窥豹，一隅之见，是无论如何也得不到真正的天道的。管子说：

"圣人由此知言之不可兼也，故博为之治而计其意；知事之不可兼也，故名为之说而况其功。"③

正是出于这个原因，圣人认为，一种言辞不可以兼有多种含义。所以广泛地研究治理的理论去针对不同的内容，知道了一件事情不可能兼有其他事情，因而便从多种角度去进行考察，而检验哪种说法正确。

管子认为，应从时空角度去观察事物的发展变化。

"岁有春秋冬夏，月有上下中旬，日有朝暮，夜有昏晨半，星辰序各有其司，故曰：天不一时。山陵岑岩，渊泉闳流，泉瑜瀷而不尽，薄承瀷而不满，高下肥硗，物有所宜，故曰：地不一利。乡有俗，国有法，食饮不同味，衣服异采，世用器械，规矩绳准，称量数度，品有所成，故曰：人不一事。此各事之仪，其详不可尽也。"④

---

① 《管子·宙合》。
② 同上。
③ 同上。
④ 同上。

这段的意思是：一年有春夏秋冬，一个月有上中下三旬，一日有早晨晚上，一夜有黎明黄昏，天空中星辰排列有序，各有其主。因此，天不只有一个时辰。山陵岩石，深渊大河，泉水奔腾不竭，流入湖泊而不满，土质贫沃，物产各有适宜，所以，地不只有一种地利。一乡有一乡的习俗，一国有一国的法度，饮食不同味，服装不同色，经常使用的器皿、工具、规矩与准绳、度量等，各不相同。因此，人不只有一件事。天地人事各有所宜，可见不一样的地方是说不尽的。

这里核心讲一个问题，即天下万事万物都存有道，各种事物均有它自己的道，而各种事物的道在不同时空之中，其变化也是不一样的。

那么，这么多的道，作为人应该如何把握呢？是不是无所适从了呢？

《管子·心术下》又提出了另一种说法，即"专于意，一于心"。面对纷繁的世界，最为主要的还是抓住道的本质，这个本质就是"一"。

"执一之君子。执一而不失，能君万物，日月之与同光，天地之与同理。"

那么这个一是什么呢？"一"是道。

《管子》希望，道能与圣人结合起来，天下就会得到大治。他说：

> "圣人裁物，不为物使。心安，是国安也。心治，是国治也。治也者，心也。安也者，心也。治心在中，治言出于口，治事加于民。故功作而民从，则百姓治矣。"①

在《管子》看来，治国最主要在于治心。这里有两个心十分重要：一是圣人之心。圣人一定要有一个安定的心。圣人心安，国家就安定了。二是民心得到治理。两个"治心"关键在于心中要有中庸之道。有了中庸之道，圣人说出来的就是治理国家的道理，言语没有任何过错，所做的事情都符合人民的意愿，所取得的功业都让民众信服。让百姓信服了就得到了民心所向，民心向圣人，国家就得到了大治，国家得到大治，从而"百姓治矣"。有了中庸之道，国家会得到大治，人人所作所

① 《管子·心术下》。

为就不会离开天道。

所以，《管子》说：

> "所以操者，非刑也。所以危者，非怒也。民人操，百姓治，道其本至也。"①

这句话在讲：所以治理国家的办法，并不是刑罚。统治者依靠发怒，让人民感到危险，这更不是好的方法。那么最好的办法是什么？"民人操"，即所有人民都掌握了道，这个道就是中庸之道，那么天下百姓皆自然自己治理自己，这是道的最本质的所在。这也是管子最宝贵的思想。人人掌握了中庸之道，天下不治则大治，人类社会自然而然地走出强道社会。

二、天道的作用

我们在《管子》书中看到，论述天道处非常多，几乎涉及生产生活的方方面面。

《管子》的"天"指的是宇宙，是从人的角度去观测到人们可以见到的宇宙。这个宇宙有一个道，这个道决定了宇宙之中万物的覆盖与承载，即万物运行；暑去寒来的四季变化，日月的升起与降落，天空之中星辰的分布等。

> "天覆万物，制寒暑，行日月，次星辰，天之常也。治之以理，终而复始。"②

正是因为在宇宙之中存在着"道"才决定了宇宙中万物的有序平衡

---

① 《管子·心术下》。
② 《管子·形势解》。

的存在，如管子所言：

> "天或维之，地或载之。天莫之维则天以坠矣，地莫之载则地
> 以沉矣。夫天不坠，地不沉，夫或维而载之也夫。"①

《管子》说：天为什么不崩坠下来，那么一定会有一个东西在系着它，地为什么不深陷下去，也一定会有一个东西在承载着它。天没有什么系着它，它就会降落下来，地没有什么承载着它，它就会沉下去。天不坠落，地不下沉，不正是有东西在系着和承载着吗！那么这个东西是什么呢？很显然，是道在维系着天不崩地不陷。

（一）在道与人的关系上

管子说：

> "道不远而难极也，与人并处而难得也。"②

道，离人不远，但难以究其穷尽，虽然道就在你的身边，但难以得到。

在这种情况下，人应该如何是好？管子的答案是：

> "虚其欲，神将入舍。扫除不絜，神乃留处。"③

人要虚化自己的欲念，道就可以进入人的心里，如果人的欲念清扫得不干净，道就不能在人的心里停留下来。

由此可见，从老子开始，到庄子、荀子等，都讲人要虚其欲，空其心。

所以，虚其心将自己的心灵空虚起来，十分重要。

管子说：

---

① 《管子·白心》
② 《管子·心术上》。
③ 同上。

"心之在体，君之位也。九窍之有职，官之分也。心处其道。九窍循理。"①

在人与天道的关系上，心是起决定作用的。心在人的身体之中，占据君主的主宰作用，而人的其他器官都如同百官臣服于心的控制，按照各自的功能在身体中发挥作用。只要心的活动符合天道了，身体的其他器官自然会遵循着天理而迎合心的天道。

所以人端正自己的心十分重要，尤其对于在上位的君主来说，更要端正自己的心态。管子说：

"嗜欲充益，目不见色，耳不闻声。故曰：上离其道，下失其事。毋代马走，使尽其力。毋代鸟飞，使弊其羽翼。毋先物动，以观其则。动则失位，静乃自得。"②

如果人的心里充满了过度的嗜好和欲望，人就会失去自我，眼睛就会分不清颜色，耳朵就会听不到声音。因此，在上位的君主如果脱离了正道，就如心失去对其他器官的控制一样，居下位的臣子就会荒怠政事。那么人如何能掌握好自己的心呢？《管子》提出：不要代替马儿去跑，要让马儿自尽其力；不要代替鸟儿去飞，要让鸟儿尽量展开它的羽翼。不要先于物而动，要先观察万物运动的自在规律。动就会失去君主的地位，静就可以掌握事物发展的自然之道。

"人迫于恶则失其所好，怵于好则忘其所恶，非道也。"③

人受到厌恶的事情胁迫，而失去他喜好的事情；或被自己喜好的东西所诱惑，而忘记了可恶的事物，这都是不符合道的。

"故曰：'不怵乎好，不迫乎恶'。恶不失其理，欲不过其情，

---

① 《管子·心术上》。
② 同上。
③ 同上。

故曰：'君子恬愉无为'。"①

所以：不为好而担忧，不为恶而胁迫，厌恶的事情也不失常理，喜好的事情也不失常情，这样的人才可称为君子。也只有这样的人可以做到"恬愉无为，去智与故"的中庸之道了。

（二）在心与身体的关系上

管子说：

"形不正者德不来，中不精者心不治。正形饰德，万物毕得。翼然自来，神莫知其极。昭知天下，通于四极。是故曰：无以物乱官，毋以官乱心，此之谓内德。是故意气定然后反正。气者，身之充也。行者，正之义也。充不美则心不得，行不正则民不服。是故圣人若天然，无私覆也；若地然，无私载也。私者，乱天下者也。"②

这段话的意思是：如果人的外表不端正，是因为人的内德没有养成；内心不专一的，是人的内心没有修养好。形体端正，具有好的品德，这是万物本身都具有的。万物这种形正品端就如小鸟飞来那么自然，即使是神都难以穷极其中的道理。这就是道。人得到道，人便可以明察天下，人的智慧就可以通达远近。所以，人不能让外物扰乱了你的五官，不能让五官扰乱了你的内心，做到外物与五官两忘，人的意识和气力就安定了，这样人的身心便归正了。人的身心归正，人便处于与道合一的状态。人的气力安定了，人的身体就会处在一种充盈的状态，人的意识安定，气力安定，就会使人的仪表端正。一个人如果内在意识和气力不安定，是人的内心没有修养好；如果外表行为不端正，老百姓自然不服。所以圣人要像王那样，没有任何私心，而育养着万物，像地那样，没有任何私心而承载着万物。私，是天下祸乱的根源。

---

① 《管子·心术上》。
② 《管子·心术下》。

　　这里，《管子》提出一个至关重要的问题，即天道与人道的一个根本问题，即让天道深入人心。人如果不能解决人心理的问题，即人的私欲问题，则不可能正，人不正便受五官和外物困扰。一旦人心被五官和外物困扰了，人就会远离道，道便难以对人发挥作用。

第三十二讲
管子论天道（下）

一、人道与天道

（一）人应顺应天道

管子说：

> "失天之度，虽满必涸；上下不和，虽安必危。欲王天下而失天之道，天下不可得而王也。得天之道，其事若自然；失天之道，虽立不安。其道既得，莫知其为之；其功既成，莫知其泽之。藏之无形，天之道也。"[1]

> "其功顺天者天助之，其功逆天者天违之。天之所助，虽小必大；天之所违，虽成必败。顺天者有其功，逆天者怀其凶，不可复振也。"[2]

如果人做事能顺应天道的发展，天一定会帮他；做事违背天道，天道一定背离他。得到上天的帮助，即使弱小，也会逐渐地变得强大，遭到上天的背弃，即使成功，也必然招致失败。顺应天道的人得道成功，逆行天道的人一定要招致灾祸，无法重新振兴。

---

① 《管子·形势》。
② 同上。

管子说：

> "成功之道，赢缩为宝。毋亡天极，究数而止。事若未成，毋
> 改其刑，毋失其始。静民观时，待令而起。故曰：修阴阳之从，而
> 道天地之常。赢赢缩缩，因而为当。死死生生，因天地之形。天地
> 之形，圣人成之。小取者小利，大取者大利。尽行之者有天下。"①

任何人都在追求成功，但是凡成功者都知道必须学会能屈能伸，即
"赢（盈）缩为宝"。可怎样做到能屈能伸？《管子·势》告诉人们应"毋
亡天极，究数而止"，就是在追求成功的道路上，不忘记天道，尽到天
数就要停止，因为已尽了天数，如再发展下去，就走向事物的反面，便
违背天道了。天数，即天道之中的法则。已尽了天数，事情并没有获得
成功，应该如何去做？那就是"毋改其形，毋失其始。静民观时，待令
而起"，在这种情况下，不必改变常态，也不必放弃初衷，让民众静身
修养，观察天时，等待天命再行起事。所以，作为人要想成功，要遵循
天地阴阳的变化规律，与天地常规同频运动。这样进进退退，伸伸缩
缩，时刻把握一种"得当""适合"的原则，即中庸原则。这样就自然
与事物发展变化的规律相符合，与天道相一致，就会取得成功。

按天道行事，谋取小的事情，就会收获小的利益，谋取大的事情就
会获得大的利益。能随天道共进退的王者，自然会拥有天下。

那么，如何能认识天道呢？

管子说：

> "道之大如天，其广如地，其重如石，其轻如羽。"②

这"大""广""重""轻"，不仅说明道的4个特点或特性，还通过
这4个方面说明道无所不在，无所不有。

---

① 《管子·势》。
② 《管子·白心》。

　　　"道者，一人用之，不闻有余；天下行之，不闻不足。此谓道
　矣。"①

　　道，一个人使用它，也没有听说有余，天下人都使用它，也没听到
说不够用。这就是道。

　　　"民之所以知者寡。故曰：何道之近而莫之与能服也！弃近而
　就远，何以费力也？故曰：欲爱吾身，先知吾情。君亲六合，以考
　内身。"②

　　这段话在讲：人们与道在一起，但真正了解道的人却很少。所以为
什么道离人们这么近，而人们却不实行它？人们放弃近而从远处求道，
为什么要白费些力气呢？所以，要珍爱自身，先了解自身的情况，君子
要观察天地四方的事物，再来研究自己身体的内部情况。这是一种内外
兼修的办法，用来了解和认知道。

　　这是在讲：天道就在你的周围，人不必舍近求远。人要了解道，要
先从自身时空环境出发，再回到研究自身。

　　　"以此知象，乃知行情。既知行情，乃知养生。左右前后，周
　而复所。执仪服象，敬迎来者。今夫来者，必道其道。无迁无衍，
　命乃长久。和以反中，形性相葆。一以无贰，是谓知道。"③

　　"以此知象"，指人通过自己的周围现象，然后再回到自己本身，以
此了解道所呈现出来的现象。

　　"乃知行情""乃知养生"，指人知道了自己应该怎么做，知道了怎
样供养自己的生命。

　　"左右前后，周而复所。执仪服象，敬迎来者"，人知道了道就在人
的身前身后，身左身右，周而复始地运行着。人知道了这一点，人就应

---

① 《管子·白心》。
② 同上。
③ 同上。

该穿上礼服，恭恭敬敬地迎接道的到来。

"今夫来者，必道其道。无迁无衍，命乃长久。"道一定按着它自己的规律行事，不改变也不拖延，这样道才能永恒存在下去。

"和以反中，形性相葆。一以无贰，是谓知道"，此时人因与万物合而进入中庸的状态，形体与精神相保，专一无二。这样的人才是懂得了道。

这段话的核心思想，是让人懂得道，知道道，与道和平相处。接着管子说：

> "将欲服之，必一其端而固其所守。责其往来，莫知其时。索之于天，与之为期。不失其期，乃能得之。"①

这段意思是，如果人要行道，从一开始就必须专于道，而且要恪守道的原则，将道的原则贯彻下去。要探究道的发展规律，即知道道从何处而来，又向何处发展。如果不了解道的时空变化，要从天时变化之中得到，如能与天变化的时间一致，就会得到天道的变化周期。

这是讲，如果你想做的事符合天道，你就要专心地恪守天道的准则，并从中观察天时的变化，了解道的变化周期，就可以与天道保持一致。

人与天道保持一致，不必深思熟虑，这样反而会违背天道了。《管子》说：

> "思索精者明益衰，德行修者王道狭，卧名利者写生危，知周于六合之内者，吾知生之有为阻也。"②

这是说，人的思虑愈加精细，人的智力就会日益衰落；修养的德行越高，王道就更加难行；沉湎于名利之中，就会招致危险；通晓天下的人，知道的愈多，反而愈困惑。这些人，我会知道他的人生一定受到各

---

① 《管子·白心》。
② 同上。

种阻碍。

为什么会这样呢？管子说：

> "持而满之，乃其殆也。名满于天下，不若其已也。名进而身退，天之道也。满盛之国，不可以仕任。满盛之家，不可以嫁子。骄倨傲暴之人，不可与交。"[①]

持满者易覆，所以危险。名满天下的人已经比不上他昔日了。一旦有名了就该隐退，这是天道。鼎盛之国必然败亡，所以不可担任任何官职，极盛之家必然败落，不可以将子女嫁给这样的人家。骄傲暴躁的人，不能与他交朋友。管子的这种思想来自道家的"物旺则老"，盛极必衰的思想。

了解道，就要了解天时：

《管子·侈靡》有一段齐桓公与管子的对话：

桓公问："请问一年收成会因天的变化而变化吗？"

管子回答说："由于阴阳分合不同就会生出甘草和苦草。只有顺应四时需要，酸咸则平衡，形状和颜色才符合常规，就如声音和乐曲相和谐一样。阴阳相消长，满虚无时，分散与聚合从一年之中可以见得，只有圣人不被年景的丰歉所困，知道阴阳的盛衰，可以用余满去补不足，通过行使国家的政令，以资助百姓，使民生处于常态。地若发生变异之气，要慎重对待，观察其原因；水发生异常之气，要精心组织，防止涝灾；天若发生变异之气，应该以中正之道来对待。天地间正常运行的有五行之气，不能人为地阻碍其运行的方向，人为是做不到的。这就是天时的变化，决定了一年的收成。"

管子认为，君主发布政令也要讲究天时：

> "令有时，无时则必视顺天之所以来。五漫漫，六惽惽，孰知之哉！唯圣人知四时。不知四时，乃失国之基。不知五谷之故，国家乃路。故天曰信明，地曰信圣，四时曰正。其王信明圣，其臣乃

---

① 《管子·白心》。

正。"①

　　君主发布政令一定要讲究时节。为什么？如不得时，就必须顺着天时去观察问题的由来。对日、星、岁、辰、月茫然无知，对阴、阳、春、夏、秋、冬糊里糊涂，怎么能知道将要发生的一切呢？只有圣人才能了解四时。不了解四时，就将失去立国的根本。因为不知道五谷生长的规律，国家就会败亡。天被称为明，地被称作圣，一年四季叫作正。当一个君主相信天明地圣时，他的臣子才会居中守正。

　　这种思想无疑是正确的，农业是国家经济的命脉，如果执政者不了解天地日月星辰的运转规律，不了解四季的天气变化，怎么去播种五谷？怎么去夏锄铲趟？怎样去进行秋收冬藏？直到今天，粮食依然是人类生命维系的根本，如果粮食出了问题，不仅仅是国家灭亡的问题，直接涉及人们的生命能否存在的问题。

　　　　"是故上见成事而贵功，则民事接，劳而不谋。上见功而贱，
　　　则为人下者直，为人上者骄。是故阴阳者，天地之大理也。四时
　　　者，阴阳之大径也。刑德者，四时之合也。刑德合于时则生福，诡
　　　则生祸。"②

　　因此，君主见事情成功就赏赐臣民，那么，臣民虽然辛劳但没有他谋。如君主若轻视臣民的功劳，臣民就会懒惰，做官的人也会骄慢。因为，阴阳学说是天地的根本道理。四时的运行是阴阳的根本规则。国家的刑罚和德政是与四时配套的，刑罚和德政适应了四时，社会就生出福祉，违背四时就会产生灾祸。

　　从上述论述可以看出，《管子》主张，四季不仅决定着国家生活命脉——农业生产的丰歉，人民生命的安危，同时也直接决定着一个国家的政治的发展与变化。因为国家论功行赏，律令刑罚能否与四季的变化相结合，决定国家的命运的吉凶祸福。这样就将天道四季的变化与国家

――――――――

① 《管子·四时》。
② 同上。

的政治统治联系起来。

那么君主在行政令时，如何能符合天道运行，四季发展变化的规律呢？管子说：

> "然则春夏秋冬将何行？东方曰星，其时曰春，其气曰风，风生木与骨，其德喜赢而发出节时。其事号令，修除神位，谨祷弊梗。宗正阳，治堤防，耕芸树艺，正津梁，修沟渎，甃屋行水，解怨赦罪，通四方。然则柔风甘雨乃至，百姓乃寿，百虫乃蕃，此谓星德。星者掌发为风。是故春行冬政则雕，行秋政则霜，行夏政则欲。是故春三月，以甲乙之日发五政。一政曰：论幼孤，舍有罪。二政曰：赋爵列，授禄位。三政曰：冻解，修沟渎，复亡人。四政曰：端险阻，修封疆，正千伯。五政曰：无杀麑夭，毋蹇华绝芋。五政苟时，春雨乃来。"①

在春天这个季节里，国家要做什么事才能符合天道呢？春天北斗七星的斗柄指向东，它的气是风，风产生动植物的木和骨。它的德行是喜欢生长增益，万物在这相间按时节出生。春天该做的事情：发布命令，修理与清扫神位，向天地神灵祈祷，免除破坏与不顺。天地阳气开始旺盛，做任何事物是以兴盛阳气为主。在这个季节，要修治堤防，耕田植树，修建桥梁渡口，修通沟渠，用砖瓦修缮好屋顶以防漏雨，排解仇怨，赦免罪人，修睦四方邻国。这样做了和风细雨便会到来，人民便会长寿，动物就会繁殖兴旺，这就叫作星德。

星，它的功能是主管万物的生发。万物生发是通过带有阳气的春风实现的，所以生发表现为风。春天如实行冬天的政令，草木就会凋零；实行秋天的政令，万物就会被霜杀；实行夏天的政令，天气就会出现闷热。这些不利于万物的生长。

春季的3个月，用甲、乙的日子发布五项政令。第一项：照顾幼孤，赦免罪人；第二项：赋予百官爵位，授予禄位；第三项：土地解冻修治沟渠，掩埋死人；第四项：修通险阻难行的道路，整理田地的边

---

① 《管子·四时》。

界；第五项：不准捕杀幼鹿，不准折花断萼。5项政令能按时实行，春雨就会降下来。

春季又是木德行事。天子让掌管山林的官员走出城市，巡视山林，禁止人们砍伐树木。在朝廷整治官吏，评定贤与不肖的官员。做好播种、培土、护苗、防治病虫灾害等事情。

《管子·幼官》记载：齐历以十二日为一节，而非十五日为节。一年三百六十日，差五日四分之一，历久则四时失序，长驰久经。春变为冬。齐国将十二天作为一个周期，便于与十二地支相配。它是齐国当时的节气的周期。十二是自然之数。春八节，夏七节，秋八节，冬七节，共三百六十日。节气与四时差八日。一年三百六十五日四分之一，四年增一节气，尚少一日，凡四十八年增十一节气，便可解决差日的问题。

从初春的第一个节气十二天为"地气发"，"发"，即阳气上升，适合准备耕种事务；过了十二天为"小卯"节气，"卯"，冒也，二月万物冒出地面，这个节气适合开始耕地；又过十二天为"天气下"，适合于对属下颁布赏赐；又过十二天为"义气至"，适合于里巷各处修整房屋；又过十二天为"清明"，适合开放禁令；又十二天为"始卯"，适合男女婚嫁；又十二天为"中卯"，十二天为"下卯"，三卯时期做事相同。木气旺盛季节，君主服装青色，食物尝酸味，音乐听角声，调治春天干燥之气，数字用八，木在春，方位东，三、八为木用数，饮水用东方之井，烧火用南方之火。心怀不忍之心，身体乐善好施，平和之气息流通，万物祥和安静，合于天理。

这是说，国家在春天的三个月的统治应该按照春天的时令特点，而颁布与之相适合的政令。那么春天最大的特点是什么：一是出生，或生发，万物在这个季节都要萌生；二是要生长，即成长，由小到大，由幼嫩成长为粗壮；三是天要给予万物和风细雨，即给一个刚刚出生的幼小生命一个祥和的社会环境；四要为即将到来的夏季做好准备。

这四个方面应在上面的政令中都得到很好的体现，那么社会就会出现政通人和的景象。

在夏天这个季节里，国家及个人做什么才能符合天道呢？《管子》载：

"南方曰日，其时曰夏，其气曰阳。阳生火与气。其德施舍修乐。其事号令，赏赐赋爵，受禄顺乡，谨修神祀，量功赏贤，以动阳气。九暑乃至，时雨乃降，五谷百果乃登，此谓日德。中央曰土，土德实辅四时，入出以风雨，节土益力。土生皮肌肤。其德和平用均，中正无私，实辅四时。春赢育，夏养长，秋聚收，冬闭藏。大寒乃极，国家乃昌，四方乃服，此谓岁德。日掌赏，赏为暑，岁掌和，和为雨。夏行春政则风，行秋政则水，行冬政则落。是故夏三月，以丙丁之日发五政。一政曰：求有功，发劳力者而举之。二政曰：开久坟，发故屋，辟故窌以假贷。三政曰：令禁扇去笠，毋扱免，除急漏田庐。四政曰：求有德，赐布施于民者而赏之。五政曰：令禁置设禽兽，毋杀飞鸟。五政苟时，夏雨乃至也。"[1]

夏天，北斗七星的斗柄指向南方，南方为日，阳气达到极盛的状态。阳生发火和气，决定了它的德行是布施恩惠和修礼制乐。这个季节要做的事情是：命令进行赏赐，授爵，授禄，巡视各乡，劝农做好祭祀之事，论功行赏，以助阳气的发扬。这样做了以后，到了大暑的节气，时雨就将下降，五谷百果也将丰收，这就叫作日德。中央是土，土的德行是辅佐四时运行，以使风雨适时，地力增长。土生长皮肤和肌肉。它的德行表现为和平而均匀，中正而无私，实实在在地辅助四时变化，即春天生育，夏天长大，秋天收获，冬天闭藏。最后大寒来到，国家昌盛，四方顺从，这就叫做"岁德"。日掌管赏赐，赏赐就是"暑"。岁掌握阴阳调和，阴阳调和就是雨。如果夏天实行春天的政令，则会起大风；实行秋天的政令，则会多水；实行冬天的政令，则会草木凋落。

夏季三个月用丙、丁的日子来发布五项政令：第一，调查有功和为国家出力的人员，把他们提拔起来担任官吏，或进一步升迁；第二，启用长期储备的物资，打开旧仓、老窖，把粮食分派给百姓；第三，立夏后为小满，即"郪"，禁止门户不关，不准掀起衣襟，不戴帽子，清理地沟与清扫田舍；第四，访求曾经布德施惠于民的人，对他们进行赞

---

[1] 《管子·四时》。

赏；第五，下令禁止设网捕捉禽兽，不许杀害飞鸟。如果这五项都实行了，夏雨便会到来。

《管子·幼官》说，应按初夏开始的节气来做事：十二天为"小郢"，"郢"，即盈满的意思。这个时间适合招致有德之人将其充实到官员之中；十二天为"绝气下"，"下"，落也。天气之长，至夏至而断止，是为绝气下。这个时间，适宜封爵加赏；十二天为"中郢"，适宜颁行赏赐；十二天为"中绝"，适宜收获聚敛；十二天为"大暑至"，适宜尽行善事，善，通"缮"，即修治河堤房屋，因夏季雨多水大，故当提前修缮。十二天为"中暑"，十二天为"小暑终"，三暑行事相同，都是火气旺盛的季节。君主服装穿赤色，食物尝苦味，音乐听羽声，调制盛阳之气，数字用七，二七为火，位南方，时夏，七为南用数。水用南方之井，烧火用西方之火。心怀淳朴之志，行为诚笃忠厚，坦荡无私，合于天理。

这是说，国家及人们在夏天这几个月里，从生产的主业上讲是农业的关键季节，夏季是农田耕耘之时，这是夏季的第一要务。二是安抚民众，赏赐，授爵，授禄巡乡，考核功业等，将那些努力做事对国家有贡献的人提拔上来。鼓励民众在这个季节里努力劳作，这个季节是五谷和百果生长的最重要的时节。三是适当地打开旧仓，把旧储的粮食发放给百姓，准备储存新的粮食。四是夏天正是禽兽繁殖的季节，禁止捕杀禽兽。五是做好防虫、旱涝的准备，以及防止传染病发生等。

在秋天这个季节里，国家及个人如何顺应天道，与天道保持一致呢？《管子·四时》载：

"西方曰辰，其时曰秋，其气曰阴。阴生金与甲，其德忧哀，静正严顺，居不敢淫佚。其事号令，毋使民淫暴，顺旅聚收。量民资以畜聚，赏彼群干，聚彼群材，百物乃收。使民毋怠，所恶其察，所欲必得。我信则克。此谓辰德。辰掌收，收为阴。秋行春政则荣，行夏政则水，行冬政则耗。是故秋三月，以庚辛之日发五政。一政曰：禁博塞，圉小辩，斗译谒。二政曰：毋见五兵之刃。三政曰：慎旅农，趣聚收。四政曰：补缺塞圻。五政曰：修墙垣，周门闾。五政苟时，五谷皆入。"

秋天北斗七星斗柄指向西，天下皆秋，是万物成熟的季节。西方是辰，气象是阴，阴生金和甲。秋天的德性是忧虑哀伤平静而公正，严肃又谨慎。人应顺秋气而静居，以静为主，为养阴。日常起居以静为主，不能淫佚过度。这个季节应该做的事情是：命令人们不得有淫暴的行为，督促农夫全家人在田间进行秋收，能收聚的物品都要收聚起来，计量民财进行征集。赏赐民众之中的勇武之人。民间如有可以充当兵器之材，都要收集上来，能将收集上来的物品都上缴上来。这个季节百姓容易懒惰，不能让百姓怠惰。百姓所厌恶的事情应考察清楚，百姓所要求的事情必须做到，只要守得诚信，就能做成所有的事，这就是辰德。辰主管收敛，收敛就是阴。所以，收敛、杀伐、奸佞为辰德。秋天如实行春天的政令，就会出现草木放青开花，这便违背时令；如实行夏天的政令，就会出现洪水泛滥的现象；如实行冬天的政令，万物都会受到损耗。

在秋季的三个月里，在庚、辛的日子发布五项政令：第一，禁止赌博，赌博滋长奸邪之事，所以禁止。防止小事之争，禁止因言语不和而发生的争斗。第二，此时正值秋收，故不能出师征伐。第三，督促在田野的农民收获好粮食。第四，修补完善仓库的缺漏。第五，修理墙垣，加固门户，以准备冬天的到来。

《管子·幼官》说：从初秋起应该做的事：十二天为"期风至"，"期风"，即凉风，准备秋收之事，十二天为"小卯"，适合勉励百官；十二天为"白露下"，适合收获聚敛；十二天为"复理"，适合领布赏赐；十二天为"始节"，适合做征收赋税；十二天为"始卯"，适合于男女婚嫁；十二天为"中卯"，十二天为"下卯"，三卯做事相同。金气和顺时节，君主服装穿白色，四方金，金主白，用餐食辣味，音乐听商声，调制潮湿之气，数字用九，四方用数为四、九，用西方井之水及北方之火。治理乡里什伍组织，如杀气已至，可以出师征伐。心怀敬诚谦虚，心胸广大，坦荡平和，万物安详，乃合天理。

秋天的季节主要是收获，这就决定了国家和个人，无论是安排生产和生活，都要以收获为主。

在冬天这个季节，国家及个人如何顺应天道变化，与天道保持一致呢？《管子·四时》载：

　　"北方日月，其时曰冬，其气曰寒，寒生水与血，其德淳越，温怒周密。其事号令，修禁徙，民令静止，地乃不泄，断刑致罚，无赦有罪，以符阴气。大寒乃至，甲兵乃强，五谷乃熟，国家乃昌，四方乃备，此谓月德。月掌罚，罚为寒。冬行春政则泄，行夏政则霜，行秋政则旱……是故冬三月，以壬癸之日发五政。一政曰：论孤独，恤长老。二政曰：善顺阴，修神祀，赋爵禄，授备位。三政曰：效会计，毋发山川之藏。四政曰：摄奸遁得盗贼者有赏。五政曰：禁迁徙，止流民，圉分异。五政苟时，冬事不过，所求必得，所恶必伏。"

　　冬天北斗七星斗柄指向北，天下皆冬。北方是月主事。它的气是阴寒的，寒产生了水和血。它的德行是淳厚而清扬，宽恕而周密。这个季节要做的事情有：命令禁止人们迁徙，尽量让人们保持一种稳定的生活，地气才不至于流泄。判刑惩罚不能宽赦罪人，以适应阴气的要求。于是到了大寒之际，甲兵强劲，五谷成熟，国家昌盛，四方臣服，这就是月德。

　　月德掌管刑罚，刑罚就是寒气。

　　冬季三个月在壬、癸的日子要发布五项政令。一是照顾孤寡，抚恤老人；二是小心适应于阴气，做好祭祀之事，颁赐爵禄，授予并配备官位；三是考核会计收支，不能开发山水资源；四是拘捕逃犯，捕获盗贼者赏；五是禁止迁徙，防止流民，限制分居。五项政令若能施行，没有失误，那么社会就会得到治理，不好的事情就不会发生。

　　冬天的季节，寒气逼人。寒代表刑罚，所以断刑治狱是这个季节的主要内容。除此之外，这个季节也是贫苦之人最难度过的季节。所以要照顾孤寡、赡养老人。还有因为冬季大多数人无事可做，容易引起迁徙、流民等事件发生，防止民众聚集，发生祸乱。

　　《管子·幼官》说：从初冬开始，国家及人们要做的事情：十二天为"始寒"，适合执行宪刑法；十二天为"小榆"，适合于颁布赏赐；十二天为"中寒"，适合于收藏聚敛；十二天为"中榆"，开始静养生息；十二天为"大寒之阴"，十二天为"大寒终"，三寒做事相同。冬为水气运行时节，水数六，君主顺时布政。君主衣服穿黑色，用餐食咸味，音乐听徵声，调解盛阴之气。数字用六，用北方水井及东方之火。心怀仁德，省约俭朴，平和之气通行，万物安静，符合天理。

冬天如行春天政令，则地气流泄；行夏天政令，则天空有雷；如行秋天政令，则发生旱灾。

> "是故春凋、秋荣、冬雷、夏有霜雪，此皆气之贼也。刑德易节，失次则贼气遬至。贼气遬至，则国多灾殃。是故圣王务时而寄政焉，作教而寄武焉，作祀而寄德焉。此三者，圣王所以合于天地之行也。日掌阳，月掌阴，星掌和。阳为德，阴为刑，和为事。是故日食则失德之国恶之，月食则失刑之国恶之，慧星见则失和之国恶之，风与日争明则失生之国恶之。是故圣王日食则修德，月食则修刑，彗星见则修和，风与日争明则修生。此四者，圣王所以免于天地之诛也。信能行之，五谷蕃息，六畜殖而甲兵强。治积则昌，暴虐积则亡。"[1]

因此，春天草木凋零，秋天草木开花，冬日有雷，夏有霜雪，这些都是天气的灾害。刑罚和德政失常，失去秩序，"灾害"就会迅速地到来，国家就会灾难不断。所以，圣王总是按照四季的节气来推行政令，发布教令推行武事，设置祭祀显示德行。这三项都是它配合天地的运行而采取的。日主阳，月主阴，岁主和调。阳是德惠，阴是刑罚，和调是政事。所以，每当遇到日食，失德的国家就认为不是好的兆头。月食，失刑罚的国家认为不是好的预兆。彗星见，失和谐的国家认为不是好的预兆。如果风与日争明，老百姓生活困苦的国家认为不是好的预兆。因此，圣王遇到日食则修德行，月食则修刑罚，彗星见则修天下和睦，风与日争明则修民生。这四个方面，是圣明的君主为了避免天地惩罚而采取的措施。这些方面都能做到，国家就会出现五谷丰收，六畜兴旺，甲兵强盛景象。治国方面积累多了，国家就会昌盛，正如暴虐积累多了国家就会灭亡一样。

---

[1] 《管子·四时》。

《管子·四时》最后说道：

> "道生天地，德出贤人。道生德，德生正，正生事。是以圣王治天下，穷则反，终则始。德始于春，长于夏。刑始于秋，流于冬。刑德不失，四时如一。刑德离乡，时乃逆行。作事不成，必有大殃。月有三政，王事必理。以为必长。不中者死，失理者亡。国有四时，固执王事。四守有所，三政执辅。"

"道"产生大地，"德"生出贤人。道产生德，德产生政令，政令产生事功。所以，圣明君主治天下，凡事走到极端就反过头来，走到终了就重新开始。施德开始在春天，增长在夏天；刑罚开始在秋天，发展在冬天。只要刑罚没有失误，四时就始终如一地正常运行。若是刑与德偏离正确的方向，四时便要逆行，行事不成，并且必遭大祸。国家每月都有三种政事，按时节推行政令，制教令推行武事，设祭祀显示德行，国家必须遵照它来治理，这才可以久长。不适应就会死灭，不治理就会败亡。国家既然有四时的不同政令，坚决执行着圣王的政事，那么，春夏秋冬四时应做的事情就要安排得各得其所，还要同时以上述"三政"作为必要的辅助。

（二）人应牢牢地守住天道

天道是一种自然规律，人们可以认识它，也可以掌握它，但并不等于你可以认识它了，掌握它了，你就永远地守住了天道，因为人本身是运动变化的，事物也是运动变化的，天道也是运动变化的，这就决定了，守住天道是人一生中都要面对的问题。

《管子·内业》说：

> "不见其形，不闻其声，而序其成，谓之道。"

看不到形体，听不到声音，却是有步骤地使万物成长着，它就是道。

那么人应该怎样去认识，寻找和把握住道呢？《管子》接着说：

"凡道无所，善心安爱。心静气理，道乃可止。彼道不远，民得以产。彼道不离，民因以知。"①

凡是道都没有固定的停留场所，人的善心是道最喜欢去的场所。心静而气顺，道才会在这里停留。道并不遥远，人们都靠它而生，道不可离，人们都依靠它对事物产生认识。

所以道似乎在人的心中，人人都可以求索，又幽幽渺渺，好像又在人的内心中寻找不到它，不知它的所在。在《管子·内业》的作者看来，道虽然不明不显，但是道决定着一切。

那么，怎么样才能守住天道呢？《管子·内业》篇是这样讲的：

"凡道无根无茎，无叶无荣。万物以生，万物以成，命之曰道。天主正，地主平，人主安静。春秋冬夏，天之时也。山陵川谷，地之枝也。喜怒取予，人之谋也。是故圣人与时变而不化，从物而不移。能正能静，然后能定。"

这里有三点很重要：一是"天主正"，即天是中正无私的，二是"地主平"，即地是公平正义的；三是"人主静"，人为什么主静？静则止，则不为，少为或无为。为什么人要这样呢，因为天既然是中正无私的，地既然也是公平正义的，那么人在天地之中，去自然而然地接受天地给人的恩惠便可以了，还要再努力去做什么呢？只有静才能符合天道地道。

接着《管子·内业》篇讲人如何能把握住道和守住道：

"精也者，气之精者也。气，道乃生，生乃思，思乃知，知乃止矣。凡心之形，过知失生。一物能化谓之神，一事能变谓之智。化不易气，变不易智。惟执一之君子能为此乎！执一不失，能君万物。君子使物，不为物使，得一之理，治心在于中，治言出于口，治事加于人，然则天下治矣。"

①《管子·内业》。

这段话的意思是：所谓精气，就是人身体内气的精华，是存在于大自然之中，它得到了道才产生了生命。人有了生命就有了思想，有了思想就有了智慧，有了智慧就知道何时该停止。凡是心的形体，过度追求智慧，就会失去生机。人如果能专心于一物而能掌握其变化叫作神，专心于一事而掌握其变化叫作智。物变化而自己的气不会变化，事变化而自己的智不会变化，只有专守于"一"的君子才能做到。

人如果能保持内心的安静了，便可以使自己处于中正与平衡的心理状态，即趋于天地同频。有一个安定的心在胸中，就能耳聪目明，四肢强壮，这样人的精气便有了处所。心这种物质，如果知觉过度，就会妨碍它的跳动。人如能从一事物观测出它将化成为另一事物的结果，这叫作"神"，如能从一事物观测出它不同的发展变化阶段，这叫作"智"。能够观测到事物性质发生改变，但组成它的气仍然没有变，能够观测到事物的性质没有改变，但出现了量变，具有这样智慧的人，唯有"执一"的君子才能做到。因为"执一不失，能君万物"，就是说只有这样的君子，他才能真正地了解与掌握万物。君子能役使万物而不受万物役使。因为君子掌握了"一"的道理。

所以"执一"十分重要。

怎样才能做到"执一"呢？管子说：

"形不正，德不来，中不静，心不治。"[1]

如果人的身不正，德便不会到来，体内不静，心不得治。

这是说，要想得到"一"，要端正身体，人如果身体不端正，人的行为必然偏斜，偏斜则不正，不正就要失德，失德，德自然远离，不会到来。这里的"中"指的是人的身体的内气，要将自己的五脏六腑修养好，人身体的每个脏器都应在他该在的位置，并处于一种安静的状态，这样才能使体安，体安则心静，心静又反过来促进身体各个器官安静。

"正形摄德，天仁地义，则淫然而自至。神明之极，照乎知万

---

[1] 《管子·内业》。

物，中义守不忒。不以物乱官，不以官乱心，是谓中得。"①

人做到了身正持德，就同天仁地义同频，精气就会渐渐地到来，你的内心就达到神明的最高境界，便可以明澈地观察天地万物，内心坚守中正，公平、正义不变，内心不为五官所乱，人便处在一种"中得"的状态，这种"中得"也就是人处于一种中庸的状态。

> "有神自在身，一往一来，莫之能思。失之必乱，得之必治。敬除其舍，精将自来，精想思之，宁念治之。严容畏敬，精将至定。得之而勿舍，耳目不淫。心无他图。正心在中，万物得度。"②

这种中庸状态就犹如神加持在自己身上一样，一时去一时来，难以让人猜测。但若如你心中失去了中庸就会纷乱，得到了中庸就会安宁。唯有恭敬地扫除自己心中的杂念，中庸才会自己到来。聚精会神地专心致志地守护好中庸，那么就会耳聪目明，不会做过分之事。心中别无他图，正心静，不偏不倚，万物与人都处在一种十分适宜的状态。

所以，管子说：

> "圣人裁物，不为物使。心安，是国安也。心治，是国治也。治也者，心也。安也者，心也。治心在中。"③

这里提到一个十分重要的命题，即治国者在于治心，而治心者在于治中。这个中十分重要。人们应该"专于意，一于心"。

> "执一之君子。执一而不失，能君万物，日月之与同光，天地之同理。"④

---

① 《管子·内业》。
② 同上。
③ 《管子·心术下》。
④ 同上。

这里的"一"，指的就是"中"，即中庸之道。

二、《管子》的皇、帝、王、霸四道

《管子·兵法》中说：

"明一者皇，察道者帝，通德者王，谋得兵胜者霸。"[①]

可见它将君主分为四个等级。所谓"明一者皇"，即能够通晓天道的君主，这样的人可以称为"皇"；所谓"察道者帝"，即能够明察治世之道的人，可以称为帝；所谓"通德者王"，即通达道德的人，可以称为王；所谓"谋得兵胜者霸"，即以计谋用兵取得胜利的人，可以称为霸。"

《管子》书中，关于"皇""帝""王""霸"四道，讲得最多的还是王道。如：

"可以王乎？请问用之若何？"[②]

"必辨于天地之道，然后功名可以殖。辨于地利，而民可富。"[③]

齐桓公向管子请教怎样才能成就王业。管子说：必须能分辨出天地的自然规律，然后就可以成就功名事业。能分辨出地利的好坏，就可以使百姓富有。

管子说：

---

① 《管子·兵法》。
② 《管子·侈靡》。
③ 同上。

"夫王者之心，方而不最。"①

这是说，作为王者，做事要坚守方正而不走极端。要能举贤荐能，不论资排辈，不看重门第，封赏百官要公平无私。

"夫争天下者，必先争人。明大数者得人，审小计者失人。得天下之众者王，得其半者霸。"②

由此得出，王业必须得人心，人心归向，决定能否成就王业。

"明主之治天下也，静其民而不扰，佚其民而不劳。"③

这是主张王道的君主治理天下，不会干扰百姓，不去劳累百姓。一个王道的君主，一定会依从天道行事：

"天之道，满而不溢，盛而不衰。明主法象天道，故贵而不骄，富而不奢，行理而不惰，故能长守贵富，久有天下而不失也。"④

如果为王者，一旦失去天道，必然会失去天下：

"主有天道以御其民，则民一心而奉其上，故能贵富而久王天下。失天之道，则民离叛而不听从，故主危而不得久王天下。故曰：'欲王天下而失天之道，天下不可得而王也'。"⑤

君主掌握天道，用来统治他的百姓，百姓就一心侍奉君主，所以能够富贵而长久统治天下。如果违背天道，百姓就背叛而不服从，君主就

---

① 《管子·霸言》。
② 同上。
③ 《管子·形势解》。
④ 同上。
⑤ 同上。

危险而不得长久统治天下。所以，要想一统天下，做事却违背天道，那天下就不可能被他统一了。

天道就是自然规律，无论做什么事，要是不遵守自然规律，必然以失败告终。

古往今来，凡是得天道的君主都被人们称为圣贤，而失天道的君主，都被人们称为暴君：

> "古者三王五伯，皆人主之利天下者也，故身贵显而子孙被其泽；桀、纣、幽、厉，皆人主之害天下者也，故身困伤而子孙蒙其祸。"[1]

首先，历史上，凡是被称为圣王者的，均将利民放在首位：

> "神农教耕生谷，以致民利；禹身决渎，斩高桥下，以致民利。汤、武征伐无道，诛杀暴乱，以致民利。故明王之动作虽异，其利民同也。故曰：'万事之任也，异起而同归，古今一也'。"[2]

管子还说：

> "行天道，出公理，则远者自亲；废天道，行私为，则子母相怨。故曰：'天道之极，远者自亲；人事之起，近亲造怨'。"[3]

将老百姓利益放在治国的首要，便符合天道无私的天德，只有符合了天德，才符合天道。符合天道，便可一切符合民心，民心才能归顺，世间才能和谐。

> "明主上不逆天，下不圹地，故天予之时，地生之财。乱主上逆天道，下绝地理，故天不予时，地不生财。故曰：'其功顺天者，

---

① 《管子·形势解》。
② 同上。
③ 同上。

> 天助之。其功逆天者，天违之'。"①

王道社会的明主上不违背天时，下不荒废土地，所以天就给予他有利于黎民百姓生存的天时；而昏君上逆天道，下违地理，所以天不会给予他有利的天时，地不给他生产出财富。所以，其功顺天者，天助之，其功逆天者，天违之。

怎样才能知道一个社会是否符合天道呢？首先，圣王分利于民：

> "圣人之所以为圣人者，善分民也。圣人不能分民，则犹百姓也。于己不足，安得名圣？是故有事则用，无事则归之于民，唯圣人为善托业于民。民之生也，辟则愚，闭则类。上为一，下为二。"②

如果圣人不能将自己的利益分给民众，那么这样的圣人就同百姓没有什么区别了。如果圣人自己总是贪而不足，又怎么能对得起圣人这个名号呢？所以国家有事就取用于民，无事就应该藏富于民，只有圣人才善于把产业寄托于人民。人的本性，是愈加开导，就愈加明白事理，愈是堵塞就愈是悖逆。上面做出"一"的榜样，下面的臣民就会做出"二"的跟随。

管子还说：

> "政之所兴，在顺民心；政之所废，在逆民心。"③

可见，政权之所以能兴盛，在于顺应民心；政权之所以废弛，则因为违逆民心。

其次，圣王畏民：

> "民之观也察矣，不可遁逃以为不善。故我有善则立誉我，我

---

① 《管子·形势解》。
② 《管子·乘马》。
③ 《管子·牧民》。

有过则立毁我。当民之毁誉也，则莫归问于家矣。故先王畏民。操名从人，无不强也；操名去人，无不弱也。虽有天子诸侯，民皆操名而去之，则捐其地而走矣。故先王畏民。"①

这段话的意思是：民众对你的观察可以说是明察秋毫的，任何的不善都逃脱不了民众的眼睛。所以我有善行的时候，民众就会立即赞扬我，当我有过错的时候，民众就会立即指责我。对待民众的赞扬和指责，不必回去问你的家人，因为家人是不会与你说实话的。所以先王敬畏民众。一个人持有美名，而且顺从民众，国家没有不强盛的；持有恶名而背离民众，国家没有不衰败的。即使有天子诸侯的地位，民众都会因其恶名而离开，这样的君王只好放弃其土地而出走了。所以，先王敬畏民众。

管子认为人人都有耳目之利，每个人的作为都被别人看在眼里，听在耳里。人以恶行为手段，而想求得美名，怎么能行呢？即使想帮你取得美名，那么能瞒过天下人的耳目吗？

管子说：

"善罪身者，民不得罪也；不能罪身者，民罪之。"②

这是说，善于找出自己罪过的人，民众就不会找他的罪过，不想找出自己罪过的人，民众就会找他的罪过。因此，管子说：

"故称身之过者，强也；治身之节者，惠也；不以不善归人者，仁也。故明王有过则反之于身，有善则归之于民。有过而反之身则身惧，有善而归之民则民喜。往喜民，来惧身，此明王之所以治民也。"③

最后，圣王察天知政。

①《管子·小称》。
② 同上。
③ 同上。

《管子》的作者认为，凡是圣王，他能以天地、日月、四时的运行的法则作为治理天下的依据：

> "凡人君者，覆载万民而兼有之，烛临万族而事使之。是故以天地、日月、四时为主为质，以治天下。天覆而无外也，其德无所不在；地载而无弃也，安固而不动，故莫不生殖。"①

这是说：凡是人之君主，都统治着亿万人民而拥有一切，督察亿万家族而使用他们。因此，他应以天地、日月、四时作为主宰和准则来治理天下。上天覆盖着天下万物，无所能例外，上天的德行也无所不在；大地承载着万物，没有任何东西被大地抛弃，安稳固定而不动摇，因此万物都能得到生殖繁衍。

> "圣人法之，以覆载万民，故莫不得其职姓，得其职姓，则莫不为用。故曰：'法天合德，象地无亲'。"②

这是说，圣人效法天地，来覆盖和承载万民，他们都得到生活的来源和子息的繁衍，得到生活的来源和子息的繁衍，就没有不为君主效力的了。所以，效法天则与天合德，效法地则人人无私。

> "日月之明无私，故莫不得光。圣人法之，以烛万民，故能审察，则无遗善，无隐奸。无遗善，无隐奸，则刑赏信必。刑赏信必，则善劝而奸止。故曰：'参于日月。'四时之行，信必而著明，圣人法之，以事万民，故不失时功。故曰：'伍于四时'。"③

这是说，圣王效法天地，将日月之明给予万民，就使天下没有看不到的善行，也没有能隐蔽得住的奸情。没有遗漏掉的善行，也没有隐蔽的奸情，天下赏罚严明。赏罚严明，就会相互劝善，而奸道之事就会得

---

① 《管子·版法解》。
② 同上。
③ 同上。

到停止。所以圣人治理天下是参照日月、四季的运行守信而显明。圣人效法四时，使用民众，按照四季天地运行的规律去做。所以，圣人是让民众与四时为伍，即一切保持与四季同步。

《管子·形势解》又提到，如何以日月观察人世间的政事：

> "日月，昭察万物者也。天多云气，蔽盖者众，则日月不明。人主犹日月也，群臣多奸，立私以拥蔽主，则主不得昭察其臣下，臣下之情不得上通，故奸邪日多而人主愈蔽。故曰'日月不明，天不易也'。"

这是说，日月，照耀和观察着天下的万物。天空中有很多的云气，蔽盖的云气多了，日月就不那么明亮了。君主也同日月一样，群臣中奸佞之人多了，他们就会结党营私来蒙蔽君主，君主就不能明察自己的臣下，臣下的实情也无法上达至君主。所以奸邪的臣下愈多，君主就愈会受到蒙蔽。正如所说，"日月都不明亮了，天就不能正常运转了"。

所以，早在商代以后，各朝各代都设有观察天象的机构，通过对天象的观察，以类比和预知人世间的事件，以作为各朝各代执政时的参考。

三、王霸二道并提

（一）王霸二道是仿效天地而成

管子说：

> "霸王之形，象天则地。"[①]

这是说王道和霸道是效法天地。

---

① 《管子·霸言》。

　　那么如何效法天地？王道国家主要通过匡正天下来实现的。他可以缩小大国的版图，"大国小之"；纠正那些失去道义的国家，"曲国正之"；削减强国的势力，"强国弱之"；减轻重要国家的地位，"重国轻之"；把那些政治混乱的国家直接兼并到自己的版图，"乱国并之"。

　　对于"乱国"，要消灭暴虐的君主，杀戮作乱的首领，削降其国贵族的爵位，给老百姓实际恩惠，然后在这样的国家称王，即兼并这个国家。

　　王道国家，对于与自己德行相同的国家不去夺取，与自己道义相同的国家不去称王。

　　霸道国家是那些自身富强的国家便可以称霸。

　　　　"夫丰国之谓霸。兼正之国之谓王。"①

　　所以，《管子》的王道与霸道两者并不对立，没有本质的差别。因此，《管子》一书中，多将两者并提，称为"霸王"。

　　但在《管子》书中，王道与霸道还是有些区别，管子说：

　　　　"王主积于民，霸主积于将战士。"②

　　这是说称王的君主，他的目的聚集增多的是百姓，而称霸的君主目的聚集增多的是将士。

　　管子又说：

　　　　"得天下之众者王，得其半者霸。"③

　　可见，王道和霸道还不完全相同。

---

① 《管子·霸言》。
② 同上。
③ 同上。

"霸王者有时。国修而邻国无道，霸王之资也。"①

这是讲称王称霸必须合于时机。本国政治清明，而邻国无道，是成就霸王之业的最好时机。现代圣王成就王业，往往是利用邻国的举措不当，政治混乱而实现的。

《管子》书中，讲了几种图谋称霸王的道路：

第一种：

"德义胜之，智谋胜之，兵战胜之，地形胜之，动作胜之，故王之。"②

这是讲如果在道德、正义、智谋、兵战、地形、行动等方面处于优势，就可以考虑统治天下，将天下变成王道的国家。

第二种：

"夫善用国者，因其大国之重，以其势小之。"③

这是讲善于治国者，能将其他大国的势缩减，使之成为小国，这样就减少了对自己国家的威胁，即"大国小之"，这样便可以称霸，建立霸道国家。

第三种：

"因强国之权，以其势弱之。"④

这是讲要依靠自己国家的强权地位，将其他的强国的国际地位弱化，即"强国弱之"。这也是建立霸道的国家。

第四种：

---

① 《管子·霸言》。
② 同上。
③ 同上。
④ 同上。

"因重国之形，以其势轻之。"①

有些国家在国际事务中处于重要地位的，其他国家要弱化这样的国家在国际事务中的地位，即"重国轻之"。使他国轻弱，也是为了自己国家成为霸道之国。

第五种：

"弱国众，合强以攻弱，以图霸。"②

这是讲如果有众多的强国，那么就应该联合强国去攻占弱国，以图称霸。

第六种：

"强国少，合小以攻大，以图王。"③

这是讲如果强国很少，就应该联合小的国家去攻取强国，以图王业。

第七种：

"强国众，而言王势者，愚人之智也。"④

这是讲如果有众多的强国存在，这时去谈论天下统一的事业，这是愚人之见。

第八种：

---

① 《管子·霸言》。
② 同上。
③ 同上。
④ 同上。

"强国少，而施霸道者，败事之谋也。"①

这是讲如果强国很少而提出联合称霸的想法，是败事的谋划。

第九种：

"夫神圣，视天下之形，知动静之时；视先后之称，知祸福之门。强国众，先举者危，后举者利；强国少，先举者王，后举者亡。战国众，后举可以霸；战国少，先举可以王。"②

这是讲神圣的王者，都是先从天下形势出发，了解事态的发展，决定自己是动还是静，通过观察天下事态变化的次序，知道哪里是祸患之死处，哪里是喜福之生门。强国多，先举事者危险，后举事者获得利益；强国少，先举事者称王，后举事者失败；参战的国家多，后举事者可以成霸；参战的国家少，先举旗者便可以成就王业。

---

① 《管子·霸言》。
② 同上。

第三十三讲
墨子论天道

　　墨子的生卒年及国籍一直是个悬而未决的问题。他成年以后活动的年代大致在公元前453年前后二三十年。他是宋国人，还是鲁国人，也是众说纷纭，以宋国人说法居多。司马迁《史记》采宋人之说，"盖墨翟，宋之大夫"。[①]墨子长期居住鲁国，熟悉儒学。从墨子多次引用《尚书》《诗经》《春秋》来看，墨子是在孔子学说及儒家典籍的基础上，形成自己的理论学说体系的。现存《墨子》全书53篇。大多数学者认为"墨经"是墨子亲著，包含了墨子基本思想、基本方法及墨子提倡的社会的政治治理、经济治理及人的伦理道德等内容，而其他部分，有的是墨子亲著或口述，经弟子整理记录，其中可能有损坏或是传抄上的差错，也有后人篡改或误讹，但基本上反映墨子的思想，是研究墨子整体思想体系的基本史料。

一、效法天道

　　墨子认为，天下人无论做任何事情都不可没有法则，如果不懂法则，又能将事情办成，那是不可能的。无论你是士人，还是将相，都要

_____

① 《史记·孟子荀卿列传》。

遵守做事的法则。如工人画方形须用矩，画圆形须用规，画直线须用绳墨，求得中正时需用悬锤。不管你是机巧还是拙笨的工人，都要以四者为法则，机巧的工人能够完全符合法度，拙笨的工人虽然达不到完全符合法度，但是依据法则模仿，依然要好于自己的随意性。因此，百工制造物品时，都要遵守法则。墨子把天子称为"大君"，把诸侯称为"次君"。他认为天子治理天下，诸侯治理国家，反倒没有遵循法则。难道这些治理天下的君主还不如工匠聪明吗？

那么，这个法则又是什么呢？应该用什么法则治理天下和国家呢？家国同构，以父母为法则如何呢？

"天下之为父母者众，而仁者寡。"①

如果以自己的父母为法则，这便效法了不仁，怎能作为治国的法度呢？以师长作为法度如何？天下做师长的人甚多，可仁爱者都极少，如以这样的师长为法则，便是效法不仁，怎能作为治理国家的法度呢？以自己国家的国君作为法则如何？天下的国家众多，真正能爱人民的国君甚少，以这样的国君为法则，同样也是效法不仁，做不了治理国家的法度。

那以谁为法则呢，墨子认为：

"故曰莫若法天。天之行广而无私，其施厚而不德，其明久而不衰，故圣王法之。既以天为法，动作有为必度于天，天之所欲则为之，天所不欲则止。"②

为什么以天为法则呢？因为天覆盖天下万物而又无私，对万物施以厚德又无穷无尽，太阳的光明永久而不衰竭，所以圣王就应该以天为法则。既然以天为法则，人所有行为就必须符合天，从天的角度度量、判断是否正确。天想要做的事情就去做，天不想做的事情就不做。

---

① 《墨子·法仪》。
② 同上。

那么，天想要做的事情是什么呢？天反对的事情又是什么呢？

> "天必欲人之相爱相利，而不欲人之相恶相贼也。奚以知天之
> 欲人之相爱相利，而不欲人之相恶相贼也？以其兼而爱之、兼而利
> 之也。奚以知天兼而爱之、兼而利之也？以其兼而有之、兼而食之
> 也。"①

天一定会希望人类互相亲爱，互利互惠，而不希望人类相互交恶
而互为盗贼。从何处可知天希望人类相亲相利，而不希望人类相互仇视
呢？因为天亲爱人类，施利于人类，天供养人们的衣食住行等，人类在
天的庇护下生长。

> "今天下无小大国，皆天之邑也。人无幼长贵贱，皆天之臣也。
> 此以莫不犓羊，豢犬猪，絜为酒醴粢盛，以敬事天。此不为兼而有
> 之、兼而食之邪？天苟兼而有食之，夫奚说以不欲人之相爱相利
> 也！"②

墨子认为，现今天下，无论国大国小，都是天的国家，人无论
贵贱，男女老少都是天的臣民。所以，人都养牛、羊、猪、犬，酿
造美酒，制作稻饼等用以祭祀上天。天对老百姓一律平等，给人们
以优厚的生存条件，这怎么能说天不爱人民，不希望人类互亲互爱，
互相利益呢？所以，墨子说：

> "故曰：'爱人利人者，天必福之；恶人贼人者，天必祸之。'
> 曰：'杀不辜者，得不祥焉。'"③

---

① 《墨子·法仪》。
② 同上。
③ 同上。

二、天道即天意

墨子认为，天是有意志的，这个意志就表现为"天意"。他在《天志上》中说：

> "顺天意者，兼相爱，交相利，必得赏；反天意者，别相恶，交相贼，必得罚。"

这里，墨子把天意和人与人之间的兼爱联系起来。

> "天之意，不欲大国之攻小国也，大家之乱小家也。"[①]

天的旨意，反对人类社会的相互战争，相互攻伐。

> "曰：顺天之意何若？曰：兼爱天下之人。"[②]

人类怎样才能顺从天意呢？墨子认为：天下人人相爱，而不能人人成为仇敌。

> "然则天亦何欲何恶？天欲义而恶不义。然则率天下之百姓以从事于义，则我乃为天之所欲也。我为天之所欲，天亦为我所欲。然则我何欲何恶？我欲福禄而恶祸祟。然则率天下之百姓以从事于不义，则我乃为天之所不欲也。我为天之所不欲，天亦为我所不欲，则是我率天下之百姓以从事于祸祟中也。"[③]

那么天的意愿又是什么呢？天所憎恨的事情又是什么呢？天想让人

---

① 《墨子·天志中》。
② 《墨子·天志下》。
③ 《墨子·天志上》。

们相互之间行义，而不希望人们相互之间交恶。所以，君主率领天下的老百姓去做仁义的事情，这就是天的意愿。我们去做天想让做的事情，天也会做我们想做的事情。我们应该想做什么？不想做什么？我们希望的是福禄，憎恶的是灾祸。如果我们做了不是上天希望我们做的事情，就无疑会把人民带到灾祸之中。

墨子把天意看成衡量事物的标准：

在墨子看来，天要求人类走的道路和做的事情，是通过天意反映出来的。

墨子说，当今天下的人对于琐碎微小的事情还能知道，但对于一切大的事情反而无知。如在家里，你得罪了家长，在国家中你得罪了国君，这怎么能行呢？所以不可以不谨慎，正因为如此，更不能得罪于天。

墨子也认为，顺应天意是君主最为重要的事情。他说，天子是天下最尊贵的人，也是天下最富有的人，然而要想保持尊贵和富有，就不可以不顺从天意，这样必然会得到上天的赏赐，否则违背天意，就会得到上天的惩罚。

天意是爱护老百姓的。所以，君主就得爱护百姓。

墨子认为，天下之所以动乱，原因就是人们不明白天意的缘故，即不知天是怎样想的。

> "曰：天之所欲者何也？所恶者何也？天欲义而恶其不义者也。何以知其然也？曰：义者，正也。何以知义之为正也？天下有义则治，无义则乱，我以此知义之为正也。"[①]

那么，天喜欢什么呢？厌恶什么？墨子认为天喜欢合乎"义"的事。

墨子讲的"义"，不同于儒家讲的"义"。墨子讲的"义"就是"天意"，"天意"是正当的，而天下有"义"，就得到了治理，天下"无义"就出现了混乱。

---

① 《墨子·天志下》。

在墨子看来，正也是十分重要的。墨子讲的"正"除有符合"义""道"的正当之外，还有一层含义，即"纠正"的意思：

> "然而正者，无自下正上者，必自上正下。是故庶人不得次己而为正，有士正之；士不得次己而为正，有大夫正之；大夫不得次己而为正，有诸侯正之；诸侯不得次己而为正，有三公正之；三公不得次己而为正，有天子正之；天子不得次己而为政，有天正之。今天下之士君子，皆明于天子之正天下也，而不明于天之正天子也。"[1]

这里的"不得次己"指的是不能管束自己。次，恣意放纵的意思。这意思是说，下一等级的人管束不了自己，不能使自己正，那么，只能由上一级来正，一直到天子，天子不能自正，那就靠天去正天子。天意是通过正天子，然后再一级正一级，最后正到士人，再正到老百姓。

> "是故古者圣人明以此说人曰：'天子有善，天能赏之；天子有过，天能罚之。'天子赏罚不当，听狱不中，天下疾病祸福，霜露不时。"[2]

所以古代的圣人明白地将此道理告诉人们，说："天子有善，天能赏他；天子有过，天能罚他。"若天子赏罚不当，刑罚不公，天就会降下疾病灾祸，霜露失时。

在人与人的关系上，国与国的关系上，墨子主张"义正"而反对"力正"：

> "曰：'顺天之意者，兼也；反天之意者，别也。兼之为道也，义正；别之为道也，力正。'曰：'义正者，何若？'曰：'大不攻小也，强不侮弱也，众不贼寡也，诈不欺愚也，贵不傲贱也，富不

---

① 《墨子·天志下》。
② 同上。

骄贫也，壮不夺老也。'"①

顺从天意，就是"兼"；违反天意，就是"别"。兼的道理，就是义政；别的道理，就是力政。如果有人要问："义政是什么样呢？"那我就回答说："大的不攻打小的，强的不欺侮弱的，多的不残害少的，狡诈的不欺骗愚笨的，尊贵的不傲视卑贱的，富足的不傲视贫困的，年壮的不掠夺年老的。""义正"，就是以天意正自己，正别人。

那么，什么是"力正"？

墨子的"力正"讲的就是以力为主的社会。这种社会就是强道社会，就是以强力去正自己，正别人。谁的力量大，谁的力量强，谁就在社会中占主导地位。

三、对强道社会的思考与批判

在墨子看来，当时社会存在的最大问题是"饥者不得食""寒者不得衣""劳者不得息"，他称这是当时强道社会的"三患"。

"三患"是在强道社会普遍存在的。人类自从离开天道社会以后，整个古代社会大约 10% 的人占有社会 90% 的财富，这 10% 的人大多是社会的统治者；90% 的被统治者只占全社会财富的 10%。这种社会财富占有的状况，东西方社会大致是一样的。这就是强道社会以强力占有他人财富的必然结果。这种社会存在决定了被统治者普遍存在墨子所说的"三患"问题。

"三患"，主要存在于下层民众之中，而在社会上层普遍存在着"七患"：

> "国有七患。七患者何？城郭沟池不可守而治宫室，一患也；边国至境，四邻莫救，二患也；先尽民力无用之功，赏赐无能之

---

① 《墨子·天志下》。

人，民力尽于无用，财宝虚于待客，三患也；仕者持禄，游者爱交，君修法讨臣，臣慑而不敢拂，四患也；君自以为圣智而不问事，自以为安强而无守备，四邻谋之不知戒，五患也；所信者不忠，所忠者不信，六患也；畜种菽粟不足以食之，大臣不足以事之，赏赐不能喜，诛罚不能威，七患也。以七患居国，必无社稷；以七患守城，敌至国倾。七患之所当，国必有殃。"[1]

国家有七种祸患。这七种祸患是什么呢？国防松弛，大兴豪宫华室，是一患；敌国压境，外无盟友相救，是二患；在一些无用的事情上兴师动众，劳尽民力，将赏赐给予无能之人，民力被无用地耗尽，财政在迎来送往大吃大喝中被掏空，是三患；官员们只关注自己的俸禄，派出去游说的人只顾着结交朋友，君主修订法律处罚臣民，臣民由于害怕而不敢违反君命，是四患；君主自以为神圣且聪明，不问国事，自以为国家安稳而强盛，而不做防御准备，周围的国家都在图谋攻打他，而他不知道戒备，是五患；所信任的人并不忠实，真正忠实的人又得不到信任，是六患；民生困顿，衣食不保，在朝官僚无能力处理国事，执政者的赏赐，不能使人民欢喜，执政者的诛罚，不能产生应有的威慑，是七患。

治国如果有了这七种祸患，必定亡国；守城如果存在这七种祸患，敌人一到国家则必定毁灭。七患存在于哪个国家，哪个国家必有祸殃。

墨子所说的"七患"也是战国时期各个国家普遍存在的社会问题。

怎么解决强道社会"三患""七患"问题？墨子的主张主要集中在以下十个方面：

第一，墨子给强道社会的统治者，提出在执政上实现"三务"目标，即"国家之富""人民之众""刑政之治"[2]。墨子希望在上位的统治者能实现"三务"。"国家之富"，强调国家经济繁荣发展，国家要富庶；"人民之众"，注意社会人口的增长；"刑政之治"，指通过法律治理，实现社会的秩序化。墨子希望通过"三务"来缓和当时统治者和被统治者

---

① 《墨子·七患》。

② 《墨子·尚贤上篇》,《墨子·节葬下篇》。

的矛盾对立。

第二，墨子提出要解决人民的"三患"问题，人人要"兼相爱，交相利"。他提出，有力量的人要用力量助人，有财的人要分财给人，有道的人要用道教育人。如果人人都这样做了，社会就会出现"饥者得食，寒者得衣，劳者得息，乱者得治"①的局面。这种分财的主张，有些像共同富裕的想法。这种思想，在东西方思想家中是十分少见的。

第三，墨子提出国家要鼓励民众积极生产，但要限制消费，实行以下三个原则：一是社会要发挥每个人的作用，"使各从事其所能"②，即每个人都能尽力发挥所能，促进社会生产和社会财富的增加；二是"凡足以奉给民用诸，加费不加民利则止"③，要求统治者能做到给予民众的生活资料达到够用就可以，即不给民众多余的社会财富；三是"诸费不加民利者，圣王弗为"④，即凡是对人民物质生活没有好处的事情一律不做。正是基于这种主张，墨子提出节用、节葬、非乐、非攻等思想。

第四，提出尚贤的主张。墨子认为强道社会的诸种问题的产生，与统治者的个人素质关系很大，因统治者手中掌握着权力，个人素质的高低决定了对权力使用的目的。所以，墨子主张整个社会要选贤用能。他反对社会权力的世袭，提出："不辩贫富、贵贱、远迩、亲疏。"⑤"虽在农与工肆之人，有能则举之。""故官无常贵而民无终贱。"⑥

更令人赞赏的是墨子提出选举天下最贤的人为天子，挨次选举三公、国君、卿、宰（将军、大夫）、乡长、里长等：

> "子墨子言曰：古者民始生未有刑政之时，盖其语，人异义。是以一人则一义，二人则二义，十人则十义。其人兹众，其所谓义者亦兹众。是以人是其义，以非人之义，故交相非也。是以内者父子兄弟作怨恶，离散不能相和合。天下之百姓，皆以水火毒药相亏害，至有余力不能以相劳；腐朽余财不以相分；隐匿良道不以相

① 《墨子·非命下》。
② 《墨子·节用中》。
③ 同上。
④ 同上。
⑤ 《墨子·尚贤中》。
⑥ 《墨子·尚贤上》。

教，天下之乱，至若禽兽然。

夫明乎天下之所以乱者，生于无政长，是故选天下之贤可者，立以为天子。天子立，以其力为未足，又选择天下之贤可者，置立之以为三公。天子、三公既以立，以天下为博大，远国异土之民、是非利害之辩，不可一二而明知，故划分万国，立诸侯国君。诸侯国君既已立，以其力为未足，又选择其国之贤可者，置立之以为正长。正长既已具，天子发政于天下之百姓，言曰：闻善而不善，皆以告其上。上之所是必皆是之，上之所非之皆非之。上有过则规谏之，下有善则傍荐之。"①

墨子说：古时人类刚刚诞生，还没有刑法政治的时候，人们用言语表达的意见，也因人而异。所以一人就有一种意见，两人就有两种意见，十人就有十种意见。人越多，他们不同的意见也就越多。每个人都以为自己的意见对而别人的意见错，因而相互攻击。所以在家庭内父子兄弟常因意见不同而相互怨恨，使得家人离散而不能和睦相处。天下的百姓，都用水火毒药相互残害，以致有余力的人不能帮助别人；有余财者宁愿让它腐烂，也不分给别人；有好的道理也自己隐藏起来，不肯教给别人，以致天下混乱，有如禽兽一般。

明白了天下所以大乱的原因，是由于没有行政长官，所以（人们）就选择贤能的人，立之为天子。立了天子之后，认为他的力量还不够，因而又选择天下贤能的人，把他们立为三公。天子、三公已立，又认为天下地域广大，他们对于远方异邦的人民以及是非利害的辨别，还不能一一了解，所以又把天下划为万国，然后设立诸侯国君。诸侯国君已立，又认为他们的力量还不够，又在他们国内选择一些贤能的人，把他们立为行政长官。

墨子认为这是对远古人们的历史追述。可见他是赞同这种选举制度的。

这套普选制，应该说，从整个人类历史上看都没有过，但在中国距今两千多年前的先秦时期就被墨子提了出来。墨子不仅提出官员的普

---

① 《墨子·尚同上》。

选制，而且提出一套社会治理方案，即选举产生社会各级组织的官吏之后，所有臣民都得服从统治，从天子一级往下，一级管理一级，每上一级对下一级有绝对的统治权，并提出，必须让所有人民用他们的耳目成为各级官吏的视听，如果社会出现"贤人"就进行表彰赏赐，如果出现"暴人"就进行惩处和刑罚，"然而使天下之为寇乱盗贼者周流天下无所重足者"①。

墨子的"贤人政治"，与当时社会普遍实行的世袭制度相比，是一种先进的社会治理制度，是王道社会的治理制度，它是对强道社会政治制度的否定。

第五，提出尚同的主张。

墨子主张，整个天下都要统一奉行天赋的"法仪"。他提出"上之所是，必皆是之"。这个"是"也可以说成为天的法则。天子和国君都必须"上同于天"。因为天子是天下人普选出来的天下最贤德的仁人，这个天子就是天的"法仪"的代表，他才能"一同天下之义"，才能将天下治理好。如果人民都上同于天子了，那么天子一定要上同于天。如果"上同于天子，而不上同于天"，那么，天下就会有天灾。

墨子说：

> "是故里长者，里之仁人也。里长发政里之百姓，言曰：'闻善而不善，必以告其乡长。乡长之所是，必皆是之；乡长之所非，必皆非之。去若不善言，学乡长之善言；去若不善行，学乡长之善行。'则乡何说以乱哉。察乡之所治者何也？乡长唯能壹同乡之义，是以乡治也。
>
> 乡长者，乡之仁人也。乡长发政乡之百姓，言曰：'闻善而不善者，必以告国君。国君之所是，必皆是之；国君之所非，必皆非之。去若不善言，学国君之善言；去若不善行，学国君之善行。'则国何说以乱哉？察国之所以治者何也？国君唯能一同国之义，是以国治也。
>
> 国君者，国之仁人也。国君发政国之百姓，言曰：'闻善而不

---

① 《墨子·尚同下》。

善，必以告天子。天子之所是，皆是之；天子之所非，皆非之。去
若不善言，学天子之善言；去若不善行，学天子之善行。'则天下
何说以乱哉？察天下之所以治者何也？天子唯能壹同天下之义，是
以天下治也。"①

所以，里长就是这一里内的仁人。里长发布政令于里中的百姓，说
道："听到善和不善，必须报告给乡长。乡长认为对的，大家都必须认
为对；乡长认为错的，大家都必须认为错。去掉你们不好的话，学习乡
长的好话；去掉你们不好的行为，学习乡长的好行为。"那么，怎么会
说乡里混乱呢？我们考察这一乡得到治理的原因是什么呢？是由于乡长
能够统一全乡的意见，所以乡内就治理好了。"

乡长是这一乡的仁人。乡长发布政令于乡中百姓，说道："听到善
和不善，必须把它报告给国君。国君认为是对的，大家都必须认为对；
国君认为是错的，大家都必须认为错。去掉你们不好的话，学习国君的
好话；去掉你们不好的行为，学习国君的好行为。"那么，还怎么能说
国内会混乱呢？我们考察一国得到治理的原因是什么呢？是因为国君能
统一国中的意见。所以国内就治理好了。

国君是这一国的仁人。国君发布政令于国中百姓，说道："听到善
和不善，必须报告给天子。天子认为是对的，大家都必须认为对；天子
认为是错的，大家都必须认为错。去掉你们不好的话，学习天子的好
话，去掉你们不好的行为，学习天子的好行为。"那么，还怎么能说天
下会乱呢？我们考察天下治理得好的原因是什么呢？是因为天子能够统
一天下的意见，所以天下就治理好了。

第六，提倡人人为社会创造价值。

墨子十分重视社会生产活动，提出人人劳动的主张。他认为，人与
动物的不同，就是人能劳动，能依靠劳动取得衣食之财。所以，"赖其
力者生，不赖其力者不生"②。

墨子坚决反对"不与其劳，获其实，已非其有所取之故"。③他主张

---

① 《墨子·尚同上》。
② 《墨子·非乐上》。
③ 《墨子·天志下》。

社会应倡导人人劳动，而且国家要制定出政策，使那些劳动者能通过劳动致富，"彼以为强必富，不强必贫"①。同时他还指出，劳动并不单指农夫、手工业者，一些士君子，即官吏"内治官府，外收敛关市、山林、泽梁之利，以实仓廪府库"②，也是劳动，即"此其分事也"。而且这种分事所起的作用更重要，他说官吏的"听狱治政"的社会作用比农夫农妇耕织还要重要。他说，农民一夫一妇的耕织不能使天下之饥寒者得到温饱，而官吏用"义"上说下教，就能使国家治理得很好。因此，"虽不耕织乎，而功贤于耕织也"。③这在说明官吏在社会发展中起到的重要作用。

第七，墨子反对对人民实行残暴统治。

墨子坚决反对当时社会还存在的杀人殉葬的制度。他说：

> "曰天子杀殉，众者数百，寡者数十。将军大夫杀殉，众者数十，寡者数人。"④

墨子还强烈反对通过战争，将战败国人民当作奴隶，或通过残忍手段掠夺人民为奴隶。他认为，把俘虏作为"仆""圉""胥靡""舂""酋"（各种奴隶的名称），这种行为是"不仁义"的。

墨子认为国家定期定额征收地税，是正常的。

> "以其常正（征），收其租税，则民费而不病"。⑤

但他坚决反对强征暴敛，加赋加税。他认为这是"厚作敛于百姓，暴夺民衣食之财"。

第八，墨子反对攻战。

墨子提出，战争是人类最大的不义，是最不符合天道的。他说，假如有一个人偷了人家园子里的桃子和李子，被认为不义，为什么？因为

---

① 《墨子·非命下》。
② 《墨子·非乐》。
③ 《墨子·鲁问》。
④ 《墨子·节葬下》。
⑤ 《墨子·七患》。

它损人利己呀！如果他偷了鸡、犬、猪，其不仁义过甚；他偷取了牛马，其不义又过于盗人家的鸡犬；他偷了人家的衣皮、戈剑，这较偷取牛马就更加严重了。这是什么缘故呢？因为他损害人的程度更深了。现在的战争，是攻打别的国家，这是最大的不义，却没有人反对它，反而赞美它，这怎么能符合天意呢？

墨子说：

> "国家发政，夺民之用、废民之利若此甚众，然而何为为之？曰：我贪伐胜之名，及得之利，故为之。"①

国家发动战争，掠夺人民的财物，损害人民的利益，是如此之严重，然而究竟为什么要这么做呢？回答："我贪取战胜的威名，获得土地的利益，所以要这么做。"

墨子认为，战争不仅要杀害许多人民，而且导致生产停滞，人民财产受到破坏。他尤其反对大国兼并小国之战争，"天下之害厚矣"，因此提出"非攻"的主张。

第九，墨子反对统治者的骄奢之风。

墨子时代，统治者骄奢淫逸，社会风气腐败，而另一方面被统治者却过着饥寒交迫、民不聊生的生活。所以，墨子对社会统治者给予尖锐的抨击：

> "故曰：以其极役，修其城郭，则民劳而不伤；以其常正，收其租税，则民费而不病。民所苦者，非此也。苦于厚作敛于百姓赏以赐无功；虚其府库，以备车马衣裘奇怪；苦其役徒，以治宫室观乐。死又厚为棺椁，多为衣裘，生时治台榭，死又修坟墓。故民苦于外，府库单于内，上不厌其乐，下不堪其苦。故国离寇敌则伤，民见凶饥则亡，此皆备不具之罪也。且夫食者，圣人之所宝也。故《周书》曰：'国无三年之食者，国非其国也；家无三年之食者，子非其子也。'此之谓国备。"②

---

① 《墨子·非攻中》。
② 《墨子·七患》。

所以说，拿最高的奖赏赐给无功之人；耗尽国库中的贮藏，用以置备车马、衣裘和稀奇古怪之物；使役卒和奴隶受尽苦难，去建造宫室和观赏游乐之所；死后又做厚重的棺椁，制很多衣服，死后又修造坟墓。因此，内部的国库耗尽，上面的君主仍不满足其享受，致使民众不堪忍受其苦难。所以，国家一遇敌寇就受损伤，人民一遭凶饥就死亡，这都是平时不做好防备的罪过。再说，粮食也是圣人所宝贵的。所以《周书》说："国家若不预备三年的粮食，国家就难以成为这位君主的国家了；家庭若不预备三年的粮食，子女就难以做这一家的子女了。"这就叫作"国备"（国家的根本贮备）。

第十，倡导节用。

墨子认为，古代的圣王之所以能够统一天下，匡正诸侯，在于他们真心爱护人民，而不是虚情假意，从而使人民从圣王那里得到利益和福祉。所以古代圣王定下节用之法：

> "是故古者圣王制为节用之法曰：'凡天下群百工，轮、车、鞼、鲍、陶、冶、梓、匠，使各从事其所能。曰：'凡足以奉给民用诸，加费不加民利则止。'"[1]

这段意思是说：在古代，圣王定下节用的规定，即所有手工业者，不管是造车的、造车轮的、制皮草的、烧陶器的、铸五金的、制木工的，所造的器物，使各人都从事自己所擅长的技艺，只要满足人民需要则停止。而那种种只增加费用而不利于民用的，圣王都不做。

墨子认为，作为社会的掌控者、管理者，首先要带头做好社会节用，这样才能实现全社会的节用：

> "古者圣王制为饮食之法曰：'足以充虚继气，强股肱，使耳目聪明，则止。'不极五味之调、芬香之和，不致远国珍怪异物。何以知其然？古者尧治天下，南抚交阯，北降幽都，东西至日所出入，莫不宾服，逮至其厚爱，黍稷不二，羹胾不重，饭于土塯，啜

---

[1] 《墨子·节用中》。

于土形，斗以酌。俛仰周旋威仪之礼，圣王弗为。"①

　　古代圣王制定的饮食原则，只求得能充饥，增添身体能量、增强四肢力气，使耳目聪明，仅此而已，从来不去讲究五味调和的芬芳，也不去搜寻异国的珍贵奇异的食物，怎么能知道如此呢？古代尧统治天下时，国土南至交趾，北达幽都，东至太阳升起的地方，西至太阳落下的地方，人都归顺于尧。然而，尧十分节用财物，黍稷只有一样，肉菜只有一份，用瓦器盛饭菜，用泥烧的水杯喝水，饮酒时用木勺来斟。进退来往符合礼节。对俯仰周旋等礼仪，圣王是从来不去做的。

四、"所染"式的"异化"

　　墨子的《所染》篇，被研究墨学的人称为墨经，为墨子本人所著。这是篇具有深远历史意义的著述，其思想给后人留下许多遐想。

　　后人多将此篇理解为以染丝为例，说明天子、诸侯、大夫、士应该选择好自己的亲信和朋友，否则就会被染成同样的人，如俗话所云："近朱者赤，近墨者黑。"

　　墨子该篇的思想或远不止于此。

　　我们来分析一下《所染》篇的内容。

　　全文开篇是这样的：

　　　　"子墨子言见染丝者而叹，曰：'染于苍则苍，染于黄则黄，所入者变，其色亦变。五入必，而已则为五色矣。故染不可不慎也。'"

　　墨子看见染丝的人，便感叹地说："染于青色就使丝变成青色，染于黄色就使丝变成黄色。只要你把丝放在染缸里，丝的颜色就变了。五

---

① 《墨子·节用中》。

次投入一定会变成五种颜色，所以染色不可不慎重啊！"

墨子为什么对染丝发出如此强烈的感慨，而让人们警惕对染色不可不慎重呢？从下面的讲述来推断，墨子这里感慨的并不单单是染丝，而是人生。他感叹人类社会就是具有不同颜色的大染缸，人就如同染缸外的丝一样，你一定会被这些大染缸染上颜色。可能是青、黄，也可能是蓝、紫，还有可能是红、橙。你最终能被染成什么，有时自己能说了算，有时自己说了不算，即你根本就没有决定权。

一旦着了色，你想再恢复回去，就不太可能了。

所以，墨子认为人来到世上，原本都是素丝，面对各种颜色的染料，你不可不慎重：

> "非独染丝然也，国亦有染。舜染于许由、伯阳，禹染于皋陶、伯益，汤染于伊尹、仲虺，武王染于太公、周公。此四王者所染当，故王天下，立为天子，功名蔽天地。举天下之仁义显人，必称此四王者。"①

许由，传说是尧时的隐士。伯阳，古代的贤人，传说是舜的七友之一。皋陶，偃姓，据传说是禹时东夷族的领袖，舜为天子时掌握天下的刑法。伯益，嬴姓，名大费，与禹一同治理九州洪水。伊尹，协助商汤灭夏，建立商朝，成为商汤的宰相。仲虺（huǐ），商汤的大臣。太公，即姜太公吕尚，辅佐武王伐纣，灭掉商朝，封于齐。周公，名旦，武王弟，辅佐武王伐纣，灭掉商朝，封于齐。武王死，曾摄政。

这段上来不说染丝，而直接谈治国，说治国的成功案例，即舜、禹、汤、武四位明君，古人有称其为圣君。这四人，墨子的结论是"所染然当"，即染得正确，适当或得当。即这四位圣君，任用的都是贤良的人才，所以染正确了就是他们人生成功了，"功名蔽天地"，成为千古明君的代表。

这样的代表很难有说服力，古代称王称帝者本来就少之又少，而能称之圣王者更少之又少，谁能与之相比较？所以，想当这种"所染当"

---

① 《墨子·所染》。

者太难了。墨子接着说：

> "夏桀染于干辛、推哆，殷纣染于崇侯、恶来，厉王染于厉公长父、荣夷终，幽王染于傅公夷、蔡公穀。此四王者所染不当，故国残身死，为天下僇。举天下不义辱人，必称此四王者。"①

干辛是夏桀的佞臣。推哆（chǐ）也是夏桀的大臣，据称此人"生列（裂）兕虎，指画杀人"。崇侯，名虎，纣的佞臣。恶来，纣的佞臣。厉王，西周国王，统治期间国人发生暴乱，厉王逃于彘而亡。厉公长父，不详。荣夷终，亦作"荣夷公"，为厉王大臣，助厉公暴虐，国人反抗。幽王，名宫湦（shēng），西周最后一位国王，宠爱褒姒，烽火戏诸侯。

这段讲跳入染缸所染最不好的四位帝王，即桀、纣、厉、幽。这四位重用奸佞的权臣，从而成为使夏、商、西周三朝灭亡的四位帝王。

这四位帝王因"所染不当"，结果身死国亡，遗羞于天下，遗臭万年。人们凡是提起残暴淫佚的统治者，一定离不开这四位帝王。

这样的帝王在中国古代的历史上比比皆是，历代王国后期的统治者皆是如此，概莫能外。

第二段和第三段是墨子时古代的好的帝王和不好的帝王的代表，从第四段开始，墨子开始写近代或当代的治国者：

> "齐桓染于管仲、鲍叔，晋文染于舅犯、高偃，楚庄染于孙叔、沈尹，吴阖闾染于伍员、文义，越句践染于范蠡、大夫种。此五君者所染当，故霸诸侯，功名传于后世。"②

管仲，名夷吾，齐桓公的宰相。鲍叔，即鲍叔牙，辅佐公子小白，即齐桓公。齐桓公任国君，他推荐管仲为相。舅犯，即狐偃，晋文公舅舅，故称之为舅犯。高偃，即郭偃，晋国大夫。楚庄，芈（mǐ）姓，名旅，楚国君主。孙叔，即孙叔敖，名敖，字孙叔，官令尹。沈尹，名

---

① 《墨子·所染》。
② 同上。

茎，沈县大夫，也可能官至令尹。阖闾，也称阖庐，名光，吴国国王。伍员，字子胥，吴国大夫。文义，吴国大夫。范蠡，字少伯，越国大夫，助越王勾践灭吴。大夫种，即文种，越国大夫。

这里提到的齐桓公、晋文公、楚庄王、吴王阖闾、越王勾践就是春秋五霸，是成功国君的代表。墨子对此五人给出的结论与四位圣王一样，都是"所染当"，即他们都进入了正确的染缸。

第五段所染者又从春秋五霸往下降到一些大夫和小国国君行列：

> "范吉射染于长柳朔、王胜，中行寅染于籍秦、高强，吴夫差染于王孙雒、太宰嚭，知伯摇染于智国、张武，中山尚染于魏义、偃长，宋康染于唐鞅、佃不礼。此六君者所染不当，故国家残亡，身为刑戮，宗庙破灭，绝无后类，君臣离散，民人流亡。举天下之贪暴苛扰者，必称此六君也。"[1]

范吉射，春秋晋国范献子士鞅之子，在晋国贵族斗争中为赵简子所杀。长柳朔，范吉射的家臣。王胜，范吉射的家臣。中行寅，即荀文子，晋卿中行穆子之子，在晋国贵族内讧斗争中为赵简子所败。籍秦，中行寅的家臣。高强，中行寅的家臣。夫差，吴国的国王，吴王阖闾之子，曾打败越国，后被越王勾践打败。王孙雒，吴王夫差的大臣。太宰嚭，即伯嚭，为夫差的大臣。知伯摇，也叫智伯，晋六卿之一。智国，即知伯国，知伯家臣。张武，即长武子，智伯家臣。中山尚，即中山桓公，中山国君。宋康，即宋王偃，谥康，被齐所灭。唐鞅，宋康的相国。佃之礼，也称"田不礼"，曾为宋臣。

墨子认为这六个人，因"所染不当"，所以导致国家灭亡，宗庙毁灭，身受刑戮，子孙断嗣，君臣离散，人民逃亡，乃至后世人们凡是提及天下最贪暴苛刻之人，都会提到他们六位。

前面四组统治者，墨子肯定了舜、禹、汤、武、齐桓、晋文、楚庄、吴阖闾、越勾践，认为这九位天子、国君"染得当"，否定了夏桀、商纣、周厉王、周幽王、晋大夫之子范长射、吴王夫差、晋大夫之子中

---

[1] 《墨子·所染》。

行寅、晋六卿之一知伯摇、中山国君尚、宋国君康，这几位天子、国君、卿大夫、卿大夫之子，认为都是"所染不当"。

接下来，墨子分析了"染得当"与"所染不当"的原因：

> "凡君之所以安者，何也？以其行理也，行理性于染当。故善为君者，劳于论人，而佚于治官。不能为君者，伤形费神，愁心劳意，然国逾危，身逾辱。此六君者，非不重其国、爱其身也，以不知要故也。不知要者，所染不当也。"①

墨子这里提出主要原因在于"理""理性"上，"染得当"的这些人，他们行为都符合"理""理性"，那些"所染不当"的人，他们的行为都不符合"理""理性"。

接着，墨子又提出，不仅治国者存在着"染得当"与"所染不当"的问题，就连统治者中一般官吏的士，以及他们每个家庭，每个人交朋友都有"染得当"与"所染不当"的问题：

> "非独国有染也，士亦有染。其友皆好仁义，淳谨畏令，则家日益、身日安、名日荣，处官得其理矣，则段干木、禽子、傅说之徒是也。其友皆好矜奋，创作比周，则家日损、身日危、名日辱，处官失其理矣，则子西、易牙、竖刀之徒是也。《诗》曰：'必择所堪。必谨所堪'者，此之谓也。"②

段干木，名木，曾求学于孔子的学生子夏，修业行道，名声甚高，受魏文侯礼敬，加官授爵。禽子，即是墨子弟子禽滑釐。傅说（yuè），传说是殷武丁朝的贤臣，原为奴隶，后被武丁任为大臣、治理国政、国事振兴。子西，名申，楚国重臣。易牙，一作"狄牙"，齐桓公宠幸的近臣。竖刁，齐桓公的谀臣。

这里墨子再次指出，不仅"所染"对治国者重要，就是对所有的

---

① 《墨子·所染》。
② 同上。

统治者集团，包括下层官吏都十分重要。他还再次强调了"所染""当"与"不当"关键在一个"理"字，这个"理"字即合乎事理的意思。

染丝者染丝，丝的本色为白色，或者说无色，它是天然的，纯白的。人们为了追求目视的美感，而将素丝染成各种颜色。一束束素丝染成其他颜色的丝，就如人在社会之中的大染缸一样，是人自身的异化过程。所以，墨子的《所染》全篇只有一个主题，在"染人"。通过《所染》，真正讲染色只不过寥寥数字，三五句而已，全篇只有一个主题，在"染人"。

在墨子看来，社会排列着不同的大染缸，无论你是自愿的还是非自愿的，你都要将自己投进这个染缸里，从里面染出不同的颜色。而且这还与人们洗澡不一样，你要待在染缸里，出来也还要再进入以前的染缸，或者新选择一个染缸。总之，一种染缸或多种染缸会伴随着人的一生。这种社会大染缸不仅染了你的外表同时也染了你的内在，即人的思想意识。

其实，人面对社会这个大染缸，可怕的不是结交几个什么样的朋友与什么样的人来往，这对人来说，其作用是极其有限的，如墨子推崇的齐桓公，齐桓公身边既有管仲这样的旷世奇才，又有易牙、竖刁这样的佞臣。谁能染了齐桓公？这不仅要看相互之间的作用，还要看被染者是否自愿与之苟同等等。所以，与什么人打交道，交朋友并不是主要的。交什么朋友，往往只反映人在一个阶段或一个时期所处的环境。

统观《所染》全篇，讲了从天子到士整个统治阶级都被社会染化了，这种"染化"确切说就是社会异化。墨子虽举了这么多的人，但他将"所染"主要的原因归为一个"理"字。

"理"是什么？"理"并非指的是人，而是一种"文化"，即一种正确的文化。这种文化，告诉人们如何做人，如何做一个好的官员，如何做一位圣贤的君王。身边的人，与文化相比，所起的作用是有限的，不是身边的人染就人的色，而是文化染就了人的色。

当人还是如同素丝一样的婴儿时，人类应该给婴儿什么样的文化。当一个人从婴儿走向童年走向少年、由少年走向青年、由青年走向壮年、由壮年走向老年、由老年走上死亡，人类应该为这个人全程提供一个什么样的文化，这就是墨子提出的"理"的真谛。

参考文献

1. 张景, 张松辉, 译注. 道德经 [M]. 北京: 中华书局, 2023.

2. 陈鼓应. 老子译注及评介（修订增补本）[M]. 北京: 中华书局, 2009.

3. 黄克剑. 老子疏解 [M]. 北京: 中华书局, 2017.

4. 陈鼓应. 老子注释及评介 [M]. 北京: 中华书局, 2009.

5. 王叔岷. 庄子校注 [M]. 北京: 中华书局, 2007.

6. 陈鼓应, 注释. 庄子今注今译（最新修订重排本）[M]. 北京: 中华书局, 2009.

7. 刘文典. 庄子补正 [M]. 北京: 中华书局, 2019.

8. 郭庆藩. 庄子集释 [M]. 北京: 中华书局, 2013.

9. 郭象, 注; 成玄英, 疏. 庄子注疏 [M]. 北京: 中华书局, 2014.

10. 王叔岷. 庄子校诠 [M]. 北京: 中华书局, 2007.

11. 杨伯峻, 译注. 论语译注 [M]. 北京: 中华书局, 2012.

12. 王肃, 校注. 孔子家语 [M]. 桂林: 漓江出版社, 2019.

13. 皇侃. 论语义疏 [M]. 北京: 中华书局, 2013.

14. 钱逊. 孟子读本 [M]. 北京: 中华书局, 2010.

15. 杨伯峻, 译注. 孟子译注 [M]. 北京: 中华书局, 2016.

16. 焦循. 孟子正义 [M]. 北京: 中华书局, 2009.

17. 安小兰, 译注. 荀子 [M]. 北京: 中华书局, 2008.

18. 王先谦. 荀子集解[M]. 北京：中华书局，2008.

19. 张觉，译注. 荀子译注[M]. 上海：上海古籍出版社，2012.

20. 黎翔凤. 管子校注[M]. 北京：中华书局，2009.

21. 刘向，编；刘建生，主编. 管子精解[M]. 北京：海潮出版社，2012.

22. 李山，译注. 管子[M]. 北京：中华书局，2009.

23. 孙诒让. 墨子闲诂[M]. 北京：中华书局，2007.

24. 李小龙，译注. 墨子[M]. 北京：中华书局，2010.

25. 罗炳良，等编. 墨子解说[M]. 北京：华夏出版社，2007.

26. 叶玉麟，选释. 译解墨子[M]. 北京：生活·读书·新知三联书店，2019.

27. 吴毓江. 墨子校注[M]. 北京：中华书局，2006.

28. 王先慎. 韩非子集解[M]. 北京：中华书局，2013.

29. 梁启雄. 韩子浅解[M]. 北京：中华书局，2009.

30. 郭丹，程小青，等译注. 四书五经·论语 大学 中庸[M]. 北京：中华书局，2019.

31. 郭丹，程小青，等译注. 四书五经·孟子[M]. 北京：中华书局，2019.

32. 郭丹，程小青，等译注. 四书五经·诗经[M]. 北京：中华书局，2019.

33. 郭丹，程小青，等译注. 四书五经·礼记[M]. 北京：中华书局，2019.

34. 郭丹，程小青，等译注. 四书五经·周易[M]. 北京：中华书局，2019.

35. 郭丹，程小青，等译注. 四书五经·尚书[M]. 北京：中华书局，2019.

36. 郭丹，程小青，等译注. 四书五经·春秋左传[M]. 北京：中华书局，2019.

37. 司马迁. 史记[M]. 韩兆琦，译. 北京：中华书局，2009.

38. 乌恩溥，注译. 四书译注[M]. 长春：吉林文史出版社，1996.

39. 朱熹，撰；李申，译. 四书章句集注今译[M]. 北京：中华书局，2020.

40.朱熹.四书章句集注[M].北京:中华书局,2016.

41.杨伯峻.杨伯峻四书全译[M].北京:中华书局,2020.

42.周振甫,译注.周易译注[M].北京:中华书局,2010.

43.常秉义.周易与历法[M].北京:中央编译出版社,2009.

44常秉义.易经图典精华[M].北京:中央编译出版社,2011.

45.吴守贤,全和钧,主编.中国古代天体测量学及天文仪器[M].合肥:中国科学技术出版社,2008.

46.陈抟,著;邵雍,述;李峰,整理.河洛理数[M].海口:海南出版社,2007.

47.陈抟.河图理数[M].海口:海南出版社,2007.

48.陈皓.河洛秘笈[M].北京:中国国际广播音像出版社,2006.

49.陈抟,述;邵雍,撰.河洛真数[M].北京:九州出版社,2013.

50.江慎修.河洛精蕴[M].北京:学苑出版社,2007.

51.徐莹,注说.商君书[M].开封:河南大学出版社,2012.

52.刘文典.淮南鸿烈集解[M].北京:中华书局,2010.

53.姚春鹏,译注.黄帝内经[M].北京:中华书局.2022

54.骈宇骞,译注.贞观政要[M].北京:中华书局,2011.

55.许维遹.吕氏春秋集释[M].北京:中华书局,2010.

56.王利器.文子疏义[M].北京:中华书局,2010.

57.王阳明,撰;于自力,孔薇,注译.传习录[M].郑州:中州古籍出版社,2010.

58.程佳琳,范慧,编著.龙场之道:王阳明的智慧[M].杭州:浙江古籍出版社,2015.

59.王守仁.王阳明集[M].北京:中华书局,2016.

60.陆九渊.陆九渊集[M].北京:中华书局,2008.